JN411395

# 사통통석 1

史通通釋

*Shi-Tong Tong Shi(Comprehensive commentary of the Shi-Tong)*

**지은이 유지기**(劉知幾, Liu ZhiJi, 661-721)의 자는 자현(子玄)이고 팽성(彭城 : 江蘇省 徐州) 사람으로 당 고종 용삭(龍朔) 원년(661)에 태어나 현종 개원(開元) 9년(721)에 죽었다. 10세 이후『좌전』에 몰두하고 17세가 되었을 때 이미 사학에 상당한 조예가 있었다. 약관의 나이에 진사에 합격하여 획가현(獲嘉縣) 주부(主簿)에 오래 머물다 이후『삼교주영(三敎珠英)』의 편찬에 참여하고, 계속하여 저작좌랑(著作佐郞) 등으로 국사편수를 겸하면서 기거주(起居注)·『당서(唐書)』·『무후실록(武后實錄)』 등의 편찬에 참여하였다. 그러나 감수(監修)제도에 불만을 토로하며 사관을 사직하고, 당 이전 사서 편찬과 관련한 문제들에 대하여 종합적이고 체계적인 평가를 시도하기 위해『사통(史通)』 20권을 저술하였다.『사통』은 사평(史評)과 관련된 최초의 체계적 저서로서 장학성(章學誠)의『문사통의(文史通義)』와 함께 중국 사학사에 가장 중요한 역사이론서로 평가된다.

**통석자 포기룡**(浦起龍, Pu QiLong, 1679-1762)은 자가 이전(二田)이고 만년에는 스스로를 삼산창부(三山傖父)라 불렀다. 청 강희(康熙) 18년(1679) 무석현(無錫縣)의 전간촌(前澗村)에서 태어나 건륭(乾隆) 27년(1762) 83세의 나이로 죽었다. 과거에 낙방한 후 저술에 뜻을 두고 10여 년의 노력 끝에 두보(杜甫)의 시작(詩作)에 대한 연구서라 할 수 있는『독두심해(讀杜心解)』를 완성하고, 옹정(雍正) 8년(1730) 51세의 나이로 진사에 합격한 이후 곤명(昆明)의 오화서원(五華書院) 산장(山長), 소주부학(蘇州府學)의 교수를 지내면서『좌전』·『국어』 등 고적의 역대 평주(評注)에 교감과 자신의 평주를 더하여『고문미전(古文眉詮)』 79권을 완성하였다. 건륭 10년(1745)에 관직을 물러난 후 건륭 4년(1739)이래 관심을 가졌던『사통』 주석작업을 본격적으로 시작하여 건륭 12년에 그 초고를 완성하고, 다시 5년 동안의 보완과 수정을 거쳐 건륭 17년(1752)에 정식으로『사통통석(史通通釋)』을 간행하였다.

**옮긴이 이윤화**(李潤和, Lee, YunHwa, 1952- )는 경북 군위에서 출생하여 경북대학교 역사교육과를 졸업, 같은 대학교에서 석사과정을 수료하고, 대만 중국문화대학에서 박사학위를 취득하였다. 1980년 이후 안동대학교 사학과에 재직하고 있으며, 저서로는『中韓近代史學硏究』(1994)가 있다. 역서로는『宋季元明理學通錄』(공역, 1994),『전목 선생의 사학명저강의』(『中國史學名著』, 2006),『중국과 일본의 역사가들(*Historians of China and Japan*)』(공역, 2007)이 있으며, 논문으로는「從『宋書』史論看沈約的天命觀與處世觀」,「王夫之(1619-1692)의 晉·宋 교체기 이해」,「『讀通鑑論』「三國」條 史論에 대하여」 등이 있다. 위진수당사학회 회장을 역임하였고, 현재 중국사학회 부회장을 맡고 있으며, 중국사회과학원 역사연구소에서 1년간(1993-1994) 연구한 적이 있다.

**사통통석**史通通釋 **1**

**1판 1쇄 인쇄** 2012년 4월 20일 **1판 1쇄 발행** 2012년 4월 30일

**지은이** 유지기 **통석자** 포기룡 **옮긴이** 이윤화 **펴낸이** 박성모 **펴낸곳** 소명출판
**등록** 제13-522호 **주소** 137-878 서울시 서초구 서초동 1621-18 (란빌딩 1층)
**대표전화** (02) 585-7840 **팩시밀리** (02) 585-7848
**이메일** somyong@korea.com **홈페이지** www.somyong.co.kr

ISBN 978-89-5626-687-9 94820 값 33,000원 
ISBN 978-89-5626-686-2 (전4권)

이 번역도서는 2007년 정부재원(교육인적자원부 학술연구조성사업비)으로 한국연구재단의 지원에 의하여 연구되었음.

# 사통통석 1

유지기 지음 · 포기룡 통석
이윤화 옮김

# 史通通釋

## ◆ 일러두기

1. 본 역주는 劉知幾 原著・浦起龍 通釋,『史通通釋』, 上海古籍出版社, 1978을 저본으로 하였다.
2. 본 역주의 인명과 지명 등 고유명사는 모두 우리말 발음으로 표기하고, 우리말(한자)을 병기하였다.
3. 본문에 부기(附記)되어 있는 유지기의 '原註'와 포기룡의 '釋'・'按'은 본래의 위치에 번역하였다.
4. 본문에 부기된 오자와 탈자 등 글자에 대한 고증과 관련한 일부 훈고적 '통석'부분은 문맥의 이해를 돕기 위한 경우를 제외하고는 번역을 생략하였다. 그러나 이들 문장을『사통』원문과 함께 모두 부기하여 참고하는데 불편이 없도록 하였다.
5. 각주의 경우, 그 숫자의 번거로움을 피하여 각 권별 새 번호로 시작하였다.
6. 유지기의 '原注'와 역자의 주석은 모두 '역주'라고 표기하였다. 따라서 '역주' 혹은 '原注'로 표기되지 않은 각주는 모두 포기룡의 '통석'에 해당한다.
7. '역주'에 인용된 참고문헌이나 연구논문의 경우 저자와 문헌 명을 원문으로 표기함을 원칙으로 하였지만, 때로는 한글(원문)로도 표기하였다.
8. 본 역주에서는 번역문과의 대조 편의를 위하여『史通』원문과 포기룡의 '통석' 원문[釋・按]을 모두 부록하였다. 다만 포기룡 '통석'부분의 각주(脚註)는 원문의 분량이 너무 많아 번역문만 싣고 원문은 부기(附記)하지 않았다.
9. 본 역주 본문 제일 앞에 표기되어 있는 숫자는 편-문단순서를 나타낸다. 예를 들어, 1-1은 권1,「육가(六家)」제1, 첫 문단, 9-1은 권4,「논찬」제9, 첫 문단 등을 표기하는 것이다. 권 표시는 생략하였다.
10. 기타 본 역주에서 사용한 부호는 다음과 같다.
    『 』: 단행본으로 간행된 서명
    「 」: 편명
    [ ]: 번역된 문장의 원문이나 보충설명
    " ": 인용문이나 대화
    ' ': 강조문
11. 원문은 물론 '통석'과 역주문에 가장 빈번하게 등장하는『한서』권30,「예문지(藝文志)」의 경우『한서예문지』「육예략(六藝略)」・「제자략(諸子略)」등으로, 그리고『수서(隋書)』권32-35에 수록된「경적지(經籍志)」의 경우『수서경적지』「경부(經部)」"상서"・「사부(史部)」"정사" 등으로 표기하였다. 아울러『구당서(舊唐書)』권46-47,「경적지」,『신당서(新唐書)』권57-60,「예문지(藝文志)」의 경우도 마찬가지로『구당서경적지』・『신당서예문지』등으로 줄여 표기하였다.
12.『史通』「原序」앞에는 浦起龍의「序」, 蔡焯의「史通通釋擧例」, 浦起龍의「史通通釋擧要」에 대한 번역문을 부록하였다.

# 역자 서문

『사통통석(史通通釋)』은 유지기(劉知幾 : 661-721)에 의해 쓰여진 책 『사통(史通)』에 대해 포기룡(浦起龍 : 1679-1762)이 주석[通釋]한 책을 가리킨다. 주지하다시피 『사통』은 상대적으로 역사이론서로서의 성격을 좀 더 많이 지녔다고 평가되는 장학성(章學誠 : 1738-1801)의 『문사통의(文史通義)』에 비하여 사학평론서로서의 성격을 강하게 갖는다. 물론 넓은 의미에서 볼 때 사학평론은 공자 · 맹자에 의해서도 언급되었다고 할 수 있지만 매우 단편적인 것이었고, 진한 이후 양웅(揚雄) · 반표(班彪) · 왕충(王充) · 장보(張輔) · 유협(劉勰) 등에 의해 시도되었다고 평가되기도 하지만 여전히 체계적이고 전면적인 것은 아니었다. 따라서 『사통』은 특히 공자 이후 사학의 형식이 확대되고 그 내용의 독자적 가치에 대한 자각이 일단락되는 진한에서 위진남북조시기에 있어서의 사서의 원류와 체례 등과 관련한 종합적이고도 체계적인 평가를 시도하였다는 점에서 중국사학사상 매우 중요한 의미를 지닌다.

지은이 유지기의 자는 자현(子玄)이고 팽성(彭城) 사람으로서 당 고종(高宗) 용삭(龍朔) 원년(661)에 태어나 현종(玄宗) 개원(開元) 9년(721)에 죽었으므로, 그의 생애 대부분은 무후(武后) 집정기에 해당한다. 유지기의 사학에 대한 흥미는 가학에 그 연원이 있었다고 할 수 있다. 즉 그의 조부 유윤지(劉胤之)는 수(隋)의 유명한 사가 이백약(李百藥)과 절친한 사이였고, 당 고종 영휘(永徽 : 650-655) 연간에 저작랑(著作郎) · 홍문관학사(弘文館學士)를 지냈으며, 국자좨주(國子祭酒) 영호덕분(令狐德棻) · 저작랑 양인청(楊仁淸) 등과 함께 국사와 실록을 편찬하였다. 유지기의 백부 유연우(劉延祐)는 약관의 나이에 출신 주(州)에서 진사가 되었고, 승진하여 위남위(渭南尉)가 되었다. 기록을 맡은 관리로서 당시 기읍(畿邑)에서 으뜸이었다고 평가되며, 유지기의 부친 유장기(劉藏器)는 고종 때 시어사(侍御史)를 지낸 적이 있다. 비록 사관의 직무를 맡았던 적은 없지만 양사(良史)의 강직한 기풍을 지니고 있었다.

유지기의 시대에 있어서 학자들이 관직에 나가는 주요한 방법은 과거(科擧)를 통하는 것이었다. 당시 과거의 중요한 내용은 경서(經書)와 함께 시부(詩賦)였다. 따라서 시부와 경서는 소년기 교육의 중요한 내용이었다. 유지기 역시 어려서부터 이와 관련한 교육을 받았음은 물론이다. 10세 이후 그의 부친은 그에게 고문상서를 가르쳤다. 그러나 곧 흥미를 잃고 다시 『좌전』 공부에 몰두하였다. 이후 유지기는 한대(漢代)로부터 당 초기까지의 사서(史書)를 전부 열람하였고, 17세가 되었을 때 유지기는 이미 고금 제도의 연혁, 역대 제왕의 계승 상황, 사서(史書)의 서술방법 등에 기본적인 지식을 갖추게 되었다. 이같은 노력이 유지기가 이후 사학 분야에서 많은 성과를 내게된 중요한 토대가 되었음은 물론이다.

유지기는 20세에 과거에 응시하여 진사제(進士第)에 합격하고, 획가현(獲嘉縣)의 주부(主簿)가 되었지만 관운이 순탄하지 않아 19년을 같은 직위에 사환(仕宦)하였다. 그러나 이 시기에 유지기는 경사(京師)를 드나들며 각종 사서는 물론 제자백가 · 잡기 · 소설 등까지도 손쉽게 빌려 열람할 수 있었으므로 그의 안목이 더욱 열리게 되었고 각각 다른 사서에 기록된 일정한 역사적 사실에 대한 이동(異同)을 알게 되었다. 이러한 활동은 이후 저술활동의 중요한 기초가 되었다. 아울러 시폐(時弊)를 지적하여 두 차례에 걸쳐 무후에게 상소를 통해 개혁의 의견을 올린 적도 있었다. 무후 성력(聖曆) 2년(699) 유지기가 39세 되던 해 우보궐(右補闕) · 정왕부(定王府) 창조(倉曹)에 있으면서 대규모 유서(類書)인 『삼교주영(三敎珠英)』(1313권)의 편찬에 참여하여 3년 후에 완성하였고, 무후는 다시 조서를 내려 당사(唐史)를 편찬하게 했다. 유지기는 그 후 저작좌랑으로서 국사편수를 겸하면서 정식 사관의 임무를 맡게 되었고, 이후 좌사(左史)로써 기거주(起居注) 편수에도 참여하였으며, 주경칙(朱敬則) · 서견(徐堅) · 오긍(吳兢) 등과 함께 『당서(唐書)』 80권 편찬 작업에 참여하였다. 장안(長安) 4년(704)에 중서사인(中書舍人)으로 승진하면서 잠시 사관의 직위를 그만 둔 적이 있었지만, 중종(中宗)이 즉위하면서 저작랑 · 태자중윤(太子中允) 등으로 국사를 겸수(兼修)하였다. 신룡(神龍) 2년(706)에 유지기는 서견 · 오긍 등과 함께 『측천실록(則天實錄)』 30권을 완성하였고, 경룡(景龍) 2년(708)에는 다시 황제의 명으로 국사의 편수를 맡았지만 곧 감수(監修)제도에 대한 불만을 토로하고 사관을 사직하였다.

유지기가 살았던 고종 이후 현종까지의 시기는 실로 혼란한 정국이 계속되는 매우 불안정한 시기였다. 이러한 형세는 수사(修史)에도 직접적인 영향을 끼쳐 정상적인 편찬이 이루어질 수 없었다. 감수국사(監修國史)의 전횡과 사관들의 책임 회피 등으로 사관(史館)에서는 유지기도 자신의 재능과 포부를 제대로 펼칠 수 없었다. 따라서 유지기는 현실 정치의 모순을 벗어나 사관(史館)의 수사(修史)가 지닌 폐단을 강하게 비판하고 아울러 당 이전의 사서 편찬과 관련한 문제들에 대하여 종합적이고 체계적인 평가를 시도하기 위해 『사통』을 저술하였다. 『사통』이 저술되어 세상에 알려지자 유지기는 다시 태자좌서자(太子左庶子) · 숭문관학사(崇文館學士)에 임명되어 수사(修史)작업에도 참여하였다. 현종 개원(開元) 3년

(715)에 산기상시(散騎常侍)로 옮겼지만 사관의 임무는 그대로 수행하였다. 이후 개원 9년(721) 장남 유황(劉貺)의 죄를 변호하다가 현종의 노여움을 사서 안주도독부(安州都督府) 별가(別駕)로 좌천되었고 얼마 되지 않아 그곳에서 병사하였다.

『사통』 20권은 내 · 외 두 편으로 나누어져 각기 10권으로 구성되어 있다. 내편 10권 39편 중 「체통(體統)」 · 「비무(紕繆)」 · 「이장(弛張)」 세 편은 이미 없어지고 현재는 제목만 남아 있을 뿐이고, 외편은 10권 13편이다. 『사통』은 내용의 특징에 따라 다음과 같이 분류하여 설명할 수 있다.[1]

첫째, 「육가(六家)」 · 「이체(二體)」 · 「잡술(雜述)」 세 편은 다양한 체례를 지닌 사서의 원류와 발전과정에서의 특징을 상세히 설명하고 있다. 유지기는 완효서(阮孝緖)의 『칠록(七錄)』과 『수서경적지』의 사부(史部)분류법을 계승하여, 기전(紀傳) · 편년(編年) · 국별(國別) 체례 등을 합하여 정사(正史)라 칭하고, 그 외 다양한 체례를 지닌 편기(偏記) · 소록(小錄) · 일사(逸事) 등 10종을 통칭하여 잡사(雜史)라고 하였다. 둘째, 「본기(本紀)」 · 「세가(世家)」 · 「열전(列傳)」 · 「표력(表曆)」 · 「서지(書志)」 · 「논찬(論贊)」 · 「서전(序傳)」 · 「서례(序例)」 등 여덟 편은 전문적으로 기전체의 조직과 구조를 설명하고, 아울러 『사기』와 『한서』 이하 여러 사서에 들어있는 이러한 문제와 관련한 우열과 득실을 평론하고 있다. 셋째, 「단한(斷限)」 · 「편차(編次)」 · 「제목(題目)」 · 「보주(補注)」 등 네 편은 기전체 편찬의 구체적인 처리방법을 상세히 설명하고 있다. 넷째, 「재언(載言)」 · 「재문(載文)」 · 「채찬(采撰)」 · 「서사(書事)」 · 「인물(人物)」 · 「서사(敍事)」 · 「언어(言語)」 · 「부사(浮詞)」 · 「모의(摸擬)」 · 「인습(因習)」 · 「점번(點煩)」 등 열한 편은 사료를 어떻게 선택할 것이며 서술에 있어서는 어떠한 기준과 원칙을 지켜야 할 것인가를 설명하고 있다. 다섯째, 「직서(直書)」 · 「품조(品藻)」 · 「곡필(曲筆)」 · 「감식(鑑識)」 · 「탐색(探賾)」 등 다섯 편은 사가들이 당연히 지녀야 할 양사(良史)로

1 이하 趙呂甫, 『史通新校注』, 自序, pp.4-5 참조.

서의 자세를 강조하고, 특히 아부와 명리추구를 강하게 비판하였다. 여섯째, 「핵재(覈才)」·「변직(辨職)」·「오시(忤時)」 등 세 편은 사재(史才)를 선발하는 중요성과 사직(史職) 수행의 어려움을 설명하고 있다. 특히 유지기는 사관(史館)에서의 수사(修史)와 감수국사(監修國史)의 간섭이 갖는 문제점을 매우 강하게 비판하였다. 일곱째, 「사관건치(史官建置)」·「고금정사(古今正史)」 두 편은 역대 사관의 설치연혁과 사서편찬에 대한 개략적인 설명을 하면서 특히 양사(良史)와 예사(穢史)에 대하여 매우 엄격한 잣대를 적용하여 평가하고 있다. 여덟째, 「의고(疑古)」·「혹경(惑經)」·「신좌(申左)」·「오행지착오(五行志錯誤)」·「오행지잡박(五行志雜駁)」·「잡설(雜說)」(상·중·하)·「암혹(暗惑)」 등 여덟 편은 형식적인 논리와 방법의 추리를 통해 유가경전과 정사 그리고 잡기 중의 사실기록이 지닌 허위성을 폭로하고 역사적 고증이 갖는 의의를 강조함으로 후세 역사적 문헌의 변위(辨僞)작업에 큰 영향을 주었다. 그 외 「자서(自敍)」편에서는 유지기 자신의 가학의 연원과 사서에 대한 탐구 그리고 그 결과로서의 『사통』의 취지를 설명하고 있다.

『사통』은 출간된 후 사학의 성취에 대한 평가를 객관적으로 인정받지 못하고 「의고」와 「혹경」편의 내용과 관련하여 부정적인 논란이 계속되었다. 따라서 당대(唐代)의 유찬(劉璨)은 『사통석미(史通析微)』에서 "터무니없이 성철(聖哲)을 모함하고 있다"[2]고 비판했고, 송대의 송기(宋祁) 역시 "고인(古人)을 교묘히 꾸짖었다"[3]고 지적하였다. 이같은 부정적인 평가는 『사통』의 유전(流傳)을 어렵게 하였다. 따라서 오대(五代) 후진(後晋) 때 편찬된 『구당서경적지』에는 『사통』이 수록되지 않았고, 송초(宋初) 왕효신(王曉臣)의 『숭문총목(崇文總目)』에는 이 책이 잡사류(雜史類)에 수록되었다. 남송 정초(鄭樵)의 『통지(通志)』 「예문략(藝文略)」에 이르러 정사(正史) 부분의 통사류(通史類)에 분류되었지만 『사통』의 학술적 위치가 모호한 상태

2 『郡齋讀書後志』 권1, 「史評」류 참조.

3 『新唐書』 권132, 「劉子玄傳」, 贊曰.

였음은 물론이다. 남송 조공무(晁公武)의 『군재독서지(郡齋讀書志)』에는 사부(史部) 사평류(史評類)에 수록되어 비로소 그 학술적 가치가 인정되었다고 할 수 있다. 그 이후 각종 서목(書目)이나 해제(解題) · 예문지(藝文志) 등에 집부(集部) 문사류(文史類)에 수록되기도 했지만, 『문헌통고(文獻通考)』 · 『고금도서집성(古今圖書集成)』 · 『사고전서총목제요(四庫全書總目提要)』 등에는 모두 사평류에 수록되어 있다.[4]

『사통』의 각본(刻本)과 주석본(注釋本)은 명대 이후 계속하여 나타나고 있지만, 가장 빠른 판본은 송대의 각본(刻本)과 초본(鈔本)을 기초로 만력(萬曆) 5년(1577)에 간행된 장지상본(張之象本)과 육심(陸深)의 『사통』 절본(節本)이라 할 수 있는 『사통회요(史通會要)』 3권을 저본(底本)으로 만력 30년(1602)에 간행된 장정사본(張鼎思本)이 있다. 주석본으로는 명대 이유정(李維楨) · 곽공연(郭孔延)의 『사통평석(史通評釋)』, 진계유(陳繼儒)의 『사통정주(史通訂註)』, 왕유검(王惟儉)의 『사통훈고(史通訓故)』, 청대 황숙림(黃叔琳)의 『사통훈고보(史通訓故補)』, 포기룡(浦起龍)의 『사통통석(史通通釋)』, 기윤(紀昀)의 『사통삭번(史通削繁)』 등이 있다. 이 중 명 · 청시대의 각종 판본을 널리 참고하면서 교정과 함께 상세한 주석을 달고 있는 포기룡의 『사통통석』이 가장 널리 유행하고 있다.

통석자 포기룡(浦起龍)은 자가 이전(二田)이고 만년에는 스스로 삼산창부(三山傖父)라 불렀다. 세간에서는 삼산거사(三山居士)라고도 칭하고, 학자들은 삼창선생(三傖先生)이라고도 불렀다. 청 강희(康熙) 18년(1679) 무석현(無錫縣)의 전간촌(前澗村)에서 태어나 건륭(乾隆) 27년 83세의 나이로 죽었다. 포기룡은 몇 차례 과거시험에 낙방한 후 저술에 뜻을 두었는데, 그는 10여 년의 노력으로 옹정(雍正) 2년(1724)에 완성한 두보(杜甫)의 시작(詩作)에 대한 연구서라고 할 수 있는 『독두심해(讀杜心解)』가 있다. 그리고 옹정 8년(1730) 51세의 나이로 진사(進士)에 합격한 이후 옹정 12년(1734) 운

4 莊萬壽, 『史通通論』, 萬卷樓, 2009, pp.86-89 참조.

남(雲南)의 곤명(昆明)에서 오화서원(五華書院)의 산장(山長)을 맡으면서 서로 다른 고적(古籍)의 평주본(評注本)을 수집하기 시작하였다. 건륭 2년(1737) 고향 무석으로 돌아와 소주부학(蘇州府學)의 교수(教授)로써 자양서원(紫陽書院)에서 임교(任教)하였을 때 왕창(王昶)·전대흔(錢大昕)·왕명성(王鳴盛) 등이 그의 문하에서 수업하였으며, 이때부터 본격적으로 『좌전(左傳)』·『국어(國語)』·『조사(楚辭)』·『문선(文選)』 등 고적의 역대 평주(評注)에 대하여 교감(校勘)을 진행하면서 스스로 상세한 평주를 추가하여 건륭(乾隆) 9년(1744)에는 『고문미전(古文眉詮)』 79권을 각성(刻成)하였다.

『사통통석』 20권은 포기룡이 반생의 정혈(精血)을 모두 이 책의 저술을 위해 썼다고 할 정도로 많은 노력을 기울인 저작이다. 일찍이 건륭 4년(1739) 그가 소주(蘇州)의 자양서원에서 강의하던 시절 왕유검(王惟儉)의 『사통훈고(史通訓故)』와 이유정(李維楨)·곽공연(郭孔延)의 『사통평석(史通評釋)』 등을 보고 부족한 부분을 다시 새롭게 보완하려 했지만 여의치 못하자 건륭 10년(1745)년 노령으로 관직에서 물러난 후 비로소 정식으로 주석을 시작하여 건륭 12년(1747)에 『사통통석』 초고를 완성하고, 다시 5년 동안 여러 차례의 보완과 수정을 거쳐 건륭 17년(1752)에 간행하였다. 이 책의 저술에는 20명에 가까운 사람들의 조력을 받았지만, 특히 책이 완성되기 전 사망한 그의 제자 채작(蔡焯)의 도움을 가장 많이 받았다. 『사통통석』은 상세한 주석을 통해 『사통』 본문을 이해하는데 크게 도움이 된다는 긍정적인 평가와 함께 경솔하게 고서(古書)를 개찬(改竄)하고 정문 중에 주석(註釋)을 달아 읽기가 혼란스러우며, 교감(校勘)에 있어서 인용한 판본의 명칭을 정확하게 밝히지 않고 별본(別本)·속본(俗本)·고본(古本) 등으로 표시하여 그 출처가 애매한 경우가 많다는 비판도 있다.[5] 그럼에도 불구하고 『사통』의 주석본으로 가장 널리 읽히고 있음은 물론이다. 이후 『사통통석』의 문제점을 보완하기 위하여 진한장(陳漢章)의

5 張振珮, 『史通箋注』 前言, 貴州人民出版社, 1985, p.8. 趙呂甫, 『史通新校注』 凡例, 重慶出版社, 1990, p.1 참조.

『사통보석(史通補釋)』, 양명조(楊明照)의 『사통통석보(史通通釋補)』, 나상배(羅常培)의 『사통증석(史通增釋)』 등이 간행되기도 하였다.

역자가 이 책의 번역을 시도한 것을 이제 돌이켜보니 정말 무모한 일이었다는 생각이 든다. 1983년 대만 중국문화대학에서 전목(錢穆) 교수의 강의를 수강하면서 중국사학사에 대한 흥미를 갖기 시작하였지만, 이후 산발적인 관심으로 주로 위진남조시대의 사학과 관련한 논문을 몇 편 발표했을 뿐인 역자에게 이 책의 번역은 다방면에서 역부족임을 절감하게 하였다. 『사통』의 원문은 물론 포기룡의 통석문 중 특히 안문(按文)의 경우는 그 내용을 제대로 이해하는 것이 어려웠을 뿐만 아니라 그것을 다시 우리 글로 정확하게 표현하는 것은 더욱 어려운 일이었다. 때문에 평소 낙관적인 생각으로 모든 일을 쉽게 결정하였다가 간혹 낭패를 보는 일이 있어도 그 결정 자체를 크게 후회해 본적이 없지만, 이 책의 경우는 작업을 하는 내내 과분한 욕심을 냈다는 자괴감을 지울 수가 없었다. 그러나 다른 한 편 곰곰이 생각해보니 그러한 부족함이 오히려 지난 8년의 시간을 이 책과 계속 씨름하며 자신을 채찍질 할 수 있었던 원동력이 되었던 것 같다.

이 책의 번역은 2003년 7월 「자서(自敍)」편을 시작으로 평소 관심을 가지고 있던 「논찬(論贊)」·「서례(序例)」·「인물(人物)」편 등에 대한 산발적인 역주 작업을 진행하다가 2007년 한국연구재단의 번역지원을 받게 되면서 처음부터 다시 체계적인 번역을 진행하였다. 그 과정에서 『사통』의 경우 백화문(白話文)과 일문(日文)으로 번역된 책을 참고로 하여 어려움을 부족하게나마 해결할 수 있었다. 특히 니시와키 쯔네키[西脇常記]의 역주(譯註)는 유지기의 원문을 해석하는 데는 물론 역주 작업을 하는데 있어서도 가장 많은 참고가 되었다. 물론 중국학자들의 선행 교주(校注)와 전주(箋注) 작업들의 도움을 적지 않게 받은 것은 말할 것도 없다. 하지만 '통석'의 경우는 다양한 고전을 인용하면서 축약하여 인용한 문장이 많아 전체 내용을 제대로 이해해야만 해석이 가능한 부분이 적지 않았고 또 참고할 수 있는 선행 저작들이 없어서 그의 주장을 이해하는데 어려움이 많았다. 물론 그 덕분에 과거에 읽었던 흔적이 남아 있는 고전들을 다시 펼쳐가며 전거들을 일일이 대조하는 즐거움을 경험할 수도 있었다. 그러나 포기룡 자신의 견해를 담아 매 편의 중간 혹은 말미에 정리한 안문(按文)의 경우는 역자의 능력이 미치지 않는 부분이 많아 도움을 받지 않으면 안 되었다. 마침 안동대학에 연구를 위해 와 있던 산동사회과학원(山東社會科學院) 유학연구소의 노덕빈(路德斌) 선생의 도움을 많이 받았다. 처음에는 해석이 안 되는 부분을 골라 함께 해석해 나가다가 나중에는 『사통』의 원문을 읽고 다시 포기룡의 안문을 읽고 정리하는 형식을 취하였다. 이러한 작업은 노 선생이 귀국한 후에도 이-메일을 통해 계속되었다. 해석이 어려운 부분은 노 선생이 다시 주변의 관련 학자들의 자문을 받아 정리해 보내주었다. 지난 3년여 시간 동안 노덕빈 선생의 적극적인 도움이 없었더라면 이 책의 번역은 많은 어려움에 봉착하여 순조롭게 진행될 수 없었을 것이다. 서문을 빌려 진심으로 감사의 말을 전한다. 아울러 포기룡의 「서(序)」와 「거요(擧要)」 그리고 채작의 「거례(擧例)」 번역문을 다듬어 준 황만기 선생과 오·탈자 교정을 도와준 대학원생들, 특히 박사과정의 김동현군에게도 고마운 마음을 전한다. 이러한 도움에도 불구하고 분명 적지 않은 오역과 오류가 있을 것이다. 이는 전적으로 모두 역자의 책임임을 밝혀둔다. 물론 터무니없는 오역을 한 부분이 없기를 바라는 마음이지만 그저 희망사항일 뿐이다. 설사 이 번역서가 독자들에게 반면교사로서의 교훈을 제공하는 것에 그치더라도 이 책과 함께 한 지난 8년의 시간이 역자에게는 분명 보람으로 남는다. 마지막으로 책을 정성스럽게 만들어준 소명출판 편집부 여러 분들의 노고에도 감사의 마음을 표한다.

2012년 4월, 안동 원림(院林) 우소(寓所)에서

이윤화

사통통석 1_ 차례

## 『사통통석』 권5

# 사통통석 전체 차례

# 『사통통석(史通通釋)』 서(序)

**포기룡**(浦起龍)

건륭(乾隆) 13년 무진년(戊辰年; 1748)에 삼산창부(三山傖父)의 나이가 일흔이었는데, 손님이 생일에 축수(祝壽)의 말을 해 주었다. 창부(傖父)가 감사해 하며 말하기를, “사람의 수명을 어찌 역사에 비할 수 있겠습니까? 축하의 말을 지어 사람에게 장수를 기원하는 것이 어찌 역사를 위해 사서를 짓는 것에 비할 수 있겠습니까?”라고 하였다. 이 보다 앞서 기미년(己未年; 1739)에 소주부학(蘇州府學)의 교수(敎授)를 대신 맡아보면서 춘풍정(春風亭)에 앉아 시렁 위에 놓인 책 중에 『사통(史通)』을 꺼내어 대충 읽어보고는 도로 내버려두었다. 을축년(乙丑年; 1745)에 벼슬을 그만두고 돌아와 지낼 때, 여러 친구들이 거처로 찾아 왔는데, 창부(傖父)가 막 어지럽게 널려 있는 책들을 손수 정리하자, 모두가 웃으며 “서생(書生)의 습성을 고치지 못하고 아직도 예전처럼 옛 서적에 몰두하십니까?”라고 하자, 창부가 “예예” 하였다.(乾隆十有三年戊辰, 三山傖父年七十, 客將以其生之日爲言以壽. 傖父謝曰 : “壽孰如史? 壽人以言, 孰如壽言於史?” 先是己未, 代匱蘇郡校, 坐春風亭, 抽架上

書, 得『史通』, 循覽粗過, 旋舍去. 乙丑歸老, 諸知舊來起居, 傖父方手裒亂帙, 咸笑以謂書生習氣, 老㦬故紙猶昔耶? 傖父唯唯.)

그 중 채돈복(蔡敦復)[焯]이 그가 교정한 서강(西江) 곽공연(郭孔延)의 평본(評本)[『史通評釋』]을 가지고 내게 물었는데, 그 책을 갑자기 대하였으므로 약간 낯선 감이 있었지만 이미 그 책에 대하여는 기본적인 파악을 하고 있었다. 창부는 "옛 것을 자세히 살피는 길은 두 가지가 있는데 경학(經學)과 사학(史學)에 갖추어져 있다. '육경(六經)'이라는 명칭은 『장자(莊子)』·『열자(列子)』에 처음 보이지만, '사(史)'의 명칭은 더욱 오래되어 『상서(尙書)』·『논어(論語)』에 보인다. 한나라 때부터 경(經)을 가르치는 박사는 세웠지만 사서(史書)를 가르치는 학관(學官)은 두지 않았고, 유향(劉向)·유흠(劉歆)의 『칠략(七略)』에도 사류(史類)가 독립되어 있지 않았다. 한(漢)에서 당(唐)에 이르는 천년 동안 사람들이 체례를 만들었지만 이치에 맞게 합당한 것이 드물었다. 그리하여 사서의 체례가 잘못되고 난잡해졌다. 팽성(彭城) 사람 유자현(劉子玄)[知幾]이 분발하여 책을 지어 그 경위를 정리하고 종합하였다. 여러 사람들의 다양한 견해를 비교하여 살핌으로서 사람들로 하여금 어떤 것을 당연히 좇아 행하여야 하고, 어떤 것을 고치거나 없애야 하며, 관수(官修)와 사찬(私撰) 사이에는 무엇이 다르고, 지금을 기록하는 것과 지나간 것을 편찬하는 것에는 어떤 차이가 있으며, 합침과 나눔, 전체와 일부, 연속과 단절을 어떻게 해야 적당하고, 질적인 좋고 나쁨, 문장의 간결함과 번거로움, 내용의 솔직함과 과장됨을 어떻게 판별하는가를 질서정연하게 그리고 분명하게 정리하고 있으니 어찌 하나의 커다란 즐거움이 아니겠는가. 하물며 사학을 경학과 짝함은 그 공적이 마융(馬融)·정현(鄭玄)과 어깨를 나란히 할 만한 것이지 보잘 것 없는 기교를 부린 것은 아니다. 그 책은 체례를 중시하고 명칭에 신중하며 문식(文飾)을 배척하고 질박함을 숭상하였다. 독창적인 비판정신으로 고독한 면이 있었고, 그 입론이 간혹 편협하고 가혹하였다. 심한 것은 괴이한 언사로 옛 것을 모멸함으로써 분쟁을 야기하였으므로 억측하는 평론들이 분분히 일어나 그 내재적 충직과 질박함을 가려 바로잡을 수가 없었는데, 이는 곽공연의 평본이 더욱 심하였다"라고 하였다.(則有蔡子敦復質所校字西江郭孔延評本, 驟對如略識面, 已益創通大致云. 傖父曰 : 稽古之途二, 經學 · 史學備矣. '六經'之名, 始見『莊』 · 『列』書. '史'名尤古, 見於『書』 · 『論語』. 自漢止立經博士, 而史不置師, 向 · 歆『七略』不著類. 至唐千年, 人爲體例, 論罕適歸, 而史之失哤. 彭城劉子玄知幾氏作, 奮筆爲書, 原原委委. 俾涉學家分塍參觀, 得所爲通行之宗, 改廢之部, 館撰 · 山傳之殊制, 記今 · 修往之殊時, 與夫合分 · 全偏 · 連斷之宜, 良穢 · 簡蕪 · 核直 · 夸浮之辨, 覯若畫井彊, 陳綿蕝, 豈非一大快歟! 矧夫衡史匹經, 比肩馬 · 鄭, 而非蟲篆雕刻之纖纖者歟! 顧其書矜體愼名, 斥飾崇質, 迹創而孤, 其設防或褊以苛. 甚者佹辭巇古以召鬧, 臆評輿而衷質蔽, 莫能直也. 郭本其尤已.)

춘풍정(春風亭)본에 대해서도 묻기에 대답하기를, "이것은 대량(大梁) 왕유검(王惟儉)[損仲]에게서 나온 것인데 여러 평서들의 잘못된 부분을 제거하여 세상 사람들이 가본(佳本)이라 칭송한다. 그러나 그 책의 결점은 문제를 숨기는 것을 잘하였기 때문에 덮어 가린 것을 어떻게 소통했는지, 잘못된 것을 어떻게 바로잡았는지, 탈루된 것을 어떻게 관통시켰는지에 대해 어떤 특별한 방법이 있었는지 보이지 않는다. 또 유씨(劉氏)는 오랜 기간 사관의 직책을 맡았고 문풍(文風)은 제(齊) · 양(梁)까지 거슬러 올라갔으나, 지금과의 거리가 천년이고 그가 참고하였던 여러 책들은 이미 대부분 없어졌으며, 수립한 표지(標指)는 또 어려운 변려체와 지리하고 긴 말들로 되어 있어 작자와 독자 모두를 미혹하게 하였다. 이런 오래된 경험과 방법으로[履豨][1] 어찌 사실을 대할 수 있겠는가? 나는 공명을 취하는

1 역주 : 이 말은 『莊子』 「知北游」에 보이는데, 큰 돼지의 다리를 밟아서 돼지가 살쪘는지 여부를 검사하는 것으로, 원래 도를 밝히는 데에는 비유가 천근(淺近)할수록 더욱 효과적이라는 뜻이지만, 여기서는 오래된 경험과 방법을 의미하는 것으로 사용되었다.

것을 목적으로 옛 사서를 다스리는 방법을 비웃었다. 그들의 마음속에는 확고하게 네 가지 좋지 않은 습관이 자리 잡고 있었는데, 남의 것을 그대로 베끼는 것[剽], 융통성이 없이 자기 것만을 고집하는 것[膠], 자기 마음대로 하는 것[漫與], 무턱대고 하는 것[冥行] 등이다. 이미 없어진 옛 책을 자취를 밟아 고증하면서 변려문의 법식을 운용하였지만 오히려 마음속에 고유한 관념과 습관을 벗어나지 못하고 이로써 소통을 구하였지만 결국 얼마나 실현하였는가?"라고 말하였다.(進問春風亭本, 曰: 是出大梁王損仲, 糞除諸評, 世稱佳本. 然其蔽善匿, 蒙焉何豁, 訛焉何正, 脫焉何貫, 未見其能別徹也. 且劉氏世職史, 而文沿齊·梁, 距今又千年, 所進退羣冊, 已太半亡闕; 所建立標指, 又苦駢枝長語, 迷瞀主客. 此其可以履豨故智塞事乎? 吾嗤夫弋名治古, 而宿習之據於中者四焉: 剽也, 膠也, 漫與也, 冥行也. 躡亡闕之蹤, 導駢枝之窾, 而逆之以中據之封畛, 以求無蔽, 其與幾何?)

창부가 말하기를, "스스로를 비우지 않는다면 다른 사람의 견식에 대하여 통찰할 수 없고, 또한 이는 원통(圓通)의 경지를 이룰 수 있는 근본적인 방법이기도 하다. 이로써 소해(疏解)와 회통(匯通)을 진행하였다. 한 마디 말이라도 타당한지, 한 가지 일이라도 어떻게 이해되는지, 두루 살펴보고 널리 질정하며, 광범하게 취하고 신중하게 채택하였다. 열린 마음으로 맞이하고 겸손한 마음으로 기다리며 고집하지 않는 마음을 지녔다. 매일 마음을 다하여 뜻을 이루기 위해 고된 작업을 하여 혼신을 다해 노력하다보니 나의 나이를 잊을 정도였다. 내 나이 69세인 정묘년(丁卯年; 1747) 선달 그믐날 밤, 나도 모르는 사이 원고가 집대성되었다. 이듬해 다시 수정하고 보완하였다. 황숙림(黃叔琳)의 『사통훈고보(史通訓故補)』를 가지고 온 사람이 있었음으로 또 약간의 조항을 대조하여 바로잡고 보완하였다. 9월 말에 다시 전체 내용을 베끼고 『사통통석(史通通釋)』이라 명명하였으니, 그러한 명칭을 헛되게 하지 않기를 바랄 뿐이다. 칠십 늙은이 생일이 10월 3일인데, 개인적으로 다시 잠시 책 쓰는 것을 그만두었으면 하지만 다시 수정할 기회를 가지기를 바란다. 나는 본성이 음주를 좋아하지 않지만 오늘은 내가 술잔을 들고일어나 장수를 기원하며 말하였다. ‘내가 옛 사람과 저작을 통해 교우(交友)하였으니 나보다 앞서 누가 유지기(劉知幾)와 문장으로 응답할 수 있으며 이후 누가 그와 술잔을 나눌 수 있겠는가. 책이 완성된 후 나의 생일에 서로 잔을 권하며 통쾌하게 술을 마시니 나의 건강과 장수에 도움이 될 것이다. 여러분들과 함께 즐길 수 있어 정말 기쁘다!’”고 하였다(傖父曰 : 不空己於所入者, 不洞彼於所出, 亦適乎通者之衢而已. 用是疏而匯之. 一言之安, 一事之會, 周顧而旁質, 豐取而矜擇. 迎之以隙開, 俟之以懸遇, 持之以不止. 濡首送日, 以勩吾神而忘吾年. 會年六十九, 丁卯之歲除, 脫然不自知其稿之集. 明年, 重自刊補. 有以北平新本至者, 互正又如干條. 盡九月, 寫再周, 命曰『史通通釋』, 無負彼名云爾. 蓋七十叟之生, 十月三日也, 私喜簡再輟而期再會也. 性不飮, 至是擧觴焉, 起而爲壽, 祝曰 : 老子論交古制作, 前乎誰醻後誰酢. 書成生日對深酌, 侑我靈龜謝紛若. 于胥樂兮!)

저추현(杼秋縣) 남쪽에 사는 포기룡(浦起龍)[자, 二田]이 이 책을 편찬하게 된 일의 대략을 앞머리에 쓴다. 삼산창부(三山傖父)는 만년의 자호이다. 그 해 10월 초하루이다.(南杼秋浦起龍二田氏略事概弁其端. 三山傖父者, 晚自謂也. 歲十月初吉.)

서례(序例)가 완성되고 다시 일 년이 되자 지우(知友)들이 계속하여 간행할 것을 독촉하였다. 또 다시 1년을 넘겼으나 판각하려던 뜻은 끝내 이룰 수 없었다. 무진년(1748)부터 임신년(1752)까지 5년의 세월이 지나갔다. 을축년(1745)에 일을 시작하여 8년의 시간 동안 두 차례의 탈고(脫稿)와 그 후 다시 세 차례의 수정을 거쳤다. 이미 판각에 들어간 뒤에 다시 조판을 한 것 역시 30여 조(條)였다. 예전에 이선(李善)은 『문선(文選)』을 주석(注釋)하면서 다섯 차례의 수정을 거쳐서야 확정하였는데, 나의 『사통통석』은 이미 그것을 넘어섰다. 대개 그 고집스럽고 졸렬함이 이와 같았지만 소위 사실을 해석하면서 뜻을 잃어버린 유감을 보완할 수 있었고 아울러 최선을 위해 힘썼다.(序例具之再及期, 知友督梓踵至. 又再逾期, 不自意刻竟成. 自戊辰盡壬申, 爲歲五通. 乙丑事始, 凡歷幹枝之次者八, 而稿兩脫, 後易者又三. 旣入木, 復條刊者卌有奇. 昔李江都注『選』, 至五乃定, 今益過是焉. 蓋其顓固蹇拙之如此, 亦將彌其所謂釋事忘義之憾, 而務相與爲之盡也.)

이 일은 왕오복(王五福)[廷範], 채돈복(蔡敦復)[焯]이 진실로 함께 개척하였다. 자료를 수집하고 베끼는 일에는 돈복이 가장 부지런한 노력을 하였다. (이 일을 마치기 전에 병으로 사망하였다. 매번 책을 펼칠 때마다 함께 작업을 하던 감회를 누를 길 없다.) 그 다음으로는 조카 초황(初篁)[龍孫]·허수래(許修來)[卓然]·방준공(房駿公)[懋福]·장음가(張蔭嘉)[玉谷]·주보림(朱葆林)[庭筠]·시용문(施龍文)[鼎]·등제미(鄧濟美)[凱]·유체정(劉體正)[元典]·화거경(華居敬)[南枝]·채체건(蔡體乾)[煌]·신황(新篁)[麟孫]·예시행(倪時行)[龍鏡]과 처조카 황대산(黃大山)[巖], 족자(族子) 계동(啓東)[燾暉]·금문(錦文)[廷炫]·주사(洲士)[思學]·손궁(遜躬)[志學] 등인데 모두 학문이 넓고 옛 것을 좋아하는 자들로써 선후(先後)하여 내가 미처 깨닫지 못한 것을 도와주었다. 나의 가족 중 교정에 참여한 여러 형제와 조카들의 이름 또한 책머리에 분명히 드러나게 하였다. 세월이 흘러 늙었어도 일을 싫어하지 않았으며, 과거에 만족하지 않았고 노고를 숨기지 않으면서 함께 하기를 좋아하는 사람을 구할 뿐이다.(是役也, 王子五福(廷範), 蔡子敦復(焯)實共啓之; 而網搜傭鈔, 敦復力最勤.(未卒事, 病亡. 每一展卷, 不勝曝書見竹之感.) 嗣是其從子初篁(龍孫), 許子修來(卓然), 方子駿公(懋福), 張子蔭嘉(玉穀), 朱子葆林(庭筠), 施子龍文(鼎), 鄧子濟美(凱), 劉子體正(元典), 華子居敬(南枝), 蔡子體乾(煌), 新篁(麟孫) 倪子時行(龍鏡), 內侄黃子大山(巖), 族子啓東(燾暉), 錦文(廷炫), 洲士(思學), 遜躬(志學), 皆洽學嗜古, 先後起予. 而予諸外內羣從與參校者, 名亦分見卷端. 年運而往, 老不厭事, 毋足已, 毋隱勞, 徵同好云.)

건륭 17년(1752) 11월에 산창(山倉; 삼산창부)이 또 기록하다.(乾隆十有七年, 陽生之月, 山倉又識.)

# 『사통통석(史通通釋)』 거례(擧例)

채작(蔡焯)

二科十別

저서가 반드시 순수하기만 할 필요는 없고 다만 극진한 수준에 이르면 되는데, 거소(居巢) 사람 유지기의 『사통(史通)』이 그러하다. 책을 주석(註釋)함에는 스스로 새로운 선례(先例)를 만들어 내는 것을 경계해야 하고, 책을 주석함에는 성의를 가지고 자료를 대하여야 하는데, 산창(山倉) 선생[浦起龍]의 『통석(通釋)』이 그러하다. 대개 주석의 작용에는 두 가지가 있는데 즉 본문의 통하는 곳과 통하지 않는 곳을 가리는 것이다. 『사통』의 각 판본은 서로 뛰어나다고 자랑하지만 마음에 만족해하는 사람이 대개 적었다. 뜻이 통하는 곳에는 더욱 복잡하게 만들어 어그러지게 하였고, 뜻이 통하지 않는 곳에는 유창한 말로 넘겨 결점을 쌓았으니, 이러한 폐단은 이미 오래되었다. 선생[浦起龍]은 말하기를, "어그러진 논의는 마땅히 바르게 가르치고, 결점이 쌓인 것은 잘못된 곳을 바로잡아야 한다."고 하였다. 그 예(例)로는 모두 두 과(科)가 있고 과(科)마다 각기 별(別)이 있는데, 구체적으로 서술하면 다음과 같다.(書不必醇乎醇, 書惟其至於至, 居巢劉氏之『史通』是也. 注書戒自我作故, 注書欲推心置腹, 山倉先生之『通釋』是也. 凡注之用二, 辨之通與不通而已. 是書行本相高, 厭心蓋寡, 每於通處, 薦以荊榛而趣乖, 於不可通處, 過如炙轂而疵積, 敝也久矣. 先生曰 : "趣乖者法宜訓正, 疵積者道在刊訛." 例總二科, 科各有別, 列如左方.)

바르게 가르친다는 것은 그 뜻[義]과 말[辭]의 정확한 의미를 함께 들어 바르게 고친다는 것이다. 뜻은 문구(文句)로부터 생겨나고, 말은 옛 것에서 말미암는다. 세상에 유행하는 학문의 폐단에는 대체로 두 가지가 있다. 하나는 억측을 믿고 스스로 옳다고 여겨 문장의 뜻을 세심하게 따지면서도 그 말[辭]을 검증하지 않아 폐단이 결과적으로 책을 묶어두고 보지 않는 지경에 이르게 하는 것이다. 이를 일러 '옛 것을 업신여긴다[蔑古]'고 한다. 다른 하나는 박식함을 자랑하고 기이한 것을 좋아하면서 말을 꾸미기만 하고 문장의 뜻을 묻지 않아 그 폐단이 결과적으로 사람들의 마음을 갈수록 암담하게 하는 것이다. 이를 일러 '하늘을 업신여긴다[褻天]'고 한다. 문장의 뜻을 막힘 없이 풀어 말과 서로 통하게 하고, 말을 자세히 살펴 문장의 뜻과 서로 부합하게 하는 것이 곧 바르게 가르친다는 것이다. 바르게 가르치는 방법은 여섯 가지로 구별된다.(訓正者, 兼擧其義與辭而是正之也. 義從文生, 辭由古出. 俗學之弊, 大抵二端 : 憑臆自用者, 揣義而不徵辭, 弊且流爲束書不觀, 是謂蔑古; 炫博貪奇者, 役辭而不問義, 弊又滋乎靈臺日汨, 是謂褻天. 茲用疏義以會辭, 考辭以赴義, 則訓之爲也. 訓正之科, 其別六.)

첫째, '석(釋)'이다. 편(篇)은 절(節)이 모인 것이다. 절(節)이 정리되면 편은 곧 정해지게 된다. 이왕의 각종 평본(評本)들을 일일이 펼쳐서 『사통』「외편(外篇)」에 분류한 세목을 살펴보니 마음에 들지 않았다. 그 전체적인 체제는 조리가 없고 편(篇)은 보조(步調)가 맞지 않았다. 그러므로 이를 위해 '석(釋)'을 통하여 분명하게 하였다. '석'의 작용은 절(節)을 분석하여 그 뜻을 통하게 하는데 있다. 주객(主客)과 영신(影神)이 되어 앞뒤로 서로 이어지게 하고, 겉과 속이 서로 호응되게 하여야 한다. 이는 일을 하기 전에 먼저 해야 할 필요가 있는 것으로 편(篇)의 명명 또한 이로부터 만들어진다. 그 중간에 생략하고 '석'을 사용하지 않는 것은 다만 매우 짧은 절(節)의 경우이다. 옛날 한(漢)·당(唐)에서부터 경전(經傳)에 소(疏)를 단 통례(通例)로 묵란(墨闌)을 표시하였는데, '석'자는 이를 모방하여 사용한 것이다.(一曰釋：篇者, 節之積也, 節淸而篇乃定焉. 歷翻評本, 觀乎「外篇」條別, 胸欠主張; 驗其通體支離, 篇乖步伐者矣. 故爲之釋以淸之. 釋之爲用, 析節而疏其義. 是賓是主, 是影是神, 前後相銜, 中邊交灌, 玆爲從事之所先, 卽其命名之所自. 間有省去不用, 唯於短說爲然. 自昔漢·唐經疏通例, 墨闌標眼, 於'釋'字仿用之.)

둘째, '안(按)'이다. '안(按)' 역시 '석(釋)'이다. 묵란(墨闌)으로 표시하여 주(注)를 달았다. 체례는 발미(跋尾)와 같았다. 먼저 '석(釋)'으로 분별하고 그 후 다시 '안(按)'으로 회통(會通)한다면, 취지가 모이고 귀결점이 있게 될 것이다. 하물며 『사통』을 저작함에 여러 사서를 망라하고 모든 책을 언급하였으며, 범위는 매우 넓고 절목(節目)은 매우 번잡하니, 반드시 먼 곳까지 내다볼 수 있는 명석함으로 살펴야 하고 막힘이 없는 유창함으로 통철해야 한다. 이 문단의 견해는 어디에 위치시켜야 하는가 역시 단지 편(篇)의 '안(按)'으로 정확한 설명을 할 수 있다. 이를 통하여 '안(按)'을 통해 알 수 있는 것은 더욱이 네 마리 말이 끄는 마차가 넓은 길을 달리게 하는 것과 같은 것이지 닭 한 마리 안주만으로 손님을 맞이하는 것과 같은 것은 아니다. 또 '안(按)'은 '석(釋)'과 비교하여 설명하는 범위가 더욱 넓고, '석(釋)'은 때로 절(節)이 짧을 경우 생략되기도 하지만, '안(按)'은 결코 생략할 수 없다. 다만 「외편」 뒷부분[下帙]의 네다섯 곳에서 하나의 '안(按)'으로 세 조목, 두 조목을 통괄하고 있다.(二曰按：按亦釋也. 標仍墨闌, 體同跋尾. 旣釋以辨之, 復按以會之, 指趣所鍾, 歸宿有地矣. 況『史通』之爲書也, 羣

史牢籠, 全書吐納, 畛塗遼闊, 節目棼繁, 則必以見遠之明者察焉, 則將有無礙之辯者通焉. 此段識解於何置頓, 亦惟篇按職此淹該. 是知按之所屆, 尤爲駟牡之廣衢, 非等隻雞之近局也. 又其例比釋加遍, 釋有從省, 按無缺施. 惟下帙四 · 五處有以一按攝三條 · 二條者.)

셋째, '증석(證釋)'이다. 고서에서 증거를 취하여 현재의 의미를 해석하는 것을 이른다. 고어(古語)에 이르길, "사물의 근본을 탐구하려면 그 근원으로부터 찾아야 하고, 어느 곳으로 향할 것인지를 알려면 반드시 먼저 그가 어디에 머물러 있는지를 알아야 한다"라고 했다. 때문에 무릇 인증함에 있어서 인용한 사실은 반드시 사실이 발생한 근원을 찾아야 한다. 말을 인용하였으면 반드시 인용한 말의 최초의 출처를 조사해야 한다. 표시를 할 경우에는 서명(書名)과 편목(篇目)을 모두 거론해야 한다. 예컨대 『좌전』의 경우 모공(某公) 모년(某年), 『한서』의 경우 모본기(某本紀) · 모열전(某列傳) 등과 같은 것들이다. 대개 채록(採錄)에 있어서는 대부분 절(節)을 간략하게 줄이는 방법으로 인용한다. 그러나 원문은 반드시 찾아 확인하는 과정을 거쳐야 한다. 만약 구주(舊注)에 이미 있는 것이라면 분명하게 어떤 판본에 의거한 것인지를 밝히고, 의거한 바를 조사할 책이 없다면 직접 미상(未詳)이라 주를 달아야 하며, 남이 한 말을 몰래 훔치지 않고 남이 인용한 것을 속이지 말아야 함은 세상의 공통된 견해이다.(三曰證釋 : 謂取證古書, 用釋今義也. 語云 : 求之物本, 必於其始; 取其所通, 必於所宅. 故凡有徵引, 事必事祖, 辭必辭根. 而其所標識, 則又書皆擧名, 篇皆擧目. 如『左傳』則某公某年, 『漢書』則某紀某傳之類. 蓋採錄多從節縮, 而原文可任搜核也. 他若舊注已得者, 明書何本; 或無書可質者, 直注未詳. 不攘不欺, 與世共見.)

넷째, '증안(證按)'이다. 대체로 앞서 말한 '증석(證釋)'에 대하여 다시 '안(按)'을 보탠 것을 '증안(證按)'이라 하는데 근거가 없는 병폐와 마음대로 해석하는 습관을 철저하게 없애려는 것이다. 예컨대 『상서(尙書)』에 주(注)를 단 왕숙(王肅)이 있는데 이 사람은 본래 삼국시대 왕랑(王朗)의 아들인데도 주문(注文)에는 후위(後魏)시대의 같은 이름을 가진 사람이라고 하였다. 그리고 『좌전』가(家)에는 서고(徐賈)의 주(注)가 빠져 있는데, 간보(干寶)와 소자현(蕭子顯) 두 사가(史家) 사이에 위치해 있었고, 서고(徐賈)는 서광(徐廣)의 글자가 잘못된 것임을 조사해 내었다. 더 심한 것으로는 전체 '증석(證釋)'이 모두 변설(辯說)의 말인 경우도 있다. 예컨대 「서지(書志)」편의 『동관왈기(東觀曰記)』나 「채찬(採撰)」편의 "심형(沈炯)이 적들을 욕하는 격문을 썼다[沈炯罵書]"는 것으로 하나는 후세 사람이 잘못 베낀 경우이고, 하나는 원본(原本)이 틀린 경우이다. 전자에 대하여는 그 잘못을 없애야 하고, 후자는 그 잘못을 바로잡아야 한다. 대체로 이러한 여러 종류의 정황은 모두 당연히 분명하게 말해야 한다. 1,200조(條)의 증석(證釋) 중 안(按)을 더한 곳이 500여 조가 되는데 임의로 열거한 오래된 말들은 모두 설부(說部)가 되었다.(四曰證按 : 凡前件證釋, 多有就證加按者, 痛刮不根之病及漫與之習也. 如『尚書』注有王肅, 其人也, 本系三國王朗之子, 舊援後魏同名之人. 如『左傳』家缺徐賈一注也, 位在干 · 蕭二史之間, 檢出徐廣字形之誤. 更有全證皆屬設辯者, 如「書志」篇之'東觀曰記', 「採撰」篇之'沈炯罵書', 一失之俗傳, 一失之原本, 則一當革其繆, 一當繩其愆. 凡此諸流, 皆須顯說也. 證釋之條千有二百, 加按之處五百有奇, 任擧陳言, 都成說部.)

다섯째, '협석(夾釋)'이다. '석(釋)'을 절(節)의 뒤에 두지 않고 행간(行間)에 끼워 넣은 것을 '협석(夾釋)'이라 한다. 대체로 이해하기 어려운 뜻에는 한두 마디 말로 통하게 하고, 혹 의심스러운 말에는 간단명료한 말로 이를 지적하였는데, 이러한 것이 모두 '협석'이다. '협석'이 있으면 책을 보는 자들의 이해를 쉽도록 할 수 있고, 변설을 늘어놓기 좋아하는 자들의 여러 가지 의심을 막을 수 있다.(五曰夾釋 : 釋非節界, 夾入行間, 是夾釋也. 凡涉晦澀之義, 用一兩言達之, 或遇疑似之辭, 用直截語指之, 皆是也. 有此可以便觀書者之索解, 可以杜好辯者之歧猜.)

여섯째, '잡안(雜按)'이다. '잡안(雜按)'을 달 때는 원주(原注)에 달아야 한다. 원주란, 유지기가 직접 붙인 주(注)를 가리킨다. 간행 과정에서 잘못된 것은 모름지기 헤아려 정하기도 하고, 주를 달 곳이 아닌 곳에 달았다면 합당한 곳으로 옮기기도 한다. 또 주(注)가 문장에 섞여 있거나 문장이 주에 섞여 들어간 경우가 있는데, 이러한 정황은 「사관건치(史官建置)」편의 '조왈수찬(詔曰修撰)'과 「암혹(暗惑)」편의 '조공다사(曹公多詐)'에 보인다. 아울러 주(注)라고 하면서도 주가 아닌 경우나 원문이라고 하지만 원문이 아닌 경우가 「사관건치」편의 '자력행사(自歷行事)'와 「잡설(雜說)」편의 '소대소언(蘇代所言)'에 보인다. 그 있어야 할 곳을 살펴서 그 정해진 자리에 되돌려놓는 것이 잡안(雜按)을 두게 된 이유이다. 정서(正書)에 얽매이지 않았기 때문에 '잡(雜)'이라 칭한 것이다.(六曰雜按 : 雜按之施, 施於原注. 原注者, 劉自注也. 或刊失其初, 須爲揣定; 或置非其所, 合與推移. 且有注混文·文混注者, 於「史官」篇'詔曰修撰'·「暗惑」篇'曹公多詐'見之. 幷有注非注·文非文者, 於「史官」篇'自歷行事'·「雜說」篇'蘇代所言'見之. 相厥攸居, 還渠定判, 此雜按之所由設也. 不繫諸正書, 故稱雜焉.)

오류를 바로잡은 경우, 오류에는 한 가지 단서만 있는 것이 아니다. 혹은 전해지는 과정 중에 나타난 것이고, 혹은 글자를 고치거나 바꾸어서 생긴 것이며, 혹은 원문 중에 본래 착오가 있었기 때문 등으로 잘못되게 된 원인이 복잡하다. 그리하여 잘못된 글자가 나오고, 글자의 순서를 거꾸로 사용하는 경우가 있고, 글자가 탈락되었거나 잘못하여 쓸데없이 끼워져 모아놓은 것이 번잡하게 된 것이다. 사람의 눈을 자극하기가 마치 어지럽게 낙엽이 연이어 흩날리듯 하고, 이해하기 어려운 것이 마치 샘물이 막혀 제대로 흐르지 않는 것과 같다. 『주서(周書)』「왕회(王會)」의 '동월해합(東越海蛤)'을 '모식(侮食)'으로 잘못 전한 것은 왕원장(王元長)의 「곡수시서(曲水詩序)」가 오히려 꼼꼼하지 못함을 탓하게 되고, 날마다 잘못된 책을 생각하면 소옥인(小屋人)들이 제대로 하지 않은 것을 탄식하게 된다. 제가(諸家)를 살펴보면 잘못된 글자를 삭제하고 바로 잡은 것이

열에 하나이고, 간정(刊定)을 기다리는 것이 열에 아홉이었다. 오류를 바로잡은 조목은 네 가지로 변별된다.(刊訛者, 訛非一端而已, 或流傳, 或竄易, 或原本差池. 所致之塗旣雜, 於是有繆出, 有倒施, 有脫遺 · 羨衍, 所叢之類繁興, 刺眼而葉落連翩, 膠牙而泉流澀咽. 文傳侮食, 怪「曲水序」之猶疏; 日思誤書, 嘆小屋人之不作. 夷考諸家, 刊得者十一, 待刊者十九焉. 刊訛之科, 其別四.)

첫째, 글자의 잘못이다. 이 책은 글자가 잘못된 곳이 대체로 많다. '오고(烏孤)'를 '오손(烏孫)'으로, '문정(文丁)'을 '문왕(文王)'으로, '처도(處道)'를 '승조(承祚)'로, '섭한(涉漢)'을 '사막(沙漠)'으로 각각 바꿔 썼는데, 이러한 잘못은 글자의 착오에 있다. '문성(文省)'을 '성문(省文)'으로, '삭방(朔方)'을 '방삭(方朔)'으로, '무선(武宣)'을 '선무(宣武)'로, '창평(昌平)'을 '평창(平昌)'으로 각각 쓰고 있는데, 이러한 잘못은 글자의 순서를 거꾸로 사용한 데 있다. '소후략(昭後略)'에서 '소(昭)'자(字)를, '언학자(言學者)'에서 '언(言)'자를, '초 · 한열국(楚漢列國)'에서 '국(國)'자를, '「미자」편서(「微子」篇序)'에서 '서(序)'자를 각각 빠뜨렸으니, 이러한 잘못은 글자의 누락에 있다. '명반조토(名班祚土)'에서 '반(班)'자 아래에 '작(爵)'자가 잘못 끼워져 있고, '이기류역(以其類逆)'에서 '역(逆)'자 아래에 '자(者)'자가 잘못 끼워져 있고, '허미상수(虛美相酬)'와 '마천승전(馬遷乘傳)'의 '미(美)'자와 '전(傳)'자 아래에 모두 '이(以)'자가 잘못 끼워져 있으니, 이러한 잘못은 글자의 잘못된 첨가에 있다. 글자의 착오[繆], 글자의 순서를 바꾸어 사용[倒], 글자의 누락[脫], 글자의 잘못된 첨가[羨] 등 네 가지 정황이 있는 것을 통칭하여 '잘못[失]'이라 하였다. 모두 합쳐 220여 조(條)인데, 이는 교정을 한 숫자였다. 대체로 교정하면서 삭제한 내용이 주(注)에 여전히 보이는데, 구본을 없애지 않은 것은 보는 사람이 변별하기를 바라서이다. 어떤 사람은 스스로 총명하다고 여기고 겉만 바꾸었으니 고인(古人)에게 죄를 지음이 이보다 더 심한 것이 없다. 본래 스스로도 매우 싫어하는 일을 어찌 이렇게 할 수 있겠는가. 이하 3조(條) 모두 이와 비슷하다.(一曰字之失 : 是書之失

在字者, 蓋亦多矣. '烏孤'而轉'烏孫', '文丁'而轉'文王', '處道'而轉'承祚', '涉漢'而轉'沙漠', 失則繆; '文省'而曰'省文', '朔方'而曰'方朔', '武宣'而曰'宣武', '昌平'而曰'平昌', 失則倒; '昭後略'漏'昭'字, '言學者'漏'言'字, '楚 · 漢列國'漏'國'字, '「微子」篇序'漏'序'字, 失則脫; '名班祚土', '班'下衍'爵'字, '以其類逆', '逆'下衍'者'字, '虛美相酬', '馬遷乘傳', '美'下'傳'下並衍'以'字, 失則羨. 繆 · 倒 · 脫 · 羨, 凡有四端, 故概曰失也. 總二百二十有奇者, 刊之數也. 其刊去者仍注見之, 不沒舊本, 冀覽之者辨之也. 且作聰明, 改頭面, 得罪古人, 莫此爲甚. 本所深惡, 而豈蹈之. 下三條皆仿此.)

둘째, 구(句)의 어긋남[違]이다. 어긋남 또한 개괄적인 말이다. 구(句)의 어긋남 또한 네 가지 단서가 있고 모두 20군데가 있다. 「점번(點煩)」편의 오류는 단분(丹粉)을 사용하여 점번(點煩)을 한 것을 제외하고 그 외 매우 많은 문제에 대하여도 바로 고치지 않았다. 대체적으로 다음의 몇 가지 사례를 들 수 있다. 구(句)의 오류를 말하자면, 「서사(敍事)」편의 '거만유천(去萬留千)'과 「번생(煩省)」편의 '녹원약근(錄遠略近)' 같은 것은 사류(事類)에 어두워 편(篇)의 정황을 위반한 것이다. 구(句)가 거꾸로 된 경우를 말하자면 「탐색(探賾)」편의 '자권제물(藉權濟物)'과 「번생(煩省)」편의 '거경조부(居京兆府)' 같은 것은 문장 본래의 뜻에 어긋나 말의 취지를 잃어버린 경우이다. 구(句)가 누락된 경우를 말하자면 남제(南齊)의 사서를 서술한 부분과 「신좌(申左)」편을 쓰는데 있어서 탈루의 정도가 전체 편(片) 중 절반에 이른다. 구(句)가 잘못 끼워진 경우를 말하자면, 「서사(敍事)」편의 '물소 가죽에 싸서[犀革裹]'라는 조목과 '심약(沈約)을 비웃었다[嗤沈約]'는 단락 같은 것은 쓸데없이 구를 덧붙여서 읽을 수가 없으며 도리어 좋은 판본을 버려 놓았다. 대개 이러한 정황은 한두 글자에서 글자의 소리와 형태를 살핀다고 해서 해결될 수 있는 것도 아니다. 전체 문장을 차분하게 정리하고 많은 서적을 널리 참고하며, 심지어 한 계절의 시간을 기울여 그 순서를 살피고 난 후에야 그 본래의 진면목이 비로소 나타난다. 이러한 문제에 만년(晩年)의 세월을 소모하였는데 그 중의 고락(苦樂)은 자신만이 알뿐이다.(二曰句之違 : 違亦概詞也. 句之違亦四端, 凡二十處, 而「點煩」之誤在除加丹粉間者不與焉. 稍擧似之 : 以句繆言, 則有若去萬留千 · 錄遠略近, 懵事類而反篇情者, 以句倒言, 則有若藉權濟物 · 居京兆府, 乖文義而沒語趣者; 以句脫言, 則有若述南齊之史 · 結「申左」之科, 缺至一全片而遺忘半面者; 以句羨言, 則有若犀革裹之條 · 嗤沈約之段, 衍至不可讀而反棄佳本者. 凡此又非一兩字之間, 審聲形之比. 靜繹全文, 廣參羣籍, 甚至浹時稽序, 而後其眞始出. 持此耗磨晚節, 佽之甘苦中人.)

셋째, 절(節)의 뒤섞임이다. 절(節)이 뒤섞여 있는 경우가 「내편」에는 적으나 「외편」에는 많다. 이는 통폭(通幅)과 분조(分條)의 체례가 같지 않았기 때문이다. 「내편」의 경우, 「육가(六家)」편의 전체 첫 부분이 이미 별도의 문단으로 끊어져 있다면 전체 끝 부분도 마찬가지로 마땅히 끊어져 있어야 한다. 「서지(書志)」편의 후론(後論)이 '혹문(或問)'으로 끊어져서는 안 되고, 「편차(編次)」편의 마지막 부분이 '심부(尋夫)'로 끊어져서는 안 된다. 「외편」의 경우, 이합(離合) · 단연(斷連)이 섞여 잘못된 곳이 「사관건치(史官建置)」편에 세 곳, 「고금정사(古今正史)」편에 세 곳, 「혹경(惑經)」편에 한 곳, 「잡설(雜說)」상 · 중 · 하편에 열 다섯 곳이 있다. 기술은 뼈와 살 사이를 지나기 때문에, 엉긴 곳에 이를 때는 하기가 어렵지만, 눈의 작용이 멈추면 정신으로 행해야 한다. 그러면 저 뼈마디 사이에 틈이 생기게 되니, 지금 모두 능란하게 해낼 수 있을 것입니다.[1] 「점번(點煩)」편처럼 사서를 인용함에 다른 곳에서 베껴온 내용을 함께 합하고자 한다면 그 사이에 네모난 빈칸으로 사이를 띄어놓아야 한다. 또 권말(卷末) 「오시(忤時)」편 편지 부분은 전후 양단(兩端)을 서(序)와 발(跋)의 체례로 따로 구분하여 인용할 수 있는 것으로 이어놓을 필요는 없다. 이러한 것은

---

1 역주 : 이상은 모두 『장자(莊子)』 「양생주(養生主)」에 나오는 문구들이다. 여기에는 '技經肯綮之未嘗'으로 되어 있으나, 이는 '技未嘗經肯綮'의 도치된 표현이다. "근육과 뼈가 엉긴 곳에 이를 때마다 저는 그 일의 어려움을 압니다[每至於族, 吾見其難爲]"는 표현을 인용하였다. '官止神行'은 '官知止而神欲行'의 줄임 말이다.

모두 구체적인 사정에 따라 알맞게 하려는 것이지 스스로를 자랑하기 위해 기발한 주장을 내세우고자 하는 것은 아니다.(三曰節之淆：節之淆者, 「內篇」少, 「外篇」多, 通幅·分條之殊其體故也. 其在「內篇」, 「六家」之總首旣截, 則總尾亦宜截. 「書志」後論不應以'或問'截, 「編次」終篇不應以'尋夫'截. 其在「外篇」, 離合斷連, 歧迕交失者, 「史官」篇三, 「正史」篇三, 「惑經」篇一, 「雜說」上中下篇十有五. 技經肯綮, 每至族而難爲; 官止神行, 唯彼節之有間, 今皆騞然矣. 至若「點煩」摘史, 隔鈔而合片, 當以方空格界之. 又若卷末「忤時」一牘, 而兩端可以序跋例離之. 斯皆隨方制宜, 非欲矜己立異.)

넷째, 착간(錯簡)이다. 편(篇)과 절(節)과 자구(字句)가 모두 착간이 된 경우이다. 편(篇)의 착간은 권9의 「서전(敍傳)」편이 그렇다.[「서전」편은 「서례(序例)편과 「제목(題目)」편 사이에 있어야 한다.] 절(節)의 착간은 「곡필(曲筆)」편 중의 '부사(夫史)' 10행이 그렇다.[당연히 「감식(鑒識)」편의 '탄사의(彈射矣)' 아래에 있어야 한다.] 자구(字句)의 착간은 「잡설(雜說)」하(下)편의 '이릉서(李陵書)'가 그렇다. 편(篇)은 옮길 수 없었으나 절(節)이나 자구(字句)는 준칙대로 할 수 있었다. 하나하나 바르게 수정하기도 하고, 증거를 통해 밝히기도 하였는데, 모두 권(卷)안에 기록했다.(四曰簡之錯：篇節字句, 並有錯簡. 篇之錯, 卷九內之「敍傳」者是; 節之錯, 「曲筆」中之'夫史'十行者是; 字句之錯, 「雜說」下之'李陵書'者是. 篇不得而移, 節句可得而準也. 或遂刊定, 或爲證明, 具著卷中.)

무릇 내가 힘써 하고자 했던 것은 대체로 앞에서 열거한 조목들이다. 이미 모든 조목들에 관하여 토의를 진행하면서 도리에 대하여는 말하지 못하였지만 많은 사람들이 모두 그렇게 인정하리라 여긴다. 목적은 곧 잘못된 것을 없애고 옳은 것을 따르기 위함이다. 말의 경우 내용이 충실한 것을 중시하는 사람은 문사(文辭)의 합당함과 엄밀함을 중요하게 여김으로 반드시 유감이 없고 난 후에야 안심한다. 이 책은 유씨[劉知幾]의 『사통』이라 해도 되고, 포씨[浦起龍]의 일가지언(一家之言)이라 해도 된다. 기사년(己巳年) 정월[孟陬], 친현당(親賢堂)에서 쓰다.(凡所盡心, 略如前款. 間嘗總

諸科別而榷之, 理不言而同然, 唯去非以趨於是; 言愜心者貴當, 必無憾然後卽安. 是書也, 謂劉氏『史通』可, 謂浦氏家言亦可. 己巳孟陬, 親賢堂.)

# 『사통통석(史通通釋)』 거요(擧要)

포기룡(浦起龍)

『사통(史通)』은 첫 부분에 '육가(六家)'·'이체(二體)' 네 글자를 내세워 책 전체의 기둥으로 삼았다. 이 네 글자는 유씨[劉知幾]가 처음으로 발명한 것으로서 천고(千古)의 사국(史局)이 그것을 뛰어 넘을 수 없었다. 자고이래 평론가들이 이 네 글자를 제대로 인식하는 사람이 매우 적었지만, 이 네 글자가 책 전체를 관장하였다.(『史通』開章提出四個字立柱棒, 曰'六家', 曰'二體'. 此四字劉氏創發之, 千古史局不能越. 自來評家認此四字者絶少, 此四字管全書.)

육가(六家) 속에서는 이체(二體)가 더욱 중심이 된다. 『사통(史通)』에서는 좌구명(左丘明)과 반고(班固)를 으뜸으로 받들었는데, 좌구명과 반고는 이체(二體)의 창시자였다. 사서(史書)가 아닌 것은 존중하지 않았기 때문에 『공양전』과 『곡량전』을 물리쳤고, 사서로서 단대(斷代)를 기준으로 완성된 것이 아니면 존중하지 않았기 때문에 사마천의 『사기』를 폄하하였다.(六家中, 二體更是主腦. 『史通』首奉左·班, 左·班二體初祖也. 非史者不祖, 故退『公

羊』·『穀梁』. 史非斷代成書者不祖, 故乙司馬.)

『사통』에서 통렬하게 배척한 것은 『위서(魏書)』와 『북주서(北周書)』였다. 당시 남조의 유씨(劉氏)[宋]와 소씨(蕭氏)[齊·梁]의 왕조가 계속하여 흥기하였는데, 이는 북위의 탁발씨(拓跋氏)가 꺼리던 바였다. 위수(魏收)는 북조에서 태어났으므로 남조를 '도이(島夷)'라고 지목하여 헐뜯는 명칭을 만들었지만 그 뜻이 '색로(索虜)'라고 하는 것과는 달랐다. 이러한 관점으로 쓴 사서는 사실과 달리 허망하였으므로 믿을 수 없다. 북주(北周)의 우문흑달(宇文黑獺; 宇文泰)이 군주를 시해한 죄는 하륙혼(賀六渾)을 능가하는데도 소작(蘇綽)은 교묘하게 이러한 사실을 감추었다. 『주관(周官)』으로서 이를 헛되이 꾸미는 것은 마치 양웅(揚雄)이 「극진미신(劇秦美新)」에서 왕망(王莽)을 미화한 것처럼 우문씨(宇文氏)를 미화한 것으로 조금도 옳은 것이 없다. 이렇게 쓴 사서는 부끄러운 것이고, 부끄럽다는 것은 사실이 바르지 않다는 것이다. 믿을 수 없는 것과 바르지 못한 것이야말로 사서의 적(賊)이다.(『史通』所痛斥者, 後魏·後周兩家. 是劉·蕭代興, 拓跋所忌, 魏收北產, 目爲島夷, 造立詭名, 義殊索虜, 其史誕, 誕者不信. 黑獺弑主, 罪浮賀六, 蘇綽巧蓋, 文以『周官』, 方之「美新」, 得無類是, 其史慙, 慙者不直. 不信不直, 史之賊也.)

유씨[劉知幾]가 개발한 사서의 체례는 후대의 사서에서 바꿀 수 없는 것이 열에 여섯, 일곱이 된다. 나는 「자서(自敍)」편에서 그 대략을 말하였다.(劉氏開發史例, 後史不能易者, 十得六·七. 愚於「自敍」篇略經點出.)

단지 사론(史論) 중의 '옛사람들을 교묘하게 꾸짖었다'는 말로 말미암아 『사통』을 이것저것 자질구레한 것을 각박하게 다룬 책으로 여겼고, 또한 황정견(黃庭堅)[山谷]이 『사통』을 『문심조룡(文心雕龍)』과 함께 칭함으로 말미암아 『사통』을 실속 없이 겉만 화려한 책으로 여겼으니, 왜곡됨이 적지 않았다.(只緣史論有'工訶古人'一語, 便認『史通』作捃撦苛碎之書; 又緣山谷

以『文心雕龍』並稱, 便認『史通』是絺繪浮華之冊. 枉屈不少.)

평론가들이 유씨[劉知幾]를 집중적으로 공격한 이유는 「의고(疑古)」 등 여러 편 때문인데, 이는 관방(官方)의 견해이다. 평론가들이 유씨를 집중적으로 공격한 또 다른 이유는 왕소(王劭)를 칭찬했기 때문인데, 이는 다른 사람의 말을 그대로 따른 것에 불과하다. 유지기가 회의(懷疑)하게 된 것은 왕망(王莽) · 조조(曹操) · 사마사(司馬師) · 사마소(司馬昭) 등으로 말미암은 것이지 순(舜) · 우(禹) · 이윤(伊尹) · 주공(周公)으로 말미암은 것은 아니었다. 왕소가 금기에 저촉되었다는 이유로 나쁜 평가를 받았는데도, 유지기만 유독 그를 정직한 인물로 기술하여 사람들이 모두 유지기를 괴이하게 여겼다. 사람들이 괴이하게 여긴 이유는 평론가들이 이미 왕소에 대해서 나쁜 평가를 내렸기 때문이고, 유지기가 정직한 인물로 기술한 이유는 왕소가 진실로 금기에 저촉되었는가 하는 의문에서 비롯되었다. (評者集矢劉氏有故, 爲「疑古」諸篇也. 此是公家見解. 評者集矢劉氏又有故, 爲推獎王劭也, 此乃隨人走趨. 劉之起疑, 由莽 · 操 · 師 · 昭, 不由舜 · 禹 · 伊 · 周. 王劭由觸諱得惡傳, 劉獨直之, 人皆怪之. 怪之由, 由惡傳; 直之由, 由觸諱.)

『사통』의 장황하고 조리가 없음은 주로 「재언(載言)」 · 「서지(書志)」편 등에 있고, 『사통』의 결점은 주로 「품조(品藻)」 · 「인물(人物)」편 등에 있다. 말을 너무 쉽게 하면 제도와 법령이 제대로 행해지지 못하게 되고, 이치를 살핌에 조잡하면 인물에 대한 평론이 혼란스럽게 되는 것이다. 이를테면 「의고(疑古)」와 「혹경(惑經)」 편에 대해서는 세상 물정에 어두운 서생들이나 소란스럽게 하지, 현명한 사람은 이것저것 세세하게 따지지 않는다.(『史通』支離, 在「載言」 · 「書志」等篇; 『史通』破綻, 在「品藻」 · 「人物」等篇. 出言易則制法不行, 見理粗則論人雜出. 若「疑古」 · 「惑經」, 是學究之所駴, 明者不與較也.)

유지기는 번잡하게 말하는 것을 싫어하고 자질구레하게 말하는 것을 좋아하지 않았지만 사체(史體)를 애석히 여겼기 때문에 이것에 지나치게 집착을 하여 왕왕 그 말에 너무 직설적인 데가 있었다. 그러나 「번생(煩省)」·「잡술(雜述)」편 등 내편(內篇)의 끝 부분에 이르러 오히려 근본적인 전환이 있었다. 사서를 깔보는 것을 방지하고 가치 있는 사서를 빠뜨리는 것을 방지함으로서 한 쪽에 치우치지 않았다.(劉氏不喜煩稱, 不喜小說, 惜史體, 故執此太堅, 往往言過其直. 然到「煩省」·「雜述」·「內篇」盡處, 却一齊拉轉, 旣防褻史, 仍防廢書, 非偏任者.)

유지기는 여러 작자들에 대하여 경솔하게 비난하면서 '어리석다'·'망녕되다'라고 하였고, 심지어 '사특한 말이다'·'소인배다'라고 하면서 진정으로 책망하였다. 이는 그가 소양이 없다는 증거이며, 또 그가 평소 원망을 쌓았던 데서 유래한 것이다.(劉氏於諸作者, 輕口揮斥, 曰愚·曰妄, 甚至曰邪說·曰小人, 乃眞罪過. 是渠無素養之證見, 亦是渠積素憤之由來.)

무릇 글을 지음에는 반드시 오류가 없을 수는 없다. 타인의 오류는 기억력의 생소함에서 비롯된 것이고, 유지기의 오류는 기억력의 익숙함에서 말미암은 것이다. 기억력이 생소하면 저변까지 미치지 못하고, 기억력이 익숙하면 자세히 조사하지 않는다.(凡著書, 必不能無謬誤, 他人之誤, 由記分生, 劉氏之誤, 由記分熟. 生者不到邊, 熟者不覆勘.)

『사통』은 책에 대한 전체적 이해가 있으면 각 편(篇)을 제대로 파악할 수 있다. 그러나 한 편을 집어낸다고 하여도 『사통』에는 별 관계가 없다. 『통석(通釋)』은 한 편(篇)에 대한 해석이 모두 책 전체를 조명한 것이므로 책에 대한 전체적 이해가 없더라도 『통석』에는 마찬가지로 별 관계가 없다.(『史通』, 通一部成一篇, 但捻一篇者, 於『史通』, 無預. 『通釋』, 釋一篇照一部, 未了一部者, 於『通釋』, 亦無預.)

『통석』의 완성은 북평본[『사통훈고보(史通訓故補)』]이 간행되기 전인데도, 중간에 징험한 일은 합치되는 부분이 자못 많다. 만약 북평본을 본 뒤에 추가로 기입했다면 반드시 그 출처를 숨기지 않았을 것이다. 혹여 『통석』에서 언급한 미세한 부분이나마 학문이 뛰어난 사람에게 작은 보탬이 된다면 천하의 사람들과 즐거움을 함께 볼 것이다.(『通釋』之成, 在北平本未行之前, 中間徵事, 頗多暗合. 若在見後增加, 必不揜其所自. 容有涓埃所及, 小益高深, 樂與天下共見之.)

구방심재(求放心齋)에서 덧붙여 쓰다.(求放心齋贅筆.)

# 『사통(史通)』 원서(原序)

장안(長安) 2년(702)(무후가 임조(臨朝)한 지 19년, 이에 이르러 열여섯 번째 개원(改元)하였다)[1]에 나는 저작좌랑(著作佐郎)[2]으로 국사(國史)[3] 편수를 겸하고 있었다. 얼마 후 좌사(左史)가 되어 문하성(門下省)에서 기거주(起居注)를 편찬하였다.[4] 승진하여 중서사인(中書舍人)[5]이 됨으로서 잠시 수사(修史)의

1 역주 : 이때 유지기의 나이 42세였다. 유지기는 고종(高宗) 용삭(龍朔) 원년(661)에 태어나 현종(玄宗) 개원(開元) 9년(721)에 죽었다. 장안(長安)이란 연호는 701년에서 705년까지 사용되었다.

2 역주 : 당 제도에는 저작국(著作局)에 저작랑 2인이 두어졌는데 종5품상, 저작좌랑 4인은 종6품상이었다. 『당육전(唐六典)』 권10에, 저작랑은 비지(碑志)·축문(祝文)·제문(祭文)의 편찬을 관장하는데 좌랑과 저작국의 일을 분담하였다고 했다. 좀 더 자세한 내용은 『구당서(舊唐書)』 권43, 「직관지(職官志)」 2, "비서성(秘書省)" 조(條) 참조

3 역주 : 국사라 함은 당조(唐朝)에 관한 사서에 국한하여 지칭하는 용어이다.

4 역주 : 고종(高宗) 용삭(龍朔) 2년(662)에 기거사인(起居舍人)을 좌사(左史)로, 기거랑(起居郎)을 우사(右史)로 고쳤다. 종6품상이다. 모두 기거주(起居注)를 관장하였다.(『구당서』 권43, 「직관지」 2, "문하성" 조 참조) 기거주는 황제의 언행을 시간에 따라 기록하는 것으로 실록편찬의 중요한 자료이다. 당대(唐代)의 기거주에 대하여는 謝保成,

직무를 맡지 않았지만, 얼마 안 되어 그 직무를 겸하여 맡았다. 중종[今上]께서 즉위하고[6] 나는 저작랑(著作郎)·태자중윤(太子中允)·솔경령(率更令)[7]에 임명되었고 예전처럼 국사 편수를 겸하였다.[8] 황제[大駕]가 서경(西京)으로 돌아가자[9] 나는 동도(東都)에 남아 있었다.[10] 얼마 지나지 않아 조정의 부름을 받고 경사(京師)로 가서 수사(修史)를 담당하게 되었고, 이어 비서소감(秘書少監)[11]에 임명되었다.(釋 : 첫머리에서는 역임한 관직을 서술하고 있다. 즉 「자서(自敍)」편에서 말한 "세 번째 사신(史臣)이 되어 다시 동관(東觀)에 들어갔다"는 부분이다. 그 주(注)에 "오늘날의 사관(史館)은 옛날의 동관이다"라고 했다) 나는 두 군주[12]를 모시고 양경(兩京)에 봉직하면서 문헌과 전적(典籍)을 관장하는 기구에 재임한 적이 있고, 오랜 기간 사관(史官)의 직무를 맡아보았다. 과거에 마융(馬融 : 79-166)이 세 차례나 동관(東觀)에 들어갔는데[13] 이

『隋唐五代史學』, 商務印書館, 2007, pp.99-103 참조

5 역주 : 황제의 조칙을 기초(起草)하는 직무를 지닌 정5품상에 해당하는 관리이다.

6 역주 : 장안(長安) 5년(705) 춘(春) 정월, 장역지(張易之)·장창종(張昌宗) 등을 주살하고 중종이 복위하여 다시 국호를 당(唐)이라 하고, 연호를 신룡(神龍 : 705-706)으로 고쳤다.

7 역주 : 당대 동궁(東宮)에 두어졌던 관리로서 태자중윤[정5품하]은 태자와 관련한 예의(禮儀)를 담당하면서 계주(啓奏)의 정리를 맡은 좌서자(左庶子)를 도왔고, 솔경령[종4품상]은 종족(宗族)의 순위(順位)·예악(禮樂)·형벌(刑罰)·누각(漏刻) 등을 맡았다. 『구당서』 권43, 「직관지」 3, "동궁관속(東宮官屬)" 참조.

8 역주 : 이 과정을 「자서(自敍)」편의 원주(原注)에는, 무후 때 저작좌랑(著作佐郎)에 임명되고, 자리를 옮겨 좌사(左史)가 되었다. 지금의 황제[今上]께서 즉위하자 다시 저작랑(著作郎)에 임명되었다. 장안(長安)에 있을 적에는 저작랑으로서 국사(國史) 편수를 겸하였다. 중서사인(中書舍人)에 임명되는 관계로 잠시 사관의 일을 그만 둔 적이 있다. 신룡(神龍) 원년(705)에 다시 국사 편수를 겸하여 지금까지 변함이 없다고 했다.

9 상세한 주(注)를 이 책 마지막 「오시(忤時)」편에 모았다. 역주 : 신룡(神龍) 2년(706)의 일이다.

10 역주 : 서경(西京)과 동도(東都)란 각각 장안(長安)과 낙양(洛陽)을 가리킨다.

11 역주 : 비서소감[종4품상]은 비서감을 도와 국가의 도서(圖書)를 관장하였다.

12 역주 : 두 군주란 측천무후와 중종을 말한다.

13 『후한서』 권60상, 「마융전」에, 영초(永初) 4년(110) 조정의 부름을 받고 교서낭중(校書郎中)에 임명되어 동관(東觀)에서 비서(秘書)를 교정하는 일을 맡았다. 태후의 뜻을 거슬려 금고(禁錮)되었다. 태후가 죽고 안제(安帝)가 친정(親政)하자 교서낭중으로 다시 돌아왔다. 강부(講部)에 있었으며, 후일 다시 의랑(議郎)에 임명되었다. 환제(桓帝) 때 대장군 양기(梁冀)의 뜻을 거슬려 면관(免官)되었다. 사면을 받고 다시 의랑에 임

는 한대(漢代)에 매우 영광스런 일이었다. 장화(張華 : 232-300)가 두 차례 사관(史官)을 맡았던 일도 진대(晉代)에는 칭찬을 받았다.[14] 그러나 오호라! 나 같이 보잘 것 없는 사람이 (사관의 직무를) 겸하게 되었지만, 직무에 대해 노심초사하여 한가롭게 쉬지 못하였다.(釋 : 이 구절에서는 역임한 관직을 총괄하면서 직무에 따라 역사적 사실을 편찬하였고, 그로 인해 『사통』을 짓게 되었다고 하였다) 나는 일찍이 (사관에서 사서를) 기재하고 삭제하는 작업을 하는 동안 여가가 나는 대로 틈틈이 사서의 편찬문제를 토론한 적이 있는데, 그때마다 그 내용을 부지런히 기록하여 마침내 상자를 가득 채우기에 이르렀다. 이에 그 비슷한 내용끼리 구분하여 모으고, 순서를 정하여 편찬한 것이다.(釋 : 이 구절은 암암리에 『사통』을 포괄하고 있다)

長安二年,(武后臨朝第十九年, 至此十六改元)余以著作佐郎兼修國史, 尋遷左史, 於門下撰起居注. 會轉中書舍人, 暫停史任, 俄兼領其職. 今上卽位, 除著作郎 · 太子中允 · 率更令, 其兼(舊說'兼'字)修史皆如故.(兼修史, 以領職言, 脫'兼'字則非) 又屬大駕還京, 以留後在東(舊說'東'字)都. 無幾, 驛徵入京, 專知史事, 仍遷秘書少監.(釋 : 首敍歷官, 卽「自敍」篇所謂"三爲史官, 再入東觀"也. 其注云 : "今之史館, 卽古之東觀") 自惟歷事二主, 從宦(一作'官')兩京, 遍居司籍之曹, 久處載言之職. 昔馬融三入東觀, 漢代稱榮; 張華再典史官, 晉朝稱美. 嗟予小子, 兼而有之. 是用職思(舊誤作'司')其優, 不遑啓處.(釋 : 此總上歷官, 括合當職撰史事, 卽以引『史通』之作) 嘗以載削餘暇, 商榷(一作'確')史篇, 下筆不休, 遂盈筐篋. 於是區分類聚, 編而次之.(釋 : 此六句暗籠『史通』)

옛날 한(漢)나라 때 유자(儒者)들이 모여 경전(經傳)의 이동(異同)을 토론하고, 백호각(白虎閣)에서 그 결론을 정리한 적이 있었다. 따라서 책이름

---

명되었고 거듭 동관에서 저술을 맡았다고 했다.

14 『진서(晉書)』 권36, 「장화전(張華傳)」에, 장화는 학업이 뛰어나고 박식하여 여러 가지에 능통하였다. 노흠(盧欽)이 문제(文帝)에게 추천하여 저작좌랑이 되었다. 혜제(惠帝)가 즉위하여 장화를 태자소부(太子少傅)로 삼았다. 몇 해 뒤에 하비(下邳) 왕황(王晃)을 대신하여 사공(司空)으로서 저작(著作)을 지휘하였다고 했다.

을 『백호통(白虎通)』이라 하였다.[15] 나는 사관(史館)에 있으면서 이 책을 완성하였으므로 『사통(史通)』을 책이름으로 하였다.[16] 또 한나라에서는 사마천의 후손을 찾아 '사통자(史通子)'로 봉하였는데,[17] 이를 보면 사(史)와 관련하여 '통(通)'이라 칭한 유래가 오래되었음을 알 수 있다. 널리 여러 사람들의 의견을 모아 이 같은 이름을 정하였다.(**釋**: 여기서는 고대의 사서와 사실 두 가지 예를 인용하여 『사통』의 명명(命名)에 근거가 있음을 설명하였다) 모두 20권으로 아래와 같다. 각기 약간의 문장으로 되어 있다.(**舊注**: 없어진 편목(篇目)을 제외하고, 본문 83,352자, 원주(原注) 5,498자이다. **按**: 글자 수를 지금은 확정할 수 없기 때문에 잠시 구본(舊本)에 근거하여 표기하였다) 경술(庚戌)년, 경룡(景龍) 4년(710)(중종(中宗)의 연호로서, 이때가 다시 제위에 오른 지 6년째이다) 2월에 쓰다.

昔漢世諸儒, 集論經傳, 定之於白虎閣, 因名曰『白虎通』. 予旣在史

---

15 『후한서』 권3, 「장제기(章帝紀)」에, 건초(建初) 4년(79)에 대부(大夫) · 박사(博士) · 의랑(議郎) · 낭관(郎官) 및 여러 유생(儒生)들과 학자들이 백호관(白虎觀)(역주: 『사통』 원서(原序)에는 백호각(白虎閣)이라 하였다)에 모여 『오경(五經)』의 이동(異同)을 토론하고 그 내용을 묶어 『백호의주(白虎議奏)』를 작성하였다고 했다. 『후한서』 권40 하, 「반고전(班固傳)」에, 천자가 여러 유생들을 모아 『오경』을 강론하고 『백호통덕론(白虎通德論)』을 지었고, 반고에게 명하여 그 사실을 기록하게 했다고 하였다. 『수서경적지(隋書經籍志)』(역주: 「경적지」는 본래 『수서』 권32-35에 경(經) · 사(史) · 자(子) · 집부(集部)로 구분되어 수록되어 있지만, 이후 모두 편의상 『수서경적지』로 표기한다. 『한서』 권30, 「예문지(藝文志)」의 경우와 『구당서(舊唐書)』 권46-47, 「경적지」, 『신당서(新唐書)』 권57-60, 「예문지(藝文志)」의 경우도 마찬가지로 각각 『구당서경적지』 · 『신당서예문지』로 줄여서 표기한다)에는 『백호통(白虎通)』 6권이라 했고, 『신당서예문지』에는 '통(通)'자 밑에 '의(義)'자가 있어 『백호통의(白虎通義)』라고 하였다.

16 역주: 『구당서(舊唐書)』 권102, 「유자현전(劉子玄傳)」에는 『사통자(史通子)』 20권을 지었다고 했으나 『사통』 「원서(原序)」와 『신당서』 권132, 「유자현전」에는 모두 『사통』이라 되어 있다. 이에 관한 자세한 논의는 程千帆, 『史通箋記』, 中華書局, 1980, pp.1-2 참조.

17 『한서』 권62, 「사마천전」에, 태사공(太史公)은 부자(父子)가 계속하여 사관의 직을 맡아 「본기(本紀)」 · 「표(表)」 · 「서(書)」 · 「세가(世家)」 · 「열전(列傳)」 모두 130편, 526,500자를 지었다. 선제(宣帝) 때 사마천의 외손 양운(楊惲)이 그 책을 조술(祖述)하여 마침내 세상에 알렸다. 왕망(王莽) 때에 이르러 사마천의 후손을 찾아 사통자(史通子)에 임명하였다고 했다.

館而成此書. 故便以『史通』爲目. 且漢求司馬遷後, 封爲史通子, 是知史之稱通, 其來自久. 博采衆議, 爰定茲名.(**釋** : 此層明點『史通』, 兩引古史古事, 以見命名所本) 凡爲廿卷. 列之如左, 合若干言.(**舊注** : 除所闕篇, 凡八萬三千三百五十二字, 注五千四百九十八字. **按** : 字數今不可定, 姑仍舊本存之)於時歲次庚戌, 景龍四年(中宗元, 是時復辟六年矣), 仲春之月也.

**按** : 이 유지기의 자서(自序)는 마땅히 정식 편목의 제일 앞에 있어야 한다. 여러 판본에서는 이 「자서」를 후세 사람들의 서례(序例) 사이에 잘못 배치하였는데 그것은 원래의 체례(體例)와 맞지 않는다. 이 서(序)를 보면 간단명료하고 바르고 간절하여 그의 사필(史筆)이 얼마나 간결(簡潔)한지 알 수 있다. 옛날의 『경(經)』·『소(疏)』·『문선(文選)』 등에 자서(自序)가 있는 경우 모두 본문[正書]과 함께 주(注)가 붙어 있다. 왕유검(王惟儉)의 『사통훈고(史通訓故)』에도 이 서(序)에 주가 있기 때문에 본인[浦起龍]도 그대로 좇았다.(此劉氏「自序」, 當冠正目之首, 諸本錯置後人序例之間, 非體. 觀此一序, 簡明典切, 即可徵其史筆之潔, 古者經疏·文選, 凡有自序者, 皆與正書同注. 王本此篇亦有注, 愚亦遵用之)

# 『사통통석(史通通釋)』 내편(內篇)

## 『사통통석』 권1

# 「육가(六家)」 제1

**처음과 끝을 합쳐 모두 여덟 장(章)으로 되어 있다.**[合起結共八章]

『사통』 내편(內篇)의 첫 권인 「육가(六家)」편은 수(隋)·당(隋) 이전에 쓰여진 사서의 체례(體例)에 대한 총론이면서, 『사통』 전체의 의의를 밝히고 그 대강을 서술하기 위한 것이다. 유지기는 예로부터 자기 시대에 이르기까지의 사서를 여섯 유파(流派)로 분류하였다. 즉 『상서(尙書)』가(家)·『춘추(春秋)』가·『좌전(左傳)』가·『국어(國語)』가·『사기(史記)』가·『한서(漢書)』가로 구분하였고, 포기룡(浦起龍)은 다시 각 유파의 특징과 관련하여 이들을 각각 기언가(記言家)[『상서(尙書)』가]·기사가(記事家)[『춘추(春秋)』가]·편년가(編年家)[『좌전(左傳)』가]·국별가(國別家)[『국어(國語)』가]·통고기전가(通古紀傳家)[『사기(史記)』가]·단대기전가(斷代紀傳家)[『한서(漢書)』가]로 짝 지워 분류하였다. 물론 이들 외에도 이 책 「잡술(雜述)」편에 정리된 편기(偏紀)·소록(小錄) 등 10류(流)에도 주의하였지만, 결국 사서의 중요한 체재는 이 여섯 유파로 귀결된다고 하였다. 유지기는 이들 육가(六家)의 특징을 정리하면서 특히 『상서』가와 관련하여 "원래의 체례에 맞지 않는다[爲例不純]"는 점을 비판하였는데, 이는 그가

「서례(序例)」편에서 말한, “무릇 사서에 예(例)를 두는 것은 나라에 법이 있는 것과 같다. 나라에 법이 없다면 상하의 질서가 없게 되고, 사서에 예(例)가 없으면 시비를 판단할 기준이 없게 된다[夫史之有例, 猶國之有法. 國無法, 則上下靡定; 史無例, 則是非莫準]”고 한 것과 일맥한다. 물론 이러한 기준은 다른 유파의 경우에도 모두 적용되었다. 「육가」편의 중요한 의의는 첫머리에서 밝힌 “예로부터 지금까지 때로는 문장이 소박한 것을 숭상하고, 때로는 화려한 문채(文采)를 숭상하는 풍조가 시대에 따라 서로 번갈아 발전하였다. 따라서 각종 사서의 편찬은 그 체례(體例) 형식이 고정불변한 것은 아니었다[古往今來, 質文遞變, 諸史之作, 不恒厥體]”고 한 말과 마지막 결론 부분에서 “순박한 사회 기풍은 모두 흩어져 없어지고 시대가 바뀌고 세상이 달라져 『상서』 등 4가(『상서』·『춘추』·『국어』·『사기』)의 체례는 이미 오래 전에 폐기되었다. 본받아 따를만한 것으로는 단지 『좌전』과 『한서』 2가(家)가 있을 뿐이다[朴散淳銷, 時移世異, 『尙書』等四家,(『尙書』·『春秋』·『國語』·『史記』) 其體久廢, 所可祖述者, 唯『左氏』及『漢書』二家而已]”고 한 말에 그 의미가 모두 함축되어 있다.

## 1-1

예로부터 역대 제왕들이 문헌(文獻)과 전적(典籍)을 편찬·서술한 상황에 대하여는 「외편(外篇)」(「고금정사(古今正史)」편을 말한다. ‘외편’ 두 글자를 어떤 판본에는 ‘사(史)’라고 썼다)에 상세히 설명하였다.[1] 예부터 지금까지 때로

1 역주 : 『사통』 「내편(內篇)」과 「외편(外篇)」이 지닌 특징과 작성의 선후(先後)에 대하여는 다양한 견해가 있다. 각 편의 특징이 작성의 선후와 아무런 관계가 없다고 보는 주장, 「외편」이 먼저 작성되고 「내편」이 그 후에 완성되었다는 주장, 그 반대로 「외편」이 내용과 형식에 있어서 모두 「내편」을 기반으로 진일보된 견해를 싣고 있기 때문에 후에 완성되었다는 주장 등이 그것이다. 『사고제요(四庫提要)』에서는 『사

는 문장이 소박한 것을 숭상하고, 때로는 화려한 문채(文采)를 숭상하는 풍조가 시대에 따라 서로 번갈아 발전하였다.[2] 따라서 각종 사서의 편찬은 그 체례(體例) 형식이 고정불변한 것은 아니었다.(釋 : 두 문구에서 처음으로 '사(史)'라는 글자를 제시한 것은 책 전체의 요점을 드러내는 것이다) 자세히 살펴보면, 여섯 가지 유파(流派)가 있으니 첫째는 『상서(尙書)』가(家), 둘째는 『춘추(春秋)』가, 셋째는 『좌전(左傳)』가, 넷째는 『국어(國語)』가, 다섯째는 『사기(史紀)』가, 여섯째는 『한서(漢書)』가이다.[3] 이제 각 유파의 특징을 대략적으로 진술하여 아래에 열거한다.

自古帝王編述文籍, 『外篇』(謂『古今正史』篇. 此二字一作'史')言之備矣. 古往今來, 質文遞變, 諸史之作, 不恒厥體.(釋 : 二句首提'史'字, 揭出全書眼目) 榷而爲論, 其流有六 : 一曰『尙書』家, 二曰『春秋』家, 三曰『左傳』家, 四曰『國語』家, 五曰『史記』家, 六曰『漢書』家. 今略陳其義, 列之於後.

按 : 이상은 「육가(六家)」편의 서언(序言)이다. 역사저작의 체례[史體]는 이 여섯 종류의 형식[六家]으로 포괄되는데, 육가에는 각기 그 원류(源流)가 있다. 이 여섯이라는 숫자로 보자면 수를 늘려서 일곱으로 하고자 해도 (육가에) 빠진 것이 없고, 만약 줄여서 다섯으로 하고자 하면 사서체례가 모두를 갖추지 못할 것이다. 이는 『사통(史通)』 전체를 총괄하는 강령(綱領)이다. 체례를 변별한다는 것은 잡박한 것을 끄집어내고 순수한 것만

---

통』의 「내」·「외편」을 구분하여, 「내편」은 사가의 체례(體例)를 논하고 시비를 변별하였으며, 「외편」은 사적(史籍)의 원류(源流)를 서술하고 아울러 고인(古人)들의 득실을 두루 평하였다고 했다. 이상의 문제들에 관한 자세한 논의는 程千帆, 『史通箋記』(中華書局, 1986), p.3. 喬治忠, 「『史通』編撰問題辯正」, 『中國歷史文獻研究』(一), 華中師範大學出版社, 1986. 각각 참조.

2 역주 : 시대에 따른 질(質)·문(文)의 변화발전에 대한 견해는 『논어(論語)』 「옹야(雍也)」편, 『예기』 「표기(表記)」편과 정현(鄭玄)의 주(注), 『춘추번로(春秋繁露)』 「삼대개제질문(三代改制質文)」편 등 참조.

3 역주 : 張舜徽는 『상서』와 『춘추』를 『사기』·『한서』와 같은 맥락에서 파악하려는 첫 시도라고 평가하였다. 『史通平議』(帛書出版社, 1985), pp.6-7 참조.

을 나란히 하여 유파를 같게 하는 것이니, 갑에 두어야 할 것을 옮겨 을에 두게 되면 유파가 어지러워진다. 그래서 육가는 유(類)를 구분하는 경계[畛塗]가 되는 것이다. 이전의 주석가들은 '육가'의 '가(家)'자에 대한 이해가 분명하지 않아 요령이 전혀 없었다. 이제 나는 그것을 명확하게 설명하고자 한다. 첫째 『상서』는 기언가(記言家), 둘째 『춘추』는 기사가(記事家), 셋째 『좌전』은 편년가(編年家), 넷째 『국어』는 국별가(國別家), 다섯째 『사기』는 통고기전가(通古紀傳家), 여섯째 『한서』는 단대기전가(斷代紀傳家)이다.[4] 이를 아우르고 나누면서 (육가에 관한) 여섯 장(章)을 보면 이 책 모두를 보는 것은 손금을 보는 것과 같을 것이다.(此篇序也. 史體盡此六家, 六家各有原委. 其擧數也, 欲溢爲七而無欠, 欲減爲五則不全, 是『史通』總挈之綱領也. 其辨體也, 援駁儷純而派同, 移甲置乙則族亂, 是六家類從之畛塗也. 注家認'家'字不淸, 要領全沒, 今爲顯說之. 一,『尙書』. 記言家也; 二,『春秋』. 記事家也; 三,『左傳』. 編年家也; 四,『國語』. 國別家也; 五,『史記』. 通古紀傳家也; 六,『漢書』. 斷代紀傳家也. 會此分配, 以觀六章, 觀全書, 如視掌文矣)

## 1-2

『상서(尙書)』가(釋 : 기언가(記言家)이다)는 그 기원이 태고(太古) 때부터 시작된다. 『역(易)』(역주 : 「계사(繫辭)상」)에, "황하에서 그림[河圖]이 나오고 낙수(洛水)에서 글[洛書]이 나왔으니 성인은 이것을 본받는다"[5]고 하였다. 때

4 역주 : 육가(六家) 분류의 특징에 대한 자세한 언급은 趙呂甫, 『史通新校注』(重慶出版社, 1990, pp.4-8), 「육가」편 서문(序文)부분에 대한 설명과 부록(附錄) 汪之昌, 「六家體例源流考」 참조

5 역주 : 하늘은 황하에서 나온 용마의 등에 있는 그림과 낙수에서 나온 거북의 복갑(腹甲)에 새긴 글을 통하여 천지의 운행법칙을 제시하였고, 성인은 그에 따라 인간의

문에 『상서』의 기원이 아주 오래되었다는 것을 알 수 있다.(釋 : 위에서는 『상서』의 기원을, 아래에서는 공자에 의해 정해졌음을 설명하고 있다) 공자(孔子)는 주(周)왕실의 도서들을 보면서 우(虞) · 하(夏) · 상(商) · 주(周) 4대의 전적(典籍)을 얻어 그 중에서 훌륭한 것들을 골라 『상서』 100편을 편정(編定)하였다.[6] 공안국(孔安國)[7]은, "상고(上古)시기의 책이기 때문에 『상서(尙書)』라 부른다"라고 하였다. 『상서선기검(尙書琁璣鈐)』에서는[8], "상(尙)은 바로 상

---

삶의 도리와 법칙을 만들었다. 그래서 '본받는다[則之]'고 한 것이다.

6 『한서예문지』「육예략(六藝略)」 "『역』"에, "황하에서 '도(圖)'가 나오고, 낙수에서 '서(書)'가 나왔다. 성인이 이를 법도로 삼았다"라고 하여 『상서』가 등장한 것이 상당히 오래되었음을 알 수 있는데, 공자에 이르러 찬술(撰述)되었다. 위로는 요(堯), 아래로는 진(秦)까지 서술되었는데 모두 100편이었다. 按 : 『한서예문지』의 기록은 본래 공안국(孔安國)의 『상서』「서(序)」였다. 100편은 대개 고대 『상서』의 원래의 편수였다. 역주 : 이하 인용되는 공안국의 「고문상서서(古文尙書序)」는 『문선(文選)』 권45에 수록된 것이다.

7 『사기』 권47, 「공자세가」에, 공자 이후 백어(伯魚) · 자사(子思) · 자상(子上) · 자가(子家) · 자경(子京) · 자고(子高) · 자신(子愼) 및 부(鮒)까지 대체로 8대를 거쳤다. 부(鮒)의 동생 자양(子襄)은 충(忠)을 낳고, 충은 무(武)를 낳았다. 무는 연년(延年)과 안국(安國)을 낳았다. 이 공안국이 금상(今上)[武帝]의 박사관이 되었다. 『한서예문지』에, 무제 말에 노 공왕(魯共王)이 공자의 옛집을 수리하기 위해 헐었을 때 『고문상서』를 얻었다. 공안국이 그 책을 모조리 모아 황제에게 바쳤다. 이 『고문상서』의 「서」에서는 이 책을 '위로 매우 오래된[上古]' 책이었기 때문에 『상서』라 불렀다고 했다. 100편의 뜻이 세간에서는 듣기 어려운 것이었다고 했다. 역주 : 공안국은 공자의 11세 후손으로 한 무제 때 박사관을 지냈다. 『한서』 권88, 「유림전(儒林傳)」에 그에 관한 자세한 열전이 전한다.

8 『후한서』 권82상, 「방술전(方術傳)」에, 번영(樊英)이 『하(河)』 · 『낙(洛)』 · 『칠위(七緯)』 등에 밝았다. 장회태자(章懷太子)의 주(注)에, 『칠위』란 『역위계람도(易緯稽覽圖)』 · 『건착도(乾鑿度)』 · 『곤령도(坤靈圖)』 · 『통괘험(通卦驗)』 · 『시류모(是類謀)』 · 『변종비(辨終備)』를 말한다. 『서위(書緯)』란 『선기검(琁璣鈐)』 · 『고령요(考靈燿)』 · 『형덕방(刑德放)』 · 『제명험(帝命驗)』 · 『운기수(運期授)』를 말한다. 『시위(詩緯)』는 『추도재(推度災)』 · 『범역추(氾歷樞)』 · 『함신무(含神務)』를 말하고, 『예위(禮緯)』로는 『함문가(含文嘉)』 · 『계명징(稽命徵)』 · 『두위의(斗威儀)』를 말한다. 『악위(樂緯)』는 『동성의(動聲儀)』 · 『엽도징(葉圖徵)』을 말하고, 『효경위(孝經緯)』는 『원신계(援神契)』 · 『구명결(鉤命決)』을 말한다. 『춘추위(春秋緯)』는 『연공도(演孔圖)』 · 『원명포(元命苞)』 · 『문요구(文耀鉤)』 · 『운두추(運斗樞)』 · 『감정부(感精符)』 · 『합성도(合誠圖)』 · 『고이우(考異郵)』 · 『보건도(保乾圖)』 · 『한함자(漢含孶)』 · 『우조기(佑助期)』 · 『악성도(握誠圖)』 · 『잠담파(潛潭巴)』 · 『설제사(說題辭)』를 말한다고 했다.

(上)이다. 하늘은 문명(文明)의 물상(物象)을 드리우고 그 절도를 펼쳐나가는데, (『상서』에 기록된 사실은) 하늘의 운행과 같다"라고 하였다. 왕숙(王肅 : 195-256)[9]은, "위에 있는 제왕이 하는 말을 아래에 있는 사관(史官)이 기록하였기 때문에 『상서』라 부른다"라고 하였다.(**釋** : 위의 세 경우가 모두 옛 기록을 인용하여 '상(尙)'이라는 글자의 의미를 풀이하고 있다. 다만 왕숙이 언급한 바가 기언(記言)의 의미와 맞고, 이는 여기에서 쓰고 있는 '가(家)'의 뿌리가 된다) 이 세 가지 설명을 살펴보면 그 의미가 서로 다르다. 대개 『상서』의 주요 내용은 제왕의 호령(號令)에 근거하여[10] 왕도(王道)의 정의(正義)를 널리 알리기 위해 신하에게 이야기하는 것이다. 그러므로 『상서』에 기록된 것은 모두 전(典)·모(謨)·훈(訓)·고(誥)·서(誓)·명(命)과 같은 문체들로 되어 있다.[11](**釋** : 몇 마디 말로 기언(記言)의 의미를 분명히 하고 있다) 「요전(堯典)」과 「순전(舜典)」 두 전(典)에서는 인사(人事)에 대해 직접 서술하고, 「우공(禹

---

9 『삼국지』 권13, 「위지」 「왕랑전(王朗傳)」에, 왕랑의 아들 숙(肅)은 자가 자옹(子雍)이고, 중령군(中領軍)·산기상시(散騎常侍)를 지냈다. 가규(賈逵)와 마융(馬融)의 학문에 능하였고, 정현(鄭玄)을 싫어했다. 널리 같거나 다른 자료들을 모아 『상서』·『시경』·『삼례(三禮)』·『좌씨전』 등의 주해를 붙였다. 그리고 부(父) 왕랑이 지은 『역전(易傳)』을 찬정(撰定)하여 모두 학관(學官)에 올렸다. **按** : 곽연년(郭延年)의 『사통평석(史通評釋)』에는 남조의 제(齊)에서 북위로 도망간 왕숙을 언급하고 있지만, 이는 잘못이다. 또 살펴보건대, 왕응린(王應麟)의 『곤학기문(困學紀聞)』에 이르기를, 『악서(樂書)』가 『악기(樂記)』를 인용하고, 『통전(通典)』이 『대전(大傳)』을 인용하면서 왕숙의 주(注)를 담고 있고, 『집설(集說)』에서는 북위 사람이라고 하였는데 잘못이다. 북위 시대에 살던 인물은 자가 공의(恭懿)로서 경학으로 유명하지 않았다. 그러나 잘못은 이미 송나라 때에도 있었다. 왕숙을 일러 "경학으로 유명하지 않았다"라고 했는데, 이 역시 잘못이다. 공의는 『삼례(三禮)』에 능했으며, 『북사(北史)』 「유석경전(劉石經傳)」에 함께 실려 있는데 항상 서로 변론을 교환하였던 사람이다.

10 **역주** : 『한서예문지』 「육예략」 "『서(書)』"에, 『서(書)』란 옛날의 호령(號令)이니 많은 사람에게 호령하는데 그 말이 정돈되고 완비되지 않으면 받아 시행하는 자가 분명하게 깨닫지 못한다. 고문의 독음(讀音)은 정언(正言)에 가깝다. 그러므로 고금의 언어를 해석하면 알 수 있다고 했다.

11 **역주** : 전(典)에는 「요전(堯典)」·「순전(舜典)」, 모(謨)에는 「대우모(大禹謨)」·「고요모(皐陶謨)」, 훈(訓)에는 「이훈(伊訓)」·「고종지훈(高宗之訓)」, 고(誥)에는 「탕고(湯誥)」·「대고(大誥)」·「강고(康誥)」, 서(誓)에는 「감서(甘誓)」·「탕서(湯誓)」·「목서(牧誓)」, 명(命)에는 「열명(說命)」·「고명(顧命)」 등이 있다.

貢)」편에서는 다만 지리(地理)에 대해서 논의하고 있으며, 「홍범(洪範)」편에서는 재이(災異)와 상서(祥瑞)에 대해 집중적으로 기록하고,(동중서(董仲舒)·유향(劉向)의 오행설) 「고명(顧命)」편에서는 전부 상례(喪禮)에 대해 진술하고 있는데, 이러한 것들은 『상서』 원래의 체례에 맞지 않는다.[12](釋:『상서』에 사실을 기록하고 있는 문장을 인용하여 여러 차례 이야기하고 있다. 요컨대 "공자(孔子)가 (주 왕실에서) 도시들을 보면서"부터 이 부분까지는 모두 기언(記言)을 주로 설명하고 있다)

『尙書』家者,(釋: 是爲記言家) 其先出於太古.『易』曰: "河出圖, 洛出書, 聖人則之." 故知『書』之所起遠矣.(釋: 上原『書』之所起, 下表孔子所定) 至孔子觀書於周室, 得虞夏商周四代之典, 乃刪其善者, 定爲『尙書』百篇. 孔安國曰: "以其上古之書, 謂之『尙書』." 『尙書璇璣鈐』曰: "尙者,上也. 上天垂文象,(古'象'字, 一作'以') 布節度, 如天行也." 王肅曰: "上所言, 下爲史所書, 故曰『尙書』也."(釋: 三引古語, 皆釋'尙'字名義. 惟此王肅所云, 乃與記言意合, 是爲本處'家'字所宗) 推此三說, 其義不同. 蓋『書』之所主, 本於號令, 所以宣王道之正義, 發話言於臣下, 故其所載, 皆典謨訓誥誓命之文.(釋:

---

12 『한서예문지』「육예략」 "『춘추』"에, 좌사(左史)는 말을 기록하고, 그 말은 『상서』가 되었다. 우사(右史)는 사실을 기록하고, 그 사실은 『춘추』가 되었다고 했다. 순열(荀悅)의 『신감(申鑒)』에도 같은 기록이 있다. 정씨(鄭氏)의 『육예론(六藝論)』에, "좌사가 기록한 것이 『춘추』가 되었고, 우사가 기록한 것이 『상서』가 되었기 때문에 『옥조(玉藻)』에 이르기를, 움직임은 좌사가 기록하고, 말은 우사가 기록하였다"라고 했다. **按**: 왕자(王者)란 사실로 인해 말이 있게 되는 것이니 말이 있으면 반드시 사실이 있게 마련이다. 이(理)와 세(勢)는 본래 스스로 서로 관련이 있는 것으로 사관이 항상 말이나 사실을 기록할 준비를 하는 것이니 어찌 따로 기록을 할 수 있겠는가! 항차 좌사와 우사가 각기 배속되었다고 하니 반고와 순열 그리고 정현과 대씨(戴氏)의 견해가 또한 각기 서로 틀린다. 이러한 견해는 모두 한나라 학자들에게서 나온 것으로 어느 한 쪽을 근거로 믿기 어렵다. 위진이래 각기 이전의 견해를 따랐으며, 두예(杜預: 222-284)는 『한서예문지』를 틀렸다고 했는데, 『사통』은 또 『한서예문지』를 예로 들어 "체례에 맞지 않는다[爲例不純]"는 논의를 하고 있으나 둘 다 잘못되었다. 역주: 章學誠, 『文史通義』 권1, 「書敎」 下에서는, 옛 사람들은 사실[事]이 말[言] 중에 보이므로 말을 사실이라 여겼지 말과 사실을 둘로 구분하지 않았다고 하면서 劉知幾의 '例之不純'이라는 주장을 비판하였다고 했다. 程千帆, 『史通箋記』, p.6 참조.

數語勒淸記言) 至如堯舜二典, 直序人事; 『禹貢』一篇, 唯言地理,(或作'里') 『洪範』總述災祥,(董·劉五行之說) 『顧命』都陳喪禮, 玆亦爲例不純者也.(釋: 數語以『書』有兼及記事之文, 摘出言之. 要之, 自'孔子觀書'至此, 總以記言爲立說之主也)

## 1-3

또한 『일주서(逸周書)』[13](세상에 전하는 『급총주서(汲冢周書)』를 이른다)[14]가 있었는데 『상서』와 같은 부류이며(釋: 역시 기언류이다), 공자가 『상서』를 100편으로 줄여 간행하고 난 이외의 자료이다. 모두 71장(章)으로 되어 있다.[15] 위로는 주(周)나라 문왕(文王)·무왕(武王)으로부터 아래로는 영왕

13 『한서예문지』「육예략」"『서(書)』"에, 『주서(周書)』 71편이라 했다. 유향(劉向)이 말하기를, 주나라 때 고(誥)·서(誓)·호령(號令) 등은 대개 공자가 말한 백편(百篇)의 나머지라고 했다. 『곤학기문(困學紀聞)』에는, 『수서경적지』와 『당서예문지』에 『급총(汲冢)』이 실려 있지만, 죽서(竹書)로 된 『급총』을 발견한 것은 진(晉) 함녕(咸寧) 5년(279)의 일이다. 그러나 사마천·정현·허신·마융 등은 모두 그 문장을 인용하고 있는데 모두가 한대의 일이다. 두예(杜預)가 『좌전』을 주해할 때에 『급총』은 아직 출현하지 않았고 역시 『주서』에 의거하였다. 「속석전(束晳傳)」과 『좌전정의(左傳正義)』가 인용한 왕은(王隱)의 『진서(晉書)』에 기재된 죽서의 편목에는 역시 『주서』가 없다. 따라서 『급총』을 수록하고 있는 것은 잘못이다. 按: 『사통』 역시 여러 차례 그 책을 인용하고 있는데 모두 『급총』을 첫머리에 놓지 않고, 『수서경적지』와 『당서예문지』의 잘못을 그대로 따르고 있다.

14 역주: 『급총주서』란 당(唐) 이래 『일주서(逸周書)』를 잘못 지칭한 이름이다. 『수서경적지』에 『주서(周書)』 10권으로 급총(汲冢)에서 출토된 책이라고 언급한 이래, 『신당서』·『태평어람(太平御覽)』·『군재독서지(郡齋讀書志)』·『직재서록해제(直齋書錄解題)』 등에 모두 『일주서(逸周書)』를 『급총주서』라 하였지만, 송의 이도(李燾)와 명의 양신(楊愼) 등이 바로잡았다.

15 역주: 『한서예문지』「육예략」에, 『주서(周書)』를 주(周)나라의 사기(史記)라고 하였다. 안사고(顔師古)의 주에는 지금 남아 있는 것은 45편이라고 하였는데, 이는 당초(唐初) 안사고가 본 진(晉)의 공조주본(孔鼂注本)이 본문 59편 중 다시 14편이 없어졌기 때문이다. 따라서 유지기가 본 책은 별본(別本)이었을 것이다.

(靈王)·경왕(景王)까지 다루고 있다. 어떤 때는 공명(公明)하고 진실하며 독실하고 성의가 있으며, 전아(典雅)하고 의리(義理)가 고상하다. 그러나 때로는 천박하고 그저 그런 늘 하던 말들이나 찌끼와 더러운 것이 뒤섞여 있는데 이는 거의 후세의 호사가(好事家)들이 더해 놓은 것들이다. 「직방(職方)」편의 말 같은 것은 『주관(周官)』(『주례(周禮)』)과 차이가 없으며 「시훈(時訓)」편의 내용은[16] 『예기(禮記)』 「월령(月令)」편과 대부분 같았다. 따라서 『일주서(逸周書)』는 역대 제왕들에게 꼭 필요한 정치서[正書]이자 『오경(五經)』의 별록(別錄)이라 할 수 있다.(釋: "또한 『주서(周書)』가 있었는데" 부터 뒷부분 「직방」편·「시훈」편·「월령」편 등은 모두 기언체(記言體)에 속한다. 바로 '가(家)'자(字)를 써서 그 유(類)를 넓혔다. ○이 구절에서는 『상서』를 편찬하면서 제외하고 남은 내용을 담은 『주서』의 내용을 설명하면서 비록 그 내용 중에 진위(眞僞)가 어지럽게 뒤섞여 있지만 『상서』[本家]의 나머지[緖餘]였기 때문에 인용하여 덧붙이고 있다)

又有『周書』者,(謂世所傳汲冢『周書』) 與『尙書』相類,(釋: 亦是記言類也) 卽孔氏刊約百篇之外, 凡爲七十一(或作'二', 非)章. 上自文武, 下終靈景. 甚(一誤作'其')有明允篤誠, 典雅高義; 時亦有淺末恒說, 滓穢相參, 殆似後之好事者所增益也. 至若「職方」之言, 與『周官』(『周禮』)無異; 「時訓」之說, 比「月令」多同. 斯百王之正書, 五經之別錄也.(釋: 自'又有『周書』'至末所綴三書, 皆屬記言之體, 正爲'家'字博其類也. ○此節述刪餘之『周書』, 雖其中不無眞僞相亂, 要是本家緖餘, 故引而附之)

---

16 『일주서(逸周書)』의 「서(序)」에, "왕의 교화가 비록 이완이 되었다고 하나 천명(天命)이 바야흐로 영원하도다. 사이(四夷)와 팔만(八蠻)이 널리 왕의 정치를 받드니, 이에 「직방(職方)」을 짓는다. 열 두 기운의 효험이 있음을 가림으로써 하늘의 때를 분명히 하기 위해 「시훈(時訓)」을 짓는다. 준의(浚儀) 왕씨(王氏)가 『기문(紀聞)』에서 이 서문을 인용하면서, 12기(氣)를 24기로 하였다"라고 했다.

## 1-4

종주(宗周)[17]가 멸망한 이후부터 『상서』 체재는 마침내 없어졌으며, 한(漢)·위(魏)에 이르기까지도 이를 계승하는 것이 없었다.(釋 : 몇 마디 말로 문장을 중계하였다) 진(晉)나라 때 광릉(廣陵)의 상(相)이었던 노나라 사람 공연(孔衍 : 268-320)은, 국사(國史)는 천자의 언행을 드러내고 법식(法式)을 밝혀주면 되는 것이지[18] 사람의 도리와 일상사[人理常事]에 이르기까지 모두 열거할 수 없다고 여겼다. 이에 한·위와 관계되는 여러 사서들을 산정(刪定)하여 그 중 아름다운 말들과 바른 이야기들을 모아 귀감이 되기에 족한 것을 취하여 편장(篇章)의 차례를 정함으로써 일가(一家)를 이루었다. 이로 말미암아 『한상서(漢尙書)』·『후한상서(後漢尙書)』·『한위상서(漢魏尙書)』('한(漢)'자는 쓸데없이 끼인 글자이다)가 있게 되었으며 모두 26권이었다.[19] (권수가 『수서경적지(隋書經籍志)』와 맞지 않는다. 釋 : 『상서』 체재가 오랫동안 폐하여지고 난 후 진(晉)나라 공연(孔衍)의 여러 책들이 있었는데, 후일 기언가를 이루었다) 수(隋)의 비서감(秘書監) 태원(太原)사람 왕소(王劭)에 이르러 또 수 문제(隋文帝) 개황(開皇 : 581-600)·인수(仁壽 : 601-604) 연간의 사실을 기록하면서

17 역주 : 주 무왕(周武王)이 정한 호경(鎬京)을 칭하는데, 이는 주나라가 천하 제후들의 종주(宗主)임을 나타내는 것이다. 일반적으로 서주(西周)를 지칭한다.

18 역주 : 『한서예문지』 「육예략」 "춘추"에, 옛날의 왕자(王者)에게는 대대로 사관(史官)이 있어 군주가 행하는 일을 반드시 기록하였는데, 언행을 삼가고 법식(法式)을 밝히기 위한 까닭이었다고 했다.

19 『진서(晉書)』 권91, 「유림전(儒林傳)」에, 공연(孔衍)의 자는 서원(舒元)이고, 공자의 22세 후손이다. 중흥(中興)[東晉] 초에 중서랑(中書郎)에 보임되었다가 광릉군(廣陵郡)으로 옮겼다. 100여 만 자에 해당하는 저작을 편찬하였다. 『신당서예문지』에는, 공연의 저작 『한상서(漢尙書)』 10권·『후한상서』 6권·『후위상서』 14권이라 했다. 按 : 후위(後魏)의 '후(後)'자는 뒤에 붙여진 것이다. 역주 : 『구당서경적지』에는 『후위상서』 14권은 장온(張溫)이 편찬한 것이라 했다. 『신당서』의 『후위상서』는 『한위상서(漢魏尙書)』일 것이며, 이 책명의 한(漢)은 촉한(蜀漢)을 가리킨다. 따라서 포기룡(浦起龍)의 '한(漢)'자(字)가 쓸데없이 끼어 있다는 말은 잘못되었다.

순서에 따라 배열하고 같은 종류의 내용을 함께 모아 각기 제목을 붙여 『수서(隋書)』 80권을 완성하였다.[20] 그 의례(義例)를 살펴보면 모두 『상서』를 본받고 있었다.(釋 : 수에 이르러 또 왕소의 『수서』가 있었는데 이 역시 후일의 기언가였다. ○앞에서는 공연(孔衍)일가(一家)와 왕소(王劭)일가를 같은 유(類)로 부록(附錄)하였지만, 이하 이 둘을 비교하여 살피고 있다)

白宗周旣殞, 書體遂廢, 迄(一作'迨')乎漢魏, 無能繼者.(釋 : 數語轉遞) 至晉廣陵相魯國孔衍, 以爲國史所以表言行, 昭法式, 至於人理常事, 不足備列. 乃刪漢魏諸史, 取其美詞典言, 足爲龜鏡者, 定以篇第, 纂成一家. 由是有漢尙書, 後漢尙書, 漢(衍)·魏尙書, 凡爲二十六卷.(卷與『隋志』不合. 釋 : 『書』體久廢之後, 至晉而有孔衍諸書, 是後來記言者一家) 至隋秘書監太原王劭, 又錄開皇·仁壽時事, 編而次之, 以類相從, 各爲其目, 勒成隋書八十卷. 尋其義例, 皆準尙書.(釋 : 至隋而又有王劭『隋書』, 亦是後來記言者一家. ○上二家亦以類附, 此下則就二家衡論)

## 1-5

원래 『상서』에 기록된 것의 근원을 살펴보면, 만약 군신사이의 대화에서 말의 뜻이 칭찬할만한 경우에는 일시적인 말이라 하더라도 각 편

20 『수서(隋書)』 권69, 「왕소전(王劭傳)」에, 왕소의 자는 군무(君懋)로서, 저작랑(著作郎)에 임명되었다가 비서소감(秘書少監)으로 옮겨 오로지 국사를 관장하였다. 『수서(隋書)』 80권을 편찬하였는데 대부분 황제의 구칙(口勅)을 기록하였다. 또 민간에 떠도는 괴상한 이야기를 모아 비슷한 내용들을 분류하여 그 제목으로 삼았다고 했다. 역주 : 이외에도 편년체로 된 『제지(齊誌)』 20권, 다시 『제서기전(齊書紀傳)』 100권, 『평적기(平賊記)』 3권, 『독서기(讀書記)』 30권 등의 저술이 있다. 경사(經史)의 오류를 지적한 『독서기』를 제외한 다른 저서에 대하여는 평가가 좋지 않다. 『수서경적지』 「사부(史部)」 "잡사(雜史)"에, 『수서』 60권, 미완성으로 비서감 왕소가 편찬하였다고 했다.

(篇)에 모두 기록하고, 적을만한 말이 없거나 서술하지 않아도 될 말의 경우, 이러한 이야기를 빼고 생략하였다고 하더라도(이 구절은 사실만 있고 말이 없으면 수록하지 않았다는 것을 말하고 있다) 보는 사람들은 그것을 잘못으로 여기지 않았다. 중엽(中葉)[21]에 이르러 문적(文籍)들이 크게 갖추어지게 되었는데도 반드시 당시에 유행하던 문장이나 말[今文]을 삭제하고 옛 『상서』의 필법[古法]을 모방하면서, 그것을 고치려 하지 않고 옛 것을 그대로 고수하면서 힘들이지 않고 요행만 바랬다[守株].[22] 때문에 서원(舒元)(공연(孔衍)의 자(字))이 편찬한 『한상서(漢尙書)』·『위상서(魏尙書)』 등의 책들은 그 당시에 유행되지 못하였다.(釋 : 이 절에서는 공연(孔衍)의 책들을 설명하고 있다. 상고의 시대에는 사실들이 간단하였기 때문에 말 또한 간략하였다. 후세의 문장들은 번거롭다는 이유로 사실을 아무렇게나 삭제하면서도 위로 기언을 모방하고 있으니 어찌 책을 완성할 수 있겠는가) 만일 제왕에 관한 본기(本紀)가 없고 공경들에 관한 열전(列傳)이 없다면 연월은 그 순서를 잃게 되고 관작(官爵)과 출신지[籍貫]를 자세하게 살피기가 어려웠을 것이다. 이런 것들은 모두 옛적에는 소홀하게 여겼던 것이지만 오늘날에는 필요한 바이다. 예컨대 군무(君懋)(왕소(王劭)의 자(字))의 『수서(隋書)』는 비록 『상서(尙書)』의 「상서(商書)」·「주서(周書)」의 체제를 계승하고 「우서(虞書)」·「하서(夏書)」의 문장을 본받았지만 그 서술을 보면 『공자가어(孔子家語)』[23]나 임천왕(臨

---

21 역주 : 『사통』에서 언급하는 시대구분에 대하여 유의할 필요가 있다. 유지기는 태고(太古)·상고(上古)·중고(中古)·중엽(中葉)·근고(近古)·근대(近代)·근세(近世) 등 다양한 시대구분과 관련한 용어를 사용하고 있다. 물론 엄격한 기준을 설정하여 사용하는 개념이라고 보기는 어렵지만, 나름대로의 시대구분을 시도하고 있다. 여기서 말하는 '중엽' 또한 상고(上古)와 구별하여 사용하고 있음은 물론이다. 이러한 『사통』의 시대구분에 관하여는 張三夕, 『批判史學的批判-劉知幾及其『史通』研究』, 文津出版社, 1992, pp.121-151 참조.

22 『한비자(韓非子)』「오두(五蠹)」편에, 밭을 경작하는 송나라 사람이 있었다. 밭 가운데 나무 그루터기가 있었는데 토끼가 달려와 그 그루터기에 부딪쳐 죽었다. 그 이후 그 사람은 쟁기를 놓고 그루터기를 지켜보면서 다시 토끼를 얻기만을 고대하였다. 그러나 토끼를 잡기는커녕 송나라 사람들의 웃음거리가 되었다. 『사통』「모의(摸擬)」편에서 좀 더 자세히 인용하고 있다.

川王) 유의경(劉義慶)의 『세설신어(世說新語)』[24](그 체례가 사(史)와 다르다고 했다)[25]와 비슷하니 마치 호랑이를 그리려다 실패하고 오히려 개를 그린 꼴이라 할 수 있다. 때문에 그 책이 당시 사람들에게서 비웃음을 받은

---

23 왕숙(王肅)의 『후서(後序)』 주에, 『공자가어(孔子家語)』는 『논어』·『효경』과 비슷한 시기의 것이라 하였다. 공자의 제자들이 바르고 중요한 사실들을 모아 따로 『논어』를 편찬하고 나머지 모두를 이 책에 담았다. 조공무(晁公武)의 『군재독서지(君齋讀書志)』에는 모두 44권인데 유향(劉向)이 교정하여 수록한 것은 27편에 그친다고 하였다. 왕숙은 이 책을 공맹(孔猛)의 집에서 얻었다. 주자(朱子)의 「여여백공서(與呂伯恭書)」에, 『정씨유서(程氏遺書)』에서는 몰래 내용을 삭제하거나 없애어 시간이 흐른 후 사람들이 쉽게 미혹하게 하였다고 했다. 『논어』를 기록한 것은 다만 이와 같았고, 『공자가어』가 남아 오늘날에 와서 병통(病痛)이 되었다. 역주 : 『한서예문지』 「육예략」 "『논어』"에는 『공자가어』 27권이 수록되어 있지만, 안사고(顔師古)의 주에는 "현재 전하는 『공자가어』가 아니다"라고 했다. 현재 전하는 『공자가어』는 물론 왕숙이 위작한 것인데, 왕숙은 진한시기 여러 책에 실린 공자의 관련 사실을 모아 만든 것이다. 왕숙의 학문은 가규(賈逵)와 마융(馬融)의 설을 따르고 정현(鄭玄)을 배척하였다. 그는 정현에 반대하여 자신의 학설을 주장하기 위하여 『예기(禮記)』·『대대례(大戴禮)』·『맹자(孟子)』·『순자(荀子)』·『좌전(左傳)』·『국어(國語)』·『사기(史記)』·『설원(說苑)』 등을 비롯하여 『안자(晏子)』·『열자(列子)』·『한비자(韓非子)』·『여씨춘추(呂氏春秋)』·『신서(新序)』·『한시외전(韓詩外傳)』·『가의신서(賈誼新書)』 등의 내용을 취하고, 공안국(孔安國)의 이름을 빌려 서(序)를 쓴 위작인 『공자가어』 10권을 편찬하였던 것이다.

24 『송서(宋書)』 권51, 「종실전(宗室傳)」에, 임천열무왕(臨川烈武王) 도규(道規)는 아들이 없었으므로 장사경왕(長沙景王)의 아들 의경(義慶)으로 후사를 삼았다고 했다. 고사손(高似孫)의 『위략(緯略)』에, 유의경이 한나라와 진(晉)이래의 재미있는 일과 이야기들을 모아서 『세설신어』를 지었다고 했다. 조공무(晁公武)의 『군재독서지(郡齋讀書志)』에, 유지기가 자주 이 책을 가리켜 실록(實錄)이 아니라고 했는데 나 역시 그렇게 생각한다고 했다. 역주 : 『세설신어』에는 전체 36편에 걸쳐서 모두 1,130조의 고사(故事)가 실려 있는데, 주로 후한 말에서 동진(東晉) 말까지 약 200년간 실존했던 제왕과 고관귀족을 비롯하여 문인·학자·현자(賢者)·은자(隱者)·부녀자 등 700여 명의 언행과 일화를 수록했다. 그 중 약 800조에 달하는 고사가 동진 시기의 인물들에 관한 것이다. 기본적으로는 유가의 명교(名教)를 표방하고 있지만 동시에 당시의 이른바 명사들의 탈예교적인 언행을 부정하지도 않았다. 金長煥 譯註, 『世說新語』(상·중·하), 살림출판사, 1996 참조. 이 역주서는 劉孝標의 주(注)를 포함하여 역자 자신의 상세한 주석을 더한 것으로 참고가치가 매우 높다.

25 역주 : 「보주(補注)」편과 「잡술(雜述)」편 등에서 유지기는 『세설신어』를 사적(史籍)이라고 여겼다. 다만 소록(小錄) 혹은 일사(逸事)라고 여기고 정사(正史)에 속한다고 보지는 않았다. 따라서 여기서 '사(史)와 다르다'함은 정사에 속하지 않는다는 의미라고 보아야 한다. 程千帆, 『史通箋記』, p.10 참조.

데는 확실한 원인이 있었다.(釋 : 이 구절에서는 왕소(王劭)의 책을 설명하고 있다. 그 책에 「본기(本紀)」와 「열전(列傳)」도 없으며 또한 편년(編年)으로 된 것도 아니고 다만 쓸데없는 자잘한 말들만 주워 모은 것이니 어찌 사서(史書)라고 할 수 있겠는가! ○두 구절의 뜻은 요컨대 기언가는 삼대[三古]에 유행되는 데에 그치고 후세에는 반드시 모방할 필요가 없다고 한 것이다)

原夫尙書之所記也, 若君臣相對, 詞旨可稱, 則一時之言, 累篇咸載; 如言無足紀, 語無可述, 若此(疑當作'止')故事, 雖有脫略,(四句言有事無言者不收) 而觀者不以爲非. 爰逮中葉, 文籍大備, 必剪截今文, 摸擬古法, 事非改轍, 理涉守株. 故舒元(孔衍字)所撰『漢』·『魏』等書, 不行於代也.(釋 : 此節論孔衍書也. 上世事簡, 故言亦簡; 後世文煩, 徒以翦棄事實, 上擬記言, 豈足成書) 若乃帝王無紀, 公卿缺傳, 則年月失序, 爵里難詳, 斯並昔之疏忽, 而今之所要. 如君懋(王劭字)『隋書』, 雖欲祖述商周, 憲章虞夏, 觀其所述, 乃似『孔子家語』, 臨川『世說』,(謂體不類史) 可謂畫虎不成反類犬也. 故其書受嗤當代, 良有以焉.(釋 : 此節論王劭書也. 旣無紀傳, 又不編年, 徒然掇拾瑣言, 豈得成史. ○二節之意, 總謂記言一家, 止可行於三古, 後世不必仿爲也)

按 : 주자(朱子)가 일찍이 말하길, 고사(古史)의 체례로서 볼 만한 것은 『상서』와 『춘추』뿐이라고 했다. 『사통』 첫머리에서 이 둘을 언급한 것은 '경(經)'으로서가 아닌 '사(史)'로서 언급한 것이다. 주석가들은 경(經)을 가지고 경을 말하고, 널리 자료를 인용하여 주소(注疏)로 삼았지만 모두 '사(史)'와 관련이 없다. 맨 앞에 『상서』가에서, 유지기는 특별히 기언(記言)의 체례에 해당하는 책들을 말했는데, 어떤 책은 계통[家]이 같지 않고 같은 부류도 아니며 찬자의 수준 또한 부족하지만, 글이 그 체례를 따랐기 때문에 (『상서』의) 족(族)에 포함시켰다. 71편의 『주서(周書)』만이 특별히 『상서』의 (체례를 본받아 기록된) 나머지[緖餘]가 아니라 공연(孔衍)이나 왕소(王劭)의 책들도 모두 기언(記言)과 같은 유(類)에 속한다. 따라서 모두 같은 유를 서로 모아 기언에 해당하는 것으로 분류하였던 것이다.

곽연년(郭延年)의 『사통평석(史通評釋)』에서는 여러 차례 유지기를 '개꼬리로 담비꼬리를 잇고 있다'라고 비난하였다. 이는 '가(家)'라는 글자가 어디에서 말미암은 것인지 알지 못하고 틀린 말을 함부로 서로 퍼뜨리고 있다는 것이다.(朱子嘗言, 古史之體可見者, 『書』·『春秋』而已. 『史通』首此二家, 皆談史不談經. 注家執經言經, 繁引義疏, 都無交涉. 其首『尙書』家者, 劉氏特以記言之體當之云爾. 家不類, 族不備, 人非其倫, 書是其體, 則以其族歸之. 不特七十一篇之『周書』爲其緖餘, 若衍若劭等書, 皆是記言之族, 故亦以類相從. 郭本紛紛譏劉氏以狗尾續貂, 正緣不識'家'字所由, 胥動浮言也)

상고의 문자에 어찌 체례라고 할만한 것이 있는가. "오로지 『상서』만을 기언가(記言家)에 속한다고 할 수 있다"라고 하는 말은 정현(鄭玄)·순열(荀悅)에게서 비롯된 것으로 어찌 적절한 평론이라고 하겠는가. 유지기는 이 말을 판별하지도 않은 채 『상서』 원래의 체례가 불순(不純)하다고 의심하였으니 이는 분명 어리석은 관점이라 할 수 있다.(유지기의 주장은 대개 「요전(堯典)」에 대한 공연(孔衍)의 소(疏)에 근거한 것이다)(上古文字何例可說. 專以『尙書』屬言, 其說始自鄭·荀, 詎云篤論. 劉氏不此之辨, 而疑『書』例之不純, 固哉言也. (劉說蓋本「堯典」孔疏))

『상서』는 분명히 사서(史書)체례를 처음 열었다. 그러나 편년체도 아니고 기전체도 아니었으니 원래 사체(史體)의 정종(正宗)은 아니었다. 때문에 후세에 그것이 계승되기 어려웠던 것이고 또 실제로 계승될 필요도 없었다. 유지기가 공연(孔衍)과 왕소(王劭)를 비판하면서 힘들이지 않고 요행만 바랬다거나[守株], 호랑이를 그리려다 실패하고 오히려 개를 그린 꼴[畫虎]이라고 하였는데, 이는 참으로 통달한 식견(識見)이다.(『尙書』固是史家開體, 然不編年, 不紀傳, 原非史體正宗, 故後世難爲其繼, 亦不必有繼. 劉氏譏衍·劭爲守株畫虎, 洵通識也)

## 1-6

『춘추(春秋)』가(釋 : 춘추가는 기사가(記事家)를 말한다. 경문(經文)을 경계로 삼는데 그칠 뿐 편년의 의미를 거듭 설명함으로써 좌전가(左傳家)와 혼동되지 않도록 하였다)는 그 기원이 하·상·주 3대부터 시작된다.(釋 : 원래 기사가(記事家)의 옛 명칭이 비롯된 시기이다) 살펴보건대, 『급총쇄어(汲冢瑣語)』[26]에 상(商) 탕왕(湯王)의 아들 태정(太丁)[27]시기의 사실을 기록하고 있는데 『하은춘추(夏殷春秋)』라고 불렀다.(釋 : 이하 차례로 『춘추』의 옛 이름이 여러 책에 보이는 것으로써 사실을 삼고자 하였다) 공자가 말하기를 "사람들로 하여금 고사(故事)에 통달하여 멀리 옛날 제왕에 대하여 아는 것은 『상서』의 가르침이요", "사람들로 하여금 언사를 교묘히 연결하고 사물을 비교하여 포폄(褒貶)함은 『춘추』의 가르침이다"[28]고 하였다. 따라서 『춘추』의 기원이 『상서』와

---

26 『수서경적지』「사부(史部)」"고사(古史)"에, 『고문쇄어(古文瑣語)』 4권, 급총(汲冢)에서 나온 책이라고 했다. 역주 : 『급총쇄어』는 진대(晉代) 급군(汲郡) 사람 부준(不準)이 태강(太康) 2년(281) 위(魏) 양왕(襄王) 혹은 안리왕(安釐王)으로 알려진 묘를 도굴하다 나온 죽서(竹書) 중의 한 책을 가리킨다. 출토된 서적들에 관한 자세한 내용은 『진서(晉書)』 권51, 「속석전(束晳傳)」에 보인다. 급총에서 출토된 죽간전문고서(竹簡篆文古書) 즉 죽서는 모두 16종 75편이다. 『역경』 2편, 『역요음양괘(易繇陰陽卦)』 2편, 『괘하역경(卦下易經)』 1편, 『공손단(公孫段)』 2편, 『국어』 3편, 초(楚)·진(晉) 관련 기록, 『명(名)』 3편, 『사춘(師春)』 1편, 『좌전』의 여러 복서(卜筮)기록, 『쇄어(瑣語)』 11편, 『양구장(梁丘藏)』 1편, 『격서(繳書)』 2편, 『생봉(生封)』 1편, 제왕의 봉작, 『대력(大曆)』 2편, 『목천자전(穆天子傳)』 5편, 『도시(圖詩)』 1편, 『잡서(雜書)』 19편, 7편의 간서(簡書)가 있지만 제명(題名)을 알 수 없다. 『죽서기년(竹書紀年)』 13편 등 모두 75편이다. 이 중 현존하는 『목천자전』과 고본(古本)『죽서기년』 가운데 특히 『죽서기년』에 관한 연구가 매우 활발하다. 王國維, 「古本竹書紀年輯校」·「今本竹書紀年疏證」, 이상 『海寧王靜安先生遺書』, 1940에 수록. 范祥雍, 「古本竹書紀年紀年輯校訂補」, 新知識出版社, 1956. 朱希祖, 『汲冢書考』, 中華書局, 1960. 陳夢家, 「汲冢竹書考略」, 『圖書季刊』 新5-2·3, 1944 참조.

27 역주 : 복사(卜辭)와 『죽서기년(竹書紀年)』에는 문정(文丁)이라고 되어 있다. 『제왕세기(帝王世紀)』에는 문정을 태정(太丁)이라고도 한다고 했다.

28 『예기(禮記)』 「경해(經解)」편의 관련 문장과 그에 대한 정현(鄭玄)의 주(注) 참조. 역주 : 『예기』 「경해」편에, 공자가 말하기를 그 나라에 들어가보면 그 교화를 알 수 있다.

같은 시기라는 것을 알 수 있다.[29] 『급총쇄어』 중에는 또 『진춘추(晉春秋)』가 있어 진 헌공(晉獻公) 17년(B.C. 660)의 역사적 사실을 기재하고 있다. 『국어(國語)』에, "진(晉)의 양설힐(羊舌肸)이 『춘추』에 밝았으므로 도공(悼公)이 그로 하여금 태자의 스승을 삼았다"라고 하였다.[30] 『좌전』에 의하면 소공(昭公) 2년(B.C. 550)에 진(晉)의 대부 한선자(韓宣子)가 빙문(聘問)왔다가 『노춘추(魯春秋)』[31]를 보고는 "주 왕소의 예법[周禮]이 모두 노나라에 있구나!"[32]라고 하였다. 이렇게 말한 것을 보면 『춘추』의 명칭이 단 한

---

즉 그 사람됨이 언사나 얼굴빛이 온유하고 성정(性情)이 돈후함은 『시경』의 가르침의 효과이다. 고사(故事)에 통달하여 멀리 옛날 제왕에 대하여 아는 것[疏通知遠]은 『상서』의 가르침이고, 그 의리를 아는 데 있어 넓고 해박하며 성정이 화이하고 순량함은 『악경(樂經)』의 가르침이고, 심성이 깨끗하고 차분하여 의리가 정미(精微)함은 『역경』의 가르침이다. 성정이 공검(恭儉)하고 용모가 장경(莊敬)함은 『예경』의 가르침이고, 언사를 교묘히 연결하고 사물을 비교하여 포폄(褒貶)함[屬辭比事]은 『춘추』의 가르침이라고 했다.

29 역주 : 앞에서 유지기는 『상서』는 태고(太古)에 출현하였다고 했고, 여기서는 『춘추』를 3대에 출현하였다고 하면서 같은 시기라고 하였다. '태고'와 '3대'를 같은 개념으로 사용하고 있어서 모순 같지만 이는 상고·태고·3대 등의 개념을 엄격하게 구분하지 않음에서 비롯된 것이다.

30 『국어(國語)』「진어(晉語)」 7에, 도공(悼公)이 '덕의 뜻에 맞는 즐거움이 무엇인가'고 묻자 사마후(司馬侯)가 가로되, '제후의 행위를 가지고 말하자면 종일 천자의 곁에 공경한 마음을 가지고 근신하면서 천자로 하여금 선을 행하게 하고, 악을 경계하게 하는 것이야말로 덕의 뜻에 맞는 즐거움이라 할 수 있습니다'라고 하자, 도공이 말하기를 '누가 능히 그렇게 할 수 있는가' 하니 대답하기를, '양설힐이 『춘추』를 제대로 배웠다고 합니다'라고 하였다. 이에 숙향(叔向) 즉 양설힐을 불러 태자 표(彪)의 사부(師傅)로 삼았다고 했다.

31 역주 : 노의 사관(史官)이 찬수(撰修)한 자국의 국사(國史)를 지칭한다.

32 이 문장의 증거는 두예(杜預)의 『좌전』 서(序)의 첫머리에 보이는 공안국(孔安國)의 소(疏)와 내용이 서로 같다. 역주 : 이하 두예의 『춘추좌씨전집해(春秋左氏傳集解)』 서(序)」는 모두 『문선(文選)』 권45에서 인용한 것임으로 별도의 주를 달지 않았다. 그리고 『좌전』 소공 2년의 관련 기록을 모두 인용하면, "진 평공(晉平公)이 한선자(韓宣子)를 보내어 노나라에 와서 빙문(聘問)하고, 집정(執政)이 된 것을 고하기 위해 와서 노 소공에게 조견(朝見)한 것이니 예에 맞는 일이다. 한선자가 태사씨(太史氏)의 집에 가서 『역상(易象)』과 『노춘추』를 보고서 말하기를, "주 왕조의 예법[周禮]이 모두 노나라에 있구나. 나는 오늘에야 주공의 덕과 주나라가 왕이 된 까닭을 알았다"라고 하였다. 『사통』 원문에는 한헌자(韓獻子)라고 되어 있으나 포기룡(浦起龍)은 이상의 『좌전』에 근거하여 한선자(韓宣子)로 고쳤다.

가지만이 아니라는 것을 알 수 있다. 사라지고 없어져 전해지지 않는 것을 말하자면 그 수가 매우 많을 것이다. 또한 『죽서기년(竹書紀年)』[33]을 살펴보면 기재한 사정이 모두 『노춘추』와 같다. 맹자가 말하기를 "진(晉)의 승(乘), 초(楚)의 도올(檮杌), 노의 『춘추』는 (사서라는 점에서) 모두 한 가지이다"[34]라고 하였다. 그렇다면 승(乘)과 기년(紀年), 도올이 모두 『춘추』의 별명이라 할 수 있다. 때문에 『묵자(墨子)』에 이르기를, "나는 백국(百國)의 『춘추』를 보았다"[35]고 한 것은 대개 이러한 사실을 가리킨 것이

---

33 두예의 『춘추좌씨전집해』의 후서(後序)에, 내가 『춘추석례(春秋釋例)』와 『춘추경전집해(春秋經傳集解)』를 마쳤을 즈음 급군(汲郡)의 급현에 있는 옛 무덤을 발굴한 사람을 만나 많은 고서를 얻었다. 모두가 죽간 등으로 편찬된 것으로 글자의 획이 올챙이를 담은 전문(篆文) 이전의 고대문자인 과두문자로 쓰여져 있었지만 대부분 부서지고 글자모양도 이상하여 그 뜻을 알지 못했다. 이 『죽서기년』은 분류가 잘 되어 있었는데 하·은·주 삼대로부터 시작하여 모두 삼대 제왕의 사적을 싣고 있고 제후국별 구별은 없었다. 다만 특히 진(晉)의 사실이 특별히 기재되어 상숙(殤叔)으로부터 시작하여 문후(文侯)·소후(昭侯)를 거쳐 곡옥(曲沃)·장백(莊伯)까지를 기록하고 있다. 장백의 11년 11월은 노 은공(隱公) 원년(B.C. 722) 정월이다. 모두 하나라의 역법을 이용하여 한 해의 정월로 하고 편년으로 이어져 있다. 진(晉)이 망하자 위(魏)의 사실만을 기록하고 있는데 위 애왕(魏哀王) 20년까지를 수록한 위나라 사기라고 하겠다. 미루어 살펴보건대 애왕 20년(B.C. 299)은 그 해의 간지(干支)가 임술(壬戌)로서 주(周) 난왕(赧王) 16년, 진(秦) 소왕(昭王) 8년, 한(韓) 양왕(襄王) 13년, 조(趙) 무령왕(武靈王) 27년, 초(楚) 회왕(懷王) 30년, 연(燕) 소왕(昭王) 13년, 제(齊) 민왕(湣王) 25년이다. 애왕은 23년에 죽었기 때문에 특별히 시호를 부르지 않고 금왕(今王)이라 칭했다. 『죽서기년』의 문장의 뜻은 거의 『춘추』 경전과 비슷하였다. 이러한 것으로 미루어 볼 때 이 책은 옛 적 국사를 기록한 책의 기본모습을 충분히 볼 수 있다. 按:『급총』에 있는 편목은 뒤의 「신좌(申左)」편에 상세하다.

34 『맹자(孟子)』「이루(離婁)」 하에, "왕자(王者)의 자취가 끊어지니 『시(詩)』가 없어지고, 『시』가 없어진 뒤에 『춘추』가 지어졌다. 진(晉)의 승(乘), 초(楚)의 도올(檮杌), 노의 『춘추』는 사서라는 점에서 모두 한가지이다. 거기에 기록되어 있는 것은 주로 제(齊) 환공(桓公)이나 진(晉) 문공(文公)에 관한 일들이며 그 글은 사관(史官)들이 기록한 것"이라고 하였다.

35 황숙림(黃叔琳)의 『사통훈고보(史通訓故補)』 주(注)에, 『공양전소(公羊傳疏)』에 이르기를 옛 적 공자는 단문(端門)의 명을 받아 『춘추』의 뜻을 만들어 자하(子夏) 등으로 하여금 주나라 역사기록[史記]을 구하게 하여 120국의 보서(寶書)를 얻었다고 했다. 곧 묵자가 말한 백국춘추(百國春秋)는 당연히 바로 이 책을 말하는 것이다. 역주:『수서(隋書)』 권42, 「이덕림전(李德林傳)」에는 『묵자』를 인용하여 백국춘추를 언급하였다. '백국춘추'와 관련하여 공자 이전과 동시대의 '춘추'에 대한 사례는 趙呂甫, 『史

다.(釋 : 이상에서 여러 이야기들을 몇 차례 인용한 것은 모두 옛날에는 각 나라들이 역사기록[史記]을 가리켜 '춘추'라고 칭하였던 사실을 증명함으로써 '춘추'라고 명명하게 된 연유를 추론하여 그 쓰임이 모두 사실의 기록[記事]을 위한 뜻이라는 것을 밝히고자 하였다)

春秋家者,(釋 : 此一家是言記事家也, 止以經文爲界, 勿重拈編年意, 致與『左傳』家混) 其先出於三代.(釋 : 原記事家古名所自) 案『汲冢瑣語』記太丁時事, 目爲『夏殷春秋』.(釋 : 此下歷引『春秋』古名見於諸書者以實之) 孔子曰; "疏通知遠, 書之敎也", "屬辭比事, 『春秋』之敎也." 知『春秋』始作, 與『尙書』同時. 『瑣語』又有『晉春秋』, 記獻公十七年事. 『國語』云 : 晉羊舌肹習於春秋, 悼公使傅其太子. 『左傳』昭二年, 晉韓宣子來聘, 見『魯春秋』曰 : "周禮盡在魯矣." 斯則春秋之目, 事匪一家. 至於隱沒無聞者, 不可勝載. 又案『竹書紀年』, 其所紀事皆與『魯春秋』同. 孟子曰 : "晉謂之乘, 楚謂之檮杌, 而魯謂之春秋, 其實一也." 然則乘與紀年, 檮杌, 其皆春秋之別名乎! 故『墨子』曰 : "吾見百國春秋", 蓋皆指此也.(釋 : 此上疊引衆說, 總以證明古者歷國史記皆號春秋, 爲推本命名之由, 而其用皆以記事爲義也)

## 1-7

공자가 『춘추(春秋)』를 편찬할 때 주례(周禮)의 옛 법을 살피고[36] 노(魯)

---

通新校注』, 重慶出版社, 1990, p.23 주)14, p.25 주)23 참조.

36 두예(杜預)의 『춘추좌씨전집해』 서(序)(『문선(文選)』 권45 所收)에, 주나라의 덕이 쇠퇴한 이후 사관이 그들의 직무를 상실하게 되었다. 높은 지위에 있는 사람도 『춘추』의 대의를 분명히 드러나게 할 수 없었다. 공자가 노나라 사서에 이미 기록된 문장에 근거하여 그 진위를 살피고 난 후 전례(典禮)를 기록하였다. 위로는 주공(周公)이 전한 예제(禮制)를 따르고, 아래로는 장래의 법을 분명히 하였다고 했다.

에 전해지던 사관(史官)의 기록을 준수(遵守)하고, 그 기록 속의 행위에 의거하고 인도(人道)에 기초하여, 패망 속에 드러난 그 벌(罰)을 분명히 하고, 흥성함 속에서 그 공(功)을 드러내었다. 일월(日月)에 의거하여 역수(曆數)를 정하였고, 제후들의 조빙(朝聘)을 통하여 예악(禮樂)을 바로 잡았다.[37] 그 말은 은미해서 알기 어려운 듯 하면서도 뚜렷하게 나타나고, 완곡하면서도 문장이 정돈되며, 그 글은 뚜렷하게 나타나면서도 뜻이 깊게 하였다.[38] 그리고 다시는 고치거나 지울 수 없는 말을 남겨둠으로써 후세에 반드시 받들어 따라야 할 원칙을 세워놓았다. 때문에 천년을 지나오면서도 이 책이 독보적으로 세상에 전해지게 되었던 것이다.(釋 : 이 구절에서 바로 공자가 편찬한 『춘추』가 사실의 기록 속에 서술의 원칙을 깃들게 함으로써 천년 동안 독보적으로 세상에 전해져 '춘추'라고 일컬어지던 기타의 것들이 모두 없어졌음을 나타내고 있다)

逮仲尼之修『春秋』也, 乃觀周禮之舊法, 遵魯史之遺文; 據行事, 仍人道; 就敗以明罰, 因興以立功; 假日月而定曆數, 籍('藉'通)朝聘而正禮

37 역주 : 『한서예문지』 「육예략」 "『춘추』"에, 주 왕실이 쇠미해지자 재적(載籍)은 잔결(殘缺)하였다. 공자는 옛날 성인의 업적을 보존하고자 생각하며 말하기를, 하(夏)나라의 예(禮)에 대하여 나는 잘 말할 수 있지만, 기(杞)나라의 예는 증명하기 부족하다. 은(殷)나라의 예에 대해 나는 잘 말할 수 있지만 송(宋)나라의 예는 증명하기 부족하다. 그것은 문헌이 부족하기 때문이다. 문헌이 족하다면 곧 나는 그것을 잘 증명할 수 있다고 하였다. 노(魯)나라는 주공의 나라이므로 예와 문물을 갖추고 사관(史官)은 법도가 있다. 그러므로 좌구명과 그 사기(史記)를 보아 행사(行事)에 의거하고 인도(人道)에 말미암아 흥함으로써 공을 세우고, 패함으로써 벌을 이룬다. 일월(日月)을 빌려 역수(曆數)를 정하고, 조빙(朝聘)을 빌려 예악을 바로 잡으며, 칭찬하고 꺼리고 깎아내리고 물리치고 하는 바가 있다고 했다.

38 두예(杜預)의 『춘추좌씨전집해』 서(序)에, "『춘추』의 체례를 이루는 정황에는 다섯 가지가 있는데, 첫째는 문사(文辭)는 간략하되 뜻은 드러내고[微而顯], 둘째는 사실을 서술하되 뜻은 은미(隱微)하게 하고[志而晦], 셋째는 완곡하게 기록하되 장법(章法)[法則]을 이루고[婉而成章], 넷째는 사실을 다 기록하되 왜곡(歪曲)하지 않고[盡而不汙], 다섯째는 악을 징계하고 선을 권장한다[懲惡而勸善]는 것이다"라고 했다. 역주 : 이 말은 본래 『좌전』 성공(成公) 14년(B.C. 577) 9월 조의 기록을 인용한 것이다. 『좌전』 소공(昭公) 31년(B.C. 511)에도, 『춘추』의 기술은 문사(文辭)는 간략하되 뜻은 드러내고[微而顯], 완곡하게 기록하되 시비를 분명히 가린다[婉而辨]고 하였다.

樂; 微婉其說, 志(一作'隱')晦其文; 爲不刊之言, 著將來之法, 故能彌歷千載, 而其書獨行.(釋 : 此節正表孔子所修之『春秋』, 寓書法於記事中, 孤行千載, 而他所謂春秋者皆廢)

## 1-8

또 유자(儒者)들이 『춘추』에 대하여 설명한 것을 살펴보면, 사건을 해당 날짜 뒤에 붙여 쓰고 그 날짜를 해당 월(月)의 뒤에 붙여 정리하였으며,[39] 춘(春)이라는 말에는 하(夏)의 기록을 포함하고, 추(秋)라고 하였지만 동(冬)의 내용을 함께 살폈다.[40] 한 해에는 춘하추동 사계절이 있기 때문에 '춘추'라는 두 글자를 교대로 사용하여 사실을 기록하고 이를 책의 명칭으로 하였다. 그렇다면 안자(晏子) · 우경(虞卿) · 여불위(呂不韋)[41] · 육가(陸賈) 등이 편찬한 책의 편장(篇章)의 차례에 원래부터 연월(年月)이 없는데도 마찬가지로 『춘추』라고 칭하였으니[42] 대체로 원래의 『춘추』와는

---

39 이 말은 두예의 『춘추좌씨전집해』 서(序)에 보인다.

40 두예의 『춘추좌씨전집해』 서(序)에, 사관의 기록은 반드시 연대를 표시하여 기사(記事)를 시작하였다. 그러나 한 해에는 사시(四時)가 있기 때문에 춘(春)과 추(秋)를 엇섞어 기록한 책의 명칭으로 삼은 것이라고 하였다. 소(疏)에 이르기를, 춘(春)만 말하여도 하(夏)를 겸할 수 있고, 추(秋)만 말하여도 동(冬)을 겸할 수 있기 때문이라 했다. 노송전(魯頌箋)에 이르기를, '춘추'는 사계절을 말하는 것이라 했다.

41 역주 : 『사기』 권85, 「여불위전(呂不韋傳)」 참조.

42 『사기』 권62, 「관안열전(管晏列傳)」의 태사공왈(太史公曰)에, 내가[사마천] 『안자춘추』를 읽고 그들의 행적을 알고 싶어서 전기를 쓰기로 하였다고 했고, 『공총자(孔叢子)』 「집절(執節)」편에 이르기를, 춘추는 경(經)의 이름이다. 『안자춘추』 역시 춘추라고 불렀으니 귀천을 꺼리지 않고 같은 이름을 썼다고 했다.(역주 : 안자(晏子)는 안영(晏嬰)을 말한다. 『사기』 권62, 「관안열전」에 보면, 안영은 제(齊)나라 영공(靈公) · 장공(莊公) · 경공(景公)을 섬기면서 절검(節儉)과 역행(力行)으로 중용되었고, 사마천은 그를 평가하면서 군주에게 간언할 때 조금도 얼굴빛이 변하지 않았다고 하였고, 만약

다르다.(釋 : 이 구절에서는 편년을 설명하면서, 사실을 기록함에 반드시 연월 뒤에 붙여야 한다고 했다. 안자 · 우경 · 여불위 · 육가 등의 저서에는 사실이 연월과 관련이 없이 편찬되었으니 어찌 그 명칭을 빌릴 수 있겠는가! 그러나 편년 본래의 의미가 중시되지 않은 연유로 특별히 이와 관련하여 위의 여러 사람들을 비판한 것이다)

又案儒者之說春秋也, 以事繫日, 以日繫月; 言春以包夏, 擧秋以兼冬, 年有四時, 故錯擧以爲所記之名也. 苟如是, 則晏子 · 虞卿 · 呂氏 · 陸賈, 其書篇第, 本無年月, 而亦謂之春秋, 蓋有異於此者也.(釋 : 此節帶及編年, 言記事必繫之年月. 若晏 · 虞 · 呂 · 陸輩所著, 事無編繫, 何得假名! 然編年意本意不重, 特緣此以斥諸家耳)

---

안자가 지금 살아 있다면 그를 위해 마부가 되어 채찍을 두는 일이라도 할 정도로 안자를 흠모한다고 했다. 『사기색은(史記索隱)』에는 안영의 저서로 알려진 『안자춘추』 7편(篇)이 있다고 했다) 『사기』 권76, 「평원군우경열전(平原君虞卿列傳)」에, 우경은 유세에 능하여 조(趙)나라 효성왕(孝成王)의 신임을 받아 상경(上卿)이 되었기 때문에 그를 우경(虞卿)이라고 불렀다. 우경은 우여곡절 끝에 후일 이루지 못한 뜻을 책으로 저술하여, 위로는 『춘추』에서 취하고 아래로는 현실 중에서 관찰하여 「절의(節義)」 · 「칭호(稱號)」 · 「췌마(揣摩)」 · 「정모(政謀)」 등 모두 8편을 지었다. 이로써 국가의 득실을 풍자하였는데 세상에서는 그것을 전하여 『우씨춘추(虞氏春秋)』라고 하였다고 했다. 『한서예문지』 「육예략」 "춘추"에, 『우씨춘추』 15편이라 했다. 고유(高誘)의 『여람서(呂覽序)』에, 여불위는 양적(陽翟)지방의 부유한 상인으로서 진(秦)의 상국(相國)이 되었다. 유가들의 책을 수집하고 널리 자료를 모아 책을 지었는데 12기(紀) · 8람(覽) · 6론(論) 등으로써 이름을 『여씨춘추』라고 하였다. 이 책을 함양(咸陽)의 성문에 내어놓고 천금을 걸고 능히 한 글자라도 더하거나 덜어낼 수 있는 사람이 있으면 그 돈을 준다고 하였다. 『후한서』 권40하, 「반표전(班彪傳)」에, 한이 일어나 천하를 평정하였다. 태중대부(太中大夫) 육가(陸賈)가 당시의 공적을 기록하여 『초한춘추(楚漢春秋)』 9편을 지었다. 『사기집해(史記集解)』의 서(序)引 색은(索隱)에, 육가가 항우 · 한 고조가 처음 봉기한 내용과 혜제(惠帝) · 문제(文帝) 때의 사실을 찬술하였다고 했다.

## 1-9

태사공(太史公)이 『사기(史記)』를 저술할 때에 이르러 처음으로 천자에 관한 사실을 「본기(本紀)」라 하였는데,[43] 「본기」의 종지(宗旨)를 살펴보면 『춘추』를 본받은 것이다.[44] 이로부터 국사를 편찬하는 사람들은 모두 이 방법을 사용하였다. 그러나 시대가 바뀌고 세상이 변화하면서 체식(體式)이 달라지자 그들이 서술한 사실에 있어서 모두 칭찬하거나 꺼리는 말이 아주 드물어지고, 사실의 기록에 상벌[黜陟]이 없어졌다. 때문에 사마천이 말한 바와 같이 다만 옛 이야기들을 가지런히 정리한 것에 불과하니 어찌 이들을 『춘추』와 비교할 수 있겠는가.[45](釋 : 마지막 절에서는 후세 사서의 본기(本紀)가 『춘추』 경전의 체례에 가까워 『춘추』 가(家)의 정통을 잇는 것이기는 하지만, 특히 서법(書法)이 잘 갖추어지지는 않았음을 지적하였다)

至太史公著『史記』, 始以天子爲本紀, 考其宗旨, 如法(一作'昔')『春秋』. 自是爲國史者, 皆用斯法. 然時移世異, 體式不同, 其所書之事也, 皆言罕褒諱, 事無黜陟, 故馬遷所謂整齊故事耳, 安得比於『春秋』哉!(釋 : 末節指出後史之帝紀, 爲近春秋經體, 是則本家正派, 特書法未盡善耳)

---

43 역주 : 『사기』 권1, 「오제본기(五帝本紀)」의 『정의(正義)』에 배송지(裴松之)의 「사목(史目)」을 인용하여 "천자의 경우 본기라 칭하고, 제후는 세가(世家)라고 칭한다. '본(本)'이란 본계(本系)에 매여 있다는 의미이고, '기(紀)'는 다스린다는 의미로서 많은 일을 전체적으로 다루면서 연월(年月)에 따라 기록하기 때문에 '기'라 하였다"라고 했다. 유지기의 '본기'에 대한 자세한 견해는 권2, 「본기(本紀)」편 참조.

44 역주 : 『사기』의 「본기」 12권의 설정은 『춘추』의 기록이 12공(公)에 관한 것이라는 사실과 어떤 식으로든 연관이 있을 것이다.

45 역주 : 이 말은 『사기』 권130, 「태사공자서」에 상대부(上大夫) 호수(壺遂)와의 대화 중에 나온 사마천의 말을 인용한 것이다. 즉 "내가(사마천) 이른바 지난 일들을 서술하는 방법은 등장인물들의 세대간의 전기(傳記)를 정리하는 것이지 이른바 창작하는 것이 아닙니다. 그러니 선생[壺遂]이 이것을 『춘추』와 비교한다면 그것은 잘못입니다"라고 한 구절이다.

按 : 여기에서 『춘추』는 경(經)을 거론한 것이지 '전(傳)'을 거론한 것은 아니다. 문장의 뜻이 『춘추』 경(經)이 사실의 기록(記事)을 위주로 하고 있어 『상서』의 기언(記言)과 대조하여 거론하였다. 그리고 『춘추』를 기사가(記事家)로 분류한 것은 매우 정확한 것으로 『상서』처럼 억지로 기언가(記言家)로 분류한 것과는 다르다. 그리고 편년의 의미가 이에 부수적으로 따랐지만, 다음 장(章)의 『좌전(左傳)』가(家)에서 상세하게 설명될 것이다. 『춘추』 경이 표명한 의리는 공자를 종법(宗法)으로 삼은 것이다. 그 명칭의 유래는 먼저 살핀 바의 것(진춘추(晉春秋) · 노춘추(魯春秋) 등)을 기원으로 삼고, 뒤에 붙인 바의 것(안자(晏子) · 우경(虞卿) · 여불위(呂不韋) · 육가(陸賈) 등)은 단지 『춘추』라는 명칭을 빌렸을 뿐이다. 그것을 계승한 것으로 사마천의 『사기』에서 시작한 황제를 다룬 「본기(本紀)」로 구체화되었다. 종합하여 보건대 '가(家)'라는 글자의 유래와 이합(離合)이 상세하게 갖추어져 있다.(此『春秋』擧經不擧傳, 章意以記事爲主, 與『尙書』對擧, 而此爲確配, 非『尙書』强配記言比也. 於編年意則對及之, 至下章『左傳』家盡之. 其標義也, 以孔子爲宗法; 其徵名也, 以前所稽者爲原始, 以後所附者爲虛稱; 其苗裔也, 以遷史所開諸帝紀爲具體. 合而觀之, '家'字之原委離合備焉)

「본기」가 『춘추』를 본받았다는 것은 정말 요점을 찌르는 말이다. 『춘추』와 비교하여 「본기」에서 상세하게 다루고 있는 것은 다만 개창(開創)의 시기에 관한 것과 여러 조령(詔令)의 문장들이다. 후일 주자(朱子)가 편찬한 『통감강목(通鑑綱目)』의 '강(綱)'은 분명히 『춘추』를 받들어 따르고 있지만, 대체적으로 역시 「본기」의 체재를 취하였다.(本紀取法『春秋』, 一語破的. 紀所加詳者, 惟在開創之世及凡詔令之文耳. 後來朱子作『綱目』之綱, 固是仰學『春秋』, 亦大率取裁本紀)

## 1-10

『좌전』가(釋 : 편년체의 정통이다)는 그 기원이 좌구명(左丘明)에게서 시작된다.(釋 : 좌구명이 편찬한 『좌전』은 전(傳)의 기원이고, 지가(志家)는 이에서 비롯되었다고도 했다) 공자가 『춘추』저술을 마친 후 좌구명은 『춘추』 경(經)을 공자로부터 받아 전(傳)을 지었다.[46] 대개 '전(傳)'은 곧 '전(轉)'이니 경전의 뜻을 받아서 그것을 후세사람들에게 전수(轉受)(구본(舊本)에는 '전수(轉授)'라고 했다)한다는 의미이다. 혹은 '전(傳)'은 곧 '전한다(傳)'(원음(原音)은 평성(平聲)이다)는 의미로서 경(經)의 주지(主旨)를 후세에 전하여 보이게 하는 것이라고 했다. 살펴보건대 공안국(孔安國)이 주석(注釋)한 『상서』 역시 전(傳)이라 칭하였는데 여기서 말한 전(傳)이라는 것 역시 훈석(訓釋)의 의미이다.[47](釋 : 첫 구절에서는 특별한 의미 없이 '전(傳)'자를 풀이하여 단지 해석한다는

---

46 두예의 『춘추좌씨전집해』「서(序)」에, "좌구명이 공자[仲尼]에게서 경(經)을 전해 받고서 경(經)은 삭제할 수 없는 글이라고 여겼다. 때문에 전(傳)을 지음에 있어, 혹은 경문에 앞서 전(傳)을 붙여 뒤에 나오는 경문의 배경을 설명하기도 하고, 혹은 견문 뒤에 전(傳)을 붙여 앞 경문의 뜻을 종결하기도 하고, 혹은 경문에 의거하여 경(經)의 사리(事理)를 변론하기도 하고, 혹은 경문을 섞어 뜻은 같은데 서법(書法)이 다른 것을 모으기도 하여 뜻에 따라 전(傳)을 지었다. 그 예(例)가 중복된 것은 (구사(舊史)의 유문(遺文)이므로 생략하고 다 거론하지 않았으니, 이는 성인께서 편수하신 요지(要旨)가 아니기 때문이다)"고 하였다. 역주 : 『사기』 권14, 「십이제후년표(十二諸侯年表)」의 서문에도, "공자는 왕도를 밝히려고 70여 제후들에게 강구하였지만 아무도 그를 맞아들이지 않았다. 그래서 공자는 서쪽 주 왕실의 사적을 위시하여 『춘추』를 편찬하였다. 멀리 노나라 은공(隱公) 원년부터 기록하여 가깝게는 애공(哀公) 시대의 획린(獲麟)한 시기까지 이르렀다. 그 문장은 간략하게 썼고, 중복되거나 번잡한 것을 빼버렸다. 의리와 법도를 제정함으로써 왕도(王道)가 갖추어지고 인사(人事)가 포괄적으로 다루어지게 되었다. 70명의 제자들은 스승의 주장을 언변으로 전수하였는데, 『춘추』의 내용에는 비평 · 권고 · 찬양 · 은휘 · 힐난 · 훼손 등이 있지만 글로 나타낼 수 없었기 때문이다. 노나라의 군자 좌구명은 (공자가 『춘추』를 지은) 참뜻을 잃는 것을 염려하여 공자의 기록에 연유하여 그 내용을 구체적으로 부연하느라 『좌씨춘추』를 지었다"라고 했다.

47 역주 : 공안국의 『상서』 「서(序)」(『문선』 권45 所收)에, 황제의 명을 받아 59편의 전(傳)을 지었다. 그리하여 정성스런 마음으로 연구하고 깊이 사고하며, 경서(經書)와

의미로 보았다) 『좌전』이 『춘추』의 경문(經文)을 해석한 것을 보면, 말[言]은 경문(經文)에 보이고 사실은 '전(傳)'에 상세히 기록되었다. 그리하여 어떤 경우 '전'에 없는 내용이 경문에 있으며, 혹은 경문에 빠진 내용이 '전'에 있다. 『좌전』의 말은 간결하면서 요점이 뚜렷하고 사실은 상세하면서도 해박하니, 진실로 성인의 경서[『春秋』]와 함께 읽을 만한 보조물이며 또한 사적(史籍)의 으뜸이라 할 수 있다.[48] (釋 : 이 구절은 『좌전』에 잘 어울린다. 옛 사실을 후세에 전한다는 의미의 '전(傳)'을 설명하고, 아직 편년(編年)을 말하지는 않았다)

『左傳』家者,(釋 : 是爲編年正家) 其先出於左丘明.(釋 : 傳爲『左』撰, 亦曰其先, 志家之所始也) 孔子旣著『春秋』, 而丘明受(舊作'授',非)經作傳. 蓋傳者, 轉也, 轉受(舊亦作'授')經旨, 以授後人. 或曰傳者, 傳(原音 : 平)也, 所以傳示來世. 案孔安國注『尙書』, 亦謂之傳, 斯則傳者, 亦訓釋之義乎.(釋 : 首節空疏'傳'字, 只作注傳意解) 觀『左傳』之釋經也, 言見經文而事詳傳內, 或傳無而經有, 或經闕而傳存. 其言簡而要, 其事詳而博, 信聖人之羽翮, 而述者之冠冕也.(釋 : 此節貼合『左氏』, 遞到傳述古事之傳, 尙未說到編年)

---

전적(典籍)을 널리 참고하고 여러 의견들을 모아 전(傳)에 대한 문의(文義)를 해석하였다. 경문(經文)에 의거하여 의미를 펼쳐 그 뜻을 발휘하고자 했으니 이 같은 노력이 장래에 도움이 될 것이라고 하였다. 공안국은 공자의 11세손으로 자는 자국(子國)이다. 한 무제 때 박사(博士) · 임회태수(臨淮太守)를 지냈다. 『한서』 권88, 「유림전(儒林傳)」 참조.

48 역주 : 이 말은 『문심조룡(文心雕龍)』 「사전편(史傳篇)」의 "『춘추』의 목적은 깊고 심원하였으며, 그 언어는 함축적이고도 간결하였다. 좌구명은 공자와 같은 시대의 사람으로서 공자가 『춘추』를 통하여 뜻하고자 한 의도를 확실하게 이해하였다. 그래서 그는 역사적 사실들의 시작과 끝, 그리고 그 경과들을 철저히 조사하여 『좌전』을 지었다. '전(傳)'의 의미는 '전(轉)'이다. 다시 말해 공자가 『춘추』에서 했던 뜻을 물려받아 그것을 후세 사람들에게 전한다는 의미인 것이다. 그러므로 전(傳)은 실로 성인의 경서와 함께 읽을 만한 보조물이며, 또한 모든 기록된 사서들의 으뜸이라 할 수 있다"는 구절에서 인용한 것이다.

## 1-11

공자가 죽은[49] 다음 경(經)·전(傳)은 지어지지 않았다.(사서로서 경(經)을 이름으로 한 것은 『좌전』 이후 없어졌다) 이때의 사적(史籍)으로는 다만 『전국책(戰國策)』과 『사기』[『太史公書』]가 있을 뿐이었다.(釋: 이 두 책은 모두 편년으로 된 것이 아닌데 어찌 갑자기 인용된 것인가? 수록된 내용이 『좌전』을 이어 진(秦)에 이어져 있어서 아래에 보이는 악자(樂資)의 『춘추후전(春秋後傳)』의 본보기이다) 진(晉)에 이르러 저작랑(著作郞) 노나라 사람 악자(樂資)[50]가 『전국책』과 『사기』를 채집하여 『춘추후전(春秋後傳)』을 편찬하였다. 그 책은 주 정왕(周貞王: 재위 B.C. 468-441)에서 시작되어 『전전(前傳)』[51]의 노 애공(魯哀公)을 이어 주 난왕(周赧王: 재위 B.C. 314-256)을 거쳐 진(秦)을 서술하였는데, 진(秦) 효문왕(孝文王)이 주(周)나라에 이어 기록되고[52] 이세(二世)황제 때 멸망하기까지 모두 합하여 30권으로 되어 있다.(釋: 악자가 『전국책』과 사마천의 『사기』를 자료로 하여 책을 지었는데, 위로는 『춘추』를 잇고, 아래로는 한나라 초까지를 적으면서 역시 이름을 '전(傳)'이라 하였다. ○이상에서는 편년을 언급하지 않았지만, 편년이 저절로 나타난다) 한대(漢代)의 사서는 『사기』와 『한서』가 대표적이지만, 「본기(本紀)」와 「열전(列傳)」에 사실이 거듭 보이고, 「표(表)」

---

49 역주: 공자는 노 애공 16년(B.C. 479) 73세의 나이로 사망하였다.

50 『진서(晉書)』에는 열전이 없다. 『수서경적지』 「사부」 "잡사(雜史)"에, 『춘추후전』 31권은 진(晉) 저작랑 악자가 편찬하였다고 했다. 按: 악자는 진나라 때 사람으로 순열(荀悅)보다 뒤에 살았다. 그런데도 문장 안에 악자를 먼저 거론한 것은 악자의 책이 『좌전』을 이어서 진(秦)을 다룸으로써 사실이 모두 『한기(漢紀)』의 이전의 것이기 때문이지 작자를 순서대로 한 것은 아니다. 또, 『좌전』의 주 정왕(周貞王)을 이어 계속하였는데 『사기』가 정왕(定王)이라 쓴 것은 『좌전』 「소(疏)」가 의심스러운 부분을 아무렇게나 인용하였기 때문이다.

51 역주: 노 은공(魯隱公) 원년(B.C. 722)부터 노 애공 27년(B.C. 468)까지를 기록한 『좌전』을 가리킨다.

52 역주: 동주(東周)는 난왕(赧王) 사망 후 7년 만에 진(秦)의 장양왕(莊襄王)에 의해 완전히 멸망하였다. 장양왕의 부(父)가 곧 효문왕(孝文王)이다.

와 「지(志)」의 내용이 중복됨으로, 문장이 번잡하여 그 전체를 읽기가 매우 어려웠다.(釋 : 한(漢)의 사실을 다룬 사서에도 처음에는 기전(紀傳)이 있었고 편년은 없었다. 이 몇 마디 말로 앞의 문장을 받아 다음 문장으로 잇는다) 후한의 효헌제(孝獻帝 : 재위 189-220) 때 이르러 비로소 순열(荀悅 : 148-209)[53]에게 그 두 책을 모아 정리하여 편년체로 적게 하였는데, 『좌전』에 의거하여 『한기(漢紀)』 30편을 저술하였다.(釋 : 이는 곧 순열의 『한기』가 『좌전』의 체례에 의거한 것을 말하는데, '편년' 두 글자는 전체 문장의 핵심이다) 이후 모든 왕조의 국사에는 모두 이러한 (편년체의) 저작이 있었다. 후한부터 북제(北齊 : 550-577)에 이르기까지 장번(張璠)[54] · 손성(孫盛)[55] · 간보(干寶)[56] · 서가(徐賈)[57]

53 『후한서』 권62, 「순숙전(荀淑傳)」에, 숙의 손자 열(悅)은 자가 중예(仲豫)이고 헌제(獻帝) 때 비서감(秘書監)을 지냈다. 헌제는 반고의 『한서』가 문장이 번잡하여 살펴보기가 어려우므로 순열에게 명하여 『좌전』의 체례에 의거 『한기』 30권을 짓게 하였는데, 문장이 간단하면서도 사실의 기록이 상세하였다. 그 서문에, 전한(前漢)의 현명한 군주와 어진 신하들의 득실의 자취를 제대로 묘사하고 있다고 했다. 『사통』 「고금정사(古今正史)」편에 또 주(注)가 있다.

54 정사에는 열전이 없다. 『수서경적지』 「사부(史部)」 "고사(古史)"에, 『후한기(後漢紀)』 30권, 장번이 편찬하였다고 했다. 원굉(袁宏)의 『후한기(後漢紀)』 「자서」에, "한가한 날에 한나라의 기록을 모았는데 사승(謝承) · 사마표(司馬彪) · 화교(華嶠) · 사침(謝沈)의 책 등과 한산양공기(漢山陽公記) · 한영헌기거주(漢靈獻起居注) · 한명신주(漢名臣奏) 그리고 여러 군(郡)의 『기구선현전(耆舊先賢傳) 등 수백 권이나 되었다. 대부분 차례가 없었다. 장번이 편찬한 책[『후한기』]을 처음으로 보았는데, 한말의 사실이 상세하지 않았기 때문에 다시 자세히 살펴 보완하였다"라고 했다.

55 『수서경적지』 「사부」 "고사(古史)"에, 『위씨춘추(魏氏春秋)』 30권, 『진양추(晉陽秋)』 30권 모두 손성이 편찬하였다고 했다. 손성의 자는 안국(安國)으로서 『사통』 「논찬(論贊)」과 「직서(直書)」편에도 보인다. 역주 : 손성에 대하여는 『진서(晉書)』 권82, 「손성전(孫盛傳)」 참조

56 『진서(晉書)』 권82, 「간보전」에, 간보의 자는 영승(令升)으로서 조부는 통(統)이고 오(吳)의 분무장군(奮武將軍)을 지냈다. 간보는 재주가 뛰어나 저작랑으로서 국사를 총괄하였다. 『진기(晉紀)』를 지었는데 선제(宣帝)로부터 민제(愍帝)까지 모두 20권이다. 솔직하면서도 완곡한 면이 있었다. 곽연년(郭延年)이 평하기를, 양성재(楊誠齋)와 더불어 일찍이 '우보(于寶)'를 이야기한 적이 있는데 관리 한 사람이 말하길 '간(干)'자이지 '우(于)'자가 아니라고 하였는데 책을 확인해보니 과연 그러하였다. 按 : 그 말이 『학림옥로(鶴林玉露)』에 보이는데 운서 '간(干)'자 밑에 주(注)에 이르기를, '진(晉)에 간보(干寶)가 있다'라고 하였다. 양성재가 기뻐하여 말하기를, '한 글자가 내게 가르침을 주었다'라고 했다. 역주 : 『학림옥로』는 송(宋) 나대경(羅大經)이 편찬한 수필

(당연히 서광(徐廣)이어야 한다) · 배자야(裴子野)[58] · 오균(吳均)[59] · 하지원(何之元)[60] · 왕소(王劭)[61] 등이 편찬한 책들을 '춘추' 혹은 '기(紀)' · '략(略)' · '전(典)' · '지(志)'라고 불렀다. 비록 그 명칭은 각각 다르지만 대체로 모두 『좌전』의 체례에 의거하는 것을 기준(的準)으로 하였다.(釋 : 기준이란 편년을 말한다. 무릇 이름을 달리하면서도 체례가 같은 것을 모조리 나열하고 있는데, 『좌전』가로서 빠진 것이 없었다)

逮孔子之云沒, 經傳不作.(史而以經名者, 至『左傳』後遂絶) 於時文籍, 唯

서로서 유명한 학자와 문인들의 시문이나 어록에 평론을 붙인 것으로 모두 16권이다.

57 이 사람과 그의 책에 대한 기록이 없다. 按 : 『수서경적지』와 『당서예문지』에 간보의 『진기(晉紀)』와 배자야의 『송략(宋略)』 중간에 서광(徐廣)의 『진기(晉紀)』 45권이 보이는데 이곳에 보이는 여러 이름의 순서와 같다. 그리고 나열한 편년의 부류와 역시 같다. 그러나 '가(賈)'자는 즉 '광(廣)'자가 잘못된 것이다. 『송서(宋書)』 권55, 「서광전」에, 서광(352-425)의 자는 야민(野民)이고, 원외산기(員外散騎)로서 영저작(領著作)이었다고 했다. 역주 : 서광에 대한 열전은 『진서(晉書)』 권82, 『남사(南史)』 권33에도 있다.

58 『양서(梁書)』 권30, 「배자야전」에, 배자야(467-528)의 자는 기원(幾原)이고, 증조부 배송지(裴松之)가 하승천(何承天)의 『송사(宋史)』를 계속 편찬하였지만 완성하지 못하였다. 배자야가 다시 『송략』 20권을 편찬하였는데 사실의 서술과 평론이 대부분 좋았다고 했다.

59 『양서』 권49, 「문학전」 상, 「오균전」에, 오균(469-520)의 자는 숙상(叔庠)으로서 문체가 깨끗하고 뛰어나 많은 사람이 이를 본받았는데 이를 일러 오균체(吳均體)라고 하였다. 봉조청(奉朝請)에 제수되었다. 『제춘추(齊春秋)』 30권을 지었다고 했다. 『사통』 외편의 「고금정사(古今正史)」편에는 그 책에서 양(梁)의 황제를 제(齊) 명제(明帝)를 보좌하는 명을 받았다고 기록하였으므로 양 황제가 그 사실을 싫어하여 불사르라고 조서를 내렸다. 그러나 그 사본(私本)이 끝내 세상에 알려졌다고 했다.

60 『진서(陳書)』 권34, 「문학전」, 「하지원전」에, 지원은 정교하고 뛰어난 저술을 하여 양 나라 무제로부터 경제(敬帝)까지의 흥망성쇠의 자취를 기록하여 후세의 교훈이 되기에 충분하게 하고 포폄을 분명히 하였다. 75년간 벌어진 사실들을 처음으로 30권으로 정리하고 『양전(梁典)』이라 불렀다.

61 『상서(尙書)』가에 보이지만 그곳에 인용된 『수서(隋書)』는 기언체이다. 이곳에 인용된 『북제지(北齊志)』는 편년체이다. 문장의 끝에서 언급한 혹 "이를 '지(志)'"라고 한 것이 바로 이를 가리킨다. 예전의 오래된 주(注)에는 모두 한 곳에 섞어 열거함으로써 사람들로 하여금 그 분류가 분명치 않게 하였다. 『신당서예문지』 「편년류」에, 왕소(王劭)의 『북제지(北齊志)』 17권이라 하였다. 『사통』 외편 「고금정사」편에, 왕소는 기거주(起居注)에 의거하고, 아울러 서로 다른 이야기들을 널리 모아 편년의 책을 만들어 『제지(齊志)』라고 불렀다고 하였는데 체례의 구분이 매우 분명하였다.

有『戰國策』及『太史公書』而已.(釋：二書皆非編年, 何忽引入? 以其所載接『左』連秦, 爲下文樂『傳』張本耳) 至晉著作郎魯國樂資, 乃追采二史, 撰爲『春秋後傳』. 其書(一脫'書'字)始以周貞王, 續前傳魯哀公後, 至王赧入秦, 又以秦文王之繼周, 終於二世之滅, 合成三十卷.(釋：樂資採『國策』·遷『史』爲書, 上接『春秋』, 下迨漢初, 亦名爲傳. ○已上不言編年而編年自見也) 當漢代史書, 以遷·固爲主, 而紀傳互出, 表志相重, 於文爲煩, 頗難周覽.(釋：接入漢史, 其初有紀傳, 無編年, 此數語挑下) 至孝獻帝, 始命荀悅撮其書爲編年體, 依(一有'附'字)『左傳』著『漢紀』三十篇.(釋：此就荀『紀』之依『左』體, 指出'編年'二字, 爲全章點眼) 自是每代國史, 皆有斯作, 起自後漢, 至於高齊, 如張璠·孫盛·干寶·徐賈(當是'廣'字)·裴子野·吳均·何之元·王劭等, 其所著書, 或謂之春秋, 或謂之紀, 或謂之略, 或謂之典, 或謂之志. 雖(當有'其'字)名各異, 大抵皆依『左傳』以爲的準焉.(釋：的準者, 編年也. 凡異名而同體者, 悉羅列之, 於'家'字乃無欠闕)

**按**：『춘추』 경(經)은 대강(大綱)을 제시한 것이고, 전(傳)은 사실[事]을 서술한 것인데, 모든 사실은 반드시 일정한 해[年]에 붙여 기록하였다. 편년의 방법이 이로부터 시작되었다. 그러나 편년의 뜻을 『사통』이 '경(經)'에 연관된 것이라 하지 않고 '전(傳)'과 관련시켰던 것은 사실이 '전(傳)'의 기록을 통해 분명히 드러나기 때문이었다. '전(傳)'에는 3가(家)가 있었는데 『사통』은 오직 『좌전』만을 취하고 『공양전(公羊傳)』과 『곡량전(穀梁傳)』은 언급하지 않았다. 『공양전』과 『곡량전』은 뜻[義]의 해석을 위주로 하였고, 『좌전』은 사실의 기록을 위주로 하였다. 『공양전』과 『곡량전』은 사법(史法)이 없었지만, 『좌전』은 사법을 갖추고 있었다. 때문에 『좌전』 일가만이 편년(編年) 가법(家法)의 시조(始祖)라는 것이다. 『좌전』 이후 악자(樂資)·순열(荀悅) 및 장번(張璠)·손성(孫盛)·간보(干寶)·서광(徐廣)·배자야(裴子野)·오균(吳均)·하지원(何之元)·왕소(王劭) 등이 찬술한 것들이 모두 편년가류의 책이다. 문장 내에 『전국책(戰國策)』과 사마천의 『사기』·

반고의 『한서』를 거론한 것은 악자의 『춘추후전(春秋後傳)』과 순열의 『한기(漢紀)』가 그 책에서 비롯되었기 때문이다. 송 사마광(司馬光)이 17사(史)를 채록하여 『자치통감』을 편찬하면서 기초로 삼았던 것은 기전가(紀傳家)였지만, 완성한 것은 편년체였다. 여기서 책의 대략만을 본다면 분명히 (유지기가) 분류에 있어서 모호함이 있다는 것을 알게 될 것이다.(『春秋』經以提綱, 傳以述事, 事必繫年, 編年之法, 由是興焉. 然編年之義, 『史通』不以繫經而繫傳者, 事待傳而顯也. 傳有三家, 『史通』唯取『左氏』, 不及『公』·『穀』者, 『公』·『穀』主釋義, 『左』主載事, 『公』·『穀』非史法, 『左』具史法也. 故『左傳』一家, 爲編年家法之祖也. 自『左』而後, 樂資·荀悅以及張·孫·干·徐·裴·吳·何·王, 諸所述撰, 皆皆流也. 章內錯擧『國策』·遷·固, 殆爲樂『傳』·荀『紀』起本. 猶宋涑水氏採『十七史』以爲『通鑑』, 所本者紀傳家, 而所成者乃編年體也. 此處觀書略綽, 定知辨類糊塗)

또한 당(唐) 이전에 왕통(王通)의 『원경(元經)』, 설수(薛收)의 『전(傳)』이 바로 이 편년가를 모방하였지만 『사통』에서는 그들을 언급하지 않았다. 때문에 『수서(隋書)』와 『당서(唐書)』에서는 모두 「왕통전(王通傳)」을 수록하지 않았고, 사마광(司馬光)에 와서야 그의 전기(傳記)를 보완하였는데 사실과 책이 가인(家人)에게서 나왔으므로 내용이 혼잡하게 뒤섞여 정확하지 않았다고 여겼다. 비록 그 책이 존재하지만 믿을만한 것인지 그 가부가 아직 논의 중에 있다. 하물며 그 가인(家人)들의 그에 대한 추숭(推崇)이 분수를 넘어서고 무례하였다. 백우계(白牛谿)라고 불리는 사람이 서(序)에서 말하기를, "산은 니구(尼丘)와 같고, 샘은 사수(泗水)와 같다"라고 하였다. 그리고 다시 『문중자세가(文中子世家)』를 지어 사마천의 『사기』에 비유하였으니 명호(名號)를 근거 없이 참칭(僭稱)한 죄가 양웅(揚雄)보다 심하였다. 법으로도 반드시 물리쳐야 할 것이다.(又唐之先, 有王氏『元經』, 薛收『傳』正擬是家, 『史通』曾不及之. 因思隋·唐二史, 皆不立「王通傳」, 至司馬君實爲之補傳, 謂其事其書出其家人, 參差不實. 然則書雖存, 究在依託然否間, 况其家所以推之者, 越分無禮. 有白牛谿序曰: "山似尼丘, 泉似泗涘." 更爲之作『文中子世家』以配遷『史』, 是其浮名僭號, 罪甚揚雄, 法亦在所必斥也.)

## 1-12

『국어』가(釋 : 국별가(國別家)로서 오직 분봉되어 땅을 받은 제후에게 있다)는 그 기원이 역시 좌구명에서 비롯되었다. 좌구명은 『춘추내전(春秋內傳)』(즉 『좌전』)을 편찬하고 나서 또 남아 있는 자료들을 상세히 조사하고 별도의 견해로 편찬하여 주(周)·노(魯)·제(齊)·진(晉)·정(鄭)·초(楚)·오(吳)·월(越) 등 여덟 나라의 사실들을 분류하고, 주 목왕(周穆王)부터 노 도공(魯悼公)까지를 따로 『춘추외전국어(春秋外傳國語)』라고 하였는데 모두 21편이었다. 이 책을 『춘추내전』과 비교해보면 혹 중복된 곳이 있지만 약간의 차이가 있다.[62] 그러나 예로부터 이름난 유학자들인 가규(賈逵)[63]·왕숙(王肅)[64]·우번(虞翻)[65]·위요(韋曜)[66] 같은 사람들은 모두 거듭 주석을 더하고

62 위소(韋昭)의 『국어』「서(序)」에, 옛적 공자가 노나라 역사를 편찬함으로써 후세의 모범으로 하고자 하였다. 좌구명이 성인의 말씀으로 자신의 뜻을 나타내고자 하였는데 널리 의견을 모은 좋은 저술이었다고 일컬어진다. 고상한 생각을 모두 표현할 수 없자 다시 위로는 주 목왕(周穆王) 이래 아래로는 노 도공(魯悼公)과 지백(智伯)의 주살까지를 모두 모아 『국어』를 편찬하였다. 그 문장이 경(經)에 그치지 않았으므로 『외전(外傳)』이라 하였다. 또 이르기를, 스스로 결정하지 않고 다시 거듭 해석하면서 오경(五經)을 참고하고 『내전』으로 검토하였다고 했다. 역주 : 『국어』를 좌구명의 저작이라 여기는 것은 『사기』 권130, 「태사공자서」에, "좌구명은 실명(失明)하고 나서 『국어』를 편찬하였고"라는 언급과 『한서』 권62, 「사마천전」에, "공자가 노나라 역사 기록에 근거하여 『춘추』를 짓고, 좌구명이 『춘추』의 기록에 여러 자료를 모아 『좌전』을 편찬하고, 다시 그 이동(異同)을 편찬하여 『국어』를 만들었다"는 기록에 근거한 것이다.

63 『후한서』 권26, 「가규전」에, 가규(30-101)의 자는 경백(景伯)이고 9대 조(祖)가 가의(賈誼)이다. 가규의 신장은 8척 2촌이었는데, 여러 유생들이 그를 가리켜 말하기를, '끊임없이 사물에 대한 궁금증을 묻는 가(賈)형님!'이라고 하였다. 특히 『좌씨전』과 『국어』에 밝아 그에 대한 『해고(解詁)』 51편이 있다고 했다. 주(注)에, 좌씨전해고(左氏傳解詁)』 30편, 『국어해고(國語解詁)』 21편이 있다고 했다.

64 삼국시대 사람으로서 『상서』가에 보인다. 按 : 『삼국지』 권13, 「위지」에 열전이 있다. 여러 경전을 이해한 이후 다시 『춘추삼전(春秋三傳)』·『국어』·『이아(爾雅)』 등에 주를 달았다. 『수서경적지』 「경부(經部)」 "춘추"에, 『춘추외전장구(春秋外傳章句)』 1권은 왕숙(王肅)이 편찬한 것이라 했다. 역주 : 왕숙(195-256)의 자는 자옹(子雍)이며, 삼국시대 위(魏)의 경학자로서 산기황문시랑(散騎黃門侍郎)·산기상시(散騎常侍)·비서

그 장구(章句)를 연구하였다. 이것 역시 『육경(六經)』의 부류이고, 『좌전』·『공양전』·『곡량전』 등 삼전(三傳)에 버금가는 것이었다.(釋 : 첫 구절에서 국별체(國別體)를 자세히 설명하였고, 편찬의 유래를 살폈으며 아울러 주석가의 장구(章句)가 이와 같음을 다루었다)

『國語』家者,(釋 : 此是國別家, 惟分封分割之代有之) 其先亦出於左丘明. 旣爲『春秋內傳』, 又稽其逸文, 纂其別說, 分周魯齊晉鄭楚吳越八國事, 起自周穆王, 終於魯悼公, 別爲(此二字或作'列於', 或作'列爲', 皆非)『春秋外傳國語』, 合爲二十一篇. 其文以方『內傳』, 或重出而小異. 然自古名儒賈逵·王肅·虞翻·韋曜之徒, 並申以注釋, 治其章句. 此亦『六經』之流, 『三傳』之亞也.(釋 : 首節疏明國別之體, 因推稽纂所由, 兼及注家章句如此)

---

감(秘書監)·숭문관좨주(崇文館祭酒) 등을 지냈다. 처음에 왕숙은 가규와 마융의 학문을 좋아하고 정현의 학문을 좋아하지 않았다. 그는 학설의 차이를 수집하여 『상서』·『시경』·『논어』·『주례』·『예기』·『의례(儀禮)』·『좌씨전(左氏傳)』에 주해(注解)를 했고, 부 왕랑(王朗)이 지은 『역전(易傳)』을 선택하여 바르게 정리하여 모두 학관에 진열했다. 그가 논박한 조정의 제도·전제(典制)·종묘·상기(喪紀)·경중(輕重) 등도 총 백여 편이 있다.

65 『삼국지』 권57, 「오지(吳志)」에, 우번(164-233)은 자가 중상(仲翔)으로서, 손권이 기도위(騎都尉)로 삼았다. 후일 교주(交州)로 옮겨졌는데 비록 죄를 짓고 간 것이지만 강학(講學)을 게을리 하지 않았다. 『노자』·『논어』·『국어』 등에 훈주(訓注)가 있는데 모두 세상에 전한다. 역주 : 『수서경적지』 「경부(經部)」 "춘추"에, 『춘추외전국어(春秋外傳國語)』 21권, 우번이 주를 달았다고 했다.

66 『삼국지』 권65, 「오지」에, 위요(韋曜 : ?-273)의 자는 홍사(弘嗣)이고, 상서랑(尙書郎)이 되었다가 태자중서자(太子中庶子)로 옮겼다. 손호(孫皓)가 즉위하자 고릉정후(高陵亭侯)에 봉해졌다. 주(注)에, 위요의 본명은 소(昭)였지만, 사서에서는 진(晉) 문제(文帝) 사마소(司馬昭)를 피휘하여 고쳤다. 송의 『숭문총목(崇文總目)』에, 위소가 정중(鄭衆)·가규(賈逵)·우번(虞翻)·당고(唐固) 등을 참고하여 다섯 사람의 주로서 합하여 바로 잡은 것이 310건의 사실이었다고 했다. 按 : 당고의 『국어주(國語注)』는 『삼국지』 권53, 「오지」 「감택전(闞澤傳)」에 보인다. 혹 당인(唐因)이라고 하지만 이는 틀린 것이다. 역주 : 『수서경적지』 「경부(經部)」 "『춘추』"에, 『춘추외전국어(春秋外傳國語)』 22권, 위소가 주를 달았다고 했다.

## 1-13

(전국시대에 이르러) 합종(合縱)·연횡(連橫)이 서로 제기되고 전쟁에 힘쓰며 패권을 다투었는데, 진(秦)이 천하를 통일하게 되자 『전국책(戰國策)』이 저술되었다.[67] 그 편목(篇目)에 서주(西周)·동주(東周)·진(秦)·제(齊)·연(燕)·초(楚)·삼진(三晉)[趙·魏·韓]·송(宋)·위(衛)·중산(中山) 등 모두 12개 나라가 포함되어 있으며, 33권으로 나뉘어져 있다. 그것을 '책(策)'이라고 칭한 것은 대개 사실을 기록했을 뿐 연대순으로 정리하지 않았기 때문에 간책(簡策)으로 그 명칭을 삼은 것이다.[68] 혹은 한나라 유향(劉向 : B.C. 77-6)[69]이 전국시대 유세지사(游說之士)들의 계책과 모략[策謀]이라고 여겼기 때문에 『전국책』이라 불렀다고 말했다.[70](釋 : 『국어』를 계승한 것으

67 유향(劉向)의 원서(原敍)에, "『전국책』을 교정하면서 신(臣) 유향은 나라별로 정리된 것을 대략 때에 따라 정리하여 33편을 얻었습니다. 원래 책의 내용을 따라 『국책(國策)』·『국사(國事)』·『단장(短長)』·『사어(事語)』·『수서(修書)』·『장서(長書)』라고도 불렀습니다. 신 유향은 이들을 전국시대의 유사(游士)들의 계책과 모략이라고 여겨 『전국책』이라 하였습니다. 『춘추』를 이어서 초·한 교체기까지 245년간의 일을 모두 다루면서 사실을 분명히 하였습니다"라고 하였다. 『수서경적지』에 유향이 정리한 것이 32권이고, (후한의) 고유(高誘)가 주를 붙인 것이 21권이라 했다. 역주 : 남송(南宋)의 요굉(姚宏)은 고유의 주(注)에 속주(續注)를 붙여 33권으로 정리하였는데, 현행 고유의 주석본이 바로 이것이다. 아울러 남송 포표(鮑彪)는 증공본(曾鞏本)을 보정(補訂)하고, 거기에 자주(自注)를 붙여 10권으로 편집하기도 했다.

68 역주 : 『문심조룡』「사전편(史傳篇)」에, 전국시대 합종연횡으로 특징되는 시기에도 사관의 직책은 여전히 존재하였다. 진(秦)이 전국시대를 통일하였을 때, 각 제후국들은 자신들의 역사를 간책(簡策)에 보존하고 있었다. 이것들은 체계적인 주석이 없는 단순한 기록이었기 때문에 그 명칭을 구분하기 위하여 『전국책(戰國策)』이라 불렀다고 했다.

69 역주 : 유향의 자는 자정(子政)이고 한(漢)의 종실(宗室)로서 『상서』·『공양전』·『곡량전』 등에 능통하였고 아울러 성제(成帝) 때 관부에 소장되었던 서적이 대부분 산실(散失)되자 유향은 광록대부(光祿大夫)로서 군서(群書)를 교정(校訂)하고 편목(篇目)을 정리하면서 그 내용을 간략하게 기록하여 『칠략별록(七略別錄)』 20권을 지었지만, 전하지 않는다. 『한서』 권56, 「초원왕전(楚元王傳)」에 열전이 보인다.

70 역주 : 이러한 견해는 『수서경적지』「사부(史部)」 "잡사(雜史)" 서문(序文)의 내용과

로 『전국책』이 바로 그 유파이다. 때문에 관련하여 언급하고 있다. 그리고 '간책' 혹은 '계책과 모략' 두 가지 뜻으로서의 '책(策)'이란 글자를 자세히 설명하고 있다)

暨縱橫互起, 力戰爭雄, 秦兼天下, 而著『戰國策』. 其篇有東西二周, 秦, 齊, 燕, 楚, 三晉, 宋, 衛, 中山, 合十二國, 分爲三十三卷. 夫謂之策者, 蓋錄而不序,(謂時序) 故卽簡(簡策)以爲名. 或云, 漢代劉向以戰國游士爲之(一脫'之'字)策謀, 因謂之『戰國策』.(釋 : 繼『國語』而起者, 『國策』正其流派, 故連及之, 而以兩義疏明'策'字也)

## 1-14

공연(孔衍 : 268-320)에 이르러 또 『전국책』에 수록된 내용이 아직 부족하다 여기고 태사공(太史公)의 기록『사기』을 인용하여 그 내용의 이동(異同)을 대조하고, 이 두 책(『전국책』과 사마천의 『사기』를 말한다)의 내용을 산정(刪定)하여 한 책으로 편찬하고 『춘추후어(春秋後語)』라 불렀다.[71] 그 중 서주(西周) · 동주(東周)와 송(宋) · 위(衛) · 중산(中山) 등 나라들을 삭제하고 남은 것은 7개국뿐이었다. 진 효공(秦孝公 : 재위 B.C. 361-338)으로부터 시작하여 초(楚)와 한(漢)의 교체기까지 『춘추(春秋)』의 선례에 따라 230여 년간의 사실을 싣고 있다. 처음 공연은 『춘추시국어(春秋時國語)』를 편찬하였

---

같다. 『전국책』과 관련한 자세한 논의는 趙呂甫, 『史通新校注』, p.41 주)19 참조.

71 『신당서예문지』에, 공연의 『춘추시국어』 10권, 『춘추후국어』 10권이 있다고 했다. 按 : 『사통』에 현재 세상에 전해지고 있는 것은 단지 『춘추후국어』라고 했다. 이는 『신당서예문지』가 특히 구사(舊史)의 원문에 근거한 것으로 모두 그 책에 있었던 것은 아님을 알 수 있다. 역주 : 이에 대한 청(淸) 황석(黃奭)의 집본(輯本) 1권이 있는데, 주로 『태평어람(太平御覽)』 · 『문선(文選)』 주(注) · 『초학기(初學記)』 등을 참고하여 완성한 것으로 청 왕모(王謨)의 『한위유서초(漢魏遺書鈔)』에 보인다.

고(釋 : 『후어(後語)』를 서술하였기 때문에 아울러 그 전작(前作)을 함께 표기하였다) 다시 『춘추후어(春秋後語)』를 편찬하여 두 책을 완성하였는데 각각 10권이었다.[72] 지금 세상에 전해지는 것은 단지 『춘추후어』뿐이다. 이 책의 서문을 보면, "비록 좌구명이라 할지라도 이 책을 넘어설 수 없다"라고 하였다. 세상사람들은 모두 공연(孔衍)이 자신의 역량과 덕행을 제대로 헤아리지 못하고 있다고 비난하였다. 공연이 서문에서 밝힌 이러한 뜻을 살펴볼 때 자신을 좌구명에 비교한 것은 마땅히 『국어』를 가리킨 것이지 『춘추좌전(春秋左傳)』은 아니었다. 정말 이처럼 비슷한 종류끼리 모이는 것이라면[73] 어찌 더 비난할 수 있겠는가?(釋 : 이 구절은 『전국책』의 내용을 부연하여 나온 것이다. 공연[舒元]이 『춘추후어』를 지을 때에 많은 사실을 달리 깨달았다. 『사통』에서 이를 인용한 것은 오히려 유추(類推)한 것이다. 대개 국어가의 저술이 매우 적었기 때문에 이를 언급한 것이다)

至孔衍, 又以『戰國策』所書, 未爲盡善, 乃引太史公所記, 參其異同, 删彼二家,(謂『國策』·遷『史』) 聚爲一錄, 號爲『春秋後語』. 除二周及宋, 衛, 中山, 其所留者, 七國而已. 始自秦孝公, 終於楚漢之際, 比於『春秋』, 亦盡二百三十餘年行事. 始衍撰『春秋時國語』,(因述其『後語』, 并標其前作) 復撰『春秋後語』, 勒成二書, 各爲十卷. 今行於世者, 唯『後語』存焉. 按其書序云 : "雖左氏莫能加." 世人皆尤其不量力, 不度德. 尋衍之此義, 自比於丘明者, 當爲『國語』, 非『春秋傳』也. 必方以類聚, 豈多嗤乎?(釋 : 此節因『國策』敷衍而出. 在舒元作之, 殊覺多事; 在『史通』引之, 却是類推. 蓋此述者絶少, 故及之也)

---

72 역주 : 두 책 모두 『신당서예문지』에 이미 보이지 않는다. 그 일부가 『한위유서초(漢魏遺書鈔)』·『한학당총서(漢學堂叢書)』, 나진옥(羅振玉)의 『명사석실일서(鳴沙石室佚書)』 등에 보일 뿐이다.

73 역주 : 『역』「계사(繫辭)」 상에, "(만물은 그 성질이나 운동법칙에 따라서) 비슷한 종류끼리 모이고, 만물은 무리를 지어 나뉘어지니 여기에서 길흉이 생겨난다[方以類聚, 物以群分, 吉凶生矣]"고 하는 말에서 인용한 것이다.

## 1-15

한이 통제력을 잃고 군웅이 할거하여 서로 다투던 때 사마표(司馬彪)가 또 당시의 사실을 수록하여 『구주춘추(九州春秋)』를 편찬하였다.[74] 주(州)를 각기 한 편(篇)으로 하여 모두 9권이었다. 그 체통(體統)을 자세히 살펴보면 역시 근대(近代)의 『국어(國語)』라고 하겠다.(釋 : 이 책 역시 『국어』가에 속하는데, 『국어』가는 이 책 이후 끊어졌다)

當漢氏失馭, 英雄角力, 司馬彪又錄其行事, 因爲『九州春秋』. 州爲一篇, 合爲九卷. 尋其體統, 亦近代之國語也.(釋 : 此書乃是本家的派, 『國語』一家從此止矣)

---

74 『수서경적지』「사부(史部)」"잡사(雜史)"에, 『구주춘추』 10권은 사마표가 편찬하였다고 했다. 진진손(陳振孫)의 『직재서록해제(直齋書錄解題)』에, 사마표가 한말 주(州)의 난을 기록하면서 사(司)·기(冀)·서(徐)·연(兗)·청(青)·형(荊)·양(揚)·양(涼)·익(益)·유(幽) 등 지역의 도적과 반란을 모두 기록하였다고 했다. 『진서(晉書)』 권82, 「사마표전」에, 사마표의 자는 소통(紹統)으로서 고양왕(高陽王) 목(睦)의 장자(長子)로서 비서랑을 지냈으며, 『장자』에 주석을 달고, 『구주춘추』를 지었다고 했다. 역주 : 사마표는 삼국시대 위(魏) 정시(正始) 연간부터 서진(西晉)초에 걸쳐 살았던 인물로서 『구주춘추』와 『장자』 주(注) 이외에도 특히 『속한서(續漢書)』 80편을 지었는데, 본기와 열전은 점차 산일(散佚)되고 지(志)가 남아 후일 범엽(范曄)의 『후한서』 중의 8지(志)로 편입되었다. 『속한서』는 초주(譙周)가 산삭(刪削)한 『후한사(後漢史)』를 근거로 하였으며, 안제(安帝)·순제(順帝) 이하의 빠진 부분을 보충하여 완성하였다. 『후한서』 중의 8지는 송대 사람이 사마표의 『속한서』 8지에 근거하여 간행해 넣은 것인데, 8지의 저본은 대체로 『동관한기』의 지(志)이며, 그것은 본래 채옹(蔡邕)의 「십의(十意)」에서 나왔다.

## 1-16

위(魏)가 허창(許昌)과 낙양(洛陽)에 도읍을 정하면서부터[75] 위 · 촉 · 오 세 나라가 서로 대치하고, 동진(東晉)이 장강(長江) · 회하(淮河)로 옮겨 자리잡으면서[76] 천하[四海]가 분열되었다. 그 군주들이 비록 제왕(帝王)이라 불렀지만, 그 영토는 실제로 제후들과 같았다. 각국의 사관(史官)들은 국사(國史)를 기록하면서 기전체로 편찬하는 경우 곧 사마천의 『사기』와 반고의 『한서』를 모범으로 삼았고,[77] 편년체로 시작할 경우 곧 순열(荀悅)의 『한기』와 원굉(袁宏)의 『후한기』를 따랐다. 그리하여 『사기』나 『한서』의 체재가 세상에 크게 유행되고 『국어』의 체재는 없어지게 되었다.(釋 : 끝 구절은 『국어』가가 오랫동안 폐기되어 비록 위진 이래 분열된 나라마다 사서가 많았으며 거의 대부분이 반고와 순열에 의거하여 나라별로 저술하고 있지만 그 체재가 이미 『국어』가는 아니었음을 보여주고 있다)

---

75 『삼국지』 권1, 「위지」 「무제기」에, 건안(建安) 원년(196)에 낙양이 크게 파괴되자 동소(董昭) 등이 태조 조조에게 허(許)에 도읍할 것을 권하였다. 건안 25년(220) 낙양에 이르렀다. 위 문제(文帝) 황초(黃初) 원년(220)에 낙양궁을 건립하였다. **按** : 당시 조위(曹魏)를 지칭할 경우 보통 허(許) · 낙(洛)이라고 일컬었다. 예컨대 『삼국지』 권56, 「오지」 「주환전(朱桓傳)」에, 주환(朱桓)이 말하길, "나아가 수춘(壽春)을 취하므로서 허와 낙을 제압하려는 책략으로 한다"는 것이 그것이다.

76 『진서(晉書)』 권6, 「원제기(元帝紀)」에, 원제는 낭야공왕(瑯琊恭王) 근(覲)의 아들로서 낭야왕을 계승하였다. 영가(永嘉 : 307-313) 초에 건업(建業)에 주둔하였다. 민제(愍帝)가 즉위하자 낙양을 지키지 못하였다. 건무(建武) 원년(317)에 위(魏) · 진(晉)의 선례를 따라 진왕(晉王)이 되어 종묘와 사직을 건강(建康)에 세웠다. **按** : 이것이 동진의 시작이다. 건강은 즉 건업으로서 오(吳)의 대제(大帝) 손권이 여기에 도읍을 처음 정했다. 장강(長江)과 회수(淮水)가 그 경계로서 역시 오(吳)의 통칭으로 불렀다. 예컨대 『삼국지』 「오지」에, 주방(周魴)은 본래 양선(陽羨) 사람인데 말하기를, "강(江) · 회(淮)에서 태어나 자랐다"라고 한 것이 그것이다.

77 **역주** : 『수서경적지』 「사부(史部)」 "총서(總序)"에, 이로부터 세간(世間)의 저술은 모두 반고와 사마천을 본받아 이를 정사(正史)로 여기면서 사서를 저술하는 사람들이 더욱 많아졌다. 한 시대의 역사적 사실을 기록한 것이 수십 가(家)에 달했다. 오직 『사기』와 『한서』만이 사법(師法)으로 대대로 전해지고 해석되었다고 했다.

自魏都許, 洛, 三方鼎峙; 晉宅江·滙, 四海幅裂, 其君雖號同王者, 而地實諸侯. 所在史官, 記其國事, 爲紀傳者則規模班, 馬; 創編年者, 則議擬荀, 袁. 於(一作'爲')是史, 漢之體大行, 而『國語』之風替矣.(釋 : 末節正見『國語』家久廢, 雖自魏·晉以來, 多有分國之史, 大都祖述班·荀, 均之國別, 而體則非矣)

按 : 『국어(國語)』와 『전국책(戰國策)』은 모두 국별가(國別家)인데, 『사통』이 비록 오로지 『춘추외전(春秋外傳)』(『국어』)으로 명목(名目)을 나타내고 있지만 실은 깊은 내용을 살피지 않고 다음 주제(主題)로 넘어갔다.(二國均爲國別家, 『史通』雖專以外傳標目, 其實走馬遞擧)

봉건제가 무너지고 사서 또한 한 가지 체재로 통일된 이후 어떤 일이든 다르게 표현되는 방법이 없었다. 만약 국가가 분열하면 각국(各國)의 사관(史官)은 각자 국사(國事)를 기주(記注)하였는데, 여러 사법(師法)을 지닌 크고 작은 편년체와 기전체 사서들 역시 다시는 과거 그 같은 조목(條目)하에 문장을 모으고 사실을 기록하는 체례(體例)를 사용하지 않았다. 『국어』가(家) 같은 것도 곧 거의 (소설(小說)·필기(筆記)류처럼) 설부(說部)의 서적으로 취급되었다. 『사통』이 그것을 독립된 '가(家)'로 분류하지 않으면 안 되었지만, '가'로 배열하였다고 해서 사체(史體)의 정종(正宗)은 아니었다. 때문에 문장의 끝 부분에서 그 득실의 진퇴를 논하면서 다른 '가'처럼 대하지 않은 것에는 그 이유가 있었다.(自封建廢而史統於一, 靡事殊塗矣. 其或光岳氣分, 各職記注, 而編年紀傳, 小大相師, 亦並不用條綴體式. 若是乎『國語』一家, 幾將說部置之. 『史通』不列爲家而不可, 列之爲家而體非正用. 章末筆參進退, 不類他家, 有以也)

## 1-17

『사기(史記)』가(釋 : 기전가(紀傳家)의 시조이다. 유지기는 『사기』를 고대로부터 이어진 통사체라고 여겼기 때문에 따로 일가로 하였다)는 그 기원이 사마천에게서 비롯되었다. 오경(五經)의 권위가 약화되자 제자백가들이 다투어 일어남에 따라 사적(事迹)들이 서로 엇갈려 뒤죽박죽이 되었으며 시대의 전후(前後)가 어그러졌다.(釋 : 이 구절은 너무 오래된 시절의 일은 그 잘못됨의 근원을 살피기가 어렵다는 것을 암시하고 있다) 사마천에 이르러 각 나라의 사서를 거두어 모으고 개인의 기록을 찾아 모아,[78](혹 '가승(家乘)'이라 쓰기도 하지만, 잘못일 것이다) 위로는 황제(黃帝)로부터 시작하여 아래로는 한 무제(漢武帝 : 재위 B.C. 140-86)에 이르기까지 본기(本紀)와 열전(列傳)으로 군신(君臣)의 사적을 정리하고, 서(書)와 표(表)로서 연대(年代)와 작록(爵祿)을 차례로 배열하여 모두 130권으로 만들었다. 그리고 노(魯)나라 사서(史書)의 옛 명칭에 근거하여 『사기』라고 명명(命名)하였다.[79] 이때부터 한대의 사관들에 의해 계속 저술한 것을 모두 "사기"라고 명명하였다. 후한[東京]에 이르러서도 사서를 여전히 『한기(漢記)』[80]라고 불렀다.(어떤 책에는 '『한기(漢紀)』'라 하였다. 釋 : 몇 마디 말로 앞의 문장을 받아 다음 문장으로 넘어간다)

『史記』家者,(釋 : 此是紀傳家之祖, 而劉氏以『史記』通古爲體, 故別爲一家) 其先出

---

78 이 구절은 또 「채찬(採撰)」·「고금정사(古今正史)」편에도 보이는데, 파서(巴西)사람 초주(譙周)가 사마천의 『사기』에 나오는 주(周)와 진(秦) 이전의 기록과 개인과 제자(諸子)들의 기록을 모음으로써 오로지 경문에만 의거하지 않고 『고사고(古史考)』를 지었다고 말하였다. 이를 통해 "개인의 기록을 찾아 모아[採訪家人]"에서 '인(人)'자를 '승(乘)'자로 고친 것이 잘못되었음을 알 수 있다.

79 이 말은 『춘추』가에 보인다. 역주 : "사기"라는 명칭에 대한 자세한 논의는 趙呂甫, 『史通新校注』, p.48-9 주)12 참조.

80 역주 : 『한기(漢記)』란 『동관한기(東觀漢記)』를 말한다. 『수서경적지』 「사부(史部)」 "정사(正史)" 에, 유진(劉珍)·유의(劉毅)·유도(劉陶)·복무기(伏無忌) 등이 계속하여 동관(東觀)에서 저술하였는데, 이를 『한기(漢記)』라고 불렀다고 했다. 「고금정사(古今正史)」편에 관련 내용을 자세히 정리하였다.

於司馬遷. 自五經間行, 百家競列, 事迹錯糅,(通作'揉') 前後乖舛.(釋 : 此四句伏下遼遠難稽病源) 至遷乃鳩集國史, 採訪家人,(或作'家乘', 恐非) 上起黃帝, 下窮漢武, 紀傳以統君臣, 書表以譜年爵, 合百三十卷. 因魯史舊名, 目(一本'目'字在上)之曰(一無'曰'字)『史記』. 自是漢世史官所續, 皆以"史記"爲名. 迄乎東京著書, 猶稱『漢記』.(一作'紀'. 釋 : 數語遞下)

## 1-18

양 무제(梁武帝 : 재위 502-549)에 이르러 또 군신(群臣)들에게 조칙(詔勅)을 내려 위로는 태초(太初)로부터 아래로는 남조(南朝)의 제(齊 : 479-502)에 이르기까지의 역사를 편찬하여 『통사(通史)』 620권을 완성하였다.[81] 이 책은 진(秦)나라 이전의 사실은 모두 『사기』에 의거하였으며 동시에 또한 다른 자료들을 수집하여 새로운 견문을 추가하였다. 양한(兩漢) 이후의 사실은 전부 당시의 기전(紀傳)을 초록하여 조대(朝代)의 선후(先後)가 관통하도록 하고, 같은 종류의 사적(事迹)이 서로 종속되도록 하였다. 또한 삼국시대 오(吳)와 촉(蜀)의 군주들을 모두 「세가(世家)」에 편입시키고, 오호

81 『양서(梁書)』 권49, 「문학전(文學傳)」 상, 「오균전(吳均傳)」에 이르기를, 오균(469-520)이 면직되었다가 다시 불려와 『통사』를 편찬하였는데, 삼황(三皇)에서부터 제(齊)나라까지 기록하였다. 오균은 본기(本紀)와 세가(世家)의 기초(起草) 작업을 마쳤으나 열전은 완성하지 못하고 죽었다고 했다. 또 「무제기(武帝紀)」에 이르기를, 태청(太淸) 2년(548)에 『통사』가 완성되자 무제가 몸소 찬(贊)과 서(序)를 썼고, 모두 600권이었다. 타고난 성격이 예민하고 글짓는 솜씨가 뛰어났다고 했다. 역주 : 『통사』의 권수(卷數)가 조금씩 다르다. 『수서경적지』 「사부(史部)」 "정사(正史)"에는 480권, 『양서(梁書)』 권3, 「무제기(武帝紀)」 하에는 600권이라 했다. 『수서경적지』와 『신당서예문지』에는 『통사』를 모두 정사류(正史類)에 편입하였지만, 『옥해(玉海)』에서는 잡사류(雜史類)에 편입하였다.

(五胡)와 탁발씨(拓拔氏)를 「이적전(夷狄傳)」에 배열하였다. 대개 그 체제는 모두 『사기』와 같았지만, 다른 것은 「표(表)」가 없다는 것뿐이었다.(釋 : 이 구절부터 후대의 『사기』와 비슷한 저술을 계속하여 설명하고 있다. ○여기에서는 『통사(通史)』를 설명하고 있다. 양 무제는 『사기』를 모방할 욕심으로 황제의 명으로 오랜 시기를 다루는 방대한 편찬을 하게 했다) 그 후 북위(北魏) 제음왕(濟陰王) 때 휘업(暉業)(편찬자가 틀렸다. 뒤의 주(注)에 상세하게 밝힐 것이다)이 또 『과록(科錄)』 270권을 저술하였는데[82] 기재범위[斷限][83]는 상고(上古)시기부터 남조(南朝)의 송(宋)까지이다. 편찬순서는 대부분 『통사』에 의거하였지만 그 사적에서 특별히 서로 비슷한 것들을 취하여 1과(科)로 합쳤기 때문에 『과록』이라고 이름을 붙였다.(釋 : 이 『과록』은 원휘가 『사기』를 그대로 모방할 욕심으로 역시 오랜 시기를 다루는 방대한 편찬을 한 것이다) 당나라 현경(顯慶 : 656-660) 연간에 부새랑(符璽郎)인 농서(隴西)사람 이연수(李延壽)가 근대(近代)의 여러 사서(史書)들을 베껴 모아 남조는 송(宋)으로부터 진(陳)까지, 북조는 북위(北魏)로부터 수(隋)까지를 모두 180편으로 편찬하여 각각 『남사(南史)』와 『북사(北史)』로 칭하였다.[84] 이 책은 군주와 신하를 구별하여 본기

82 『북사(北史)』 권15, 「위제종실전(魏諸宗室傳)」에, 상산왕(常山王) 준(遵)의 증손 휘(暉)는 평소 문학을 좋아하여 유사(儒士) 최홍(崔鴻) 등을 모아 백가(百家)의 중요한 사실들을 편찬하여 비슷한 내용끼리 분류하여 이름을 『과록』이라 하였는데 모두 270권이었다. 위로는 복희(伏羲)에서 아래로는 진(晉)까지 모두 14대를 다루고 있다. 황제에게 표를 올려 바쳤다. 按 : 본문에서는 편찬한 사람을 제음왕 원휘업(元暉業)이라고 잘못 알았는데 곽연년(郭延年)이 이를 밝혔다. 휘업이라 불리었던 사람이 편찬한 것은 『변종록(辨宗錄)』이었고 『과록』이 아니었다. 『사통』이 틀렸고, 왕백후(王伯厚)의 『옥해(玉海)』가 다시 틀렸다.

83 '한단(限斷)'이라고도 한다. 이 두 글자의 유래에 대하여는 「단한(斷限)」편의 주에 보인다.

84 『구당서(舊唐書)』 권73, 「이연수전」에, 이연수는 정관(貞觀) 연간에 숭현관학사(崇賢館學士)에 보임되었는데, 일찍이 송 · 제 · 양 · 진 및 북위 · 북제 · 북주 · 수 등 여덟 왕조의 정사를 줄이거나 보완하고 이를 『남사』와 『북사』라고 불렀는데 모두 180권이었다. 조공무(晁公武)의 『군재독서지(郡齋讀書志)』에 이르기를, 연수의 아버지 대사(大師)는 일찍이 송 · 제와 북주 · 수가 남북으로 갈리어 남은 북을 '색노(索虜)'라 하고, 북은 남을 '도이(島夷)'라고 하였음으로 편년으로 고쳐 편찬하고자 했지만, 그 작업을 하지 못한 채 죽었다. 이연수는 옛 적 사실을 꼼꼼히 모두 살피고 다시 사마

와 열전으로 나누고 그들 모두를 비슷한 인물끼리 한데 모아 각기 본국(本國)에 부록하였다.[85] (釋 : 이 구절에서는 『남사』와 『북사』 역시 몇 왕조를 한 책으로 합친 것이라 하였다) 대개 이러한 저작들은 모두 『사기』의 부류에 속한다.(釋 : 이상의 세 구절은 개별 저작을 서술한 것이고, 아래에서는 의론(議論)을 제시하였다)

至梁武帝, 又敕其群臣, 上自太初, 下終齊室, 撰成『通史』六百二十卷. 其書自秦以上, 皆以『史記』爲本, 而別採他說, 以廣異聞. 至兩漢以還, 則全錄當時紀傳, 而上下通達, 臭味相依. 又吳蜀二主, 皆入世家, 五胡及拓跋氏, 列於「夷狄傳」. 大抵其體皆如『史記』, 其所爲異者, 唯無表而已.(釋 : 自此節起, 連述後代之擬『史記』者. ○本節述『通史』也. 梁武貪慕『史記』之爲, 敕撰遼闊之編也) 其後元魏濟陰王暉業,(撰人誤, 辯詳後注) 又著『科錄』二百七十卷, 其斷限亦起於上古, 而終於宋年. 其編次多依放『通史』, 而取其行事尤相似者, 共爲一科, 故以『科錄』爲號.(釋 : 此節述『科錄』也. 元暉貪慕『史記』之爲, 亦著此遼闊之編也) 皇家顯慶中, 符璽郎隴西李延壽抄撮近代諸史, 南起自宋, 終於陳; 北始自魏, 卒於隋, 合一百八十篇, 號曰『南·北史』. 其君臣流例,(恐當作'別') 紀傳群分, 皆以類相(一無'相'字)從, 各附於本國.(釋 : 此節述『南』·『北史』, 亦綜數代爲一書者) 凡此諸作, 皆『史記』之流也.(釋 : 已上三節是述案, 已下出議)

---

천의 체례에 의거하여 여덟 왕조를 정리하여 북조 242년, 남조 170년을 각각 『북사』와 『남사』로 정리하였다. 『통지(通志)』 「예문략(藝文略)」에는 따로이 『통사』항목을 세워 이연수의 이 책들과 양(梁)의 『통사』를 함께 배열하고 있는데 잘한 것이다. 역주 : 그 외 『남사』와 『북사』의 저술과 관련한 상황은 『신당서(新唐書)』 권102, 「이연수전」에 비교적 상세하다.

85 역주 : 『남사』와 『북사』의 유전(類傳)의 순서는 『남사』의 경우, 「순리전(循吏傳)」·「유림전(儒林傳)」·「문학전(文學傳)」·「효의전(孝義傳)」·「은일전(隱逸傳)」·「은행전(恩倖傳)」·「이맥전(夷貊傳)」·「적신전(賊臣傳)」 등이고, 『북사』의 경우, 「외척전(外戚傳)」·「유림전」·「문학전」·「문원전(文苑傳)」·「효행전(孝行傳)」·「절의전(節義傳)」·「순리전」·「혹리전(酷吏傳)」·「은일전」·「예술전」·「열녀전(列女傳)」·「은행전」·「참위부용전(僭僞附庸傳)」·「서전(序傳)」 등이 있어 『남사』와 약간의 차이가 있다.

## 1-19

『사기(史記)』를 자세히 살펴보면 다루는 지역이 매우 넓고, 다루는 시대가 매우 길어서, 「본기」와 「열전」으로 나누고 「서(書)」와 「표(表)」로 구분하여 기술(記述)하였다. 같은 시대의 지방이나 중앙의 정치를 기록할 때마다 오히려 호(胡)·월(越) 두 지역이 떨어진 거리만큼이나 차이가 나며,[86] 같은 시대의 군신(君臣)들을 서술하면서도 오히려 참(參)·상(商) 두 별처럼[87] 각각 다르게 나타난다. 이것이 이 책의 체례상의 잘못된 점이다. 더욱이 『사기』에 기록된 내용들은 대부분 옛날의 기록들을 취합한 것이고(○原注:『국어』·『세본(世本)』·『전국책』 등을 채집한 것을 가리킨다. 按: 이 주(注)가 옛날에는 (다음 문장의) '잡언(雜言)' 아래에 있었지만 잘못이다) 때로는 잡언(雜言)들을 채록하였다. 때문에[故]('고(故)'자가 속본(俗本)에는 작은 글자로 잘못 씌어져 작은 주(注)의 끝에 이어져 있다) 그것을 읽는 사람들로 하여금 서로 다른 역사적 사실의 견문(見聞)을 많이 알 수 없게 하였으며, 같은 언

86 『한서』에, 추양(鄒陽)의 「옥중상양효왕서(獄中上梁孝王書)」에 "뜻이 합치되는 것이 곧 호(胡)와 월(越)이 형제가 되는 듯 하고", "뜻이 맞지 않음이 곧 혈육간이 원수 같은 적이 되는 듯 하고" 운운이라 하였다. 역주 : 호·월은 고대에 각각 북방과 남방에 따로 떨어져 거주하던 민족을 지칭한다. 따라서 여기서는 통사(通史)인 『사기』의 서사(敍事) 연대가 너무 길어 같은 역사적 사실이 「본기」와 「열전」 등에 분산되어 기록되어 있음을 말한다.

87 『좌전』 소공(昭公) 원년(B.C. 541)에, 자산(子產)이 말하기를, 옛날 고신씨(高辛氏)[帝嚳]에게 두 아들이 있었는데, 맏이가 알백(閼伯), 막내를 실침(實沈)이라 불렀다. 모두 넓은 산림에 살면서 서로 사이가 좋지 않았다. 후일 요임금이 알백을 상구(商丘)로 옮기게 했는데, 진(辰)이란 별자리의 제사를 주관하게 하였더니 상(商)나라 사람들이 이를 계속 잇자 진(辰)을 상나라의 별로 하였다. 또 실침을 대하(大夏)로 옮기게 하였는데 참(參)이란 별자리의 제사를 주관하게 하였다. 당(唐)나라 사람들이 이를 계속 이으면서 하(夏)와 상에 복종해 섬겼다. 때문에 참이 진(晉)의 별이 되었다고 했다. 역주 : 참(參)은 서방, 상(商)은 남방에 있는 별자리로서 동시에 출몰하는 경우가 없다. 따라서 여기에서는 같은 시대의 인물이 서로 다른 「본기」와 「열전」에 나뉘어 서술되고 있음을 말한다.

어들이 여러 차례 중복되어 나오니, 이것이 이 책의 자료선택과 수록에 있어서 번거로운 부분이다.(**釋** : 대체로 이 같은 여러 병폐들은 모두 세대(世代)간의 거리가 너무 멀어 기록한 내용이 복잡하게 뒤섞인 데서 연유한 것이다. 대개 그 내용은 훈계하는 말이지 남을 깎아 내리는 말은 아니다) 더욱이 『통사(通史)』 이후 어지럽게 중첩됨이 더욱 심해져 학자(學者)들은 본래의 책을 익히길 원할 뿐 새로이 편찬된 것을 살피는데 게을리 하였다. 뿐만 아니라 분량이 얼마 되지 않았는데도 누락되고 빠진 것이 많아서 힘들여 썼는데도 아무 것도 얻은 바 없다고 할 수 있으니, 저술하는 사람들은 마땅히 깊이 경계해야 할 것이다.(**釋** : 맺는 부분에서는 『사기』를 본받고자 하는 사람들이 저술할 능력이 없는데도 그 넓고 오랜 시기를 다루려 욕심을 내고 있으니 번잡하지 않으면 빠진 부분이 있게 되는 병폐(病弊)를 반드시 초래할 것이라 말하고 있다. 이는 고대 이후 여러 시기를 다루는[通古] 일가(一家)들이 응당 경계로 삼아야 할 것이다. 기전가로서 역사를 편찬하고자 하는 사람들은 단대(斷代)를 정통으로 해야 한다. 다음 장의 『한서』가가 바로 그것이다)

尋『史記』疆宇遼闊, 年月遐長, 而分以紀傳, 散以書表. 每論家國一政, 而胡越相懸; 敍君臣一時, 而參,商是隔, 此其爲體之失者也. 兼其所載, 多聚舊記,(一作'紀'. ○**原注** : 謂採『國語』·『世本』·『國策』等. **按** : 此注舊在「雜言」下, 非) 時採(一作'捃')雜言, 故('故'字俗本誤作細書, 綴於小注末)使覽之者事罕異聞, 而語饒重出, 此選錄之煩者也.(**釋** : 凡此諸病, 皆由世代懸隔, 載記龐雜所致. 蓋是誡辭, 非貶辭也) 況『通史』以降, 蕪累尤深, 遂使學者寧習本書, 而怠窺新錄, 且撰次無幾, 而殘缺遽(或作'遂')多, 可謂勞而無功, 述者所宜深誡也.(**釋** : 結言規模『史記』者, 無其筆力, 貪其博遠, 非蕪卽缺, 病所必致, 此通古一家所以當誡. 欲令作史者於紀傳家以斷代爲正, 下章『漢書』家是已)

**按** : 이 장은 곧 사서를 저술하는 사람들이 깊이 인식하고 있는 이로움과 병폐에 관한 말이다. 전해들은 사람들의 일반적인 병폐는 대부분 스스로 과장을 하는데 있어서 연대가 오래되고 문장이 복잡하면 황당함이 더욱

치열하게 된다. 이 때문에 시인은 "큰 밭 일굴 생각은 하지도 마오[無田甫田]"[88]라고 경계하였던 것이다. 『사통』은 대개 『통사(通史)』와 『과록(科錄)』처럼 번잡하고 중복이 많은 사서가 많이 출현하게 된 기원이 실제로 사마천에게서 비롯되었다고 여겼기 때문에 이를 거듭 경계하였던 것이다. 유지기가 『사기』를 반고의 『한서』가와 구별하여 따로 일가를 세운 원인 역시 바로 여기에 있었다. 평자(評者)들이 이에 대하여 자세히 살피지 않고 사마천의 『사기』를 폄하하고 비판한 것은 잘못이다.(此章乃是著述家深識利病之言. 聞人通患, 率在誇多, 代遠文龐, 荒誕滋熾. '無田甫田' 詩人所以誡也. 『史通』蓋爲『通史』·『科錄』蕪編紛出, 濫觴實由司馬, 故重誡之. 其別家於班, 正復爲此. 評者不察, 認是詆諆遷『史』, 誤矣)

『남사(南史)』와 『북사(北史)』의 체례는 다시 「본기」와 「열전」을 따로 구분하여 조대(朝代)를 뛰어넘어 계속 이어 수록하고 있고, 한 성(姓)이 여러 열전에 등장하고 대부분이 다만 어느 가문에 속해 있다고 명기할 뿐 어느 나라에 속한다고 밝히고 있지 않아 단대사(斷代史)로 말하자면 체례가 문란한 사례이다. 만약 여덟 왕조의 기재범위[斷限]를 진수(陳壽)의 『삼국지(三國志)』 방식으로 하였다면, 유지기가 『사기』가에 분류하지 않았을 것이고, 이연수(李延壽) 역시 이러한 비난을 받지 않았을 것이다. 구양수(歐陽修)가 편찬한 『오대사(五代史)』의 경우 각 왕조의 수명이 너무 짧았으므로 이 체례로서 판단할 수는 없다.(『南』·『北史』之爲體也, 析置紀傳, 越代粘連, 而一姓數傳, 多繫家不繫國, 於畫代爲紊例. 設若八朝各立限斷, 如承祚『國志』之式, 則子玄不以入『史記』家, 延壽亦不受此訶矣. 至歐陽『五代史』, 年祚太促, 不得以此例繩之)

일찍이 이르기를, 옛날 사람들이 고금의 역사를 명확히 구별하고 종합하여 한 권의 책으로 편찬한 것은 당시 여러 역사를 한데 모아 간행한 정본(定本)이 없기 때문이다. 뜻 있는 사람은 이 점을 거울로 삼아 곧 17

---

88 역주 : 이 구절은 『시경』 「제풍(齊風)」 "보전(甫田)"에 보이는데, 밭도 너무 크면 사람의 공이 허사가 되어 마침내 수확물이 없다는 의미를 지닌다. 따라서 쓸데없이 분수에 넘치는 짓은 안 하는 것이 좋다는 의미라고 할 수 있다.

사(史)를 출판하였고, 계속하여 21사(史), 22사(史)를 왕조의 교체에 따라 이어서 편찬하였다. 각기 원래의 책이 있으니 다시 종합하여 편집할 노고(勞苦)가 필요 없고 순서가 흩어져 뒤섞일 걱정 역시 면할 수 있었다. 이러한 국면은 실재 이 말로 인해 계발(啓發)된 것이니 유지기가 어찌 사부(史部)의 공신(功臣)이 아니겠는가!(嘗謂昔人所以甄綜古近, 通爲一書者, 爲其時未有彙刊群史定本故耳. 識者鑒此, 乃有『十七史』之刻, 嗣是而爲廿一, 爲廿二, 循代接接編, 各還原帙, 旣無纂合之勞, 亦免離散之患, 實自斯言發之, 劉氏豈非史部功臣!)

## 1-20

『한서(漢書)』가(釋 : 기전의 정통으로서 단대사(斷代史)는 이에서 비롯되었다)는 그 기원이 반고(班固 : 32-92)에게서 시작되었다. 사마천이 편찬한 『사기』는 무제[今上](효무제(孝武帝 : B.C. 141-87 재위)를 가리킨다. 태사공의 말에 의거하였다) 까지만 기록함으로써 태초(太初 : B.C. 101) 이후의 사실은 빠뜨리고 쓰지 않았다. 반표(班彪 : 3-54)가 그 뒤를 이어 『후전(後傳)』을 편찬하여 『사기』의 뒤를 이었다.[89](釋 : 반표의 책은 초고(初稿)로써 전한(前漢) 전체를 다룬 것은 아니다) 그의 아들 반고에 이르러 한 고조(漢高祖)부터 왕망(王莽)까지(釋 : 『한서』는 전한을 모두 기록하였다. 이 두 구절은 『한서』가를 설명하는 중요한 구절로써 기재범위[斷限]의 바른 격식이다) 12본기 · 10지(志) · 8표(表) · 70열전을 모아 하나의 사서로 완성하여 『한서』라고 명명(命名)하였다.[90] 옛날 우(虞) · 하(夏)

89 역주 : 반표와 『후전』 편찬에 관하여는 『후한서』 권40상, 「반표전」 참조.

90 『한서』 권100, 「서전(敍傳)」에, 반표의 자는 숙피(叔皮)이고, 스무살에 왕망의 패망을 겪었다. 광무제[世祖]가 기주(冀州)에서 즉위하고 천하가 어지럽자 『왕명론(王命論)』을 지었다. 반고라는 아들이 있었는데, 반고는 한 왕조가 요(堯)를 계승하여 제업(帝業)을 세웠다고 하여 6세(世)에 이르러 사관이 이에 공덕을 추술하여 개인적으로 본

의 '전(典)'과 상(商)·주(周)의 '고(誥)' 등을 공자(孔子)가 편찬할 때는 모두 '서(書)'라고 불렀다.[91] '서'를 명칭으로 한 것은 오래된 시대를 살핀다는 뛰어난 칭호였다. 『한서』를 저술한 체재를 살펴보면 모두 『사기』[子長]를 준거(準據)로 하였고, 단지 「세가(世家)」를 없애고, 「서」를 「지(志)」로 고쳤을 뿐이다.[92](釋: 여기에서는 '서(書)'자의 명목과 체재가 어디에서 유래한 것인가를 설명하였다) 후한 이후 사가(史家)들이 계속 이어졌지만 모두 그 명칭을 답습하고 고치지 않았다. 오직 『동관한기(東觀漢記)』[93]가 '기(記)'라 칭하고

---

기를 짓고 백왕(百王)의 끝에 편집하고 진시황과 항우와 함께 수록하였다. 태초이후 내용이 빠져 기록되지 않았다. 때문에 이전의 기록들을 자세히 조사하고 여러 자료들을 정리하여 『한서』를 저술하였다. 고조부터 평제(平帝)와 왕망의 죽음까지 12대 230년이다. 일어난 사실을 종합하고 『오경』을 널리 참고하여 상하가 잘 통하도록 본기·표·지·열전 등 모두 100권이었다고 했다. **按**:「서전」에서는 끝내 아버지 반표가 계속하여 역사편찬 작업을 한 사실을 언급하지 않았다. 이는 『한서』의 탄생을 속인 것이고 세상을 속인 것으로써 반고의 역사를 비판하는 사람들은 당연히 이를 첫 번째로 꼽는다. 『후한서』 권40, 「반고전」에, 반표가 이전 역사사실들을 수집하고 각종 자료들을 널리 참고하여 『후전(後傳)』 수십 편을 지었다고 했다.

91 **역주**:『문심조룡』「사전편(史傳篇)」에, 요(堯)·순(舜)시대의 역사는 『상서』의 전(典)·모(謨)에 의거하여 전해오고, 하(夏)·상(商)시대의 역사는 『상서』의 고(誥)·서(誓) 안에 포괄되어 있다고 했고, 『문심조룡』「서기편(書記篇)」에, 위대한 순임금이 말하기를, '서(書)'란 기록하기 위하여 사용하는 것이도다!'라고 하였으니, 이것은 그때 그때의 일을 기록하는데 사용되는 것이다. 대개 성현의 말과 글은 모두 그들을 대신해서 누군가가 기록한 것들이라고 하였다.

92 『사기』 권23, 「예서(禮書)」 첫머리의 『사기색은(史記索隱)』에, 서(書)는 오경(五經)·육적(六籍)의 총 명칭이다. 『사기』의 「팔서(八書)」는 국가의 대체(大體)를 기록한 것이다. 반고는 이를 지(志)로 고쳤고, 지(志)는 기록한다는 것이라고 했다. **역주**: 유지기는 「제목(題目)」편에서, 사마천의 『사기』에는 따로 「팔서(八書)」를 처음으로 만들었는데, 반고는 한의 역사를 편찬하면서 '서'라는 명칭을 쓰고 있어서 편명이 '서'가 될 경우 책이름인 '서'와 중복됨으로 '서'를 '지(志)'로 바꾼 것이다. 그 의의는 서명과 편명이 서로 바뀌게 된 데에 있다고 했다.

93 진진손(陳振孫)의 『직재서록해제(直齋書錄解題)』에, 『동관한기』는 한나라 알자복야(謁者僕射) 유진(劉珍), 교서랑(校書郎) 유도도(劉騊駼) 등이 편찬하였다. 처음 반고는 현종(顯宗) 때 일찍이 「세조본기」·「공신열전」·「재기(載記)」 28편을 지은 적이 있다. 영초(永初) 연간에 유진·유도도 등이 동관에서 『한기(漢記)』를 편찬하였다. 그 후 노식(盧植)·채옹(蔡邕)·마일제(馬日磾) 등이 모두 그 작업을 계속하여 보완하였다. **按**:「외편」의 「정사(正史)」편에 이 책에 대하여 상세하게 설명하고 있다. 마땅히 참고하여 볼 만하다. **역주**:『수서경적지』에 언급된 『동관한기』에 대하여는 앞의 『사

『삼국지(三國志)』가 '지(志)'로 칭하기는 했지만,[94] 호칭이 비록 달라도 체제는 모두 같았다.(釋 : 처음부터 여기까지 기전체의 경우 모두 사마천의 『사기』를 준거로 하였다고 말하고 있지만, 한 고조부터 왕망까지를 다루는 후세의 사서들은 모두 단대로 구분하는 격식을 그대로 따랐다. 앞에서 문제점으로 지적한 이야기들이 통사체를 깎아 내리려는 것이 아니었다는 것을 알 수 있다)

『漢書』家者,(釋 : 此爲紀傳正家, 斷代爲書始於此) 其先出於班固. 馬遷撰『史記』, 終於'今上',(謂孝武帝, 依太史公語也) 自太初已下, 厥而不錄. 班彪因之, 演成後記, 以續前篇.(釋 : 彪書初稿, 猶非全代) 至子固, 乃斷自高祖, 盡於王莽,(釋 : 『漢書』全擧西京. 此二句爲本章主句, 是斷限正式) 爲十二紀, 十志, 八表, 七十列傳, 勒成一史, 目爲『漢書』.(點題畢) 昔虞夏之典, 商周之誥, 孔氏所撰, 皆謂之'書'. 夫以'書'爲名, 亦稽古之偉稱. 尋其創造, 皆準子長, 但不爲『世家』, 改'書'曰'志'而已.(釋 : 此釋'書'字名目及體製所由) 自東漢已後, 作者相仍, 皆襲其名號, 無所變革, 唯『東觀』曰'記', 『三國』曰'志', 然稱謂雖別, 而體制皆同.(釋 : 自首至此, 總言紀傳爲體, 皆準子長, 但起高盡莽, 後史皆仍其斷代之式耳. 可悟前章致戒, 非貶辭也)

## 1-21

예로부터 사서에 기록된 것을 보면, 『상서(尙書)』에는 주(周)나라의 일이 기록되어 있는데 진 무공(秦繆公)[95]에서 끝나고, 『춘추』에는 노(魯)나라

---

기』가(家)의 주)80 참조.

94 『진서(晉書)』 권82, 「진수전(陳壽傳)」에, 진수(233-297)의 자는 승조(承祚)이고, 촉에서 벼슬하여 관각영사(觀閣令史)를 지냈다. 촉이 평정되고, 사공(司空) 장화(張華)가 그 재주를 아껴 효렴(孝廉)으로 천거하여 저작(著作)에 임명되어 『삼국지』를 편찬하였는데, 모두 65권이었다고 했다.

의 역사가 서술되어 있는데 노 애공(哀公 : 재위 B.C. 494-467)에서 끝나며,[96] 『죽서기년(竹書紀年)』의 기록은 위(魏)의 멸망까지 미치지 않았다.[97] 『사기』는 다만 한대 초기까지 서술되어 있다.(釋 : 이상의 문장은['歷觀'以下] 모두 사서의 기재범위를 논한 말이다. ○여기서는 먼저 이전의 사서를 이야기하면서 혹은 여러 시대를 이어서 열거하거나 혹은 한 시대 전체를 다루지 않았거나 하여 한 시대 전체를 기재범위로 한 것이 없음을 말하고 있다) 그러나 『한서』는 전한(前漢) 역사의 처음과 끝을 탐구하고, 유씨(劉氏) 왕조의 흥망성쇠를 궁구(窮究)하여 한 왕조의 전체 역사를 한 책으로 편성(編成)하였다.(釋 : 오직 『한서』만이 올바른 단대사 체재이다) 말이 모두 간결하고 사실의 기록이 매우 해박하고 세밀하다. 때문에 학자(學者)들이 이를 탐구하여 쉽게 좋은 효과를 얻을 수 있다.(釋 : 여기서 쉽게 성과를 거둘 수 있다는 말은 『사기』의 어려움에 대한 상대적인 말이다) 그때부터 지금까지 『한서』의 이러한 체례는 변하지 않았다.(釋 : 문장의 끝 부분은 모두 단대(斷代)에 대한 찬(贊)이다. ○옛날에는 다음 문장이 끝 부분과 이어져 있었는데, 현재 따로 분리하였다)

歷觀自古, 史之所載也, 『尚書』記周事, 終秦穆; 『春秋』述魯文,(一作'史') 止哀公,(舊誤作'定公') 『紀年』(卽『竹書紀年』)不(一作'下', 非)逮於魏亡, 『史

---

95 역주 : 원래 『사통통석』의 원문에는 진 목공(秦穆公)으로 되어 있지만 여기서는 무공(繆公 : 재위 B.C. 659-620)으로 고쳤다. 이에 대하여는 錢大昕, 『十駕齋養新錄』 권4 참조.

96 역주 : 『춘추』는 노 은공(隱公) 원년(B.C. 722)부터 애공(哀公) 14년(B.C. 481)까지 12공(公), 242년간의 기록이다.

97 『죽서기년』이 다루고 있는 연대의 끝이 위 애왕(魏哀王)에 미치지 못하고 있음을 지적한 것으로, 이는 바로 『한서』가 전한(前漢) 전체를 다루고 있는 것과 대조한 것이다. 혹 '미치지 못하였다[不]'는 글자가 (아래로 위의 멸망에 미치고 있다고 하여) '아래로'[下]라고 하였지만 이는 틀린 것이다. 역주 : 『수서경적지』 「사부(史部)」 "고사(古史)"의 서(序)에, "하 · 은 · 주 3대의 왕에 관한 사실로부터 시작하고 있는데, 제후국의 구별이 없다. 그 중 특별히 진(晉)나라의 사실을 기록하고 있는데, 상숙(殤叔)으로부터 시작하여 문후(文侯) · 소후(昭侯)를 거쳐 곡옥(曲沃)의 장백(莊伯) 때 진(晉)나라가 망할 때까지이다. 또 홀로 위(魏)나라의 사실을 기록하면서 위 애왕(魏哀王)까지를 서술하였는데, 애왕을 '금왕(今王)'이라 칭하였다. 대체로 위(魏)나라의 역사적 사실을 기록한 것이다"라고 하였다.

記』唯論於漢始.(釋 : '歷觀'以下, 皆論斷之辭. ○此先推言前史, 或累代連擧, 或一代不完, 從無斷限全代者) 如『漢書』者, 究西都之首末, 窮劉氏之廢興, 包擧一代, 撰成一書,(一作'家'. 釋 : 唯『漢書』爲斷代正體) 言皆精練, 事甚該密. 故學者尋討, 易爲其功,(釋 : 此之易, 對『史記』之難) 自爾(一作'邇', 一作'古')迄今, 無改斯道.(釋 : 章末總從斷代處下贊. ○舊連下結尾, 今分出)

按 : 기전가(紀傳家)는 수 · 당이래 「경적지(經籍志)」나 「예문지(藝文志)」 등에 모두 사부(史部)의 첫 번째 조목에 배열되었는데, 이를 일러 '정사(正史)'라고 했다. 사마천을 앞에 그리고 반고를 다음으로 한 것은 (일관되게 준수한) 정례(定例)였다. 유지기는 시대가 가까울 경우 쉽게 그 효과를 이룰 수 있지만, 연대가 오래된 경우 힘쓰기가 어렵다는 점을 『통사(通史)』나 『과록(科錄)』의 번잡함에서 깨달은 바 있기 때문에, 특별히 '기재범위[斷限]'를 내세웠고, 『사기』와 『한서』 두 가(家)를 빌려 저술하는 사람이 결국 어느 것을 따라야 하는가를 밝히고 있다. 정초(鄭樵)[夾漈]가 지녔던 논단은 의도적으로 잘못된 것을 바로잡으려다 보니 그 말이 도리에 어긋났고, 평자(評者)들이 이를 사마천보다 반고를 앞세운 것으로 여겼다는 것은 그야말로 문장의 뜻을 이해하지 못한 것이다.(紀傳家自隋 · 唐以來, 經籍 · 藝文諸志, 皆列史部首科, 謂之正史. 先馬次班, 此定例也. 劉氏以時近者易爲功, 代遠者難爲力, 有鑒於『通史』 · 『科錄』之蕪累, 故特標擧,'斷限', 借『史』 · 『漢』二家以示適從云爾. 夾漈持論, 有意矯枉, 其言旣悖, 至評者認此爲乙馬甲班, 直不曉文義矣)

반고의 단대체(斷代體) 사서가 있고 나서, 또 유지기가 반고의 『한서』체례가 바뀌지 않았다는 논단이 있은 이후 각종 사서는 이 체례를 따르지 않은 것이 없었다. 말을 하자 사람들이 받들어 따르는 격식이 되었으니 어찌 허무맹랑한 말이라 하겠는가!(自孟堅有斷代之書, 自知幾有無改班書之論, 向後諸史, 靡弗由之. 言出而爲定式, 夫豈孟浪之言!)

## 1-22

이상으로 육가(六家)에 대하여 고찰하였는데 천년의 자취를 검토하여 대개 사서의 변화와 종류를 모두 여기에서 다 이야기하였다. 그러나 순박한 사회 기풍은 모두 흩어져 없어지고 시대가 바뀌고 세상이 달라져 『상서』 등 4가(『상서』·『춘추』·『국어』·『사기』)의 체례는 이미 오래 전에 폐기되었다. 본받아 따를만한 것으로는 단지 『좌전』과 『한서』 2가(家)가 있을 뿐이다.(釋 : 여기서는 육가(六家)를 총결하였다. 편(篇)의 순서에 따라 배열된 것이기 때문에 별도의 조항으로 독립시켰다. 옛날에는 『한서』가를 설명하는 문장의 끝에 붙어 있었으나 잘못된 것이다)

於是考玆六家, 商榷千載, 蓋史之流品, 亦窮之於此矣. 而朴散淳銷, 時移世異, 『尙書』等四家,(『尙書』·『春秋』·『國語』·『史記』) 其體久廢, 所可祖述者, 唯『左氏』及『漢書』二家而已.(釋 : 此六家總結也. 以配篇序, 故應另條單立. 舊連『漢書』家章末者, 非是)

按 : 이 「육가」편의 문장은 예컨대 바둑을 두려는 사람이 바둑판을 펼치고 전체 판국을 파악하려는 것처럼 사서의 모든 체례[六家]를 다 거론하고, 각종 사서의 체례가 결국 어느 가(家)에 속하는 가를 판별할 수 있도록 하였다. 모든 체례를 빠짐없이 거론하였으므로 준비가 다 갖추어졌고, 사서의 체례를 판별한 것은 그것을 더욱 좋게 운영하기 위함이다. (이 문단을) 편(篇)의 말미에 기록한 것은 다음 편[「二體」篇]의 전개를 위하여 미리 전환의 관건을 삼기 위함이었다. 기언체(記言體)[『尙書』]는 연대의 순서를 기록하지 않았고, 기사체(記事體)[『春秋』]는 그 사정의 전후경과가 상세하지 않았고, 국별체(國別體)[『國語』]는 사서의 전식(典式)을 따르지 않았다.(편년(編年)도 아니고 기전(紀傳)도 아니었다) 고대부터 오랜 시대를 다룬 『사기』는 기재범위를 세우지 않았다. 이것이 바로 4가의 체례가 폐기된

원인이었다. 연월(年月)을 경위(經緯)로 하여 당시의 사실을 순서에 따라 분명하게 기록한 『좌전』과 본기(本紀)·지(志)·표(表)·열전(列傳) 등으로 한 왕조를 처음부터 끝까지 기록한 『한서』 2가(家)야말로 소위 본받을 수 있는 것이라 하였다. 본편(本篇)[「六家」篇]의 '육(六)'이라는 글자를 결론 짓고, 또 다음 편의 '이(二)'라는 글자를 제시한 것은 그 맥락이 서로 연결되어 『시통』이라는 책 전체를 관통하고 있음을 여기에서 볼 수 있다. (是篇如弈者開枰布子, 通領全局, 以該史家之體, 卽以辨史體之家. 該體故備陳, 辨家在協用, 就於篇尾, 預作轉樞. 記言(『尙書』)而不著歲序也, 記事(『春秋』經)而不詳顚末也, 國別(『國語』)而不歸典式也.(非編年, 非紀傳) 代遠(『史記』)而不立限斷也, 此所謂四家體廢者也. 若乃經年緯月, 敍時事則銓次分明,(『左傳』) 紀·志·表·傳, 擧一朝則起訖完具,(『漢書』) 此則所謂祖述惟有二家者矣. 卽結本篇'六'字, 卽提下篇'二'字, 脈理連絡. 『史通』通部爲全局, 卽此可見)

# 『사통통석』 권2

# 「이체(二體)」 제2

**이체란 편년체와 기전체를 말한다.**[二體者, 一編年, 一紀傳也]

「이체(二體)」편에서는 「육가」편에서 다룬 여섯 유파 중에 후대에까지 계승된 『좌전』가(家)로 대표되는 편년체와 『한서』가로 대표되는 기전체에 관한 득실을 논하였다. 먼저 유지기는 『고문상서(古文尙書)』가 기언(記言)과 함께 기사(記事)의 특징도 지니고 있었지만, 당시의 풍조와 문장을 담아내기에 족할 뿐 아직 다양한 사실을 기록할 수 있는 사서체례를 갖춘 것은 아니었기 때문에 『좌전』과 『사기』의 편찬에 이르러 편년과 기전을 대표하는 체례가 출현하였다고 했다. 물론 『좌전』의 경우 편년으로서의 기원은 『춘추』에서 찾을 수 있지만, 편년의 형식과 함께 당시 중원의 국가와 멀리 변방의 외이(外夷)를 상세하게 그리고 또 일목요연하게 기록하는 『춘추』의 장점에도 불구하고 『춘추』가 지향하는 가치를 구현하는 선인(善人)과 현명한 인물들의 이름과 언행을 상세히 기록할 수 없었기 때문에, 이를 모두 수용할 수 있는 『좌전』이 등장한 것이라 보았다. 그리고 이와 함께 기전체의 기원으로 『사기』를 거론하면서 「본기」·「열전」·「표(表)」·「지(志)」 등을 통해 중대한 사건들의 단서에서부터 아주 작은 일까지 빠뜨림 없이 기재하고 있으면서도 동일한 사건을 나누어 기록함으로써 집중적인 이해가 어렵고 또 같은 사실이 중복하여 나타나는 문제점을 지적하였다. 유지기는 이처럼 변화된 시대의 사서로서의 기능을 효과적으로 수행할 수 있는 체재는 결국 기전체과 편년체로 귀결된다고 정리하였다. 그리고 이 두 체례가 서로 간의 장점과 문제점을 보완해 가면서 점차 자리를 잡아가고 있음을 강조하였다. 따라서 『좌전』과 『사기』의 문제점을 보완하면서 반고(班固)의 『한서(漢書)』와 순열의 『한기(漢紀)』가 기전과 편년을 대표하는 사서로 자리잡고 이들을 이어 왕은(王隱)·우예(虞預)·서원(徐爰)·심약(沈約) 등의 기전체 사서와 간보(干寶)·배자야(裴子野)의 편년체 사서가 계속 편찬되었음을 설명하였다. 후한(後漢) 이후 수(隋)·당(唐)에 이르기까지 오랜 시기에 걸쳐 편년체와 기전체의 우열론(優劣論)은 사마천과 반고의 우열논쟁만큼이나 학계에 관심을 끌었던 주제이다.

## 2-1

삼황오제(三皇五帝)[1]시대의 책으로 『삼분(三墳)』과 『오전(五典)』[2]이 있었으나 아주 오래되었으므로 그 상세한 내용을 알 수 없다. 당(唐)[堯]·우

1 역주 : 반고(班固), 「동도부(東都賦)」(『문선(文選)』 권1)에, (후한 광무제의) 공훈은 이미 전대(前代) 현명한 군주를 능가하였고, 그의 사적(事迹)은 이미 삼황오제를 초과하였다는 내용이 있는데, 그에 대한 이선(李善)의 주(注)에, 『춘추원명포(春秋元命苞)』에 복희(伏羲)·여와(女媧)·신농(神農)을 삼황이라 한다. 『사기』 「오제본기」에 황제(黃帝)·전욱(顓頊)·제곡(帝嚳)·제요(帝堯)·제순(帝舜)이 실려 있다고 했다. 삼황오제의 칭호에 대하여는 다양한 견해가 있지만 대개 이상의 견해가 통용된다.

2 역주 : 공안국(孔安國), 「고문상서서(古文尙書序)」(『문선』 권45)에, 복희·신농·황제(黃帝)의 책을 『삼분(三墳)』이라 하였는데 대도(大道)를 말하였고, 소호(少昊)·고신(高辛)·당우(唐虞)의 책을 『오전(五典)』이라 하였는데 상도(常道)를 말하고 있다고 하였다.

(虞)[舜] 이후 주(周)나라에 이르는 시대에 대한 책이 『고문상서(古文尙書)』[3]이다. 당시의 세상 풍조는 순박(淳朴)하고 문장은 간략(簡略)하였으므로 그 책에 각종 체례의 완비를 바라지만, 물론 갖추어져 있지 않았다.(釋 : 이 편 첫 문장에 편년도 아니고 기전도 아닌 저작을 게시하였다) 그 후 좌구명(左丘明)이 『춘추』의 「전(傳)」(편년체의 원조이다)을 짓고, 사마천이 『사기(史記)』(기전체의 원조이다)를 지술하였으며, 사서(史書)의 제재는 이때에 갖추어졌다.(釋 : '그 후[旣而]' 이하의 말은 전체 문장의 개요이다) 후래(後來)의 사서들은 서로 답습하였을 뿐, 고쳐진 것이 있다 해도 그 명목을 바꾸었을 뿐 사서의 편찬체제는 일정하였다. 누가 능히 이 두 체례를 넘어설 수 있겠는가! 순열(荀悅)[『漢紀』]·장번(張璠)[4][『後漢紀』]은 좌구명의 일파이며, 반고(班固)[『한서』]·화교(華嶠)[5][『후한서』]는 사마천과 같은 부류이다.(釋 : 이상에서는 대개

3 역주 : 공안국(孔安國)의 『고문상서』 서(序)에, 『삼분(三墳)』·『오전(五典)』의 문장을 정리하고, 당우(唐虞)부터 주(周)나라까지 다루고 있다. 번잡하고 혼란스러운 곳을 없애고, 헛되고 쓸모없는 문사(文辭)를 삭감하며 그 중 커다란 강령(綱領)을 제시하고 정교한 의의와 요점을 모아 세상에 전하여 규범을 세움으로써 사람들을 교화하기에 충분한 것을 남겼다고 하였다. 『수서경적지』「경부(經部)」"서(書)"에는, 『상서』의 출현은 대개 문자와 동시에 시작되었다. 공자가 『상서』를 주실(周室)에서 보았는데, 우(虞)·하(夏)·상(商)·주(周)의 전적(典籍)을 얻어 그 중 좋은 것을 가려 취하여 위로는 우(虞)로부터 아래로는 주(周)까지 모두 100편을 순서에 따라 배열하였다고 했다. 양한(兩漢)시대에 발견된 『고문상서』는 소위 『공벽본(孔壁本)』외에도 『사기』「유림전(儒林傳)」에 보이는 공안국의 가전본(家傳本), 『한서예문지』에 보이는 유향(劉向)이 교정(校定)한 소위 『중비장본(中秘藏本)』, 『한서』「십삼왕전(十三王傳)」에 보이는 『칠서본(漆書本)』 등 네 가지가 있다. 이들 『상서』는 모두 선진(先秦) 6국에서 통용되던 전(篆) 자체로 쓰여졌기 때문에 『고문상서』라 통칭하기도 한다. 趙呂甫, 『史通新校注』, p.66 주)5 참조.

4 『좌전』가에 보인다. 모두 편년체이다.

5 『진서(晉書)』 권44, 「화표전(華表傳)」에, 표의 아들 교는 자가 숙준(叔駿)이다. 원강(元康) 초에 내대(內臺)의 중서(中書)·산기(散騎)·저작(著作)이 되어 문하(門下)에서 편찬하는 작업을 관장하였다. 처음 화교는 『한기(漢紀)』가 번잡하다고 여기고 분개하여 고치겠다는 뜻을 가졌다. 대랑(臺郎)이 되어 관련 사무를 총괄하면서 궁중에 보관하는 서적을 두루 볼 수 있게 되자 곧 그 작업을 실천하여 기(紀)·전(典)·전(傳)·보(譜) 등 모두 97권으로 정리하고 이름을 『한후서(漢後書)』라고 고쳤다. 문장이 좋고 사실이 잘 갖추어졌으며 사마천과 반고의 규범을 지니고 있다. 역주 : 『수서경적지』「사부(史部)」"정사(正史)"에, 『한후서(漢後書)』라는 책명은 보이지 않고, 『후

편년과 기전 두 체례가 드러내고 있는 본말의 대의를 말하고 있다. 좌구명과 사마천에 의해 각기 처음 만들어지고 사가들이 오래도록 받들어 따랐다고 했다) 이 두 유파[家]의 사가들은 각기 자신들만을 자랑하고 치켜세웠다. 따라서 그들의 장·단점을 가려야 한다면 대강을 말할 수 있을 것이다.(釋 : 이하 편년과 기전 둘로 나누어 각각 그 장·단점을 말하였다)

三五之代, 書有典墳, 悠哉邈矣, 不可得而詳. 自唐虞以下迄於周, 是爲『古文尚書』. 然世猶淳質, 文從簡略, 求諸備體, 固以(一作'已')闕如.(釋 : 篇首揭過非編年·非紀傳者) 旣而丘明傳『春秋』,(編年之祖) 子長著『史記』,(紀傳之祖) 載筆之體, 於斯備矣.(釋 : '旣而'四語, 通幅全提) 後來繼作, 相與因循, 假有改張, 變其名目, 區域有限, 孰能逾此! 蓋荀悅張璠, 丘明之黨也; 班固, 華嶠, 子長之流也.(釋 : 已上總爲二體標出原委大意. 言自得左·馬分創, 史家千古宗之) 惟此(舊脫'此'字)二家, 各相矜尙. 必辨其利害, 可得而言之.(釋 : 四語又一提. 下分編年·紀傳兩扇, 各言其利害)

## 2-2

『춘추』가(『좌전』을 가리킨다. 여기서는 편년을 설명한다)는 날자와 달을 연계하여 순서를 정하고, 계절[時]과 해[歲]를 연계하여 서로 이어지게 하였다.[6] 중원의 국가[中國]나 외이(外夷)라 할지라도 같은 시기에 발생한 일은

---

한서(後漢書)』 17권이라 적고 본래는 97권이었는데 전하지 않으며 진(晉)의 소부경(少府卿) 화교(華嶠)가 편찬하였다고 했다.

6 역주 : 두예의 『춘추좌씨전집해(春秋左氏傳集解)』「서(序)」(『문선(文選)』 권45, 所收)에, 『춘추』는 노나라 사기(史記)의 이름이다. 사실을 기록하는 사람은 그 사건이 있은 날[日]에 맞추어 기록하고, 그 날의 달[月]에 맞추어 기록하고, 그 달의 계절[時]에 맞추어 기록하고, 그 계절의 해[年]에 맞추어 기록했다. 그것은 사건이 일어난 시기

모두 상세하게 그 사적을 기록하여 일목요연하게 하였다. 한차례 사정을 자세히 설명하여 이야기가 중복되어 나타나지 않도록 하였다. 이것이 『춘추』[편년체]의 장점이다.(釋 : '장점'이란 이로움이다. 기전(紀傳)을 능가함을 가리킨다. 기전을 능가하는 까닭은 본래 편년체가 스스로 지니고 있었다) 지혜롭고 능력 있는 선비나 정조를 지킨 여인, 탁월한 재능과 고상한 덕을 지닌 사람으로 중요한 일을 맡았던 사람(국정(國政)과 관련이 있는 사람)들은 반드시 상세하게 살펴 빠짐없이 기록하였고, 사적(事迹)이 드러나지 않은 사람(국사(國事)에 참여하지 않은 사람)들은 상세하게 기재하거나 비판하지 않았다. 그런데도 강현(絳縣)의 노인이라든가[7] 기량(杞梁)의 처[8] 같은 이는 진(晉)나라의 경(卿)[趙孟]에게 응대했기 때문에 기록되었고, 혹은 제(齊)나라 군주[莊公]에게 대답하였다고 하여 기록되었다.(그 사적이 중요했기 때문이다) 그러나 류하혜(柳下惠)와 같이 현명한 사람,[9] 안회(顏回)[10]와 같이 어진

의 멀고 가까움을 분명하게 하고, 사건의 같고 다름을 구별하기 위해서다. 그러므로 사관이 기록할 때는 반드시 어느 해[年]인가를 나타내 기사를 시작하였다고 했다.

7 『좌전』 양공(襄公) 30년(B.C. 543)에, 진도부인(晉悼夫人)이 기(杞)나라에서 축성한 역졸(役卒)들에게 식사를 대접하였다. 이때 강현(絳縣)의 어느 나이 많은 노인이 자식이 없이 부역에 나왔다가 밥을 먹게 되었다. 관원이 노인의 나이가 의심스러워 묻자 대답하길, '제가 태어난 해의 정월 초하루 갑자일로부터 445회의 갑자일이 지났습니다'라고 하니 관원이 조정으로 달려가 물으니 사광(師廣)이 말하길, '73년이 지났다'라고 하였다. 조맹(趙孟)이 불러 사과를 하면서 말하길, 내가 노인을 욕되게도 하위직에 오랫동안 머물게 하였으니 나 무(武)의 죄요'라고 하며 그에게 땅을 준 뒤 군주의 의복을 관리하는 복도(復陶)로 삼았다고 했다.

8 『좌전』 양공(襄公) 23년(B.C. 550)에, 제후(齊侯)[莊公]가 거(莒)를 공격하였을 때 기식(杞植)은 병사들을 전차에 싣고 거나라 도성의 교외에 노숙하였다. 거자(莒子)가 친히 북을 치며 군사들을 몰아 제나라 군사들을 치고 기량(杞梁)을 잡았다. 제후가 철수하던 중 제나라 도성의 교외에서 기량의 처를 만났다. 이에 사람을 시켜 조문하게 하였다. 기량의 처가 사양하며 말하기를, '남편 기식에게 죄가 있는데 어찌 군주의 명을 받을 수 있겠습니까? 만일 사면 받게 된다면 선대부터 살아온 누추한 집이 아직 있으니 하첩(下妾)은 감히 교외에서 조문을 받을 수가 없습니다'라고 하였다. 이에 제후가 그녀의 집으로 가 조문하였다고 했다. 두예(杜預)의 주에 기량(杞梁)은 즉 기식(杞植)이라고 했다.

9 『좌전』 희공(僖公) 26년(B.C. 634)에, 제나라 효공(孝公)이 노나라 북방을 쳤다. 노 희공은 전희(展喜)를 보내 제나라 군사를 위로하고 전금(展禽)에게 명을 받게 하였다고 했다. 두예의 주(注)에, 전금은 바로 유하혜(柳下惠)이다. 按 : 유하혜가 『좌전』에는

사람들은 끝내 그들의 이름을 분명하게 드러내거나 그들의 언행을 널리 선양할 수 없었다.(행적이 드러나지 않았기 때문이다) 때문에 『춘추』의 세밀함을 논하자면 티끌만한 매우 작은 것이라도 빠뜨리는 법이 없었고, 그 조략(粗略)함을 말하자면 구릉이나 산처럼 커다란 사실도 버리고 기록하지 않았다. 이것이 『춘추』[편년체]의 단점이다.(釋 : '단점'이란 곧 해롭다는 것이다. 기전(紀傳)이 다루는 것에 미치지 못한다는 것이다. 미치지 못하는 까닭 역시 편년체가 스스로 면할 수 없는 것이다)

夫『春秋』者,(謂『左傳』也. 此一扇論編年) 繫日月而爲次, 列時歲以相續, 中國外夷, 年共世, 莫不備載其事, 形於目前. 理盡一言, 語無重出, 此其所以爲長也.(釋 : 長卽利也, 謂其勝紀傳也. 其所以勝, 本編年之體自所應有也) 至於賢士貞女, 高才俊德, 事當衝要者,(其人有關國政) 必盱衡而備言; 迹在沈冥者,(其人無預國事) 不枉道而詳說. 如絳縣之老, 杞梁之妻, 或以酬晉卿而獲記, 或以對齊君而見錄.(衝要故也) 其有賢如柳惠, 仁若顔回, 終不得彰其名氏, 顯其言行.(沈冥故也) 故論其細也. 則纖芥無遺; 語其粗也, 則丘山是棄, 此其所以爲短也.(釋 : 短卽害也. 是其不及紀傳處也. 其所以不及, 亦編年之體自所不免也)

---

분명히 보인다. 따라서 유지기가 오늘날 '이름을 분명하게 드러내거나 그들의 언행을 널리 선양할 수 없었다'라고 하는 말을 안자(顔子)와 함께 언급한 것은 『사통』이 소홀한 점이다. 역주 : 유하혜는 『논어』 「위영공(衛靈公)」편에도 보이고, 희공(僖公) 26년 외에도 문공(文公) 2년에 전금(展禽)이란 이름으로 보인다.

10 역주 : 안회의 자는 자연(子淵)이다. 공자가 가장 아끼는 제자로서 공자보다 30세나 어렸지만 먼저 요절하였다. 『논어』 「옹야(雍也)」편에, 공자께서 말씀하시기를, 안회는 그 마음이 석 달을 인(仁)을 어기지 아니하고, 그 밖의 사람들은 하루에 한 번, 한 달에 한 번 인(仁)에 이를 따름이라고 할 정도로 높이 평가하였다. 『논어』 「안연(顔淵)」편은 인(仁)의 실천과 관련한 안회의 모습이 묘사되어 있다.

## 2-3

『사기(史記)』는(『사기』를 거론하면서 『한서』를 함께 말하고 있다. 여기에서는 기전(紀傳)을 설명한다) 「본기」에서 중대한 사건들을 통괄(統括)하고, 「열전」에서 그 세미(細微)한 사정을 자세하게 기술하며, 「표」에서는 (언제 누가 어떤 직위에 있었는지 알 수 있도록) 연대와 훈작(勛爵)을 배열하였고, 「지(志)」[11]에서는 「본기」와 「표」·「열전」 등에 빠진 내용들을 모두 총괄하여 천문·지리·국가의 법령제도, 조정의 예의규범에 이르기까지 중요한 것이나 크게 주의 받지 못한 것들 모두를 기록하였으며, 큰 사건이든 작은 사건이든 빠뜨리지 않았다.[12] 이것이 『사기』의 장점이다.(釋: 이것이 편년을 능가하는 점이다. 따라서 장점으로서 이롭다는 것이다. 또한 기전체가 스스로 당연히 지녀야 한다) 그러나 본래 같은 사건을 여러 편에 흩어 놓아 내용이 끊어졌다 이어졌다 하여 집중되지 못하고, 또한 같은 일이 전후 여러 차례 중복하여 나타난다. 예를 들면 「고조본기」(항우에 관한 일을 다루면서)에서 항우와 관련이 있는 것은 "이 말은 「항적전(項籍傳)」[「項羽本紀」]에 있다"라고 하고,(고조가 주(主)고 항우가 객[賓]이기 때문이다) 「항적전」(고조에 관한 일을 다루면서)에서는 오히려 "이 일은 「고조본기」에 기록되어 있다"라고 했다.[13](항우가 주(主)고 고조가 객[賓]이기 때문이다) 그밖에 같은 부류에 속

---

11 역주: 『사기』의 경우에는 「지(志)」이다.

12 역주: 『문심조룡(文心雕龍)』 「사전편(史傳篇)」에, "(『사기』의) 「본기」에서는 모든 황제와 제왕을 다루었고, 「열전」에서는 제후들과 기타 인물들을 다루었으며, 여덟 편의 「서(書)」에서는 여러 가지 정치제도에 대해 서술하였고, 열 편의 「표(表)」에서는 연대와 작록(爵祿)의 계보를 세웠다. 이러한 배열은 비록 고대의 형식과는 다르지만, 역사적 사실들을 정연한 질서 속에서 연관시키는데 기여하였다. 사마천의 공적은 숨김이나 빠뜨림 없이 사실적 기록을 하려는 노력, 자신의 자료들을 망라함에 있어서의 해박함, 그의 순수한 문체, 폭넓은 관찰, 그리고 논리적 명료함이다"라고 했다.

13 역주: 『사기』 권7에는 「항우본기(項羽本紀)」가 있을 뿐 「항적전」은 보이지 않는다. 항우를 본기에 설정한 사마천의 역사인식이 다양한 각도에서 주목받고 있지만, 여기서 유지기는 「항적전」이라 언급함으로써 「항우본기」 설정을 부정적으로 생각하

하는 인물의 전기를 배열할 때(예컨대 굴원 · 가의 · 조말 · 형가 등이다) 연월에 관계없이(시대를 말한다) 후대에 태어난 사람을 권두에서 다루고, 먼저 태어난 사람을 오히려 권말에 배열하였다. 이리하여 한대의 가의(賈誼 : B.C. 200-168)와 전국시대 초(楚)의 굴원(屈原 : B.C. 343-277)을 같은 열전에 배열하였으며,[14] 춘추시대 노(魯)의 조말(曹沫)과 전국시대 연(燕)의 형가(荊軻)를 같은 편(篇)에 엮어 놓았다.[15] 이것이 『사기』의 단점이다.(釋 : 이것이 편년에 미치지 못하는 점이다. 따라서 단점으로서 해롭다고 했다. 기전체가 스스로 면하지 못하는 것이기도 하다. ○『사기』와 『한서』가 지닌 이해(利害)를 모두 비교하여 설명하였다)

『史記』者,(擧『史』該『漢』. 此一扇論紀傳) 紀以包擧大端, 傳以委曲細事, 表以譜列(一作'序其')年爵, 志以總括遺漏. 逮於天文, 地理, 國典, 朝章, 顯隱必該, 洪纖靡失, 此其所以爲長也.(釋 : 此其勝編年處, 故長而利也, 亦紀傳之體自應有也) 若乃同爲一事, 分在數篇, 斷續相離, 前後屢出, 於『高紀』(涉及項事)則云語在「項傳」,(高主項賓故) 於『項傳』(涉及高祖)則云事具「高紀」.(項主高賓故) 又編次同類,(如屈 · 賈 · 曹 · 荊) 不求年月,(謂時代) 後生而擢居首帙, 先輩而抑歸末章, 遂使漢之賈誼, 將楚屈原同列, 魯之曹沫, 與燕荊軻並編, 此其所以爲短也.(釋 : 此其不及編年處, 故短而害也, 亦紀傳之體自不免也. ○兩扇利害, 皆對較而出)

---

고 있음을 짐작할 수 있다.

14 『사기』 권84, 「굴원가생열전(屈原賈生列傳)」에, 굴원은 초 회왕(懷王) 때 사람이고, 가의는 한 문제(文帝) 때 사람이라고 했다.

15 『사기』 권86, 「자객열전」에, 조말은 노 장공(莊公 : 재위 B.C. 693-662) 때의 사람이고, 형가는 위(衛)나라 사람으로서 연(燕)에 있었다. 이때가 연왕 희(喜) 때이다. 按 : 조말은 『좌전』과 『곡량전』에 모두 조귀(曹劌)라고 하였다. 역주 : 형가는 진시황 암살을 시도했던 자객이었으니 조말과는 400년 이상의 시차(時差)가 있다.

## 2-4

이 두 체례의 우열(優劣)을 살펴보면, 서로 장 · 단점이 있다. 진(晉)나라 때 간보(干寶)[16]는 책을 지으면서 좌구명[편년체]을 크게 칭찬하고 사마천[기전체]을 몹시 폄하하였는데, 그의 의견은 즉 『좌전』은 30권의 간약(簡約)함으로 240년간의 사실을 포괄하면서도 누락된 것이 없다는 것이었다. 간보의 이러한 주장을 살펴보건대 정말 설득력 있는 말이라 할 수 있겠는가!(釋 : 앞에서는 나누어 입론(立論)하였는데, 여기에서는 간보가 언급한 비판을 빌려, 그 비판을 편년체와 기전체[二體] 모두와 대조하고 있다) 춘추시대의 사실로서 좌구명의 저술[『左傳』]에 수록된 것은 대개 그 중 3분의 1 뿐이었다. 좌구명은 스스로도 그 내용이 간략하다는 것을 알았기 때문에 『국어(國語)』를 저술하여 내용을 넓혔다.[17] 그러나 『국어』 이외에도 여전히 많은 사실이 누락되었으니 어찌 빠뜨린 것이 없이 모두를 포괄하였다고 말할 수 있겠는가?(釋 : 이 구절[八句]은 다만 간보의 말을 반박하고 있는데, 이하 자세히 살피고 있다. ○『좌전』을 비판하면서 단지 편년을 반박하고 있어서 문장이 한쪽만 비난하는 것 같지만 실제로는 둘 모두를 살피고 있다) 만약 좌구명이 대대로 사관(史官)이었다면 모두 『좌전』의 체례를 모방했을 것이다. 전한의 엄군평(嚴君平)과 정자진(鄭子眞),[18] 후한의 곽림종(郭林宗)과 황숙도(黃叔度)[19]

---

16 역주 : 「번성(煩省)」편에서도, 간보는 『사의(史議)』에서 각 사가들의 역사서술에 대해 하나하나 비판을 하면서도 홀로 『좌전(左傳)』만은 찬미하였는데, "좌구명(左丘明)은 능히 30권의 간략한 문장으로 240년의 역사적 사실을 포괄하면서도 빠뜨린 것이 없게 할 수 있었다. 이것은 응당 후세에 남길 훌륭한 말의 최고봉이며 저작의 훌륭한 본보기로 된다"라고 하였다. 여기에 보이는 『사의(史議)』가 간보의 저서로써 어떤 내용이었는지에 대하여는 분명치 않다. 그 외 「육가」편 주)56 참조.

17 역주 : 『좌전』을 『춘추내전(春秋內傳)』, 『국어』를 『춘추외전(春秋外傳)』이라 불렀다. 「육가(六家)」편 관련 조항 참조.

18 『한서』 권72, 「왕공양공포전(王貢兩龔鮑傳)」 첫 부분에, 곡구(谷口)에는 정자진이 있었고, 촉(蜀)에는 엄군평이 있었는데 모두 수신을 통해 스스로를 보호하였다. 성제(成帝) 때 천자의 외숙이었던 대장군 왕봉(王鳳)이 예로써 정자진을 초빙하였지만 응

같은 인물이나,(은거해 있거나 지위가 낮았던 사람) 조조(晁錯)·동중서(董仲舒)의 대책(對策)[20]과 유향(劉向)과 곡영(谷永)의 상서(上書)[21] 등의 경우,(문장이

---

하지 않았다. 엄군평이 성도(成都)의 시장거리에서 점을 치면서, 사람들이 사악하고 바르지 못한 물음에 대하여 점을 통해 각기 그 형세에 따라 말해주었는데 잘 맞추었다. 매일 몇 사람의 점을 보아주면 백전(百錢)을 벌어 살아가기에 족하였으므로 가게문을 닫고 『노자』를 가르쳤다. 양웅(揚雄)이 자신의 책에서 이 두 사람을 칭찬하였다.

19 『후한서』 권68, 「곽태전(郭太傳)」에, 곽태의 자는 임종(林宗)이고 집이 매우 가난하였다. 낙양을 떠돌 적에 하남윤(河南尹) 이응(李膺)을 만났다. 후일 향리로 돌아올 때 이응과 더불어 배를 타고 건너게 되었는데 많은 사람들이 신선이라고 여겼다. 도를 거론하였지만 응답하지 않았다. 『후한서』 권53, 「황헌전(黃憲傳)」에, 황헌의 자는 숙도(叔度)이고, 그의 부는 우의(牛醫)였다. 영천(穎川)의 순숙(荀淑)이 여행에서 돌아가는 길에 황헌을 만나 날을 넘기며 대화를 하였다. 원굉(袁閎)의 거처에 이르자 원굉에게 말하기를, '그대의 나라에 안자(顔子)가 있을 터인데 알고 있습니까'라고 물으니 '황헌을 만났군요!'라고 대답하였다. 태수 왕공(王龔)도 뜻을 굽힐 수가 없었다. 곽림종이 젊을 적 원굉의 거처를 지나가면서 머물지 않았는데, 황헌에게 가서는 여러 날이 지나서야 돌아왔다. 누가 이를 물으니 곽림종이 대답하기를, 원굉의 사람됨은 술동이와 같아서 맑아 보여도 탁해지기 쉽지만, 황헌은 도량이 넓기가 마치 깊은 못과 같아 이를 맑게 하려해도 깨끗해지지 않고, 흐리게 하려해도 탁해지지 않으니 헤아릴 수가 없다. **按**: 곽림종의 이 말은 그의 열전에도 적혀 있다. 때문에 『사통』에서 두 사람을 함께 거론한 것이다.

20 『한서』 권49, 「조조전(晁錯傳)」에, 조조(B.C. ?-154)는 사람됨이 성급하고 너그럽지가 않았다. 문제(文帝) 때 태자가령(太子家令)에 임명되었고 모두들 지혜가 많은 사람[智囊]이라고 불렀다. 후일 조서로 현량문학(賢良文學)의 사인(士人)을 추천할 때 뽑혔다. 문제가 친히 나라의 체제를 분명히 하고, 인사(人事)를 잘하고 직언을 능히 하기 위한 문제 등 위 세 가지를 책문(策問)할 때 오직 조조만이 뛰어난 대책을 내놓았다. 『한서』 권56, 「동중서전」에, 동중서(B.C. 179-104)는 광천(廣川)사람으로서 어려서 『춘추』를 공부하고, 경제(景帝) 때 박사관이 되었다. 외부출입을 하지 않고 공부를 하며 3년 동안 뜰을 거닐지 않았다. 무제(武帝)가 즉위하자 현량문학(賢良文學)으로 천거되어 세 가지 대책을 묻자 모두 대답하였다. 무제는 동중서를 강도(江都)의 상(相)을 삼았다.

21 『한서』 권56, 「초원왕전(楚元王傳)」에, 유향(B.C. 77-6)의 자는 자정(子政)으로서 본명은 경생(更生)이다. 원제 초에 종정(宗正)이 되었다. 외척 허(許) 씨와 사(史) 씨가 몇 대로 횡포를 부리고 환관 홍공(弘恭)과 석현(石顯)이 권력을 농단하자 황제에게 밀봉하여 상소를 올려 간하였다. 성제가 즉위하고 석현 등이 죄를 물어 사형을 당하자 이름을 향(向)으로 고쳤다. 중랑(中郎)이 되어 여러 차례 밀봉하여 상소를 올렸고 광록대부(光祿大夫)가 되었다. 그때 성제의 뒤를 이을 후계자가 없었고, 정치가 왕씨들에 의해 농락되자 상소를 통해 극간(極諫)하였다. 천자가 불러 보고 탄식을 하고 중루교위(中壘校尉)에 임명하였다. 『한서』 권85, 「곡영전」에, 곡영의 자는 자운(子雲)이

번거롭고 사실이 크고 넓은 것) 모두 덕행이 출중하여 사람들의 모범으로 명성이 해내(海內)에 널리 알려진 인물이거나, 그 식견이 분명치 않은 것도 환히 꿰뚫을 수 있었고 그 말은 군국대사(軍國大事)를 명철하게 분석할 수 있는 것들이었다. 만약 (엄군평 · 정자진 · 곽림종 · 황숙도의 경우) 혹 은거해 있거나 지위가 낮아 조정의 정치에 참여하지 않았고, (조조 · 동중서 · 유향 · 곡영의 경우) 혹 문장이 번거롭고 사실이 너무 크고 넓어 정리하여 열거하기 곤란하기 때문에 모두 생략하고 서술하지 않는다면, 그런 대로 괜찮다.(이는 생략된 말이다) 그러나 만일 사가 개인의 감정으로 아까워 삭제하지 않아 『한서』의 「지(志)」나 「열전」 100권에 들어갈 내용을 「본기」 12권에 모두 배열한다면 아마도 자질구레하고 번잡하여 축늘어진[闌單][22] 무력한 저작이 되었을 것이다.(釋 : 여기에서 한번 마무리된다. 만약 좌구명이 한(漢)의 사관(史官)이었더라도 여전히 편년을 사용하였을 것인데, 곧 위에서 말한바와 같이 수록하지 않으면 불안하고 또 싣자니 노력이 많이 들고 해서 어찌할 도리 없이 기전체로 변하게 된 것이다) 때문에 반고(班固)는 이러한 사정을 알고 「본기」와 「열전」으로 구분하여 일목요연하게 강기(綱紀)의 구별이 있게 하였다.(釋 : 네 구절로 마무리한 후에 기전(紀傳)의 설명으로 바꾸었다) 순열(荀悅)[23]은 반고가 사정에 어둡고 현실에 맞지 않는 것[迂闊]을 싫어하였고, 또 『좌전』의 체재에 의거하고 『한서』의 내용을 취사선택하여 『한기(漢紀)』를 완성하였는데, 단지 30권이었다. 이후 여러 시대에 걸쳐 그것을 칭찬함이 『한서』[本傳]를 능가하였다.(釋 : 여기에 보이는 몇 구절은 앞에 나온 간보(干寶)의 말에 대응하기 위한 것이다. 세상에는 또한 우활(迂闊)한 것을 싫어하고 문장을

고 경서에 박학하였다. 태상승(太常丞)이 되어 여러 차례 정치의 득실을 상소하였다. 후에 자사(刺史)가 되어 경사(京師)의 일을 상주하였다. 당시 흑룡(黑龍)이 나타난 일이 있었는데 황제[成帝]가 이를 묻고자 했으나 곡영이 간곡하게 간언하였다. 곡영은 스스로 내응이 있을 것을 알았지만, 펼친 뜻에 어그러짐이 없었다.

22 상세한 뜻을 알 수 없다. 대개 당나라 때의 방언이었을 것이다. 按 : 오늘날의 속언에도 역시 "지쳐서 축늘어지다[闌闌灘灘]"이라는 말이 있다.

23 역주 : 「육가(六家)」편 주)53 참조

짧게 정리함을 높이 사는 사람이 있다고 말하고 또 바꾸어 편년을 그대로 따랐다. 이를 통해 보건대 이리 고치고 저리 고치고 하였지만 결국 이 두 체례를 벗어나지는 못했다. ○대조하여 살피는 문장은 여기까지이다)

考玆勝負, 互有得失. 而晉世干寶著書, 乃盛譽丘明而深抑子長, 其義云: 能以三十卷之約, 括囊二百四十年之事, 靡有遺也. 尋其此說, 可謂勁挺之詞乎?(釋: 前幅分扇立論, 此借寶語一詰, 詰起二體合勘) 案春秋時事, 入於左氏所書者, 蓋三分得其一耳. 丘明自知其略也, 故爲『國語』以廣之. 然『國語』之外, 尙多亡逸, 安得言其括囊靡遺者哉?(釋: 此八句只就寶語一駁, 以下申窮之. ○駁『左』單駁編年, 文若偏訶, 意實互勘也) 向使丘明世爲史官,(一作'而', 非) 皆仿『左傳』也, 至於前漢之嚴君平 · 鄭子眞, 後漢之郭林宗 · 黃叔度,(身隱位卑者) 晁(古作'鼂')錯 · 董生之對策, 劉向 · 谷永之上書,(文煩事博者) 斯並德冠人倫, 名馳海內, 識洞幽顯, 言窮軍國. 或以身隱位卑, 不預朝政;(嚴 · 鄭 · 郭 · 黃) 或以文煩事博, 難爲次序.(晁 · 董 · 劉 · 谷) 皆略而不書, 斯則可也.(此是掉句) 必情有所吝, 不加刊削, 則漢氏之志傳百卷, 倂列於十二紀中, 將恐碎瑣多芙, 闒單失力者矣.(釋: 至此一勒. 言設使『左』爲漢史, 仍用編年, 則如上所云, 不載旣不安, 載之又費力, 有不得不變爲紀傳者矣) 故班固(以固例遷)知其若此, 設紀傳以區分, 使其歷然可觀, 綱紀有別.(釋: 四句勒過, 變爲紀傳) 荀悅厭其迂闊, 又依左氏成書, 翦截班史, 篇才三十, 歷代褒(舊作'保', 恐誤)之, 有逾(恐當作'紀')本傳.(釋: 此數語抵前駁干寶一長段. 言世又有厭迂闊而褒翦截者, 則又轉而效編年焉. 由是觀之, 改來改去, 總不出此二體也. ○互勘之文止此)

## 2-5

이렇게 반고와 순열로 대표되는 두 체례가 서로 힘을 겨루며 앞을 다투었지만 그 중 어느 하나를 폐기하는 것은 분명 어렵다. 후래의 사가들은 기전(紀傳)과 편년(編年) 이 두 가지 길을 벗어나지 않았다. 때문에 진(晉)의 사서로는 왕은(王隱)과 우예(虞預)가 편찬한 기전체 『진서(晉書)』가 있었고,[24] 또한 간보(干寶)가 편찬한 편년체 『진기(晉紀)』[25]가 있었다. 송의 사서로는 서원(徐爰)과 심약(沈約)의 기전체 『송서(宋書)』가 있었고,[26] 따로 배자야(裴子野)의 편년체 『송략(宋略)』이 있었다.[27] 각기 그 장점을 갖고 있어 세상에 함께 통용되었다.(釋 : 끝에서는 공평한 관점으로 마무리하였다) 간보의 말은 참으로 이상하다. 그는 다만 『좌전』 일가(一家)의 관점만을 견

24 『진서(晉書)』 권82, 「왕은전(王隱傳)」에, 왕은의 자는 처숙(處叔)이다. 부 왕전(王銓)은 저술의 뜻을 가지고 매번 개인적으로 진의 사실과 공신의 행장을 기록하였지만 완성하지 못하고 죽었다. 동진(東晉)의 원제(元帝)는 왕은을 불러 저작랑으로 삼고 진의 역사를 편찬하도록 명하였다. 당시 저작랑 우예(虞預)가 개인적으로 『진서(晉書)』를 편찬하면서 수차례 왕은을 방문하여 자료가 점차 많아졌다. 『진서』 권82, 「우예전(虞預傳)」에, 우예는 자가 숙녕(叔寧)이다. 『당서예문지』에, 왕은의 『진서』 89권, 우예의 『진서』 58권이 있다. 역주 : 『수서경적지』 「사부(史部)」 "정사(正史)"에, 왕은의 『진서』는 86권이다. 본래 93권이었으나 현재는 전하지 않는다고 했고, 우예의 『진서』는 26권이다. 본래는 44권이었는데 현재는 역시 전하지 않는다고 했다. 우예의 경우 이외에도 『회계전록(會稽典錄)』 20편(篇), 『제우전(諸虞傳)』 12편 등이 있었지만 모두 현재 전하지 않는다.

25 역주 : 「육가(六家)」편 주)56 참조.

26 『송서(宋書)』 권94, 「은행전(恩倖傳)」 부록 「서원전(徐爰傳)」은 「고금정사(古今正史)」편의 주를 보라. 『직재서록해제(直齋書錄解題)』에, 『송서』는 본래 하승천(何承天) · 산겸지(山謙之) · 소보생(蘇寶生) 등이 각각 편찬한 것이다. 서원에 이르러 모두 모아 하나로 하였다. 의희(義熙)초에서 대명(大明) 연간까지이다. 영광(永光) 이후는 기록이 없다. 『양서(梁書)』 권13, 「심약전」에, 심약의 자는 휴문(休文)이고 오흥(吳興)사람이다. 고조가 즉위 전 실권을 장악하자 심약이 일찍이 그 단서를 알리며 말하기를, '오늘이 옛날과 다르다면 사람들이 모두 순박한 기풍을 간직하리라 기대해서는 안 됩니다. 사인들은 모두 높은 벼슬을 바라고 모두가 그대에게 황제 지위에 오르라 말하고 있습니다'라고 했다. 고조가 즉위하자 상서복야(尙書僕射)가 되었다. 죽은 후 시호를 은(隱)이라 하였다. 『송서』 100권을 지었다. 그 제목에 대한 것은 「외편」 「고금정사」편에 상세하다. 역주 : 서원과 심약 두 사람은 각각 『남사』 권77, 「은행전(恩倖傳)」과 『남사』 권57에도 열전이 있다. 특히 심약의 경우 『송서』 이외에도 『제기(齊紀)』 12권, 『고조기(高祖紀)』 14권, 이언(邇言)』 10권, 『시례(諡例)』 10권, 『송문장지(宋文章志)』 30권, 『문집(文集)』 100권이 있었지만 모두 전하지 않는다.

27 역주 : 「육가」편 주)58 참조

지하였을 뿐이다.[28](釋 : (앞 문장에 인용한 간보가 좌구명을 칭찬하고 사마천을 폄하했던) 비판의 말에 대응하고 이를 빌려 자신의 관점을 나타내었다)

然則班 · 荀二體, 角力爭先, 欲廢其一, 固亦難矣. 後來作者, 不出二途. 故晉史有王 · 虞(紀傳)而副以干『紀』;(編年) 『宋書』有徐 · 沈(紀傳)而分爲裴『略』.(編年) 各有其美, 並行於世.(釋 : 結尾平收) 異夫令升之言, 唯守一家而已.(釋 : 繳應借詁之詞)

按 : 「이체(二體)」편은 「육가(六家)」편과 바로 이어져 있다. 「육가」편에서는 사서체례의 모든 것을 열거하였고, 「이체」편은 사가들이 정종(正宗)으로 사용할 것을 확정하였다. 「이체」편은 먼저 두 체례의 득실을 구분하여 논하였지만 잘못된 점이 있다고 하여 그들을 부정하지는 않았다. 그리고 두 체례가 역사상 후세에 함께 유행하게 된 정황을 종합적으로 살펴보면서 어느 한 쪽에 치우쳐 나머지 하나를 없애서는 안 된다고 했다. 좌(左)[『좌전』] · 순(荀)[『한기』] 등의 글자를 '편년(編年)'이란 글자와 같은 것으로, 반(班)[『한서』] · 마(馬)[『사기』] 등의 글자를 '기전(紀傳)'과 같은 글자로 보았다. 이러한 대역[替身]을 제대로 알아야만 비로소 진정한 이해를 얻을 수 있다. 이로부터 비서성(秘書省)에서 황제의 명으로 편찬되는 사서는 오직 '기전'과 '편년' 두 방법뿐이었다. 「예문지(藝文志)」의 '사부(史部)'에는 반드시 이 두 부류의 사서를 앞에 배열하였다. 유지기의 이 「이체」편은 진실로 백대(百代)의 기준이라 하겠다.(此篇與「六家」頂接. 「六家」擧史體之大全, 「二體」定史家之正用. 先分論其得失, 不以有失而不行; 後合勘其兩行, 不得偏任而廢一. 以「左 · 荀'等字當'編年'字觀, 以'班 · 馬'等字當'紀傳'字觀, 會此替身, 乃得縣解. 自後秘省敕撰, 唯此二途; 藝文史部, 必先二類. 知幾是篇, 誠百代之質的也)

어떤 사람이 "대역[替身] 운운하는 것은 어떤 뜻인가?"라고 물었다. 답하기를, "많은 저작들을 서로 참고하여 열거하였지만 결국은 두 체례로

---

28 역주 : 『좌전』의 편년체를 중심으로 하는 이 같은 간보(干寶)의 관점은 「모의(摸擬)」 · 「재언(載言)」 · 「신좌(申左)」 · 「서례(序例)」 등 편에 거듭 보인다.

귀결된다는 뜻"이라고 했다. 편년과 기전 두 체례가 후세에 병행된 정황을 밝히려 하였지 여러 저작들의 우열을 평가하려는 것은 아니었다. 이해(利害)와 장단(長短)은 체례가 본래 지니고 있는 것이기 때문에 둘 모두가 병행되어도 무방하며, 이 체례는 이롭고 저것은 해롭다는 것을 일컫는 것이 아니며, 이로운 것을 우(優)로, 해로운 것을 열(劣)로 일컫는 것은 더더욱 아니다. 다만 두 체례가 이미 확립되어 하나는 세시(歲時)를 명확히 밝히고, 다른 하나는 실제 사실을 주관하니, 국사에는 어느 하나가 빠져서도 안 된다. 이전의 평론에서는 '대역[替身]'으로 보지 않음으로써 체례를 버리고 여러 사서를 의론하였고, 체례는 단지 두 개인데도 사서는 오히려 번다(繁多)하였기 때문에 짐작으로 해석한 것들이 모두 틀렸던 것이다.(或問 : 替身云云, 何謂也? 曰 : 錯擧多書, 總歸二體. 蓋揭二體之兩行, 非評諸書之優劣也. 其利害短長, 體中應有, 亦不妨兩有, 非此利彼害之謂, 更非利優害劣之謂. 但謂二體既立, 一以詮歲時, 一以管事行, 國史乃無偏缺耳. 舊評不會作替身字看, 遂皆抛體而議書, 體兩書煩, 臆揣都錯)

간보에 관한 구절에서 하나를 가지고 두 가지 모두를 이해할 수 있을 때 비로소 책을 제대로 읽는 사람이라 할 수 있다.(干寶一節, 能因單得互, 才是善讀書人)

'이체(二體)' 두 글자는 책 전체를 관철하는 것이고, 여러 사서의 큰 줄거리이다.(二體兩字, 貫徹全書, 綱維羣史)

어떤 사람이 말하기를, 원추(袁樞)[字, 機中]의 '기사본말'이 출현하고부터 사서체례는 이를 포함해 세 가지가 되었다고 했다. 내가 말하기를, 기사본말도 편년이나 기전에서 나온 것이지 따로 나타난 것이 아니다. 하물며 사서를 유서(類書)로 깎아 내렸으니 사법(史法)으로도 역시 성립할 수 없는 것이다. 때문에 그 책은 사관(史館)에 의해 나온 것도 아니고, 황제의 조칙을 받들어 편찬된 것도 아니었다.(人言自袁機樞紀事本末出, 史體參而三矣. 余曰 : 亦從二體出, 非別出也. 且降史書爲類書, 法不參立. 故其書不由史館, 不奉敕亦編)

# 「재언(載言)」 제3

「재언(載言)」편은 사서(史書)에서 '기언(記言)'을 어떻게 처리하는 것이 좋은가 하는 문제를 다루고 있다. 상고(上古)시대에는 말과 사실의 기록이 나뉘어져 있어서 『상서』에는 사실을 기재하지 않았고, 『춘추』에는 말이 기재되지 않았다고 인식되어왔다. 『좌전』에 이르러 말과 사실을 함께 기록함으로써 그 구분이 의미가 없어졌다. 따라서 "말과 사실이 서로 조화를 이루고, 상세하고 생략함이 이치에 맞기 때문에 읽는 사람들로 하여금 꼼꼼히 사리를 따져가며 읽어도 지루하지 않고, 암송하며 통독하여도 수고로움을 잊도록 하였다[言之與事, 同在傳中. 然而言事相兼, 煩省合理, 故使讀者尋繹不倦, 覽諷忘疲]"고 했다. 물론 말과 사실이 조화가 되지 않아 번거로움을 늘리고 체계적이지 못한 점을 비판하기도 하였다. 예컨대 『사기』와 『한서』에 이르러 특히 가의(賈誼)・조조(鼂錯)・동중서(董仲舒)・동방삭(東方朔) 등의 「열전」에서는 단지 그들의 말을 기록하는데 그치고 사실에 대한 기록을 거의 하지 않음으로써 사실에 대한 보다 구체적인 이해를 어렵게 하고 있다고 지적하였다.

따라서 그러한 문제점을 해결하기 위하여 유지기는 기전체 사서에 전문적으로 '말[言]'만을 기록하는 별도의 「서(書)」를 둘 것을 주장하였다. 군주들의 제(制)·책(冊)·고(誥)·영(令), 여러 신하들의 장(章)·표(表)·이(移)·격(檄) 등을 「본기」와 「열전」에서 따로 뽑아 「서(書)」에 모두 수록하고 「제책서(制冊書)」·「장표서(章表書)」라는 제목을 달면 된다고 주장하였다. 그 외에 고대의 사시에서 시가(詩歌)들을 기재하던 방법에 의거하여 「서(書)」 안에 이들 문장을 선택하여 수록하는 것이 마땅하며, 사서의 체재를 이와 같게 할 수 있으면 어느 정도 『춘추』와 『상서』가 세운 원칙을 모두 갖추는 셈이라고 여겼다. 이러한 주장은 결국 "이전의 사서에 적합하지 못한 부분은 후대의 사서에서 마땅히 고쳐야 한다[前史之所未安, 後史之所宜革]"는 문제의식에서 출발한 것이기도 하다. 물론 이 같은 유지기의 주장을 수용한 사서가 이후 출현하지는 않았다. 청대 장학성(章學誠)이 『문원(文苑)』·『문선(文選)』의 체재를 모방하여 지방지(地方志)에 「문징(文徵)」편을 설정하는 것이 바람직하다고[1] 주장한 이래 많은 지방지가 이를 따르기도 하였는데, 이는 유지기의 주장에서 비롯된 것이라 할 수 있다.

## 3-1

옛날에 말[言]을 기록한 책은 『상서』요, 사실[事]을 기록한 책은 『춘추』라고 하였다.[2] 좌사(左史)와 우사(右史)가 각기 그 직분을 나누어 맡았

---

1 역주 : 章學誠, 「方志立三書議」, 『文史通義』, 臺灣, 華世出版社, 1980, p.392.

2 역주 : 『한서예문지』 「육예략(六藝略)」 "춘추" 조에, 옛날의 왕자(王者)에게는 대대로 사관(史官)이 있어서 군주가 행하는 일을 반드시 기록하였는데, 언행을 삼가고 법식을 밝히기 위한 까닭이었다. 좌사(左史)는 말을 기록하고, 우사(右史)는 사실을 기록하였다. 사실은 『춘추』, 말은 『상서』에 각각 기재되어 있으며, 제왕은 이와 같이 하지 않을 수 없었다고 했다.

다. 제 환공(齊桓公 : 재위 B.C. 685-643)과 진 문공(晉文公 : 재위 B.C. 636-628)이 패자(霸者)로서 제후들을 회맹(會盟)토록 하였는데 이는 춘추시대에 있어서 중대한 사건이었다. 그러나 『상서』에는 기재되어 있지 않다. 진 목공(秦繆公)의 군대가 진 양공(晉襄公)에게 패배하자 목공은 그것을 교훈으로 삼아 경계할 것을 맹서하였는데[3] 이는 『상서』에서는 중요한 말이었다. 그러나 『춘추』에는 기록되어 있지 않다. 이를 통해 기언(記言)과 기사(記事)가 구별되었다는 것을 분명하게 알 수 있다.(옛 것에 빠져 구속받음이 너무 심하다. 이 점은 『상서』가에서 이미 언급하였다. 釋 : 첫 구절에서는 기사(記事)와 기언(記言)이 고대의 체례와 본래 서로 맞지 않는다는 사실을 살피면서, 다음의 문장을 인용하였다)

古者言爲『尙書』, 事爲『春秋』, 左右二史, 分尸其職. 蓋桓 · 文作霸, 糺('糾'通)合同盟, 春秋之時, 事之大者也, 而『尙書』闕紀.(載也. 一作'記') 秦師敗績, 繆公誡誓, 『尙書』之中, 言之大者也, 而『春秋』靡錄. 此則言 · 事有別, 斷可知矣.(泥古太甚, 於『尙書』家已論之. 釋 : 首節推原記事 · 記言, 古體本不相合, 以引下文)

## 3-2

좌구명은 저술하면서 고대의 사법(史法)을 따르지 않고 말과 사실을 함께 『좌전』에 기록하였다. 그러나 말과 사실이 서로 조화를 이루고, 상

3 역주 : 『상서』 「진서(秦誓)」 서(序)에, 진 목공(秦穆公)이 군대로 하여금 정(鄭)을 치게 하였다. 진 양공(晉襄公)이 군대를 이끌고 와 진군(秦軍)을 진(晉)의 요충지 효(崤)에서 격파하였다. 진(秦)의 장수들이 포로가 되었다가 방면(放免)되어 돌아왔을 때 목공은 자신의 행위를 뉘우치면서 신하들을 경계하는 훈시를 하였다. 그것에 의거하여 이 「진서(秦誓)」편이 지어졌다고 했다. 목(繆)과 목(穆)은 같은 글자로 쓰인다.

세함과 생략함이 이치에 맞기 때문에 독자들로 하여금 사리를 따져가며 읽어도 지루하지 않고, 통독하거나 암송하여도 피로하지 않도록 하였다. (釋 : 『좌전』에 이르러 말과 사실이 함께 수록되었다. 기전체는 아니었지만 크게 차이가 나는 문제가 없었기 때문에 자연스럽게 함께 사용하게 되었다. 이 구절은 위에서 다음으로 전환하는 문장이다)

逮左氏爲書, 不遵古法, 言之與事, 同在傳中. 然而言事相兼, 煩省合理, 故使讀者尋繹不倦, 覽諷忘疲.(釋 : 至左氏, 則言·事兩收矣. 然非傳體, 無隔越之患, 其勢自可兼行也. 此上下轉遞之文)

## 3-3

『사기』와 『한서』에 이르면 『좌전』과 같지 않았다. 모든 것을 포괄하여 크게 넓히는데 힘써 문장과 언사는 번거롭고 풍부한 것이 대부분이다. 가의(賈誼)·조조(晁錯)·동중서(董仲舒)·동방삭(東方朔) 등의 열전에서는[4] 단지 그들의 말[言]을 기록하는데 그치고 있어서 사실[事]에 대한 기록은 보기가 힘들다.(釋 : 여기서부터는 기전(紀傳)으로 돌아가 대략 오로지 문사(文

4 역주 : 이들의 열전은 각각 『한서』 권48(「가의전」), 권49(「조조전」), 권56(「동중서전」), 권65(「동방삭전」)에 실려 있다. 동중서(董仲舒 : B.C. 176-104)는 어려서 『춘추』를 배웠으며 경제(景帝) 때 박사가 되었다. 특히 공양학(公羊學)에 정통하였고, 음양오행설의 체계를 세우고 소위 천인감응설(天人感應說)을 주장하였다. 무제가 즉위하여 현량(賢良)을 구할 때 무제에게 올린 현량대책(賢良對策)이 유명하고, 아울러 유학만을 정통으로 인정하고 다른 제자백가의 학설을 물리칠 것[罷黜百家, 獨尊儒術]을 건의하여 유교의 관학화에 크게 이바지하였다. 저술로는 『춘추번로(春秋繁露)』 17권이 전한다. 동방삭(東方朔 : B.C. 154-93)은 한 무제의 총애를 받아 그의 측근이 되었다. 부국강병책을 건의하기도 했지만 받아들여지지 않자 그에 대한 자조로 「답객난(答客難)」과 「비유선생지론(非有先生之論)」을 비롯한 약간의 시문을 남기기도 했다.

辭)를 싣고 있는 편(篇)을 들어 논의의 단서로 삼았다) 무릇 한 가지 사실을 서술하는 경우 그 사실의 경과를 얻을 수 있지만, 장편의 문장에서는 사실들이 서로 단절되어 있고, 그 순서 또한 나뉘어져 있기 때문에 읽는 사람들을 어리둥절하게 만든다. 그런데도 이후의 사서들은 답습만 할 뿐 그러한 편찬방법을 고치지 않고 말과 사실을 뒤섞어 혼란스럽게 한 것은 예나 지금이나 똑같다.(釋 : 위의 구절을 이어, 말이 서사(敍事) 중에 길게 끼워져 있어서 읽는 사람들이 이를 고생스럽게 여겼고, 본래의 뜻을 억지로 깨우치게 하였다)

至於『史』·『漢』則不然. 凡所包擧, 務存恢博, 文辭入(或訛作'之')記, 繁富爲多. 是以賈誼·晁錯·董仲舒·東方朔等傳, 唯上('尙'通, 或作'止')錄言, 罕逢載事.(釋 : 自此歸到紀傳, 約擧專載文辭之篇, 以發論端) 夫方述一事, 得其紀綱,(一作'綱紀') 而隔以大篇, 分其次序.(一作'序次') 遂令披閱之者, 有所懵然. 後史相承, 不改其轍, 交錯分(一作'紛')擾, 古今是同.(釋 : 承上, 言以長篇夾入敍事中, 閱者苦之, 逼起本指)

## 3-4

『사기』와 『한서』에서는 군주와 신하를 「본기」와 「열전」에 배열하고, 나머지 사실들을 「표」와 「지(志)」에 총괄하였는데, 비록 편명(篇名)이 매우 광범위하였지만 말[言]만을 홀로 수록한 편(篇)은 없다. 내가 생각하기에 무릇 사서(史書)의 저술에는 「표」와 「지」이외에 다시 「서(書)」를 두는 것이 마땅하다.(釋 : 몇 마디 말로 근본이 되는 취지를 나타냈다) 예컨대 군주[人主]의 제(制)·책(冊)·고(誥)·영(令), 신하들의 장(章)·표(表)·이(移)·격(檄) 같은 것을[5] 「본기」와 「열전」에서 따로 빼내어 「서(書)」에 모두 수록하여 「제책서(制策書)」·「장표서(章表書)」라고 제목을 달아 부류에 따라 구별하면 된다. 다른 것들은 모두 이러한 것을 모방하였다. 「지」에 「예악지(禮樂志)」·「형법지(刑法志)」가 있는 것과 같다.('자야(者也)' 두 글자는 글의 힘으로 보아 있어야 하고, 하단에 대하여도 마찬가지인데 이전에 빠졌다. **釋**: 여기서 말하는 제책(制冊)과 장표(章表) 등은 모두 조전(朝典)과 상주(上奏) 문서 등을 말한다) 또한 시인의 작품들이 스스로 일가(一家)를 이루었다. 때문에 풍(風)·아(雅)·송(頌)·부(賦)·비(比)·흥(興)은[6] 『춘추삼전』이 취하여 수록할 내용은 아니었다. (앞서 말한 풍과 아 등) 육의(六義)를 통해 뜻을 표현하던 분위기가 쇠퇴하자 문장이 생겨났다. 예컨대 위맹(韋孟)의 완곡하게 간하는 시,[7] 양웅(揚雄)의 출사(出師)의 송(頌),[8] 사마상여(司馬相如)의 봉선(封禪)의 서(書),[9]

---

5 역주 : 이러한 각종 문장의 형식과 특징에 대하여는 『문심조룡』 「조책(詔策)」·「격이(檄移)」·「장표(章表)」 등 편에서 자세히 설명하고 있다.

6 역주 : 시(詩)에는 육의(六義)가 있는데 즉 풍·아·송·부·비·흥 등이 그것이다. 풍(風)이란 위정자를 풍자하고 비(比)와 흥(興)을 빌려 문장을 꾸며 완곡하게 군주에게 간(諫)하는 것으로써 한 사람의 희로애락에 따라 자연히 나라의 일을 노래한 것이 풍인 것이다. 아(雅)는 대·소가 있는데 소아(小雅)는 향연의 음악, 대아(大雅)는 군신과 제후가 조정에 회합할 때의 음악이지만, 둘 다 당시 위정자의 실정(失政)을 걱정한 내용이 많이 수록되어 있다. 송(頌)은 종묘에서 제사지낼 때 연주해서 조상의 덕을 찬양하여 신의 마음을 위로하는 것이었다. 풍·아·송이 가체(歌體)의 구분이라면 비·흥·부는 수사(修辭)상의 구별을 의미한다.

7 『한서』 권73, 「위현전(韋賢傳)」에, 위현은 추(鄒)지방 사람이다. 그의 선친은 위맹(韋孟)이다. 고향은 본래 팽성(彭城)이었는데 초(楚) 원왕(元王)의 스승이 되었다. 후일 원왕의 손자 무(戊)가 주색에 빠져 도리를 따르지 않자 위맹이 시를 지어 이를 간하였다. 후일 벼슬을 버리고 집을 추 지방으로 옮기고 다시 한 편을 더 지었다. 그 시는 혹 자손이 좋은 일을 하여 선인의 뜻을 받들기를 바라 지었다고 했다.

8 **按**: 『한서』 권87하, 「양웅전」 하에, 「하동(河東)」·「장양(長楊)」 등 부(賦), 「반이소(反離騷)」·「해조(解嘲)」 등 사(詞), 「태현(太玄)」·「법언(法言)」 등 서(序) 등등이 있을 뿐 「출사송(出師頌)」은 없다. 곽연년(郭延年)의 『사통평석(史通評釋)』의 주(注)에 인용된 『문선(文選)』의 주(注)에 이르기를, 성제(成帝) 때 서강(西羌)쪽에 위험이 있자 황제는 군대를 거느릴 신하를 생각하며 조충국(趙忠國)을 좋게 추념하고 양웅을 불러 「조충국도(趙忠國圖)」를 칭송하게 하였다. 『문선(文選)』의 「충국송(忠國頌)」 후에 「출사송」이 배열되어 있는데 곧 사효산(史孝山)이 지은 것이었다. 어찌 『사통』에서 양웅이라고 잘못 알았겠는가.

9 『한서』 권57, 「사마상여전」에, 사마상여(B.C. 179-118)는 자가 장경(長卿)으로서 황제가 신선을 좋아하자 「대인부(大人賦)」를 지어 올렸다. 천자가 크게 기뻐하였다. 힘이 넘치고 초연한 기개가 천지간에 노니는 것과 같았다. 병으로 관직을 그만두고 무릉

가의(賈誼)의 「과진론(過秦論)」[10]과 같은 문장들이 모두 본기와 열전에 수록되었다. 내가 생각하기에 고대의 사서에서 시가(詩歌)들을 기재하던 방법에 의거하여 「서(書)」 안에 수록하는 것이 마땅하다.(전례(前例)에 의거하여 마찬가지로 '제목을 모서(某書)라 하였다[題爲某書]'라는 말이 있어야 한다) 예컨대 『상서』의 「순전(舜典)」에 「원수지가(元首之歌)」[11]를 배열하고, 「하서(夏書)」에 「오자지영(五子之詠)」[12]을 포함하고 있는 것이 그것이다.(釋 : 이 문장에 보이는 시(詩)·송(頌)·서(書)·논(論) 등은 시문을 짓는 사람들이 저술한 말이다) 사서의 체례를 이와 같이 할 수 있으면 『춘추』와 『상서』의 서술방법을 거의 갖추는 셈이다.(釋 : 이상의 두 항목은 한 구절로서 「서」와 「지」의 내용 중에 「재언(載言)」 조목을 추가하여 세울 것을 말하고 있다)

案遷·固列君臣於紀傳, 統遺逸於表志, 雖篇名甚廣, 而(一作'唯')言無獨('無獨'舊作'獨無', 誤)錄. 愚謂凡爲史者, 宜於表志之外, 更立一書.(釋 : 數語

(茂陵)에 거처하였다. 천자가 그의 글을 취하기 위하여 소충(所忠)으로 보냈으나 사마상여는 이미 죽었다. 그 처에게 물으니 대답하기를, "사마상여가 아직 죽기 전에 한 권의 책을 지었는데 말하길, '사신이 와서 책을 구하거든 바치도록 하라'고 했다. 그가 남긴 서찰과 책은 봉선(封禪)에 관한 사실을 말하였다. 소충이 이를 천자에게 바쳤다"라고 했다.

10 按 : 『한서』 권48, 「가의전」에는 「과진론」이 수록되어 있지 않다. 『한서』 권31, 「진승항적전(陳勝項籍傳)」에 『사기』의 저소손(褚少孫)이 저술한 문장이 수록되었는데 세 편 중 하나에 불과하였다. 또 살펴보건대, 『사통』에서 거론한 위현·양웅·사마상여·가의 등의 문장은 혹 열전의 머리에 배열하거나 혹은 다른 책에 보이고 혹은 '찬(贊)'의 내용 안에 부록되기도 한다. 따라서 한 가지 예를 든 것은 아니고 그 뜻은 다만 권계(勸戒)와 관련이 있거나 예림(藝林)을 전하여 칭송하거나 그 원칙이 당연히 사서 중에 뽑혀 수록됨으로써 그 선택된 말의 예를 보이고자 한 것뿐이었다. 역주 : 「과진론」은 『사기』 권6, 「진시황본기」의 "태사공왈(太史公曰)"에 부록되어 있다.

11 역주 : 원수지가(元首之歌)는 『상서』 「우서(虞書)」 「익직(益稷)」편에, "순임금은 노래를 지으셨다. '삼가 하늘의 명을 받들어 언제나 일에 힘쓰고 매사에 기미를 잘 살피시라'. 그리하고는 노래를 부르기를, '고굉(股肱)의 신하들이 즐거워하면 임금이 나라를 흥하게 할 것이요, 모든 관리들은 화락(和樂)해 질 것이니라(帝庸作歌曰. 勑天之命. 惟時惟幾. 乃歌曰. 股肱喜哉. 元首起哉. 百工熙哉)'에 보인다.

12 역주 : 오자(五子)는 계왕(啓王)의 다섯 아들을 가리킨다. 본래 계왕에게는 여섯 아들이 있었는데 큰 아들 태강(太康)이 왕위를 계승하였으나 정사에 힘쓰지 않고 사냥 등 놀이에만 급급함으로 결국 왕위에서 쫓겨났다. 이에 태강의 다섯 동생이 형의 실정(失政)을 한탄하여 이 노래를 지어 불렀다고 한다.

揭本指) 若人主之制冊·誥令, 群臣之章表·移檄, 收之(謂收出之)紀傳, 悉入書部, 題爲'制冊'(當有'書'字)·'章表書', 以類區別. 他皆放此, 亦猶志之有「禮樂志」·「刑法志」者也.('者也'二字, 於文勢當有, 對下段亦當有, 舊脫. 釋: 此段製冊·章表等, 皆朝典頒奏之言) 又詩人之什, 自成一家. 故風·雅·比·興, 非『三傳』所取. 自六義不作, 文章生焉. 若韋孟諷諫之詩, 揚雄出師之頌, 馬卿之書封禪, 賈誼之論過秦, 諸如此文, 皆施紀傳. 竊謂宜從古詩例, 斷入書中,(據前例, 亦當有'題爲某書'之文. 疑脫) 亦猶「舜典」列「元首之歌」, 「夏書」包「五子之詠」者也.(釋: 此段詩·頌·書·論等, 是詞人著述之言) 夫能使(一無'使'字)史體如是, 庶幾『春秋』·『尚書』之道備矣.(釋: 以上二項爲一節. 意謂當於書志帙中, 加立「載言」一條也)

## 3-5

옛날 간보(干寶)[13]는 『진기(晉紀)』편찬을 논의하면서 마땅히 좌구명(左丘明)의 서술방법에 근거하여 신하들의 아주 작은 사실들까지도 그대로 보(譜)·표(表)에 실어야 한다고 여겼다. 당시 평론은 모두 이 관점을 받들고 따랐다. 그러므로 이전의 사서에 적합하지 못한 부분은 후대의 사서에서 마땅히 고쳐야 한다.(釋: 이는 간보(干寶)의 말을 빌려 옛 체재를 참조하여 고쳐서 성례(成例)로 쓸 수 있음을 보여준다) 따라서 견식 있는 사람들의 뜻에 동조하여 이 「재언(載言)」편을 써서 세상의 사가들이 그 득실[利害]을 제대로 볼 수 있기를 희망한다. 만약 나의 의견이 그와 같지 않다면 장래 고명(高明)한 학자를 기다리길 바랄 뿐이다.

---

13 역주: 「육가(六家)」편 주)56 참조.

昔(一作'晉', 誤)干寶議撰晉史, 以爲宜準(一多'左'字)丘明, 其臣下委曲, 仍爲譜注. 於時議者, 莫不宗之. 故前史之所未安, 後史之所宜革.(釋 : 此借寶言, 以見酌更舊體, 成例可援) 是用有識, 爰立玆篇, 庶世之作者, 覩其利害. 如謂不然, 請俟來哲.

**按** : 위의 「육가」편과 「이체」편에서는 모든 사서체례를 열거하여 설명하였고, 이하에서는 따로 자신의 의론(議論)을 제시하였다. 그 편년체는 실마리가 단일(單一)하여 복잡하게 전개되지 않지만, 기전체는 오히려 명류(名類)가 다양하기 때문에 꼼꼼하게 살펴야만 한다. 이 편[「재언(載言)」]은 대개 열전에 대한 문제를 지적하기 위한 말로서, 방금 사건의 상황을 진술하였는데 홀연 장편의 의론(議論)을 그 사이에 끼워 넣음으로써 문장의 기세(氣勢)가 크게 달라지는 것을 면할 수 없기 때문에, 비로소 이 같은 논의를 마련한 것이다. 내가 생각해보니, 가의(賈誼) · 동중서(董仲舒) · 동방삭(東方朔) · 마융(馬融) 등은 모두 요직을 지낸 적이 없어서 별다른 정치적 공적이 없기 때문에 그들의 일생이나 불후의 사적(事迹)은 바로 상소한 글이나 대책(對策) · 시송(詩頌) · 논저(論著) 등의 문장 속에 보이는데, 만약 그것들을 추출(抽出)하여 버린다면 무엇으로 이러한 중임(重任)을 맡게 할 것인가? 하물며 이러한 책을 정말 세운다면 지우(摯虞)의 『유별(流別)』과 거의 동류(同類)가 된다. 유지기는 「재문(載文)」편에서도 말하기를, "사서(史書)라고는 할 수 없고, 다시 문집이 되어버렸다"라고 하였으니 스스로 모순되는 것이 아니겠는가? 더욱이 후세의 저술은 수없이 많았지만 점점 더 뒤섞여 혼란스럽게 되어 이러한 논단은 행하여 질 수 없었다.(上二篇標列史體已備, 自此而下, 別出己議也. 彼編年一體, 緖無雜出, 而紀傳則名類多門, 商榷宜審. 是篇蓋就列傳而言, 方銓事狀, 忽夾長篇, 未免文氣隔越, 故設此論. 嘗竊計之, 就如賈生 · 董傅 · 方朔 · 馬卿未作要官, 無他政績, 其生平不朽, 正在陳書 · 對策 · 詩頌 · 論著等文, 設檢去之, 以何擔重? 且使此冊果立, 幾與摯虞『流別』同科. 卽劉於「載文」篇, 亦言'非復史書, 更成文集', 不且自矛乎? 況乎後世, 著述如林, 彌滋轇轕矣. 此論不可行)

# 「본기(本紀)」 제4

「본기」편에서 「서지(書志)」편까지는 기전체 사서가 지닌 체재상의 특징과 그 득실을 설명하고 있다. 대개 '기(紀)'라는 것은 복잡한 사물의 기강을 다스리고, 이를 망라한다는 의미로서, 마치 역법의 정삭(正朔)을 받아들여 실행하거나, 공자가 세운 유가의 교의(敎義)를 따르는 것과 같이 변함없는 원칙이라고 여겼다. 따라서 「본기」는 『춘추』처럼 날짜와 달에 사실을 기록하여 일 년 사시(四時)를 이루면서 군주에 관한 사실을 기록하므로 나라의 지위를 계승한 계통을 분명하게 드러내고자 하는 것이라고 하였다. 이는 「본기」가 한편으로는 천자의 사적만을 기록하고, 다른 한 편 그 사적을 편년으로 기록함으로써 국가대사의 기강을 잡아준다는 것을 의미한다. 따라서 유지기의 「본기」 설정에 대한 원칙은 이 두 가지 기준에 모두 맞는 것이어야 했다. 이런 점에서 사마천이 「본기」와 「세가」를 별도로 설정한 것은 이치에 맞는 것이지만 주(周)의 경우, 후직(后稷)으로부터 서백(西伯) 문왕(文王)까지, 또 진(秦)의 영씨(嬴氏)인 백예(伯翳)로부터 장양왕(莊襄王)까지는 「세가」에서 다루어야 할 인물들을 「본기」에서 다루고 있어서 원칙에 맞지 않는 것이라 비판하였다. 아울러 항우 역시 군주의 지위를 함부로 칭하다 죽어 군왕이 되지 못하였는데도 불구하고 『사기』에서는 오히려 「본기」라고 불렀으므로 이는 매우 잘못된 것이라 비판하였다. 아울러 조조(曹操)를 진수(陳壽)가 『삼국지』에서 「무제기(武帝紀)」로 설정한 사실과 육기(陸機)가 『진기(晉紀)』에서 사마의(司馬懿)·사마사(司馬師)·사마소(司馬昭) 세 명을 각각 「본기」에 수록하면서도 편년으로 정리하지 않은 점 등을 함께 비판하면서 「열전」에 수록되어야 마땅하다고 지적하였다. 특히 제왕의 「본기」에 신하들의 사적을 뒤섞어 기재하거나 혹은 다른 사실을 겸해 서술하면서 일의 크고 작음[巨細]을 막론하고 모두 기재하거나 대소[洪纖]를 구별하지 않고 전부 기록한 것에 대하여 신랄하게 비판하였다. 이러한 비판이 유지기가 「본기」의 기록을 단지 제왕의 사적을 편년으로서 그 대강만을 기록하는 것으로 한정하여 인식한데서 비롯된 것임은 물론이다.

## 4-1

옛날에는 급총(汲冢)의 죽서(竹書)를 『죽서기년(竹書紀年)』이라 불렀지만,[1] 『여씨춘추』에서 처음으로 '기(紀)'라는 명칭을 사용하였다.(그 책에는

1　역주 : 「육가」편 『급총쇄어(汲冢瑣語)와 『죽서기년』에 대한 주(注) 참조. 그 외 『수서 경적지』 「사부(史部)」 "고사(古史)"의 서(序)에, "진(晉) 태강(太康) 원년(280)에 급군(汲郡) 사람이 위 양왕(魏襄王)의 묘를 도굴하여 고대의 죽간으로 쓴 서간을 얻었는데 글자는 모두 과두문(蝌蚪文)이었다. 묘를 파헤친 사람이 서간에 관심을 두지 않아 이들은 사방에 흩어졌다. 무제 사마염(司馬炎)이 중서감 순욱(荀勖), 중서령 화교(和嶠)에게 명하여 이를 15부, 87권으로 정리하였다. 그 중 대부분은 번쇄(繁瑣)하고 괴망(怪妄)하여 정확한 뜻을 알 수 없었다. 다만 『주역(周易)』·『기년(紀年)』만이 가장 분명하였다. 그 중 『주역』 상하편은 금본(今本)과 똑같다. 『기년』은 모두 하력(夏曆) 건인지월(建寅之月)을 일 년의 시작으로 하였다. 하·은·주 삼대의 역사적 사실로 시

12기(紀)가 있다) 대개 '기'라는 것은 서품(庶品)을 다스리고, 만물을 망라한다는 의미이다. 책의 제목을 살펴보더라도 이 '기'라는 뜻보다 큰 것이 없다.(釋 : 첫머리에서 '기'라는 글자의 내력을 살폈다) 사마천이 『사기』를 저술하면서 또 천자가 행한 사적을 배열하고 「본기」를 편명(篇名)으로 하였다.[2] 후세의 사서들은 이 방법을 따라 그대로 사용하면서 없애지 않았다. 비유컨대 하(夏)나라 때 역법의 정삭(正朔)을 받아들여 사용하거나, 공자가 세운 유가의 교의(教義)를 따르는 것과 같이,(두 구절에서는 「본기」의 원칙이 세워져 구분이 정해졌음을 말했다) 비록 대지가 변하여 산릉(山陵)이나 협곡이 되고, 시대에 따라 순박함과 화려함[質文]이 변하기는 하였지만, 「본기」라는 명칭으로 천자의 행적을 기록하는 이 원칙은 줄곧 그대로 행하여지고 끝내 바꾸지 못하였다.(釋 : "사마천이 『사기』를 저술하면서"부터 여기까지는 '기'라는 명칭을 처음 세워 천자만을 기록하는 것이 사리에 꼭 맞는 것임으로 바꾸지 않았고 다른 내용이 뒤섞임을 용납하지 않았음을 칭찬하였다)

昔汲冢竹書是曰『紀年』, 『呂氏春秋』肇立紀號.(其書有十二紀) 蓋紀者, 綱紀庶品, 網羅萬物. 考篇目之大者, 其莫過於此乎?(釋 : 首原'其'字來歷)

---

작하고 제후국의 구별은 없었다. 그 중 특별히 진국(晉國)의 역사적 사실은 상숙(殤叔)으로부터 시작하여 문후(文侯)·소후(昭侯)를 이어 곡옥군(曲沃君) 장백(莊伯)과 진의 멸망까지를 적고 있다. 또 위나라 사실을 기재하면서 위 애왕(哀王)까지를 다루고 있는데 그를 '금왕(今王)'이라 칭하였다. 그것은 대개 위나라의 역사적 사실에 대한 기록이다. 『기년』의 서술은 편년에 따라 배열하였고, 문사(文辭)의 의의는 크게 『춘추경(春秋經)』과 매우 유사했다. 기재된 사실이 대부분 『춘추』·『좌전』과 같았다"라고 했다. 그리고 "『기년(紀年)』 12권, 『급총서(汲冢書)』, 『죽서동이(竹書同異)』 1권을 더한다"라고 정리되어 있다.

2 역주 : 『사기』 권1, 「오제본기(五帝本紀)」의 주(注) 『색은(索隱)』에, '기(紀)'는 '기록한다[記]'이다. 사실에 근본하여 기록한다는 의미이기 때문에 '본기(本紀)'라고 하였다. 또한 '기(紀)'는 '다스린다[理]'는 의미이다. 매우 복잡한 기록을 총괄한다는 뜻이다. 그리하여 제왕을 기록한 것을 '기'라고 칭한 것이고, 후대의 강기(綱紀)를 위함이라 했다. 또한 『사기정의(史記正義)』에 인용한 배송지(裴松之)의 「사목(史目)」에는 천자의 경우 '본기'라 하고, 제후는 '세가'라 한다. '본(本)'이란 그 본계(本系)에 매여 있다고 하여 '본'이라 한 것이고, '기(紀)'란 '다스린다(理)'는 뜻으로서 수많은 사실을 연월에 따라 정리하였기 때문에 '기(紀)'라 한다고 했다.

及司馬遷之著『史記』也, 又列天子行事, 以本紀名篇. 後世因之, 守而勿失. 譬夫行夏時之正朔, 服孔門之教義者,(二句喩言本紀, 法立而分定) 雖地遷陵谷, 時變質文, 而此道常行, 終莫之能易也.(釋 : 自'及司馬'至此, 贊其創立紀名, 專歸天子, 至當不易, 無容混冒)

## 4-2

사마천이 천자를 「본기」에 기록하고 제후를 「세가」에 배열한 것은 참으로 이치에 맞는다. 다만 그는 (「본기」·「세가」 등) 각 문류(門類)[區域]를 정했음에도 그 경계(境界)가 분명하지 않아 후세의 학자들이 그 함의(含義)를 자세히 알 수 없었다.(釋 : 몇 마디 말로써 다른 의미로 전환하였다) 살펴보건대, 주(周)[姬]는 후직(后稷)으로부터 서백(西伯)[文王]까지,[3] 진(秦)[嬴]은 백예(伯翳)로부터 장양왕(莊襄王)까지[4] 그들의 작위는 제후였다. 그런데도

---

3 按 : 『사기』 권4, 「주본기(周本紀)」에 후직(后稷) 이하 부줄(不窋)·국(鞠)·공유(公劉)·경절(慶節)·황복(皇僕)·차불(差弗)·훼유(毁隃)·공비(公非)·고어(高圉)·아어(亞圉)·공숙조류(公叔祖類)·고공단보(古公亶父)·공계(公季)·서백(西伯)하여 모두 15대를 서술하고 있는데 그 문장의 분량이 매우 간략하다. 덧붙여 살펴보건대[附按], 나씨(羅氏)의 『노사(路史)』에 이르기를, 하(夏)가 17대, 상(商)이 30대로서 47대가 지난 후에 주 문왕(文王)이 있었다고 했다. 이같이 15대로 서술하는데 그치고 있는 점은 소략하고 빠짐이 너무 심하다고 하겠다. 역주 : 『노사(路史)』는 남송 나필(羅泌)이 지은 책이다. 효종(孝宗) 건도(乾道) 6년(1170)에 완성하였다. 「전기(前紀)」 9권, 「후기(後紀)」 14권에는 삼황으로부터 하의 걸(桀)까지 서술하였고, 「국명기(國名紀)」 8권에서는 상고에서부터 삼대까지의 사실을 기술하였다. 「제국성명지리발휘(諸國姓名地理發揮)」 6권, 「여론(餘論)」 10권에서는 모두 문자를 고증하였다.

4 按 : 『사기』 권5, 「진본기(秦本紀)」에, 백예는 본명이 대비(大費)로서 우와 더불어 물과 땅을 다스렸다.(후일 순으로부터 영씨(嬴氏) 성을 하사받았다) 후사가 비자(非子)에 이르렀는데 주 효왕(孝王) 때 비로소 진(秦)나라 땅을 봉읍으로 하사하였다. 양공(襄公)에 이르러 평왕(平王)이 제후로 봉하여 기산(岐山)의 서쪽 땅을 하사함으로써

『사기』에서는 오히려 그들을 「본기」에 수록하였다.(釋 : 이하에서는 이름을 붙이고 난 후 스스로 혼란함을 주(周)와 진(秦)의 경우를 지적하여 말하고 있다) 만일 서백과 장양왕 이전을 「주세가(周世家)」와 「진세가(秦世家)」로 따로 나누어 주 무왕(周武王)을 상의 주왕(紂王)과 연결하고,(왕조가 교체된다는 뜻) 진시황(秦始皇)을 주 난왕(周赧王)을 잇게 함으로써[5] 제왕들의 전승(傳承)을 명백하게 구별하게 한다면 어찌 좋지 않겠는가?(釋 : 먼저 평론하였다) 만약 서백 이전의 사적이 간략하여 별도의 다른 제목으로 한 편을 구성하기 부족하다면(『상서』 중에 다만 두 번 보인다) 백예에서 장양왕에 이르는 사실을 우선 한 권에 쓰면 될 터인데,(정말 간단하지가 않다) 오히려 「세가」와 함께 열거하지 않고 「본기」와 함께 엮었으니 이것이 더욱 괴이한 것이다.(釋 : 여기서는 바로 이를 반박하였다. 문장의 뜻이 주(周)나라의 이전 사실에 치우쳤으니 권(卷)을 줄여야 한다고 했고, 진(秦)이 아직 황제를 칭하기 전인데도 권을 늘여 별도로 「진본기(秦本紀)」를 만들었으니 어찌 역시 그 칭호가 혼란스럽지 않겠는가?) 항우는 군주의 지위를 함부로 칭하다 죽어 군왕이 되지도 못하였으니,[6](대업을 완성하지 못하였다) 고대의 인물들과 비교해보면 제(齊)의 무지

---

처음으로 제후국이 되었다. 무공(繆公)에 이르러 천리의 땅을 개척하여 드디어 서융(西戎)을 정벌하였다. 효공(孝公)에 이르러 천자가 패자의 칭호를 내렸고, 아들 혜문군(惠文君) 때 처음으로 왕을 칭하여 장양왕(莊襄王)에 이르렀다. 이들 모두를 「진본기」 한 권에 기록하여 「진시황본기」앞에 편찬하였다. 역주 : 진 효문왕(孝文王)의 아들이 곧 장양왕이고, 장양왕의 아들이 바로 진시황이다.

5 역주 : 『사기』 권4, 「주본기(周本紀)」에, 주(周)의 난왕(赧王 : 재위 B.C. 314-256)이 죽자 주의 백성은 동쪽으로 도망갔다. 진(秦)은 구정(九鼎)과 보기(寶器) 등을 빼앗고 서주(西周)의 공(公)을 탄호(憚狐)로 옮겼다. 그 후 7년 진(秦)의 장양왕(莊襄王)이 동주를 멸하였다. 이리하여 동주와 서주는 모두 진에 속하게 되었고, 주는 결국 제사를 계승할 수 없게 되었다.

6 역주 : 『사기』 권7, 「항우본기」에, 항적(項籍)은 하상(下相) 사람으로 자는 우(羽)이다. …… 항왕(項王)이 죽자 초나라 모든 지역이 모두 한나라에 투항했는데, 유독 노현(魯縣)만이 항복하지 않았다. 이에 한왕은 천하의 병사를 이끌고 노현을 도륙하려고 하였다. 그러나 노현 백성들은 예의를 고수하며 군주를 위해 목숨을 바쳐 절개를 지키려고 하는 것이었으므로 한왕은(무력을 사용하지 않고) 항왕의 머리를 가지고 가서 노현 백성들에게 보였다. 그러자 노현의 부형(父兄)들이 투항하였다. 처음에 초회왕이 항적을 노공(魯公)으로 봉했고, 지금 그가 죽자 비로소 노현이 함락되었으므

(無知)[7]나 위(衛)의 주우(州吁)[8]처럼 군주가 되지 못한 부류의 사람인데 어떻게 그를 군주라 하여 피휘(避諱)하고 '왕'이라 부를 수 있겠는가?(이 두 구절은 어찌 피휘함으로써 존자를 받드는 것과 같을 수 있는가를 말하고 있다) 춘추시대의 오(吳)나 초(楚)는 일찍이 왕의 칭호를 함부로 사용하였지만 다른 제후국과 마찬가지로 그들을 기록하였다. 가령 항우가 제왕의 칭호를 함부로 취하였으니 그를 낮추어 군도(群盜)와 같이 취급하였는데(군도(群盜)란 진승(陳勝)과 오광(吳廣) 무리들을 일컫는데, 『한서』 권31에는 진승과 오광 그리고 항적을 같은 열전에 배열하였다. 이 구절은 대개 그러한 설정이 맞다고 하였다) 어찌 그 이름을 서초(西楚)라고 부르면서[9] 칭호는 단지 패왕(霸王)에 그치고 있는 것인가. 패왕이란 즉 당시의 제후를 가리킨다.(예컨대 팽월과 한신 같

---

로 노공이라는 봉호에 대한 예우로 항왕을 곡성(穀城)에 안장하였다. 한왕이 항왕을 위해서 발상(發喪)하고 흐느끼며 떠났다고 했다. 항우에 대하여는 鄭夏賢, 「項羽(232-202 B.C.)와 項羽集團의 분석」, 『歷史와 人間의 對應』(中國史篇), 도서출판 한울, 1985, pp.37-73 참조.

7 『좌전』 장공(莊公) 8년(B.C. 686)에, 제(齊)의 공손무지(公孫無知)는 희공(僖公)의 총애를 받았는데 후일 양공(襄公)이 즉위한 후 공손무지에 대한 대우를 삭감하였다. 양공이 사냥에서 돌아왔을 때 도적이 들어와 죽이고 공손무지를 제나라 군주로 옹립하였다. 9년에 옹름(雍廩)이 공손무지를 죽였다. 또 은공(隱公) 4년(B.C. 719)에 위(衛)의 주우가 환공을 시해하고 즉위하자 위나라 사람들이 우재(右宰) 추(醜)로 하여금 주우를 복(濮)에서 살해하였다.

8 역주 : 『좌전』 은공(隱公) 4년에, (주우는 위 장공(衛莊公)이 총애하는 여자가 낳은 아들이었다) 위나라 주우가 위 환공(桓公)을 시해하고 보위에 올랐다. 노 은공은 송 상공(宋殤公)과 회동하여 '숙지맹(宿之盟)'을 지속시키고자 하였다. 그러나 예정된 날짜가 되기 전에 위나라 사람이 와서 난이 일어났음을 알렸다. …… 노 은공이 대부 중중(衆仲)에게 묻기를, "위나라 주우가 형을 죽이고 스스로 보위에 올랐는데 그가 과연 성공할 것으로 보이는가?"라고 하니 대답하길, "저는 덕으로써 민심을 수습한다는 말을 들었을 뿐 난동으로써 그렇게 한다는 말은 듣지 못했습니다. …… 주우는 그 군주를 시해하고 그 백성을 학대합니다. 미덕을 닦기에 힘쓰지 않고 난동으로써 성취하려 하니 반드시 화를 면치 못할 것입니다"라고 하였다. 주우는 후일 진(陳)에서 잡혀 죽었다.

9 역주 : 『사기』 권7, 「항우본기」에, "항왕(項王)은 스스로 서초패왕(西楚霸王)이라 하고, 구군(九郡)의 왕이 되어 팽성(彭城)에 도읍을 정하였다"라고 했다. 서초(西楚)에 대하여 『사기정의(史記正義)』는 '「화식전(貨殖傳)」에 이르기를, 회수(淮水) 이북의 패(沛)·진(陳)·여남(汝南)·남군(南郡)을 서초라고 한다. …… 맹강(孟康)이 말하기를, 예전에는 강릉(江陵)을 남초(南楚), 오(吳)를 동초(東楚), 팽성을 서초라고 하였다'라고 했다.

은 사람들은 그 칭호가 맞다) 제후를 서술하면서 오히려 「본기」라고 불렀으니, 명칭을 가져다가 실제를 따져 밝히더라도 두 번, 세 번 어그러지고 잘못되었다.[10](釋 : 앞 구절에서는 제왕의 선조 세계(世系)가 잘못된 예(例)를 반박하였고, 이 구절에서는 황제가 되지 않았는데도 잘못 사용하고 있는 예를 반박하고 있다)

然遷之以天子爲本紀, 諸侯爲世家, 斯誠讜矣. 但區域(猶言門類)旣定, 而疆理(猶言界畫)不分, 遂令後之學者罕詳其義.(釋 : 數語轉意) 案姬自后稷至於西伯, 嬴自柏翳至於莊襄,('襄'舊作'王', 下同) 爵乃諸侯, 而名隸本紀. (釋 : 此下言自名之而自亂之, 摘周·秦起案) 若以西伯·莊襄以上, 別作周·秦世家, 持殷紂以對(遞代之義)武王, 拔秦始以承周赧, 使帝王傳授, 昭然有別, 豈不善乎?(釋 : 先設平論) 必以西伯以前, 其事簡約, 別加一目, 不足成篇. (其書不過兩番) 則伯翳之至莊襄, 其書先成一卷,(甚不簡矣) 而不共世家等列, 輒與本紀同編, 此尤可怪也.(釋 : 此正駁之, 而文義側注周之先事, 少卷促耳. 秦未帝前, 卷長另立, 何亦混稱乎?) 項羽僭盜而死, 未得成君,(大業未就) 求之於古, 則齊無知, 衛州吁之類也.(未成君也) 安得諱其名字, 呼之曰王者乎? (二句言豈等於諱名而奉尊稱者) 春秋吳·楚僭擬, 書如列國. 假使羽竊帝名, 正可抑同羣盜,(羣盜卽勝·廣輩, 『漢書』勝·廣·項籍同傳, 句蓋準以爲言) 況其名曰西楚, 號止霸王者乎? 霸王者, 卽當時諸侯.(卽如彭·韓之類, 謂其號正同也)

---

10 역주 : 조익(趙翼), 『이십이사찰기(二十二史札記)』 권1, 「각사예목이동(各史例目異同)」에서도 "유독 항우를 「본기」로 한 것은 매우 부당하다. 그래서 『한서』는 열전으로 고쳤다"라고 하였다. 그러나 사실 항우는 진(秦)을 넘어뜨린 실제 영도자로서 진이 멸망해서 한 유방이 황제가 될 때까지 5년 동안 정치의 중심인물이었다. 따라서 사마천이 항우를 「본기」에 배열한 것은 어디까지나 역사사실을 존중했던 때문이지 성공과 실패로써 인간을 논하고자 했던 것은 아니었다고 평가되거나,(高國抗 지음, 오상훈 외 옮김, 『중국사학사』 上, 도서출판 풀빛, 1998, p.144) 또는 사마천은 『사기』의 「본기」를 편찬할 때 「본기」는 황제를 위한 것이라는 생각을 갖고 있지 않았다. 사마천은 그저 「본기」라는 명칭을 썼을 뿐이다. 황제를 위한 편(篇)이라는 해석에서 그 명칭을 '제기(帝紀)'로 고친 것은 후세의 역사가들이었다. 비평가들은 이 해석에 좇아 사마천을 비난했지만…… 항우는 한때 중국 대부분의 지역에 권력을 휘두른 사실상의 지배자였다. 사마천은 예(例)의 현실중의에서 이 사실을 인정하고 실제의 지배자에 대해 기록하는 「본기」에다 항우를 서술한 것이라 평가하기도 한다.(버튼 윗슨 지음, 박혜숙 옮김, 『위대한 역사가 사마천』, 한길사, 1995, p.152)

諸侯而稱本紀, 求名責實, 再三乖謬.(釋 : 前節就帝王上世亂例駁之, 此節就身未成帝亂例駁之)

## 4-3

대개 「본기」라는 체재는 『춘추』 경문처럼 날짜와 달에 사실을 기록하여 일 년 사시(四時)를 이루었으며,[11] 군주에 관한 사실을 기록하므로 국통(國統)을 분명하게 드러내고자 하였다.(釋 : 이상의 내용은 바로 '기'라고 명하게 된 뜻을 분명히 하는 것이다. 군주가 강제로 압제(壓制)함이 없이 스스로 기년(紀年)을 사용할 수 있을 때 제목을 「본기」라 하는 것은 이름과 뜻이 서로 부합(符合)하는 것이다) 조조(曹操)는 비록 인신(人臣)이라 말하였지만 실제로는 제왕과 같았다. 그러나 제위에 오르지 못하고 나라를 세워 연호를 정하지도 못하였기 때문에 진수(陳壽)는 『삼국지』에서 한(漢)의 연호를 잠시 빌려다가[12] 위(魏)의 「무제기(武帝紀)」를 편찬하였다. 이는 바로 『한서』와 『후한서』의 첫 머리에 진 2세와 왕망의 정삭(正朔)을 열거한 것과 같다.(왕망을 예로 든 것은 『후한서』 「광무기」에 근거한 것이다) 후세의 작자들은 이를 기준으로 삼았다. 그러나 육기(陸機)의 『진기(晉紀)』[13]에서는 사마의(司馬懿) · 사

---

11 역주 : 두예(杜預), 『춘추좌씨전집해(春秋左氏傳集解)』 서(序)(『문선』 권45 所收)에, 『춘추』는 노나라 사서[史記]의 이름이다. 사건을 기록하는 자가 사건을 그 사건이 일어난 날짜에 매어 기록하고, 날짜를 그 달에, 달을 그 시절[時]에, 시절을 그 해[年]에 매어 기록하였으니, 이는 그 연월의 원근을 기록하여 사건의 이동(異同)을 구별하기 위함이다. 그러므로 사관(史官)의 기록은 반드시 연대를 표시하여 기사(記事)를 시작하였다고 했다.

12 『삼국지』 권1, 「위지」 「무제기」에, 본기(本紀)의 편년이 한 헌제(獻帝) 초평(初平) 원년(190)에 시작하여 건안(建安) 25년(220)에 끝나고 있다.

13 『진서(晉書)』 권54, 「육기전」에, 육기(261-303)의 자는 사형(士衡)이고 오군(吳郡)사람

마사(司馬師)·사마소(司馬昭) 세 명을 각각 「본기」에 수록하여 직접 그들의 사적을 서술하였지만, 끝내 편년으로 기술하지 않았다. 편년으로 기술하지 않았다면 어찌 「본기」라고 할 수 있겠는가!(釋: 이 말과 이하 구절은 모두 후세의 사서가 본기의 원칙에 맞지 않는다는 점을 지적하고 있다. ○이 구절은 왕조를 열기 시작한 세대를 말하고 있다) 무릇 지위가 끝내 신하였다면 모두 인신(人臣)으로 취급하고 설령 죽은 후에 세왕의 존호[大號]를 추증했다 하더라도 다만 열전에 수록될 뿐이었다. 그러므로 위요(韋曜)의 『오사(吳史)』에서는 손화(孫和)를 「본기」에 수록하지 않았다.[14] 옛날의 상황을 소급하여 살펴보면 선례(先例)가 없었던 것이 아니다.(즉 아래 문장의 여원(戾園)의 경우가 있다) 위수(魏收)가 편찬한 『위서(魏書)』에 이르러 경목(景穆)황제를 「본기」에 편입하고,[15] 여태자(戾太子)[16]의 이름뿐인 시호를 한나라

---

이다. 조부는 육손(陸遜), 부는 육항(陸抗)이었다. 태강(太康)말에 동생 육운(陸雲)과 함께 낙양에 들어갔다. 성도왕(成都王) 영(穎)이 공손하게 선비를 대접하자 그에게 의탁하였다. 환관 맹구(孟玖)가 성도왕에게 육기를 헐뜯는 바람에 드디어 해를 입었다. 저술한 문장이 200여 편이나 되었다. 按: 열전에서는 『진기(晉紀)』를 언급하지 않았지만, 『수서경적지』와 『당서예문지』, 정초(鄭樵)의 『통지(通志)』와 마단림(馬端臨)의 『문헌통고(文獻通考)』에는 모두 육기의 『진기』 4권이 있다고 했다. 모두 편년조에 수록하였다. 지금 『사통(史通)』에서는 이르기를, "세 명의 선조들을 각각 「본기」에 수록하여 직접 그들의 사적을 서술하였지만" 본기의 체재와는 맞지 않는다고 했다. 이는 육기의 책이 '기(紀)'라는 이름을 쓰고 있지만 원래 순열(荀悅)과 원굉(袁宏)의 전·후『한기(漢紀)』의 '기'이고 본기의 '기'가 아닌가 하는 의심이 여전히 남는다. 세 명의 선조란 선제(宣帝) 사마의·경제(景帝) 사마사·문제(文帝) 사마소를 추존한 것을 말한다.

14 위요의 자는 홍사(弘嗣)이다. 이름을 위소(韋昭)라고도 하며, 『국어』가에 보인다.(역주: 「육가」편 주(注) 참조) 『삼국지』 권65, 「오지」 「위요전」에, 손호(孫皓)가 즉위한 후 그의 부 손화(孫和)의 본기를 만들고자 하였지만 위요는 손화가 제위에 오른 적이 없다하여 마땅히 그 명칭을 열전이라 해야 한다고 했다. 이 같은 주장을 한 사람이 위요 한 사람만이 아니었다. 손호가 미워하고 분한 마음이 쌓여 드디어 그를 죽였다. 按: 지금의 『삼국지』 권59, 「오지」 「손화전」이 다섯 아들과 함께 배열되어 있는데 아마도 위요의 주장에 의한 것이 아니겠는가.

15 『북사(北史)』 권56, 「위수전」에, 위수(506-572)의 자는 백기(伯起)이고 어릴 적 자(字)는 불조(佛助)이다. 온자승(溫子昇)·형자재(邢子才)와 함께 좋은 평판을 받아 세상에서는 이들을 삼재(三才)라고 불렀다. 천보(天保) 원년(550)에 중서령이 되어 저작랑을 겸했다. 2년에 조칙으로 위의 역사를 편찬하였다. 『위서(魏書)』 권4하, 「본기」에, 공

「무제본기(武帝本紀)」와 「소제본기(昭帝本紀)」 사이에 넣어 세상에 전함으로써 백세(百世) 동안 제왕이 그 차례에 따라 이어지도록 하였다.(釋 : 이 구절은 체통을 계승하여 추존해야함을 지적하여 말하고 있다. ○이상은 모두 '본(本)'자와 '기(紀)'자가 지닌 명의(名義)를 살핀 것이다)

蓋紀之爲體, 猶『春秋』之經; 繫日月以成歲時, 書君以顯國統.(釋 : 二句正透出命名的旨. 上無壓制, 自得紀年, 方許題爲本紀, 名義相符) 曹武雖曰人臣, 實同王者, 以未登帝位, 國不建元. 陳『志』權假漢年, 編作『魏紀』, 猶兩『漢書』首列秦·莽之正朔也.(連莽擧例, 據「光武紀」) 後來作者, 宜準於斯. 而陸機『晉書』, 列紀三祖, 直序其事, 竟不編年. 年旣不編, 何紀之有?(釋 : 此與下節皆摘後史之不符紀例者. ○本節就開代言) 夫位終北面, 一概人臣, 儻追加大號, 止入傳限, 是以弘嗣『吳史』, 不紀孫和, 緬求故實, 非無往例.(卽下文戾園也) 逮伯起(魏收,)之次『魏書』,(一脫'書'字) 乃編景穆於本紀, 以戾園(諸本訛作'國')虛謚, 間厠武·昭, 欲使百(一作'下')世之中, 若爲魚貫.(釋 : 此節摘繼體追尊爲言. ○已上總就'本'字·'紀'字名義發揮)

---

종(恭宗) 경목제(景穆帝)의 휘는 황(晃)으로 태무제의 맏아들이었다. 동궁시절 죽었으므로 시호를 경목이라 하였다. 고제(高帝)가 즉위하여 황제의 묘호를 추존하였다. 사신(史臣)이 가로대, "공종은 덕망이 밝아 칭찬이 자자했지만 일찍 세상을 떠났으므로 한나라 여원(戾園)태자처럼 애도하는 것인가?"라고 하였다. 按 : 「공종경목제본기」는 「태무제본기」 아래에 이어 있음으로 원칙에 어긋나는 「본기」라고 하겠다. 당연히 「태무제본기」 끝에 부록되어야 하고, 따로 나뉘어져서는 안 된다.

16 『한서』 권8, 「선제기」에, 무제의 여태자가 사량제(史良娣)를 들여 아들 사황손(史皇孫)을 낳았고, 황손이 다시 선제를 낳았다. 무고(巫蠱)의 사건이 일어나 태자는 호현(湖縣)으로 도망하여 자살하였다. 『한서』 권63, 「무오자전(武五子傳)」에, 선제가 즉위하고 나서 조서를 내려 이르기를, "죽은 황태자가 호현(湖縣)에 있으며 아직 시호(謚號)가 없다. 해마다 제사를 지내고 그 시호를 정할 것이며, 원읍(園邑)을 두라"고 하였다. 해당 관청에서 상주하여 시호를 려(戾)라고 하고 봉읍 200가(家)를 두고 호현 문향(閿鄕) 사리취(邪里聚)를 여원(戾園)이라 하였다. 후일 다시 여원에 봉읍을 늘려 300가를 주었다.

4-4

또한 「본기」라는 것은 편년을 위주로 하면서 오직 천자 한 사람만을 서술한다. 큰 사건으로서 기록할만한 것은 본기의 해당 연월에 수록하였고, 그 상세한 경과는 열진에 수록하였나. 이것이 기전체 본래의 뜻이었다. 근대(近代)의 역사 저술 가운데 위담(魏澹)[17]과 이안평(李安平)[18] 같은 사람들이 편찬한 위(魏)·제(齊) 두 나라의 사서(舊注: 위언연(魏彦淵)이 편찬한 『후위서(後魏書)』와 이백약(李百藥)이 편찬한 『북제서(北齊書)』를 말한다. 按: 위언연의 '연(淵)'자가 당 고조 이연의 이름과 같으니 아마도 원주(原注)가 아닐 것이다. 이하 마찬가지이다)에는 제왕의 「본기」에 신하들의 사적을 뒤섞어 기재하거나 혹은 다른 사실을 겸해 서술하면서 일의 크고 작음[巨細]을 막론하고 모두 기재하였으며 대소[洪纖]를 구별하지 않고 전부 기록하였다.(舊注: 예컨대 위언연의 『후위서』에 사원(沙苑)의 승리를 기록한 일이나, 이백약의 『북제서』에 회남(淮南)에서의 패배를 기록한 것이 바로 그것이다) 이는 모두 「열전」의 체례로서 「본기」의 서술과는 다른데도 불구하고 미혹하여 깨닫지 못하고 있음이 이 보다 더 심할 수 없다. 세상의 독자들이 상세하게 살피기를 바

---

17 『북사(北史)』 권56, 「위계경전(魏季景傳)」에, 계경의 아들 담(澹)은 자가 언심(彦深)으로서 북제에서 벼슬을 하여 전중랑(殿中郎), 중서사인(中書舍人)이 되었고, 수나라에 와서 저작랑이 되었다. 문제(文帝)는 위수가 편찬한 『위서』가 포폄에 있어서 사실과 다르다고 여기고 조서를 내려 담으로 하여금 따로 위(魏)의 역사를 편찬하게 하였다. 편찬 의례에 있어서 위수와 다른 부분이 많았다. 按: 담의 본래 자는 언연(彦淵)이었지만 당 고조를 피휘하여 언심(彦深)이라 하였다.

18 『구당서(舊唐書)』 권72, 「이백약전」에, 이백약(李百藥: 565-648)의 자는 중규(重規)이고 정주(定州) 안평(安平)사람으로서 수나라 내사(內史) 이덕림(李德林)의 아들이다. 어릴 적 병이 많아 조모 조씨가 백약이라 이름하였다. 7세에 능히 문장을 지음으로써 재주가 많은 아이라 불렸다. 정관(貞觀) 원년(627)에 중서사인이 되고 안평현남(安平縣男)에 봉해졌다. 편찬한 『북제서』가 세상에 전해졌다. 역주: 『북제서』 50권은 그의 부 이덕림(李德林)이 편찬한 『제사(齊史)』 38편을 참고하고 기타 자료를 보완하여 완성한 것이다.

랄 뿐이다.[19](釋 : 마지막 절에서는 본기의 체재를 가지고 논하고 있는데, 그 체재가 『춘추』 경문(經文)과 유사하여 사실이 대강의 제시에 그치고 그 큰 것만을 기록하였지만, 그 외에도 자잘하고 외설스러운 말까지도 함께 기록되고 있어서 그 뜻을 난잡하게 함이 끝이 없다고 하였다)

又紀者, 旣以編年爲主, 唯敍天子一人. 有大事可書者, 則見之於年月; 其書事委曲, 付之列傳. 此('此'郭本作'則')其義也. 如近代述者, 魏著作·李安平之徒, 其撰『魏』·『齊』二史,(舊注 : 魏彦淵撰『後魏書』, 李百藥撰『北齊書』. 按 : '淵'爲唐諱, 恐非原注, 下同) 於諸帝篇, 或雜載臣下, 或兼言他事, 巨細畢書, 洪纖備錄.(舊注 : 如彦淵帝紀載沙苑之捷, 百藥帝紀述淮南之敗是也) 全爲傳體, 有異紀文, 迷而不悟, 無乃太甚. 世之讀者, 幸爲詳焉.(釋 : 末節乃從紀體立論, 體似『春秋』之經, 事止提綱, 書其大者, 雜載他兼則褻矣, 可謂搜義無窮)

按 : 『사기색은(史記索隱)』에서 「본기」를 해석하여 이르기를, "사실에 근본하여 기록하기 때문에 '본기'라고 한다"라고 하였다. 만약 그렇다면 무릇 인사(人事)를 기록한 것을 모두 본기라고 통칭할 수 있다는 것인데, 이는 너무 광범한 것이 아니겠는가. 『사통(史通)』에는 이르기를, "날자와 달에 사실을 기록하여 일 년 사시(四時)를 이루었으며, 군왕에 관한 사실을 기록하므로 나라의 지위를 계승한 계통임을 분명하게 드러내고자 하였다"라고 했고, 「열전(列傳)」편에는 또 이르기를, "'기(紀)'라는 것은 편년이다", "편년이란 제왕의 세(歲)·월(月)을 정리한 것이다"라고 하여 제왕의 기원(紀元)을 사용하여 당시의 사실을 기록한 것이라고 말하였다. 이와 같이 그 함의(含義)를 해석하면 이 명칭을 아무렇게나 쓰거나 가차(假借)하는 것이 된다. 예컨대 항우(項羽)에 관한 기록 중 앞부분은 진(秦)의 기

19 역주 : 특히 『사기』의 「본기」에 대한 유지기 이외의 구양수(歐陽修)·안세주(晏世澍)·유함흔(劉咸炘)·주희조(朱希祖) 외 여러 사람들의 평론은 楊燕起 외 편, 『歷代名家評《史記》』, 北京師範大學出版社, 1986, pp.126-131 참조. 아울러 『사기』의 「항우본기」에 대한 각종 평가와 연구는 徐興海 主編, 『司馬遷與《史記》研究論著專題索引』, 陝西人民教育出版社, 1995, pp.292-296 참조.

년(紀年)을 사용하였고, 뒷부분은 한의 기년(紀年)을 사용하였는데, 이는 모두 항우 본인과는 아무런 관계가 없었던 것이니 따질 필요도 없이 그 잘못이 매우 분명하다. 배송지(裴松之)[世期]가 「사목(史目)」을 논하면서 이르기를, "천자는 본기라 칭하고, 제후는 세가라고 이른다"라고 하여 근본이 되는 계통과 관련이 있으므로 '본(本)'이라고 하였으니, 유지기의 주장이 이로부터 온 것이리라.(『史記索隱』釋本紀曰 : "本其事而記之, 故曰本紀." 若是, 則凡紀人事皆可通稱, 不已泛乎? 『史通』則曰 : "繫日月以成歲時, 書君上以顯國統." 其於「列傳」篇又曰 : "紀者, 編年."; "編年者, 歷帝王之歲月." 蓋言用其紀元, 紀其時事也. 似此析義, 則凡混假是名, 如項羽前附秦年, 後附漢年, 全與本身無與, 不待辯而其非灼然矣. 裴世期論『史目』云 : "天子稱本紀, 諸侯曰世家." 繫其本系, 故曰本. 是則劉說之所因歟?)

항우와 주우(州吁) · 무지(無知)를 함께 열거한 것을 처음에는 지나친 것이라 여겼지만, 자세히 그 뜻을 살펴보니 특히 군주가 되지 못했다는 점에서 같다고 논한 것이지 반역의 사례(事例)로 거론한 것은 아니었다. 어떤 사람이 말하기를, "위 무제(魏武帝)[曹操]가 권력을 장악하고 있을 때 한의 연호를 썼는데도 이를 본기(本紀)라고 하는 것이 옳은가?" 하였고, 또 이르기를, "위 무제를 황제라고 여긴 것은 문제(文帝) 조비(曹丕)의 입장에서는 필연적인 추세였다. 이는 진(晉)의 선제(宣帝)[司馬懿 · 경제(景帝)[司馬師] · 문제(文帝)[司馬昭]의 경우도 마찬가지로 그들의 창업을 추존(追尊)한 것이었다. 이러한 정황이 아닌 것이 당 고조(唐高祖)와 송 태조(宋太祖)의 선조들이다(그들은 창업의 공이 없었는데도 제(帝)로 추존되었다)"라고 하였다. 가장 황당한 경우로는 북위(北魏)를 능가하는 것이 없다. 「칭위(稱謂)」편에서 이를 비판하였다.(儕項於州吁 · 無知, 初看似過. 細按其意, 特以未成君等之耳, 非以逆例也. 或曰 : 魏武權假漢年, 紀是乎? 曰 : 帝魏爲文者, 勢所必然, 猶晉三祖也, 尊創業也. 非是, 則唐高 · 宋太之先世矣. 莫謊於元魏, 「稱謂」篇斥之)

손화(孫和) · 원황(元晃)에 대한 조항은 논단이 엄하고 분명하여 복왕(濮王)과 홍헌왕(興獻王)에 대한 쟁의(爭議)를 그치게 할 수 있다.(孫和 · 元晃一條, 斷制嚴明, 濮議 · 興獻議, 聚訟可息.)

이 「본기」편에서 「제목(題目)」편까지 각 항목별 추론(抽論)은 모두 기전체 중의 체례(體例)이다.(自此至「題目」篇, 條疏抽論, 皆是紀傳體中之體例)

# 「세가(世家)」 제5

사마천의 「세가」의 설정은 춘추전국시대 제후들의 할거상황을 반영한 것이다. 당시 제후들이 비록 주(周)의 천자로부터 분봉을 받은 것이기는 하지만, 각 제후국은 군주의 지위를 스스로 계승하고 독자적인 편년을 사용하였다. 이러한 객관적 상황을 사마천은 「세가」를 통하여 자세하게 서술하였다. 기본적으로 편년의 형식을 사용하여 기록하였다는 점에서 「본기」와 큰 차이가 없지만, 「세가」의 명칭은 위로는 천자와 구별되고, 아래로는 군신(群臣)들과의 차별을 나타내기 위해 새롭게 사용된 것이다. 따라서 유지기는 「세가」에 포함된 뜻을 한 나라를 세우고 한 집안을 계승하여 대대로 이어간다는 의미로 보았다. 「본기」가 현실적인 '권력'을 장악해서 지배를 달성한 사람을 위해 설정된 것이라면 「세가」는 그 권력을 오랜 세대에 걸쳐 계승한 사람들을 '지속(持續)'이란 원칙하에 설정한 측면이 강하다고 평가되기도 한다.[1] 다른 한 편 사마천이 「세가」를 설정한

1 역주 : 버튼 윗슨 지음, 박혜숙 옮김, 『위대한 역사가 사마천』, p.161

이유가 전적으로 "제후로 분봉되어 가문을 계승하고 대대로 이어져 계속되게 한 대[開國承家, 代代相續]"는 이유가 아니라 사직지신(社稷之臣)으로서 고굉보필(股肱輔弼)의 임무를 맡았던 사람들을 다루기 위한 것이라 평가하기도 한다.[2]

유지기는 『사기』의 「세가」 30권을 평가하면서, 먼저 「오태백세가(吳太伯世家)」로부터 「정세가(鄭世家)」까지는 「세가」 설정의 원칙에 맞아 문제가 없는 것으로 이해하였다. 그러나 그 이후 원래 진(晉)의 대부였던 한(韓)·위(魏)·조(趙)와 제(齊)의 대부 전(田) 씨 등을 모두 「세가」에 배열함으로써 군신(君臣)이 서로 뒤섞이게 되고 상하관계가 질서를 잃었다고 비판하였다. 그리고 서제(西帝)를 칭했던 진(秦)을 「본기」에 넣어 기록하고 있다면 동제(東帝)를 칭했던 제(齊)의 경우도 「세가」에 넣어서는 안 된다고 하였고, 아울러 진섭(陳涉)·외척(外戚) 등 「세가」는 편년과 가계의 계승이 불명(不明)하기 때문에 세가의 체재와 특징에 맞지 않는다고 하였다. 이 중 특히 「진섭세가」의 경우가 그 원칙에 가장 위배된다고 강하게 비판하였다. 진섭(陳涉)은 군도(群盜)로써 왕을 칭한 지 6개월 만에 죽고, 자손들이 그 지위를 계승하지도 못하여 전할만한 세계(世系)와 채읍(采邑)이 없는데도 「세가」에 편입한 것은 부당하다는 것이다.[3] 그리고 아울러 한대 이후의 제후는 고대의 제후가 자신의 기원을 세우고 독립적으로 통치하던 것과 달리 주군(州郡)과 같이 중앙의 통제를 받았음에도 「세가」로 분류하여 기록하고 있지만 실제로는 「열전」과 같았다고 하였다. 이러한 『사기』의 문제를 파악하고 반고는 『한서』에서 소하(蕭何)와 조참(曹參)이 이성(異姓)의 제후로 봉해지고 형왕(荊王)과 초왕(楚王)이 황제의 친족이었지만 모두 일률적으로 「열전」에 수록하면서부터 「세가」가 없어지게 되었다고 하였다. 유지기는 이러한 변화가 시대의 변화라는 추세에 따른 당연한 결과라고 인식하면서, 이후 「세가」의 설정이 필요한 경우도 있었지만 더 이상 독립된 편목(篇目)으로 설정되지는

2 역주 : 朱東潤, 『史記考索』, 華東師範大學出版社, 1996, p.16.

3 역주 : 유지기는 「공자세가」에 대하여 특별한 언급을 하지 않았지만, 「공자세가」를 포함하여 「진섭세가」·「외척세가」 등은 체례와 사마천의 저술 의도와 관련하여 많은 언급이 있었다. 이에 대하여는 楊燕起 外 編, 『歷代名家評《史記》』, pp.488-509, 徐興海 主編, 『司馬遷與《史記》研究論著專題索引』, pp.325-333 참조

않았다고 했다.

## 5-1

천하에 왕이 있게 되자 제후를 두고 그들을 5등급의 작위로 나누어[4] 많은 나라들을 분봉하였다. 그러나 주나라가 동천(東遷)하면서 왕실이 크게 쇠퇴하게 되자,[5] 예악과 정벌에 대한 명령이 제후들에게서 나왔다.[6] 진(秦)에 이르기까지 천하는 7웅(七雄)으로 갈라졌다. 사마천이 여러 제후국들을 기록할 때 그 편찬체재는 「본기」와 다르지 않았다.(각 나라들은 스스로 자신들의 편년을 사용하였다) 다만 그들 제후들의 지위를 약간 낮게 하여 천자와 구별하기 위해 다른 명칭을 빌려 이름을 「세가(世家)」라고 하였다.(釋 : 가장 먼저 「세가」라는 명의가 처음 두어지게 된 까닭을 설명하고, 이하에서는 모두 『사기』중의 관련내용을 찾아 반박하였다)

---

4 역주 : 『예기(禮記)』「왕제편(王制篇)」에, 공(公) · 후(侯) · 백(伯) · 자(子) · 남(男)의 오등작제와 제후의 상대부(上大夫)에 경(卿) · 하대부(下大夫) · 상사(上士) · 중사(中士) · 하사(下士)의 오등급의 구분이 있다고 했다. 그러나 복사(卜辭)에 근거한 연구성과들을 보면, 상(商)의 후(侯) · 백(白)[伯] · 남(男) 등은 국군(國君)의 통칭(通稱)으로서 이들 사이에는 엄격한 구별이나, 귀천 · 고하의 등급이 존재하지 않았으며, 공(公)과 자(子) 역시 반드시 작명(爵名)이라 할 수도 없다. 금문(金文)에 근거하여 서주(西周)의 경우를 보더라도 마찬가지이다. 이러한 견해는 동작빈(董作賓) · 호후선(胡厚宣) · 곽말약(郭沫若) 등의 관련연구를 통해 확인할 수 있다.

5 역주 : 주의 동천(東遷)은 B.C. 771년 평왕(平王) 때의 일이다.

6 역주 : 『논어』「계씨편(季氏篇)」에, 공자께서 말씀하시기를, 천하에 도(道)가 있으면 예악과 정벌에 대한 명령이 천자(天子)에게서 나오고, 천하에 도가 없으면 예악과 정벌에 대한 명령이 제후에게서 나온다. 명령이 제후에게서 나오면 대개 10대(代) 안에 망하지 않음이 드물고, 대부(大夫)에게서 나오면 5대(代) 안에 망하지 않음이 드물고, 배신(陪臣)이 국권을 잡으면 3대(代)에 나라가 망하지 않음이 드물다고 하였다.

自有王者, 便置諸侯, 列以五等, 疏爲萬國. 當(一無'當'字)周之東遷, 王室大壞, 於是禮樂征伐自諸侯出. 迄乎秦世, 分爲七雄. 司馬遷之記諸國也, 其編次之體, 與本紀不殊.(各國自用其年) 蓋欲抑彼諸侯, 異乎天子, 故假以他稱, 名爲世家.(釋 : 首標世家創設名義之故, 已下皆卽遷史搜駁)

## 5-2

「세가」에 포함된 뜻을 살펴보건대 어찌 (제후와 경대부들이) 한 나라를 세우고 한 집안을 계승하여 대대로 전해 준다는 말이 아니겠는가? 그러나 예컨대 진승(陳勝)이 도적의 무리 중에 일어나 왕을 칭한 지 불과 6개월 만에 죽었고,[7] 자손들은 그 지위를 계승하지 못하였고, 나라를 세워 칭제한 적도 없으니 전할 만한 세계(世系)나 거처할 만한 채읍(采邑)이 없는데도 「세가」라고 부르고 있으니 어찌 당연한 것이겠는가? 사서의 편목(篇目)의 명칭은 모두 사마천이 처음으로 사용한 것이지만 어찌 자기가 선례(先例)를 만들었다고 하여 명실(名實)에 기준이 없을 수 있겠는가?[8](釋

7 역주 : 『사기』 권48, 「진섭세가(陳涉世家)」에, 진승(陳勝)은 양성(陽城) 사람으로 자는 섭(涉)이다. …… 진승은 젊었을 때 다른 사람들과 함께 머슴살이를 하였다. 어느 날 밭두둑에서 잠시 휴식을 하고 있을 때 그는 불평과 원망을 하며, '만약 부귀하게 된다면 피차 서로를 잊지 말자'고 하였다. 용인들 모두가 웃으면서 대답하기를, '당신은 고용 당해 머슴살이를 하는데 무슨 부귀가 있겠소?'라고 비웃자, 진승은, '오호라! 연작(燕雀)이 어찌 홍곡(鴻鵠)의 뜻을 알리오!'라고 탄식하였다. …… 진승은 왕이 되었으며, 국호를 장초(張楚)라 하였다. …… 그의 수레를 끄는 장고(莊賈)가 진왕 즉 진승을 살해하고(B.C. 208) 진(秦)에 항복하였다. …… 진승이 왕으로 불린 것은 모두 6개월간이었다고 했다. 즉 B.C. 208년 7월에서 12월까지이다.

8 역주 : 사마천이 특히 공자와 진섭을 「세가」에 설정한 것에 대하여 많은 논란이 있는데, 유지기의 경우 공자에 대하여는 그렇게 이의를 제기하지 않은 듯 별다른 언급이 없지만, 진섭의 경우 부정적이다. 진섭을 '도적의 무리' 중에 일어났다고 표현한 것

:「세가」라는 편목이 세워졌으나 진승이 「세가」에 가장 어울리지 않는다는 이유로 제일 먼저 반박한 것이다)

案世家之(一無此四字, 易一'其'字)爲義也, 豈不以開國承家, 世代相續? 至如(一作'於')陳勝起自群盜, 稱王六月而死, 子孫不嗣, 社稷靡聞, 無世可傳, 無家可宅, 麗以世家爲稱, 豈當然乎? 夫史之篇目, 皆遷所創, 豈以自我作故,(一作'古', 集內屢見此語, 並作'故') 而名實無準.(釋 : 旣立世家一門, 陳勝最難安放, 故作第一駁)

## 5-3

또한 제후와 대부에게는 본래 국(國)과 가(家)의 구별이 있었다. 원래 진(晉)의 경 · 대부였던 한(韓) · 위(魏) · 조(趙)[9]와 제(齊)의 대부 전(田) 씨는[10]

---

이 그것을 말해준다. 사마천은 「본기」와 「세가」의 구분을 황제와 제후라는 설정구분이외에도 '권력'과 '지속'을 기준으로 특히 세가를 설정하고 있고, 그런 점에서 특히 진섭의 경우 사마천은 편말(篇末)에서 "진섭은 살해되었지만, 그가 즉위시키거나 등용한 귀족 · 장군 · 왕 · 관료는 결국 진(秦)을 멸망시켰다. 진섭이 그들을 위해 길을 열어주었기 때문이다. 고조(高祖)시대에 탕(碭)에 있는 진섭의 묘소를 지키기 위해 30가(家)가 배치되었다. 그리고 오늘에 이르기까지 그는 희생제를 통해 짐승의 혈(血과) 육(肉)을 계속 향수하고 있다"라고 했다. 사마천의 「세가」 설정과 관련한 내용은 버튼 웟슨 지음, 박혜숙 옮김, 『위대한 역사가 사마천』, pp.160-162 참조.

9 『사기』 권43, 「조세가(趙世家)」에, 숙대(叔帶)는 주나라를 떠나 진(晉)으로 가 진 문후(文侯)를 섬기고 비로소 진나라에 조씨 가문을 세웠다. 5대가 지나 진 헌공(獻公)이 조숙(趙夙)에게 경(耿) 땅을 하사하였다. 진 도공(悼公)이 즉위하자 조무(趙武)가 조의 대종을 이었다. 진 경공(頃公) 연간에 조간자(趙簡子)가 외출하였을 때 어떤 사람이 길을 막고 말하기를, "주군의 아들께서 반드시 대(代)나라를 차지할 것입니다."했는데, 진 의공(懿公共) 연간에 조양자(趙襄子)가 한(韓) · 위(魏)와 함께 지씨(知氏)를 멸하였다. 이때 북에는 대(代)가 남에는 지씨(知氏)가 있었다. 조양자가 죽고 헌후(獻侯)가 즉위하였고, 그가 죽자 아들 열후(烈侯) 적(籍)이 즉위하였다. 한 · 위 · 조가 모두 서로 후사를 세워 제후가 되었다. 『사기』 권44, 「위세가(魏世家)」에, 필만(畢萬)이 진

제후가 되기 이전에 지위는 배신(陪臣)과 같았으며 신분은 제후를 섬기는 대부였다. 그러나 『사기』에는 하나같이 이들 모두를 「세가」에 배열하였다. 군신(君臣)관계가 혼란하게 되고, 상하관계가 질서를 잃었으니, 어찌 노나라 계손(季孫)이 천자가 행하는 팔일(八佾)의 춤을 자신의 뜰에서 추게 하고,[11] 관중(管仲)이 전(錢)이나 재화(財貨)를 보관하는 창고를 셋이나 가졌고, 연회에서 (제후들만이 사용할 수 있는) 술잔을 올려놓는 자리를 두었다[12]고 책망할 수 있겠는가?(한 · 위 · 조[三晉]는 전씨의 제나라 이전의 제후

(晉) 헌공(獻公)을 섬겼는데 헌공이 위씨를 만(萬) 땅에 봉했다. 복언(卜偃)이 가로대, "만(萬)이란 꽉 찬 숫자이다. 위(魏)는 높고 큰 것을 가리킨다. 이로 볼 때 비로소 상을 받은 것이요 하늘이 열렸다는 뜻이 담겨 있다. 진 문공이 무자(武子)에게 명령하여 위씨를 공격하게 하였다. 진 도공(悼公)이 위강(魏絳)에게 정치를 맡겼다. 그 후 위환자(魏桓子)와 한강자(韓康子) · 조양자(趙襄子)가 함께 지백(知伯)을 정벌하여 멸망시키고 그 땅을 나누었다. 위환자의 손자를 문후(文侯) 도(都)와 조 · 한씨를 제후로 삼았다. 주(注)에, 『세본(世本)』에 이르기를, "도(都)는 사(斯)이다"라고 했다. 『사기』 권45, 「한세가(韓世家)」에, 한의 선조와 주(周)는 동성(同姓)이었는데 그 후 진(晉)을 섬기고 한원(韓原)에 봉해짐으로 한무자(韓武子)라고 불렸다. 후일 3대가 지나 한궐(韓厥)이 있었는데 봉성(封姓)을 따라 한씨라 하였다. 진에서 6경(卿)을 세울 때 한궐은 그 중 한 경(卿)의 지위에 있었고 헌자(獻子)라고 불렸다. 아들 선자(宣子)가 주(州) 땅으로 옮겨 거주하였고, 그의 아들 정자(貞子) 때에 평양(平陽)으로 거처를 옮겼다. 강자(康子)에 이르러 조양자 · 위환자와 함께 지백을 패퇴시키고 그 땅을 나누었음으로 영토가 더욱 커졌다. 그의 아들 무자(武子)와 무자의 아들 경후(景侯) 건(虔)이 조 · 위와 함께 제후로 즉위하였다.

10 『사기』 권46, 「전경중완세가(田敬仲完世家)」에, 진완(陳完)은 진여공(陳厲公) 타(佗)의 아들이다. 제(齊)나라로 달아나자 제 환공이 그를 공정(工正)에 삼았다. 진완이 죽자 시호를 경중(敬仲)이라 하였다. 경중이 제나라로 도망가면서 진(陳)을 전씨(田氏)로 바꾸었다. **按** : 진완 이후 9대 때 태공(太公) 화(和)가 술과 여자에 빠져 정치를 돌보지 않던 제 강공(康公)을 해상(海上)으로 쫓아내었다. 위(魏) 문후(文侯)와 탁택(濁澤)에서 회맹(會盟)을 할 때 제후가 되고자 하였다. 위가 사신을 보내 주나라 천자에게 이 사실을 고하자 천자가 허락하였다. 전화(田和)를 제후(齊侯)로 삼아 제후(諸侯)에 배열하였다.

11 **역주** : 『논어』 「팔일(八佾)」편에, (노나라 대부) 계손씨(季孫氏)가 자기 집 뜰에서 팔일무(八佾舞)를 추게 하는 것을 보고 공자께서 말씀하시기를, "이를 보고 그냥 참는다면 무엇을 참지 못하리오!" 하였다. 팔일(八佾)이란 여덟 사람이 여덟 줄로 늘어서서 추는 것으로 천자만이 행할 수 있는 예악(禮樂)의 일종이었다. 제후는 육일(六佾), 대부는 사일(四佾)이었으니 계손씨는 그 분수를 넘어선 것이었다.

12 **역주** : 『논어』 「팔일(八佾)」편에, 공자께서 말씀하시기를, "관중은 위인됨은 그릇이

국으로 「본기」 이전의 시대였다) 또한 전씨가 제나라를 '동제(東帝)'라고 하여 '서제(西帝)'를 칭한 진(秦)과 세력을 다투면서 영토가 사방 천리나 되어 6국[13]중 가장 상위에 있었는데도, 『사기』에서는 오히려 그의 본래 명칭을 없애버리고 그저 '전완(田完)'이라는 명칭만 붙였다.(原注 : 「전완세가(田完世家)」를 가리킨다) 사람들의 일반적인 정서로 헤아려 본다고 하더라도 누가 이를 옳다고 하겠는가?(釋 : 두 번째 반박은 원래 한·위·조와 전씨의 제나라의 경우를 함께 비판하려는 것이었는데 「전완세가」의 제목에 '제(齊)'자(字)가 빠져 있었기 때문에 이를 한 번 더 지적한 것이다)

且諸侯·大夫, 家國本別. 三晉之與田氏, 自未爲君而前, 齒列陪臣, 屈身藩後, 而前後一統, 俱歸世家. 使君臣相雜, 升降失序, 何以責季孫之八佾舞庭, 管氏之三歸反坫?(三晉, 田齊之先, 猶帝紀之上世也) 又(當有'田齊'二字)列號東帝, 抗衡西秦, 地方千里, 高視六國, 而沒其本號,(原注 : 謂「田完世家」也) 唯以田完制名, 求之人情, 孰謂其可?(釋 : 第二駁, 本是三晉·田齊總駁, 而田完題上獨缺'齊'字, 故多一層)

작다"라고 하자 어떤 사람이 "관중은 검소한 사람입니까?"라고 하자, 공자께서는, "관씨(管氏)는 전(錢)이나 재화(財貨)를 보관하는 창고를 셋이나 가졌고, 밑의 관원들에게 두 가지 일을 함께 시키지 않았는데 어찌 검소하다 할 수 있겠는가?"라고 하였고, "그렇다면 관중은 예(禮)를 알고 있습니까?"라는 물음에, "제후[邦君]가 나무를 세워 대문을 가리면 관씨 역시 나무를 세워 대문을 가렸고, 제후가 다른 나라의 군주와 우호를 맺는 자리에서 술잔을 올려놓는 대(臺)를 두면 관씨 역시 술잔을 올려놓는 대를 두었으니, 그 관씨가 예를 안다면 누군들 예를 모르겠는가?"라고 하였다. 관중 역시 대부의 신분으로 제후의 예를 행하였다고 비판한 것이다.

13 역주 : 전국 7웅 가운데 제(齊)를 제외한 진(秦)·초(楚)·연(燕)·한(韓)·위(魏)·조(趙) 나라를 가리킨다.

## 5-4

한나라가 천하를 통치하면서 제후는 옛날 주나라의 제후와 같지 않았다. 무릇 옛날의 제후들은 모두 즉위하면 새로운 역법(曆法)을 세워 일국을 통치하였고, 자손이 번성하여 끊어지지 않았으며, 점복(占卜)을 통해 오래도록 나라의 전함을 예측하였다.[14] 그러나 한에 이르러서는 그렇지 않았다. 황실의 자제를 제후왕으로 봉하는 경우에는 모두 중앙의 명(命)을 받았으니 주군(州郡)과 같았다. 이성 제후를 봉하는 경우[15] 반드시 조정의 관직을 맡게 하고 분봉된 지역에 직접 부임(赴任)하지 못하도록 하였다.(한초에 모두가 그렇지는 않았다) 어떤 제후는 나라를 전승하는 것이 자신 일대(一代)에 그쳤으며, 어떤 제후국은 작위의 계승이 겨우 몇 대에 불과한 것도 있었다. 비록 명의상 분봉되어 토지를 받았지만 예의(禮儀)에 있어서는 제후[人君]와 달랐다. 그들을 무리하게 「세가」에 편입하더라도 실제로는 「열전」과 같았다. 그러나 사마천은 억지로 구별하여 따로 「세가」에 배열하고 비슷한 부류들을 함께 수록하였으니, 비록 획일(劃一)이라는 점에서는 맞는다 하더라도, 어찌 시대가 달라지는데 따라 변하는 이치를 알았다고 할 수 있겠는가?[16](釋 : 세 번째 반박은 오로지 한대의 분봉(分

---

14 역주 : 『좌전』 선공(宣公) 3년(B.C. 606) 봄에, 초나라 장왕(莊王)이 주(周)의 대부 왕손만(滿)에게 구정(九鼎)의 무게를 물었다. 이에 왕손 만이 대답하길, '…… 주 성왕(成王)이 겹욕(郟鄏)에 구정을 안치한 뒤 왕통(王統)의 대수(代數)와 왕조의 수명을 점치자[卜世 · 卜年] 30세(世)와 7백 년으로 나왔습니다. 이는 하늘이 명한 것입니다'라고 했다.

15 역주 : 『한서』 권13, 「이성제후왕표(異姓諸侯王表)」 참조.

16 역주 : 실제로 『사기』 「세가」에는 한초 오초칠국(吳楚七國)의 난의 주역들인 즉 오왕(吳王) 비(濞), 호남왕 유장(劉長), 유안(劉安), 형산왕(衡山王) 유사(劉賜) 등의 경우 반역으로 모두 열전에 기록되었다. 그러나 서주(西周)의 제후 관숙(管叔)은 행적이 비슷함에도 「관채세가(管蔡世家)」에 기록되어 있다. 그리고 소하(蕭何), 조참(曹參), 장량(張良), 진평(陳平), 주발(周勃) 등은 봉후(封侯)에 불과한데도 세가(世家)에 기록되어 있지만 기타 후국(侯國)은 세가가 없다. 그 외 조왕(趙王) 장이(張耳), 장사왕 오예

封)을 거론하여 말하고 있다. ○'수시(隨時)' 두 글자는 통식(通識)을 갖추고 있다)

當漢氏之有天下也, 其諸侯與古不同. 夫古者諸侯, 皆卽位建元, 專制一國, 綿綿瓜瓞, 卜世長久. 至於漢代則不然. 其宗子稱王者, 皆受制京邑, 自同州郡; 異姓封侯者, 必從宦(一作'官')天朝, 不臨方域.(漢初不盡然) 或傳國唯止一身, 或襲爵才經數世, 雖名班(一多'爵'字, 非)胙土, 而禮異人君, 必編世家, 實同列傳. 而馬遷强加別錄, 以類相從, 雖得畵一之宜, 詎識隨時之義?(釋 : 第三駁, 專擧漢封爲言. ○'隨時'二字, 具有通識)

## 5-5

대개 반고의 『한서』에서는 이러한 이치를 알고 이전의 잘못된 점을 고쳤다. 소하(蕭何)와 조참(曹參)이 이성의 제후로 봉해지고[17] 형왕(荊王)과 초왕(楚王)이 황제의 친족이었지만[18] 모두 일률적으로 「열전」에 수록하면서 다시는 「세가」가 없게 되었다.[19] 이것은 시대의 추세에 따른 당연한

(吳芮) 등도 제후로 봉해져 수대 전해짐에도 불구하고 세가에 기록이 없다.

17 역주 : 한 고조를 도와 천하를 평정한 공으로, 소하는 찬후(酇侯)·안평후(安平侯)로 봉해졌고, 조참은 평양후(平陽侯)에 봉해졌다.

18 『한서』 권53, 「경십삼왕전(景十三王傳)」에, 중산정왕(中山靖王) 승(勝)이 대답하길, '지금 군신(群臣)들간에는 갈대의 줄기에 있는 얇은 껍질과 같은 교분도 없으며, 기러기 털과 같은 무게의 존중함도 없다'라고 했는데, 주(注)에, 부(莩)란 갈대[葭] 줄기 속의 하얀 껍질을 말하는데 매우 얇다, 따라서 지극히 얇다는 의미로 쓰인다. 역주 : 형(荊)은 한 고조의 종형제(從兄弟) 유고(劉賈)의 봉국(封國)이고, 초(楚)는 고조의 아우 유교(劉交)의 봉국이다. 가부(葭莩)란 아주 얇다는 의미로서 먼 친족을 가리킬 때 쓰인다.

19 역주 : 소하(蕭何)와 조참(曹參)은 모두 한 고조를 도와 천하를 통일하는데 공을 세운 인물들로서 사마천은 『사기』 권53, 「소상국세가(蕭相國世家)」·『사기』 권54, 「조상국세가(曹相國世家)」에 수록하였지만, 반고는 『한서』 권39, 「소하조참전(蕭何曹參傳)」에 합전(合傳)하고 있고, 형왕(荊王)·초왕(楚王)을 『사기』 권51, 「형연세가(荊燕世家)」

결과이지 잘못된 것을 바로 잡은 것은 아니다.(釋 : 반고의 『한서』에 이르러 「세가」가 없어진 것은 추세에 따른 당연한 것으로써 곧 시대에 따라 변한 것이다) 이로부터 400년 정도 지났다. 위(魏)가 중원을 차지하였지만 오(吳)와 촉(蜀)이 불복(不服)하여 결국 중조(中朝)[20]로부터 멸시받아 '위주(僞主)'로 불렀다. 역사를 편찬하는 사람이 만일 그들을 「본기」에 수록한다면 위로 제왕과 같게 되고, 「열전」에 배열하게 되면 아래로 신첩(臣妾)과 같게 된다. 양 무제(梁武帝)가 『통사(通史)』[21]의 편찬을 명하면서 오와 촉을 「세가」에 수록하도록 하였는데, 군주를 참칭한 이들을 제후국으로 배열한다는 것은 「본기」나 「열전」에 수록하는 양극단을 버리고[去太去甚],[22] (「세가」에 배열하는) 절충의 의도에 부합하는 것이리라!(이 같은 논의가 촉(蜀)에는 합당하지 않다) 소자현이 편찬한 『남제서』에 북위를 「위로열전(魏虜列傳)」에 배열하고,[23] 우홍(牛弘)의 『주사(周史)』[24]에 남방의 소찰(蕭察)[25]정권을 「소찰

---

·『사기』 권50, 「초원왕세가(楚元王世家)」에 수록하였지만, 반고는 이들을 『한서』 권35, 「형연오전(荊燕吳傳)」·『한서』 권36, 「초원왕전(楚元王傳)」에 수록하고 있음을 언급한 것이다.

20 역주 : 당시 중원을 차지한 조위(曹魏)와 서진(西晉)을 가리킨다.

21 역주 : 「육가(六家)」편 『통사』에 대한 주)81 참조.

22 『노자』 「무위」장(章)에, "성인은 심한 일을 하지 않으며, 사치한 일을 하지 않으며, 교만한 일을 하지 않는다(聖人去甚, 去奢, 去泰)"고 했다.

23 『양서(梁書)』 권35, 「소자각전(蕭子恪傳)」에, 자각의 아우 소자현(蕭子顯 : 487-537)의 자는 경양(景陽)인데, 제(齊)나라 역사를 편찬하였다. 책이 완성되자 표를 올렸다. 소자현은 『남제서』 권38의 열전 명칭을 「위로(魏虜)」라고 하였다. 역주 : 소자현의 『남제서』에 대한 자세한 설명은 「고금정사(古今正史)」편을 참조.

24 『수서(隋書)』 권49, 「우홍전」에, 우홍(牛弘 : 545-610)의 자는 이인(里仁)이다. 개황(開皇) 초에 비서감에 임명되었다. 예부상서가 되어 황제의 명을 받아 『오례(五禮)』를 편찬하였는데 모두 100권이었다. 문집 13권이 있다. 按 : 우홍이 『주사(周史)』를 편찬했는데 「우홍전」에는 그 책에 대한 언급이 없다. 『수서경적지』에, 『주사』 18권은 완성되지 못했다. 우홍이 편찬하였다고 되어 있다. 「외편」의 「고금정사」편에도 보인다. 『군재독서지(郡齋讀書志)』에, 소작(蘇綽)이 정권을 장악하고 군사와 국가의 사령(詞令)을 『상서』에 맞게 하였다. 우홍이 역사를 편찬하면서 특히 노자와 장자의 도(道)에 대한 담론에 힘썼다고 했다.

25 『주서(周書)』 권48, 「소찰전(蕭察傳)」에, 소찰의 자는 이손(理孫)이고, 양 무제의 손자 소명태자(昭明太子)의 셋째 아들이다. 소명태자가 죽고 양 무제는 소찰 형제를 버리

열전(蕭察列傳)」에 수록하였다. 이들 「열전」의 체재를 살펴보면 마땅히 「세가」라고 불러야 한다.(釋: 한 이후 왕조가 분열된 경우가 많았으므로 「세가」를 사용하는 것이 좋았지만, 역시 사용되지 않았다) 그러나 근고(近古)의 사서(史書)에는 모두 「세가」가 없다. 그러므로 사마천의 설정한 「세가」와 같은 편목은 없어져 더 이상 사용되지 않았으며, 반고가 사용한 편목의 명칭들이 계속 전해지면서 다시는 바뀌지 않았다.(釋: 마지막에서는 사마천의 견해를 버리고 반고를 따랐다고 결론지었다)

蓋班『漢』知其若是, 釐革前非. 至如蕭·曹茅土之封, 荊·楚葭莩之屬, 幷一概稱傳, 無復世家, 事勢當然, 非矯枉也.(釋: 落到班史, 廢去世家, 事勢當然, 正是爲時所轉) 自茲已降, 年將四百. 及魏有中夏, 而揚(吳)益(蜀)不賓, 終亦受屈中朝, 見稱僞主. 爲史者必題之以紀, 則上通帝王; 榜之以傳, 則下同臣妾. 梁主敕撰『通史』, 定爲吳·蜀世家. 持彼僭君, 比諸列國, 去太去甚, 其得折中之規乎!(此論於蜀未允) 次有子顯『齊書』, 北編『魏虜』; 牛弘『周史』, 南記蕭察, 考其傳體, 宜曰世家.(釋: 自漢而後, 後多分據, 宜若可用, 然亦不爲決詞也) 但近(或作'今', 誤)古著書, 通無此稱. 用使馬遷之目,(或訛作'冊') 湮沒不行; 班固之名, 相傳靡易者矣.(釋: 末以舍馬從班結之)

---

고 간문제를 세웠다. 대동(大同) 원년(535) 지절(持節)·도독옹양수제군사(都督雍梁隋諸軍事)에 제수되었다. 소찰은 양양(襄陽)을 양 무제의 건국의 기초를 세운 첫 지역으로서 안정되게 키울 뜻을 가지고 있었다. 후경(侯景)이 반란을 일으켰을 때 양 원제(元帝)는 당시 강릉(江陵)에 주둔하고 있었지만 소찰과는 틈이 벌어지자 이를 두려워하여 북위에 칭번(稱藩)하였다. 강릉이 평정되자 북위 태조는 소찰을 양의 군주로 세워 강릉 한 주(州)의 지역을 주었다. 소찰은 후일 그 지역에서 황제를 칭하였는데, 제위 8년 만에 죽었다. 또 명하여 그 태자 소귀(蕭巋)가 제위를 이어받도록 하였다. 귀의 자는 인원(仁遠)으로서 문학에 능했고 아랫사람을 잘 다스렸다. 재위 23년 만에 죽었다. 다시 명하여 태자 종(琮)이 제위를 이어받도록 하였다. 종의 자는 온문(溫文)이고, 뜻이 크고 기개가 있었고 활과 말을 잘 다루었다. 즉위한 지 2년 만에 수가 조정으로 불러들이고 양나라를 없앴다. 소찰이 즉위한 때로부터 33년이 되는 해였다. 按: 소찰은 후주(後周)에서는 「세가」에 수록되어 있는데, 이는 실로 마땅한 칭호라고 하겠다.

按 : 주(周)나라 이래 오등(五等) 작제(爵制)는 계속 이어져 왔다. 사마천이 살고 있던 시대에도 한의 봉호(封號)는 여전히 존재했다. 때문에 「세가(世家)」라는 명목(名目)을 세워 그들이 각기 신하와 군주의 지위에 처해 있음을 나타내었다. 그 이후 고대(古代)와 더욱 멀어지면서 번국(藩國)은 쇠미하고, 봉지(封地)가 없어지게 됨에 따라 사서에 「세가」라는 명목이 없어졌다. 이는 시세(時勢)로 말미암은 것이었다. "시대의 변화에 따른다[隨時之義]"는 네 글자는 유지기가 견지한 논단의 핵심이었다.(由周以來, 五等相乃. 當子長時, 漢封猶在, 故立此名目, 以處夫臣人而亦君人者. 自茲以降, 去古益遠, 藩微封耗, 史無世家, 時爲之也. "隨時之義"四字, 乃持論主句)

삼국(三國) · 남북조(南北朝)는 세력이 비슷하여 각각 국사를 편찬한 것은 도리로 보아 당연한 것이었다. 송나라 때 요(遼)와 금(金)도 마찬가지였다. 진대(晉代)의 십육국(十六國)은 모두 「재기(載記)」에 수록되었다. 당나라의 각 번진(藩鎭) 역시 한 성씨에 속하지 않았다. 대개 이상의 각 왕조의 사서에는 모두 「세가」라는 명목이 설정되지 않았다. 오직 당말 오대 · 십국시대를 구양수(歐陽修)[廬陵]가 멀리 사마천[龍門]을 본받아 다시 「세가」라는 체례를 나열하였는데, (『삼국지』에서) 오 · 촉을 양주(揚州) · 익주(益州)[할거세력]로, (『남제서(南齊書)』에서) 북위를 위로(魏虜)라고 운운한 것에 비하면 비교적 적절한 것 같고 또 시세(時勢)에 맞는 것이기도 하다. 그러나 「재기」를 이용하여 십국(十國)을 처리하는 것 역시 매우 타당한 것이다.(三國 · 南 · 北朝, 體勢相埒, 各爲一史, 理事當然. 宋之遼 · 金, 亦猶是也. 晉十六國, 載記統之; 唐之藩鎭, 是不一姓. 凡此諸朝, 都無置世家處. 獨唐末五代, 十國擅世, 廬陵遠法龍門, 繼列茲體, 比於揚 · 益 · 魏虜之云, 似較檃當, 亦時之適逢也. 然設以十國擬諸載記, 亦殊妥協)

위(魏)를 정통[帝王]으로 하면 촉(蜀)은 반드시 「열전」에 기록해야 하고, 촉을 정통으로 하면 촉한을 반드시 「본기」에 기록해야 한다. 촉은 오(吳)의 경우와 달랐기 때문에 유독 「세가」에 기록할 수 없었다.(帝魏則傳蜀, 帝蜀則紀漢, 蜀不得與吳例, 故獨不可世家)

공자(孔子)를 「세가」에 기록한 것을 선유(先儒)들은 비난하였다. 나는 『사기』가 대대로 세습되어 전해왔기 때문에 「세가」라는 이름으로 기록하였던 것이라 생각한다. 때문에 후계(後系)의 서술이 다른 기록보다 길었다. 11대 후손 공안국(孔安國) 때가 사마천과 같은 시대였고 계속하여 그의 아들 앙(卬)과 손자 환(驩)까지를 기록하고 있다. 그 후 포성(褒成)·포정(褒亭)·종성(宗聖)·봉성(奉聖)·숭성(崇聖)·공성(恭聖)·소성(紹聖)·포성(褒聖)·연성(衍聖)의 봉호(封號)가 대대로 전해져 그치지 않았다. 그리하여 "세가(世家)" 두 글자는 오직 공씨(孔氏)에게서만 천년의 오랜 세월동안 없애 깨뜨릴 수 없었다는 것을 깨닫게 되었다. 『사통』이 사서의 잘못을 바로잡는데 있어서 공자에 대하여 별다른 언급이 없었던 것은 역시 이에 대해 깨달은 바가 있어서가 아니겠는가!(『송사(宋史)』는 구양수(歐陽修)를 따라 제국(諸國)의 세가(世家)를 열전 중간에 끼워 넣음으로써 명류(名類)가 뒤섞였다)(位孔子以世家, 先儒非之. 愚謂『史記』乃從其世及而世家之也, 故敍後系獨長, 至十一傳安國, 而與己同時, 繼以子卬孫驩而止. 厥後褒成·褒亭·宗聖·奉聖·崇聖·恭聖·紹聖·褒聖·衍聖之封, 與世無極焉. 乃悟'世家'二字, 千古唯孔氏顚撲不破. 『史通』糾史, 於孔子無綴詞, 其亦有會於斯歟?(『宋史』襲歐, 諸國世家, 夾置傳內, 名類雜糅))

# 「열전(列傳)」 제6

사마천은 「태사공자서」에서 "정의를 부지(扶持)하고, 불굴의 기개를 지녔으며, 기회를 놓치지 않고 천하에 공명(功名)을 세운 사람들에 대하여 70편의 열전을 지었다"라고 하였다. 현실의 정치와 역사는 제왕 및 그를 둘러싼 제후를 주축으로 진행되지만 그것을 구체적으로 수행하는 것은 개인의 활동이란 의미에서 「열전」을 설정하였던 것이다. 그러나 유지기가 주목한 것은 열전의 내용이 아니라 그 내용을 서술하는 체재였다. 유지기는 "대개 「본기」는 연월에 따라 편찬한 것[編年]이고, 「열전」은 사실을 열거한 것이다. 편년은 제왕들의 사적을 연월에 따라 순서대로 배열한 것으로 『춘추』의 경문(經文)과 같다. 사실을 열거한다는 것은 바로 신하들의 평생 언행의 정황을 기록한 것으로 『춘추』의 전문(傳文)과 같다[蓋紀者, 編年也; 傳者, 列事也. 編年者, 歷帝王之歲月, 猶『春秋』之經; 列事者, 錄人臣之行狀, 猶『春秋』之傳]"는 전제 하에 각 사서의 열전이 지닌 득실을 평가하였다. 따라서 『사기』의 경우 아직 「본기」와 「열전」의 구분이 완전하지 않아 특히 「항우본기」의 경우 그 체재에서 「열전」과 구별되지 않는다고 하였다.

이후에도 「본기」와 「열전」에 대한 구별이 분명하지 않은 사례는 계속되어, 『후한서』의 「황후기(皇后紀)」는 열전에 해당하는데 「본기」라 칭하고, 『삼국지』에서는 오(吳)와 촉(蜀)의 군주가 「본기」에 실려 있지 않고 「열전」에 실려 있음을 지적하였다.

아울러 유지기는 「열전」의 형식을 설명하였다. 즉 전주(傳主)가 한 사람인 경우가 대부분이지만, 때로는 두 사람 혹은 비슷한 성격의 여러 사람이 같은 「열전」에 수록되거나[合傳], 때로는 다른 사람의 열전에 덧붙여 기록되는 경우[寄傳·附出]가 있다고 했다. 물론 이외에도 비슷한 유형의 사람들을 같은 열전에 담고 있는 「유협(游俠)」·「골계(滑稽)」·「영행(佞幸)」 등 소위 유전(類傳)이 있다. 그러나 이후 이러한 방식은 폐기되거나 원칙이 분명하지 않아 기계(紀季)와 전유(顓臾)처럼 다른 사람의 열전에 덧붙여서 그 이름을 후세에 전하는 경우가 많다고 했다. 유지기는 이처럼 특별한 사적이 없는 사람들을 단독으로 열전에 담는 경우를 반대하고 '합전'이나 '기전(寄傳)'·'부출(附出)'의 방법으로 다룰 것을 주장하였다. 이러한 주장은 유지기의 가장 중요한 치사(治史) 원칙이라 할 수 있는 '간요(簡要)'와도 일치하는 것이었다.

## 6-1

「본기」와 「열전」의 흥기는 『사기』와 『한서』에서 비롯되었다.[1] 대개

---

1 역주 : 이러한 견해는 이미 『수서(隋書)』 권58, 「위담전(魏澹傳)」에, "범엽(范曄)이 말하기를, '『춘추』는 문장이 너무 간략하고, 또 사실의 자세한 정황을 대부분 잃어버렸다. 따라서 현재 이를 모방한 저작들은 좋지 않다. 본기와 열전은 사마천과 반고가 『춘추』를 변화시켜 편찬한 것으로 일대(一代)의 역사를 망라하고 있어서 사실과 의리(義理)가 상세히 갖추어져 있다. 후세의 학자들이 이를 본받으면서 좋다고 여겨 이러한 방법을 계승하여 서술하였다'라고 했다. …… 위담은 또 사마천이 기전을 처

「본기」는 연월(年月)에 따라 편찬한 것[編年]이고, 「열전」은 사실을 열거한 것이다. 편년은 제왕들의 사적을 연월에 따라 순서대로 배열한 것으로 『춘추』의 경문(經文)과 같다. 사실을 열거한다는 것은 바로 신하들의 평생 언행(言行)의 정황을 기록한 것으로 『춘추』의 전문(傳文)과 같다.[2] 『춘추』의 경우 전(傳)으로 경(經)을 해석하는 것과 같이 『사기』나 『한서』는 「열전」[3]으로 「본기」를 해설하였다.(釋 : 이 편에서는 「열전」을 논하고 있는데, 「본기」와 함께 제시하는 것은 무엇 때문인가? 대개 기전체 사서의 경우 그 중에는 「표(表)」와 「지(志)」도 있지만, 이를 말하는 사람들은 모두 「본기」와 「열전」 두 가지를 요약하여 명칭으로 하였다. 때문에 함께 제시하여 그 뜻을 분석한 것이다. 한편으로 「본기」를 『춘추』 경에 짝짓고, 「열전」을 『좌전』에 짝지어 자세하고 생략함의 구분되는 바를 분명히 한다고 하여 이 절에서 말하는 바와 같고, 다른 한편으로 「열전」에는 다른 체례와 잘못 섞여 있지 않고 다만 「본기」와 그 내용이 엇갈리는 경우가 많아 어느 것이 옳은지 의례(義例)를 잘 살펴야 한다고 했는데, 이하 문장에서 밝히고 있다)

---

음으로 세운 이래 이를 계승하여 찬술한 사람이 적지 않았고, 역사적인 인물에 대하여는 선악을 막론하고 모두 입론(立論)하였다"라고 한 부분에서 확인된다.

2 **역주** : 陳世驤의 견해 즉, "'전(傳)'이라는 명칭을 사용했을 때, 사마천은 이 말의 초기의 의미를 명확히 파악하고 있었다. 그리고 그가 쓴 개인의 전은 그 시대의 더 큰 사건들과 이상(理想)들에 대한 실례에 지나지 않는다는 것을 우리는 알고 있다. 따라서 그의 열전은 '제기(帝紀)'에 대해 종속적 위치에 있고, 어떤 의미에서는 『춘추』에 대한 『공양전』의 관계와 크게 다르지 않은 위치에 있다"는 것과 비슷하다고 할 수 있다. 버튼 윗슨 지음, 박혜숙 옮김, 『위대한 역사가 사마천』, p.164.

3 **역주** : "'열전(列傳)'이라는 명칭에 대하여, 『사기』 권61, 「백이열전(伯夷列傳)」 주(注) 『사기색은(史記索隱)』에, '열전'은 인신(人臣)의 사적(事跡)을 차례를 정하여 배열하고, 후세에 전하게 하기 위한 것임으로 '열전'이라고 한다고 했고, 『사기정의(史記正義)』에는, 사람들의 행적을 차례를 정하여 배열한다고 하여 '열전'이라 한다고 했다. 근래에는 「열전」의 '전(傳)'을 주석(注釋)의 의미로 '열(列)'을 '열(烈)'과 '예(例)'가 복합된 의미로 각각 해석한다면 '뛰어난 개인, 또는 모범적인 개인의 행적을 통하여 본기 · 세가 · 표 · 서의 내용을 구체적으로 주석한 것'으로 이해할 수 있으며, 「열전」의 목적은 단순히 역사 속에서의 인간보다는 인간의 행동과 의지를 통한 역사의 이해라는 관점에서 설정되었다고 보기도 하였다. 李成珪, 「史記解說」, 『史記-中國 古代社會의 形成』, 서울대 출판부, 1987, p.62 참조.

夫紀傳之興, 肇於『史』·『漢』. 蓋紀者, 編年也; 傳者, 列事也. 編年者, 歷帝王之歲月, 猶『春秋』之經; 列事者, 錄人臣之行狀, 猶『春秋』之傳. 『春秋』則傳以解經, 『史』·『漢』則傳以釋紀.(釋 : 此篇論列傳也. 其以本紀並提者何? 蓋紀傳之爲書, 其中有表有志, 而言者皆約擧兩端以名之, 故並提以析其義也. 一則紀以配經, 傳以配『左』, 以明詳略之攸分, 如本節所云也; 一則傳無他體淆訛, 偏與本紀出入, 宜審義例之各當, 如下文所辯也)

## 6-2

이러한 체례(體例)의 최초 시작은 사마천에게서 비롯되었지만, 질박(質朴)하고 조략(粗略)한 흔적이 여전히 남아 있으며, (「본기」와 「열전」의) 구분이 아직 엄밀하지 않았다. 예컨대 항왕(項王)[項羽]은 마땅히 「열전」에 수록해야 하는데도 오히려 「본기」라고 이름을 붙였다.[4] 항우는 군주의 칭호를 도용하였으므로 천자와 같을 수 없을 뿐만 아니라 또한 사실을 서술한 방법을 따져보더라도 모두 「열전」에서 사용하는 말들을 사용하였으므로,(연대는 진 · 한을 따르고 있지만 곧 열전체(列傳體)이다) 그것을 「본기」라고 칭하는 원인을 찾을 수가 없다. 혹자가 말하기를, "사마천은 오제(五帝) · 하(夏) · 은(殷)을 「본기」라고 하였지만 역시 모두 사실들을 열거하였을 뿐이었다.(『사기』의 이 세 「본기」는 모두 연대가 없다) 그런데도 그대는 책망한 적이 없었는데 무엇 때문에 「항우본기」만을 따져 비난하는가"라고 하기에 (내가) 대답하기를, "그렇지 않다. 오제와 하 · 은은 정삭(正朔)을 그대로 계승하여 자손들이 이어받았으니 비록 연대를 뚜렷하게 드러

4 역주 : 「항우본기」에 대한 평가는 「본기(本紀)」편에서도 언급하고 있다.

낼 수 없다고 해도 「본기」를 적용하는데 무엇이 방해가 되겠는가!"라고 하였다. 예컨대 항우는 사적은 진말(秦末)에 시작되었지만 한나라 초에 죽었으니, 하나라 때의 후예(后羿)[5](후예가 살던 시대에는 군주가 없었다)와 같지 않으며 오히려 황제(黃帝) 때 치우(蚩尤)[6]와 비슷하다. 후예의 경우 정통이 아닌 천자에 비유할 수 있으니 혹[억지로] 「본기」에 배열할 수 있다. 치우의 경우 발가락 다섯 중에 엄지발가락과 둘째 발가락이 붙어 군살을 달고 있는 것과 같으니[7] 「본기」에 넣기가 곤란하다. 또한 하·은의 본기에는 다른 사람의 사적을 인용하지 않았다.(본기체는 존엄하였다) 백이(伯夷)와 숙제(叔齊)가 주 무왕(周武王)에게 충고한 사실은 실제로 주왕(紂王) 시기에 있었지만,[8] 이 사실을 따로 떼어내어 「열전」에 수록하고 「은본

5 『상서』「오자지가(五子之歌)」, 『좌전』 양공(襄公) 4년(B.C. 569), 애공(哀公) 원년(B.C. 494) 조 각각 참조. 역주 : 특히 『좌전』 양공 4년 조에 후예에 관한 기록이 자세하다. 후예는 하나라가 중도에 쇠퇴하였을 때 서(鉏) 나라에서 태어나 궁석(窮石)으로 와서 하나라 백성들의 지지를 얻어 하나라를 대신하여 정권을 잡았지만, 활 쏘는 재주만을 믿고 백성을 다스리는 일에 힘쓰지 않고, 수렵에 몰두하였고, 또 현명한 신하를 멀리하고 간사한 자를 가까이 하였다. 후일 자신이 임명한 상(相)이었던 간악한 착(浞)에게 죽임을 당했다고 했다. 『회남자(淮南子)』에는 단순히 활의 명인(名人)으로 묘사되어 있지만, 『좌전』에는 하나라를 일시 빼앗았던 유궁국(有窮國)의 왕으로 등장한다.

6 『사기』 권1, 「오제본기」에, 헌원(軒轅)시대는 신농(神農)씨의 세력이 쇠퇴하여 제후들이 서로 침략과 정벌을 일삼았다. 이에 헌원은 창과 방패의 무기 사용을 익혀서 조공을 바치지 않는 제후를 징벌하였다. 그러나 치우(蚩尤)만은 가장 포악하였으므로 헌원도 그를 토벌할 수 없었다. …… 치우가 또 다시 난을 일으켜 황제(黃帝)의 명을 듣지 않자, 제후들로부터 군대를 징집하여 탁록(涿鹿)의 들에서 싸워서 결국은 치우를 사로잡아 죽였다. 『사기색은(史記索隱)』에, 치우는 제후의 호칭이라 했다. 역주 : 『사기』에 묘사된 것과는 달리 『관자(管子)』·『한비자(韓非子)』 등에는 치우가 황제(黃帝)의 현신(賢臣)으로 일컬어지고 있어서 치우의 선악(善惡)에 대한 전설이 지역에 따라 다름을 알 수 있다. 顧頡剛, 『史林雜識初編』, 中華書局, 1963, pp.185-188 참조.

7 역주 : 『장자』「변무(騈拇)」편에, 엄지발가락과 둘째 발가락이 붙어버린 것[騈拇]과 육손이[枝指]는 태어날 때부터 그러하며 일반이 지니는 것보다 [군더더기가] 많다고 했다. 안동림 역주, 『莊子』, 현암사, 2001, p.243.

8 역주 : 『맹자』「이루상(離婁上)」편에, "맹자께서 말씀하셨다. 백이는 상(商)의 주(紂)를 피하여 북해(北海)의 바닷가에 살다가 문왕(文王)이 일어나 어진 정치를 편다는 소문을 듣고는 '왜 그에게로 돌아가지 않겠는가. 나는 서백(西伯)이 노인을 잘 봉양한다

기」에 넣지 않았다. 그러나 「항우본기」에서는 오히려 앞뒤 시대를 함께 기록하고 군신(君臣)을 함께 뒤섞어놓고도(각종 복잡한 당시의 일들을 모두 「항우본기」에 수록하였다) 「본기」라고 이름을 붙였지만 체재는 「열전」이었다. 때문에 비웃음을 받았던 것이다.(釋: 이 문단에서 이야기한 내용은 이미 「본기」편에서 잘못[過]을 논한 부분인데, (여기에서) 아마도 거듭 이야기하며 비난한 것 같다. 「본기」에 편입되어 있으면 기(紀)처럼 써야만 한다. 그런데도 사미천이 체재를 함부로 넘어섰음을 비난한 것이다. 「본기」의 문장을 자세히 살펴보면 실제로는 모두 「열전」의 체재이다. 따라서 명칭을 버리고 실제를 남기는 것이 마땅하다. 대개 「본기」에서는 비록 군주의 국가대사에 관한 말을 기재하고 있지만 「항우본기」의 경우에는 이러한 뜻이 분명히 드러나지 않았기 때문에 여기에서 자세히 논한 것이다)

尋茲例草創, 始自子長, 而朴略猶存, 區分未盡. 如項王宜(舊訛作'立')傳, 而以本紀爲名, 非惟羽之僭盜, 不可同於天子; 且推其序事,(一脫'事'字) 皆作傳言,(年從秦·漢, 便是傳體) 求謂之紀, 不可得也. 或曰: 遷紀五帝·夏·殷, 亦皆列事而已.(『史記』此三紀皆無年) 子曾不之怪, 問獨尤於『項紀』哉? 對曰: 不然. 夫五帝之與夏·殷(舊作'殷·夏')也, 正朔相承, 子孫遞及, 雖無年可著, 紀亦何傷! 如項羽者, 事起秦餘, 身終漢始, 殊夏氏之后羿,(羿世無君) 似黃帝之蚩尤. 譬諸閏位, 容可列紀;(謂羿) 方之騈拇, 難以成編.(謂蚩尤) 且夏·殷之紀, 不引他事.(紀體尊嚴) 夷·齊諫周, 實當紂日, 而析爲列傳, 不入殷篇. 「項紀」則上下同載, 君臣交雜,(多端時事, 盡入篇中) 紀名傳體, 所以成嗤.(一作'嫌'. 釋: 此段所言, 「本紀」篇先已論過, 似乎複出而非也. 在紀言紀, 惟譏僭置. 此乃詳硏紀文, 實皆傳體, 去名存實, 定合收還. 蓋彼篇雖有書君顯國之言, 而於論項之處未暢斯旨, 留此盡之也)

---

고 들었는데'라고 말하였다"라고 했고, 「만장하(萬章下)」편에도 비슷한 내용이 있다. 백이와 숙제의 열전은 『사기』 권61에 있다.

## 6-3

「본기(本紀)」와 「열전(列傳)」이 같지 않은 것은 시(詩)와 부(賦)의 구별이 있는 것과 같다. 후세에도 사서가 계속 지어졌지만 대부분 역시 분명하게 구별하지 못하였다. 범엽(范曄)[9]의 『후한서』에서는, 황후[后妃六宮][10]를 기록하면서 실제로는 「열전」인데도(군주의 편년을 따랐다) 「본기」라 칭하였다.[11] 진수(陳壽)[12]의 『삼국지』에서는 오와 촉 두 나라의 황제들을 기록하면서[13] 실제로는 「본기」인데도 「열전」이라 불렀다.(자기 나라의 편년을

---

9 역주 : 범엽(398-445)은 남조 송나라의 사가로서 현재 정사로 통용되고 있는 『후한서』를 편찬하였다. 당시 후한에 관한 사서가 많았지만, 범엽은 『동관한기』를 남본(藍本)으로 하고, 많은 사료를 망라하여 『후한서』를 완성하였기 때문에 가장 영향력 있는 사서로 인정을 받았다. 후일 모반사건에 연루되어 48세 때 죽음을 당했다. 범엽에 대하여는 『남사』 권33, 「범태전(范泰傳)」의 부록과 『송서』 권69의 열전 참조. 아울러 그의 사론(史論)이 지닌 특징에 대하여는 이윤화, 「范曄의 정치적 생애와 현실인식」, 『大丘史學』 50집, 1995, pp.61-85 참조.

10 역주 : 『예기』 「혼의(昏義)」편에, 고대에 천자의 후(后)는 그 아래에 6궁(宮) · 3부인(夫人) · 9빈(嬪) · 27세부(世婦) · 81어처(御妻)를 두고, 천하의 내치(內治)를 관장하고, 부인(婦人)의 정순지덕(貞順之德)을 창명(彰明)하였다. 따라서 천하가 안으로 화해하고 가정이 정숙(整肅)하였다고 했다. 후세에 오면 그 중 6궁(宮)은 후비(后妃)를 지칭하게 된다.

11 역주 : 『후한서』 권10 상 · 하에 「황후기(皇后紀)」가 있다.

12 역주 : 「육가」편 『한서』가(家) 주)94 참조.

13 『삼국지』 권47, 「오지(吳志)」에, 손권은 「오주전(吳主傳)」에 실려 있는데 연호를 다섯 번 고쳤다. 황무(黃武) · 황룡(黃龍) · 가화(嘉禾) · 적오(赤烏) · 태원(太元)이 그것이다. 손량(孫亮) · 손휴(孫休) · 손호(孫皓)는 권48, 「삼사주전(三嗣主傳)」에 기록되어 있는데, 손량은 연호를 건흥(建興) · 오봉(五鳳) · 태평(太平)으로 세 번 고쳤고, 손휴는 영안(永安)이라 연호를 고쳤고, 손호는 원흥(元興) · 감로(甘露) · 보정(寶鼎) · 건형(建衡) · 봉황(鳳皇) · 천책(天冊) · 천새(天璽) · 천기(天紀)로 연호를 여덟 번 고쳤다. 『삼국지』 권32, 「촉지」에, 선주(先主)는 「선주전」에 기록되어 있는데, 열전에 대략 이르기를, 위 문제가 황제를 칭하고 연호를 황초(黃初)라 하였다. 한의 황제가 해를 입었다는 소식을 듣고, 선주는 발상(發喪)하고 상복을 입었다. 의랑(議郎) 양천후(陽泉侯) 유표(劉豹) 등이 상소를 올려 말하기를, 마땅히 즉위하여 한의 고조와 효경황제의 사업을 계승하여야 함으로 삼가 존호를 올린다고 하였다. 성도(成都)의 무담산(武擔山) 남쪽에서 제위에 올랐다. 제문에 이르기를, "건안 26년(221) 4월 6일[丙午], 황제 유

사용하였다) 몇몇 사람들이 저술한 사서를 살펴보더라도 「본기」와 「열전」의 체례(體例)에 아직 통달하지 못하고 있다. 뛰어난 지혜를 지닌 사람[上智]도 이러하거늘 보통의 재능을 가진 사람[中庸]이 어떠하리란 것은 미루어 알 수 있을 것이다.[14](釋: 이상 두 문단에서는 모두 「본기」를 빌려 「열전」의 잘못을 골라내었다. 먼저 『사기』의 내용을 규명하고, 다음으로 범엽(范曄)과 진수(陳壽)의 경우를 지적하고 있다. 편년을 다른 사람에게 의탁한 경우인데도 오히려 「열전」에 수록하지 않았으며, 편년이 자신을 기준으로 기록한 경우인데도 오히려 「열전」의 이름을 사용하였다. 이는 모두 그 진실을 잃어버린 것이다. 「열전」의 체례가 잘못되었음을 논하는 것은 여기서 그치고 있다)

夫紀傳(一作'傳紀')之不同, 猶詩賦之有別, 而後來繼作, 亦多所未詳. 案范曄『漢書』記.(或作'紀') 后妃六宮, 其實傳也,(從君之年) 而謂之爲紀; 陳壽『國志』載孫·劉二帝, 其實紀也,(用其國年) 而呼之曰傳. 考數家之所作, 其未達紀傳之情乎? 苟上智猶且若斯, 則中庸故可知矣.(釋: 已上兩層皆是借紀剔傳, 先糾『史記』, 此及范·陳. 年託他人者, 反不入傳; 年由我紀者, 反以傳名, 皆失實也. 論傳例之失, 至是止)

---

비는 감히 검정색 소[玄牡]를 써서 황천(皇天)의 상제와 후토(后土)의 신에게 분명히 고합니다. 한은 천하를 소유하고 역수(曆數)는 무궁하였습니다. 이전에 왕망이 찬탈하였을 때 광무제가 진노하여 그를 토벌하고 멸망시켜 사직은 다시 존속시켰습니다. 이제 조조는 무력에 의지하여 황친과 황후를 살육하고 있습니다.", "조조의 아들 조비는 흉악무도함을 계승하여 망녕되이 황제의 자리에 있습니다. 여러 신하와 장수들이 사직이 멸망에 빠진다고 여겨 저 유비에게 이를 맡겨 이조(二祖)의 사업을 잇고 천벌을 집행할 것을 바라고 있습니다.", "전국의 기대가 저 유비 한 사람에게 있습니다.", "삼가 길일을 택하여 백관들과 함께 재단에 올라 황제의 옥새와 그 인끈을 받게 되었습니다." 그리고 연호를 장무(章武)라고 하였다. 권33, 「후주전(後主傳)」에, 연호를 건흥(建興)·연희(延熙)·경요(景耀)·염흥(炎興) 등으로 네 번 고쳤다. **按**: 오와 촉 두 나라 군주의 열전에서는 모두 위의 연호를 쓰지 않았으며, 실제로는 본기의 체재였다.

14 **역주**: 『안씨가훈(顔氏家訓)』 「교자(敎子)」편에, 가장 높은 지혜를 가진 자[上智]는 가르치지 않아도 크게 완성되며, 가장 어리석은 자[下愚]는 가르치더라도 나아지는 것이 없다. 평범한 사람[中庸]은 가르치지 않으면 사람됨을 알 수 없다고 했다.

## 6-4

또한 「열전」을 하나의 체례로 하는 것은 대개 비슷하지만, 사가[述者]에 따라 편찬방법이 다양하고 때에 따라 다르다. 만약 두 사람이 행적이 처음과 끝이 서로 이어진다면 하나의 열전에 그들의 사정을 모두 빠짐없이 포괄한다. 예컨대 진여(陳餘)와 장이(張耳)를 합쳐 한 편(篇)으로 하고,[15] 진승(陳勝)과 오광(吳廣)을 함께 기록한 것이 그것이다.[16] 마찬가지로 사적(事迹)이 매우 작더라도 명망과 품행이 숭상할만하면 다른 사람의 열전에 덧붙여 해당 열전의 첫머리에 표기하였다. 예컨대 상산(商山)의 사호(四皓)에 관한 사적이 「왕길전(王吉傳)」의 첫머리에 있으며,[17] 여강(廬江) 사람 모의(毛義)의 이름이 「유평전(劉平傳)」의 앞에 기록되어 있는[18] 경우

---

15 역주 : 『사기』 권89, 『한서』 권32에 모두 「장이진여열전(張耳陳餘列傳)」이 있어서 두 사람을 함께 배열하고 있다. 장이와 진여는 처음 물경지교(勿頸之交)라 불릴 정도로 가까웠으며 함께 진승 · 오광을 따랐지만, 후일 갈라져 사이가 나빴다. 장이는 유방에게 귀순하여 한이 건립된 후 조왕(趙王)이 되었다.

16 『사기』 권48, 「진섭세가(陳涉世家)」와 『한서』 권31, 「진승항적(陳勝項籍傳)」에 모두 두 사람을 같은 열전에 기록하고 있다.

17 『한서』 권72, 「왕길전(王吉傳)」의 첫머리 서문에, 한이 건국되고 원공(園公) · 기리계(綺里季) · 하황공(夏黃公) · 녹리선생(甪里先生)이 있었다. 이들 네 사람은 진나라 때 상산(商山)으로 피난하였다. 고조가 명성을 듣고 불렀지만 오지 않았다. 여후(呂后)가 유후(留侯)의 계략을 써서 황태자로 하여금 겸손한 말과 편안한 수레로써 맞이하자 그에 따랐다. 네 사람이 황태자를 알현하고 고조는 객(客)으로 받들어 대우하였다. 태자는 그들이 중시 받음을 보고 스스로 마음을 놓았다. 「왕길전」에, 왕길의 자는 자양(子陽)이고 공우(貢禹)와는 친구였다. 세상에서는 '왕길이 관직에 있으면 공우가 벼슬에 나아갈 준비를 한다'라고 이야기하였다.

18 『후한서』 권39, 「유평전」의 첫머리 서문에, 후한이 다시 일어났을 때 여강(廬江)사람 모의(毛義, 자는 少節)는 집이 가난하였지만 효행으로 칭찬을 받았다. 남양(南陽)의 장봉(張奉)이 그 명성을 흠모하여 직접 찾아가 인사를 하려 했다. 마침 그때 모의를 수령(守令)으로 삼는다는 부(府)의 글을 받았다. 모의가 글을 받고 좋아 안색이 들떠 있었다. 장봉이 마음으로 천하게 여겼다. 모의는 모친상을 당하자 벼슬을 그만두고 상복을 입었다. 후일 현량으로 추천되어 관청의 수레가 마중을 갔지만 벼슬에 나서지 않았다. 장봉이 탄식하여 이르기를, '현명한 사람은 분명 추측할 수가 없도다. 지

가 그렇다.(釋 : 한 사람을 수록한 열전의 경우 논하지 않아도 된다. 두 사람을 합친 열전[合傳], 다른 사람의 열전에 부록된 경우[寄傳]는 변형된 체재이기 때문에 추론(抽論)한 것이다. '합전'이란 두 사람의 일을 함께 기록한 것이지만 「유림전(儒林傳)」이나 「순리전(循吏傳)」의 경우는 아니며, '기전(寄傳)'이란 다른 사람의 「열전」 앞에 두어지기는 하지만 「소평전(召平傳)」·「저수전(沮授傳)」의 경우는 아니다)

又傳之爲體, 大抵相同, 而述者多方, 有時而異.(舊有'耳'字) 如二人行事, 首尾相隨, 則有一傳兼書, 包括令盡. 若陳餘·張耳合體成篇, 陳勝·吳廣相參并錄是也. 亦有事迹雖寡, 名行可崇, 寄在他篇, 爲其標冠. 若商(一作'南')山四皓, 事列王陽之首; 廬江毛義, 名在劉平之上是也.(釋 : 單行傳體, 可以不論. 合傳·寄傳, 變體也, 故抽論之. 合傳謂二人合事, 非儒林·循吏之類; 寄傳謂別列傳頭, 非召平·沮授之類)

## 6-5

그 이후 사가들이 서로 이어받으며 저술한 것이 비록 많았지만 이상에서 언급한 「열전」의 원칙은 모두 없어졌다. 옛날의 사서와 같은 것은 단지 덧붙여 기록한다[附出]는 것뿐이다.(釋 : 덧붙여 기록한다는 것은 열전 속에 덧붙여 보이는[附見] 것을 말하는데, 합전(合傳)이나 기전(寄傳)이 이와 비슷한 면이 있다)[19] 덧붙여 기록한다는 의미를 따져보면, 다른 사람의 열전에 덧붙여서 그 이름을 후세에 전하게 하는 것이다. 예컨대 기계(紀季)가 제(齊)나라

난 날에 그렇게 좋아하던 일이 부모상에 변하였도다'라고 하였다. 「유평전」에, 유평의 자는 공자(公子)이고, 본명은 광(曠)이었다. 현종 이후 평(平)으로 고쳤다고 했다.

19 역주 : 그러나 실제로는 그와 별도의 서술방법이라고 할 수 있다. 예컨대 곽거병(霍去病)의 부장(部將) 이채(李蔡)가 「이광전(李廣傳)」에 부견(附見)되고, 조양(曹襄)이 「조참전(曹參傳)에 부견되는 것 등이 그것이다.

에 의탁하기 위해 들어가고,[20] 전유(顓臾)가 노(魯)나라를 섬기는 것은[21] 모두 제후에 부속된 작은 나라[附庸]에 의탁하여 자신을 같은 부류에 두기 위해서다. 그러나 세상에서 명예를 구하고자 하는 사람들은 모두 덧붙여 기록되는 것을 경시하였다. 다른 사람에 의지하여 이름을 남기는 것으로써 칭찬할만한 가치가 없다는 이유 때문이었다. 내가 생각하기에 사서(史書)[竹素][22]에 이름을 남기는 일이 어찌 그 기록이 상세한가 혹은 간략한가의 여부에만 한정되겠는가. 그보다는 그의 사적이 결국 어떠했는가를 살펴야 한다. 예컨대 소평(召平)·기신(紀信)[23]·저수(沮授)[24]·진용

---

20 『좌전』 장공(莊公) 3년(B.C. 691)에, 기계가 휴(酅)를 바치고 제나라로 들어갔다고 했다. 두예(杜預)의 주(注)에, 휴는 기계의 읍이다. 기계는 읍을 바치고 제나라에 들어가 부용(附庸)이 되었다. 선조에 대한 제사는 없어지지 않았다고 했다. 按:『사통(史通)』에서는 노나라의 부용인 전유(顓臾)와 함께 거론하고 있는데 모두 이러한 사실을 가지고 열전에 덧붙여 기록되는 것을 비유한 것이다.

21 역주:『논어』「계씨(季氏)」편에 당시 노나라의 실권자 계씨가 속국이었던 전유(顓臾)를 정벌하려는 과정에서 계씨의 가신이었던 염유(冉有)와 계로(季路)가 스승 공자와 나눈 이야기가 적혀 있다.

22 역주: 죽(竹)은 고대에 글을 쓰던 죽간(竹簡)을 말하고, 소(素) 역시 글을 쓰던 비단[帛]을 가리킨다. 따라서 여기서는 사서를 말한다.

23 소평은 『한서』 권39, 「소하전(蕭何傳)」에, 기신은 『한서』 권31, 「항적전(項籍傳)」에 각각 부록(附錄)되어 있다.

24 『후한서』 권74 상, 「원소전(袁紹傳)」에, 원소가 기주목(冀州牧)으로 있을 때 저수를 별가(別駕)로 삼았다. 저수가 나아가 말하기를, '장군께서는 충의를 분발하여 그 위엄이 황하와 삭주(朔州)에 떨치고 장안에서 황제를 맞이하여 낙양에 종묘를 회복하고 천하를 호령하니 그 공이 어려운 것이 아닙니다'라고 했고, 흥평(興平) 2년(195)에 황제의 행차가 이각(李傕)에 의해 쫓기게 되었을 때 저수가 말하기를, '서쪽에서 황제를 맞이하여 곧 업(鄴)에 궁을 짓고 도읍을 정하여 황제를 끼고 제후에게 군림하면 무사와 말을 비축하여 부도(不道)함을 토벌한다면 누가 능히 막으리오?', '만약 일찍이 결정하지 않으면 반드시 먼저 하는 사람이 있을 것이요'라고 하였지만 원소가 따르지 않았다. 원소가 허(許)를 공격했을 때 저수는 조조의 군사에게 잡혀 있었다. 크게 소리를 질러 말하기를, '저수는 항복하지 않았오. 잡혀 있을 뿐이요'라고 하자 조조는 '국가가 아직 정하여지지 않았으니 나는 그대와 함께 큰 일을 도모하고자 하오'라고 하자 저수가 말하기를, '빨리 죽는 것이 복이요'라고 하였다. 이에 그를 죽였다. 장회태자(章懷太子)의 주(注)에, 『헌제전(獻帝傳)』에 이르기를, 저수는 광평(廣平)사람이라 했다. 『존연루집(存研樓集)』에 근래에 의흥(宜興) 저회원(儲會元) 대문(大文)이 「저수보전(沮授補傳)」을 편찬했다고 했다.

(陳容)[25]과 같은 사람들은 혹은 기이한 계책을 운용하고, 혹은 남다른 충절(忠節)을 세웠기 때문에 사후에도 그 이름이 영원히 전해져 오늘날까지도 사람들이 칭송하고 있는 것이다. 어찌 그들의 이름으로 편찬된 「열전」이 있고 난 후에야 그 공적이 비로소 세상에 남아 전해지게 되었다고 하겠는가?(釋 : 다른 사람의 「열전」에 덧붙여 전할 수는 있지만 아무나 다 실릴 경우 비루해 질 것이다) 아! 『사기』와 『한서』이래 국사(國史)에 실린 사람들은 많아졌다. 그 중에는 생전에 그렇다할 명성이 없었고 죽어서도 별다른 사적이 없기 때문에 담론자(談論者)들이 그들의 사실을 인용할 수 없었고, 강습(講習)을 맡은 사람들은 그의 이름을 기억하기가 어려웠다. 그런데도 쓸데없이 사전(史傳)에 열거하여 망령되이 편목(篇目)만 차지하고 있다. 이러한 사람들을 어찌 모두 기록할 수 있겠는가! 옛날 사람들이 죽고 나서 불후(不朽)[26]하기가 어려웠던 것은 대개 이런 이유 때문이었다.(釋 : 앞 문장

25 『삼국지』 권7, 「위지」 「장홍전(臧洪傳)」에, 장홍이 동군(東郡)을 다스리고 있을 때 원소가 군대를 동원하여 그를 죽였다. 장홍과 같은 고향사람 진용(陳容)은 어릴 적 서생(書生)시절부터 장홍을 흠모하고 그를 따라 동군의 승(丞)이 되었다. 장홍이 죽음을 당하는 것을 보고 원소에게 말하기를, '장군께서는 천하를 위해 포악함을 제거한다고 하면서도 오히려 오로지 먼저 충성스럽고 정의로운 사람을 죽이려하니 어찌 하늘의 뜻에 맞을 수 있겠습니까?' 하니 원소가 부끄러워 사람을 불러 강제로 밖으로 끌어내게 하면서 말하기를, '너는 장홍의 동료가 아니거늘 어찌 헛되이 죽으려 하는가?'라고 하자 진용이 돌아보며 말하기를, '인의가 어찌 항상 존재할 수 있겠소? 그것을 실천하면 군자가 되고, 그것을 저버리면 곧 소인이 되는 것이오. 오늘 차라리 장홍과 같은 날 죽는 것이 장군과 더불어 같은 날에 사는 것보다 더 낫다고 생각하오'라고 하고, 그 역시 죽음을 당했다. 원소와 함께 있던 사람 중에 탄식하지 않는 이가 없었다. 가만히 서로 말하기를, '어찌 하루아침에 충성스런 열사(烈士)를 두 명이나 죽인단 말인가!'라고 하였다.

26 역주 : 『좌전』 양공(襄公) 24년(B.C. 549)에, "(목숙(穆叔)이 진(晉)나라에 갔을 때 범선자(范宣子)가 그를 맞이하면서 묻기를) '옛 사람의 말에 죽어도 썩지 않는다[死而不朽]고 하는 말이 있는데, 이는 무엇을 이르는 것이오?'라고 묻자, (목숙이 대답하길) '제가 들은 바로는 최상의 것은 덕행을 베푸는 것[立德]이고, 그 다음은 공을 세우는 것[立功]이며, 그 다음은 훌륭한 말을 남기는 것[立言]이라고 했습니다. 비록 사람이 죽은 지 오래되었다고 하더라도 그의 덕과 공과 말씀이 폐기되지 않을 때 이를 일컬어 '삼불후(三不朽)'라고 하는 것입니다. 가문을 보전하고 종묘를 지켜 제사가 끊어지지 않도록 하는 것은 어느 나라에서나 하는 일입니다. 세록(世祿)이 크다고 하여 '불후'라고 할 수는 없는 것입니다'라고 하였다."

의 "그 이후[自玆已後]"부터 마지막 문장까지는 내용이 더욱 심원하다. 과연 자그마한 단서들이 모두 사서에 실려 불후할 수 있다면 어찌 이름을 날리는 경우가 더욱 많아지고 후세에 이를 모두가 따르는 것을 경계하며 홀로 꿋꿋하게 원칙을 지킬 수 있겠는가)

自玆已後, 史氏相承, 述作雖多, 斯道(一作'多')都廢. 其同於古者, 唯有附出而已.(釋 : 附出, 謂附見傳中, 因合·寄二項觸及之) 尋附出之爲義, 攀列傳以垂名, 若紀季之入齊, 顓臾之事魯, 皆附庸自托, 得厠(舊有'於'字)朋流. 然世之求名者, 咸以附出爲小. 蓋以其因人成事, 不足稱多故也. 竊以書名竹素, 豈限詳略, 但問其事竟如何耳. 借如召平·紀信·沮授·陳容, 或運一異謀, 樹一奇節, 幷能傳之不朽, 人到於今稱之. 豈假編名作傳, 然後播其遺烈也.(釋 : 假附出之可傳, 引濫登之可鄙) 嗟乎! 自班·馬以來, 獲書於國史者多矣. 其間則有主無令聞,(一作'問') 死無異(一作'遺')迹, 用使游談者靡徵其事, 講習者罕記其名, 而虛班史傳, 妄占篇目. 若斯人者, 可勝紀哉! 古人以沒而不朽爲難, 蓋爲此也.(釋 : 自'自玆以後'至末, 寓情尤遠. 果可片端不朽, 奚須揚厲滋多. 儆後波靡, 屹然砥柱)

按 : 처음에 「열전」에는 체례를 어지럽히게 하는 문제점이 없다고 했지만, 또 『사통』이 왜 그렇게 열전과 관련된 말을 많이 했는지 의혹을 가졌고, 오래 생각한 후에야 비로소 문제의 해답을 알게 되었다. 「본기」의 내용을 가지고 「열전」과 관련하여 서로 보충하고 본질을 꿰뚫으며 이르기를, "기(紀)는 곧 기년(紀年)이다. 그 기년을 타인의 것에 의탁한다면 비록 '기'라 칭하여도 실제로는 '전(傳)'이고, 자신의 '기년'을 사용할 경우 비록 '전'이라 칭하여도 실제로는 '기'이다"라고 했다. 단지 몇 마디 말의 판단으로도 '기'의 원칙은 정해지게 된다. 그 연후에 '전'의 체례 역시 분명하게 되는 것이다. 헛되이 겉만 화려하고 실속 없는 풍조가 점점 유행하고 심지어 예사(穢史)가 명성을 떨치게 되어 설사 방서(謗書)라고 칭해지는 것은 면한다고 하더라도 실록의 기풍은 날로 부끄러워지게 되

었다. (사전에 예방하지 못하고) 오히려 편(篇)의 후미에 권선(勸善)의 말을 하는 것 역시 전(傳)을 짓는 사람들의 통병(通病)이다. 사마천은 열전의 첫머리에서, "만약 덕망이 높은 사람에게 의지하지 않는다면 어떻게 그의 명성을 후세에 전할 수 있겠는가"[27]라고 하였다. 유지기는 열전의 체례(體例)를 중시하여, "생전에 좋은 명성이 없는데도 오히려 헛되이 편목(篇目)을 차지하였다"라고 했다. 의도가 다르기는 하였지만 남긴 말의 의의는 매우 깊었다. 국사(國史)는 그 체례가 지존(至尊)한 것인데, 어찌 가승(家乘)과 같아지게 할 수 있겠는가.(初謂列傳宜無紊例之患, 又疑『史通』何多牽涉之辭, 久而後知其解也. 拈出本紀, 連爲互文, 透頂直指, 曰 : 紀者, 紀年也. 年仰他人者, 雖紀實傳; 年得自主者, 雖傳實紀. 片言折獄, 紀法定而後傳例淸焉. 迨乎文勝益流, 甚者騰聲穢史, 縱謗書其或免, 寧實錄之靡慚. 篇後發藥, 又是傳者通病. 子長之倡傳首也, 曰 : 非附靑雲, 烏施後世. 子玄之嚴傳例也, 曰 : 生無令聞, 虛占篇目. 擧意故殊, 贈言彌遠, 國史體尊, 可使夷於家乘哉!)

27　역주 : 이 말은 『사기』 권61, 「백이열전(伯夷列傳)」 태사공왈(太史公曰)에 보인다.

# 『사통통석』 권3

# 「표력(表曆)」 제7

**표는 세계(世系)와 연월(年月)을 순서로 했기 때문에 역(曆)이라 했다.**[表以世系 · 年月爲行次, 故曰曆]

원래 「표」는 「본기」와 마찬가지로 사관의 기록인 연대기 · 계도(系圖) · 역(曆) 등을 자료로 하여 만든 것이다. 사마정(司馬貞)은 「표」는 '밝다'는 의미를 가지며, 사실이 아주 작아 드러나지 않는 것을 드러내어 밝히고자 하는 것임으로 '표(表)'라고 한다"(『사기색은(史記索隱)』 「삼대세표(三代世表)」)고 했다. 따라서 「표」의 의미는 아주 작은 일을 선명하게 드러내는 것, 또는 「본기」와 「열전」의 기록이 미치지 못하는 부분을 확대하여 서술하는 것을 의미하기도 한다. 사마천은 「태사공자서」에서 「표」를 설정한 이유를, "(사적(事迹)에는) 혹 시대가 같은 것도 있고, 다른 것도 있어서 연대의 차이가 분명치 않으므로 10「표」를 만들었다"라고 하였다. 『사기』의 경우 「표」는 「본기」와 「세가」의 중간에 위치하고 있지만 「세가」와의 관련성이 더 많다. 청대 조익(趙翼 : 1727-1824)은 "『사기』가 10「표」를 작성한 것은 주(周)의 보(譜)를 모방한 것으로 전기(傳記)와는 그 기록방식이 조금 다르다고 했고, 왕후장상(王侯將相) 가운데 공이 큰 자는 이미 「열전」에 기록되었으나 공적도 과실도 없는 중요 관료의 경우 사마천은 독립된 열전을 쓸 필요성을 느끼지 않았다. 그러나 그렇다고 완전히 무시할 수도 없어서 그들을 「표」 속에 기록했던 것이다. 사마천이 창조한 체제 중에서 이 이상 찬양할 것이 없다"[1]고 칭찬하기도 하였다. 사마천이 『사기』의 10「표」를 작성한 이후 『한서』와 『동관한기(東觀漢記)』 등에서도 이를 따랐다. 그 후 진수의 『삼국지』나 범엽의 『후한서』로부터 당(唐) 초기 관찬의 『진서(晉書)』와 『수서(隋書)』에 이르기까지 모두 「표」를 설정하지 않았다. 그러나 송대(宋代) 이후 『신당서(新唐書)』로부터 역대 정사(正史)에는 모두 「표」를 설정하였다.

이 같은 「표」에 대하여 유지기는 기본적으로 부정적 견해를 가지고 있었다. 그는 사서와 관련하여 문장은 간략하고 요령이 있는 것을 귀하게 여기고, 언어는 번거롭고 복잡한 것을 싫어하였다. 따라서 「표」를 통해 다시 번거롭고 복잡해지는 것을 반대하였다. 특히 『사기』의 「표」를 비판하여 「본기」와 「세가」 그리고 「열전」의 기록을 대조하면 충분히 살필 수 있는데도 불구하고 그것들을 「표」에 거듭 열거하여 번잡함을 더함으로써 잘못되었고, 실제로 쓸모 없는 기록이 되었다고 비판하였다. 그렇다고 해서 모든 「표」를 부정적으로 인식하였던 것은 아니다. 춘추전국시대의 경우 천하를 다스리는 군주가 없고 여러 제후국들이 대치하고 있으면서 각자 자신들만의 기년(紀年)을 가지고 있었다. 만일 「표」에 배열하여 그 연대를 통일하면 각 나라가 처한 연대를 한꺼번에 다 볼 수 있는 장점이 있다고 하였다. 따라서 「십이제후연표(十二諸侯年表)」와 「육국연표(六國年表)」의 경우 각 제후국의 연대를 통일적으로 파악할 수 있다는 점에서 긍정적으로 평가하였고, 이 같은 관점에서 최홍(崔鴻)이 저술한 「십육국연표(十六國年表)」는 구분이 분명하여 『사기』·『한서』 등의 「표」와 비교하여 절실(切實)하다고 평가하였다. 그러나 한대(漢代) 이후 통일된 천하에서 「표」를 통하여 연수를 드러내는 것은 번거로울 뿐 의미가 없다고 하였다. 이는 이미 중앙의 조정이 역수(曆數)를 통제하고 새로운 황제지배체제 하에서 과거 제후들을 통일적으로 살피기 위해 설정한 「표」는 적절하지 않다는 것이다. 특히 『한서』 「고금

1 역주 : 趙翼, 『二十二史箚記』 권1, 「各史例目異同」, "表"條.

인표(古今人表)」의 경우 단대사를 다루는 『한서』에 고금의 인물을 다루는 것이 매우 부적절한 것이라 비판하였다.

## 7-1

대개 보(譜)라는 명칭은 주대(周代)에 비롯되었고, 표(表)는 보의 형식에 근거하여 만들었다. 때문에 환담(桓譚)[2]이 말하기를 "사마천[太史公]의 「삼대세표(三代世表)」는 종횡으로 계보(系譜)를 구성한 것으로서 모두 『주보(周譜)』를 본받은 것이다"[3]라고 하였으니, 이것이 그 증거가 아니겠는가.(釋

2 『후한서』 권28상, 「환담전」에, 환담(B.C. 40-A.D. 31)의 자는 군산(君山)으로 패국(沛國)의 상(相) 사람이다. 광무제가 즉위하자 조서를 담당하였다. 영대(靈臺)가 있는 곳에서 회의를 하면서 황제가 말하기를, "나는 참(讖)으로서 결정하고자 한다"라고 하자, 환담이 지극하게 참서의 부당함을 말하였다. 황제가 노하여 육안군(六安郡)의 승(丞)으로 쫓아냈다. 이전에 환담의 저서 29편을 『신론(新論)』이라 불렀다. 역주 : 환담은 유가로써 음악을 좋아하고 박학다식하여 오경을 두루 학습하고, 천문에 정통하여 혼천설(渾天說)을 주장했다. 그는 전한 육가(陸賈)의 『신어(新語)』와 유향(劉向)의 『신서(新書)』에 자극 받아 자신의 저서를 『신론(新論)』이라 명명하였다. 이 책의 내용은 정치뿐만 아니라 철학, 자연과학, 문학, 예술 등 여러 분야에 걸쳐 언급하고 있다. 환담은 특히 당시 성행하던 참위(讖緯)와 신선, 불로장생술 등을 엄격히 비판하였고 천명론(天命論)을 배척하여 후일 무신론(無神論)으로 유명하였다. 후한의 왕충(王充)이 『논형(論衡)』에서 환담의 견해를 지지하였다.

3 『사기』 권14, 「십이제후연표」의 서(敍)에, 태사공이 『춘추역보첩(春秋曆譜牒)』을 읽었다고 했다. 『양서(梁書)』 권50, 「문학전(文學傳)」 하, 『유향전(劉香傳)』에, 왕승유(王僧儒)가 황제의 명을 받아 보첩을 편찬하면서 유향을 방문하여 혈맥의 비롯됨을 물었다. 유향이 말하기를, '환담(桓譚)의 『신론(新論)』에 「삼대세표(三代世表)」가 종횡으로 계보를 구성한 것은 모두 『주보(周譜)』를 본받은 것'이라고 했다. 이러한 사실로 미루어 볼 때 주나라에서 비롯되었다고 할 수 있다고 했다. 按 : 구양수 『오대사(五代史)』의 여러 세가들의 명보(名譜)는 여기에서 비롯된 것이다. 역주 : 『사기』 권130, 「태사공자서」에도, 하 · 상 · 주 3대는 너무 오래되어서 그 년기(年紀)를 고찰할 수 없다. 대개 보첩(譜牒)이나 옛날 문헌을 취하고, 이에 근거하여 대략 추측하여, 「삼대세표」를 지었다고 했다. 청대 홍이손(洪飴孫)의 『사목표(史目表)』에서는 여기서 언

: 가장 먼저 표의 기원과 그 격식을 살피고 있다)

蓋譜之建名, 起於周代,(一作'氏') 表之所作, 因譜象形. 故桓君山有云: "太史公「三代世表」, 旁行邪(通'斜')上, 並效周譜." 此其證歟?(釋: 首原表所由起與其格式)

## 7-2

무릇 표(表)의 형식을 이용하여 당시에 일어난 일을 서술하고 그것을 보첩(譜牒)에 기재하는 경우라면 혹 취할만하겠지만, 이를 사서(史書)에 싣는 것은 이치에 맞는다고 볼 수 없다. 무엇 때문인가? 『주역(周易)』에서는 육효(六爻)로서 변화를 자세하게 살피고,[4] 『춘추(春秋)』 경에서는 글자 하나로 포폄(褒貶)을 나타내며,[5] 『공양전(公羊傳)』에서는 '오시(五始)'를, 『시경(詩經)』에서는 '육의(六義)'를 포함하고 있다.[6] 그러므로 문장은 간략하

---

급한 『주보(周譜)』는 『세본(世本)』을 가리킨다고 하였고, 진한장(陳漢章)은 『사통보석(史通補釋)』에서 『한서』 권29, 「구혁지(溝洫志)」에 실린 왕횡(王橫)이 인용한 『주보(周譜)』와 관련하여 그 내용이 『세본』처럼 단순히 성씨의 세계(世系)만을 기록한 것이 아니라 하였다. 趙呂甫, 『史通新校注』, p.125 주)6 참조.

4 역주: 『역(易)』 「계사(繫辭)」 상에, 육효(六爻)의 움직임은 천(天)·지(地)·인(人) 세 가지의 도를 나타내고 있다고 했다. 육효란 육십사괘(六十四卦)의 각 괘(卦)의 여섯 획을 말한다.

5 역주: 두예의 『춘추경전집해서(春秋經傳集解序)』에, 『춘추』가 비록 글자 하나로 포폄(褒貶)을 나타내기는 하지만, 몇 구절이 합쳐야만 제대로 된 문장이 된다고 하였다. 포폄이란 춘추필법을 대표하는 것으로 예컨대 어떤 인물을 기록하면서 칭찬할 경우 그의 자(字)를 쓰고, 비판하여 깎아 내릴 경우 그의 이름을 기록하는 것이 그 한 가지 예이다.

6 '육의'는 자하(子夏)의 『시서(詩序)』에 보인다.(역주: 육의란 풍(風)·부(賦)·비(比)·흥(興)·아(雅)·송(頌) 등을 가리킨다. 이 중 풍·아·송은 시가(詩歌)의 세 가지 체제 혹은 음악상의 분류를 말하고, 나머지 부·비·흥은 세 가지 예술적 표현수단을 말

고 요령이 있는 것을 귀하게 여기고, 언어는 번거롭고 복잡한 것을 싫어함을 알 수 있다. 어찌 반드시 자세한 사정이 거듭 열거되어야 비로소 두루 갖추었다고 칭하는 것인가?(釋 : 이 구절에서는 사가들에게 반드시 표가 있을 필요는 없다는 점을 널리 제시하였다)

夫以表爲文, 用述時事, 施彼譜牒,(舊本作'曆') 容或可取, 載諸史傳, 未見其宜. 何則? 『易』以六爻窮變化, 『經』(『春秋』)以一字成褒貶, 『傳』包五始, 『詩』含六義. 故知文尙簡要, 語惡煩蕪, 何必款曲重沓, 方稱周備.(釋 : 此節泛提史家不必有表)

## 7-3

사마천의 『사기』를 보면 곧 그렇지 않다. 천자를 기록하는 것으로는 「본기」가 있고 제후에게는 「세가」가 있으며 공경(公卿)이하에게는 「열전」이 있어서, 후손의 조상에 대한 종묘에서의 신주를 모시는 차례[昭穆][7]

---

한다) '오시'는 『공양전』 은공(隱公) 원년의 주(注)에, 즉위라는 것은 일국(一國)의 시작이다. 정(政)이란 바르게 시작하는 것보다 큰 것이 없다. 때문에 먼저 정월을 말하고 그 후에 즉위를 말한 것이며, 먼저 왕을 말하고 그 후에 정월을 말한 것이며, 먼저 춘(春)을 말하고 그 후에 왕을 말하는 것이며, 먼저 기원[元]을 말하고 그 후에 춘을 말하는 것이다. 이 다섯이 같은 날 함께 보이는 것은 바로 천인(天人)의 커다란 근본이다. 『공양전』 소(疏)에 대정(大正)이 시작되었으므로 『춘추』가 '오시'를 지었다고 했다. 역주 : 『한서』 권64하, 「왕포전(王褒傳)」의 안사고(顏師古)의 주에는 장안(張晏)의 말을 인용하여, 오시(五始)를 원(元)은 기(氣)의 시작이요, 춘(春)은 사시(四時)의 시작이요, 왕(王)은 수명(受命)의 시작이요, 정월은 정교(政敎)의 시작이요, 공즉위(公卽位)는 일국(一國)의 시작이라고 했다.

7 역주 : 『한서』 권73, 「위현성전(韋玄成傳)」에, 예(禮)에 이르기를, 왕자(王者)로서 처음 수명(受命)하거나, 제후로서 처음 봉해진 군(君)을 모두 태조(太祖)라고 한다. 그 이하의 경우 사후(死後) 오대(五代)가 지나면 계속하여 묘(廟)를 헐고, 그 신주는 태조의 묘에 모신다. 5년마다 다시 크게 제사를 올리는데 이를 체(禘)·겹(祫)이라 한다. 겹

에 대한 것이나 연월과 직관 등은 모두 각기 그에 적당한 편(篇)에서 설명하고 있기 때문에 서로 대조하여 자세히 살피면 쉽게 알 수 있다. 그런데도 그것들을 「표」에 거듭 열거하여 번잡하게 하였으니 어찌 잘못된 것이 아니겠는가?(釋 : 이 부분은 사마천의 『사기』의 내용을 통해 위에서 말한 뜻을 거듭 말하고 있다) 뿐만 아니라 「표」를 편목(篇目)에 배열하고, 사서에 편성(編成)하고 있으니 「표」가 있어도 더해지는 것이 없고, 없다고 해도 손해 될 것이 없다. 때문에 읽는 사람들이 모두 먼저 「본기」를 보고 나서 바로 「세가」로 넘어간다.[8] 「표」는 그 중간에 있는데도 묶어놓고 보지 않으니 그 쓸모없음을 어찌 말로 다할 수 있겠는가!(釋 : 여기에서는 곧 편목의 순서를 말하고 있는데, 「표」가 「본기」와 「세가」 사이에 끼어 있어서 보는 사람들이 왕왕 건너뛰고 있음을 불만으로 여기고 있다)

觀(一作'睹')馬遷『史記』則不然矣.(一作'夫', 屬下句) 天子有本紀, 諸侯有世家, 公卿以下有列傳; 至於祖孫昭穆, 年月職官, 各在其篇, 具有其說, 用相考覈, 居然可知. 而重列之以表, 成其煩費, 豈非謬乎?(釋 : 此層貼到遷史, 申說上意) 且表次在篇第, 編諸卷軸, 得之不爲益, 失之不爲損. 用使讀者莫不先看本紀, 越至世家, 表在(一有'乎'字)其間, 緘而不視, 語其無用, 可勝道哉!(釋 : 此層就編次言, 嫌其夾置本紀 · 世家之間, 觀者往往越過)

---

제(祫祭)는 훼묘(毁廟)와 아직 훼묘하지 않은 신주를 모두 태조묘에 제향(祭享)하는 것을 말하고, 부대(父代)를 소(昭), 자대(子代)를 목(穆)이라 한다. 그 손대(孫代)를 다시 소(昭)라 하였는데, 이것이 고대 정통의 예(禮)이다.

8 역주 : 『사기』는 권1-권12가 「본기」, 권13-권22가 「표」, 권23-권30이 「서(書)」, 권31-권60이 「세가」, 권61-권129가 「열전」, 권130이 「태사공자서(太史公自序)」이다. 따라서 「본기」와 「세가」 사이에 「표」와 「서」가 있다.

## 7-4

후에 와서 반고의 『한서』와 『동(東)』(原注 : '동'은 『동관한기(東觀漢記)』를 가리킨다) 두 사서가 각각 『사기』를 본받아 서술하면서도 미혹함을 깨닫지 못하였으니, 이는 미친 사람을 그대로 쫓아가는 것과 다름이 없다.[9](釋 : 『한서』와 『동관한기』가 그것을 모방하기에 이르러 비로소 멈추었다. ○이하 조목별로 자세히 논하였다) 만일 반드시 각종 「표」 가운데 적절한 것을 골라 굳이 사서에 집어넣어야 한다면 곧 여러 제후국들의 연표[列國年表]의 경우는 혹 보존할 만하다. 무엇 때문인가? 춘추전국시대에는 천하를 대표할만한 군주가 없이 군웅은 할거하여 각자 자신들만의 기년(紀年)을 가지고 연대를 계산하였기 때문이다. 만일 이것을 배열하여 「표」로 만들고, 「표」를 이용하여 연대를 통일하면 각 나라가 처한 연대를 일목요연하게 볼 수 있다. 양한(兩漢)시대에 역수(曆數)를 통제하고[10] 사해(四海)가 이미 일가(一家)를 이루었으며, 공경(公卿)은 이미 모두 신하가 되었고 왕후(王侯)는 단지 군현(郡縣)에 지나지 않았으니 어찌 연대를 따로 표기하여 천자의 연대와 구별할 필요가 있는가!(釋 : 이 구절에서는 『사기』가 종합한 내용이 열국(列國)의 시대에는 필요한 것이지만, 일통(一統)의 시대에는 반드시 있을 필요가 없다는

---

9 역주 : 『한비자(韓非子)』 「설림(說林)」 하에, 미친 사람이 동쪽으로 달려가면 쫓는 사람도 동쪽으로 뛴다. 미친 사람이나 쫓는 사람이나 동쪽으로 뛰는 것은 동일하지만, 각기 그 동기가 다르다. 따라서 같은 일을 하는 사람들도 결코 같은 동기에서 비롯하고 있지 않으니 잘 조사해보아야 되는 것이라 했다.

10 역주 : 『수서(隋書)』 권49, 「우홍전(牛弘傳)」에, 우홍이 개황(開皇) 초 산기상시 · 비서감이 되어 전적(典籍)의 유일(遺逸)을 해결하기 위해 헌서(獻書)의 길을 열자는 상표(上表)에 이르기를, 주(周) 무왕(武王)이 황제(黃帝) · 전욱(顓頊)의 도를 묻자, 태공(太公)이 대답하길, 『단서(丹書)』에 있다고 했는데 이를 통해 부명(符命)을 장악하고, 역수(曆數)를 통제하면서[握符御曆] 국가를 소유한 군왕이 어찌 일찍이 『시(詩)』와 『서(書)』에 근거하여 교화를 베풀고 『예(禮)』와 『서(書)』로써 공을 이루지 않은 적이 있는가를 알 수 있다고 했다. 따라서 '역수를 통제한다'는 것은 제왕이 천하를 통치한다는 의미이다.

점을 자세히 말하고 있다)

旣而班·『東』二史,(原注:『東』謂『東觀漢記』) 各相祖述, 迷而不悟, 無異逐狂.(釋:遞到後史效之, 勒仕. ○已下疏論) 必曲爲銓擇, 强加引進, 則列國年表或可存焉. 何者? 當春秋·戰國之時, 天下無主, 群雄錯峙, 各自年世. 若申之於表以統其時, 則諸國分年, 一時盡見. 如兩漢御曆, 四海成家, 公卿旣爲臣子, 王侯才比郡縣, 何用表其年數, 以別於天子者哉!(釋:此節疏言『史記』所綜, 在列國時代則可用之, 至一統之世則不必有)

## 7-5

또한 앞서 말한 것보다 더 지나친 것이 있다. 반고의『한서』「고금인표(古今人表)」는 정말 기이하다. 고금의 인물을 아홉 등급[九品]으로 나누고 천년 동안의 인물들을 망라하였다.[11] 시대를 기준으로 논하자면 그들은 모두 각각 다른 시기의 인물들이며, 성(姓)을 기준으로 말하자면 그들은

11 역주:『한서』 권100하,「서전(敍傳)」 하에, 이 안에 기재된 인명은 모두 광범위하게 수집하여 고금상하에 두루 통하게 하였고, 대략 명호(名號)를 나누고, 9등급으로 그 차례를 나누어「고금인표(古今人表)」第八을 서술하였다고 했고, 권20,「고금인표」 서문에서도, 9등급으로 차례대로 배열하고, 경전(經傳)의 내용을 자세히 살피고, 계승하는 시대의 순서에 맞춰 배열하면서, 고금의 인물 대략을 모두 포함하였다고 했다. 유지기의「고금인표」에 대한 부정적 견해는「자서(自敍)」편에, “나는 어릴 적부터 사물의 도리와 시비를 변별하고 분석하기를 좋아하였는데, 그 중 깨닫게 된 약간의 도리는 모두 내 스스로의 마음에서 얻어진 것이지 다른 사람으로부터 배운 것은 아니었다. 따라서 내가 어릴 적 반고의『한서』와 사침(謝沈)의『후한서(後漢書)』를 읽으면서『한서』의「고금인표」가 수록되어서는 안 된다고 지적한 바 있다. 그리고『후한서』의 경우 갱시제(更始帝)를 마땅히「본기(本紀)」에 수록해야 한다고 했다”는 내용이 보이고, 그 외에도「잡설상(雜說上)」편·「제목(題目)」편·「고금정사(古今正史)」편 등 여러 곳에 보인다.

혈연[族]이 달랐다. 만물은 성질에 따라 비슷한 것끼리 자연스럽게 모이게 마련으로[12] 이미 「열전」에서 선악(善惡)에 따라 분별하여 배열하고, 시대의 선후(先後)에 따라 열거하고 있으니 어찌 구태여 「표」에 의지할 필요가 있겠는가? 뿐만 아니라 「표」 속의 인물들은 위로는 복희(伏羲)로부터 아래로는 진(秦)의 영씨(瀛氏)에 이르기까지 한(漢)나라의 사실을 말하는 것도 아닌데 오히려 『한서』에 편입되어 있으니 마치 비둘기가 까치 둥지를 차지하고[13] 담쟁이덩굴이 소나무에 뒤얽힌 것[14]이나 같다. 군더더기로 붙어 있는 혹[15]을 잘라낼 줄도 모르면서 어떻게 기재의 범위를 결정하겠는가?(釋 : 여기서는 또 반고의 『한서』 「고금인표」의 내용을 지적하여 정말 이해할 수 없는 것이라 반박하고 있다)

又有甚於斯者. 異哉, 班氏之『人表』也! 區別九品, 網羅千載, 論世則異時, 語姓則他族, 自可方以類聚, 物以群分, 使善惡相從, 先後爲次, 何藉而爲表乎? 且其書上自庖犧, 下窮嬴氏, 不言漢事, 而編入『漢書』; 鳩居鵲巢, 蔦施松上, 附生疣贅, 不知翦截, 何斷而爲限乎?(一脫'乎'字. 釋 : 此又摘出班史中「人表」加一駁, 眞屬可怪)

## 7-6

하법성(何法盛)의 『진중흥서(晉中興書)』[16]에 이르러 「표」를 고쳐 「주(注)」

12 역주 : 『역』 「계사(繫辭)」 상에 보이는 문장이다.

13 역주 : 『시경』 「소남(召南)」편의 "작소(鵲巢)"에, 까치가 집 지으매, 비둘기가 들어와 사네[維鵲有巢, 維鳩居之]라고 하였다.

14 역주 : 『시경』 「소아(小雅)」 "규변(頍弁)"에, 담쟁이와 새삼넌출의 덩굴, 소나무에 뒤얽히네[蔦與女蘿, 施於松柏]라고 하였다.

15 역주 : 이는 『장자(莊子)』 「변무(駢拇)」편 첫 구절에 나오는 말이다.

라 하였다.[17] 명목(名目)은 비록 교묘하였지만 번잡하고 중복된 곳 역시 많았다.(釋 : 다른 사서에서 그 명목을 고친 것은 말하지 않았다) 서진(西晉)이 망하고 도읍을 옮겨 남쪽의 양(揚) · 월(越) 지역을 차지하고,[18] 북위(北魏)가 흥성하여 북방의 연(燕) · 대(代) 지역을 통치하는 시기에 있어서, 그들 사이에 각각 참위 정권이 16개가 있어[19] 정통(正統)의 왕조를 따르지 않고 각자 자립하여 군왕이 되었다. 최홍(崔鴻)[20]이 저술한 『십육국연표(十六國年表)』는 구분이 분명하므로 『사기』 · 『한서』 등의 표와 비교하여 그 내용이 더욱 적절하다.(釋 : 여기서는 동진(東晉)과 오호(五胡)의 시기는 국토가 분열

---

16 『당서예문지』에, 하법성의 『진중흥서』 80권이라 했다. 역주 : 『수서경적지』 「사부(史部)」 "정사(正史)"에, 『진중흥서』 78권, 유송(劉宋) 상동태수(湘東太守) 하법성이 편찬하였다고 했다. 『남사(南史)』 권33, 「서광전(徐廣傳)」에 부록된 치소(郗紹)에 관한 기록에, "당시 고평(高平) 사람 치소 역시 『진중흥서』를 쓰고 있었는데 여러 차례 그 책을 하법성에게 보여주었다. 법성이 의도를 가지고 치소에게 말하기를, '경은 이름과 지위가 이미 귀달(貴達)하였으니 다시 이 책을 통해 명성이 더 커지기를 바라지 않아도 되지만, 나는 한사(寒士)로써 세상에 아무 것도 알려진 것이 없다. 원굉(袁宏) · 간보(干寶)같은 사람은 저술에 힘입어 후세에까지 이름을 남겼으니 그 책을 나에게 주기를 희망하오'라고 했지만, 치소가 동의하지 않았다. 책이 완성되자 서재에 두었다. 어느 날 법성이 치소를 만나러 왔다가 집에 없자 곧장 서재로 들어가 책을 훔쳐갔다. 치소가 돌아와 책을 잃어버린 사실을 알았지만 베껴둔 책이 없었다. 그리하여 세상에는 하법성의 책이 유행하게 되었다"라고 했다.

17 역주 : 「제목(題目)」편에서는 "하법성(何法盛)의 『진중흥서(晉中興書)』는 '지'를 다시 '기(記)'로 고쳤다. 이는 곧 옛 명칭을 고치는 것을 귀하게 여긴 것이지 아직 새로운 것을 취했다고는 볼 수 없다"라고 했고, 이에 대하여 포기룡(浦起龍)은 하법성이 질명(帙名)을 고치기는 했지만, 마찬가지로 언급할 만한 것이 없었다고 했다. 그리고 「서지(書志)」편에서는 책명을 밝히지는 않았지만 하법성이 '지(志)'를 '설(說)'이라고 하였다고 했다.

18 역주 : 서진(西晉 : 265-316)은 민제(愍帝) 때 멸망하고, 원제(元帝) 사마예(司馬睿)가 장강 이남인 건업(建業) 즉 현재의 남경(南京)지방에 317년에 동진(東晉)을 건립한 이래 419년까지 존속하였다.

19 십육국(十六國)에 대한 상세한 것은 「외편」 「고금정사」편, 최홍(崔鴻)의 『십육국춘추』 조에 보인다.

20 역주 : 북위(北魏)의 사가로서, 자는 언란(彦鸞)이다. 중산대부(中散大夫) · 황문시랑(黃門侍郎) · 산기상시(散騎常侍) 등을 역임하였으며, 국사편찬에도 관여하였다. 편찬한 책으로는 『십육국춘추』 100권과 「서례(序例)」와 「연표」가 각각 1권이 있다. 이 책은 현재 전하지 않는다. 최홍의 열전은 『위서(魏書)』 권67, 『북사』 권44에 있다.

되어 있었기 때문에 마땅히 「표」를 사용해야 한다고 했다. 그러나 당나라 때 편찬한 『진서(晉書)』에 십육국에 관한 표를 설정하지 않은 것은 역시 당연히 있어야 할 것을 빠뜨린 것이다)

至法盛書載中興, 改表爲注, 名目雖巧, 蕪累亦多.(釋 : 言他史改其名目亦無謂) 當晉氏播遷, 南据揚 · 越, 魏宗勃起, 北雄燕 · 代; 其間諸僞, 十有六家, 不附正朔, 自相君長.(一作'臣') 崔鴻著表, 頗有甄明, 比於『史』 · 『漢』群篇, 其要爲切者矣.(釋 : 此推到東晉五胡, 國分土裂, 宜用之. 然則唐修『晉書』不爲十六國立表, 亦闕典也)

## 7-7

예컨대 제자소설(諸子小說)이나 편년잡기(編年雜記) 중 위소(韋昭)의 『동기(洞紀)』[21]나 도홍경(陶弘景)의 『제대연력(帝代年曆)』(옛날에는 『제왕력(帝王曆)』이라고 했다)[22]과 같은 것은 모두 표에 근거하여 책을 완성한 것이다. 그러

21 위소는 즉 위요(韋曜)이다. 『삼국지』 권65, 「오지」 「위요전」에, 손호(孫皓)가 위요(204-273)를 감옥에 보냈는데, 위요가 옥리를 통해 상소하여 이르기를, "저의 심정은 처참하고 고통스럽지만 사사로이 마음속에 품고 있는 것이 있어 황제께 아뢰옵니다. 저는 옛날 세간에 있던 고대 역법의 주(注)를 보게 되었는데 기재된 것에는 허무한 것이 많았으며 경서와 전적의 기록과도 또 섞여 잘못된 부분이 있었습니다. 죄인이 경전의 기록을 찾아 이동(異同)을 살펴 대조하고, 또 보고 들어 수집하게 된 자료를 모아 『동기』를 만들었습니다. 복희(伏羲)로부터 시작하여 진 · 한에 이르기까지 모두 3권으로 되어 있습니다. 황무(黃武) 연간 이래 따로 한 권을 더 만들었는데 아직 완성하지 못했습니다"라고 했다. 역주 : 『수서경적지』 「사부(史部)」 "잡사(雜史)"에, 『동기(洞紀)』 4권은 위소(韋昭)가 편찬하였는데, 포희(庖犧)이래 한의 건안(建安) 27년까지를 기록하였다고 했다. 한이 멸망한 해는 건안 25년(220)이지만 손권의 즉위년(222)까지를 한의 기원으로 여겼던 것이다.

22 『남사(南史)』 권76, 「은일전(隱逸傳)」에, 도홍경(456-536)의 자는 통명(通明)이고 말릉(秣陵)인이다. 오행 · 성산(星算) · 지리 · 의술 등에 밝았다. 『제대연력(帝代年曆)』을 지

나 원래 국사(國史)의 부류가 아니었으므로 보류해두고 더 이상 설명하지 않는다.(釋 : 마지막은 「표」로서 단행본을 대신하였다고 마무리하였다)

若諸子小說, 編年雜記, 如韋昭『洞紀』· 陶弘景『帝代年曆』.(舊作『帝王曆』) 皆因表而作, 用成其書. 旣非國史之流, 故存而不述.(釋 : 末以表代單行之書結之)

按 : 삼국시대부터 남북조에 이르기까지 사서에는 모두 「표」가 없었다.(『후한서』에도 처음에는 「표」가 없었는데 송(宋) 웅방(熊方)이 보완하여 삽입하였다. 현재의 판본에는 수록되어 있다. 따라서 삼국시대부터라고 단언한 것이다) 유지기는 나라가 나누어져 있을 때는 「표」가 있어도 되지만 천하가 통일되었을 때는 반드시 있을 필요가 없다고 했다. 때문에 이는 약간을 짐작할 수 있고 지엽(枝葉)을 정리할 수 있는 말이지만, 역시 후세에 출현한 각종 정황을 개괄하기는 어렵다. 사법(史法)으로 헤아리고 시의(時宜)로써 참조함으로서 가깝기가 종방(宗房)과 같고, 부귀함이 재집(宰執)과 같은데도 열전에 실리지 않았더라도 그 이름을 결국 매몰시킬 수는 없었으므로 모두 「표」를 사용하여 그들을 개괄하였던 것이다. 이 역시 엄밀하면서도 합리적인 방법 중 하나였다. 귀안(歸安) 제학(提學) 오대수(吳大受)가 말하기를 국사(國史)에 「표」가 있는 것이 번잡한 것 같지만 실제로는 간단·명료한 것이라고 했다.(表自三國而下, 暨乎南 · 北朝, 皆無之.(『後漢書』初亦無表, 宋熊方補入. 今本旣有, 故斷自三國言之)劉氏謂分國時可有, 一統時不必有, 故是酌分寸 · 刊枝葉之言, 然亦難以概後世矣. 揆之史法, 參以時宜, 親若宗房, 貴如宰執, 傳有所不登, 名未可竟沒, 胥以表括之, 亦嚴密得中之一道哉! 歸安吳提學大受言, 國史有表似煩文, 實省文)

---

어 한(漢) 희평(熹平) 3년 정축일(丁丑日)인 동지(冬至)에 가시(加時)가 일중(日中)에 있었다고 했지만 실제로는 을해일(乙亥日)의 동지에 가시(加時)가 야반(夜半)에 있었기 때문에 그 차이가 삼십팔각(三十八刻)이나 되었다는 것을 알게 하였다. 이는 한력(漢曆)이 실제 천체의 운행보다 이틀하고도 십이각(十二刻)이 늦는다는 것을 추산한 것이다. 죽고 나서 시호를 정백선생(貞白先生)이라 하였다. 『통지(通志)』「예문략(藝文略)」에도 『제왕연력(帝王年曆)』을 지었다고 했다.

외편(外篇)의 「잡설(雜說)」편에 이르기를, "태사공(太史公)이 「표」를 창제한 것을 보니, 비록 북쪽의 연(燕)과 남쪽의 월(越)처럼 만리나 멀리 떨어져 있다하더라도 「표」에서는 직경 한 치 내에서 개의 이빨처럼 서로 맞물리면서 이어져 있고, 제왕(帝王)의 전세(傳世)[昭穆]가 오래되었더라도 사방의 한 치 속에서 기러기 행렬처럼 질서 있게 그 서열을 파악할 수 있다. 그리하여 독자들로 하여금 일목요연하게 자세히 이해할 수 있게 하였다"라고 했다. 곽연년(郭延年)의 『사통평석(史通評釋)』에는 이러한 내용을 근거로 「표력(表曆)」편의 관점을 비판하였는데 매우 일리가 있는 것이었다. 이는 대개 『사통』의 내 · 외편이 동시에 쓰여진 것이 아니기 때문에 각기 아직 확정되지 않은 관점을 담고 있었다. 따라서 이 둘을 서로 참조하여 절충하여 보면 당연히 도움이 된다.(外篇「雜說」云 : 觀太史公之創表也, 燕 · 越萬里, 而徑寸之內犬牙可接; 昭穆九代, 而方尺之中雁行有序. 使讀者擧目可詳. 郭『評』據此以駁玆篇, 良是. 大抵內 · 外篇非出一時, 互有未定之說, 兩存參取, 折衷用之, 不爲無助)

근래의 사명(四明)사람 만사동(萬斯同)[季野]은 사서를 보완하여 『역대사표(歷代史表)』 60권을 지었다. 논자들은 그를 사학의 공신(功臣)이라 추앙(推仰)하였다.(近時四明萬季野氏補作『歷代史表』六十卷, 論者推爲史氏功臣云)

# 「서지(書志)」 제8

**서론**(序論) · **논천문**(論天文) · **논예문**(論藝文) · **논오행**(論五行) · **후론**(後論). ○**위 오항**(五項)**에 대한 구주**(舊注)**는 맞지 않는다. 본래 원문이 아님으로 이제 바르게 고친다.**[序論 · 論天文 · 論藝文 · 論五行 · 後論. ○五項舊注未協, 本非原文, 今刊正]

사마천은 「태사공자서」에서, "시대에 따라 예(禮)와 악(樂)에 증감이 있고, 음률과 역법의 개혁이 있었다. 산천에 관한 일, 여러 신에 관한 일, 하늘과 사람과의 관계, 폐해(弊害) 뒤에 오는 세상의 변화에 적응해 가는 과정, 이들의 일에 대하여 8편의 「서(書)」를 만들었다"라고 하여 『사기』에 「예(禮)」·「악(樂)」·「율(律)」·「역(曆)」·「천관(天官)」·「봉선(封禪)」·「하거(河渠)」·「평준(平準)」 등 8 「서(書)」를 처음으로 설정하여 각 시대의 문물(文物)과 제도를 기록하였다. 그 후 『한서(漢書)』에서는 책명과 중복을 피하기 위하여 명칭을 「지(志)」로 고쳤으며, 이후 각 시대의 사서(史書)들이 계승하여 기전체 정사의 중요한 구성요소가 되었다. 따라서 이를 "서지(書志)"라고 합쳐 불리기도 한다. 「서지(書志)」 편은 바로 기전체 사서의 「서(書)」와 「지(志)」의 문제를 설명하고 있다.

유지기는 먼저 '서지(書志)'의 기원과 역할, 각 명칭의 변화 및 이전시대 사서(史書)의 '서지' 속에 존재하는 여러 가지 문제들을 설명하면서, 기본적으로 '서지' 속에는 중복되어 기록된 내용이 많다는 점, 인사(人事)와 관련이 없는 부분을 지나치게 관련시켜 기록하고 있는 점, 명칭은 다양하지만 결국은 비슷한 내용을 담고 있다는 점 등을 문제로 지적하였다. 특히 이상의 문제와 관련하여 『사기』나 『한서』 이래의 수많은 '서지'에 관한 세목(細目)에서 「천문지(天文志)」·「예문지(藝文志)」·「오행지(五行志)」를 중심으로 설명하고 있다.

유지기는 단대사를 찬성하는 관점에서 「천문지」의 설정을 반대하였다. 천문(天文)이란 예나 지금이나 변화가 없으니 구태여 독립적으로 설정할 필요가 없다는 것이다. 만일 「천문지」를 꼭 배열하는 경우에는 다만 당시의 천상(天象)에 대한 기록뿐만 아니라 그러한 현상이 당시의 인사(人事)와 어떤 관련이 있는지를 확인할 수 있도록 해야 한다는 것이다. 다음으로 「예문지(藝文志)」 혹은 이후의 「경적지(經籍志)」의 경우에도 중복을 피하기 위해 '서지'에서 따로 떼어 기록해야 한다고 인식하였다. 『한서예문지』와 『수서경적지』를 통해 후한 이후 수당에 이르는 시기의 학술사적 특징을 발견할 수 있는 중요한 자료로서의 두 기록이 지닌 가치를 생각할 때 이 부분에서의 유지기의 견해는 일정한 한계를 지니고 있다. 특히 「오행지」에 대한 유지기의 비판은 비교적 강하였다. 한대에는 참위(讖緯)가 성행하여 음양오행학설을 이용하여 이른바 천도(天道)와 인사(人事)를 긴밀히 연관시켰다. 따라서 모든 자연의 재이(災異)가 인사(人事)의 득실(得失)과 선악(善惡)과 밀접한 관련을 갖는 것이라 하였다.

이러한 배경으로 반고의 『한서』에는 「오행지」가 설정되었고, 단대사로서의 『한서』에 대한 긍정적인 평가와는 달리 「오행지」에 대한 유지기의 평가는 매우 부정적이었다. 우선 그는 일식과 월식, 혜성이 나타나는 천상(天象)이나, 강물이 범람하고 산이 무너지는 등의 자연현상은 모두 천도(天道)에 속하는 것으로 인사(人事)와는 특별한 관계없다고 하면서 나쁜 징조와 반대되는 현상이 출현하는 경우를 예로 들면서 이러한 현상은 사람들의 지혜로서는 알아낼 수 없으며 그 명암(明暗)은 예측할 수 없는 것이라 인식하였다. 동중서(董仲舒)와 유향(劉向) 등의 재이(災異)에 대한 해석도 서로 모순되는 경우가 많음을 지적하였다. 그 외에도 특히 외편(外篇)의 「오행지착오(五行志錯誤)」와 「오행지잡박(五行志雜駁)」 두 편에서는 『한서』 「오행지」가 지닌 문제점을 다시 조목조목 비판하였다. 그러나 다른 한 편 위수(魏收)의 『위서(魏書)』「천상지(天象志)」에 대하여는 기록한 내용들이 대부분 시의(時宜)에 부합되고 편폭의 배분에서도 반고나 사마천보다 훨씬 우월하다고 긍정하기도 했다. 이러한 견해는 『위서』에 대한 유지기 자신의 전반적인 부정적 평가와는 다른 것이다.

다음으로 유지기는 「천문지」나 「오행지」 대신 「인형지(人形志)」·「방언지(方言志)」의 설정을 주장하고, 아울러 「도읍지(都邑志)」·「방물지(方物志)」·「씨족지(氏族志)」를 설정해야 한다고 주장하였다. 특히 「도읍지」는 후세 사람들을 위하여 역대 건축자료를 남겨 전할 수 있을 뿐만 아니라 궁실의 검소함와 사치스러움을 통하여 정권의 흥망성쇠를 이해하는데 도움을 줄 수 있고 아울러 교화(敎化)의 역할을 할 수도 있다고 했다. 「방물지」는 각 지역의 생산에 관한 구체적인 정황을 살필 수 있음으로 사람들의 실질적인 지식을 넓혀주는 이로움이 있다고 했다. 「씨족지」는 씨족의 흥망성쇠와 변화모습을 확인할 수 있는 장점을 지닌다고 여겼다. 이는 당시의 문벌관념을 반영한 것이었다. 물론 이러한 견해를 유지기가 처음으로 주장한 것은 아니다. 이러한 부분은 이미 「지리지」나 「관씨지(官氏志)」 등에 반영된 것들이었다.

## 8-1

무릇 형법·예악·풍토·산천에 관한 기록을 문적(文籍)에서 살펴보면 『삼례(三禮)』에서 비롯되었다.[1] 반고와 사마천이 사서(史書)를 저술하면서

1 역주 : 삼례(三禮)란 예에 관한 『의례(儀禮)』·『주례(周禮)』(혹은 『주관(周官)』이라고도 한다)·『예기(禮記)』를 말한다. 『주관』은 백관(百官)의 직장(職掌)을 상세히 기록하고 있는데 이후 출현한 『한서』「백관공경표(百官公卿表)」와 각 정사(正史)의 「백관지(百官志)」가 이에서 비롯되었다고 할 수 있다. 『의례』는 관혼상제에 관한 예를 기록하고 있는데 이후 정사의 「예지(禮志)」가 이에서 비롯되었다. 다만 정사의 「지리지(地

각각 「서(書)」와 「지(志)」로 구별하여 수록하였다.[2] 서지(書志)에 기록된 것을 살펴보면 대부분 『예경(禮經)』을 본뜬 것이다.[3] 뿐만 아니라 「본기」와 「열전」에서 자세히 기록할 수 없었던 내용이 있으면 비록 몇 자 안 되는 짧은 문장이라도 서지에는 상세히 기록할 수 있다. 서지에 담긴 통박(通博)을 말하자면 확실히 작자의 깊고도 넓은 지식을 나타내는 것이었다. (釋 : 전체적으로 「서」와 「지」의 해박함을 단서로 설명을 시작하고 있다)

夫刑法 · 禮樂 · 風土 · 山川, 求諸文籍, 出於『三禮』. 及班 · 馬著史, 別裁書志. 考其所記, 多效『禮經』. 且紀(一訛'記')傳之外, 有所不盡, 隻字片文, 於斯備錄. 語其通博, 信作者之淵海也.(釋 : 統提書志之該博以發端)

## 8-2

살펴보면 사마천은 '서(書)', 반고는 '지(志)', 채옹(蔡邕)은 '의(意)',[4] 화교

理志)」는 『상서』 「우공(禹貢)」편의 영향을 받았다. 『예기』는 오경 중의 하나이다. 따라서 형법 이하 산천까지의 다양한 기록이 『삼례(三禮)』에서 비롯되었다는 유지기의 견해는 매우 적절한 표현이라고 할 수 있다. 이상 金毓黻, 「文心雕龍史傳篇疏證」, 『中華文史論叢』 1979-1, p.228 참조.

2 역주 : 사마천의 『사기』에는 「예서(禮書)」 · 「악서(樂書)」 · 「율서(律書)」 · 「역서(曆書)」 · 「천관서(天官書)」 · 「봉선서(封禪書)」 · 「하거서(河渠書)」 · 「평준서(平準書)」 등 팔서(八書)가 있고, 반고의 『한서』에는 「율지(律志)」 · 「역지(曆志)」 · 「예악지(禮樂志)」 · 「형법지(刑法志)」 · 「식화지(食貨志)」 · 「교사지(郊祀志)」 · 「천문지(天文志)」 · 「오행지(五行志)」 · 「지리지(地理志)」 · 「구혁지(溝洫志)」 · 「예문지(藝文志)」 등 십지(十志)가 있다.

3 역주 : 정초(鄭樵)의 『통지략(通志略)』에는 서지의 체례가 『이필(爾疋)』에서 비롯되었다고 하였고, 홍이손(洪飴孫)의 『사목표(史目表)』에는 『세본(世本)』, 장학성(章學誠)의 「예교(禮敎)」 · 「병진차기(丙辰箚記)」에는 관례(官禮) 즉 『주례(周禮)』에 기원한다고 하였다. 진한장(陳漢章)의 『사통보석(史通補釋)』은 유지기의 견해를 따르고 있다. 이상 趙呂甫, 『史通新校注』, p.137 주)3 참조.

4 이 구절은 정초(鄭樵)의 『통지』 「이십략(二十略)」에 두 차례 인용하였다. 하나는 총

(華嶠)는 '전(典)',[5] 장발(張勃)은 '록(錄)',[6] 하법성(何法盛)은 '설(說)'[7](按 : 구양수(歐陽修)의 『오대사기(五代史記)』에서는 또 '고(考)'라고 했다)이라고 칭하였다. 명칭은 비록 서로 달랐지만 체재는 다르지 않았다. 마찬가지로 초(楚)의 '도올(檮杌)', 진(晉)의 '승(乘)', 노(魯)의 '춘추(春秋)'도 그 함의(含義)는 똑같았다.[8](釋 : 서지(書志)의 명칭은 바뀌고 고쳐짐이 같지 않았다)

原夫司馬遷曰書, 班固曰志, 蔡邕曰意,(舊作'東觀』曰記', 非) 華嶠曰典, 張勃曰錄, 何法盛曰說.(按 : 歐陽『五代史記』又曰考) 名目雖異, 體統不殊. 亦猶楚謂之(一無'之字)檮杌, 晉謂之乘, 魯謂之春秋, 其義一也.(釋 : 一層. 書志名色, 更改不一)

---

서(總序)에 있는데, '동관(東觀)'이라는 구절을 채옹(蔡邕 : 133-192)은 '의(意)'라고 불렀다고 했으며, 다른 하나는 첫 권의 맨 앞에 채옹이라는 구절을 다시 '동관왈기(東觀曰記)'라고 하였다. 이를 통해 적공가(迪功家)들이 소장한 『사통』에는 두 판본이 있었다는 것을 알 수 있다. 두 책에서 인용한 내용을 찾아보면 그 문장이 다르다. 그러나 『동관한기』라는 전체 책명으로 서지(書志)를 논함으로 한 분야의 명칭이 된 것이다. 따라서 전체 책명과 혼동하여서는 안 된다. 결국은 "채옹"이라는 구절이 옳기 때문에 여기서는 총서(總序)편의 문장을 인용하여 바로 잡았다. 역주 : 『후한서』 권60 하, 「채옹전」에, 채옹이 동관(東觀)에 있을 때 노식(盧植)·한열(韓說) 등과 『후한기(後漢記)』를 편찬하였는데, 죄를 지어 유배를 가게 되어 완성하지 못했다. 이에 상서를 올려 자신이 십의(十意)를 지은 적이 있다고 했는데, 이현(李賢)의 주(注)에 인용된 『옹별전(邕別傳)』에, 채옹이 예전에 『한기(漢記)』 십의(十意)를 지었다는 내용이 보이는데, 십의 중 「율력의(律曆意)」·「예의(禮意)」·「악의(樂意)」·「교사의(郊祀意)」·「천문의(天文意)」·「거복의(車服意)」 등이 보인다.

5 역주 : 『진서(晉書)』 권44, 「화표전(華表傳)」에 부록된 화교(華嶠, ?-293)의 열전에, 평소 한(漢)나라에 대한 사서의 내용에 불만을 가지고 있다가 후일 대랑(臺郞)이 되어 비적(秘籍)을 열람할 수 있게 되자, 광무제로부터 헌제까지 195년간의 사적을 기록한 『후한서』를 편찬하였다고 했다. 「제기(帝紀)」 12권, 「황후기(皇后紀)」 2권, 「십전(十典)」 10권, 「열전(列傳)」 70권 및 「삼보(三譜)」·「서전(序傳)」·「목록(目錄)」 각 1권, 모두 97권이었다. 특별히 『후한서』가 예전의 지(志)를 고쳐 전(典)이라 했음을 언급하고 있다.

6 역주 : 『수서경적지』 「사부(史部)」 "정사(正史)"에, 진(晉)나라 장발의 『오록(吳錄)』 30권이 있다고 했고, 『사기』 권66, 「오자서전(伍子胥傳)」의 『사기색은(史記索隱)』에, 장발은 진나라 사람으로 오(吳) 홍려(鴻臚) 장엄(張儼)의 아들인데 『오록(吳錄)』를 지었다고 했다. 독자적인 열전은 전하지 않으며 록(錄)의 자세한 내용도 확인할 수 없다.

7 역주 : 「표력(表歷)」편의 주(注) 참조.

8 역주 : 『맹자』 「이루하(離婁下)」편에 보이는 문장이다.

## 8-3

서지(書志)의 제목에 대하여 말하자면, 『사기』에서는 「평준서(平準書)」라고 하였고, 『한서』에서는 이름을 고쳐 「식화지(食貨志)」라고 불렀으며, 『사기』에서는 「하거서(河渠書)」라고 하였는데 『한서』에서는 이름을 고쳐 「구혁지(溝洫志)」라고 불렀다. 『한서』의 「교사지(郊祀志)」가 나뉘어 『속한서(續漢書)』[9]에는 「종묘지(宗廟志)」(『후한서』에 이 편명(篇名)이 있지만 총류(總類)의 명칭은 아니다)가 되었고, 『한서』의 「예악지(禮樂志)」에서 「위의지(威儀志)」가 갈라져 나왔으며,[10](『수서(隋書)』에서는 「예의지(禮儀志)」라 이름하였다) 하법성의 『진중흥서(晉中興書)』 「현상지(懸象志)」[11](『위서(魏書)』에서는 「천상지(天象志)」라 하였다)는 『한서』의 「천문지(天文志)」(『한서』에 그 이름이 처음 보인다)에서 나왔다. 『후한서』의 「군국지(郡國志)」는 『한서』의 「지리지(地理志)」(『한서』에 그 이름이 처음 보인다)에서 나왔다. 이와 같은 변혁은 이루 다 헤아릴 수 없다. 혹 명칭은 다르지만 실제는 같았으며, 혹은 대동소이(大同小異)하였다. 다만 작자가 신기한 것을 좋아하고 그전의 명칭을 답습하는 것을 부끄러워하는 데서 비롯된 것일 뿐, 그 근본을 찾아 살펴보면 모두 같은 의미를 담고 있다.(釋 : 이상에서는 각 지(志)의 조목(條目)이 같은 사실을 다루면서 명칭만 다르다고 했다)

---

9 역주 : 진(晉)의 사마표(司馬彪)가 지은 『속한서』의 지(志)는 남조 양(梁)나라 사람 유소(劉昭)에 의해 범엽(范曄)의 『후한서』에 이입(移入)되었다. 원래 사마표의 팔지(八志)를 옮겼다고 하나 현재 『후한서』에 전하는 지(志)는 「백관지(百官志)」·「예악지(禮樂志)」·여복지(輿服志)」·「오행지(五行志)」·「천문지(天文志)」·「주군지(州郡志)」 등으로써 「종묘지」는 보이지 않는다. 유소에 대한 열전은 『양서(梁書)』 권49, 「문학전(文學傳)」 상과 『남사』 권72, 「문학전」에 보인다.

10 역주 : 현재로서는 「위의지」가 수록된 사서를 확인할 방법이 없다.

11 역주 : 현상(懸象)은 천상(天象)이라고 할 수 있다. 『주역(周易)』 「계사(繫辭)」 상에, 천상[縣象]가운데서 가장 빛나는 것이 해[日]와 달[月]이고, 인간사회에서 가장 숭고(崇高)한 것이 부귀(富貴)라고 하였다.

於其編目,(舊作'次', 非) 則有前曰「平準」,(『史記』中名) 後云「食貨」;(『漢書』改名) 古號「河渠」,(『史記』中名) 今稱「溝洫」;(『漢書』改名) 析「郊祀」(『漢書』中名) 爲「宗廟」,(『後漢書』有此篇名, 然非總類名) 分「禮樂」(『漢書』中名)爲「威儀」;(『隋志』之禮名「禮儀」) 「懸象」(『魏書』作「天象」)出於「天文」,(『漢書』中初名) 「郡國」(『後漢』改名)生於「地理」.(『漢書』中初名) 如斯變革, 不可勝計, 或名非而物是, 或小異而大同. 但作者愛奇, 恥於仍舊, 必尋源討本, 其歸一揆也.(釋 : 一層. 志中條目, 同事而異名)

## 8-4

그리고 「오행지(五行志)」·「예문지(藝文志)」는 사마천이 빠뜨린 것을 반고가 보완한 것이고,(『사기』의 팔서(八書)에는 이러한 지(志)가 없다) 「백관지(百官志)」·「여복지(輿服志)」는 반고가 누락한 것을(『한서』에는 「백관지」는 있지만, 「여복지」는 없다) 사승(謝承)[12]이 모은 것이다. 왕은(王隱)[13]은 후일 「서이지(瑞異志)」를 더하였고,(왕은의 책은 살필 방법이 없고, 『신진서(新晉書)』에는 삭제되었다. 『송서(宋書)』에는 「부서지(符瑞志)」가 있다) 위수(魏收)[14]는 뒤늦게 다시 「석로지(釋老志)」를 추가하였다. 이러한 것들은 고대의 선례를 참고로

---

12 역주 : 사승은 삼국 오(吳)의 사가이다. 『수서경적지』 「사부(史部)」 "정사(正史)"에, 『후한서(後漢書)』 130권, 제기(帝紀)가 없다. 오(吳) 무릉태수(武陵太守) 사승이 편찬하였다고 했다. 사승은 손권(孫權)의 사부인(謝夫人)의 동생이기도 하다. 사승의 『후한서』는 전하지 않고 현재 전하는 집본(輯本)에는 「백관지」·「여복지」가 없다. 현존하는 사서 중에 이 두 「지」가 처음 보이는 것은 사마표(司馬彪)의 『속한서(續漢書)』를 보완한 범엽의 『후한서』이다.

13 역주 : 『수서경적지』 「사부」 "정사"에, 『진서(晉書)』 86권. 본래 93권이었다. 진의 저작랑(著作郎) 왕은이 편찬하였다고 했다. 왕은의 열전은 『진서(晉書)』 권82에 있다.

14 역주 : 위수(506-572)는 북제(北齊)의 사가이다. 자세한 것은 「본기(本紀)」편 주)15 참조.

하여 스스로 만든 것으로 모두 자기의 생각에서 나온 것이다. 그러나 이러한 것은 역대의 사서 중에 찾는다 해도 한, 두 사례에 불과하다.(釋 : 여기서는 후일의 「지(志)」의 제목이 점차 증가함을 말하고 있다. ○위의 세 문단은 대개 여러 사서 중에 서지 부분이 홀로 조목의 명명(命名)함이 날로 많아졌기 때문에 특별히 몇 가지를 제시하였다)

若乃「五行」·「藝文」, 班補子長之闕;(八書中無此也) 「百官」·「輿服」, 謝(謝承)拾孟堅之遺.(班有「百官」, 無「輿服」也) 王隱後來, 加以「瑞異」,(隱書無考, 『新晉書』刪去. 『宋書』有「符瑞」) 魏收晩進, 弘以「釋老」.(『魏志』末篇) 斯則自我作故, 出乎胸臆, 求諸歷代, 不過一二者焉.(釋 : 一層. 後來志目漸有增加. ○已上三層爲一大節. 蓋緣諸史中, 獨書志一門, 命名條目析補日多, 故特數而出之)

## 8-5

대체로 사서 중에 지(志)의 편목(篇目)으로 사용되는 종류는 열다섯 내지 열여섯에 불과하다. 그 중에는 함부로 편입되어 쓸데없이 책의 분량만을 키운 것도 있다. 그러나 이미 오랜 세월 쌓인 습관이기 때문에 그 잘못을 깨닫지 못하였다. 또한 마땅히 기록해야 할 사실이 있다면 당연히 별도의 표제(標題)를 달아야 하는데도 옛날부터 지금까지 사가(史家)들은 아직 깨닫지 못하고 있다. 이제 간략하게 그 뜻을 다음과 같이 설명하고자 한다.(이 아래에 혹은 '이상의 총서(總序)', 혹은 '서지(書志)의 서(序)'라는 주가 있지만 모두 원문이 아니기 때문에 삭제해도 된다. 중간과 뒷부분도 같다)

大抵志之爲篇, 其流十五六家而已.(釋 : 二句轉遞) 其間則有妄入編次, 虛張部帙, 而積習已久, 不悟其非.(釋 : 四語籠起中幅三條) 亦有事應可書, 宜別標(一有'篇'字)題, 而古來作者, 曾未覺察.(四語籠起後尾一條) 今略陳其

義, 列於下云.(此下或注'已上總序', 或注'書志序' 皆非原文, 可刪也. 中後同)

按 : 이는 서론이다. 서론이 포함하고 있는 논의는 상세하게 갖춘 것을 칭찬하는 의미가 많다. 이 서론의 뒷부분은 다음 문장의 말들을 포괄하였다.(此爲序論. 序中含議, 推美該備之意居多. 後乃籠下之辭也)

## 8-6

대개 해와 달과 뭇 별들은 하늘에 붙어 있는데[15] 그것들은 중국 천하의 수많은 나라가 어떤 때에는 존재하였다가 어떤 때에는 없어지면서 변화무쌍한 것과 같지 않다. 그러므로 바다나 땅은 변할 수 있지만[16] 태양이나 별들은 바뀌는 것이 아니다. 고대의 하늘은 여전히 오늘의 하늘과 같고 오늘의 하늘은 곧 고대의 하늘과 같으니,[17] 만일 꼭 국사(國史)에 싣고자 한다면 어느 시대에 기재한들 불가하겠는가?(釋 : 첫 구절은 대강의 뜻을 포함하고 있다. 하늘[天]이란 글자는 천체와 별자리를 가리킨다)

夫兩曜百星, 麗於玄象, 非如九州萬國, 廢置無恒. 故海田可變, 而景緯無易. 古之天猶今之天也, 今之天卽古之天也, 必欲刊之國史, 施於何代不可也?(釋 : 首節函擧大意. 天字, 指體度星象言)

---

15 역주 : 『역』 「이괘(離卦)」의 단(彖)에, "이(離)는 붙어 있다는 말이니[離麗也], 해와 달이 하늘에 붙어 있고[日月麗天], 백곡과 초목이 땅에 붙어 있으니 거듭 밝음으로써 바른 것에 붙어야 천하를 화성(化成)시킬 수 있다"라고 했다.

16 역주 : 창해(滄海)가 변하여 뽕나무 밭이 된다는 '창해상전(滄海桑田)'의 의미 혹은 그 반대의 상전벽해(桑田碧海)의 의미를 지닌다.

17 역주 : 『논형(論衡)』 「담천(談天)」편에 보이는 말이다.

## 8-7

다만 『사기』가 다루는 연대가 매우 넓었기 때문에[18] 「천관서(天官書)」[19]가 있는 것이지만, 그것을 읽는 사람들은 결국 그 잘못된 것을 망각하고, 살펴 논의한다고 해도 합당한 도리를 보지 못한다.[20] 반고는 사마천을 답습하여 또 천문을 하나의 지(志)로 만들었는데, 그 「천문지」[21]에는 한나라 때의 사실이 아닌데도 『한서』에 속해 있다. 편제(篇題)와 서술범위를 살펴보면 그것이 어그러져 틀렸다는 것을 볼 수 있다. 후에 진(晉)으로부터 수(隋)에 이르기까지 혹은 영토가 중국의 일부에 지나지 않거나 혹은 치세(治世)기간이 불과 2대(代)에 불과한데도, 천문(天文)을 지(志)에 배열한 내용은 곱절이나 많아서 이리저리 떠돌아다니면서 귀결점을 잊

18 역주 : 「서전(序傳)」편에, "사마천(司馬遷)의 『사기(史記)』를 살펴보면, 위로는 헌원씨(軒轅氏)로부터 아래로는 한 무제(漢武帝)까지를 모두 기록하고 있어서 영토의 범위가 넓고 장구한 시대를 적고 있다[上自軒轅, 下窮漢武, 疆宇修闊, 道路綿長]"고 했다.

19 역주 : 「천관서」는 제왕의 정치와 불가분의 관계가 있다고 생각되는 천문현상을 기록한 것으로서 사마천의 "천체운행의 이법(理法)을 관장하는[掌天官]" 의식을 잘 보여준다. 『사기』 권130, 「태사공자서」에, 성신(星辰)과 기상(氣象)에 관한 서적에는 흔히 길흉화복의 내용이 섞여 있어서 황당하고 근거가 없다. 그 문장을 추구해보고 그 응험을 고찰해보아도 특별한 것이 아니다. 이에 그 서적을 모아 일월성신의 운행에 관한 일을 논하고, 그 순서대로 운행하는 법도를 조사하여 「천관서」 제5를 지었다고 했다. 그러나 최적(崔適)은 『사기탐원(史記探原)』에서 「천관서」가 후대 사람들이 『한서』 「천문지」를 절취해 온 것으로 의심하기도 하였다.

20 역주 : 이 단락에서, "그것을 읽는 사람들은"에서 "합당한 도리를 보지 못한다"는 부분은 일견 사마천의 「천관서」를 비판한 것 보이지만 실제로는 반고가 다시 『한서』 「천문지」를 다룬 것을 비판한 것이라고 하였다. 趙呂甫, 『史通新校注』, p.146 주)10 참조.

21 역주 : 『한서』 권100, 「서전(敍傳)」에, 밝게 빛나는 하늘은 밝은 별들이 운행하고 있고, 해와 달이 사방으로 빛을 발하며, 뭇 별들도 정기(精氣)어린 빛을 뿜어낸다. 그 가운데 백관의 입법(立法)이 있고, 궁실 역시 서로 얽혀 성립된 것이다. 이러한 천문은 제왕의 정치에 상응하여 마치 형체를 그림자와 같았다. 하 · 상 · 주 삼대 이후 사정이 번거롭고 복잡해지게 되자 점복의 효험이 있었던 사례를 들어 옛 사물을 살펴 새로운 일의 나아갈 바를 찾고자 하였다. 이에 「천문지」 제5를 서술하였다고 했다.

어버리고 그 끝낼 곳을 몰랐다. 『한서』 「천문지」를 본떴다고 하지만 반고에게도 죄인이 된 꼴이었다.(釋 : 이 절은 『사기』 「천관서」의 내용을 말하고 있다. 다루고 있는 시대가 매우 넓었으므로 첫머리에 천체와 별자리와 관련한 문장을 나열하였다. 반고의 『한서』 「천문지」는 『사기』를 답습하였지만 서술의 범위를 넘어서면 안 되었다. 그리고 수명이 짧았던 왕조의 경우는 특히 그 내용을 더 넓힐 것도 없다)

但『史記』包括所及, 區域(指世代言)綿長, 故書有「天官」, 讀者竟忘其誤, 榷而爲論, 未見其宜. 班固因循, 復以天文作志, 志無漢事而隸入『漢書』, 尋篇考限, 睹其乖越者矣. 降及有晉, 迄於隋氏, 或地止一隅, 或年才二世, 而彼蒼列志, 其篇倍多, 流宕忘歸, 不知紀極. 方於『漢史』, 又孟堅之罪人也.(釋 : 此節言『史記』之作, 該代甚廣, 故首列天體星象之文. 班史不應襲書而越限. 而小朝促祚, 尤無取鋪張也)

## 8-8

나는 국사(國史)를 기록함에는 마땅히 당시의 사정을 서술해야 하며, 만일 반드시 「지(志)」를 설정하여 천문현상[天象]을 논해야 한다면 다만 당시의 혜성이나 요기(妖氣) · 일식 · 월식 그리고 태양의 명암(明暗),[22] 비조(裨竈)와 재신(梓愼)[23]의 점복(占卜), 경방(京房)[24]과 이합(李郃)[25]의 점후(占

22 역주 : 『좌전』 소공(昭公) 원년(B.C. 541)에, "(의원(醫員) 화(和)가 이르기를) 하늘에는 6기(氣)가 있는데, 이것이 땅에 내려와 5미(味)를 낳게 하고, 5색(色)을 발하게 하며, 5성(聲)을 이루게 하거늘, 정도가 지나치면 여섯 가지 병이 생깁니다. 6기는 음 · 양 · 풍(風) · 우(雨) · 회(晦) · 명(明)을 말합니다. 이것들은 춘 · 하 · 추 · 동 네 계절을 구분하고, 금 · 목 · 수 · 화 · 토 오행의 차례를 이루게 하는데 그 도가 지나치면 재해가 생깁니다"라고 하였다.

候)를 기록하는 것은 옳다고 생각한다. 화성(火星)이 3사(三舍)나 물러났으므로[26] 송(宋) 경공(景公)의 수명이 연장되고, 중태성(中台星)이 분열되자[27]

23 주(注)는 다음의 오행(五行) 조(條)를 참조. 역주 : 이들 두 사람의 이름이 『좌전』 소공(昭公) 17년(B.C. 525) 겨울에 보인다. 이들 모두 천문의 변화를 통해 인사(人事)와 관련하여 해석하던 사람이었다. 이들은 모두 춘추시대 사람들로서 재신(梓愼)은 노(魯)에서, 비조(裨竈)는 정(鄭)에서 활약하였다.

24 『한서』 권75, 「경방전(京房傳)」에, 경방(B.C. 77-A.D. 37)의 자는 군명(君明)으로서 『역』에 밝았는데 초연수(焦延壽) 즉 초공(焦贛)에게서 사사하였다. 그의 말은 재변(災變)을 알아내는데 장기가 있었고, 64괘를 나누어 다시 일상사에 직접 적용하여 바람과 비, 춥고 따뜻함을 미리 알아내는 점의 효험에 있어서는 경방이 특히 정확하였다. 효렴으로 낭관이 되었다고 했다.

25 『후한서』 권82상, 「방술전(方術傳)」에, 이합의 자는 맹절(孟節)이고 남정(南鄭) 사람이다. 현에서 불러 막문(幕門)의 후리(候吏)를 맡게 하였다. 화제(和帝)가 사신을 나누어 보내고 홀로 미복(微服)으로 갈 때 각각 주현에 이르러 풍요(風謠)를 수집하게 하였다. 사자 2인이 익부(益部)에 당도하여 이합이 관장하는 숙소에 머물고 있었다. 마침 여름저녁인지라 바깥에 앉아 있는데 이합이 머리를 들어 하늘을 쳐다보며 묻기를, '두 분께서는 서울을 출발할 때에 조정에서 사자 둘을 파견했다는 말을 들었습니까?' 하니 두 사람이 놀라 서로 바라보며 말하기를, '어떻게 그것을 압니까' 하니 이합이 별을 가리키며 말하기를, 두 분 사자의 별자리가 익주 쪽을 향하고 있어서 알았습니다'라고 하였다.

26 『여씨춘추(呂氏春秋)』 「계하기(季夏紀)」(「제악(制樂)」편)에, 송(宋) 경공(景公) 때, 화성[熒惑]이 (28수(宿)의 하나인) 심(心)의 자리에 나타나자 경공이 두려워 자위(子韋)를 불러 그 징조를 물었다. 자위가 대답하기를, '화(禍)가 군주에게 미칠 것입니다. 그렇지만 그 화를 재상에게 미룰 수가 있습니다' 하니, 경공이 말하기를, '재상은 나와 함께 나라를 다스리는 사람이니 어찌 그에게 화를 미루겠는가' 하니 다시 자위가 말하기를, '그러면 백성에게 미룰 수가 있습니다' 하니 경공이 다시 '백성이 죽으면 과인이 장차 누구의 군주가 될 수 있겠는가' 하니 다시 말하기를, '그러면 그 화를 농사에 미룰 수가 있습니다' 하였다. 경공이 다시 말하기를, '농사가 해를 입어 망치면 백성들이 반드시 죽을 터인데 그렇다면 누가 나를 군주라 여기겠는가' 하니 자위가 말하기를, '군주께서는 이미 지극한 덕의 이야기를 세 번이나 하셨습니다. 하늘이 반드시 군주께 상을 내려 화성이 삼사(三舍)를 옮겨갈 것입니다. 일사(一舍)는 일곱 별자리를 가게 되고 별자리마다 1년에 해당하니 군주께서는 21년을 더 사실 수가 있습니다' 하는데, 과연 화성이 삼사를 옮겨갔다고 했다.

27 『진서(晉書)』 권36, 「장화전(張華傳)」에, 장화의 자는 무선(茂先)이다. 혜제가 즉위하고 태자소부(太子少傅)가 되었다. 처음, 조왕(趙王) 윤(倫)이 가후(賈后)에게 아첨하기 위하여 녹상서사(錄尙書事)를 구하였지만 장화가 끝내 불가하다고 하여 이로 인해 원망하게 되었다. 장화의 작은 아들 위(韙)가 중태성(中台星)이 물러났음을 보고 장화에게 자리에서 물러날 것을 권하였다. 이에 장화가 말하기를, '하늘의 도는 심오하고 깊으니 다만 덕행을 쌓아 그에 응할 뿐이로다'라고 하였다. 조왕 윤이 가후를

진(晉)의 재상이 화란(禍亂)을 불러왔으며, 덕성(德星)이 영천(穎川)에 모이자[28] 땅 위에 현인(賢人)들이 모여들고, 달이 소미성(小微星)자리를 침범하자[29] 처사(處士)인 사부(謝敷)가 죽는 것과 같은 내용들을 기록하는 것은 좋을 것이다.(釋 : 이러한 사실은 하늘의 변화가 인사의 이상(異常)을 대신하는 것이니 서술범위를 정하여 기록하는 것은 괜찮다) 천지개벽의 혼돈상태나 하늘의 색이 푸른색을 띠다가 깜깜하게 변하는 것, 태양[丹曦]과 달[素魄]의 운행궤도, 황도(黃道)[30]와 자미(紫微)[31]의 위치[分野] 등과 같은 근본적으로 인사(人事)와 관계되지 않는 것들이 「천문지」에 기록되어 있다. 그러므로 나는

---

폐하면서 장화 역시 체포되었다.

28 『세설신어(世說新語)』 「덕행(德行)」편에, 진태구(陳太丘 : 陳寔)가 순랑릉(荀郎陵 : 荀淑)을 방문할 때 (가난하고 검소하여 노복이 없었다. 따라서) 맏아들 원방(元方 : 陳紀)에게 수레를 몰게 하고, 막내아들 계방(季方 : 陳諶)에게 지팡이를 들고 따르게 하였다. 손자 장문(長文 : 陳群)은 아직 어렸으므로 수레에 태웠다. 순랑릉의 집에 이르자, 순랑릉 역시 셋째 아들 숙자(叔慈 : 荀靖)에게 문에서 마중하게 하고, 여섯째 아들 자명(慈明 : 荀爽)에게는 술을 가져오게 하고, 나머지 여섯 용들에게는 음식을 가져오게 하였다. 손자 문약(文若 : 荀彧)은 역시 어렸으므로 무릎 앞에 앉게 하였다. 주(注)에, 그때에 덕성(德星)이 모이자 태사(太史)가 상주하여 '오백리의 현인들이 모였다'라고 했다. 역주 : 『세설신어』와 유효표(劉孝標)의 주(注)에 대한 번역은 金長煥 역주, 『세설신어』 상 · 중 · 하, 살림출판사, 1996에 의거하였다.

29 『세설신어』 「서일(棲逸)」편 유효표의 주에, (단도란(檀道鸞)의) 『속진양추(續晉陽秋)』에 말하기를, 회계(會稽) 사람 사부(謝敷)가 태평산(太平山)으로 들어갔는데 박사로 불렀지만 나아가지 않았다. 당초 달이 소미성(少微星)을 침범하였다. 당시 대규(戴逵)는 사부보다 먼저 이름이 나 있었는데 당시 사람들은 이를 걱정하였다. 그런데 얼마 후 사부가 죽자 회계 사람들이 조롱하여 말하기를, '오 지방의 고사(高士)들이 죽고자 해도 죽을 수도 없나보다'라고 하였다. 『진서(晉書)』 「천문지(天文志)」에, 소미 네 별이 태미(太微)의 서쪽에 있는데 일명 처사성(處士星)이라 하였다.

30 역주 : 황도(黃道)는 태양이 운행하는 길을 말한다. 『한서』 권26, 「천문지」에, 해에는 중도(中道)가 있고, 달에는 구행(九行)이 있다. 중도란 황도를 말하고 또 광도(光道)라고도 불린다고 했다.

31 역주 : 『사기』 권27, 「천관서」에, 중관(中官)에는 천극성(天極星)이 있는데, 그 중 밝은 별 하나는 태일(太一)이 상주하는 곳이다. 그 옆의 세 별은 삼공(三公)에 해당하는데, 또 어떤 이는 천제(天帝)의 아들들이라고도 한다. 태일 뒤 네 별이 굽어져 있는데, 제일 끝의 큰 별은 천제의 정비(正妃)이고 나머지 세 별은 후궁의 무리이다. 이들을 둘러싸고 호위하고 있는 열두 별은 변방을 지키는 제후들이다. 이들 모두를 자궁(紫宮) 즉 자미원(紫微垣)이라고 한다.

"만일 꼭 국사에 싣고자 한다면 어느 시대에 기재한들 불가하겠는가?"라고 말했던 것이다.(釋 : 천상의 변함없는 모습을 중복하여 서술하는 것이 잘못되었음을 지적하였다) 그 가운데서 오직 원산송(袁山松)[32](『후한서(後漢書)』를 지었다) · 심약(沈約)[33](『송서(宋書)』를 지었다) · 소자현(蕭子顯)[34](『남제서(南齊書)』를 지었다) · 위수(魏收)[35](『위서(魏書)』를 지었다) 등 몇 사람들이 이러한 잘못을 살피고 옛 체례를 그대로 따르지 않았나. 그들이 「전문지」 혹은 「천상지(天象志)」 등에서 기록한 것은 대부분 사의(事宜)에 부합된다. 아주 보잘 것 없는 것에도 장점이 있듯이 이 점에서는 그들이 반고나 사마천보다 훨씬 현명하였다.(釋 : 위의 네 사람은 모두 오로지 자기가 속한 왕조의 천상(天象)의 변화만을 기록하였다)

竊以國史所書, 宜述當時之事. 必爲志而論天象也, 但載其時彗孛氛祲, 薄食晦明, 裨竈 · 梓愼之所占, 京房 · 李郃之所候. 至如(一作於)熒惑退舍, 宋公延齡, 中台告訴, 晉相速禍, 星集潁川而賢人聚, 月犯少微而處士亡, 如斯之類, 志之可也.(釋 : 此言天變代異, 乃可斷限志之) 若乃體分濛澒, 色著青蒼, 丹曦(日也) · 素魄(月也)之躔次, 黃道(日行之道) · 紫宮(紫薇宮垣)之分野, 既不預於人事, 輒編之於策書, 故曰刊之國史, 施於何代不可也.(釋 : 繳應複陳體象之非) 其間唯有袁山松(著『後漢書』) · 沈約(著『宋書』) · 蕭子顯(著『南齊書』) · 魏收(著『魏書』)等數家, 頗覺其非, 不遵舊例. 凡所記錄, 多合事宜. 寸有所長, 賢於班 · 馬遠矣.(釋 : 四人皆專志本朝象變者)

按 : 이 조문(條文)에서는 서지(書志) 중에 천문(天文)을 뽑아 논하였다. 논한 내용은 역수(曆數)라고 일컫는 것이 아니라 일월성상(日月星象)을 논한

---

32 역주 : 동진(東晉) 사람이다. 『수서경적지』 「사부(史部)」 "정사(正史)"에, 『후한서』 95권. 본래 100권이었다. 진(晉) 비서감(秘書監) 원산송이 편찬하였다고 했다. 그의 열전은 『진서(晉書)』 권83, 「원괴전(袁瓌傳)」에 부록 되어 있다.

33 역주 : 「이체(二體)」편의 주)26 참조.

34 역주 : 「세가(世家)」편의 주)23 참조.

35 역주 : 「본기(本紀)」편의 주)15 참조.

것이다. 태양의 황도(黃道)와 달의 아홉 가지 운행의 궤도는 천고(千古)에 변하지 않는다. 삼원(三垣) 즉 자미원(紫微垣)·태미원(太微垣)·천시원(天市垣)이 정립(鼎立)하고, 사칠(四七) 즉 28수(宿)가 바둑판처럼 포진한 것도 천고에 불변한다. 따라서 이들에 관한 기록은 한 사서에 기재되는 것으로 충분하다. 어찌 모든 사서마다 다 진술할 필요가 있겠는가? 다만 변화가 있다면 그것을 기록하면 된다. 유지기의 의견은 바로 이와 같았다. 그러나 역술(曆術)은 자주 고쳐지고, 궁도(宮度)는 바뀌며, 궁명(宮名)에도 변화가 있음으로 대략 그 조목을 거론해야 한다.(此條就書志中抽出天文論之. 所論非謂曆數也, 謂日月列星之象也. 日之黃道, 月之九行, 千古不變. 三垣之鼎立, 四七之棋布, 亦千古不變. 見之一史足矣, 何必凡史悉陳? 但當取其變者志之. 劉氏之意如此. 然曆術屢更, 而宮度改移, 宮名革易, 亦未可不約擧其目)

대개 『진서(晉書)』와 『수서(隋書)』의 지(志)를 위해 논한 것인데, 이 두 지(志)는 이순풍(李淳風)[36]이 완성한 것으로 일월성신(日月星辰)을 밝힌 것으로는 가장 정교하고 정리가 잘 되어 있다. 그러나 천체(天體)·경성(經星)·칠요(七曜)·제조(諸條) 등이 두 책에 모두 열거되어 있다. 두 지(志)가 동시에 편찬되었고 또 한 사람에 의해 편찬됨에 따라 비난을 받았다. 성상(星象)에 관한 관심은 갈수록 더욱 정교하여져 근래에는 곽자경(郭子敬)의 방법이 추숭되었다. 서양의 성상지학(星象之學)이 일어나자 사람들의 천체와 성상에 대한 전통적인 관점 모두에 큰 변화가 있었다.(서양의 관점은 삼원(三垣)과 사칠(四七)간의 여러 성상(星象)에 고금(古今)·다소(多少)·유무(有無)의 차이가 있었다. 즉 항성(恒星)에도 시대에 따른 변화가 있었다. 상세한 내용은 『명사(明史)』「천문지(天文志)」에 보인다) 명말(明末)에 중국에 전입(傳入)된 이래 태평성세인 지금 크게 그 뜻을 밝혀 천고에 세운 최고의 준칙(準則)이라 하였다. 따라서 그 발단(發端)과 표상(表象)에는 특별히 기술하지 않으면 안 되는 것이 있다.(蓋爲晉·隋二志而發. 二志成於李淳風, 標著懸象, 最爲精整. 然所列天

---

36 역주 : 당 태종의 명을 받아 우지녕(于志寧)·이연수(李延壽)·영호덕분(令狐德棻) 등과 함께 소위 '오대사지(五代史志)'를 편찬하였다. 이 편(篇)의 주(注) 참조.

體·經星·七曜諸條, 二書兩載. 修旣並時, 複由一手, 以此蒙誚也. 顧此事愈推而愈精, 近法推尊郭術矣. 至西法起, 而體象俱爲改觀,(西術言三垣·四七間諸星, 有古今·多少·則恒星亦有變時矣. 詳見『明史』「天文志」) 見端於晚明, 而大闡於昭代, 乃謂千古立極. 是其發端表象, 有不可不特書者)

## 8-9

복희(伏羲) 이후에 문적(文籍)이 비로소 갖추어졌다.[37] 전국시기에 이르러 서적들이 다섯 수레에 쌓을 정도로 많아졌으며,[38] 영원토록 후세에 전해지니 이것을 불후(不朽)[39]라고 하였다. 고대인들의 저술에 나는 아무런 힘도 보태지 못했지만, 반고는 『한서』에 그들 저술의 원류(源流)와 파별(派別)을 분류하여 「예문지(藝文志)」를 엮었다.[40] 그 망령된 기재를 논한다면 앞에서 말한 「천문지」와 마찬가지이다.(釋 : 「예문지」는 반고의 『한서』에서 비롯된 것이기 때문에 가장 먼저 언급한 것이다) 『속한서(續漢書)』 이래로[41] 반고의 「예문지」를 본받는 사람들이 끊이지 않았다. 전대(前代)의

37 역주 : 공안국(孔安國)의 『상서서(尙書序)』(『문선(文選)』 권45 所收)에, 옛날 복희씨가 천하를 통치할 때에 비로소 팔괘(八卦)를 그리고 문자를 만들어서 결승(結繩)으로 사실을 기록하고 정사를 처리하던 것을 대신하였다. 이로부터 문적(文籍)이 생겨났다고 했다.

38 『장자』「천하편」에, 혜시(惠施)의 학설은 다방면에 걸쳐 그 저서가 다섯 수레에 쌓일 정도로 많았다고 했다. 혜시는 전국시대의 명가(名家)로 분류된다.

39 역주 : 「열전」편 주)26 참조.

40 역주 : 『한서』 권100하, 「서전(敍傳)」 하에, 유향(劉向)이 전적(典籍)을 관장하면서 아홉 유파로 구별하고 군서(群書)의 목록을 편찬하여 백가(百家)의 원류를 대개 서술함으로 위대한 업적을 이룩하였다. 이에 「예문지」 제10을 찬술하였다고 했다.

41 역주 : 진(晉)의 사마표(司馬彪)가 지은 『속한서』에는 팔지(八志) 있었다고 전하지만, 이를 옮겼다고 전하는 범엽(范曄)의 『후한서』에는 현재 「백관지(百官志)」·「예악지

「예문지」에서 이미 수록하고 있는 것을 다시 후대(後代)의 『예문지』에 수록하고 있으며, 편목(篇目)이 옛날의 것과 같은데도 오히려 여러 번 중복되어 나타나니, 물로써 물의 맛을 내는 것과 무엇이 다르며, (그렇다면) 누가 그것을 맛있게 마실 수 있겠는가?[42](釋 : 후세의 사서를 언급하면서 『수서』를 다루고 있다)

伏羲已降, 文籍始備. 逮於戰國, 其書五車, 傳之無窮, 是曰不朽. 夫古之所制, 我有何力, 而班『漢』定其流別, 編爲「藝文志」. 論其妄載, 事等上篇.(釋 : 藝文之志, 始自班史, 故首言之) 『續漢』已還, 祖述不暇. 夫前志已錄, 而後志仍書, 篇目如舊, 頻煩互出, 何異以水濟水, 誰能飮之者乎? (釋 : 遞到後史, 函下『隋書』)

## 8-10

뿐만 아니라 『한서』에서 「천문지」와 「예문지」를 설정한 것은, 대개 편명(篇名)을 널리 열거함으로써 사서(史書)의 각종 체례의 보존을 보여주려는 것이었다. 문자가 본래 많지 않았으므로 열람하기가 쉬웠다. 때문에 비록 적절히 꾸며 훌륭하게 한다는 점에서는 어그러지지만[43] 심하게 잡스럽거나 번거롭지 않았다. 이후 계속된 저술에는 「천문」·「예문」 분

---

(禮樂志)」·여복지(輿服志)」·「오행지(五行志)」·「천문지(天文志)」·「주군지(州郡志)」 등이 보일 뿐이다.(「서지(書志)」편 주(注) 참조) 완효서(阮孝緖), 「칠록서(七錄序)」(『광홍명집(廣弘明集)』 권3 所收)에는 원산송(袁山松)의 『후한서』에 「예문지」가 있었을 것이라고 하였다.

42 역주 : 이 말은 『좌전』 소공(昭公) 20년(B.C. 522) 12월에 보이는 제(齊)나라 안영(晏嬰)이 경공(景公)의 물음에 답하는 내용에 보인다.

43 역주 : 『예기(禮記)』 「방기(坊記)」편에, 예는 인정(人情)을 참작하여 이를 알맞게 제한하고 문식[節文]을 하여 백성의 제방이 된다고 했다.

야들이 나날이 더욱 확대되었다. 「천문지」에는 성점(星占)·월회(月會)·혼도(渾圖)·주비(周裨)와 같은 분야들이 있고,[44] 「예문지」에는 4부(四部)[45]·『칠록(七綠)』[46]·『중경(中經)』·비각(秘閣)[47]과 같은 종류들이 있는데, 모두 세 상자가 넘는 분량의 서적으로 스스로 일가(一家)를 이루었다. 사신(史臣)들은 마땅히 이러한 부류의 책을 편찬하는 일을 그만 두어야 한다. 그런데도 근세에 편찬된 『수서(隋書)』에는[48] 오히려 수많은 저작들을 널리 포함하여 「천문(天文)」·「경적(經籍)」 두 지(志)를 편성하였는데 그 번거롭

44 역주 : 『후한서』 「지(志)」 10, 「천문지」 상에, 효명제(孝明帝)가 반고에게 『한서』를, 마속(馬續)에게 『천문지』를 각각 서술하게 하였다. 이제 『한서』를 이어서 「천문지」를 지으니 왕망(王莽) 거섭(居攝) 원년(A.D. 6)에서 효헌제(孝獻帝) 건안(建安) 25년(A.D. 220)까지 215년을 담았다. 내용에는 당시의 성신(星辰)의 변화와 표상(表象)의 응험으로서 천계(天戒)를 드러내고 제왕의 일을 밝히는 것이었다고 했다. 그 주(注) 채옹(蔡邕)의 「표지(表志)」에, 천체(天體)를 설명하는 것으로 셋이 있는데, 「주비(周髀)」·「선야(宣夜)」·「혼천(渾天)」이 그것이다. 「선야」의 학(學)은 그 사법(師法)이 끊어졌고, 「주비」의 수술(數術)은 모두 전하며 천상(天狀)을 고험(考驗)하지만 틀린 곳이 많기 때문에 사관(史官)들은 이용하지 않는다. 다만 「혼천」이 정황에 가까워 오늘날 사관이 천문을 관측할 때 기준으로 이용하였다고 했다. 「월회」는 달의 운행을 가리킨다.

45 『수서경적지』에, 위가 한을 멸망하고 남겨지거나 없어진 자료를 수집하여 비서(秘書)와 중외(中外) 삼각(三閣)에 보관하였다. 정묵(鄭默)이 『중경(中經)』을 처음 저술하였다. 순욱(荀勖)이 『중경』을 기초로 하여 다시 『신부(新簿)』를 저술하면서 사부(四部)로 구분하여 첫째 갑부(甲部)에는 육예(六藝)와 소학(小學) 등이 속하였고, 둘째 을부(乙部)에는 제자(諸子)·병서(兵書)·술수(術數), 셋째 병부(丙部)에는 사기(史記)·구사(舊事)·황람부(皇覽簿)·잡사(雜事), 넷째 정부(丁部)에는 시부(詩賦)·도찬(圖讚)·급총서(汲冢書) 등이 각각 속하였다고 했다. 역주 : 모두 2만9백45권에 달하였다.

46 『양서(梁書)』 권51, 「처사전(處士傳)」에, 완효서(阮孝緖)의 자는 사종(士宗)으로서 『칠록(七錄)』 등의 저서가 세상에 전해졌다고 했다. 『수서경적지』에, 완효서가 널리 송·제 이래 왕·공 가문에서 보관하였던 서기(書記)를 모아 관청의 기록과 대조하여 잘못을 고치고 『칠록』이라 하였다. 첫째는 경전록(經傳錄), 둘째는 기전록(記傳錄), 셋째는 자병록(子兵錄), 넷째는 문집록(文集錄), 다섯째는 기술록(技術錄), 여섯째는 불록(佛錄), 일곱째는 도록(道錄)이다. 역주 : 모두 6천2백88종, 4만4천5백20권에 달했다.

47 역주 : 비각은 비서성(秘書省)의 중각(中閣)과 외각(外閣) 등 궁중의 도서를 보관하는 장소를 말한다.

48 역주 : 당 태종은 우지녕(于志寧)·이순풍(李淳風)·위안인(韋安仁)·이연수(李延壽)·영호덕분(令狐德棻) 등에게 명하여 10지(志)를 편찬하게 하였는데, 양(梁)·진(陳)·북제(北齊)·북주(北周)·수(隋) 등에 관한 '오대사지(五代史志)'라 불렸다. 후에 『수서(隋書)』에 편입되었다.

기가 이전 사람들이 편찬한 것보다 백 배나 더하였다. 이전 사람들의 전철을 거듭 밟을 뿐만 아니라 또 다른 사람을 맹목적으로 흉내를 내다가 그 잘못을 더욱 확대한 셈이었다.[49] (釋 : 책이 더욱 많아지게 되면서 사서가 더욱 허황해짐을 「천문지」를 들어 말하고 있다)

且『漢書』之志天文 · 藝文也, 蓋欲廣列篇名, 示存書體而已; 文字既少, 披閱易周, 故雖乖節文, 而未甚穢累. 既而後來繼述, 其流日廣. 天文則星占 · 月會 · 渾圖(渾天) · 周髀(蓋天)之流, 藝文則四部 · 『七錄』 · 『中經』 · 秘閣之輩, 莫不各逾三篋, 自成一家. 史臣所書, 宜其輟簡. 而近世有著『隋書』者, 乃廣包衆作, 勒成二志, 騁其繁富, 百倍前修. 非唯循覆車而重軌, 亦復加闊眉以半額者矣.(釋 : 此言書益增多, 史益汗漫, 用天文陪說)

## 8-11

그러나 사서(史書)에 '지(志)'가 설립된 이래 이미 그 종류가 하나에 그치지 않으며, 그 중 불합리한 부분은 대부분 고쳐지고 새로워졌지만, 「예문지」의 체례만은 예나 지금이나 같다. 상세히 그 의의를 살펴보면 「예문지」가 두어지는 것이 옳다고 볼 수 없다. 나는 지(志)를 편찬하는 사람은 마땅히 「예문지」를 없애야 한다고 생각한다.(釋 : 이 구절에서는 단지 「예문지」를 없애도 된다는 점을 말하고 있다) 정말 없앨 수가 없다면 그 체

49 『후한서』 권24, 「마원전(馬援傳)」에, 마원의 아들 요(廖)가 장락궁(長樂宮)에 상소하여 장안을 표현한 말에 이르길, "장안성 사람들이 높은 상투를 좋아하니, 온 천하가 모두 일척(一尺)이나 높아졌고, 장안성 사람들이 넓은 눈썹을 좋아하니 온 천하가 눈썹으로 이마의 반을 덮게 했다.[四方且半額] 장안성 사람들이 큰 소매를 좋아하니, 온 천하가 한 필로 소매를 만들었다"라고 했다. 장회(章懷)의 주(注)에, 이는 당시의 속담이라고 했다.

례를 바꾸어야 한다. 근래에 송효왕(宋孝王)[50]의 『관동풍속전(關東風俗傳)』에도 「분적지(墳籍志)」가 있는데 거기에 기록된 것은 모두 업(鄴)[51]의 문인유사(文人儒士)들과 도서의 교정(校定)을 주관하던 관청들이다. 열거한 서명(書名)들은 단지 당시 사람들이 편찬한 것만을 취했다. 그것을 익혀 따라야 할 준칙(準則)으로 삼는다면 남에게 비난이나 조롱은 면할 수 있을 것이다. 속담에 이르기를 "아무리 삐와 비단 같이 좋은 것이 있다 하더라도 왕골이나 넝쿨 또한 버려서는 안 된다"[52]고 한 것을 송효왕의 「분적지」에 적용하면 알맞다.(釋 : 마지막 구절에서는 오직 근래의 전적(典籍)만을 취해 수록한 것은 괜찮다고 하였다)

但自史之立志, 非復一門, 其理有不安, 多從沿革. 唯藝文一體, 古今是同, 詳求厥義, 未見其可. 愚謂凡撰志者, 宜除此篇.(釋 : 此節單折到除藝文) 必不能去, 當變其體. 近者宋孝王『關東風俗傳』亦有「墳籍志」, 其所錄皆鄴下文儒之士, 讎校之司. 所列書名, 唯取當時撰者. 習茲楷則, 庶免譏嫌. 語曰 : "雖有絲麻, 無棄菅蒯." 於宋生得之矣.(釋 : 結到單錄近籍爲是)

按 : 이 조문에서는 예문(藝文)에 관한 내용을 뽑아 논하였다. 이는 문사

50 『북사』 권26, 「송은전(宋隱傳)」에, 친족의 후예 세경(世景)의 종손 효왕(孝王)이 북평왕(北平王)의 문학(文學)이 되었다. 조정의 사인(士人)들을 비방하면서 『조사별록(朝士別錄)』 20권을 편찬하였다. 북주의 무제가 북제를 멸망하자 『관동풍속전』이라 고치고 다시 견문을 넓혀 30권으로 완성하였다고 했다. 역주 : 송효왕(宋孝王)은 북조의 제(齊) · 주(周)에서 활약한 사가이다. 특히 『관동풍속전』의 경우 언어에 거짓과 잘못이 많고, 편장(篇章)이 쓸데없이 길고 번잡하다고 평가되었다.

51 역주 : 북제(北齊)의 도읍으로 현재의 하남성(河南省) 안양시(安陽市) 북쪽에 위치하고 있었다.

52 『좌전』 성공(成公) 9년(B.C. 582) 조에 보인다. 역주 : 9년 조 기록에, "거(莒)나라 사람들이 방비에 소홀하여 초나라에게 도성을 포함한 3개의 성을 함몰 당한 사실에 대하여, 『시경』의 '비록 베나 비단 같은 좋은 것이 있더라도 왕골이나 넝쿨 같은 것을 버리지 마오. 비록 대국의 여인 또는 미녀가 있다고 하더라도 비천한 사람을 버리지 마오. 모든 군자에게는 자신의 결함을 채워줄 수 있는 사람이 없을 수 없기 때문이요'라고 했다. 이는 미리 방비하는 일을 멈출 수 없음을 말한 것이다"라고 하였다.

(文史)가 날로 많아짐에 따라 말한 것이다. 천문(天文)에 관한 취지와 같았기 때문에 두 경우를 함께 거론하여 논술하였다. 대개 「예문지」는 반고의 『한서』에서 비롯된 것으로 갱중(坑中)의 타다 남은 재나 여거(藜炬)에 타다 남은 불처럼 그래도 보존될 수 있었으니 마음으로 정말 다행한 일이라 여겼다. 진수(陳壽)[『三國志』]와 범엽(范曄)[『後漢書』]에 이르러 「예문지」는 중단되었다. 당초(唐初) 황제의 명으로 『수서(隋書)』가 편찬되면서 우지녕(于志寧) · 이순풍(李淳風) · 안사고(顔師古) · 공영달(孔穎達) 등이 각기 나누어 사지(史志)를 편찬하면서 다시 「경적지(經籍志)」가 있게 되었다. 때문에 이 편(篇)에서 가리키는 것은 다만 『한서』[「藝文志」]와 『수서』[「經籍志」] 둘 뿐이었다. 그 내용에는 지란(砥瀾) 즉 숫돌같이 생긴 바위가 험한 파도를 막아낸 듯한 공(功)이 있었지만 마찬가지로 징일(懲噎) 즉 목구멍이 막혀 음식을 먹을 수 없는 듯한 폐단도 있었다.(此條抽論藝文也, 爲文史日多而發. 與天文同旨, 故雙擧言之. 蓋藝文之志, 始自漢班, 硎谷灰燼, 藜照叢殘, 有幸心焉. 陳 · 范以還, 斯志中絶. 唐初敕撰『隋書』, 于 · 李 · 顔 · 孔分編史志, 復有「經籍」之目. 故篇內所指, 唯此兩家. 其言有砥瀾之功, 亦有懲(口壹)之弊)

서적은 역사상 다섯 차례 액난(厄難)을 겪은 바 있다.[53] 우홍(牛弘, 자 里仁)은 세 차례나 이러한 견해를 드러냈다. 송(宋)의 숭문(崇文) · 비성(秘省)의 제 조목(條目)은 여전히 국사에 실려 있다. 그렇다면 『명사(明史)』에 다만 한 왕조에서 편찬된 서적만 수록한 것이 곧 『사통』의 주장을 본받은 것인지 혹은 (이전 왕조의 것을 포함하여) 총록(叢錄)을 번거롭다고 느낀 것인가? 근래의 학사(學士) · 수장가(收藏家)들은 왕왕 개인적으로 목록을 만들어 예전의 조공무(晁公武) · 진진손(陳振孫)의 전철을 계속함으로 이를 사서에 대한 보충으로 삼았다. 『문헌통고(文獻通考)』를 잇고자 하는 사람이 마땅히 빨리 받아들여야 할 것이다.(書有五厄, 里仁牛氏三致志焉. 宋崇文 · 秘

---

53 역주 : 오액(五厄)이란, 진시황의 분서, 전한 적미(赤眉)의 입관(入關), 동탁(董卓)의 이도(移都), 유석(劉石)의 난화(亂華), 남조 양말(梁末)의 북위 군대의 입영(入郢) 등의 상황을 의미한다.

省諸目, 仍登國史. 而『明史』則祇載一朝撰述, 毋亦儀監於『史通』, 抑煩不勝叢錄乎? 自邇學士·購藏家, 往往私爲目錄, 繼軌晁·陳, 藉是以當史補. 續『通考』者所宜亟收也)

## 8-12

무릇 천재(天災)나 상서(祥瑞)의 발생은 인간세상의 길흉을 나타내는 것이다. 이러한 이치는 아주 분명하여 쉽게 속일 수 없다. 그리하여 기린이 다투니 일식과 월식이 발생하였고, 고래가 죽자 혜성이 나타났으며,[54] 황하(黃河)가 맑아진다면 그것은 천년에 한 번 맑아질 수 있다는 예언에 따른 것이고,[55] 양산(梁山)의 붕괴는 토층의 풍화작용에 기인한 것이다.[56] 또한 속담에 이르기를 "태세(太歲)가 유(酉) 자리에 있으면 마실 것을 구할 때 술을 얻게 되고, 태세가 사(巳) 자리에 있으면 아내와 자식을 팔게 된다"[57]라고 하였으니, 이들은 모두 길흉이 서로 교대로 등장하고, 남음과 부족함이 순환되는 것[盈縮循環][58]과 같아 모두 천도(天道)와 관계되는 것이

54 이 말은 『회남자(淮南子)』「천문훈(天文訓)」에 보인다.

55 『습유기(拾遺記)』 권1에, 신선이 산다는 단구(丹丘)는 천년에 한 번 붉을 밝히고, 황하는 천년에 한 번 맑아진다고 했다.

56 『좌전』 성공(成公) 5년(B.C. 586)에, 양산(梁山)이 무너졌다. 강인(絳人)들이 말하기를, 산에 썩은 흙 때문에 무너진 것이라고 했다.

57 마총(馬總)의 『의림(意林)』이 인용한 원준(袁準)의 『정서(正書)』에, 태세(太歲)가 유(酉) 자리에 있으면 마실 것을 구할 때 술을 얻게 되고, 태세가 사(巳) 자리에 있으면 아내와 자식을 팔게 된다고 하여 재앙에도 자연의 이치가 있음을 알 수 있다. 역주 : 고대에는 목성(木星)을 태세라고 하였다.

58 역주 : 유효표(劉孝標), 「변명론(辨命論)」(『문선(文選)』 권54 所收)에, "그들 융적(戎狄)은 사람의 얼굴에 짐승의 마음을 가진 자들로 안일은 독약과 같고 살인을 도덕으로 여긴다. 그리고 어머니뻘 친척들과의 음란을 인의로 여긴다. 비록 큰바람이 신선이 산다는 청구(靑丘)에 머문다 해도 방자함을 널리 행하는 것처럼, 승냥이나 이리 같은 흉포한 무리인 융적을 무엇과 비교하겠는가. 진(晉)이 쇠약해지고 난 후 천하가

고 인사(人事)와는 아무런 관계가 없다.(釋 : 첫 구절에서는 천도와 인사가 서로 뒤섞여 혼란스러워서는 안 된다는 뜻을 말하고 있다)

夫災祥之作, 以表吉凶. 此理昭昭, 不易誣也. 然則麒麟鬪而日月蝕, 鯨鯢死而彗星出, 河變應於千年, 山崩由於朽壤. 又語曰 : "太歲在酉,(舊作'丑', 誤) 乞漿得酒; 太歲在巳, 販妻鬻子."(皆貼氣數說), 則知吉凶遞代, 如盈縮循環, 此乃關諸天道, 不復繫乎人事.(釋 : 首節領起天人不相揉之意)

## 8-13

또한 주(周) 무왕(武王)이 복서(卜筮)를 통해 상(商)의 주(紂)를 계속 공격할 것인가의 여부를 결정할 때 구갑(龜甲)이 타버리고 점치던 시초(蓍草)가 꺾어졌으며,[59] 남조의 송 무제(武帝)가 군사를 거느리고 노순(盧循)을

---

혼란하자 융적이 그 틈을 타 재빨리 군사를 동원, 화북일대를 장악하고 다섯 큰 도시를 점령하였다. 그리하여 선왕(先王)이 거주하던 옛 땅에 거주하고 중국에서 황제라는 이름을 내걸었다. 그리고 삼황(三皇)처럼 백성을 다스리고, 오제(五帝)처럼 강토를 차지하였다. 부족이 번성하여 중국의 천하에 충만하게 되었다. 아아! 선을 행하면 복을 받고, 잘못을 저지르면 화를 입는다고 하였는데 이는 다만 빈말이 아닌가. 설마 악운과 좋은 운이 서로 대립하고 남음과 부족함이 순환되는데[盈縮循環] 오히려 인위적으로 그것들을 어지럽게 하는 것이 아닌가. 이것이 여섯 번째 분명치 않은 것이다"라고 하였다.

59 『설원(說苑)』 권13, 「권모(權謀)」편에, 주 무왕(武王)이 상의 주(紂)를 정벌하면서 유융(有戎)의 땅에 이르렀을 때 큰비를 만나 구갑(龜甲)으로 점을 쳤다. 산의생(散宜生)이 말하기를, '이는 불길한 것인가'라고 하자 무왕이 말하기를, '점으로는 불리하다고 했지만, 군대로 공격하는 것은 이롭다. 불길하다는 것은 점괘일 뿐'이라고 했다. 무왕은 천지의 뜻에 따라 삼요(三妖)를 범한 주(紂)를 목야(牧野)에서 사로잡았다. 그가 남달리 본 것이야말로 정확하였다. 按 : 그 사실은 『사기』 권32, 「제태공세가(齊太公世家)」에도 보인다.(역주 : (그 내용은) 무왕(武王)이 주(紂)를 공격하기에 앞서 구갑(龜甲)으로 점을 쳤는데 점괘가 불길하였고, 폭우가 내렸다. 여러 대신들이 모두 두려워하였으나 태공(太公)만은 강력히 권하여 무왕은 마침내 출정하였다. 무왕 11년

공격할 때에 기간(旗竿)이 부러지고 기치(旗幟)가 강에 떨어졌다.[60] 전량(前涼)이 후조(後趙)를 공격하는데 올빼미가 전량 군대의 깃발 위에 떨어지고,[61] 가의(賈誼)가 장사왕(長沙王)의 부(傅)가 되었을 때 부엉이가 그의 집에 날아들었다.[62] 이 모든 것이 재앙[妖災]을 나타내는 상징이었는데도[63] 결과적으로는 오히려 복이 찾아왔으니, 어리석은 사람이나 똑똑한 사람이나 모두 알 수 없는 일이었고, 그 결과가 밝을지 어두울지 추측할 수도 없었다. 고대의 국사(國史)는 기이한 말을 들으면 곧 기록하였지만, 그렇다고 반드시 그 말의 결과가 길한지 흉한지를 살피지 않았고, 또 그것이 좋은지 나쁜지를 상세히 기록하지도 않았다. 때문에 제후들 사이에 서로 본국의 상사(喪死)와 화복(禍福) 등 대사(大事)를 통고하는 가운데 이

---

정월 갑자일에 목야(牧野)에서 출정선서를 하고 상의 주왕을 치니, 주왕의 군대가 무너졌다. 주왕이 도망쳐 녹대(鹿臺)로 올라가자 무왕은 끝내 추격하여 주왕을 베었다) 『상서』 「태서정의(泰誓正義)」에 이를 인용하여 「주본기(周本紀)」에서 태공(太公)이 말하기를, '점괘[卜辭]가 사람의 의지만 못하다'라고 하여 「제태공세가」를 「주본기」로 잘못 알았다.

60 『송서(宋書)』 권1, 「무제본기」 상에, 무제(재위 : 420-422)가 노순(盧循)을 정벌하면서 좌리(左里)에 이르렀을 때 무제가 잡고 있었던 군대를 지휘하던 깃대가 부러지고, 깃발이 꺾여 강물에 떨어졌다. 이에 무리들이 두려워하자 무제가 환하게 웃으며 말하기를, '과거 복주(覆舟)의 싸움에서도 깃대와 깃발이 역시 부러졌었는데 오늘 다시 그러하니 도적들을 틀림없이 깨뜨릴 수 있을 것이다'라고 하면서 즉시 성채를 공격하며 진군하자 노순이 홀로 배를 타고 달아났다고 했다.

61 『진서(晉書)』 권86, 「장궤전(張軌傳)」附 「장중화전(張重華傳)」에, (전량(前涼 : 301-376)의 제5대 군주) 장중화는 사애(謝艾)를 중견장군(中堅將軍)으로 삼아 보기(步騎) 오천을 주어 후조(後趙)의 마추(麻秋)를 공격하게 하였다. 군대를 이끌고 진무(振武)에 진을 치고 있을 때 밤중에 올빼미 두 마리가 군영에서 울었다. 이에 사애가 말하기를, '육박(六博)에서는 올빼미를 얻는 사람이 이기게 되어 있으니 오늘 군영에서 올빼미가 울었으니 적을 이길 징조이다'라고 하고 나아가 싸워 크게 승리하였다고 했다.

62 『한서』 권48, 「가의전(賈誼傳)」에, 가의(B.C. 200-168)는 장사왕(長沙王)의 부(傅)가 되어 3년이 되었는데 부엉이가 그의 숙소에 날아들었다. 부엉이는 올빼미와 비슷하고 상서롭지 못한 새이다. 이에 부(賦)를 지어 스스로의 신세를 읊었다. 후일 한 해가 조금 지나 문제(文帝)가 가의를 생각하고 장안으로 불러들였다고 했다.

63 역주 : 『좌전』 선공(宣公) 15년(B.C. 594)에, "하늘은 때를 어기면 재해(災害)를 내리고, 땅은 본성을 어기면 요이(妖異)를 보여줍니다. 백성은 위정자가 덕을 어기면 난(亂)을 일으키고, 난은 요재(妖災)를 부릅니다"라고 했다.

상한 조짐이 있었다 하더라도 재앙이 되지는 않았다. 『춘추』에 보이는 그러한 사례(事例)는 한, 두 개가 아니다.(釋 : 이 구절에서는 길흉[休咎]은 하늘에서 내린 부명(符命)에 반응하는 것이 아니란 예증을 들어 설명하고 있다)

且周王決疑, 龜焦蓍折, 宋皇誓衆, 竿壞幡亡, 梟止涼(一作'梁', 一作'京', 並非)師之營, 鵬集賈生之舍. 斯皆妖災著象, 而福祿來鍾, 愚智不能知, 晦明莫之測也. 然而古之國史, 聞異則書, 未必皆審其休咎, 詳其美惡也. 故諸侯相赴, 有異不爲災, 見於『春秋』, 其事非一.(釋 : 此節申擧休咎不相符應之證)

## 8-14

한(漢)의 건국 이후 유사(儒士)들은 『상서』 「홍범(洪範)」편을 살피고 그에 근거하여 음양학설을 해석하였다.[64](釋 : 이 구절은 다음 문장을 제기한 것으로 동중서(董仲舒)와 유향(劉向) 등을 가리킨다. 즉 「오행지」의 바탕이 된 것들이다) 이와 같은 사실은 예컨대 정(鄭)의 객(客)이 전했다는 강벽(江璧)은 멀리 진시황(秦始皇)의 죽음으로 들어맞았고,[65] 상림원(上林苑)의 말라 구부러져

64 역주 : 『한서』 권27상, 「오행지」 상에, 한이 건국되고 진(秦)에서 끊어졌던 학문의 뒤를 이었는데, 경제(景帝) · 무제(武帝) 때에 동중서(董仲舒)는 『공양춘추』를 연구하여 음양이 이치를 살펴 유가들의 존경을 받았고, 선제(宣帝) · 원제(元帝) 이후 유향(劉向)은 『곡량춘추(穀梁春秋)』를 연구하여 사람들의 화복(禍福)을 점쳤다. 아울러 「홍범」의 뜻을 해석하고는 있지만 동중서와는 달랐다. 유향의 아들 유흠(劉歆)이 『좌전』을 연구하였지만 유흠의 『춘추』의 의미에 대한 해석 역시 어그러진 부분이 있었다. 그들이 말한 「오행전(五行傳)」 또한 아주 달랐다. 그리고 『한서』 권75, 「이심전(李尋傳)」 등 찬왈(贊曰)에, 한이 건국된 이래 음양을 추구하여 재이(災異)를 논한 사람은 효무제 때 동중서 · 하후시창(夏侯始昌), 소(昭) · 선제(宣帝) 때 휴맹(眭孟) · 하후승(夏侯勝), 원(元) · 성제(成帝) 때 경방(京房) · 익봉(翼奉) · 유향 · 곡영(谷永), 애(哀) · 평제(平帝) 때 이심(李尋) · 전종술(田終術) 등이 있었다고 했다.

있던 버드나무가 다시 살아나자 가까이 한나라 선제(宣帝)의 즉위로 영험을 보였다.[66] 한의 원후(元后)가 정사에 관여하기 전에 "문추백발(文樞白髮)"이라는 전설이 있었고,[67] 신도후(新都侯) 왕망(王莽)이 즉위하기 전에 "계수황작(桂樹黃雀)"이라는 민요가 있었다.[68] 열거한 이 한, 두 가지 사례

---

65 『한서』 권27中, 「오행지」 中에, 사서에 기록되길, 진시황 36년(B.C. 211) 정(鄭)의 객(客)이 관동(關東)으로부터 화음(華陰)에 이르렀을 때 하얀 말이 끄는 하얀 수레가 화산(華山)에서 내려오는 모습을 쳐다보고 있는데, 가까이 다가와 벽(璧)을 가지고 객에게 말하기를, '이것을 내 대신 호지군(滈池君)에게 전해주오'라고 하면서, '금년에 조룡(祖龍)이 죽을 것이오' 하고는 홀연 사라졌다. 정의 객이 받은 벽(璧)은 바로 진시황 28년(B.C. 219) 강을 건너던 중 빠뜨린 그 벽이었다. 역주 : (이어서) 이는 주(周) 자조(子鼂)의 사건과 응험함이 같다. 이 해에 운석(隕石)이 동군(東郡)에 떨어졌다. 백성 중에 어떤 사람이 돌 위에 '시황제가 죽고 나서 땅이 분열될 것이다'라고 새겼다. 이는 모두 백상(白祥)으로서, 양(陽)이 홀로 다스릴 뿐 그 호령을 따르지 않고 군음(群陰)이 부화(附和)하지 않음이 불러온 것이었다. 어떤 해석에는 돌은 음(陰)에 속하고, 음은 고절(高節)을 지니고 스스로 드러나는 것이니 신하가 장차 군주를 위해(危害)하는데, 조고(趙高)와 이사(李斯)의 상징이라고 했다. 그런데도 시황제는 자신을 반성하거나 두려워하지 않고 오히려 주변의 백성을 모두 죽이고 운석을 태워버렸다. 이 해에 진시황이 죽고, 3년 후 진이 멸망하였다.

66 순열(荀悅)의 『한기(漢紀)』에, "소제(昭帝) 원봉(元鳳) 3년(B.C. 78) 상림원의 말라 부러졌던 큰 버드나무가 다시 가지를 펴고 살아났다. 그리고 벌레가 갉아먹은 잎에는 '공손병이(公孫病已)가 즉위할 것이다'라고 쓰여 있었다. 부절령(符節令) 혜홍(眭弘)이 상서를 올려 '필서(匹庶)가 즉위할 조짐입니다'라고 하자 요언(妖言)이라 하여 주살하였다. 선제가 후일 민간에서 일어나 즉위하자 혜홍의 아들을 낭(郎)으로 삼았다. 按 : 선제의 처음 이름은 병이(病已)였다. 역주 : 비슷한 내용이 『한서』 권27중, 「오행지」 중에도 보인다.

67 『한서』 권27下之上, 「오행지」 下之上에, "애제(哀帝) 건평(建平) 4년(B.C. 3) 경사(京師)와 군국(郡國)의 백성들 곳곳에 모여 박희(博戲)의 도구를 갖추고 가무(歌舞)로써 서왕모(西王母)에게 제사를 지냈다. 또 책을 전하며 이르기를, '서왕모가 백성에게 알리기를 이 책을 가지고 있으면 죽지 않는다고 했다. 만일 믿지 못하거든 문지도리[門樞] 밑에 백발(白髮)이 있을 것이다'라고 하였다. 두업(杜鄴)이 말하기를, 부태후(傅太后)가 집정하자 외척 정(丁)·부(傅) 씨가 권력을 장악하여 횡포를 부리는 경우 옛날 『춘추』에서는 현상을 통해 징조를 보여 군주가 깨우치게 하였다. 한 편으로는 이러한 징조를 보이는 것은 왕태후(王太后)와 왕망(王莽)의 등장을 알리기 위함이라 하였다.

68 『한서』 권27중, 「오행지」 중에, "성제(成帝) 때의 노래에 이르기를, '사도(邪道)가 양전(良田)을 못쓰게 만들고, 참언(讒言)이 선량한 사람을 어지럽히네. 계수(桂樹)가 꽃을 피웠지만 결실을 맺지 못하고, 황작(黃雀)이 둥지를 만들었지만 나무가 무너져버렸네. 옛날에 사람들은 선망하였지만 오늘날 사람들은 측은하게 여기네[讒口亂善人.

들은 자못 이야기할만한 가치가 있다.(釋 : 그것을 얻고자 한다면 먼저 그것을 주는 것으로 문장을 시작하였다) 그러나 메뚜기 · 잎벌레 · 새끼왕개미 · 누리 등과 같은 작은 병해충 그리고 지진 · 일식 · 월식, 산이 무너지고 땅이 갈라지거나 서리가 내리고 우박이 떨어지며, 큰물이 나고 겨울에 얼음이 얼지 않는 등의 현상으로 증명할 수 있는 것은 모두 현실에 맞지 않았다.(釋 : 몇 마디로 급히 전환하여 바로 그것을 얻고자 하였다) 때문에 춘추시대 노나라에서 가뭄으로 인하여 비가 내리기를 기원하는 제사를 지내거나, 절기가 혼란스럽거나 메뚜기 떼가 농작물에 손해를 주는 것과 같은 일들이 생겨나는 경우,[69] 당시 강대한 진(秦)나라가 노 희공(魯僖公)의 죽음을 추도(追悼)한다거나 혹은 주(周)의 천자(天子)가 모백(毛伯)을 파견하여 노 문공(魯文公)의 즉위를 명하였고, 어떤 때에는 등(滕)과 주(邾)나라가 입조(入朝)하거나 혹은 진(晉)과 초(楚)나라가 우호적인 방문을 하였다. 모두 이 같은 평상적인 일을 가지고 그 재앙이 들이닥칠 징조로 삼는다면[70] 하늘에서 내려준 질책과 징벌이 어디에 나타나겠는가? 깊이 감추어진 도리를 찾아내면 (견강부회한 해석은) 생략해도 될 것이다.(釋 : 이는 재앙의 징조가 주장하는 뜻을 증명하지 못함으로써 '생략해도 될 것이다'라고 한 것은 징조를 억지로 맞출 필요가 없다는 것이다)

洎漢興, 儒者乃考『洪範』以釋陰陽.(釋 : 三句提起後文, 蓋指董 · 劉等書, 則「五行志」所本也) 其事也如江壁傳於鄭客,(一作'谷', 誤) 遠應始皇; 臥柳植於上林, 近符宣帝. 門樞白發, 元后之祥, 桂樹(一作'梓柱')黃雀, 新都之讖. 擧夫一二, 良有可稱.(釋 : 欲奪之, 先予之, 是開筆) 至於蜚蜚 蝝蠡, 震食崩坼,

---

桂樹華不實, 黃雀巢其顚. 故爲人所羨, 今爲人所憐]'라고 했는데 곽무천(郭茂倩)의 주에, 계(桂)는 적색(赤色)으로 한 황실의 색이고, 왕망은 스스로 황색(黃色)을 일컬었다.

69 역주 : 이상은 모두 『한서』 권27, 「오행지」에 수록되어 있다.

70 진(秦)나라가 노 희공(僖公)의 죽음을 추도(追悼)한 것은 『춘추』 문공(文公) 9년(B.C. 618)의 일이고, 주(周)의 천자(天子)가 모백(毛伯)을 파견하여 노 문공의 즉위를 명한 것은 문공 원년, 등(滕)과 주(邾)나라가 입조(入朝)한 일은 각각 문공 5년과 7년, 진(晉)과 초(楚)나라가 우호적인 방문을 한 것은 각각 11년, 3년의 일이다. 모두 늘 있는 평상적인 일이었고 그 사이에는 재앙이 끊임없이 기록되어 있다.

隕霜雨雹, 大水無冰, 其所證明, 實皆迂闊.(釋 : 數語急轉, 是正奪之) 故當春秋之世, 其在於魯也, 如有旱雩舛侯, 螟螣(벌레충부)傷苗之屬; 是時或秦人歸襚, 或毛伯賜命, 或滕 · 邾入朝, 或晉 · 楚來聘. 皆持此恒事, 應彼咎徵, 昊(或作'旻')穹垂譴, 厥罰安在? 探賾索隱, 其可略諸.(釋 : 此以咎徵無應證明所奪之指. '其可略諸'者, 不必附會深求也)

## 8-15

또한 사서(史書)에 사실을 빠짐없이 모두 기재하기란 어렵다. 가까이 유송(劉宋)의 치세(治世)는 오직 60년[五紀]이었고[71] 통치한 지역은 강회(江淮)일대에 그쳤지만, 심약(沈約)의 『송서(宋書)』는 무려 100권이나 되어 그 내용이 풍부하다고 일컬어졌다. 그런데도 또 다른 사가들은 『습유(拾遺)』나 『어록(語錄)』을 통해 다시 자료를 널리 구하고 내용을 증가시켰다.[72] 하물며 저 『춘추』에 기록한 내용은 240년 간 진행된 사실과 모든 중원(中原)과 만이(蠻夷)의 나라들에 관한 사실을 모두 서술하였고,[73] 『경전집해(經傳集解)』(두예(杜預)가 주(注)를 붙인 책[『左傳』]이다)의 권수는 불과 30

71 역주 : 남조 송 고조 유유(劉裕)가 영초(永初) 원년(420) 동진을 멸망시킨 이래 순제(順帝) 승평(昇平) 3년(479)년 망할 때까지 60년을 가리킨다. 1기(紀)는 12년을 말한다.

72 『수서경적지』「사부(史部)」"잡사(雜史)"에, 『송습유(宋拾遺)』 10권은 양(梁) 소부경(少府卿) 사작(謝綽)이 편찬하였다고 하였고, 정초의 『통지(通志)』「예문략(藝文略)」에, 『송제어록(宋齊語錄)』 10권은 공사상(孔思尙)이 편찬하였다고 했다.

73 역주 : 『춘추』는 노 은공(隱公) 원년(B.C. 722)부터 애공(哀公) 14년(B.C. 481)까지 242년 간 12공(公)의 역사를 기록한 책이다. 두예(杜預)의 『춘추좌씨전서(春秋左氏傳序)』에, 이러한 다섯 가지 체례로 미루어 경전(經傳)의 대의를 찾아보면 비슷한 것들을 찾아내고 이를 확대하여 설명함으로써 242년간의 역사적 사실에 덧붙여 왕도의 바른 법과 인륜의 기강이 모두 갖추어져 있다고 했다.

권이었으니[74] 그 서술에는 생략된 내용이 역시 아주 많았음을 알 수 있다. 그런데도 한대(漢代)의 유학자들은 오히려 (한나라 때 발생한 사실이 아닌 즉) 200년 범위 이외의 자연계의 재화(災禍)까지도 조사하여, (『좌전』) 30권 중에서 이들 재화의 보응(報應)을 찾으려 하였으니, 어떤 징조는 인사(人事)에 그 보응이 꼭 들어맞지 않으며 또 어떤 징조는 들어맞기는 하였지만 사람들이 모르고 지나친 것도 있으니 어찌 이를 알 수 있겠는가? 어떻게 겨우 잠깐의 재화가 있었다고 하여 반드시 그 징조를 알 수 있다고 하겠는가?(釋 : 유송의 근래의 책을 『좌전』과 비교해보면 범위가 좁은 일은 번거롭고, 범위가 큰 일은 간략하다. 동중서(董仲舒)와 유향(劉向) 등은 간략한 내용을 가지고 하늘의 변화를 살피고, 누락되고 생략된 것이 많은 가운데서 고증함으로써, 사리에 모두를 맞추기가 어렵다. ○(앞 구절의) "이와 같은 사실은 예컨대 정(鄭)의 객(客)이 전했다는 강벽(江璧)은"에서 여기까지 모두 오행가들을 요약하여 거론함으로써 하나로 묶었고, 이하 한 가지씩 사례를 지적하여 반박하였다)

且史之記載, 難以周悉. 近者宋氏, 年唯五紀, 地止江·淮, 書滿百篇, 號爲繁富. 作者猶廣之以『拾遺』, 加之以『語錄』. 況彼『春秋』之所記也, 二百四十年行事, 夷夏之國盡書, 而『經傳集解』(杜預注本)卷才三十. 則知其言(一無'言'字)所略, 蓋亦多矣. 而漢代儒者, 羅災眚於二百年外, 討符會於三十卷中, 安知事有不應於人, 應而人(舊作'人而')失其事? 何得苟有變而必知其兆者哉!(釋 : 借劉宋近書與『左』相衡, 見狹者繁而闊者簡. 舒·向輩執簡本以窮天變, 考證於漏略之中, 勢有難於悉協者. ○自'其事也'至此, 皆約擧五行家大致統折

---

74 역주 : 『수서경적지』「경부(經部)」"춘추(春秋)"에, 『춘추좌씨경전집해(春秋左氏經傳集解)』 30권, 두예(杜預, 222-284)가 편찬하였다고 했다. 두예는 서진(西晉)의 정치가인 동시에 『좌전』을 좋아하여 과거 경(經)과 전(傳)이 각각 따로 유행되었던 것을 하나로 하여 전문(傳文)으로 경문(經文)을 해석하였다. 진수는 그 외에도 각 가보(家譜)를 참고하여 『춘추석례(春秋釋例)』 10권, 『맹회도춘추장력(盟會圖春秋長曆)』을 지었다. 지우(摯虞)는 진수의 저작을 평가하여 말하기를 "좌구명은 본래 『춘추』를 위한 전(傳)을 지었는데[『좌전』] 단독으로 유통되었고, 『춘추석례』는 본래 『좌전』을 위해 지은 것인데 밝힌 뜻이 『좌전』에 한정되지 않았기 때문에 역시 단독으로 유통되었다고 했다. 『진서(晉書)』 권34, 「두예전」 참조.

之. 已下拈條摘駁)

## 8-16

예를 들어 『춘추』의 사실을 인용하면서 그에 대한 해석을 고치거나 바꾸려는 것을 말하자면, 왕찰자(王札子)가 난을 일으킨 것은 성공(成公) **때였다,**(**原注** : 『춘추(春秋)』에 의하면 성공 원년(B.C. 590) 2월에 얼음이 얼지 않았다. 동중서(董仲舒)는 당시에 왕찰자가 소백(召伯)과 모백(毛伯)을 죽였다고 여겼다. 현재 전하는 『춘추경(春秋經)』을 살펴보면 왕찰자가 모백을 죽인 사건은 선공(宣公) 15년(B.C. 594)에 발생하였던 것이지 (동중서가 말한 것처럼) 성공 때가 아니다. ○이상의 내용은 『한서』 권27中之下, 「오행지」 中之下에 실려 있다.[75] 또 『사통』 권19, 「오행지잡박(五行志雜駁)」편에 보인다.[76]) 하징서(夏徵舒)의 모반(謀反)이 소공(昭公) **때였다,**(**原注** : 『춘추』에 의하면 소공 9년(B.C. 533)에 진(陳)나라에 화재(火災)가 발생하였다. 동중서는 초나라 장왕(莊王)이 진(陳)을 위해 하징서를 토벌하고 이어서 그 진을 멸망시킴으로써 진나라 신민(臣民)의 원망을 자아냈기 때문에 화재를 불러왔다고 여겼다.[77] 살펴보건대 초 장왕이 진나라를 멸망시킨 사실은 선공 11년(B.C. 598)에

75 **역주** : 『한서』 권27中之下, 「오행지」 中之下에, "성공(成公) 원년 2월, 얼음이 얼지 않았다. 동중서는 이것이 당시 노 선공(宣公)이 죽고 복상(服喪)의 기간인데도 불구하고 군신(君臣)이 모두 비통해하는 마음이 없었고, 은택을 아랫사람에게 베풀지 않고 구갑(丘甲)이라는 부세를 거두었기 때문이라 여겼다. …… 성공(成公) 때에 초(楚)나라가 중원(中原)에 횡행(橫行)하자, 왕찰자가 주(周)의 대부 소백과 모백을 죽였고, 진(晉)나라가 주의 군대를 무융(貿戎)에서 패배시켰지만, 주나라는 이를 토벌할 힘이 없었다"라고 했다.

76 **역주** : 이하 원주(原注)의 인용문은 모두 『한서』 권27, 「오행지」에서 인용한 것이고, 해석의 경우 해당 기사의 안사고(顔師古)의 주(注)가 인용되어 있기 때문에 별도의 표기를 하지 않는다.

77 **역주** : 『한서』 권27上, 「오행지」 上에, "소공(昭公) 9년, 하(夏) 4월, 진(陳)에 화재가 났

있었으니 만일 소공(昭公) 9년에 멸망하였다면 초 영왕(靈王)의 시기이다. 이와 같이 장왕(莊王)이 죽고 공왕(恭王)이 즉위하였고, 공왕이 죽고 강왕(康王)이 즉위하였고, 강왕이 죽자 협오(夾敖)가 즉위하였고 협오가 죽자 영왕이 즉위하였으니 발생한 시기가 5대(五代)나 차이가 난다) **초 장왕(莊王)이 패자가 되었고, 형국(荊國)이 처음으로 왕을 참칭하였다,**(原注 :『춘추』에 의하면 환공(桓公) 3년(B.C. 709)에 일식이 발생하였다. 경방(京房)의 『역전(易傳)』에서는 후에 초나라 장왕(莊王)이 왕을 칭하고 토지가 천리에 달하는 것을 알리는 징조였다고 생각했다.[78] 살펴보건대 초 무왕(武王)이 왕을 참칭하기 시작한 이래 문왕(文王)·성왕(成王)·목왕(穆王) 세 왕을 거쳐 장왕에 이르렀다. 이렇듯 초나라에서 왕을 칭한 것이 이미 4대나 지났는데 어떻게 초 장왕이 왕이라는 칭호를 처음으로 썼다고 말할 수 있겠는가? 또한 노나라 환공(桓公)이 죽은 후 시대가 엄왕·민왕(閔王)·이왕(釐王)·문왕(文王)·선왕(宣王) 등 다섯 군주를 거쳐 초 장왕이 패자가 된 것이니 어찌 환공 3년에 발생한 일식이 이 일을 예언한 징조라고 할 수 있겠는가?) **상(商) 고종(高宗)이 상중(喪中)에 있을 때 도읍 박(亳)에서는 뽕나무와 꾸지나무가 함께 자랐다,**(原注 :『상서(尚書)』「서(序)」에 이르길, "이척(伊陟)이 태무(太戊)의 재상으로 있을 때에 박(亳)에서 뽕나무와 꾸지나무가 함께 자랐다"라고 했다. 유향(劉向)은 은나라의 도(道)가 쇠하였는데도 불구하

---

다. 동중서는, 진(陳)의 하징서가 군주를 죽이자, 초의 엄왕(嚴王)이 이를 구실로 진의 적(賊)을 토벌하고자 했다. 진나라가 문을 열고 초의 군대를 받아들이자 초는 진을 멸망시켰다. 진의 신자(臣子)들이 이를 한으로 여기고 독을 품었고, 음독(陰毒)이 지극하여 양(陽)을 낳았고 이에 따라 화재가 발생하였다고 여겼다"라고 했다.「오행지」에서는 초의 장왕(莊王)을 엄왕(嚴王)이라 칭하였다. 이는 후한 명제(明帝)의 휘(諱)가 '장(莊)'이었기 때문에 피휘(避諱)하여 엄왕이라 불렀던 것이다. 따라서 엄왕을 원래대로 모두 장왕으로 표기하였다. 이하「오행지」의 인용문도 마찬가지이다.

78 역주 :『한서』 권27下之下,「오행지」 下之下에, 환공 3년 7월 임진(壬辰) 초하루 날에 일식이 있었다. 동중서(董仲舒)와 유향(劉向)은 여기기를, 이전의 일이 컸지만, 이후 다가올 일은 더욱 클 것이기 때문에 일식이 있었다고 했다. 이전에 노(魯)·송(宋)의 군주를 시해하였고, 노가 송의 난을 조성하였으며, 허전(許田)을 바꿈으로써 천자를 받들려는 마음이 없었다. 초나라는 왕을 참칭하였다. …… 경방(京房)은『역전(易傳)』에서, 환공 3년 일식이 중앙을 관통하자 상하가 모두 황색(黃色)으로 변하였다. 이는 신하가 군주를 시해하고자 하나 끝내 죽지 않는 형상이다. 후에 초의 엄왕(嚴王) 즉 장왕(莊王)이 왕을 칭하고, 천리의 땅을 겸병하였다고 했다.

고 고종이 이러한 폐단을 딛고 일어나 상중에 애절한 마음을 다하였음으로 천하가 모두 호응하였다고 여겼다. 그러나 입신하여 영화를 얻고 나서는 정사를 게을리 함으로써 나라의 위기가 조석에 달려 있었기 때문에 뽕나무와 꾸지나무가 함께 자라는 이상함이 생겨난 것이다.[79] 살펴보건대 은나라는 태무가 죽은 이후부터 왕위를 계승한 중정(仲丁)·하단갑(河亶甲)·조을(祖乙)·반경(盤庚) 등 모두 5대를 거쳐서야 비로소 무정(武丁)에 이르렀으니 바로 고종이다. 뽕나무와 꾸지나무의 일은 태무 시기에 있었던 것으로 고종 때의 일이 아니다. 고종의 도성은 본래 박(亳)에 있지도 않았다)

**진(晉)나라의 도공**(悼公 : 재위 B.C. 572-558)**이 통치하던 시기에 6경**(六卿)**이 정권을 장악하고 군주**(君主)**가 대신들을 받들었다,**(**原注** : 동중서(董仲舒)는 성공(成公) 17년(B.C. 574) 6월 갑술(甲戌) 초하루 날에 일식이 나타났는데 바로 필(畢)의 별자리에 있었으니 진나라를 상징한다고 여겼다. 진(晉)의 여공(厲公)이 네 명의 대부들을 죽이려 하자 네 명의 대부들은 여공을 죽이고자 하였다. 그런데도 후세의 군주들은 감히 대부를 질책하지 못하였으며 6경들은 서로 결탁하여 진나라 정권을 장악하였으니 군주가 도리어 그들을 받들게 되었던 것이다.[80] 살펴보건대 『춘추』에 의하면 성공(成公) 17년 12월 정사(丁巳) 초하루 날에 일식이 있었으며 6월은 아니었다. 그

79 역주 : 『한서』 권27中之下, 「오행지」 中之下에, 『서경』의 서(序)에 이르기를, 이척이 태무의 상(相)으로 있을 때 박(亳)에 요이(妖異)한 현상이 있었다. 뽕나무와 꾸지나무가 함께 자랐다. 『전(傳)』에 이르기를, 두 나무가 조정에 함께 자라 7일 후에는 두 손을 벌리어 껴안을 정도로 컸다. 이척이 태무에게 경고하기를 반드시 덕을 닦아 나라를 다스리면 나무는 고사(枯死)할 것이라 했다. 유향은 은(殷)의 국운이 이미 쇠약해지고, 고종(高宗)은 이 같은 쇠약한 분위기에서 계위(繼位)하여 3년 동안 초막에서 복상(服喪)의 애통함을 다하자 천하의 신민들이 호응하였다. 그러나 현영(顯榮)함을 얻은 뒤에는 정사에 태만하여 나라는 장차 위망(危亡)하게 되었다. 때문에 뽕나무와 꾸지나무가 함께 자라는 이견(異見)이 나타난 것이다. 뽕나무[桑]은 상(喪)이요, 꾸지나무는 생(生)이다. 이는 생사여탈의 대권이 신하의 수중에 있다는 것을 의미하며, 이는 초요(草妖)에 가깝다.

80 역주 : 『한서』 권27下之下, 「오행지」 下之下에, 소공(昭公 : 재위 B.C. 580-573) 17년 6월 갑술(甲戌) 초하루 날, 일식이 있었다. 동중서는 이때 숙성(宿星)이 필(畢)에 있었는데 이는 진(晉)의 상징이었다. 진(晉) 여공(厲公)이 네 명의 대부(大夫)를 죽이자 민심을 잃었고 이 때문에 피살되었다. 이후 다시는 대부를 질책하는 일이 없어졌다. 6경이 서로 결탁하고 진나라의 정사를 마음대로 하였고 군주가 돌아와 그들을 섬겼다.

러나 이 점(占)은 「오행지」에서는 소공(昭公) 때의 일이라 하고, 주(注)에서는 성공(成公) 때의 일이라 하였는데 주가 잘못되었다. 그리고 진 여공의 일은 본래 성공 때 있었던 사실이지 소공 때의 일이 아니다. 잘못은 실제로 반고(班固)에게 있었다. 설명 중 비판과 관련한 것은 단지 월(月)이 틀렸다는 것이지 점(占) 자체가 잘못되었다는 것은 아니다. 즉 잘못으로 인해 다시 잘못에 빠진 경우이다. 「오행지잡박(五行志雜駁)」편에 다시 자세히 설명하였다) **노 희공(僖公) 말년에 삼환(三桓)이 대를 이어가며 벼슬을 하였으며 노 문공(文公)의 적자인 오(惡)를 죽이고 서자를 군(君)으로 내세웠다**(原注 : 『춘추』에 의하면 이공(釐公) 33년(B.C. 627) 12월 서리가 내렸지만 풀이 죽지 않았다. 유향(劉向)은 이공 말년에 공자 수(遂)를 중용하였는데 권력을 장악하여 멋대로 그 권력을 휘두르게 되자 삼환(三桓)이 대를 이어가며 벼슬을 하기 시작하였다고 여겼다. 유향은 또 말하기를, 지위를 계승한 군주가 연약하여 정권을 제대로 처리하지 못할 것을 상징하는 것이라 하였다. 또한 이공 29년 가을 우박이 많이 내렸는데 유향은 이공 말년 공의 아들 수(遂)를 신임하여 중용하자 정권을 장악하여 멋대로 권력을 휘둘러 군주를 죽이는 지경에까지 이르렀기 때문에 음기가 양기를 제압하는 현상이 생겨났다고 말하였다. 이공은 깨닫지 못하고 수가 끝내 정권을 장악하게 하였는데 2년 후에 적자 적(赤)을 죽이고 선공(宣公)을 세워 군주로 삼았다.[81] 살펴보건대 이 사건은 문공(文公) 말년에 있었던 일이지 이공 때의 일이 아니었

---

81 역주 : 『한서』 권27中之下, 「오행지」 中之下에, 이공(釐公) 33년 12월 서리가 내렸지만 풀이 죽지 않았다. 유흠(劉歆)은 이것을 초요(草妖)라고 여겼다. 유향(劉向)은 여기길, 현재의 10월은 주나라 때의 12월이라 여겼다. 『역경』에 5는 천위(天位)·군위(君位)인데, 9월에 음기(陰氣)가 이르렀으니 5는 천위와 통하고 그 괘(卦)는 '박(剝)'괘로서 만물을 떨어뜨리는 것으로써 대살(大殺)을 시작한다는 것은 음이 양의 명을 따르는 것이기 때문에 신(臣)이 군(君)의 영을 받아 사형을 집행한다. 이제 10월이 되어 서리가 내렸는데도 초목이 말라죽지 않았으니 이는 바로 군주가 사형을 내리는 영을 내려도 집행되지 않고 조정이 느슨한 모습과 상응한다. 당시 공자 수(遂)가 멋대로 그 권력을 휘두르고 삼환(三桓)이 대를 이어가며 경(卿)이 되었다. 이공(釐公) 2년 10월 서리가 내렸는데도 풀이 죽이지 않았다. 이는 계위(繼位)한 군주가 미약하여 집정의 권한을 상실한 것을 나타낸다고 하였고, 이공(釐公) 29년 가을 큰 우박이 내렸다. 이는 희공(僖公) 말년 공자 수(遂)를 신임하자 그가 권력을 장악하고 날로 방자하여 군주를 죽이려 하였기 때문에 이 같은 큰 우박이 내렸다고 했다. 결국 2년 후 수는 적(赤)을 죽이고 선공(宣公)을 옹립하여 군주로 삼았다고 했다.

다. 수(遂)는 바로 동문(東門) 사람 양중(襄仲)이며 적(赤)은 문공(文公)의 태자 즉 오(惡)였다) 등등의 이러한 사실들은 모두 옛 책의 원문에 근거하지 않고 직접 자신의 생각을 표현한 것이고, 어떤 경우에는 그전에 있었던 일을 후에 있었던 일로 만들거나, 없었던 일을 실제 있었던 일처럼 만들었다. 과녁을 옮겨 화살을 맞추는 것처럼 사실들을 억지로 일치시키고, 자기 귀를 막고 종을 훔치면서도 사람들이 듣지 못할 것이라 생각하는 격이다.[82] 어찌 후일 젊은 사람들이 학문을 쌓아 큰 역량을 발휘할 것임으로 외경(畏敬)의 마음으로 그들을 대해야 한다는 도리[後生可畏]로서 후세 사람들을 무시해서는 안 된다는 것을 알겠는가?(釋 : 이 문단에서는 멋대로 견강부회하여 짜 맞추기를 하는 것을 반박하였다)

若乃采前文而改易其說, 謂王札子之作亂, 在彼成年;(原注 : 『春秋』成公元年二月, 無冰. 董仲舒以爲其時王札子殺召伯 · 毛伯. 案今『春秋經』, 札子殺毛伯事在宣十五年, 非成公時. ○在「志」中下, 又見「五行雜駁」) 夏徵舒之構逆, 當夫昭代;(原注 : 『春秋』昭公九年, 陳災. 董仲舒以爲楚嚴王爲陳討夏徵舒, 因滅陳, 陳之臣子毒恨, 故致火災. 案楚嚴王之滅陳, 在宣十一年, 如昭九年所滅者, 乃楚靈王時. 且嚴王卒, 恭王立, 恭王卒, 康王立; 康王卒, 夾敖立; 夾敖卒, 靈王立. 相去凡五世. ○在「志」之上, 亦見「五行雜駁」) 楚嚴作霸, 荊國始僭稱王;(原注 : 『春秋』桓公三年, 日有食之, 旣. 京房『易傳』以爲後楚嚴稱王, 兼地千里. 案自武王始僭號, 歷文 · 成 · 穆三王, 始至於嚴, 然則楚之稱王已四世矣, 何得言嚴始稱哉! 又魯桓薨後, 世歷嚴 · 閔 · 釐 · 文 · 宣, 凡五君而楚作霸, 安有桓三年日食而應之邪? ○在「志」下下, 亦見「五行雜駁」)高宗諒陰, 亳都實生桑穀.(原注 : 『書序』曰 : "伊陟相太戊, 亳有桑谷共生." 劉向以爲殷道衰, 高宗承弊而起, 盡諒陰之哀, 天下應之. 旣獲顯榮, 怠於政事, 而國將危亡, 故桑穀之異見. 案太戊崩, 其後嗣有仲丁 · 河亶甲, 祖乙, 盤庚, 凡歷五世, 始至武丁, 卽高宗是也. 桑穀自太戊時生, 非高宗事. 高宗又本

82 『회남자(淮南子)』 권16, 「설산훈(說山訓)」에, 춘추시대 진(晉)의 경이었던 범소자(范昭子)가 패하였을 때 어떤 사람이 그의 집에 있던 종을 훔쳐 등에 지고 달아나던 중 종소리가 울리자 다른 사람들이 들을까 두려워 급히 자신의 귀를 틀어막았다. 다른 사람이 들을까 두려워하는 것은 그럴 수도 있지만, 자신의 귀를 막는 일은 사리에 어긋나는 것이라고 하였다.

不都於亳. ○在「志」中下. '書序曰'舊作'尙書', 脫'序'字, 今照「志」改) 晉悼臨國, 六卿專政, 以君事臣;(原注 : 董仲舒以爲成公十七年六月甲戌朔, 日有食之, 時宿在畢, 晉國象也. 晉厲公誅四大夫, 四大夫欲殺厲公. 後莫敢責大夫, 六卿遂相与比周專晉, 國君還事之. 案『春秋』成公十二月丁巳朔, 日食, 非是六月. ○在「志」下下, 亦見「五行雜駁」) 魯僖末年, 三桓世官, 殺嫡立庶.(原注 : 『春秋』釐公三十三年十二月, 隕霜, 不殺草. 劉向以爲是時公子遂專權, 三桓始世官, 向又曰 : 嗣君微, 失秉事之象也. 又釐公二十九年秋, 大雨雹. 劉向以爲釐公末年信用公子遂, 專權自恣, 至於殺君, 故陰脅陽之象見. 釐公不悟, 遂終專權. 後二年, 殺子赤, 立宣公. 案此事乃文公末世, 不是釐公時也. 遂卽東門襄仲. 赤, 文公太子, 卽惡也. ○在「志」中下) 斯皆不憑章句, 直取胸懷. 或以前爲後, 以虛爲實; 移的就箭, 曲取相諧; 掩耳盜鐘, 自云無覺. 詎知後生可畏, 來者難誣者邪!(釋 : 此段駁其任意遷就)

## 8-17

「오행지」에서는 또 군류(群流)를 구분하고, 서류(庶類)를 분류하면서 이르기를, 거(莒)나라는 대국이고,[83] 콩은 생존력이 강한 식물이며,[84] 무수

83 역주 : 『한서』 권27中之上, 「오행지」 中之上에, 소공(昭公) 3년(B.C. 539) 8월 크게 기우제를 지냈다. 유흠은 여기길, 소공은 즉위한 지 19년이 되었지만 아직 어린아이 마음이었다. 복상(服喪)을 지내는 기간인데도 애통하는 모습이 없었다. 그리고 자만하여 인심을 얻지도 못했다. 따라서 가물어 비가 오지 않았다. 6년 9월 크게 기우제를 지냈다. 옛날 거(莒)나라 대부 모이(牟夷)가 두 읍(邑)의 땅을 가지고 노나라에 투항하였고 거국은 이 때문에 노하여 노나라를 공격하였다. 노의 대부 숙궁(叔弓)이 군대를 거느리고 이들을 막아 패퇴시켰다. 노의 소공이 진(晉)의 군주를 조견(朝見)하였다. 노나라는 대외적으로 대국(大國)과 우호를 맺고, 대내적으로 거(莒)의 두 읍을 획득하였다. 이웃나라와 싸워 이겼으니 자만하여 군대를 동원함으로 응험이 나타난 것이다 운운 하였다.

84 역주 : 『한서』 권27中之下, 「오행지」 中之下에, 정공(定公) 원년(B.C. 509) 10월 서리가

리[鶖鳥]는 푸른색을 띠고,[85] 메뚜기는 중국의 벌레가 아니라고 했다.[86](原注 : 『춘추』에 이르길, 엄공(嚴公) 즉 장공(莊公) 29년(B.C. 665)에 바퀴벌레가 나타났다고 했는데 유흠(劉歆)은 바퀴벌레를 메뚜기라고 여겼고, 유향(劉向)은 중원[中國]에서 생겨난 것이 아니라고 생각했다. 남월(南越) 지방은 날씨가 무더워 남녀가 강에서 함께 목욕하는데 이때 음탕한 분위기가 지나치게 성하여서 이 같은 벌레가 생겨났다고 여겼다. 당시 장공은 제(齊)나라의 음탕한 여자를 취하여 부인으로 삼았는데, 결혼 후 장공의 두 동생과 음란한 짓을 하였기 때문에 바퀴벌레가 출현했다고 여겼다. 그러나 살펴보건대 메뚜기는 중원에서 생겨난 것이지 남월에서만 생겨난 것은 아니다) 구욕새[鸜鵒]는 변방 이적(夷狄)의 새라고 했다.[87](原注 : 『춘추』에 이르길, 소공(昭

---

내려 콩이 얼어 죽었다. 유향은 여기길, 주(周)의 10월은 지금의 8월이다. 소괘(消卦)가 '관(觀)'에 이르면 음기가 아직 군위(君位)에 이르지 않았으므로 콩을 모두 얼어 죽게 한 것이다. 이는 주벌(誅罰)의 영(令)이 국군(國君)에게서 나오지 않고 신하가 지니고 있음을 나타낸다. 당시 계씨(季氏)가 소공(昭公)을 쫓아내 외지에서 죽게 하고 정공(定公)이 노의 군주로 즉위하였으므로 천(天)이 재이(災異)로서 정공을 깨우치게 한 것이다. …… 일설에는 콩은 풀 가운데 가장 잘 죽지 않는 종류로서 만약 콩이 죽었다고 한다면 모든 풀이 다 죽었음을 알 수 있는 것이고, 풀이 죽지 않았다면 콩 또한 죽지 않았음을 알 수 있는 것이다. 동중서(董仲舒)는 여기길, 콩은 풀 가운데 매우 강한 식물이기 때문에 천(天)이 이렇게 고계(告戒)하여 강신(强臣)을 주살(誅殺)하게 한 것이다. 콩을 말함으로써 계씨(季氏)가 징벌을 받을 것임을 미리 보여주는 것이라 하였다.

85 역주 : 『한서』 권27中之上, 「오행지」 中之上에, 소제(昭帝) 때 사다새[鵜鶘] 혹은 무수리[秃鶖]라고 불리는 새가 창읍왕(昌邑王)의 전(殿)에 날아와 모였다. 창읍왕이 사람들에게 활을 쏴 죽이게 하였다. 유향(劉向)은 여기길, 이들 물새는 푸른색으로써 청상(青祥)의 출현이다. 당시 창읍왕은 멋대로 말을 타고 빨리 달리면서 법도를 준수하지 않았으며 대신을 모욕하고 황제를 존경하지 않았다. 따라서 복요(服妖)의 모습이 있었고 청상(青祥)이 나타난 것이다. 들새가 궁중에 날아들면 궁실이 장차 폐허가 된다는 것인데 창읍왕이 이를 깨닫지 못하고 결국 죄를 얻어 죽었다고 했다.

86 역주 : 『한서』 권27中之下, 「오행지」 中之下에, 엄공(嚴公) 29년에 바퀴벌레가 재해를 일으켰다. 유흠(劉歆)은 바퀴벌레를 메뚜기라 여겼다. 본성이 곡물을 먹지 않지만 곡물을 먹게 되면 재해가 되는 벌레 중의 요얼(妖孽)이었다. 유향(劉向)은 바퀴벌레는 청색이었으므로 청생(青眚)에 가깝고, 본래 중원에 있었던 것이 아니라고 했다. 이하 원주(原注)에 보이는 내용과 같다.

87 역주 : 『한서』 권27中之下, 「오행지」 中之下에, 소공(昭公) 25년 여름 구욕새가 날아와 둥지를 틀었다. 유흠(劉歆)은 구욕새는 날짐승 중의 요얼(妖孽)로서 색이 흑색이니 흑상(黑祥)이고, 이는 눈과 귀가 어두워지는 징벌을 예시(預示)하는 것이라 여겼다.

公) 25년(B.C. 517) 구욕새가 와서 둥지를 틀었다고 했다. 유향은 변방 이적의 새라고 여겼다. 살펴보건대 구욕새는 중국 어디든지 모두 있으며 단지 제수(濟水) 지방을 넘어서 보이지 않을 뿐이다. 그러한 내용이 『주관(周官)』에 보인다) 이와 같은 거짓 허망한 사실들은 말하자면 끝이 없다. 그런데도 반고는 이들 사실을 배열하면서도 잘 살펴서 가려내지 않고 다만 오행(五行)에 근거하여 「오행지」를 편찬하였으니 어찌 어리석지 않겠는가?(釋 : 이 문단은 상황과 사물이 실제 다르다는 것을 반박하고 있다)

又品藻群流, 題目庶類, 謂莒爲大國, 菽爲强草, 鶖著青(一作'素')色,(疑脫偶句四字) 負蠜非中國之虫,(原注 : 『春秋』嚴公二十九年, 有蜚. 劉歆以爲蜚, 負蠜也. 劉向以爲非中國所有. 南越盛暑, 男女同川浴, 淫風所生. 是時嚴公取齊淫女爲夫人, 既入, 淫於兩叔, 故蜚至. 案負蠜, 中國所生, 不獨出南越. ○在「志」 中下) 鸜鵒爲夷狄之鳥.(原注 : 『春秋』昭公二十五年, 鸜鵒來巢. 劉向以爲夷狄之禽. 案鸜鵒, 中國皆有, 唯不逾濟水耳. 事見『周官』. ○在「志」 中下) 如斯詭妄, 不可殫論. 而班固就加纂次, 曾靡銓擇, 因以五行編而爲志, 不亦惑乎?(釋 : 此段駁其狀物不實)

## 8-18

뿐만 아니라 동일한 재해를 서술하거나 동일한 이상 현상을 언급하면서 동중서(董仲舒)와 경방(京房)의 관점이 앞뒤 서로 반대되기도 하였고,

---

유향(劉向)은 바퀴벌레와 메뚜기가 나타났는데 외지에서 온 것이라 말하지 않은 것은 기(氣)가 만든 것으로 소위 생(眚)인 것이다. 구욕새의 경우 외지에서 왔다고 말하는 것은 기(氣)가 불러온 것으로 소위 상(祥)인 것이다. 구욕새는 이적 땅의 굴에서 사는 새인데 중원에 날아와 굴에 살지 않고 둥지를 짓는다는 것은 음이 양에 거주함을 말하며 이는 계씨(季氏)가 장차 소공(昭公)을 쫓아내고 궁중을 떠나 외야(外野)에 거주할 것임을 상징하는 것이라 했다.

유향과 유흠의 해석은 부자간인데도 같지 않았다.(原注 : 환공(桓公) 3년(B.C. 709)에 일식이 출현하였다. 동중서와 유향은 노와 송나라에서 군주를 죽이고 허전(許田)을 바꾸었기 때문이라 여겼다. 유흠은 진(晉)나라 곡옥(曲沃) 사람 장백(莊伯)이 진(晉)의 제후를 살해했기 때문이라 여겼고, 경방은 후에 초나라의 엄공(嚴公) 즉 장공(莊公)이 왕을 칭하였으며 동시에 토지는 천리나 차지하였기 때문이라 여겼다. 또 장공(莊公) 7년(B.C. 687) '한 밤중'에 별똥이 비처럼 떨어졌다. 유향은 '한 밤중'은 중국을 상징한다고 여겼고, 유흠은 대낮은 중국을 상징하고 밤은 이적(夷狄)을 상징한다고 여겼다.[88] 장공 17년 가을에 물여우[蜮]가 나타났다. 유향은 또 물여우는 남월(南越)에서 생겨난 것이라 하였는데, 유흠은 물여우가 무더운 여름철에 생기며 남월에서 온 것은 아니라고 하였다.[89] ○按 : "환공(桓公) 3년"은 구본(舊本)에는 "동중서(董仲舒)와 경방(京房)의 관점이 앞뒤 서로 반대되기도 하였고[董 · 京相反]"의 아래에 있었다. 이제 자세히 보니 문장 안에 유향과 유흠의 해석이 같지 않았다는 말도 있기 때문에 옮겨 합쳤다. 또 살펴보건대 "유향은 또[劉向又以]"의 위에는 마땅히 "엄공(嚴公) 17년 가을에 물여우가 나타났다[嚴公十七年秋有蜮]"라는 여덟 글자가 있어야 한다. 이제 이를 보완하였다) 그리하여 두 가지 관점을 함께 기록하고, 두 가지 해석을 함께 보존하였던 것이다. 그러나 그러한 말들에는 기준이 없고 오히려 사정을 더욱 번거롭게 만들었다. 어찌 요점을 제대로 짚었다고 할 것이며, 그중 가장 뛰어난 점을 받아들였다고 하겠는가!(釋 : 이 문단에서는 점(占)에 대한 논의가 실제와 어그러진 것을 반박하였다. ○이상의 세 문단은 모두 바로 「오행지」의 부족함을 비판한 것이다)

且每有敍一災, 推一怪, 董 · 京之說, 前後相反; 向 · 歆之解, 父子不同.(原注 : 桓公三年, 日有食之. 董仲舒 · 劉向以爲魯 · 宋殺君, 易許田. 劉歆以爲晉曲沃莊伯殺晉侯. 京房以爲後楚莊稱王, 兼地千里也. 又 : 莊公七年夜中星隕如雨. 劉向以爲夜中者, 卽中國也. 劉歆以爲晝象中國, 夜象夷狄. 劉向又以爲蜮生南越. 劉歆以爲盛暑域所生, 非自

88 역주 : 이상의 환공 3년과 엄공 7년의 기록은 모두 『한서』 권27下之下, 「오행지」 下之下에 보인다.

89 역주 : 『한서』 권27下之上, 「오행지」 下之上 참조.

越來也. ○按:"桓公三年"一條, 舊本在"董·京相反"之下. 今詳條內亦有向·歆不同之語, 故移而幷之. 又按"劉向又以"之上, 當有"嚴公十七年秋有蜚"八字. 今補此) 遂乃雙載其文, 兩存厥理. 言無準的, 事益煩費, 豈所謂撮其機要, 收彼菁華者哉! (釋: 此段駁其占論岐迕. ○統上三段, 皆是正斥「五行志」之不足泥)

## 8-19

후한부터 남조의 송(宋)·제(齊)에 이르는 동안에 사마표(司馬彪)가 『속한서(續漢書)』,[90] 장영서(臧榮緖)가 『진서(晉書)』,[91] 심약(沈約)이 『송서(宋書)』,[92] 소자현(蕭子顯)이 『제서(齊書)』[93]를 계속 편찬하면서 저마다 「오행지」를 설정하였다. 비록 모든 내용이 다 좋다고는 할 수 없지만 대체로 실재로 있었던 내용을 싣고 있다. 무엇 때문인가? 사마표 같은 사람들은 모두 스스로를 한대의 유사(儒士)들에 비해 부끄럽다고 여겼으며, 재능에서 반

90 역주:『진서(晉書)』 권82, 「사마표전」에, 사마표의 자는 소통(紹統)이고 고양왕(高陽王) 목(睦)의 장자이다. …… 태시(泰始) 연간에 비서랑을 거쳐 비서승이 되어 『장자(莊子)』의 주해(注解)와 『구주춘추(九州春秋)』를 편찬하였다. …… 사마표는 각종 서적을 평론하고 견문을 널리 수집하여 세조(世祖)부터 효헌(孝獻)까지 200년간을 편집하여 12 황제를 기록하면서 상하를 종합·관통하여 각종 사실을 모두 다루어 기(紀)·지(志)·전(傳) 합계 80편을 짓고 『속한서(續漢書)』라 불렀다. 현행본 범엽의 『후한서』 지(志)는 이 『속한서』의 지(志)를 옮겨놓은 것이다.

91 역주: 장영서(415-488)는 남조의 제(齊)나라 사람으로, 『진서(晉書)』 110권을 편찬했지만 그 책은 현재 전하지 않는다. 『남제서(南齊書)』 권54, 「고일전(高逸傳)」에는 『진서』 110권이 기(紀)·녹(錄)·지(志)·전(傳)으로 구성되었다고 했는데, 이 가운데 「오행지」가 포함되었을 것이다. 당대(唐代)에 편찬된 현행본 『진서(晉書)』는 장영서의 『진서』에 의거한 바 크지만, 장영서의 이 책은 현재 전하지 않는다. 『남사(南史)』 권76, 「은일전(隱逸傳)」에도 열전이 보인다.

92 역주: 심약(441-513)에 대하여는 「이체(二體)」편의 주)26 참조.

93 역주: 소자현(487-537)에 대하여는 「세가(世家)」편의 주)23 참조.

고의 『한서』에 미치지 못한다고 여겼기 때문에, 분석하고 토론할 부분은 되도록 과거부터 항상 논해지던 상식적인 도리를 지키는데 힘썼다. 행위에 있어서 정해진 규범을 따랐기 때문에 기술(記述)에 있어서도 절대로 과장된 말을 하지 않았다. 더구나 고대시기 사적(史籍)들의 기록이 간략하였으므로 징조에 들어맞는 사실을 찾아 입증하기가 어렵다. 근래의 사적(史籍)들은 번거로운 것을 추구하므로 서로 부합되는 징조와 사실을 쉽게 고증할 수 있다. 이것이 곧 옛 사람들의 말에는 어긋나고 모순된 점이 있는데도 후세 사람들이 오히려 사실로서 정확하고 세밀하다고 여기는 까닭인 것이다.(釋 : 후일의 사서에 「오행지」를 설정하고 있지만 천착(穿鑿)은 적고, 오히려 후일의 사서들이 반고의 「오행지」보다 더 광범위한 내용을 다루고 있다)

自漢中興已還, 迄於宋·齊, 其間司馬彪(『續漢書』)·臧榮緖(『晉書』)·沈約(『宋書』)·蕭子顯(『齊書』)相承載筆, 競志五行. 雖未能盡善, 而大較多實. 何者? 如彪之徒, 皆自以名慚漢儒, 才劣班史, 凡所辯論, 務守常途. 旣動遵繩墨, 故理絶河漢. 兼以古書從略, 求徵應者難該; 近史尙繁, 考祥符者易洽. 此昔人所以言有乖越, 後進所以事反(一訛作'不')精審也.(釋 : 後史之志五行, 差少穿鑿, 此以寬後史者甚班「志」也)

## 8-20

그러므로 정(鄭)나라의 자산(子産)은 "천도(天道)는 아득히 멀고도 먼데 비조(裨竈)가 어떻게 알겠는가?"하면서 비조를 반박하였다.[94] 또한 문백

94 『좌전』 소공(昭公) 17년(B.C. 525)에, "혜성이 대진(大辰 : 大火星)을 지나 곧장 서쪽으로 넘어가 은한(銀漢)[은하]을 넘고 있었다. 정(鄭)의 대부 비조가 말하기를, '송(宋)·위

(文伯)은 "일식은 늘 있는 일이 아니며, 한 가지 재앙만을 상징하지 않는다"라고 진후(晉侯)에게 대답하였다.[95] 재신(梓愼)은 별자리를 보고 점을 치고,[96] 조달(趙達)이 바람을 살펴 점을 치던 풍각(風角)에 밝았으며,[97] 단양(單颺)은 황룡의 출현에서 조위(曺魏)에 제왕(帝王)의 천명이 있을 것이란 점을 알았고,[98] 동양(董養)은 푸른색의 거위가 날아가는 것을 보고 진(晉)

---

(衛)·진(陳)·정(鄭) 네 나라에 모두 장차 불의 피해를 입게 될 것이요. 만약 내가 제사용 주기(酒器)인 관가(瓘斝)와 옥찬(玉瓚)을 이용하여 제사를 지내면 정나라에는 반드시 화재가 나지 않을 것입니다'라고 했지만 자산은 이를 좇지 않았다. 18년 여름에 네 나라가 모두 화재를 입었다. 비조가 말하기를, '내 말을 듣지 않으면 정나라에 다시 화재가 날것이요'라고 하였다. 이에 자산이 말하기를, '천도(天道)는 아득히 멀고 인도(人道)는 아주 가까운 법이요. 그런데 어찌 비조가 천도를 알 수 있겠소!' 하고는 끝내 제사를 지낼 보물을 내어주지 않았다. 그러나 화재 역시 다시 일어나지 않았다고 했다.

95 『좌전』 소공 7년(B.C. 535)에, 여름 4월에 일식이 있었다. 사문백(士文伯)이 말하기를, '노(魯)와 위(衛)나라가 재해를 당할 것인데 위나라의 재해가 크고 노나라의 재해는 적을 것입니다. 이번의 큰 재해는 위나라 군주에게 내릴 것이고 노나라의 상경(上卿)이 작은 재해를 입게 될 것입니다'라고 했다. 8월에 위(衛) 양공(襄公)이 죽었다. 11월에 노나라 대부 계무자(季武子)가 죽었다. 이에 진(晉) 평공이 말하기를, '내가 일식에 관한 물었는데 과연 응험이 나타났소. 이 같은 일은 늘 있는 일이라 할 수 있겠소?'라고 하자 백하(伯瑕) 즉 사문백이 대답하길, '시작이 같아도 결과는 같지 않으니 어찌 늘 있는 일이라 할 수 있겠습니까?'라고 했다.

96 『좌전』 소공 17년(B.C. 525)에, 겨울에 혜성이 대화성(大火星 : 大辰)을 지나 곧장 서쪽으로 날아가 은한(銀漢)을 넘고 있었다. 노나라 대부 신수(申須)가 말하기를, '각 제후국에 커다란 화재가 일어날 것 같습니까?'라고 하자 재신(梓愼)이 대답하길, '이는 바로 그 징조가 나타난 것입니다. 지금 혜성이 대화성 자리에 나타나 더욱 밝게 빛나고 있으나 대화성이 사라지면 반드시 잠복하고 말 것입니다. 혜성이 대화성과 함께 있은 지 이미 오래되었습니다. 대화성이 나타나는 것은 하력(夏曆)으로 3월, 은력(殷曆)으로 4월, 주력(周曆)으로 5월이요. 이 중 하나라의 역수(曆數)가 천문현상과 맞아떨어지니 만약 화재가 난다면 네 나라가 그 화를 입을 것이요. 송·위·진·정나라가 바로 그들이오'라고 하였다.

97 『삼국지』 권63, 「오지」 「조달전」에, 조달은 하남사람인데, 장강을 건너와 거주하였다. 고대 악곡(樂曲)의 음조[九宮]와 산술(算術)에 뛰어났다. 이 술수는 미묘하여 처음에는 승법(乘法)으로 하고 나중에는 제법(除法)으로 하였다. 조달은 늘 여러 성기(星氣)와 풍술(風術)하는 자들을 비웃으며 말하기를, '마땅히 휘장 안에서 계산하고 문을 나서지 않고서도 천도를 알아야 하는데 오히려 낮이나 밤이나 몸을 밖으로 드러내어 기상의 징후를 바라보아야 하니 또한 어렵지 않겠는가!'라고 하였다.

98 『후한서』 권82下, 「방술전(方術傳)」 下에, 단양의 자는 무선(武宣)이다. 천관(天官)과

나라에 장차 난이 있으리라고 추측한 것[99] 등은 모두 일이 발생하기 전에 깨달아 장래에 벌어질 것을 일을 증거한 것으로 그 말이 반드시 들어맞았으니 헛되이 말한 것이 없다. 가령 사서(史書)에 기록되어 있는 것을 놓고 누가 그렇지 않다고 할 수 있겠는가? 만약 과거에 일이 이미 발생하였는데 후에 다시 소급하여 증명하느라고 허망한 관점으로 살펴 근거 없는 말을 만들어 낸다 하더라도 대부분 이미 늘 해오던 이야기로서 쓸데없이 필묵(筆墨)이나 낭비하게 될 것이다.(釋 : 이 구절에 등장하는 몇 사람은 모두 역사를 편찬하는 사람들이 아니다. 대개 이전의 사실에 대한 선견지명으로 후일의 견강부회한 술수를 제거하였지만 여전히 과장된 용어가 있었다)

然則天道遼遠, 裨竈焉知? 日蝕不常, 文伯所對. 至如梓愼之占星象, 趙達之明風角, 單颺識魏祚於黃龍, 董養征晉亂於蒼鳥,(一作'鵝') 斯皆肇彰先覺, 取驗將來, 言必有中, 語無虛發. 苟志之竹帛, 其誰曰不然. 若乃前事已往, 後來追證, 課彼虛說, 成此游詞, 多見其老生常談, 徒煩翰墨者矣.(釋 : 此節數人皆非作史者, 蓋以前事先見之明, 剔彼後來强附之術, 仍是以寬爲甚之詞)

---

산술에 밝고 능했다. 희평(熹平 : 172-177) 말년 황룡이 초(譙) 땅에 나타났다. 교현(橋玄)이 묻기를, '어떤 상서로운 징조인가?' 하자 단양이 말하기를, '그 지역에서 왕자가 일어날 것입니다. 50년이 되지 않아 용이 다시 나타날 것입니다'라고 하였다. 위군(魏郡) 사람 은등(殷登)이 가만히 이를 기록하였다. 건안(建安) 25년(220) 봄에 이르러 황룡이 다시 초 땅에 나타났다. 그 해 겨울에 위가 한으로부터 선양(禪讓)을 받았다고 했다.

99 『진서(晉書)』 권94, 「은일전(隱逸傳)」에, 동양의 자는 중도(仲道)이다. 낙양에 있을 때 양후(楊后)가 폐하여졌다. 이 때문에 태학을 노닐면서 당(堂)에 놀라 탄식하여 말하기를, '이 당을 세워보았자 무엇을 위한 것인가. 사람의 도리가 없어지고 커다란 혼란이 만들어지는구나'라고 했다. 영가(永嘉) 연간에 낙양 동북 보광리(步廣里)의 땅이 무너졌는데 그 속에서 두 마리의 거위가 나왔다. 그 중 푸른 거위는 날아가 버렸지만 흰 거위는 날지 못하였다. 동양이 탄식하여 말하기를, '옛날 주나라 때 적천(狄泉)의 맹(盟)을 맺은 땅이로다. 푸른색은 오랑캐의 상(象)이요, 흰색은 국가의 상이니 말로 다할 수 있겠는가. 이에 처와 함께 짐을 싸서 촉(蜀)으로 갔는데 아무도 그 후 어떻게 되었는지를 모른다. 「애강남부(哀江南賦)」에, '적천(狄泉)에서 나온 푸른 새……'가 있다고 했다.

## 8-21

공자가 말하기를, "어찌 알지도 못하면서 창작하는 경우가 있겠는가. 나는 모르고서 무엇을 만든 적이 없다"라고 하였다. 또한 "군자는 자기가 알지 못하는 일에 대해서는 대개 참견을 않는 법이다"라고 하였으며 또 "아는 것을 안다고 하고 모르는 것은 모른다고 하는 것이 진실로 아는 것이다"[100]라고 하였다. 오호라! 세상의 책을 쓰는 사람들은 응당 이 말을 거울로 삼아야 할 것이다. 담론하는 일은 용이한 일이 아니며, 한번 입밖에 낸 말은 네 말이 끄는 빠른 수레로도 쫓지 못하는 법이니,[101] 책 한 권이라도 억지로 저술해서 천년 후에까지도 사람들의 비난을 받아서는 안될 것이다.(釋 : 경계하는 말로 결론을 맺고 있다)

子曰 : "蓋有不知而作之者, 我無是也." 又曰 : "君子於其所不知, 蓋闕如也." 又曰 : "知之爲知之, 不知爲不知, 是知(或作'智')也." 嗚呼! 世之作者, 其鑒之哉! 談何容易, 駟不及舌, 無爲强著一書,(一作'言') 受嗤千載也.(釋 : 作誡辭結)

按 : 이 조문에서는 반고의 『한서』 「오행지」의 내용을 뽑아 논술하였다. 한(漢)은 광천(廣川)사람 동중서(董仲舒) 이래 경학(經學)은 날로 깊어졌지만 그 중에는 (유가 경의(經義)에 의탁하여 부서(符瑞)를 선양하는) 위서(緯書)에서 주장하는 내용들이 많이 섞여 있었다. 복승(伏勝)·경생(更生) 이후 이에 호응하고 화답하기를 모두 『춘추』와 「홍범」편의 자료를 취하여 견강부회함이 갈수록 널리 전파되었다. 후한 광무제가 부참(符讖)의 효험(效驗)을 좋아하였고, 반고가 『한서』를 편찬하면서 특별히 「오행지」를 설정

100 역주 : 이상은 각각 『논어』 「술이(述而)」·「자로(子路)」·「위정(爲政)」편 등에 나오는 구절이다.

101 역주 : 『논어』 「안연(顔淵)」편에 보이는 말이다.

한 것 역시 우연히 그렇게 된 것이라 할 수 있겠는가? 그 문장은 해박하면서도 오묘하였고, 그 이야기는 억측과 황류(荒謬)함이 많아 정말 사부(史部)의 기문(奇文)이었으며, 경학의 사구(死句)였다. 유지기의 논단은 분명하고 통달(通達)하여 구양수의 『신오대사(新五代史)』의 「사천고(司天考)」[102]와 서로 부합(符合)하였다. 외편(外篇) 「오행지착오(五行志錯誤)」편의 제사(題辭)로 써도 되겠다.(此條抽論班志「五行」也. 漢自廣川董氏, 湛深經術, 頗雜緯書. 伏勝·更生, 後起應和, 率取『春秋』·「洪範」, 影附粘連, 其流益蕃矣. 世祖中興, 喜徵符讖, 孟堅撰史, 特志五行, 亦會逢其適歟? 其文博而奧, 其說臆而膠, 蓋史部之奇文, 而經學之死句也. 劉論明通, 與歐史司天合契, 可作外篇「錯誤」題辭)

두우(杜佑)의 『통전(通典)』에는 천문(天文)·오행(五行)문(門)이 없고, 『요사(遼史)』에는 천문지가 없다.(杜岐公『通典』無天文·五行門, 『遼史』不志天文)

## 8-22

혹자는 「천문지」나 「예문지」가 비록 『한서』가 마땅히 취해야 할 바는 아니었지만, 사람들의 견문을 넓혀줄 수 있기 때문에 산삭(删削)하기 곤란하다고 여겼다. 이러한 생각에 대하여 나는 "가령 사물의 한계를 살피지 않고 원칙을 초월하여 책을 쓴다면, 같은 종류를 찾아내어 덧붙여 설명할 수 있으니[103] 어떤 것이라도 기록할 수 없겠는가?"라고 말할 것이

102 역주 : 『신오대사』에는 「사천고(司天考)」 외에 「직방고(職方考)」가 있을 뿐이다. 「사천고」는 다른 정사(正史)의 「천문지」에 해당하고, 「직방고」는 「지리지(地理志)」 혹은 「주군지(州郡志)」에 해당한다.

103 역주 : 『역』 「계사상(繫辭上)」에, "8괘가 되면 작은 괘가 이루어지니, 8괘를 끌어와 중첩시켜 8괘끼리 큰 괘를 만들면 세상의 가능한 일이 다 구비된다[八卦而小成, 引而伸之, 觸類而長之, 天下之能事畢矣]"고 하고, 그 의미는 8괘의 종류를 각각 이어서

다. 또한 이보다 더 중요한 것을 지금 말할 수 있을 것이다.(釋 : 앞의 「천문지」와 「예문지」 두 항(項)을 빌려 뒤의 「인형지(人形志)」와 「방언지」 두 항으로 넓혀 말하고 있는데, 모두 정확한 말이 아니다. 뒤에 해설하였다)

或以爲天文·藝文, 雖非『漢書』所宜取, 而可(一作'有')廣聞見, 難爲刪削也. 對曰 : 苟事非其限, 而越理成(舊訛作'來'. '來'·'成'二字, 行草相類也)書, 自可觸類而長, 於何不錄? 又有要於此者, 今可得而言焉.(釋 : 借前二項衍出後二項, 皆非質言也. 解在後)

## 8-23

대개 사람의 머리는 둥글고 발은 모가 났으며,[104] 안으로는 만물의 신령(神靈)을 포함하고 밖으로는 천지의 기(氣)를 받는다. 길흉은 상모(相貌)에 나타나고, 귀천은 골격에 분명하게 드러나니[105] 이는 세상 사람들이 알고자 하는 바이다. 사람의 사지(四肢)와 육부(六腑)는 질병이 얽혀 있는 곳이므로 만일 그것들의 혈위(穴位)가 있는 곳을 분명히 하면 침구(鍼灸) 치료에서 잘못하는 일이 없을 것이니 이것은 양생(養生)과 관련하여 가장

---

상하로 길게 만든다는 것이라 했다.(李基東譯解, 『周易講說』 下, 成均館對出版部, 1997, p.342)

104 역주 : 『대대예기(大戴禮記)』 「증자천원(曾子天圓)」편에 보이는 문장이다.

105 역주 : 『사기』 권92, 「회음후열전(淮陰侯列傳)」에, "(괴통(蒯通)이 한신(韓信)에게 한 말 가운데)귀천은 골격에 달려 있고, 걱정거리와 기쁜 일은 얼굴모양과 얼굴빛에 달렸으며, 성공과 실패는 결단에 달렸습니다. 이러한 것을 참고하면 만에 하나라도 어긋나지 않습니다"라고 하였다. 그리고 『한서예문지』 「수술략(數術略)」 "형법(刑法)"에, 형법이라는 것은 크게 구주(九州)의 형세를 들어 그것으로써 성곽과 실사(實舍)를 세우고, 사람과 6축(畜)의 골법의 도수(度數), 기물(器物)의 형용(形容)을 보아 그것으로써 그 성기(聲氣)·귀천·길흉을 구하는 것이다. 마치 율(律)에 장단이 있어 각기 그 소리를 나타냄이 있는 것과 같다고 했다.

요긴한 문제이다. 뿐만 아니라 사람의 몸[身]은 이름[名]과 함께 하는 것이므로(몸은 사람의 형체요, 이름은 하늘의 상(象)이다) 그 친소(親疏)의 여부가 저절로 분명한 것인데 어찌하여 가까이 있는 자신의 형체는 이해하지 못하면서 오히려 멀리 일월성신(日月星辰) 같은 천상(天象)을 탐구할 수 있겠는가? 기왕에 천문(天文)에 대한 지(志)가 있는데 무엇 때문에 「인형지(人形志)」를 만들지 않는 것인가?(釋 : 하늘[天]로부터 사람[人]으로 넓힌다는 것이지만 기류(技流)가 어찌 오히려 역상(曆象)보다 클 수 있는가?) 망망한 9주(九州)의 넓은 땅은 언어가 각기 다르므로 대한(大漢)(반고의 『한서』에 보이는 칭호에 의거하였다)의 조정에서 파견하는 사자(使者)는 통역을 거쳐 언어가 서로 통할 수 있었기 때문에 각지의 서로 다른 풍속을 충분히 고찰함으로써 한나라 황제의 위엄이 널리 퍼질 수 있음을 보여주었다. 더욱이 그러한 사정이 바로 한대에 발생하였으니 더욱 관련이 있었다. 『이아(爾雅)』에서는 만물을 해석하면서[106] 이미 방언(方言)을 사용하였으니 전례가 없는 것도 아니었다. 또 기왕에 예문(藝文)에 대한 지(志)가 있는데 무엇 때문에 「방언지(方言志)」를 만들지 않는 것인가?(釋 : 글[文]로부터 말[言]로 넓힌다는 것이지만, 어찌 비루한 것이 경적(經籍)보다 중요할 수 있는가?) 반고(班固)는 순자(荀子)의 말들을 엮어서 「형법지(刑法志)」를 편찬하였으며, 맹자(孟子)의 어구(語句)를 정리하여 「식화지(食貨志)」를 편찬하였고, 「오행지」는 유향(劉向)의 「홍범오행전론(洪範五行傳論)」에서 나왔으며,[107] 「예문지」는 유흠(劉歆)의 『칠략(七略)』[108]에서 취하였다.[109] 모두 다른 사람의 힘에 의거하여 이

106 『이아(爾雅)』에는 「석물(釋物)」편은 없고, 「석초(釋草)」·「석목(釋木)」·「석충(釋蟲)」·「어(魚)」·「조(鳥)」·「수(獸)」 등 편(篇)이 있음을 말한다.

107 『한서』 권36, 「초원왕전(楚元王傳)」에, 유향이 상고이래 춘추시대와 6국을 지나 진한에 이르는 시기의 부서(符瑞)와 재이(災異)에 관한 기록을 모으고 사실을 추적하여 그 징조의 효험을 서술하고 비슷한 것을 모았는데 각기 조목(條目)이 있었다. 모두 11편으로써 이름을 「홍범오행전론」이라 하였다.

108 『한서』 권30, 「예문지」에, 성제(成帝) 때 유향에게 조칙을 내려 경전과 시부(詩賦) 등 여러 서적을 교수(校讎)하게 하고 그 작업이 끝날 때마다 유향은 곧 그 편목을 정리하고 그 취지를 기록하여 황제에게 상주하였다. 유향이 죽자 아들 유흠에게 부친의

루어 졌기 때문에 편목(篇目)이 이렇게 많았던 것이다. 허부(許負)의 『상경(相經)』[110]이나 양웅(揚雄)의 『방언(方言)』[111] 같은 것으로 말하면 모두 당시에 중시되어 세상에 널리 전해지고 있었다. 만일 「인형지」·「방언지」를 덧붙였다면 『사기』나 『한서』에게는 다행이었을 터인데 어찌 홀로 그것들을 다루지 않았는가? 아무리 생각해도 이해가 되지 않는다.(釋 : 이 구절은 대수롭지 않은 문장으로 대개 「오행지」와 「천문지」 두 항목이 당연하다면, 「인형지」와 「방언지」 두 항목도 지(志)가 될 수 있다고 말했다)

夫圓首方足,(一作'趾') 含靈受氣, 吉凶形於相皃,(古'貌'字) 貴賤彰於骨法, 生人之所欲知也; 四支六府, 痾瘵所纏, 苟詳其孔穴, 則砭的無誤, 此養生之尤急也. 且身備並列,(身謂人形, 名謂天象) 親疏自明, 豈可近昧形骸, 而遠求辰象! 旣天文有志, 何不爲人形志乎?(釋 : 因天衍人是一項, 然技流豈反大於曆象乎?) 茫茫九州, 言語各異, 大漢(依班史所稱)輶軒之使, 譯導而通, 足以驗風俗之不同, 示皇威之廣被, 且事當炎運, 尤相關涉, 『爾雅』釋物, 非無往例. 旣藝文有志, 何不爲方言志乎?(釋 : 因文衍言是一項, 然鄙豈反重於經籍乎?) 但班固綴孫卿之詞以序「刑法」, 探孟軻之語用裁「食貨」, 「五行」出劉向「洪範」, 「藝文」取劉歆『七略』, 因人成事, 其目遂多. 至若許負『相經』·揚雄『方言』, 並當時所重, 見傳流俗. 若加以二志, 幸

---

사업을 마치도록 하였다. 그리하여 유흠은 많은 서적을 총괄하여 그것을 『칠략』으로 만들어 상주하였다. 따라서 「집략(輯略)」·「육예략(六藝略)」·「제자략(諸子略)」·「시부략(詩賦略)」·「병략(兵略)」·「술수략(術數略)」·「방기략(方技略)」이 있게 된 것이라 했다.

109 이상 반고의 「형법지」로부터 유향의 『칠략』에 관한 구절은 심약의 『송서(宋書)』 권 11, 「지서(志序)」에 나오는 문장이다.

110 옛 주(注)에, 공연(孔衍)의 『한춘추(漢春秋)』에 허부는 온현(溫縣)의 부인이라고 했는데, 배송지(裴松之)가 오늘날 강동(江東) 사람들은 노모를 가리켜 부(負)라고 하였다고 했다. 따라서 공연이 허부를 부인이라 한 것은 근거가 있는 것이다. 『예문유취(藝文類聚)』 「방술부(方術部)」에는 도홍경(陶弘景)과 유효표(劉孝標)는 모두 허부의 『상경서(相經序)』를 가지고 있었다고 했다.

111 『군재독서지(郡齋讀書志)』에, 『방언』은 모두 13권이다. 양웅이 각 지역에서 올라오는 보고와 효렴의 다양한 견해를 모두 수집하여 그 첫머리에 "유헌사자절대어석별국방언(輶軒使者絶代語釋別國方言)"이라 제목을 붙였다고 했다.

有其書, 何獨舍諸? 深所未曉.(釋 : 此節是輕綽之文, 蓋言彼二項當志, 則此二項亦可志矣)

8-24

여러 정사(正史)를 보면 각종 지(志)의 이름이 나열되어 있는데, 어떤 것은 전에는 간략하였던 것이 후일 상세해 진 것이 있고, 어떤 것은 옛날에는 없었던 것이 지금은 있는 경우가 있다. 비록 이전에 빠뜨린 것을 계속하여 보태고 각기 자기가 더 정교하다고 생각하지만, 대체적으로 논한다면 모두 완전무결한 것은 아니다.(釋 : 이 구절은 앞 문장을 마치고 다음 문장으로 전환하며, 앞에서 언급한 내용들이 날로 증가하고 많아졌지만 실로 모두 필요한 것은 아니었으며, 단지 다음에 보이는 「도읍지」·「씨족지」·「방물지」 등 세 항목은 혹 참작하여 보완할 수 있다고 하였다)

歷觀衆史, 諸志列名, 或前略而後詳, 或古無而今有. 雖遞補所闕, 各自以爲工, 権而論之, 皆未得其最.(釋 : 此節乃繳落前文, 轉入下文, 謂前所云云, 日增日多, 實皆不必. 唯下三項, 或可酌補耳)

8-25

대개 정리하여 지(志)로 설정할 만한 것으로는 세 가지가 있으니 첫째는 「도읍지(都邑志)」, 둘째는 「씨족지(氏族志)」, 셋째는 「방물지(方物志)」이다.(釋 : 세 항목의 대강(大綱)을 제시하였다) 무엇 때문인가? 은(殷)의 도읍 상구(商丘)는 기세가 웅장하여 사방 모든 곳이 그것을 표준으로 삼았고, 한(漢)의 도읍인 장안(長安)의 천문만호(千門萬戶)와 억조여민(億兆黎民)이 그 위풍과 신비함을 우러러 사모하였으며, 남조의 도읍 건업(建業)은 범이 웅크리고 앉은 듯 하고 용이 서려 있는 듯한 석성(石城)을 통하여 제왕들은 그 숭고와 존엄을 분명히 보여주었다. 뿐만 아니라 흙으로 만든 계단과 풀로 엉성하게 엮어 만든 지붕 등 누추한 집과 검소한 것을 좋아하는 군주들은 그에 의지하여 백성들이 편안하게 살게 하였으나, 호화로운 궁전인 아방(阿房)[112]과 미앙(未央)[113]의 온갖 사치와 욕망을 다 채우는 제왕들은 그로 인하여 나라를 멸망하게 하였다. 그러므로 도읍(都邑)을 세움

112 역주 : 『사기』 권6, 「진시황본기」에, (35년) 위수(渭水)의 남쪽 상림원(上林苑) 에 궁전을 지었다. 먼저 아방(阿房)에 전전(前殿)을 지었는데, 동서의 넓이가 500보(步)이며 남북의 길이가 50장(丈)으로 위쪽에는 10,000명이 앉을 수 있으며, 아래쪽에는 5장(丈) 높이의 깃발을 꽂을 수 있었다. 사방으로 구름다리를 만들어 궁전 아래부터 남산(南山)에 이르기까지 통하게 했으며, 남산 봉우리에 궐루(闕樓)를 세워 표지로 삼았다. 또 구름다리를 세워 아방에서 위수를 건너 함양에까지 이르게 함으로써 북극성과 각도성(閣道星)이 은하수를 건너 영실성(營室星)까지 이르는 모양을 상징했다. 아방궁이 완성되지 않았으나 완성된 이후 좋은 이름으로 명명하려 했다. 결국 아방에 궁전을 지었기 때문에 천하 사람들이 그것을 아방궁이라 불렀다. 궁형(宮刑)·도형(徒刑)을 받은 70여만명을 나누어 아방궁을 짓게 하거나 여산(驪山)을 만들게 하였다. 북산(北山)에서 석재를 케내고, 촉(蜀)과 형(荊) 지역에서 목재를 운반하여 모두 이곳에까지 이르게 하였다. 관중(關中)에는 궁전 300채를 지었으며, 함곡관 동쪽에는 400여 채의 궁전을 지었다고 했다.

113 역주 : 미앙궁은 한(漢)의 중요 궁전 중이 하나로 조회장소로 이용되었고 장안성내 남쪽에 위치하였다. 『사기』 권8, 「고조본기(高祖本紀)」에, 소승상(蕭丞相) 즉 소하가 미앙궁을 축조하여 동궐(東闕)·북궐(北闕)·전전(前殿)·무고(武庫)·태창(太倉)을 지었다. 고조가 돌아와 궁궐이 웅장함을 보고 노하여 소하에게 말하기를, '천하가 혼란스러워 수년간 고전하면서도 아직 그 성패를 알 수 없는데, 어찌하여 지나치게 화려한 궁실을 지었는가?'라고 물었다. 그러자 소하가 '바로 천하가 아직 안정되지 않았기 때문에 이 기회를 이용하여 궁실을 축조할 수 있었습니다. 더구나 천자는 천하를 집으로 삼으니 궁전이 웅장하고 화려하지 않으면 위엄을 세울 수 없습니다. 그러하오니 또한 후세에는 이보다 더욱 웅장하고 화려한 궁전을 지울 수 없게 하십시오'라고 하였다. 고조가 기뻐하였다고 했다. 미앙궁의 자세한 모습이 『삼보황도(三輔黃圖)』 권2에 보인다.

에 있어서 좋지 않은 것은 세상 사람들이 경계할 수 있고 좋은 것은 후세에 권장할 수 있다. 궁전의 규모양식과 조정의 의식법도는 이전의 제왕이 제정하고 후대의 제왕은 본받아 따르게 된다. 그리하여 북제(北齊)의 문선제(文宣帝)는 위(魏)의 도성에 근거하여 업(鄴)에 황궁을 세웠으며,[114] 대국(代國)(原注 : 북위 초기에는 국호를 대(代)라 하였다)은 처음 천도할 때에 오(吳)의 도읍을 그대로 그려와 궁전을 지었다.[115] 때문에 건립을 위해 측량을 시작할 때의 뜻과 점을 쳐 도읍지를 고르던 때의 일은 백대의 제왕들을 거치면서도 바뀌지 않았으며 하루라도 없앨 수 없었다. 양한(兩漢)이 모두 함양(咸陽)과 낙양(洛陽)을 도읍으로 하였고, 동진(東晉)과 송(宋)이 모두 금릉(金陵)을 도읍으로 하였고, 북위(北魏)가 이수(伊水)와 전수(瀍水) 사이의 낙양으로 도읍을 옮기고, 북제(北齊)가 장수(漳水)와 부수(滏水) 주변인 업성(鄴城)에 도읍을 정하고, 수(隋)의 두 군주가 두 개 도성으로[116] 나누어 설치하였다. 이러한 도읍들은 모두 규모가 크고 넓었으며 이름 또한 다양하였다. 대개 국사(國史)를 편찬하는 사람들은 마땅히 따로 「도읍지」를 편찬하여 「여복지(輿服志)」의 위에 배열해야 한다.(釋 : 이 구절에서는 「도읍지」를 보완하여 「여복지」와 함께 배열해야함을 논의하였다)

---

114 『북제서(北齊書)』 권4, 「문선기(文宣紀)」에, 천보(天保) 9년(558)에 업(鄴) 부근에 삼대(三臺)를 만들었다. 그러나 옛 터를 높이고 확장하여 많은 궁실을 건설하였다. 삼대를 완성하고, 동작(銅爵)을 금봉(金鳳), 금수(金獸)를 성응(聖應), 빙정(冰井)을 숭광(崇光)이라 고쳐 불렀다. 황제가 삼대에 올라 군신들에게 조연(朝宴)을 베풀고 아울러 부(賦)와 시를 짓도록 명하였다고 했다. 역주 : 위(魏)의 업도(鄴都)는 좌사(左思), 「위도부(魏都賦)」(『문선』 권6 所收)에 그 자세한 모습이 묘사되어 있다.

115 『위서(魏書)』 권7하, 「고조효문제기(高祖孝文帝紀)」에, 태화(太和) 17년(493)에 황제가 낙양에 행차하였을 때 천도의 계획을 정하고 사공(司空) 목량(穆亮)에게 낙읍(洛邑)에 공사를 시작했다고 했다. 『남사(南史)』 권47, 「최조사전(崔祖思傳)」에, 제(齊) 무제 때 위(魏)의 사신 장소유(蔣少游)가 왔다. 최조사의 종제 원조(元祖)가 말하기를, '장소유는 반(班) · 수(倕)의 재주가 있으니 이번에 와서는 반드시 궁궐의 모습을 모사(模寫)할 것이다'라고 했는데, 과연 그림을 그려 돌아갔다고 했다.

116 역주 : 수 문제는 북주(北周)의 수도 장안(長安)의 남동쪽에 대흥성(大興城)을 쌓아 정도(定都)하였고, 수 양제는 즉위한 해(604년)에 낙양(洛陽)에 동도(東都)를 건설하기 시작했다.

蓋可以爲志者, 其道有三焉 : 一曰都邑志, 二曰氏族志, 三曰方物志.(釋 : 三項提綱) 何者? 京邑翼翼, 四方是則. 千門萬戶,(長安) 兆庶仰其威神; 虎踞龍蟠,(建業) 帝王表其尊极. 兼復土階卑室, 好約者所以安人; 阿房 · 未央, 窮奢者由其敗國. 此則其惡可以誡世, 其善可以勸後者也. 且宮闕制度, 朝廷軌儀, 前王所爲, 後王取則. 故齊府(高齊)肇建, 誦魏都以立宮; 代國(元魏初, 國號代)初遷, 寫吳京而樹闕. 故知經始之義, 卜揆之功, 經百王而不易, 無一日而可廢也. 至如(一作'於')兩漢之都咸 · 洛,(咸陽 · 洛陽) 晉 · 宋之宅金陵, 魏徙伊 · 瀍, 齊居漳 · 滏,(鄴都) 隋氏二世, 分置兩都, 此幷規模宏遠, 名號非一. 凡爲國史者, 宜各撰部邑志, 列於輿服之上.(釋 : 此節議補都邑志, 輿服類列)

## 8-26

금석(金石) · 초목(草木) · 명주와 모시 같은 것들, 새와 짐승, 벌레와 물고기, 상아와 가죽 그리고 깃털 중 어떤 것은 여러 만이(蠻夷)들이 바치는 부세(賦稅)이고, 어떤 것은 제후들이 바치는 공물이었다. 『하서(夏書)』에서는 그것을 「우공(禹貢)」편에 기록하였고, 『주서(周書)』에서는 「왕회(王會)」편에 부록하였다.[117] 또한 그 모습들을 구주(九州)에서 바친 동(銅)으로 주

117 『일주서(逸周書)』 서(序)에, 주나라 왕실이 안정되고 천하의 제후가 모여 천자를 알현하면서 각기 직분에 따라 공물을 바치기도 했다. 그러한 법을 후세에 남기기 위하여 「왕회(王會)」편을 지었다고 했다. 역주 : 「왕회」는 『일주서』의 편명으로서 성왕(成王) 때 천하에서 올라오는 공물의 내용을 정리하고 있는데 그 품종과 명칭이 다양하여 당시 각 지역의 방물(方物)을 연구하는데 좋은 참고가 된다. 처음에는 서술된 내용이 대부분 경사(經史)에 보이지 않는 것이어서 학자들 사이에는 한유(漢儒)의 위작(僞作)이라 의심되었지만 후일 왕응린(王應麟)과 오기창(吳其昌)이 각각 『보주(補注)』와 『보소(補疏)』 작업을 한 뒤 사료 가치가 인정을 받게 되었다.

조한 정(鼎)에 그린 것도 있고,(原注 : 『좌전』 선공(宣公) 3년)[118] 그 모습을 『산해경(山海經)』[119]의 「대황경(大荒經)」안에 서술하였으니, 그것을 읽는 사람은 이에 근거하여 자기의 견문을 넓힐 수 있고 그것을 학습하는 사람은 이에 기초해서 자기의 지식을 풍부하게 할 수 있다. 한나라가 변경 지역을 개척하고부터 귀순하지 않은 나라가 없었으니 마디가 긴 것으로 이름 난 공죽(邛竹)과 맛으로 이름을 떨친 구장(蒟醬), 대원(大宛)에서 바쳐 온 좋은 말, 조지(條支)에서 보내온 대작(大雀)같은 것들이 있다.[120] 더구나 위(魏) · 진(晉)에서 북주(北周) · 수(隋)에 이르기까지도 모두 멀거나 가까운 나라들에서 조공하러 오면서 각지에서 나는 물품들을 공물로 바쳤다. 진귀한 물품은 부세를 관할하는 관리[計吏]가 보관하고 기이한 이름은 직방(職方)[121]이 밝혀 분명하게 했다. 대개 국사(國史)를 편찬하는 사람들은 마땅히 따로 「방물지(方物志)」를 편찬하여 「식화지(食貨志)」의 앞에 배열해야 한다.(釋 : 이 구절에서는 「방물지」를 보완하여 「식화지」와 함께 배열할 것을 논의하

118 역주 : 『좌전』 선공 3년(B.C. 606)에, (초(楚)의 군주가 왕손(王孫) 만(滿)에게 구정(九鼎)의 크기와 무게를 묻자,) '대답하길, 천자가 되는 일은 그 사람의 덕에 있는 것이지 솥[鼎] 에 있는 것이 아닙니다. 옛날 하왕조의 천자가 덕이 있으니 먼 나라에서 각각 그 나라 안의 기이한 산천을 그림으로 그려서 올리고, 구주(九州)를 다스리는 사람[九牧]들에게 동(銅)을 바치게 해서 큰솥[大鼎]을 만들어 여러 가지 모양을 새겨 넣어 모든 것이 그 솥에 갖추어지게 해서 백성들에게 괴물을 알게 하여 농간에 대비하게 하였습니다'라고 하였다.

119 역주 : 『산해경』 18권에는 「대황경」 외에도 「오장산경(五藏山經)」 · 「해외경(海外經)」 · 「해내경(海內經)」 · 「중산경(中山經)」 등이 있다. 책에는 기이한 금수(禽獸)와 괴신(怪神) 등 소위 황당한 내용이 많다. 그러나 고대의 신화 · 전설 · 지리 · 의술 · 동물 · 식물 등에 관한 기록은 사료로서의 가치가 높다. 원가(袁珂)의 『산해경교주(山海經校注)』가 참고할 만 하다.

120 『사기』 권123, 「대원열전(大宛列傳)」, 『한서』 권96상, 「서역전(西域傳)」 각각 참조.

121 역주 : 직방씨(職方氏)를 말하는데, 천하의 지도와 사방의 직공(職貢)을 관장하고, 왕이 순수(巡守)할 때는 그 선도(先導)를 맡기도 한다. 『주례(周禮)』 「하관(夏官)」에, 천하의 지도를 맡아보고, 천하의 땅을 관장함으로써 방국(邦國) · 도비(都鄙) · 사이(四夷) · 팔만(八蠻) · 칠민(七閩) · 구학(九貉) · 오융(五戎) · 육적(六狄)의 인민(人民)과 그 재용(財用) · 구곡(九穀) · 육축(六畜)의 수요를 맡아보며 두루 그 이해(利害)를 알았다고 했다.

였다)

金石·草木·縞紵·絲枲之流, 鳥獸, 蟲魚, 齒革, 羽毛之類, 或百蛮攸稅, 或萬國是供; 『夏書』則編於『禹貢』, 『周書』則托於『王會』. 亦有圖形九牧之鼎,(『左』宣三年) 列狀四荒之經.(『山海經』) 觀之者擅其博聞, 學(此二字一本倒刊)之者騁其多識. 自漢氏拓境, 無國不賓, 則有邛竹傳節, 蒟醬流味, 大宛獻(一作'輸')其善馬, 條支致其巨雀. 爰及魏·晉, 迄於周·隋, 咸亦遐邇來王, 任土作貢. 異物歸於計吏, 奇名顯於職方. 凡爲國史者, 宜各撰方物志, 列於食貨之首.(釋: 此節議補方物志, 與食貨類列)

## 8-27

제왕의 후예와 제후(公侯)의 자손들은 선조들의 혜택을 누리는 것이 대대로 끊임없이 이어진다. 자기 선조들의 사실에 대해 능히 말할 수 있음으로 공자(孔公)는 담자(郯子)에게서 이를 배웠고,[122] 자기 선조의 사실을 제대로 알지 못했던 적담(籍談)은 주나라의 후예들에게 조소를 받게 되었다.[123] 따라서 주(周)는 『세본(世本)』[124]을 편찬하여 각 종족(宗族)을 분명하

122 『좌전』 소공(昭公) 17년(B.C. 525)에, 가을에 담자(郯子)가 노나라에 내조하자 소공이 그를 위해 연회를 베풀었다. 이때 소자(昭子)가 담자에게 묻기를, '소호(少皞) 씨의 시대에 새 이름으로써 관명을 삼은 것은 무슨 까닭입니까?'라고 하자 담자가 대답하기를, '그는 나의 선조로 내가 그 이유를 알고 있습니다', '나의 고조인 소호 지(摯)가 즉위했을 때 봉조(鳳鳥)가 날아왔소. 때문에 새로써 일을 기록해 조(鳥)자로 관명을 삼았던 것이요' 등이라 하였다. 공자가 이 이야기를 듣고 담자를 알현하고 이를 배웠다고 했다.

123 『좌전』 소공(昭公) 15년(B.C. 527)에, 진(晉) 순력(荀躒)이 목후(穆后)의 장례식에 참석하기 위해 주(周)에 갔을 때 적담(籍談)이 부사로 그를 도와 함께 갔다. 주 경왕이 묻기를, '제후들이 모두 왕실에 예기(禮器)를 바쳤는데 진(晉)이 홀로 그러지 않은 이유가 무엇이요?'라고 하자 적담이 대답하기를, '진나라는 깊은 산중에 자리하고 있어

게 가렸으며, 초(楚)는 삼려대부(三閭大夫)를 두어 실제로 각 왕족들을 관장하였다.[125] 근래에 와서 가보(家譜)에 관한 학문이 특히 발달하였다. 이를 관리에게 적용하면 사족(士族)과 서족(庶族)을 가려낼 수 있고, 이를 국가에 적용하면 중화(中華)와 사이(四夷)를 구별해 낼 수 있다. 유비(劉備)와 조조(曹操)가 천명(天命)을 받고 나서 각기 옹주(雍州)와 예주(豫州)를 통치구역으로 삼은 이래 세습의 관(官)이 계속 이어지고, 자손들이 번영하였다. 그러다가 서진(西晉)의 회제(懷帝) 영가(永嘉 : 307-312) 연간에 이르러 동쪽으로 장강(長江)을 건너 양(揚)·월(越) 지역에 흩어져 살게 되었으며, 북위[代氏]가 남쪽으로 낙양(洛陽)에 천도하여 이족(夷族)의 전통을 버리고 중화(中華)를 따랐다.[126] 이로부터 중원의 왕조와 강남, 남북이 서로 뒤섞이고, 중원(中原)지역과 변경지역, 한족(漢族)과 이족(夷族)이 서로 뒤섞였다. 수나라가 천하를 통치하자 문화와 제도가 하나로 통합되면서 강외(江外)(남으로 진(陳)을 포함한다)·산동(山東)(동으로 북제(北齊)를 아우른다)의 인물들이 많이 모여들었으며 그 가운데 고문소족(高門素族)[127]들은 이미 적은 수

---

융적(戎狄)과 이웃해 있고 더욱이 왕실과 멀리 떨어져 있습니다. 융적을 복종시키기에도 겨를이 없는데 어찌 예기를 바치겠습니까'라고 하였다. 왕이 말하기를, '숙부는 지난 일을 모두 잊고 있다는 말이요? 숙부인 당숙(唐叔)은 성왕의 동모제(同母弟)인데 어찌 왕실에서 기물(器物)을 나눠주지 않았겠습니까? 또한 옛날 그대의 고조 손백염(孫伯黶)이 진(晉)의 전적(典籍)을 담당하여 이에 적씨(籍氏)라 한 것이요. 신유(辛有)의 둘째 아들 동(董)이 진나라로 가 기록을 담당하면서 비로소 동사(董史)가 있게 된 것이오. 그대는 전적을 담당하는 사전(司典)의 후예인데 어찌 이 같은 일들을 잊고 있다는 말이요! 적담이 대답하지 못했다. 빈객이 모두 물러간 뒤 주 경왕이 말하기를, '적담의 후손은 지위를 물려받지 못할 것이다. 전고(典故)를 예로 들면서 오히려 그 조상의 일을 잊고 있기 때문이다'라고 했다.

124 『후한서』 권40상, 「반표전(班彪傳)」 상에, 당(唐)·우(虞)·삼대(三代)에는 대대로 사관(史官)이 있어서 전적(典籍)을 관장하였다. 황제(黃帝)이래 춘추시기까지의 제왕(帝王)과 공후(公侯)·경대부들에 관한 기록하고 있는데, 이를 『세본』이라 하였다. 모두 15편이다.

125 왕일(王逸)의 「이소주(離騷注)」에, 굴원(屈原)은 본래 초(楚)와 동성으로서 회왕(懷王)을 섬겨 삼려대부가 되었다. 삼려(三閭)라는 직위는 왕족인 소(昭)·굴(屈)·경(景) 등 3성을 관장하였다. 굴원이 보속(譜屬)을 정리하여 국사(國士)를 격려하였다.

126 역주 : 북위 효문제(孝文帝)의 한화(漢化)를 가리킨다.

가 아니었다. 이들은 대대로 군(郡)의 중정(中正)과 주(州)의 대중정(大中正)[128]으로서 주군(州郡)의 인물평가를 관장하는 직무를 맡았다. 무릇 국사(國史)를 편찬하는 사람들은 마땅히 각각 「씨족지(氏族志)」를 편찬하여 「백관지(百官志)」의 다음에 배열해야 한다.(釋 : 이 구절에서는 「씨족지」를 보완하여 「백관지」와 함께 배열해야 한다고 의론하였다)

帝王苗裔, 公侯子孫, 餘慶所鍾, 百世無絶. 能言吾祖, 郯子見師於孔公; 不識其先, 籍談取誚於姬后. 故周撰『世本』, 式辨諸宗 : 楚置三閭, 實掌王族. 逮乎晩葉, 譜學尤煩. 用之於官, 可以品藻士庶; 施之於國, 可以甄別華夷, 自劉 · 曹受命, 雍 · 豫爲宅, 世胄相承, 子孫蕃衍. 及永嘉東渡, 流寓揚 · 越; 代氏南遷, 革夷從夏. 於是中朝江左,(一作'右') 南北混淆; 華壤邊民, 虜漢相雜. 隋有天下, 文軌大同, 江外(南兼陳氏) · 山東,(東幷高齊) 人物殷湊. 其間高門素(一作'貴')族, 非復一家; 郡正州曹(舊作'都'), 世掌其任. 凡爲國史者, 宜各撰氏族志, 列於百官之下.(釋 : 此節議補氏族志, 與百官類列)

---

127 역주 : 고문소족(高門素族) 가운데 '소(素)'자를 포기룡의 주석처럼 '귀(貴)'자로 보면 해석에 아무런 문제가 없지만, 소족(素族)이라고 할 경우, 한문(寒門) 혹은 서족지주(庶族地主)로 해석하기도 한다. 西脇常記譯註, 『史通內篇』 「서지(書志)」편, p.241, 趙呂甫, 『史通新校注』, p.202 주)91 각각 참조.

128 역주 : 포기룡은 구본(舊本)의 주도(州都)를 주조(州曹)라고 고쳤지만, 심약(沈約)의 「은행전론(恩倖傳論)」(『문선』 권50 所收)에는 주도(州都)와 군정(郡正)이 재(才)로써 사람을 품평하였다고 했고, 이선(李善)의 주에 인용된 『부자(傅子)』에, 위(魏) 사공(司空) 진군(陳群)이 구품지제(九品之制)를 건립하면서 군(郡)에는 중정(中正)을 두어 인재의 고하를 품평하여 각기 배목(輩目)을 만들었고, 주(州)에는 주도(州都)를 두어 총괄하였다고 했다. 주도란 대중정을 지칭한다.

8-28

대개 「도읍지」 · 「방물지」 · 「씨족지」는 실제로 지(志)를 편찬하는 사람이라면 당연히 우선적으로 작성해야 하지만, 여러 사서(史書)에 끝내 이에 대한 아무런 기록이 없다. 심약(沈約)의 『송서(宋書)』에서는 「부서지(符瑞志)」를 더하였고, 위수(魏收)의 『위서(魏書)』에서는 「석로지(釋老志)」를 추가하여[129] 긴요하지도 않은 일에 힘쓴 꼴이 되었으니 언급할 가치가 없다. 여기에서는 다만 이상의 몇 조목을 예로 들어 대충 살폈지만, 이를 통해 지(志)의 득실과 이해(利害)를 알 수 있을 것이다. 후세의 작자(作者)들이 그 중 좋은 점을 선택하여 실행하기를 바란다.(釋 : 이는 결론적으로 세 지(志)를 마땅히 보완해야 한다고 했다. ○이 구절 아래에 구본(舊本)에는 별도의 조목이 있었지만, 잘못이다)

蓋自都邑以降, 氏族而往, 實爲志者所宜先, 而諸史竟無其錄. 如休文『宋籍』, 廣以『符瑞』; 伯起『魏篇』, 加之『釋老』, 徒以不急爲務, 曾何足云. 惟此數條, 粗加商略, 得失利害, 從可知矣. 庶夫後來作者, 擇其善而行之.(釋 : 此總結三項之當補. ○此下舊本另條, 非)

129 심약의 『송서』에는 '지(志)' 40권이 있는데, 「오행지」 앞에 「부서지(符瑞志)」 3권이 있다. 위수(魏收)의 『위서』에는 '지' 30권이 있는데, 마지막에 「석로지(釋老志)」가 있다. 역주 : 『송서(宋書)』 권11, 「지서(志序)」에, 「천문지」 · 「오행지」는 사마표(司馬彪) 이후에 다시 기록이 없었다. …… 이제 「부서지」를 써서 이전의 사서에서 빠졌던 것을 보완한다고 했다. 『위서』가 정사로서는 처음으로 「석로지」를 두었다.

## 8-29

혹자가 묻기를, "당신은 도읍(都邑) · 씨족(氏族) · 방물(方物)을 마땅히 따로 편찬하여 지(志)라는 명칭으로 열거하는 것이 옳다고 여긴다. 하지만 사서(史書)에 지(志)가 있는 것은 대부분 그전부터 있던 논의에 의거한 것이다. 만약 세상에 관련기록이 없다면 비워두고 편찬하지 않으니 이것이 도읍(都邑)과 같은 것들을 지(志)에 열거하지 않은 이유이다"라고 하기에, 나는 다음과 같이 대답하였다. "제왕들이 도성(都城)을 건설한 것을 살펴보면 본래 고정된 장소가 없었으므로, 작자들의 사실 기록 역시 당시의 상황에 근거하였다. 멀리는 한(漢)의 『삼보전(三輔典)』[130]이 있고 가까이는 수(隋)의 『동도기(東都記)』[131]가 있으며, 남조(南朝)에는 송의 『남서주기(南徐州記)』[132] · 『진궁궐명(晉宮闕名)』[133]이 있고 북조(北朝)에는 『낙양가람기(洛陽

130 按 : 『수서경적지』와 『구당서경적지』 · 『신당서예문지』에는 모두 『삼보전(三輔典)』이라는 책명이 보이지 않는다. 아마도 『삼보황도(三輔黃圖)』를 가리키는 것이 아닌가 한다. 한나라 사람이 편찬하였지만 편찬자의 이름이 전하지 않는다. 그 책에 기록된 것은 모두 도성(都城) · 궁원(宮苑) · 벽옹(辟廱) · 명당(明堂) · 종묘(宗廟) · 교사(郊社) · 고구(庫廐) · 교릉(橋陵) 등으로서 여기서 인용한 내용들과 바로 맞는다. 역주 : 그 외에도 『수서경적지』 「사부(史部)」 "잡전류(雜傳類)"에 한(漢) 조기(趙岐)의 『삼보결록(三輔決錄)』 7권(진(晉) 지우(摯虞)의 주(注))이 보이지만 모두 전하지 않고, 장주(張澍) 등의 집본(輯本)이 있으며, 진(晉) 위씨(韋氏)의 『삼보고사(三輔故事)』 2권 등이 보이지만 역시 전하지 않는다.

131 『수서경적지』와 『구당서경적지』 · 『신당서예문지』에는 모두 책명이 없다. 『통지략(通志略)』에 『동도기(東都記)』 30권, 등세륭(鄧世隆) 편찬이라 했지만 그 여부는 확실하지 않다. 역주 : 『구당서』 권73, 「등세륭전」에 보면 등세륭이 수대(隋代)의 옛 이야기들을 모아 『동도기』 30권을 저술했다고 기록되어 있다.

132 『신당서예문지』 「지리류(地理類)」에, 산겸지(山謙之)가 『남서주기(南徐州記)』 2권을 편찬했다고 기록되어 있다. 역주 : 『수서경적지』 「사부(史部)」 "지리류(地理類)"에도 같은 기록이 보인다. 산겸지에 대한 기록은 심약의 『송서』 권100, 「자서전」에도 보인다.

133 여기에서 말하는 진(晉)이란 동진(東晉)을 말하는데, 『수서경적지』와 『신당서예문지』에는 모두 이 책이 보이지 않는다.

伽藍記)』[134] · 『업도고사(鄴都故事)』[135]가 있는데 대개 도읍과 관계되는 사실들이 모두 기록되어 있다.(釋 : 도읍에 대하여도 자세한 기록이 있다는 것을 말하고 있다) 보첩(譜牒)의 편찬은 중고(中古)시기에 흥성하였다. 후한(後漢) 조기(趙岐)의 『삼보결록(三輔決錄)』,[136] 진(晉) 지우(摯虞)의 『족성기(族姓記)』,[137] 남조 왕검(王儉)과 왕승유(王僧儒)의 『백가보(百家譜)』,[138] 중원(中原)의 『방사

134 『군재독서지(郡齋讀書志)』에, 『낙양가람기』 3권은 북위 양현지(羊衒之)가 편찬했다. 북위가 낙양으로 천도하자 한꺼번에 왕공대인(王公大人)들이 불사(佛寺)를 많이 세웠다. 어떤 이들은 사저를 기부하여 불사를 건립하기도 하였다. 때문에 불사가 천하에서 가장 많았다. 양현지는 그러한 사실의 본말과 사적(事迹)을 매우 자세하고 기록하고 있다. 『직재서록해제(直齋書錄解題)』에는 이주(爾朱)의 반란 때 성곽이 모두 폐허가 되었으므로 이 기록을 추술하였다고 했다.

135 자세히 살필 수 없다. 황숙림(黃叔琳), 『사통훈고보(史通訓故補)』의 주(注)』에, 『신당서예문지』에는 마온(馬溫)이 『업도고사(鄴都故事)』 2권이 수록되어 있다. 按 : 그 주(注)에 '숙종(肅宗) · 대종(代宗) 때 사람이다'라고 했으니 이 책은 후에 나온 것이니 유지기가 언급한 책이 아니라고 했다.

136 『후한서』 권64, 「조기전(趙岐傳)」에, 조기(?-201)의 자는 빈경(邠卿)이고, 처음 이름은 가(嘉)였고, 자는 대경(臺卿)이었다. 후한 헌제 때 태상(太常)에 임명되었고, 『삼보결록』을 저술하였다고 했다. 그 「자서(自序)」에 이르기를, 삼보(三輔)는 본래 옹주(雍州) 지역이다. 후일 대대로 공경(公卿) · 이천석(二千石) 관리 및 부자들이 이곳에 능을 조영하여 각 지역 사람이 섞여 살게 됨으로써 한 지역으로서의 풍속이 아니었다. 이 지역 사인(士人)들은 명분으로 행함을 귀하게 여겼고, 이 지역 풍속은 권력을 추구하는데 있어서 폐단이 있었다. 내가 일찍이 꿈에 황색 머리를 가진 사인(士人) 현명(玄明 : 자 子眞)을 보았는데 꿈속에서 나에게 말하기를, '선악에 관한 기록에 어긋남이 없으니 사관에게 명하여 이를 기록하라'고 하였다. 건무(建武)이래 지금까지 옥석(玉石)과 주자(朱紫)가 이로 말미암아 정해졌다. 따라서 책명을 '결록(決錄)'이라 한 것이다. 역주 : 『수서경적지』 「사부(史部)」 "잡전(雜傳)"에는, 『삼보결록』 7권은 후한 태복(太僕) 조기가 편찬하였고, 지우(摯虞)가 주를 달았다고 했다.

137 『진서(晉書)』 권51, 「지우전(摯虞傳)」에, 지우의 자는 중흡(仲洽)이고 태자사인(太子舍人)을 지냈다. 후한 말의 혼란 중에 보전(譜傳)의 대부분이 망실되어 비록 자손일지라도 자신들의 선조들을 말할 수가 없었다. 이에 지우가 『족성소목(族姓昭穆) 10권을 편찬하여 상소를 통해 바치면서 이용하기에 충분한 내용을 담고 있으며, 사물을 널리 많이 수집한 장점이 있다고 여겼다. 역주 : 『수서경적지』 「사부(史部)」 "보계편(譜系篇)"에, 동진 때 지우가 『족성소목기(族姓昭穆記)』 10권을 지었는데 제와 양나라 때 그 책이 널리 유행되었다고 했다.

138 『수서경적지』 「사부(史部)」 "보계편(譜系篇)"에, 『백가집보(百家集譜)』 10권은 왕검이 편찬하였고, 『백가보(百家譜)』 30권과 『백가보집초(百家譜集鈔)』 15권은 모두 왕승유가 편찬하였다고 했다.

선격(方司選格)』[139] 등이 각각 있는데 대개 씨족과 관계되는 사실들이 모두 여기에 기록되어 있다.(釋 : 씨족에 대하여도 자세한 기록이 있다는 것을 말하고 있다) 심영(沈瑩)이 『임해수토(臨海水土)』[140]를 저술하고 주처(周處)가 『양선풍토(陽羨風土)』[141]를 편찬하고부터 이런 부류의 서적들이 많아졌는데 한두 가지로 헤아릴 수 없을 정도였다. 그러므로 육징(陸澄)이 지리류의 서적들을 편집하였지만 모두 수록하기가 어려웠다.[142] 역도원(酈道元)이 『수경(水經)』에 주(注)를 붙였지만[143] 모두 다 살피기는 어려웠다. 대개 방

139 『신당서경적지』 "보계류(譜系類)"에, 『후위방사격(後魏方司格)』 1권이 있다. 또 『신당서』 권199, 「유학전(儒學傳)」附 「유충전(柳冲傳)」에, 북위 태화(太和) 연간에 제군(諸郡)의 중정(中正)에게 조서를 내려 각 지역의 성족(姓族)의 고하를 정하고 그에 따라 선거(選擧)의 기준[格]으로 삼게 하였다. 그 명칭을 '방사격(方司格)'이라 하였다고 했다.

140 『구당서경적지』 "지리류(地理類)"에, 삼국시대 오나라 사람 심영이 『임해수토이물지(臨海水土異物志)』 1권을 편찬하였다. 按 : 「경적지」에 이르기를, 이주(夷州)는 '임해(臨海)'의 동남 지역에 있는데, 군(郡)에서 2천리 떨어져 있다. 그 지역에는 서리와 눈이 내리지 않아 초목이 죽지 않으며, 사방이 전부 시냇물이 흐르는 산골짜기로서 사람들은 모두 머리를 깎고 귀를 뚫었는데 여인들은 귀를 뚫지 않았다. 그 지역에는 구리와 철이 있는데도 오직 청석(青石)을 갈아서 무기를 만들었다고 했다. 역주 : '임해(臨海)'는 지금의 절강성 소흥(紹興) 동부지역을 가리킨다.

141 『진서』 권58, 「주처전(周處傳)」에, 주처의 자는 자은(子隱)으로 양선(陽羨) 사람이다. 어려서 고아가 되었고 제 멋대로 사냥을 하고 다녀 지역 사람들이 걱정을 하여 말하기를, '세 가지 해가 아직 제거되지 않았다'라고 하자 주처가 '무엇이냐'고 물었다. 대답하기를, '남산(南山)에 이마가 하얀 짐승, 장교(長橋) 아래의 교룡(蛟龍) 그리고 그대가 바로 그 세 가지에 해당하오'라고 하자 '내가 능히 제거할 수 있소' 하고는 산에 올라 맹수를 죽이고 물에 뛰어들어 교룡을 죽였다, 그리고 오(吳) 땅에 들어가 두 육씨(陸氏)에게 학문을 배웠다. 낙양에 들어가 몸을 바쳐 순국을 하여 평서장군(平西將軍)에 추증되었다. 『묵어(默語)』 30편과 『풍토기』를 지었고, 아울러 『오서(吳書)』를 편찬하였다. 『수서경적지』 「사부(史部)」 "지리지기(地理之記)"에, 『풍토기』 3권은 진(晉)의 평서장군 주처가 지었다고 했다. 역주 : '양선(陽羨)'은 지금의 강소성 의흥(宜興) 남부지역을 말한다.

142 『남제서(南齊書)』 권39, 「육징전(陸澄傳)」에, 육징(425-494)의 자는 언심(彦深)이다. 왕검(王儉)이 놀리며 말하기를, '육징은 책과 문서 따위를 잘 간직하는 함[書廚]'이라고 했다. 『지리서(地理書)』를 편찬하였는데 죽고 난 뒤에 간행되었다. 『수서경적지』 「사부(史部)」 "지리지기(地理之記)"에, 『지리서』 149권, 목록 1권은 육징이 『산해경(山海經)』 이래 160가(家)의 관련 자료를 모아 이 책으로 편찬하였다고 했다.

143 『군재독서지(郡齋讀書志)』에, 『수경(水經)』 3권은 전한 성제(成帝) 때 상흠(桑欽)이 편

물(方物)과 관계되는 사실들은 모두 여기에 기록되어 있다. 무릇 앞서 말한 이러한 책들은 모든 시대마다 그 편찬이 빠진 적이 없었으니, 만약 그러한 내용들을 모아서 지(志)로 묶어 편찬한다면 어찌 자료가 없을까 걱정할 것이 있겠는가. 비유해 말하자면 바다에 가야 물고기를 잡고 산에 올라야 나무를 벨 수 있지만, 바다의 물고기와 (거북 따위의) 갑각류에는 길고 짧음이 있고, 산의 나뭇가지는 굵고 가는 것이 있게 마련이니 어떤 것을 선택하는가에 달려 있을 뿐이다. 진실로 어부나 나무꾼이라면 어찌 산에 벨 나무가 없거나 바다에 잡을 고기가 없음을 걱정하겠는가? (釋 : 맺는말에서 자료를 취하는 것은 어렵지 않으나 잘 선택하여 이용해야 함을 살폈다)

或問曰 : 子以都邑 · 氏族 · 方物宜名纂(一作'纘')次, 以志名篇. 夫史之有志, 多憑舊說, 苟世無其錄, 則闕而不編, 此都邑之流所以不果列志也.(釋 : 此總上三項設問, 見考證之難) 對曰 : 案帝王建國, 本無恒所, 作者記事, 亦在相時. 遠則漢有『三輔典』, 近則隋有『東都記』.(並記一統之都) 於南則有宋『南徐州記』·『晉宮闕名』,(記南朝) 於北則有『洛陽伽藍記』·『鄴都故事』.(記北朝) 蓋都邑之事, 盡在是矣.(釋 : 答言都邑有考) 譜牒之作, 盛於中古. 漢有趙岐『三輔決錄』, 晉有摯虞『族姓(舊作'姓族')記』.(記一統世族) 江左有兩王『百家譜』,(記南族) 中原有『方司殿(疑當作'選')格』.(記北族) 蓋氏族之事, 盡在是矣.(釋 : 答言氏族有考) 自沈瑩著『臨海水土』, 周處撰『陽羨風土』,(舊作'土風'. ○二者擧其始作) 厥類衆多, 諒非一族. 是以『地理』爲書,

---

찬하였다. 북위 역도원(酈道元)이 기이한 내용의 책들을 두루 읽어보고 『수경』에 주를 달았다. 『위서(魏書)』 권89, 「혹리전(酷吏傳)」 「역도원전」에, 그의 자는 선장(善長)이고 범양(范陽) 사람으로 어사중위(御史中尉)와 관우대사(關右大使)를 지냈다고 했다. 역주 : 역도원의 『수경주(水經注)』는 515년에서 524년경에 편찬되었는데, 상흠이 저술한 『수경』이 너무 간략하고 또 그동안 지명이 많이 변경되어 맞지 않는 점이 많으므로 실지 답사를 통해 보완된 400여 종의 지리서를 참고하여 이 책을 저술하였다. 『수경』에 서술된 하천 137개를 확충하여 1,252개 하천에 대하여 그 수원(水源)은 물론 물길의 변천과 명칭의 변경과 함께 하천의 유역과 관련한 인문지리적 내용이 많이 조사되어 있다. 특히 황하와 회수(淮水) 유역에 대한 서술이 상세하다. 하천을 위주로 기록한 중국 현존의 최고의 종합적 지리서라고 평가할 만하다.

陸澄集而難盡;『水經』加注, 酈元編而不窮.(總括續撰) 蓋方物之事, 盡在是矣.(釋 : 答言方物有考) 凡此諸書, 代不乏作, 必聚而爲志, 奚患無文? 譬夫涉海求魚, 登山采木, 至於鱗介修短, 柯條巨細, 蓋在擇之而已. 苟爲魚人 · 匠者, 何慮山海之貧罄哉?(釋 : 結言有考則取材不難, 但當擇而用之耳)

按 : 이상은 「서지」편 뒤의 여론(餘論)이다. 「인형(人形)」·「방언(方言)」 두 항목은 가설(假設)의 문장이다. 특별히 이 같은 가설로써 「천문」·「예문」이 당연히 폐기되어야 한다고 단정하였다. 이 네 가지 항목을 서로 비교하여 살펴보면 어떤 것이 크고 어떤 것이 작은지 또 어떤 것이 우아하고 어떤 것이 속된 것인지 학자들은 분명하게 가릴 수가 있다. 그렇다고 유지기가 이렇게 한 것이 단지 아무 쓸모없는 일을 따지고 의논한 것이라 할 수 있는가? 후반부 도읍(都邑)·씨족(氏族)·방물(方物) 등에 관한 이야기는 즉 잘못을 바로잡는 논의였다. 그러나 자세히 살펴보니, '도읍'은 「지리지(地理志)」에 이미 그 대략이 포함되어 있어서 '여복(輿服)'처럼 붙일 곳이 없는 것은 아니었다. '방물'은 여기저기 다른 나라로부터 생산된 것이니 어찌 「식화지(食貨志)」처럼 그렇게 조리가 있을 수 있겠는가. '씨족'은 위진(魏晉) 이후 그 전례를 좇아 '사성(四姓)'[144] 관리의 선발은 현능(賢能)한 사인(士人)을 선발하는 소위 '상관(尙官)'의 습관을 존중하고, 조상의 음덕(蔭德)에 의한 '임자제(任子制)'는 경시되어 후세에는 더욱이 행해지지 않았다.(『위서(魏書)』「관씨지(官氏志)」만이 씨족을 함께 다루었다) 유지기의 논의는 대체로 너무 각박한 점에 치우쳐 이 과정에서 홀연 발생할 수 있는 복잡한 문제를 염두에 두지 않았다.(此爲篇後餘論. 人形 · 方言二項是設辭, 特假設以決天文 · 藝文之當除耳. 四者相衡, 洪纖雅俗, 學究能辨之, 知幾顧爲此戲論乎? 其

144 역주 : 『신당서』 권199, 「유충전(柳冲傳)」에, "상서(尙書)·영(領)·호(護) 이상의 경우 갑성(甲姓), 9경(卿)·방백(方伯)의 경우 을성(乙姓), 산기상시(散騎常侍)·태중대부(太中大夫)의 경우 병성(丙姓), 이부정원랑(吏部正員郎)의 경우 정성(丁姓) 이라 하여 이들을 '4성(四姓)'이라 불렀다"라고 했다.

後三說, 乃是商語. 然嘗考之, 都邑則略具於地理, 非同輿服之無附. 方物則雜出於外域, 豈比食貨之有經. 至如氏族一門, 自是魏 · 晉相沿, 四姓尙官之習, 而任子積輕, 後世尤不可通行.(獨『魏書』「官氏志」兼及氏族)知幾議論, 大率偏於枯剋, 不圖此處忽生葛藤)

유지기가 말한 바가 비록 사가들에게 유행되지는 않았지만 후일 정초(鄭樵)[漁仲] · 마단림(馬端臨)[貴與] 같은 사람에게는 오히려 가려운 곳을 긁어 준 셈이었다.(所言雖不行於史家, 然後來漁仲 · 貴與諸人, 已被他爬動癢處)

# 『사통통석』 권4

# 「논찬(論贊)」 제9

原注 : '논(論)'이란 사서 각 편의 끝에 있는 평론의 글을 일컫고, '찬(贊)'이란 '논' 다음에 있는 운(韻)을 사용한 말을 일컫는다.[論謂篇末論辞, 贊謂論後韻語][1]

사마천이 『사기』에서 '태사공왈(太史公曰)'이라는 형식을 사용한 이후 '논찬'은 기전체 사서 중 없어서는 안될 중요한 부분이었다. 『문심조룡(文心雕龍)』 「논설(論說)」편에 보면, 경서(經書)의 내용을 밝혀서 그 도리를 설명하는 것을 '논(論)'이라 하고, 다시 그것을 세분하여 경서를 해석한 전(傳)과 주(注), 역사에 대한 변론은 '찬(贊)'과 '평(評)' 등이 있다고 했다. 아울러 '찬'이란 뜻을 분명히 하는

1 역주 : 『문심조룡(文心雕龍)』 「논설(論說)」편에, "'논(論)'의 양식을 자세히 살펴보면, 여기에는 다양한 종류의 계통이 나뉘어 있음을 알게 된다. 정치에 대하여 설명한 논은 의(議)·설(說)과 일치하고, 경서(經書)를 해석한 논은 전(傳)·주(注)의 격식과 뒤섞여 있고, 역사에 대해 변론한 논은 찬(贊)·평(評)과 유사하며, 작품에 대한 논은 서(敍)·인(引)과 동류이다. 의(議)란 말을 적절하게 하는 것이고, 설(說)이란 사람을 기쁘게 할 정도로 재미있게 말하는 것이며, 전(傳)이란 스승의 말씀을 옳게 적는 것이고, 주(注)란 해석에 중점을 둔 것이며, 찬(贊)이란 뜻을 분명히 하는 것이고, 평(評)이란 이치에 따라 자세히 설명하는 것이며, 서(序)란 내용을 순서에 따라 자세히 설명하는 것이고, 인(引)이란 원래의 뜻을 확대한 말이다. 이들 여덟 가지 명칭은 각각의 종류로 나누어지지만, 모두 논(論)의 범주에 통합된다. 논이란 무수한 말들을 망라해서 하나의 도리를 정밀하게 연구하는 것이라 할 수 있다"라고 했다.

것[明意]이고, '평'이란 이치에 대해 공평하게 논평하는 것[平理]이라고 정의하였다. 문장의 형식과 내용이라는 관점에서 '논'을 다룬 것과는 달리 유지기는 이 「논찬」편에서 그 기원과 명칭의 차이・목적・사용원칙과 함께 과거 사서(史書)에 보이는 논찬의 득실에 대하여 그 개략을 서술하고 있다. 이 같은 논찬의 형식은 『좌전』에서 처음으로 '군자왈(君子曰)'을 사용하여 편찬자의 입장을 나타내었는데, 그 목적을 유지기는 "의심나는 곳을 밝히고, 뜻이 잘 통하지 않는 곳을 해석[辯疑惑, 釋凝滯]"하는데 있다고 했다. 즉 읽는 사람들이 잘 이해하지 못하는 부분을 다시 설명해 주는 것이었다. 이러한 '군자왈'은 『안자춘추(晏子春秋)』에도 보인다. 사마천의 경우 대부분 각 편의 마지막에 언급하고 있지만, 때로는 첫머리 혹은 문장의 중간에도 보인다. '태사공왈'을 통하여 사마천은 해당 부분의 서술의 동기와 관련 사실에 대한 의의를 간단하게 언급하였다. 물론 포폄(褒貶)의 의미를 담기 위한 것은 아니었다. 그러나 후일 이러한 논찬의 형식과 내용은 『좌전』과 사마천의 본래 의도를 벗어나 서술된 내용을 다시 문장으로 꾸미는 모양새를 띠게 되었다. 유지기는 이러한 모양새를 역사적인 서술을 쓸데없이 번거롭게 하는 것이라 비판하고 있다.

유지기는 기전(紀傳)의 말미에 덧붙이는 '논(論)'의 경우는 나름대로의 의미를 갖는다고 긍정적으로 인식하였지만, '논'의 뒤에 다시 운문(韻文)의 형식으로 '찬(贊)'을 덧붙이는 것에 대하여는 강하게 반대하였다. 후세의 학자들은 유지기의 이 같은 주장에 찬성하였다. 특히 포기룡(浦起龍)은 이 편 안문(按文)에서 "당(唐) 이후의 여러 사서들에 '논'만 있고 '찬'이 없었던 것은 모두 이 같은 경계를 은연중 따른 것이었다. 유지기의 주장이 이치에 합당하였음을 알 수 있다"라고 긍정적으로 평가하였다. 유지기의 사마천과 반고의 논찬에 대한 평가와 관련한 득실에 대하여는 다양한 견해들이 있다.

## 9-1

『춘추좌씨전』에는 논자 자신의 의견을 표현할 때마다 '군자왈(君子曰)'이라는 칭호를 사용하고 있다.[2] 『공양전』과 『곡량전』에서는 각각 '공양자왈(公羊子曰)'[3] · '곡량자왈(穀梁子曰)'[4]로, 『사기』에서는 '태사공왈(太史公曰)'이라 칭하였다.[5] 그러나 이후 반고(班固)는 '찬왈(贊曰)', 순열(荀悅)은[6] '논왈(論曰)'이라 했고, 『동관한기(東觀漢記)』에서는[7] '서왈(序曰)'이라 했다. 사승(謝承)은 '전왈(詮曰)',[8] 진수(陳壽)는[9] '평왈(評曰)', 왕은(王隱)은[10] '의왈

---

2 역주 : 『좌전』에서는 역사사건을 기술하고 그 끝에 '군자왈'이라는 용어로 평가를 가하고 있다. 예컨대 『좌전』 은공(隱公) 원년(B.C. 722), 여름 4월 기록 말미에 영고숙(穎考叔)의 효심(孝心)과 정장공(鄭莊公)의 관계를 설명하면서 '군자왈'을 내세워 그 사실을 평가한 것이 처음이다. 이와 같은 '군자왈'에 대하여 유흠(劉歆)이 후일 멋대로 삽입하였다는 설, 당시의 일반적인 여론을 좌구명(左丘明)과 자하(子夏)가 부록으로 삽입했다는 설 등이 있다. 趙呂甫, 『史通新校注』, 重慶出版社, 1990, p.193 참조.

3 역주 : 『춘추공양전』(이하 『공양전』이라 통일) 환공(桓公) 6년(B.C. 706) 9월에, "자공양자(子公羊子)가 말하기를, '그 말은 노나라 환공과 함께 한 것을 증오한 것이다'"라고 한 내용이 보인다.

4 역주 : 『춘추곡량전』(이하 『곡량전』이라 통일) 은공(隱公) 5년(B.C. 718)에, "처음으로 육우(六羽)의 춤을 추어 바쳤다. 처음이란 시작이다. 곡량자(穀梁子)가 말하기를, '대하(大夏)를 춤추는데 천자(天子)는 팔일(八佾)로 추고, 제공(諸公)은 육일(六佾)로 추고, 제후는 사일(四佾)로 춘다. 처음으로 육우를 추어 바친 것은 처음으로 음악을 참람한 것이다'"고 한 내용이 보인다.

5 역주 : '태사공왈'로 대표되는 사마천의 논찬에 대하여는 張大可, 『史記論贊輯釋』, 陝西人民出版社, 1986 참고

6 역주 : 순열(148-209)은 12세에 이미 『춘추』에 능하였고, 후일 『춘추좌전』에 의거하여 『한기』 30권을 저술하였다. 순열과 『한기』에 대하여는 각각 『후한서』 권62와 『수서경적지』 「사부(史部)」 "고사(古史)" 참고.

7 역주 : 『동관한기』는 유진(劉珍) 등이 편찬한 것으로 모두 143권이었다.(『수서경적지』 「사부」 "정사(正史)" 참조) 그리고 이자명(李慈銘), 『월만당독서기(越漫堂讀書記)』 권3에 실린 송대 고사손(高似孫)의 『사략(史略)』 권3에, 『동관한기』의 등우(鄧禹)와 오한(吳漢) 두 사람의 열전 서(序) 두 편은 문장이 매우 완미(完美)하여 사고(四庫)의 집본(輯本)에 보입(補入)해도 되고, 또한 『동관한기』가 논(論)을 서(序)로 삼았다는 것을 증거하는 것이라 하였다.

8 『삼국지』 권50, 「오지」 「비빈전(妃嬪傳)」에, 사승은 오 손권의 사부인(謝夫人)의 동생

(議曰)', 하법성(何法盛)은[11] '술왈(述曰)', 양웅(揚雄)은 '선왈(譔曰)',[12] 유병(劉昞)은[13] '주왈(奏曰)'이라 하였다. 원굉(袁宏)[14]과 배자야(裴子野)[15]는 자신의 성명을, 황보밀(皇甫謐)과 갈홍(葛洪)[16]은 자신의 호를 각각 사용하였다.(현

---

이라고 했다. 『수서경적지』에는, 『후한서』 130권, 제기(帝紀)가 없으며, 오 무릉태수(武陵太守) 사승이 편찬하였다고 하였다. 역주 : 진수의 『삼국지』는 「위서」·「촉서」·「오서」로 표기해야 맞지만, 포기룡의 『통석(通釋)』을 따라 모두 「위지」·「촉지」·「오지」 등으로 표기한다.

9 **역주** : 진수(233-297)는 『삼국지』 65권을 지었고, 배송지(裴松之)가 그에 대한 주를 달았다. 진수에 관한 열전은 『진서(晉書)』 권82, 『화양국지(華陽國志)』 권11, 「후현지(後賢志)」를 각각 참고.

10 **역주** : 『수서경적지』 「사부」 "정사"에, 『진서(晉書)』 86권을 편찬하였는데, 이미 그 대부분이 전하지 않는다고 했다. 왕은에 관한 열전은 『진서』 권82 참조.

11 **역주** : 『수서경적지』 「사부(史部)」 "정사(正史)"에, 남조 송(宋)의 상동태수(湘東太守) 하법성이 『진중흥서(晉中興書)』 78권을 지었다고 했다. 물론 현재 전하지 않는다.

12 양웅(B.C 53-18)의 『법언(法言)』을 보면, 그 목록에 이르기를, 「학행(學行)」·「오자(吾子)」·「수신(修身)」·「문도(問道)·「문신(問神)」·「문명(問明)」·「과견(寡見)」·「오백(五百)」·「선지(先知)」·「중여(重黎)」·「연건(淵騫)」·「군자(君子)」·「효지(孝至)」 등을 편찬하였다고 했다. **按** : 제1에서 제13까지는 내용 첫 머리에 모두 사언(四言)의 서문이 있지만, 논찬의 형식은 아니다. 『화양국지(華陽國志)』에서는 곧 「찬왈(撰曰)」을 논찬으로 하고 있다. 따라서 양웅은 당연히 상거(常璩)라고 고쳐야 한다.

13 『북사(北史)』 권34, 「유연명전(劉延明傳)」에, 유연명은 돈황 사람이다. 양(涼) 무소왕(武昭王)이 불러 유림좨주(儒林祭酒)로 삼았다. 『삼사략기(三史略記)』 84권, 『돈황실록(敦煌實錄)』 24권을 지었다. **按** : 연명은 병(昞)의 자(字)이다. 『북사』에서는 당을 위한 피휘 때문에 이름 대신에 연명이란 자를 사용하였다고 했다. **역주** : 이병(李昞)은 당 고조 이연의 부(父)이다. 따라서 병(昞)을 피휘하여 자를 사용한 것이다. 『수서경적지』 「사부」 "패사(覇史)"에는 유병 즉 유연명이 편찬한 『양서(涼書)』 10권·『돈황실록(敦煌實錄)』 10권을 유경(劉景)의 저작이라 적고 있다.

14 『후한기(後漢紀)』를 편찬하였으며, 자세한 내용은 권12 「외편(外篇)」의 「고금정사(古今正史)」편에 보인다.

15 **역주** : 『수서경적지』 「사부」 "고사(古史)"에, 남조 양(梁)의 배자야(469-530)가 『송략(宋略)』 20권을 편찬하였다고 했다. 『양서(梁書)』 권30 배자야에 대한 열전을 보면, 『삼국지주』를 편찬한 배송지가 그의 증조이다. 『자치통감』의 논찬과 『통전(通典)』·『건강실록(建康實錄)』 등에 『송략』을 인용한 부분이 보인다.

16 『진서(晉書)』 권51, 「황보밀전」에, 황보밀(215-282)의 자는 사안(士安)이고, 안정(安定) 사람이다. 성격이 매우 차분하고 욕심이 적었으며, 스스로 자신의 호를 현안선생(玄晏先生)이라 불렀다. 『제왕세기(帝王世紀)』·『연력(年曆)』·『고사전(高士傳)』·『일사전(逸士傳)』·『열녀전(列女傳)』 등을 편찬하였고, 『현안춘추(玄晏春秋)』와 함께 모두 중시되었다. 지우(摯虞)가 그의 문인이다. 『진서(晉書)』 권72, 「갈홍전」에 의하면, 갈

안(玄晏)선생이란 포박자(抱朴子)를 가리킨다) 사관(史官)이 편찬한 사서에서는 '사신왈(史臣曰)'이라 통칭하였다.[17] 이처럼 비록 그 명칭은 각기 달랐지만, 의미는 모두 같은 것이었다. 때에 맞추어 사용하기 편리하게 나는 여기에서 이들을 모두 '논찬(論贊)'이라 통일하여 칭한다.(**釋** : 가장 먼저 사전(史傳)에 보이는 논찬의 각기 다른 명칭들을 모두 모아 발의의 총론으로 삼았다)

『春秋左氏傳』每有發論, 假君子以稱之. 二傳云公羊子 · 穀梁子, 『史記』云太史公. 旣而班固曰贊,(舊作'讚') 荀悅曰論, 『東觀』曰序, 謝承曰詮, 陳壽曰評, 王隱曰議, 何法盛曰述, 揚雄曰譔,(句未的, 詳注中) 劉昞曰奏, 袁宏 · 裴子野自顯姓名, 皇甫謐 · 葛洪列其所號.(玄晏先生 · 抱朴子) 史官所撰, 通稱史臣. 其名萬殊, 其義一揆. 必取便於時者, 則總歸論贊(舊訛作'著')焉.(一脫'贊'字, 一無'焉'字. **釋** : 首撮史傳之論贊異名, 爲發議總案)

## 9-2

무릇 '논(論)'이라는 것은(**釋** : 이하 먼저 사론(史論)을 말하고 있다) 의심나는 곳을 밝히고, 뜻이 잘 통하지 않는 곳을 해석하기 위한 것이다. 만약 어

---

홍(283-343)의 자는 치천(稚川)이고, 구용(句容) 사람이다. 종조 갈현(葛玄)이 신선술을 익혔기 때문에 호를 갈선공(葛仙公)이라 하였고, 갈홍은 그의 신선술을 모두 받아 익혔다. 간보(干寶)가 갈홍을 영저작(領著作) 직에 추천을 하였지만 고사하고, 구루령(句漏令) 직을 원하였다. 말하기를, '영화에 욕심이 있어서가 아니라 단(丹)을 하기 위함이다'라고 하였다. 자신의 호를 포박자(抱朴子)라고 불렀으며, 때문에 그것을 책명으로 하였다. 저서로는 『신선(神仙)』 · 『양리(良吏)』 · 『집이(集異)』 등의 전기와 『금궤(金匱)』 · 『주후방(肘後方)』 등이 있는데, 그 분량이 반고나 사마천보다 더 많았다.

17 **역주** : 당 태종연간에 편찬된 『수서(隋書)』는 영호덕분(令狐德棻)을 위시하여 안사고(顔師古) · 공영달(孔穎達) · 허경종(許敬宗) 등이 참가하여 완성하였는데, 논찬 부분에 "사신왈(史臣曰)"을 처음으로 사용하였다.

리석거나 지혜로운 사람들 모두가 분명하게 이해하는 것이라면 당연히 헤아려 살필 필요가 없다. 좌구명(左丘明)이 '군자왈'을 사용한 뜻이 실로 여기에 있었다.[18](모든 전(傳)에 다 있었던 것은 아니라고 했다) 사마천이 각 편의 마지막에 일단의 논설(論說)을 사용하기 시작하였는데, 가령 꼭 필요한 이유가 없어도 억지로 문장을 꾸몄다. 사론(史論)의 번거로움은 실로 여기에서 비롯되었다.(매 편마다 반드시 '논'이 있게 된 것은 『사기』부터이다)[19] 무릇 『춘추』를 모방하여 편찬된 사서(史書)들이라면 논설은 마땅히 간단명료해야 한다. 본래 아무런 의심할 것이 없는 사실에 대하여도 항상 논(論)을 두어 재단(裁斷)한다면 이는 모두 자기 멋대로 글을 써내려 가는 것이다. 현란한 문채(文彩)를 뽐내면서 겉만 번지르르한 문장으로 사서를 꾸미려고 한다면 그것을 통해 어찌 사서의 커다란 원칙을 알 것이며 필삭(筆削)의 근본적인 의미를 안다고 할 수 있겠는가?(釋 : 이상은 사론이 하나의 예(例)로 성립된 것은 『사기』에서 비롯되었지만, 반드시 필요한 것은 아니라고 했다)

夫論者(一失此三字. 釋 : 此下先言史論)所以辯疑惑, 釋凝滯. 若愚智共了, 固無俟商榷. 丘明"君子曰"者, 其義實在於斯.(謂非每傳皆有) 司馬遷始(或訛作'殆')限以篇終, 各書一論. 必理有非要, 則强生其文, 史論之煩, 實萌於此.(篇必有論, 自『史記』始) 夫擬『春秋』成史, 持論尤(當從'猶'義)宜闊略. 其

18 역주 : 비슷한 견해가 『수서(隋書)』 권58, 「위담전(魏澹傳)」에, "위담은 또 사마천이 기전체를 창립한 이래 이를 계승하여 찬술한 사람이 적지 않았으며 역사적 인물의 선악을 막론하고 그들에 대한 사론(史論)을 썼다. 인물들의 행적은 모두 본문[正文]에 나열하였다. 사실에 기특(奇特)한 곳이 없으면 권선징악할 필요가 없었다. 그런데도 거듭 다시 명문(銘文)처럼 서술하고, 또 칭송의 말을 썼는데 이는 번쇄(繁瑣)하다고 느꼈다. 이에 반해 좌구명(左丘明)은 맹자와 같은 문재(文才)로 성인 공자의 뜻을 발양(發揚)하였다. '군자왈(君子曰)'이라고 말한 곳은 매우 특이한 부분이었고 나머지 일반적인 부분은 직서(直書)했을 뿐이다. 현재 내가 편찬한 사서에서는 좌구명을 본받아 권선징악(勸善懲惡)의 본보기가 되는 사실에 대하여는 그 득실을 논하고, 감계(鑑戒)작용이 없는 사실에 대하여는 사론을 더하지 않았다"라고 했는데, 유지기는 이러한 위담의 견해에 영향을 받았던 것으로 여겨진다.

19 역주 : 그러나 『사기』에 보면, 「태사공왈」이 반드시 각 편의 마지막에 실려 있지는 않았다. 때로는 각 편의 처음 혹은 중간에도 필요에 따라 등장한다. 자세한 것은 張大可, 『史記論贊輯釋』, 陝西人民出版社, 1986, pp.1-39 참조

有本無疑事, 輒設論以裁之, 此皆私徇筆端, 苟衒文彩, 嘉辭美句, 寄諸簡冊. 豈知史書之大體, 載削之指歸者哉?(釋 : 此推史論成例始自『史記』, 非理所必需也)

## 9-3

역대 논찬의 득실과 이동(異同)을 자세히 살펴보면, 사마천은 순수하고 아름다우면서도 의미가 심장(深長)하고,[20] 진수(陳壽)는 완곡하고 부드러우면서도 경솔하지 않았다. 그간 현명한 인재들이 계속 출현하였지만 시대가 달라도 수준은 같았다. 반고(班固)의 글은 온화하고 우아하면서도 사리에 맞다. 그 중 특히 뛰어난 것은 『상서』의 '전(典)' · '고(誥)'[21]의 풍채를 갖추고 있어 문채가 장중하고 아름다워 가히 읊을 만하다.[22] 중예(仲豫)(순열(荀悅)의 자)는 비록 의리(義理)에서 뛰어났지만, 번잡한 것이 단점이다. 그 이후의 작가가 쓴 글은 장황하고 번거로워 모두 실질보다 부화(浮

---

20 역주 : 이 구절은 『노자』 제35장에 보이는, "도(道)는 입으로 표현하면 담담히 아무 맛도 없으며, 보아도 볼만한 것이 못되고 들어도 들을만한 것이 못된다. 그러나 그 쓰임은 효능이 끝이 없는 것이다"라는 의미를 담고 있다고 볼 수 있으며, 구체적으로 담박(淡泊)은 순수하고 아름답다는 의미로, 무미(無味)는 당연히 '유미(有味)'로 고쳐져 의미가 심장하다는 뜻으로 해석되어야 한다고 했다. 趙呂甫, 『史通新校注』, p.195 주)22 참조.

21 역주 : 『문심조룡』 「변소(辨騷)」편에, 요와 순의 광명정대함이나 우(禹)와 탕(湯)의 하늘에 대한 공경스러움과 스스로에 대한 경계에 관한 이야기들은 『상서』의 「요전(堯典)」과 「탕고(湯誥)」의 체제로 되어 있다고 했다.

22 역주 : 『문심조룡』 「사전(史傳)」편에, "반고의 10 「지(志)」는 모든 것이 갖추어져 있고 자료면에서 풍부하다. 또한 그의 찬(讚)과 서(序)는 규모가 크면서도 화려하여, 학문에 대한 조예의 깊이가 아름답게 나타나 있어서 잊을 수 없는 맛을 풍겨준다"라고 한 평가와 일맥한다.

華)함이 앞서고, 문채보다 의리가 적으며, 웅장한 말들을 늘어놓으면서 대구(對句)로 된 문체를 과시하고 있다. 만약 그 중에서 훌륭한 것을 고른다면 간보(干寶)[23] · 범엽(范曄)[24] · 배자야(裴子野)[25]의 것이 가장 좋고, 심약(沈約)[26] · 장영서(臧榮緖)[27] · 소자현(蕭子顯)[28]이 그 다음이라 할 수 있으며, (사조(詞藻)가 풍부하고 화려한 문장 중에서 취한다면 이렇다는 것이지 꼭 맞다는 것은 아니다) 손안국(孫安國)[29]은 취할 만한 것이 없고,[30] 습착치(習鑿齒)는 간

---

23 역주 : 『수서경적지』 「사부(史部)」 "고사(古史)"에, 『진기(晉記)』 23권을 간보가 편찬했는데 민제(愍帝)까지를 기록하고 있다고 했다. 『진서』 권82, 「간보전」에는 『진기(晉紀)』 20권으로 되어 있다. 문장이 간략하고 솔직하면서도 완곡하여 모두들 양사(良史)라 칭했다고 하였다.

24 역주 : 「열전」편 주)9 참조.

25 역주 : 「육가(六家)」편 『좌전』가(家) 주)58 참조. 배자야(467-528)의 『송략(宋略)』은 사실의 서술과 평론이 대부분 좋다고 평가되었다.

26 역주 : 심약(441-513)은 남조 양나라 때 사가로서 『송서』를 편찬하고, 『제기(齊紀)』 20권, 『양무기(梁武紀)』 14권, 『이언(邇言)』 10권, 『시례(諡例)』 10권, 『문장지(文章志)』 30권, 『문집(文集)』 100권을 편집하였다고 했다. 『남사』 권57, 「심약전」 참조. 심약의 사론이 지니는 특징은 李潤和, 「從宋書史論看沈約的天命觀與處世觀」, 『中國史研究』 1994-1, pp.142-151 참조.

27 남조 제(齊)의 장영서(415-488)는 『진서(晉書)』를 편찬하였다. 자세한 내용은 권12 「외편」 「고금정사(古今正史)」편에 보인다.

28 역주 : 소자현(487-537)은 『남제서』 60권을 편찬하였고, 그밖에도 『보통북벌기(普通北伐記)』 5권, 『귀검전(貴儉傳)』 3권, 『문집(文集)』 20권 등이 있다. 『남사』 권42, 『양서』 권35 열전 참조.

29 『진서(晉書)』 권82, 「손성전(孫盛傳)」에, 손성(302-373)의 자는 안국(安國)이고, 태원(太原) 사람이다. 10살 때 난을 피해 장강을 건너 강남지방으로 이주하였다. 장성하여서는 명리(名理)에 능하였다. 장사태수(長沙太守)에 임명되었다가 비서감(秘書監)으로 옮겼다. 『위씨춘추(魏氏春秋)』 · 『진양추(晉陽秋)』를 지었다. 按 : 『송서(宋書)』 「주군지(州郡志)」에는 진(晉) 간문제(簡文帝)의 정태후(鄭太后)의 휘(諱)가 춘(春)이었기 때문에 피휘하여 '춘'이라는 글자를 모두 '양(陽)'으로 고쳤다. 이를 통해 대개 '양추(陽秋)'라고 일컫는 것이 본래는 모두 '춘추'였음을 알 수 있다.

30 『진서(晉書)』 권82, 「습착치전(習鑿齒傳)」에, 착치(?-384)의 자는 언위(彦威)이고, 형양태수(滎陽太守)로 있을 때 임지에서 『한진춘추(漢晉春秋)』를 지었다. 후한 광무제부터 진 민제(愍帝)까지를 적고 있다. 그 내용을 보면 삼국시대에 촉을 종실로서 정통의 지위를 가졌다고 하였고, 위가 비록 한으로부터 선양을 받아 후일 다시 진에게 선양을 하였지만, 오히려 찬역(簒逆)이라 하였다. 위 문제가 촉을 평정하였을 때 비로소 한이 망한 것으로 기록하였다. 그리고 진이 다시 일어나 세조 사마염(司馬炎)이

혹 볼만한 것이 있다. 원언백(袁彦伯)(자는 굉(宏)이다)과 같이 현란한 말로 꾸미기에 힘쓴 사람과,[31] 사령운(謝靈運)[32]처럼 허장성세를 부리는 사람의 고상한 글은 밑빠진 옥배(玉杯)처럼 보기는 좋으나 실제 쓸모가 없으니 칭찬할 것이 무엇이 있겠는가![33] 왕소(王劭)는 간단하고 솔직한 표현을 추구하였지만 표현 중에 비야(鄙野)함이 있어서 만약 그가 말한 도리를 알게 되면 곧 그 비야한 말을 잊게 된다.[34] 무엇이 잘못인가를 보면 무엇이 인(仁)인가를 알게 된다는 말이 바로 이를 이르는 것이다. 대당(大唐)이 『진서(晉書)』를 편찬하였는데 작자는 모두 당대(當代)의 문장가들이었다.[35] 그런데 멀리 사마천이나 반고의 뜻을 버리고, 근래의 서릉(徐陵)과 유신(庾信)을[36] 본받았다. 경박한 문구로 수식(修飾)을 하여 사적(史籍)의 문장을 꾸몄으니 마치 건장한 사내 얼굴에 화장을 하고, 덕망이 높은 은일(隱逸)

---

선양을 받았다[受禪]고 하였는데 이를 통해 천심(天心)이 힘에 의해 강제되는 것이 아님을 분명히 하였다. 按 : 사마염이 일어나 한을 계승하여 건국하였다고 했는데, 선양을 받았다는 내용과 관련하여 '선(禪)'은 촉의 후주 유선(劉禪)의 휘였기 때문에 한의 '선(禪)'을 받았다고 한 것이다.

31 역주 : 원굉(328-376)은 『후한기(後漢紀)』의 저자로 잘 알려져 있고, 현란한 말을 잘했다는 평가는 『문선』 권59, 「제고안륙소왕비문(齊故安陸昭王碑文)」에 보이는 심약의 언급과 같다.

32 『송서』 권67, 「사령운전」에, 사령운(385-433)은 성질이 사치스럽고 화려한 것을 좋아했으며, 세간에서는 그를 사강락(謝康樂)이라 불렀다. 태조 유유(劉裕)가 제위에 올라 비서(秘書)에 임명하여, 진대(晉代)의 역사를 편찬하도록 했지만 그 대강의 계획만 세웠을 뿐 결국 끝내지 못하였다고 기록되어 있다. 역주 : 『수서경적지』 「사부(史部)」 "정사(正史)" 조에 『진서(晉書)』 36권, 송(宋)의 임천내사(臨川內史) 사령운이 편찬하였다고 했다.

33 『한비자』 「외저설우(外儲說右)」편에, '천금의 가치가 있는 옥으로 만든 잔이라고 하더라도 밑이 없으면 물을 담을 수가 없고, 오지 그릇은 보잘 것 없지만 새지 않으면 술을 담을 수 있다'는 말이 있다.

34 역주 : 왕소는 수의 사가로써 저작좌랑으로 있으면서 『수서』 80권을 비롯하여 『제지(齊誌)』·『제서(齊書)』·『평적기(平賊記)』 등을 편찬하였다. 유지기의 이 같은 평가는 『수서』 권69, 「왕소전」의 평가와 일맥한다.

35 『구당서』 권66, 「방현령전(房玄齡傳)」에, 사관(史官)들은 대부분 글이나 읊조리는 선비[文詠之士]들로서 소소한 사실들을 수집하기를 좋아하고 화려하게 꾸미기를 즐겼다. 이 책 「정사편」의 「진사(晉史)」 부분[節]에 상세한 내용이 있다.

36 역주 : 서릉(507-583)과 유신(513-581)은 각각 『남사』 권62, 『주서(周書)』 권41 열전 참조

군자에게 화려하게 수놓은 옷을 입힌 것과 다를 것이 없었다.(釋 : 이 절은 각 '논'이 지닌 품격의 고하를 말한 것으로 대개 마땅히 바르고 실제적인 것을 숭상하고, 헛되고 화려한 것을 비판하고 있다)

必尋其得失, 考其異同, 子長淡泊(一作"薄")無味, 承祚偄(一作"懦")緩不切, 賢才間出, 隔世同科. 孟堅辭惟溫雅, 理多愜當; 其尤美者, 有典誥之風. 翩翩奕奕, 良可咏也. 仲豫(荀悅字). 義理雖長, 失在繁富. 自茲以降, 流宕忘返, 大抵皆華多於實, 理少於文, 鼓其雄辭, 夸其儷事. 必擇其善者, 則干寶·范曄·裴子野是其最也, 沈約·臧榮緖·蕭子顯抑其次也,(就繁儷中所取如此, 非以爲準的也) 孫安國都無足採, 習鑿齒時有可觀. 若袁彦伯(宏字)之務飾玄言, 謝靈運之虛張高論, 玉巵無當, 曾何足云! 王劭志在簡直, 言兼鄙野, 苟得其理, 遂忘其文. 觀過知仁,(一作"人") 斯之謂矣. 大唐修『晉書』, 作者皆當代詞人, 遠棄史·班, 近宗徐·庾. 夫以飾彼輕薄之句, 而編爲史籍之文, 無異加粉黛於壯夫, 服綺紈於高士者矣.(釋 : 此節就諸論品其高下. 大意謂宜尙典實, 無取浮靡)

## 9-4

사서(史書)에 '논(論)'이 있는 것은 사실이 중복되어 나오지 않으면서(보완할 것이 없을 경우) 간결한 말로 그 의미를 드러내게 하기 위함이다.(간단한 언어로 이미 충분하다는 말이다) 예컨대 『사기』의 '태사공왈(太史公曰)'처럼, 장량(張良)의 얼굴 모습이 예쁜 아녀자와 같았다든지,[37] 항우(項羽)는 눈동

37 역주 : 유후 장량(張良)은 그 선조가 한(韓)나라 사람이다. 『사기』 권55, 「유후세가(留侯世家)」의 '태사공왈'에, "나는 본래 장량이 아마 체격이 몹시 클 것이라고 생각하였는데, 나중에 그의 화상(畫像)을 보았더니 얼굴 생김새가 여자처럼 예뻤다. 원래

자가 둘이라 하였지만 그렇다고 어찌 순(舜)의 후예이겠는가[38]라는 말 등은 별도의 다른 말로써 문장의 내용을 보충하고 있다. 바로 이것이 '사실이 중복되어 나오지 않는다'는 것이다. 또 예컨대 반고의 '찬(贊)'에서는 말하기를, 석건(石建)이 자신의 부친을 위하여 옷을 씻었다(이 구절이 옛날에는 "만석군(萬石君)이 부친을 위하여 옷을 씻었다[萬石君之爲父浣衣]"고 했지만, 잘못이다)가 군자들의 비난을 받았나든지,[39] 양왕손(楊王孫)이 아무 것도 걸치지 않은 채 하관(下官)된 것을 진시황(秦始皇)보다 훨씬 현명하다[40]고 말한 바처럼, 이는 비록 단편적인 언급으로 매우 간략하지만 의미는 모두 갖추어져 있었다. 이것이 바로 간결한 말로써 그 의미를 다 드러내게 한다는 말이다.(釋 : 사실이 중복되어 나오지 않으면서, 간결한 말로써 그 의미를 다 드러내게 한다는 것은 사론이 기록된 것을 가리키며, 그 기준이 여기에 있다) 그러나 후일 찬어(贊語)[41]는 「본기」와 「열전」 중의 말을 대부분 다시 인용

---

공자도 '용모로써 사람을 평가한다면 나는 자우(子羽)에 대해서는 실수를 하였다'라고 말하였듯이, 유후에 대하여도 또한 그러할 것이다"라고 했다. 자우는 공자의 제자로써 전하는 바에 의하면 얼굴 생김새는 몹시 추하였으나 매우 어질고 덕망이 높았다고 한다.

38 역주 : 『사기』 권7, 「항우본기」의 '태사공왈'에, "내가 주씨(周氏) 성을 가진 유생에게서 '순(舜)은 아마도 눈동자가 둘이다'라는 말을 들었는데, 또 항우도 눈동자가 둘이라는 말을 들었다. 그러나 항우가 어찌 순(舜)의 후예이겠는가?"라고 하였다.

39 『한서』 권46, 「만석군전(萬石君傳)」에, 만석군의 장남 만석건(萬石建)은 나이가 들어 머리가 하얗게 되어서도 닷새마다 휴가를 얻어 집으로 돌아와 연로한 부친을 뵈었다. 먼저 자기 거처에 들어가 가만히 시자(侍者)에게 물어 부친의 속옷과 변기를 꺼내어 친히 깨끗하게 씻었다. 찬(贊)에, '만석건이 부친의 속옷을 깨끗하게 씻은 일과 주인(周仁)이 항상 더럽게 하고 다녔던 일을 군자들이 비난했다'라고 했다.

40 『한서』 권67, 「양왕손전(楊王孫傳)」에, "병이 들어 임종이 가까워지자 아들에게 명하기를 '나에게 수의를 입히지 말고 발가벗겨 장례를 치르기 바란다. 내 속마음을 거꾸로 받아들일 수도 있겠지만 절대로 나의 뜻을 바꾸지 마라'고 했다. 찬에 이르기를, 옛날 공자는 중용의 도를 행하는 중행(中行)을 얻지 못하거든 고집이 세고 포용력은 없어도 지조가 있는 광견(狂狷)이라도 생각하라고 했다. 양왕손의 뜻을 보니 진시황보다 훨씬 현명하도다'"라고 했다.

41 역주 : 『문심조룡』 「송찬편(頌讚篇)」에, "사마천의 『사기』와 반고의 『한서』에서는 찬(讚)의 형식을 빌려와 찬양하기도 하고 비판하기도 하였는데, 간결한 언어를 사용하여 판단을 나타내기도 하였다. 『사기』의 본기와 열전의 끝 부분에 기록되어 있는 비

하고 있다. 다른 것은 단지 문자상의 수식이 더해졌을 뿐이다. 더욱 지나친 것은 예컨대 천자의 행실이나 품행으로써 이미 「본기」의 끝에 상세히 서술하였음에도 불구하고 '논왈(論曰)'에서 앞의 서술을 이어 중복하여 언급하고 있다. 「본기」에서 논한 것과 차이가 없는데도 부질없이 다시 열거하고 있다.(釋 : 이미 나온 말을 반복하여 다시 번거롭게 하는 잘못을 후일의 사서들이 대부분 그대로 따르고 있다고 했다. ○앞에서는 '논(論)'을 설명하였지만, 다음 문장부터는 '찬(贊)'을 설명한다. 여기부터 나누어 싣는다)

史之有論也, 蓋欲事無重出,(謂補傳所無) 文省(舊作'省文', 下同)可知.(謂單詞已足) 如太史公曰 : 觀張良貌如美婦人;(舊有'耳'字) 項羽重瞳, 豈舜苗裔. 此則別加他語, 以補書中, 所謂事無重出者也. 又如班固贊曰 : 石建之浣衣,(此句舊作"萬石君之爲父浣衣", 非) 君子非之; 楊王孫裸葬, 賢於秦始皇遠矣. 此則片言如約, 而諸義甚備, 所謂文省可知者(舊脫'者'者)也.(釋 : 事無重出, 文省可知, 是爲史論上乘. 準的在此) 及後來贊語之作, 多錄紀傳之言, 其有所異, 唯加文飾而已, 至於甚者, 則天子操行, 具諸紀末, 繼以論曰, 接武前修, 紀論不殊, 徒爲再列.(釋 : 此飜轉言失之複與支者, 後史大率然也. ○上言論, 下言贊, 此處分載)

## 9-5

사마천이 「태사공자서」[自序傳] 뒤에 일일이 편목(篇目)을 모두 열거하

---

평적 견해들 역시 찬(讚)이라 할 수 있는 것들이다. 지우(摯虞)는 『문장유별론(文章流別論)』에서 그러한 것들을 술(述)이라 하였으나 이는 매우 잘못된 설명이다. …… 찬은 항상 사언구(四言句)로 되어 있고, 정해진 몇 개의 각운(脚韻)만이 사용되며, 간략하게 서술하여 감정과 사물이 충분히 드러나도록 해야하고 명백하고 뚜렷하게 언어를 결합해야 한다"라고 했다.

고 각 편(篇)의 편찬의도를 서술하였다.[42](「태사공자서」 뒤의 문장은 여전히 산문체이다) 그 후 반고는 『한서』의 「서전(序傳)」에서 운문의 시(詩)의 체재로 바꾸고 이를 '술(述)'이라 하였고,[43](「서전(敍傳)」 후의 문장은 모두 사언(四言)이다) 범엽(范曄)의 『후한서』에서는 '술(述)'이라는 명칭을 고쳐 '찬(贊)'이라고 불렀다. '술'과 '찬'의 체례를 살펴보면 매 편마다 한 장(章)이 있는데(분칠(分綴)은 이로부터 시작되었다) 사실이 많으면 내용을 약간 줄여 편폭(篇幅)을 작게 하고, 도리가 적다고 여겨지는 부분은 편폭을 늘렸다. 그러다 보니 명실(名實)이 대부분 어그러지고, 상략(詳略)이 같지 않았다. 뿐만 아니라 사람의 선악과 사서의 포폄을 살피고자 한다면 이 같은 방법으로 하여서는 안 된다.(釋 : 이 구절은 사찬(史贊)에 대한 논의로서 그 발의를 위한 견해이다)

馬遷「自(一無'自'字)序傳」後, 歷寫諸篇, 各敍其意.(在「自序」之後, 文仍散體) 旣而班固變爲詩體, 號之曰述.(在「敍傳」後, 文皆四言) 范曄改彼述名, 呼之以贊. 尋述贊爲例, 篇有一章,(分綴自此始) 事多者則約之(一有'以'字, 下同)使少, 理寡(一作'小')者則張之令大, 名實多爽, 詳略不同. 且欲觀人之善惡,

42 역주 : 예컨대 「태사공자서」 끝 부분에, "옛날 황제는 하늘과 땅의 이치를 법칙으로 삼았고, 사성(四聖)은 차례로 황제(黃帝)의 법도를 준수하여 각각 법도를 이루었다. 요(堯)임금이 제왕의 자리를 물려주었으나, 순(舜)은 그다지 기뻐하지 않았다. 세상은 이들 제왕의 공덕을 찬미하여 이것을 천추만대에 전할 것이다. 그리하여 「오제본기」 제1을 지었다. …… 말세에는 모두 권력과 이해를 다투었으나, 백이(伯夷)와 숙제(叔齊)만은 인의를 추구하여 서로 나라를 양보하고 나중에는 수양산(首陽山)에 들어가 굶어 죽었으니 천하가 이들의 미덕을 칭송하였다. 그리하여 「백이열전」 제1을 지었다"라고 한 것을 가리킨다.

43 역주 : 반고 역시 『한서』 권100, 「서전(敍傳)」의 끝 부분에 『한서』 각 편을 '술(述)'한 이유를 적고 있다. 사마천이 '작(作)'이라 표기한 것과 달리 반고가 '술(述)'이라 고친 것은 공자의 '술이부작(述而不作)'의 '작(作)'의 의미를 피한 것이었고, 표기방식도 4언(言)으로 형식화하였다. 예컨대 "효혜제(孝惠帝)는 재위기간이 짧았고, 고후(高后)[呂后]가 임조(臨朝)하여 정권을 장악하여 조금도 천명(天命)의 명시(明示)를 돌아보지 않았다. 여씨 종족이 이 때문에 패망(敗亡)하게 되었다. 그리하여 『혜제기(惠帝紀)』 제2, 『고후기(高后紀)』 제3을 술(述)하였다[孝惠短世, 高后稱制, 罔顧天顯, 呂宗以敗. 述『惠紀』第二, 『高后紀』第三]고 했다.

史之褒貶, 蓋無假於此也.(一無'也'字. 釋 : 此節遞到史贊, 亦是發議之案)

## 9-6

그러나 반고의 술(述)은 일괄하여 한 편에 합쳐 놓아 조리가 분명하고 체계가 있게 함으로써 보기 쉽고 잘 이해되도록 하였다. 범엽의 『후한서』는 실제로 『한서』와 같았지만, 본문 끝의 '찬(贊)'을 각 권 마지막에 붙여놓음으로써, 각 편과 그에 대한 '찬'이 서로 떨어져 단절됨으로써 순서를 잃게 되었다. 그 이후 출현한 작자들은 그 잘못이 어디에 있는지를 제대로 몰랐다. 예컨대 소자현(蕭子顯)[44] · 이백약(李百藥)[45]의 『남제서(南齊書)』 · 『북제서(北齊書)』나 당 왕조에서 편찬한 『진서(晉書)』는 모두 범엽의 잘못된 부분을 모방하고 매 편 끝 부분에 '찬'을 두고 있다. 매 편마다 모두 일단의 '논'을 적고 있어서 이미 그 번거로움이 많았는데도 다시 그 뒤에 '찬'을 두었으니 번잡함이 더욱 가중되었다. 마치 문사(文士)가 비문을 쓰면서 문장의 끝을 맺고 나서 다시 '명왈(銘曰)'이라 하여 반복하는 것과 같고, 불교에서 불법을 설명하면서 이치를 모두 다 말하고 난 뒤 다시 부처의 공덕을 기리는 게어(偈語)[46]를 널리 알리는 것과 같다. 진실로 이같이 사서를 편찬한다면 간요(簡要)함을 의론하기가 어려울 것이

---

44 역주 : 소자현(487-537)의 열전은 『양서』 권35, 『남사』 권42 참조.

45 역주 : 이백약(565-648)의 열전은 『구당서』 권72에 있다. 그는 수나라 내사령(內史令)을 지낸 이덕림(李德林)의 아들로서 수(隋)에서 당초(唐初)에 걸쳐 활약하면서 정관(貞觀) 연간에 제사(齊史)를 편찬하였다.

46 역주 : 불교에서는 일단의 교의(教義)에 대한 강론을 마치면서 반드시 4구(句)의 운문으로 맺는데, 이를 게어(偈語)라고 칭한다. 그 문장으로 여덟 자(字)를 1구(句)로 하는 경우, 여섯 자, 혹은 넉 자를 1구로 하는 경우가 각기 있다.

다.(釋 : 이 절에서는 여러 사서에서 '찬'을 덧붙이고 있는 것을 지적하고 있다. 즉 '논'이 있는데도 또 '찬'을 덧붙이는 것은 특히 사가들이 귀하게 여기는 간결한 체재가 아니라는 것이다)

然固之總述合在一篇, 使其條貫有序, 歷然可閱. 蔚宗『後書』, 實同班氏, 乃各附本事, 書於卷未, 篇目相離, 斷絶失次. 而後生作者不悟其非, 如蕭(子顯)·李(百藥)『南·北齊(舊脫'齊'字)史』, 大唐新修『晉史』, 皆依范『書』誤本, 篇終有贊. 夫每卷立論, 其煩已多, 而嗣論以贊, 爲黷彌甚. 亦猶文士制碑, 序終而續以銘曰 : 釋氏演法, 義盡而宣以偈言. 苟撰史若斯, 難以議夫簡要者矣.(釋 : 此節摘諸史之加贊者言之, 論而又贊, 尤非史家貴潔之體也)

## 9-7

논찬의 평가가 도리에 어긋나고, 시비에 대한 판단이 공정하지 못한 것으로 말하자면, 예컨대 반고는 극력 가의(賈誼)를 배척하였고,[47] 범엽은 쓸데없는 과장으로 외효(隗囂)를 칭찬하였으며,[48] 진수(陳壽)는 제갈량을

47 『한서』 권48, 「가의전(賈誼傳)」의 찬(贊)에, '제도를 고쳐 정하고자 하면서 한을 토덕(土德)으로 하고, 색깔은 황색으로, 숫자는 5로 하고, 속국을 삼기 위하여 오이(五餌)와 삼표(三表)를 미끼로 하여 흉노의 선우를 포섭하고자 했지만 그 방법이 정말 거칠었다'라고 했다. 역주 : 오이와 삼표는 사람들의 성정(性情)을 살펴 그들을 꾀기 위해 이익되는 것을 베푼다는 뜻으로써 자세한 의미는 안사고(顔師古)의 해당 주(注)에 잘 정리되어 있다. 按 : 표이(表餌)를 이용한 방법은 실로 거친 것이었으므로 반고의 '논'이 지나친 것은 아니다.

48 『후한서』 권13, 「외효전(隗囂傳)」의 '논'에, 만약에 외효가 천명을 받을 수 있었고 또 광무제(光武帝)와 같이 하늘이 돕는 적이 아니었더라면 그가 자신을 주(周) 문왕(文王)에 비교했다고 해도 어찌 크게 비웃을 만한 일이겠는가, '찬'에 이르기를, 공손은 하급관리들이 일에 능하였고, 외효는 사인(士人)을 얻었다고 했다.

관중(管仲)과 소하(蕭何)에 미치지 못한다고 말하였고,[49] 위수(魏收)는 이주영(爾朱榮)을 이윤(伊尹) · 곽광(霍光)과 비교하기도 했으니,[50] 이들 중 어떤 것은 실제보다 과장되었고, 어떤 것은 비교 논의가 잘못되었다. 만약 전체적으로 지적하고 비판하고자 한다면 다섯 수레 분량의 책으로도 다 언급하기 어려울 것이다. 따라서 아주 간단하게 그 대략만을 개괄하여 말했을 뿐이다.(釋 : 다시 의론(議論)이 잘못된 경우를 들어 결론을 맺고 있다)

至若與奪乖宜, 是非失中, 如班固之深排賈誼, 范曄之虛美隗囂, 陳壽謂諸葛不逮管 · 蕭, 魏收稱爾朱可方伊 · 霍; 或言傷其實, 或擬非其倫, 必備加擊難, 則五車難盡. 故略陳梗概, 一言以蔽之.(釋 : 更以議論乖違者作收局)

按 : 이 편에서는 편년과 기전을 구분하지 않고 있지만 여전히 기전에 관한 부분이 많다. '논찬' 두 글자를 명확하게 구분하여 설명하고 있는데, '논'과 관련하여서는 그 말이 엄격하였지만 반대하지는 않았다. '논' 다음에 위치한 '찬'에 대하여는 그 말이 매우 단호하면서 반대의 뜻을 분명히 하였다. 당(唐) 이후의 여러 사서들에 '논'만 있고 '찬'이 없었던 것은 모두 이 같은 경계를 은연중 따른 것이었다.[51] 유지기의 주장이 이치

---

49 『삼국지』 권35, 「촉지」 「제갈량전」 진수의 평에, "제갈량은 나라를 다스리는 재상이고 세상을 다스리는 이치를 잘 아는 걸출한 인재로서, 관중 · 소하와 비교할 만하다. 그러나 해마다 군대를 움직였으면서도 성공할 수 없었던 것은 아마 임기응변의 지략이 그의 장점이 아니었기 때문인 것 같다"라고 했다.

50 『위서(魏書)』 권74, 「이주영전」의 '논'에, 사신왈(史臣曰), "진실로 이주영처럼 나라의 큰 어려움을 극복하지도 않았으면서 황제를 칭하거나 왕을 칭한 자가 얼마나 많은지 모른다. 이미 그 공이 대단하도다. 이주영은 해서는 안될 간사한 잘못도 없고, 덕과 의리의 풍조를 잘 닦았으니 팽월(彭越) · 이윤(伊尹) · 곽광(霍光) 등과 능히 비교할 수 있을 것이다"라고 했다. 『북사(北史)』 권56, 「위수전(魏收傳)」에, 위수는 고씨(高氏)로서 이주(爾朱)에서 나왔다, 그리고 이주영의 아들에게 금을 뇌물로 받았기 때문에 잘못은 줄이고 좋은 점을 늘인 것이라고 했다.

51 역주 : 이들 논찬에 관한 논의는 宋晞, 「正史論贊考略」, 『中國史學論集』, 臺灣開明書局, 1974, pp.1-9. 趙呂甫, 『史通新校注』, pp.201-206 참조.

에 합당하였음을 알 수 있다.(是篇不分編年·紀傳, 仍是紀傳爲多. 論贊二字截講: 其於論也, 辭嚴而不擯; 於論後之贊, 則辭決而加絶. 自是唐後諸史, 有論無贊, 皆陰奉其誡. 可知劉說之當理也)

(논찬의 득실과 같고 다름을 살핀다면) 사마천의 경우 순수하고 아름다우면서도 의미가 심장(深長)하였지만, 대개 각 편의 말미에 제한적으로 논한 것인데 꼭 필요한 것이 아닌데도 억지로 다시 설명하고 있다. '사실을 반복하여 기록하지 않고', '문장을 간단하게 줄이면서도 그 의미를 드러내게 하기 위함'이라는 점에서 사마천이 으뜸이고, 반고가 그 다음이다.(子長淡泊無味, 蓋對限篇書論, 非要强文爲言. 觀'事無重出', '文省可知'八字, 三昧仍首馬次班也)

또한 이로 인하여 기전(紀傳)의 말미에 발(跋)한 것을 당연히 사론(史論)이라고 해야지 '찬'이라고 해서는 안 된다. '찬'이란 명(銘)과 비슷하며, 운문체이다. 사람들이 반고의 사론을 모두 '찬왈(贊曰)'이라고 하는 것은 이 때문이다. 명분을 반드시 바로 세워야 한다면 마땅히 이렇게 읽어야 한다는 것이다.(又因此知紀傳跋尾當名史論, 不當云贊. 贊, 銘類也, 韻體也. 人以扶風史論皆作'贊曰', 遂因之. 必也正名, 宜與讀此)

『원사(元史)』의 본기와 열전에는 논찬이 없다. 범례에서 황제의 뜻[勅旨]을 이르기를, 사실에 근거하여 문장을 서술함으로 선악이 저절로 드러나게 한다고 했다.(『元史』紀傳不綴論贊, 其凡例述敕旨云: 據事具文, 善惡自見也)

# 「서례(序例)」 제10

「서례」편은 기전체 사서의 '서(序)'와 '예(例)'가 어떻게 시작되었으며, 그것이 지니는 득실을 평가하여 역사편찬과 관련한 중요성을 강조하였다. 본래 '서(序)'는 작자가 저작의 의도를 밝히기 위한 것으로 본문 중 쉽게 이해되지 않는 곳의 글자를 하나하나 밝히기 위한 것이고, '예(例)'는 편찬체례와 편찬과정에서 준수하고 있는 일정한 원칙들과 규정 등을 설명하기 위한 것이다. 물론 사서(史書) 중에는 '서(序)'라는 명칭을 쓰고 있지만 실제 내용은 '예(例)'인 경우가 있었다. 때문에 유지기는 이 편에서 '서(序)'와 '예(例)'를 합하여 설명하고 있는 것이다.

'서(序)'는 책 전체의 '서(序)'와 각 편목(篇目)의 '서(序)' 두 종류가 있다. 그 중 특히 유지기는 편목의 '서'는 필요하다고 여겼다. 『상서』와 『시경』의 편(篇)에도 '서[小序]'가 있어서 "만약 그 의도를 먼저 서술하지 않았다면 그들 내용이 은근하게 지니고 있는 의미를 이해하기 어려웠을 것"이라고 하였다. 유지기는 『사기』와 『한서』의 '서'에는 그래도 경전의 '서'가 지닌 전통을 지니고 있었지만, 범엽의 『후한서』 이후 그러한 전통은 점차 사라지게 되었다고 하였다. 따라서 '서'

와 관련하여 특히 두 가지 점에서 주의할 필요가 있다고 했는데, 하나는 매 편마다 반드시 '서'가 있을 필요가 없다는 것이다. 만약 편목을 설정한 의의가 같다면 다시 반복하여 '서'를 작성할 필요가 없으며, 예컨대 「후비(后妃)」와 「열녀(列女)」, 「문원(文苑)」과 「유림(儒林)」 등 열전은 그 설정의 뜻이 분명하기 때문에 '서'를 다시 쓸 필요가 없다고 했다. 다른 하나는 '서'의 문사(文辭)는 반드시 간단, 소박하면서 문장이 온아(溫雅)해야 하며, 만약 '서' 중에 문채를 지나치게 수식하면 사서로서의 가치가 떨어진다는 것이다.

'예(例)'는 사서에서 반드시 필요한 것이라 하였다. 따라서 "무릇 사서에 '예(例)'를 두는 것은 나라에 법이 있는 것과 같다. 나라에 법이 없다면 상하의 질서가 없게 되고, 사서에 '예(例)'가 없으면 시비를 판단할 기준이 없게 된다"라고 하였다. 따라서 각 사서들이 모두 '예'를 모두 갖추고 있긴 하지만, 여전히 문제가 있었다. 하나는 그 내용의 작성에 있어서 "문장이 번거롭고 요점이 적다[詞煩而寡要]"거나 "문장이 의미를 잃어 제 구실을 못하는[文傷蹇躓]" 등의 상황이 있을 수 있고, 다른 하나는 '예'는 있지만 따르지 않는 경우이다. 유지기는 바로 이 점에 대하여 특별한 관심을 보였다. 『사통』 전편을 통해 '예'는 없어서는 안 되며 또 그 원칙을 어겨서는 안 된다는 점을 여러 차례 강조하였다. 그리고 경전으로 떠받들어지는 『상서』 같은 사서에 대하여도 예법(例法)을 어기고 있다고 비판하였다.

## 10-1

공안국(孔安國)이 말하기를 '서(序)'라는 것은 작자의 의도를 서술하기 위한 것이라 했다.[1] 내가 생각해보니 『상서』의 전(典)·모(謨),[2] 『시경』의 비(比)·흥(興)[3] 등이 만약 그 의도를 먼저 서술하지 않았다면 그들 내용이 은근하게 지니고 있는 의미를 이해하기 어려웠을 것이다. 따라서 매 편마다 '서(序)'가 있어서 내포된 뜻을 자세히 설명하였다.(즉 『상서』의 '서(序)'와 『시경』의 '소서(小序)'를 말한다) 이후 『사기』와 『한서』는 사실기록[記事]을 근본으로 하면서 표(表)·지(志) 그리고 각종 열전(列傳) 등에도 항상 '서'를 두었다. 문장의 형식은 사서 체제에 속하였지만 모양은 제자서(諸子書)를 닮았다. 하지만 『상서』의 고(誥)·서(誓) 그리고 『시경』의 풍(風)·아(雅)에 보이는 '서(序)'와 거의 비슷하였다.(釋 : 첫머리에서 '서(序)'를 두는 이유가 주로 저작에 있어서 각 편의 의미를 분명하게 하는데 있으며, 사마천과 반고의 '서'에는 (『서경』과 『시경』 등) 경전의 '서(序)'의 의미가 남아 있다고 말하였다)

孔安國有云 : 序者, 所以敍(一作'序')作者之意也. 竊以『書』列典謨, 『詩』含比興, 若不先敍其意, 難以曲得其情. 故每篇有序, 敷暢厥義.(卽『書』序·『詩』小序) 降逮『史』·『漢』, 以記事爲宗, 至於表志雜傳, 亦時復立序. 文兼史體, 狀若子書, 然可與誥誓相參, 風雅齊列矣.(釋 : 首言序

---

1 역주 : 공안국은 공자의 11세 후손으로 한 무제 때 박사관을 지냈다. 『고문상서』를 전한 것으로 유명하다. 『상서』의 '서'에서 공안국은 "『상서』의 '서'는 작자의 저술의도를 밝힘으로써 문장의 의미가 분명히 드러날 수 있도록 하기 위함이다. 따라서 마땅히 정문(正文)과 가까이 있어야 한다……"고 했다.(『문선』 권45, 「상서서(尙書序)」) 『한서』 권88, 「유림전(儒林傳)」에 그의 열전이 있다.

2 역주 : 공안국은 『상서』 서(序)에서, "전(典)·모(謨)·훈(訓)·고(誥)·서(誓)·명(命) 등 종류의 문장이 모두 100편(篇)으로써, 이로서 가장 근본적인 도리를 발양(發揚)하여 군주에게 모범을 제공하였다. 제왕의 제도가 매우 명백하여 이를 시행하니 3천 제자들이 그 중의 도의(道義)를 모두 받아들였다"라고 했다.(『문선』 권45, '전(典)'에는 「요전(堯典)」·「순전(舜典)」 등이 있고, 모(謨)에는 「대우모(大禹謨)」·「고요모(皐陶謨)」 등이 있다)

3 역주 : 『문심조룡』 「비흥(比興)」편에, "『시경』의 내용은 깊고도 넓으니, 거기에는 풍(風)·아(雅)·송(頌)·부(賦)·비(比)·흥(興) 여섯 항목이 포함되어 있다. …… 비(比)란 격분의 감정을 품은 채로 잘못을 지적하는 것이고, 흥(興)이란 완곡한 비유를 사용하여 그것에 숨겨진 의도를 가탁하는 것이다"라고 했다. 이러한 유협(劉勰)의 설명은 『주례(周禮)』 「춘관」 "대사(大師)"에 나오는 정현(鄭玄)의 주(注)에 근거한 것이다. 즉 비(比)란 현재의 잘못을 보았으나 감히 직접적으로 표현하지 못하고 과거의 사례들을 비유로 택하여 간접적으로 표현하는 것이고, 흥(興)이란 현재의 미덕을 보았으나 직접적인 표현은 아첨이 될 것을 염려하여 유사한 사례를 들어 비유함으로써 그러한 미덕을 권장하는 것이라고 하였다.

之爲道, 主於序明篇指, 馬·班有作, 猶存經序之遺)

## 10-2

화교(華嶠)[4]의 『후한서』 '서'는 반고의 『한서』 '서'와 유사한 점이 많다. 예컨대 유평(劉平)과 강혁(江革) 등의 열전의 '서'에는 먼저 효의 도리를 말하고, 다음으로 모의(毛義)가 부모를 봉양한 사실을 적고 있다.[5] 이는 곧 『한서』 「왕공전(王貢傳)」의 체례로서 왕길(王吉)과 공우(貢禹)를 서술하기에 앞서 사호(四皓)를 첫머리에 적고 있는 것과 같다.[6] 화교의 언사는

4 역주 : 화교(?-293)는 서진의 사가로써 『후한서』 97권을 편찬하였다. 널리 견문을 익히고, 전적(典籍)을 자세히 살핌으로써 양사(良史)의 뜻을 지니고 있었고, 당시 조신(朝臣)들의 칭찬을 받았다. 『수서경적지』 「사부(史部)」 "정사(正史)"에, 『후한서』 17권, 본래 97권이었는데 현재 모두 전하지 않는다. 진(晉) 소부경(少府卿) 화교가 편찬하였다고 했다. 『진서』 권44, 「화교전」에는 후한 광무제부터 헌제까지 195년의 사실을 다루고 있는데, 「제기(帝紀)」 12권, 「황후기(皇后紀)」 2권, 십전(十典) 10권, 전(傳) 70권 및 삼보(三譜)·서전(序傳)·목록(目錄) 모두 97권이었는데, 영가(永嘉)의 난을 겪으면서 30여권만이 남았다고 했다.

5 주(注)는 (이 책의) 권2 「열전」편에 보인다. 그 책에서는 열전의 첫 머리에 유평(劉平)과 왕공(王貢)을 거론할 뿐 강혁(江革)과 공우(貢禹)에 미치지 않고 있다. (범엽의) 『후한서』(권39, 「유평전」, 「강혁전」)에, 강혁은 자가 차옹(次翁)이고 임치(臨淄)사람이다. 하비(下邳)의 객으로 있으면서 맨발로 남의 품앗이를 하며 어머니를 봉양하였다. 향리에서는 그를 '강거효(江巨孝)'라고 불렀다. 건초(建初) 연간에 간의대부(諫議大夫)에 임명되었다. 『(전)한서』에 이르기를, 공우(貢禹)는 자가 소옹(少翁)이고 낭야(瑯琊)사람이다. 경학에 밝고 행동이 깨끗한 것으로 이름이 알려졌다. 박사에 임명되었다가 후에 어사대부가 되었다. 여러 차례 득실에 대하여 진언하였다. 按 : 유평과 강혁의 열전 주에서 언급한 말은 모두 화교(華嶠)가 언급한 것이다.

6 역주 : 『한서』 권72, 「왕공양공포전(王貢兩龔鮑傳)」의 '서' 참조. '사호'란 한 고조 때 상산(商山)에 은거했던 네 노인 즉 원공(園公)·기리계(綺里季)·하황공(夏黃公)·녹리선생(甪里先生) 등을 칭한다. 이들은 진(秦)의 난세를 피해 상산에 은거하였다고 전해진다.

간략하면서도 꾸밈이 없었고, 서술이 온화하고 우아하여 그가 지닌 근본적인 생각을 느낄 수 있다. 역시 반고에 버금가는 사가라고 할 수 있다.[7] (釋 : 반고의 뒤를 이어 나온 사서의 한 절을 취하여 반고의 모범을 배운 것을 나타내고자 했다)

迨華嶠『後漢』, 多同班氏. 如『劉平』·『江革』等傳, 其序先言孝道, 次述(一作'又')毛義養親. 此則『前漢』「王貢傳」體, 其篇以四皓爲始也. 嶠言辭簡質, 敍致溫雅, 味其宗旨, 亦孟堅之亞歟?(釋 : 班後節取一篇, 以示學班之準)

## 10-3

범엽(范曄)에 이르러 (사마천 · 반고 이래) 서(序)의 기풍이 바뀌기 시작하여 사가로서의 재능을 버리고 문채를 과시하게 되었고, 이후 저술된 사서는 모두 이와 같았다. 그리하여 사마천과 반고의 원칙은 사라지고, 은미하면서도 뚜렷이 드러나고, 완곡하면서도 조리가 있던 유풍(遺風)이 없어지게 되었다.[8] (釋 : 이 말은 번거롭게 꾸미는 것을 숭상하는 분위기가 범엽으로부터 시작되었음을 나타내는 것이다) 예컨대 「후비(后妃)」·「열녀(列女)」·「문원(文苑)」·「유림(儒林)」 같은 열전에는 범엽이 빠짐없이 모두 '서'를 쓰고 있다. 이전의 사서에는 있었던 것이 자신의 책에 없는 것을 세상의 사가

---

7 역주 : 『문심조룡』 「사전(史傳)」편에, "후한의 본기와 열전은 『동관(東觀)』에서 처음 시작된 것이다. 진대(晉代)의 원굉(袁宏)과 장영(張瑩)의 저서들은 편벽되고 혼잡하며 질서가 없다. 그리고 설영(薛瑩)과 사침(謝沈)의 저서들은 오류가 많아서 대체로 믿을 만한 것이 못된다. 그러나 상세하고도 믿을 만한 사마표(司馬彪)의 저서와 정확하고 적절한 화교(華嶠)의 저서가 그 중에서 가장 뛰어나다"라고 했다.

8 역주 : 『좌전』 성공(成公) 14년(B.C. 577) 9월, 군자왈(君子曰)에 보이는 문장으로 "문사(文辭)는 간략하되 뜻은 드러내고"[微而顯]와 "완곡하게 기록하되 장법(章法)[法則]을 이루고[婉而成章]"를 인용한 것이다.

들은 부끄럽게 여겼다. 때문에 위로는 『진서(晉書)』·『송서(宋書)』, 아래로는 『진서(陳書)』와 『수서(隋書)』까지 모든 책에 반드시 '서'가 있었는데, 지난 예(例)에 따라 그 수가 채워졌을 뿐이다. 대개 역사를 편찬하는 원칙은 고대의 사실을 오늘에 전하는 것이다. 고대의 사서에 이미 기록되어 있는 것이라면 오늘 다시 쓸 필요가 있겠는가? 만약 처음으로 시작하는 것[濫觴][9]이라면 혹 한 번 읽어볼 만할 것이다. 그러나 옥상옥(屋上屋)처럼 중복되는 것이라면 그 번잡함이 너무 심한 것이 아니겠는가? 예를 들어 동방삭(東方朔)[10]이 처음으로 「객난(客難)」을 짓자 후일 이어서 「빈희(賓戲)」[11](반고의 저작이다)·「해조(解嘲)」(양웅의 저작이다)를 지었고,[12] 매승(枚乘)이 처음으로 「칠발(七發)」을 짓자[13] ('칠(七)'을 단위로 한 문체가 유행하

9 『공자가어』「삼서(三恕)」에, 장강[江]은 민산(岷山)에서 비롯되었는데 그 원류는(역주: 잔을 띄울 정도의 작은 물줄기의 의미를 지닌) 남상(濫觴)이라 할 수 있다. 왕숙(王肅)의 주에 이르기를, '상(觴)'이란 술을 담는 것으로 그 숨은 뜻을 말하는 것이다. 按: '남상'이란 비로소 시작된 것이라는 숨은 뜻을 이르는 것인데 후일 사람들이 대부분 잘못 사용하고 있다.

10 역주: 동방삭(B.C. 154-93)은 전한의 문인으로 자는 만천(曼倩)이다. 변설과 골계로 한무제의 총애를 받아 그의 측근이 되었다. 부국강병책을 올렸지만 받아들여지지 않았고 그것을 자조한 「답객난(答客難)」과 「비유선생론(非有先生論)」을 비롯한 약간의 문장을 남겼다. 『신이경(神異經)』·『십주기(十洲記)』의 저자라고 전해지지만 모두 진(晉) 이후의 위작(僞作)으로 알려져 있다. 『한서』 권65에 그의 열전이 있다.

11 역주: 「빈희」는 반고의 「답빈희(荅賓戲)」를 말한다. 『문선(文選)』 권45에 전문이 실려 있다. 문장의 첫머리에, 후한 명제(明帝) 영평(永平: 58-75) 연간에 낭관(郎官)을 맡아 있을 때 국가의 비적(秘籍)을 교열하면서 오로지 유가에 뜻을 두고 저술에 힘썼다. 어떤 이가 비웃기를 내가 비록 관직에 올라 있지만 부귀한 것은 아니라고 하였다. 이에 동방삭(東方朔)과 양웅(揚雄) 스스로가 소진(蘇秦)·장의(張儀)·범수(范睢)·채택(蔡澤)의 시대를 만나지 못했다고 여겼다. 나는 한번도 정도(正道)의 실천을 통해 군자의 깨끗함을 스스로 지켜야 한다는 큰 뜻을 바꾼 적이 없다. 이에 답을 위해 이 문장을 지었다고 했다.

12 역주: 「해조(解嘲)」는 『문선』 권45에 전문이 실려 있다. 그 서문에, 전한 애제(哀帝) 때 정명(丁明)·부안(傅晏)·동현(董賢) 등이 전권을 휘두르자 이에 아부하는 사람들은 기가관(起家官)이 이천석(二千石)의 관리지위에 오르기도 했다. 당시 양웅이 『태현경(太玄經)』을 지어 담백(淡白)·무위(無爲)함을 자기 본분으로 삼았다. 이에 어떤 이가 비웃으며 지위가 낮다고 하자 양웅이 이를 해명하기 위해 「해조(解嘲)」를 지었다고 했다.

여) 이어 「칠장(七章)」과 「칠변(七辯)」이 지어졌다.[14] 어투와 문장이 비록 다르긴 하지만, 취지는 모두 같았다. 이는 독자(讀者)들이 듣기 싫어하는 이미 다 아는 상투적인 이야기였다.(釋: 이 말은 후세의 사서들이 범엽을 모범으로 하고 그 방법을 습관적으로 받아들임에 따라, 언급한 것처럼 자주 비슷한 모습이 보여도 이상하다고 여기지 않았던 것이다. ○여기까지가 「서례(序例)」편의 서언에 해당한다)

爰洎范曄, 始革其流, 遺棄史才, 矜衒文彩. 後來所作, 他皆若斯. 於是遷·固之道忽諸, 微婉之風替矣.(釋: 此言繁縟是尙, 自范而開) 若乃「后妃」·「列女」·「文苑」·「儒林」, 凡此之流, 范氏莫不列序. 夫前史所有, 而我書獨無, 世之作者, 以爲耻愧. 故上自『晉』·『宋』, 下及『陳』·『隋』, 每書必序, 課成其數. 蓋爲史之道, 以古傳今, 古旣有之, 今問爲者? 濫觴肇迹, 容或可觀, 累屋重架, 無乃太甚. 譬夫(一作'如')方朔始爲『客難』, 續以「賓戲」(班固作)·「解嘲」(揚雄作), 枚乘首唱「七發」, 加以「七章」·「七辯」. 音辭雖異, 旨趣皆同. 此乃讀者所厭聞, 老生之恒說也.(釋: 此言後史宗范爲課, 相習成套, 數見無奇矣. ○已上止就篇序言)

---

13 역주: 『한서』 권51, 「매승전」에는 「칠발」이 보이지 않는다. 「칠발」은 『문선』 권34에 실려 있는데, 초태자(楚太子)와 오객(吳客)의 대화체로서, 일곱 가지 사실을 들어 태자를 깨우치게 하는 내용으로 구성되어 있다. 매승은 한 때 오왕(吳王) 비(濞)의 낭중(郞中)을 지낸 적이 있고 몇 차례에 걸쳐 오왕 비에게 간언을 한 적이 있지만 듣지 않았다. 이후 오초7국(吳楚七國)의 난이 평정되자 매승의 이름이 알려졌다.

14 『문선(文選)』 권34, 「칠발(七發)」에 대한 이선(李善)의 주(注)에 이르기를, 『초사(楚辭)』 「칠간(七諫)」과 비슷하다고 했다. **按**: 『문심조룡(文心雕龍)』 「잡문(雜文)」편에 「칠발」 이후 부의(傅毅)의 「칠격(七激)」, 최인崔駰)의 「칠의(七依)」, 장형(張衡)의 「칠변(七辨)」, 최원(崔瑗)의 「칠려(七厲)」, 진사(陳思)의 「칠계(七啓)」, 중선(仲宣)의 「칠석(七釋)」, 환린(桓麟)의 「칠설(七說)」, 좌사(左思)의 「칠풍(七諷)」 등 비슷한 것들이 출현하였는데 모두 10여 개가 되었다고 했다. 또 『문원영화(文苑英華)』에는 「칠계(七契)」·「칠려(七勵)」·「칠소(七召)」 등이 있다. 또 오래된 주에는 「칠모(七謨)」·「칠징(七徵)」·「칠화(七華)」·「칠역(七繹)」·「칠인(七引)」 및 흥(興)·관(款)·견(蠲)·거(擧) 등 여러 명칭이 보인다. 그런데도 칠장(七章)만이 보이지 않는데 이는 좀 더 살펴보아야 하겠다. 또 살펴보건대, 최원전(崔瑗傳)에는 명칭을 칠소(七蘇)라고 하였지 칠려(七厲)라고 하지 않았다.

## 10-4

무릇 사서에 예(例)를 두는 것은 나라에 법이 있는 것과 같다. 나라에 법이 없다면 상하의 질서가 없게 되고, 사서에 예(例)가 없으면 시비를 판단할 기준이 없게 된다.(釋 : 이하 사서의 예(例)를 말한다) 옛날 공자가 『춘추』 경을 편찬하면서 처음으로 범례(凡例)를 세웠으며,[15] 좌구명은 『춘추좌전』을 지어 공자가 세운 범례의 구체적인 범위를 명확히 하였다. 『춘추』가 표방하는 과조(科條)[16]가 분명하게 된 후에야 사서의 문체가 밝게 드러난다. 전국시대 이래 진(晉)에 이르기까지 500여 년간 적지 않은 사학인재가 있었다. 비록 사례(史例)의 체재는 여러 차례 변하였지만, 옛날의 좋은 전통은 끝내 없어졌다.(釋 : 이 말은 체례로서의 '예(例)'는 『좌전』 이후 단절되었다는 것이다) 오직 영승(令升)(간보(干寶)의 자)만이 다른 사람보다 먼저 이를 깨달아서 멀리 좌구명을 이어받아 다시 범례를 세우고 『진기(晉

15 『좌전』 성공(成公) 14년(B.C. 577)에, "『춘추』의 기록은, 문사(文辭)는 간략하되 뜻은 드러내고[微而顯], 사실을 서술하되 뜻은 은미(隱微)하게 하고[志而晦], 완곡하게 기록하되 장법(章法)[法則]을 이루고[婉而成章], 사실을 다 기록하되 왜곡(歪曲)하지 않고[盡而不汙], 악을 징계하고 선을 권장한다[懲惡而勸善]는 것이니 성인이 아니고서는 누가 이처럼 만들 수 있겠는가!"라고 하였는데, 두예(杜預)의 『춘추좌씨전』 주(注) 서문에, '(『춘추』) 범례의 특징으로 든 다섯이 바로 이것이다'라고 했다. 역주 : 위에 보이는 두예의 서문에, "책 전체의 요지에 대한 설명과 서술의 체재는 모두 국가를 다스리는데 항상 이용되는 법칙이고, 주공(周公)이 전한 법도요, 사서에 원래 있던 장법(章法)의 체재였다. 공자는 이러한 법칙을 연용(沿用)하여 『춘추』를 편찬하였고 이것이 『춘추』 경 전체에 통용되는 체례가 되었다. 은미하고 숨겨진 뜻을 드러냄으로 밝게 하고, 의(義)에 따라 체계적으로 분류한 것은 모두 예로부터 있던 체례에 근거하여 대의를 밝힌 것"이라 하였다.

16 역주 : 삼과(三科)·구조(九條)를 가리킨다. 삼과란 대개 장삼세(張三世)·존삼통(存三統; 일명 通三統)·이내외(異內外; 일명 風內外)를 가리킨다. 구조(九條; 일명 九旨)란 '삼과'에 담긴 각각의 의미를 모두 합하여 가리키는 말이다. 이 같은 '삼과구조'는 전한 공양학의 핵심사상이라고 여겨진다. 이에 대한 자세한 설명은 특히 阮芝生, 『從公羊學論春秋的性質』, 臺灣大文學院, 1969, pp.66-77 참조. '삼과구조'에 근거하여 『공양전』에는 호모생(胡母生)·하휴(何休)의 '조례(條例)'가, 『좌전』에는 가규(賈逵)·유식(劉寔)의 '조례'가 각각 만들어졌다.

紀)』를 편찬하여 완성하였다.[17] 등찬(鄧粲)[18] · 손성(孫盛)[19] 등도 모두 그의 뒤를 따랐다. 사례(史例)의 부흥이 이때에 이르러 성행하였다. 예컨대 심약(沈約 : 441-513)의 『송서(宋書)』에 보이는 '지서(志序)',[20] 소자현(蕭子顯 : 487-537)의 『남제서(南齊書)』의 '서록(序錄)'[21] 등이 모두 '서(序)'라는 명칭을 쓰고 있지만 실제로는 모두 '예(例)'였다.(釋 : 이 말은 체례로서의 '예(例)'가 『진서(晉書)』 이후 부흥했다는 것이다) 만약 반드시 그들의 우열을 정하고 장·단점을 평가한다면, 간보와 범엽의 관점은 조리 있고 자세하며,[22] 등찬[23]과 단도란(檀道鸞)[24]의 언사들은 번거롭고 요점이 적다고 하겠다. 소

17 역주 : 『진서(晉書)』 권82, 「간보전」에, 『진기(晉紀)』는 선제(宣帝)로부터 민제(愍帝)까지 53년의 시기를 20권으로 편찬하였다고 했다. 그 서례(敍例)에 대하여는 「재언(載言)」편 주를 참조.

18 『진서』 권82, 「등찬전」에, 등찬은 장사(長沙) 사람이다. 이익과 욕심에 끌리지 아니하고 깨끗한 처신으로 유명하다. 저서로는 『원명기(元明紀)』 10편이 있다고 했다. 按 : 원(元)과 명(明)은 각각 진(晉) 중흥 즉 동진 초기의 중종(中宗) 원제(元帝)와 숙종(肅宗) 명제(明帝)를 가리킨다.

19 역주 : 손성(302-373)은 『위씨춘추(魏氏春秋)』 · 『진양추(晉陽秋)』를 편찬하였다. 『진서』 권82, 「손성전」 참조.

20 역주 : 심약의 『송서』는 권11부터 권40까지가 「지(志)」로 구성되어 있으며, 권11, 「율지(律志)」에만 「지서(志序)」가 있다. 내용상 이하 「지(志)」 전체에 대한 총서(總序)의 성격을 지니지만 편폭(篇幅)이 짧아 독립된 편을 이루지 못하고 「율지」에 합쳐 있을 뿐이다.

21 역주 : 『남제서』 권52, 「문학전(文學傳)」의 경우 '서'가 없고, 권53 이하 「양정전(良政傳)」 · 「고일전(高逸傳)」 · 「효의전(孝義傳)」 · 「행신전(倖臣傳)」 등에는 모두 '서(序)'가 있다. 그러나 유지기가 말한 '서록(序錄)'이 이들 '서'를 가리키는 것이 아니라 전체 60권으로 알려진 『남제서』가 현재 59권이 전함으로 아마도 망실(亡失)된 나머지 1권이 혹 「서전(敍傳)」이었을 가능성이 있고, '서록'이라 함은 「서전(敍傳)」을 가리킬 것이라는 견해도 있다. 張振珮, 『史通箋注』, p.104 참조.

22 역주 : 지금은 모두 전하지 않지만, 범엽의 『후한서』와 간보의 『진기(晉紀)』에 각각 보이는 「서례(序例)에 대하여는 趙呂甫, 『史通新校注』, pp.212-213 주)45 참조.

23 역주 : 등찬의 『진기(晉紀)』에 처음으로 조례(條例)를 세웠다는 기록이 『문심조룡』 「사전(史傳)」편에 보인다. 그러나 김육불(金毓黻), 『문심조룡소증(文心雕龍疏證)』에서는 등찬의 조례는 간보(干寶)에게서 비롯되었다고 하여 그 잘못을 지적하였다.

24 『남사(南史)』 권72, 「문학전(文學傳)」의 단초(檀超)전에, 단초의 숙부 도란(道鸞)은 자가 만안(萬安)이고 국자박사(國子博士) · 영가태수(永嘉太守)를 지냈으며, 『속진양추(續晉陽秋)』 20권을 편찬하였다고 했다.

자현의 경우 비록 문장이 굼뜨고 답답하지만, 의리에서 매우 좋은 점을 지니고 있다. 이 몇 사람의 경우는 모두 그 '서례(序例)'가 좋은 경우이다.(釋 : 이상의 말은 한 때 각기 보이는 장·단점을 포괄한 것으로 모두 나름대로 조리를 갖춘 것이다)

夫史之有例, 猶國之有法. 國(一有'之'字, 下同)無法, 則上下靡定; 史無例, 則是非莫準.(釋 : 此下言史例) 昔夫子修經, 始發凡例; 左氏立傳, 顯其區域. 科條一辨, 彪炳可觀. 降及戰國, 迄乎有晉, 年逾五百, 史不乏才, 雖其體屢變, 而斯文終絶.(釋 : 此言例之爲體, 『左』後中絶) 唯令升(干寶字)先覺, 遠述丘明, 重立凡例, 勒成『晉紀』. 鄧(粲)·孫(盛)已下, 遂(一作'遽')躡其蹤. 史例中興, 於斯爲盛. 若沈『宋』(沈約『宋書』)之志序, 蕭『齊』(子顯『齊書』)之序錄, 雖皆以序爲名, 其實例也.(釋 : 此言例之爲體, 『晉』後復興) 必定其臧否, 徵其善惡, 干寶·范曄, 理切而多功, 鄧粲·道鸞, 詞煩而寡要, 子顯雖文傷蹇躓, 而義甚優長. 斯一二家, 皆序例之美者.(釋 : 數語括一時各見之短長, 要皆自出條理者)

## 10-5

옛 사람의 가르침을 따르지 않으면서도 오히려 영원히 전할 수 있다는 말은 종래 들어본 적이 없다.[25] 만약 고대의 성현을 모범으로 한다면 도리를 감추거나 속여서는 안 된다. 그런데도 위수(魏收)가 세운 사례(史例)는 모두 범엽[蔚宗]의 것을 취한 것이다.[26] 마치 하늘의 공(功)을 탐하여

25 역주 : 이 말은 『상서』「열명(說命)」편에 보이는 말이다.

26 역주 : 『위서(魏書)』의 제목이나, 기전(紀傳)의 순서 등에서 범엽의 『후한서』를 따랐다는 점은 인정하지만, 서례(序例)에 있어서 범엽의 말을 모두 취했다는 것은 사실과

자신의 것으로 한 것이다. 이것은 범엽이 숙준(叔駿)[27](화교(華嶠)의 자)에 근거하고, 반고가 사마천에게 배운 것과는 크게 달랐다. 남의 것을 훔쳐 공공연히 행하니 어찌 남의 집에 들어가 물건을 도둑질한 죄가 아니라 하겠는가.(釋 : 위수가 남의 것을 빼앗는 것을 능사로 한 이후 이러한 풍조가 전해졌다)

夫事不師古, 匪說攸聞, 苟模楷曩賢, 理非可諱. 而魏收作例, 全取蔚宗, 貪天之功以爲已力, 異夫范依叔(一作'政'. 非) 駿(華嶠字) · 班習子長. 攘袂公行, 不陷穿窬之罪也?(釋 : 至魏收竟以剽掠爲能, 風斯下矣)

## 10-6

범례(凡例)가 기왕에 세워져 있다면 마땅히 본기(本紀) · 열전(列傳)의 서술과 서로 맞아야 한다.(釋 : 이하의 내용은 '예(例)'에 비추어 볼 때 잘못된 글을 바로잡은 것이다) 당대(唐代)에 편찬된 『진서(晉書)』의 '예(例)'에는 "무릇 천자의 묘호(廟號)는 권말(卷末)에 기재한다"라고 했는데, 이에 의거하여 효무제(孝武帝)[28]가 죽고 난 이후를 살펴보니 끝내 '열종(烈宗)'이라는 묘호를 말하지 않았다.(釋 : '예'의 원칙에 맞지 않는 한 사례이다)[29] 다시 이백약(李百藥)의 『북제서(北齊書)』의 '예'를 살펴보니, "자(字)를 사용한 사람들을 이

---

다르다고 하는 견해도 있다. 程千帆, 『史通箋記』, pp.55-56 참조.

27 역주 : 일설에는 '숙(叔)'자를 '정(政)'이라 하고 정준(政駿)은 유향(劉向) 부자를 가리킨다고도 했다. 趙呂甫, 『史通新校注』, p.214 주)53 참조.

28 역주 : 동진(東晉)의 효무제 사마요(司馬曜)를 가리킨다. 24년간(373-396) 재위하였다.

29 『진서(晉書)』 권9, 「효무제기」에, 태원(太元) 20년 마침 장귀인(張貴人)이 총애를 받고 있었다. 나이가 거의 30세가 다 되었는데 황제가 농담으로 말하기를, '그대의 나이가 이제 폐할 때가 되었구나'라고 하였는데, 장귀인은 속으로 매우 분하게 여겼다. 어느 날 저녁 황제가 술에 취하여 갑자기 사망하였다. 按 : 본기의 끝에도 묘호가 기록되지 않았다. 『자치통감』에는 열종(烈宗) 효무황제(孝武皇帝)라 적고 있다.

제부터는 일률적으로 그의 이름을 기재한다"라고 했다. 이에 근거하여 살펴보니 예컨대 고신(高愼)·곡율광(斛律光) 등은 대부분 여전히 자를 사용하여 각각 중밀(仲密)·명월(明月)이라 칭하고 있다.(釋: '예'의 원칙에 맞지 않는 또 다른 사례이다)[30] 이러한 사실은 말하기가 어려운 것이 아니라 실천하기가 어렵다는 것을 말하는 것이다. 그밖에 『진서(晉書)』·『북제서(北齊書)』의 '예'에서 모두 이르기를, "여성은 비천하고 유약함으로 황후를 '본기'에 기록해서는 안 된다. 지금 이들을 열전에서 다루고 있는 것은 여성의 정권간섭을 경계로 삼기 위함이다"라고 했다.[31] 내가 생각하기에 기왕에 황후를 열전의 형식으로 기록하고 있다면 본기의 명칭을 붙일 수는 없다. 위의 『진서』와 『북제서』에서 황후를 열전에 포함하고 있는 것이 비록 합당하기는 하지만 우연히 그 뜻에 맞게 된 것이었다. 소위 뱀을 그리면서 그 위에 다리를 더 그리려다 오히려 잔 속의 술을 잃는 것과 같다.[32](釋: 여기서는 또 '예(例)'에는 합당하지만 '서(序)'가 잘못된 것을 지적하였다. 황후(后)는 황제의 편년을 따르게 됨으로 본기라 칭할 수 없고, '서(序)'에서 여성은 비천하고 유약하다는 의의를 취함으로 명명(命名)의 의미를 잃게 된 것이라

30 중밀(仲密)은 고신(高愼)의 자(字)이고, 명월(明月)은 곡율광(斛律光)의 자이다. **按**: 고신은 이백약(李百藥)의 『북제서(北齊書)』 권21, 「고건전(高乾傳)」에 부록되어 있고, 곡율광은 아버지 『북제서』 권17, 「곡율금전(斛律金傳)」 말미에 보인다. 두 사람은 모두 '자(字)를 사용한' 문장을 지은 것이 없고, 열전 중에도 역시 자가 보이지 않는다. 자를 사용한 곳이 다른 사람의 열전에는 보인다. 따라서 이는 예(例)를 따르지 않은 잘못이 그리 심한 것은 아니다. 『사통』의 비판은 잘못된 것 같다.

31 **역주**: 황후에 대한 사서기록의 문제점에 대하여는 『진서』 권31, 「후비열전」 상(上)에 구체적인 내용이 보이고, 이러한 지적은 『주역』 「계사(繫辭)」 상의 '전(傳)'과 『상서』 「목서(牧誓)」편 등에 근거한 것이다.

32 『전국책(戰國策)』(「제책(齊策)」 제2)에, '초(楚)나라에 제사를 주관하던 사람이 있었는데, 그 부하인 사인(舍人)에게 한 잔의 술을 내려 주었다. 사인이 주위 사람과 함께 말하기를, '(여러 사람이 모두 마시기에는 술이 부족하니) 뱀 그림을 땅에 먼저 그린 사람에게 술을 줄 것이다'라고 하였다. 그 중 한 사람이 먼저 뱀 그림을 완성하고 술잔을 들고 마시기 위해 왼손으로는 술잔을 들고 오른 손으로는 뱀을 그리며 말하기를, '나는 뱀의 다리를 그릴 수 있다'라고 했는데 아직 다 그리지 못했을 때 다른 사람이 그림을 다 그리고는 그의 잔을 빼앗으며 말하기를, '뱀은 본래 발이 없는데 당신이 어찌 뱀의 다리를 그릴 수 있겠는가' 하고는 그의 술을 다 마셔버렸다'라고 했다.

하였다) 제목이 근거를 잃고 포폄이 부당한 경우가 사서 곳곳에 보이지만, 여기서는 생략한다.

蓋凡例既立, 當與紀傳相符.(釋: 此下乃按例繩文) 案皇(舊作'唐', 非)朝『晉書』例云: "凡天子廟號, 唯書於卷末." 依檢孝武崩後, 竟不言廟曰烈宗.(釋: 文不準例者一) 又案百藥『齊書』例云: "人有本字行者, 今並書其名." 依檢如高愼 · 斛律光之徒, 多所仍舊, 謂之仲密 · 明月.(釋: 文不準例又一) 此並非言之難, 行之難也.(釋: 二句東上) 又(一作'及')『晉』 · 『齊』史例皆云: "坤道卑柔, 中宮不可爲紀, 今(一作'令')編同列傳, 以戒牝鷄之晨." 竊惟錄皇后者既爲傳體, 自不可加以紀名. 二史之以后爲傳, 雖云允愜, 而解釋非理, 成其偶中. 所謂畵蛇而加足, 反失杯中之酒也.(釋: 此又指出例合而序誤者, 謂后從帝年, 故不稱紀, 序乃取義卑柔, 失命名之意矣) 至於題目失據, 褒貶多違, 斯並散在諸篇, 此可得而略矣.

按: 여기서 말하는 '서(序)'는 모두 각 편(篇)의 '서'를 의미하는 것이지 총서(總序)는 아니다. '예(例)'라는 것은 '서' 속에 덧붙여 서술된 '예'와 전체적으로 세워진 범례(凡例)의 '예'를 말한다. 대개 '서(序)'는 간단하면서도 뜻이 정확하게 나타나는 것을 귀하게 여기고, '예(例)'는 엄격하고 분명한 것을 귀하게 여긴다. 중간에 비록 『좌전』을 인용하고 있지만, 실은 모두 기전가(家)를 말하는 것이다.(此所謂序, 皆篇序, 非總序. 其所謂例, 則兼序中附出之例, 及總立發凡之例. 大指謂序貴簡質, 例貴嚴明也. 中間雖帶引『左氏』, 其實皆言紀傳家)

뒷부분 황후 조항은 이 책 권2의 「본기」와 「열전」 두 편으로 해석하면 뜻이 더욱 분명해진다.(後幅皇后一條, 當從前卷「本紀」 · 「列傳」兩篇入解, 不爾不明)

# 「제목(題目)」 제11

**제목에는 두 가지 뜻이 있다. 하나는 책 전체의 이름이고, 하나는 편질(篇帙)의 여러 이름이다.**[題目有二義 : 一謂全書統名, 一謂篇帙諸名]

일반적으로 '제목'에는 두 가지가 있다. 하나는 책 전체의 제목으로 즉 서명(書名)을 말하고, 다른 하나는 편장(篇章)의 제목 즉 편제(篇題) 혹은 편명(篇名)을 말한다. 서명에 관하여 유지기는 새로운 것을 내세워 다른 뜻을 세우는 것을 반대하였다. 남들이 말하는 것 중 가장 좋은 것을 취하는 것보다는 과거부터 줄곧 사용해 온 명칭을 그대로 사용해도 좋다고 여겼다. 즉 편년체에서는 '기(紀)'를, 기전체에서는 '서(書)'를 칭하는 것이 가장 바람직하다고 했다. 편년이나 기사(紀事)의 체례를 사용하지 않았으면서도 책이름을 『○○춘추』, 『○○상서』라고 정하는 것은 옛 것을 버리고 신기한 것을 추구하는 면이 없지 않다고 했다. 물론 그러한 명칭이 옛 것을 따르는 면이 없지는 않지만 결국 시대에 맞는 명칭은 아니라고 하였다. 그 외에 서명은 명실(名實)이 일치해야 하는데 특히 어환(魚豢)·요찰(姚最) 등은 서명을 '략(略)'이라 하였지만, 실제 내용은 매우 상세한 부분까지도 다루고 있어서 명실이 서로 맞지 않는다고 비판하였다.

편명(篇名)에 대하여 유지기는 먼저 전체 서명과 같이 그 제목이 합당하여 이름과 실제 내용이 일치해야 한다고 여겼다. 이에 근거하여 유지기는 『사기』에서 황후의 열전을 「외척전(外戚傳)」이라 칭하거나, 『한서』의 「고금인표(古今人表)」에서는 고인(古人)만 있고, 금인(今人)이 없음을 지적하고, 진승(陳勝)과 항우(項羽)가 한의 신하가 아닌데도 『한서』에 편입시킨 것, 동탁(董卓)과 원소(袁紹) 등이 위(魏)의 신하가 아닌데도 『삼국지』 「위서」의 열전에 편입시킨 것 등을 모두 명실이 서로 맞지 않는 사례라고 하였다. 그리고 편명은 간단명료해야 하고 지나치게 번거롭거나 세부적이어서는 안 된다고 했으며, 특히 편명에 포폄의 의미를 담아서는 안 된다고 주장하였다. 이에 근거하여 유지기는 범엽의 『후한서』가 열전의 제목에 전주(傳主)의 이름을 모두 열거하고, 위수(魏收)가 전주의 앞에 방역(邦域)이나 직관(職官)을 열거한 것, 심지어 그 위에 '참(僭)' · '위(僞)' · '도이(島夷)' · '색로(索虜)' 등 포폄의 의미를 담아 편명을 사용한 것을 비판하였다.

## 11-1

상고시대의 책으로 『삼분(三墳)』 · 『오전(五典)』 · 『팔색(八索)』 · 『구구(九丘)』가 있었고,[1] 다음으로 『춘추』 · 『상서』 · 『도올(檮杌)』 · 『지(志)』(예컨대 "『지』에 이르기를, 상례와 제사는 선조로부터 비롯한다"에서의 『지』를 가리킨다) ·

---

1 역주 : 공안국(孔安國)은 『상서』 서(序)에서, "복희 · 신농 · 황제 때의 책을 일러 '삼분(三墳)'이라 하는데 모두 큰 도리[大道]를 말하였다. 소호(少昊) · 전욱(顓頊) · 고신(高辛) · 요[唐] · 순[虞] 때의 책을 일러 '오전(五典)'이라 하는데 모두 일상의 도리[常道]를 말하였다. …… 팔괘를 풀어 설명한 것을 일러 '팔색(八索)'이라 하는데 주로 팔괘의 뜻을 살피는 것이었다. 구주의 모습을 적은 책을 일러 '구구(九丘)'라 하는데 '구(丘)'란 모은다는 의미로서 구주(九州)의 모든 것, 토지에서 생장(生長)하는 것, 풍토에 맞는 것 등을 모두 이 책에 모았다"라고 하였다. 이상 『문선』 권45, 「상서」서 참조.

『승(乘)』 등이 있었다.[2](釋 : 전반부에서는 전체적인 명칭을 가지고 설명하고 있다. ○처음에는 예로부터 그 옛 이름을 지니고 있는 것을 말하고 있다) 한대 이후 그 부류가 점점 많아졌다. 대개 사서(史書)의 명칭은 대부분 '서(書)'·'기(記)'·'기(紀)'·'략(略)' 등을 주로 사용하였다. 후세 사가들은 옛것을 좇아 계승하고 각기 자신의 기호에 따라 변화가 이어지고, 다시 옛 것을 따름으로써 그 명칭이 순환하였다. 대개 범위에 한계가 있었음으로 위에서 말한 이들 명칭을 넘는 경우는 없었다.(釋 : '서(書)'·'기(記)'·'기(紀)'·'략(略)' 등 네 가지는 후일 사서의 정식 이름이 되었다)

上古之書有三墳·五典·八索·九丘, 其次有春秋·尙書·檮杌·志(如"志曰喪祭從先祖"之'志')乘.(釋 : 前半就統名立說. ○首言古自成古名) 自漢已下, 其流漸繁, 大抵史名多以書·記·紀·略爲主. 後生祖述, 各從所好, 沿革相因, 循環遞習. 蓋區域有限, 莫逾於此焉.(釋 : 言書·記·紀·略四者, 是爲後史正名)

## 11-2

손성(孫盛)의 『위씨춘추(魏氏春秋)』와 공연(孔衍)[3]의 『한위상서(漢魏尙書)』가

---

2 역주 : 두예는 『춘추좌씨전』서(『문선』 권45 所收)에서, "『주례』에는 속관으로 사관(史官)이 있는데 사방 제후국에서 발생한 사실을 보고받아 보존하는 일을 주관함으로 사방의 기록에 밝다. 제후들은 각기 자신의 국사를 가지고 있는데 국가 대사(大事)는 죽편(竹片)을 이어 만든 책(策)에 기록하고, 작은 일은 다만 간독(簡牘)에 기록하였다. 『맹자』에 이르기를, '초나라의 사서를 『도올』이라 하고, 진나라의 사서를 『승』이라 하였으며, 노나라의 사서를 『춘추』라 불렀는데 실제로는 모두 같은 것이었다'라고 했다. 그리고 『송서』 권55, 「서광전(徐廣傳)」에는 진과 정(鄭)나라에 각각 『승』과 『지(志)』가 전한다고 했다.

3 역주 : 공연(268-320)은 공자 22세 손이다. 문재(文才)가 뛰어나 많은 저서를 남겼다. 『수

출현하였고, 진수(陳壽)와 왕소(王劭)는 '지(志)'라 하였고,[4] 하지원(何之元)·유번(劉璠)은[5] '전(典)'이라 칭하였다. 이들은 또 새롭고 기이한 것을 좋아하고 세속적인 것을 싫어했다. 옛 사람의 것을 그대로 따르고 새로운 것을 버리기도 했다. 비록 옛 것을 살펴야 한다는 의의를 갖추었지만, 시대에 순응해야 한다는 뜻에는 아직 이르지 못하였다.(釋 : 반드시 모두 옛 것을 본받거나 특이한 것을 구할 필요는 없다. ○이상에서는 제목의 명칭을 열거하였고 아울러 득실을 거론하였다)

至孫盛有『魏氏春秋』, 孔衍有『漢魏(一脫'魏'字, 一誤作'隋')尙書』, 陳壽·王劭曰志, 何之元·劉璠曰典. 此又好奇厭俗, 習舊捐新, 雖得稽古之宜, 未達從時之義.(釋 : 擬古求異皆可不必. ○已上羅列名目, 得失並擧)

## 11-3

자세히 살펴보면 연월순으로 편찬한 것을 '기(紀)'라 하고,(순열과 원굉의 (전·후)『한기(漢紀)』등이 그 부류이다) 본기와 열전으로 구성한 것을 '서(書)'라 한다.(『한서』·『후한서』 등이 그 부류이다) 시대에 순응하는 것으로 말하자면 이들이 가장 으뜸이다. 명칭을 가지고 체재를 정하는 것은 실재적인 내용에 근거하는 것이다. 만약 이 같은 방법을 따르지 않는다면 근

---

서경적지』에는 『위상서(魏尙書)』 8권, 『구당서경적지』에는 『한상서』 10권, 『후한상서』 6권, 『신당서예문지』에는 『한상서』 10권, 『후한상서』 6권, 『후위상서』 14권을 각각 남겼다고 했다. 『진서(晉書)』 권91, 「유림전」 참조.

4 역주 : 왕소는 수(隋)의 사가로 『제지(齊志)』를 지었다. 「육가(六家)」편 "상서가(尙書家)" 참조. 『제지(齊志)』를 때로는 『제지(齊誌)』라고도 표기하였다.

5 하지원은 진(陳)나라 사람으로 『양전(梁典)』을 편찬하였는데, 「육가(六家)」편 좌전가(左傳家)에 보인다. 『주서(周書)』에 이르기를, 유번(510-568)의 자는 보의(寶義)이다. 세종(世宗) 초에 조칙[綸誥]을 관장하였다. 저서로는 『양전(梁典)』 30권이 있다고 했다.

본 원칙을 위배하는 것이 된다. 여불위(呂不韋)와 육가(陸賈) 두 사람이 각기 편찬한 책들은 편장(篇章)을 차례대로 배열했을 뿐 연월에 붙여 기록하지는 않았다. 따라서 이는 제자서(諸子書)나 잡기(雜記) 같은 것인데도 오히려 모두 '춘추'라고 불렀다.[6] 어환(魚豢)[7]과 요찰(姚察)[8]이 위(魏)와 양(梁)의 역사를 편찬하면서 크고 작은 일을 모두 기재하여 번잡함이 매우 심했는데도 명칭을 모두 '략(略)'이라 하였다. 명칭에 근거하여 실재를 살펴보면 어찌하여 모순되는 것일까?(釋 : 전체적으로 위에서는 편년체과 열전체 중에는 순열과 반고가 사용한 명칭이 바르고 기타 나머지는 모두 억지로 이름을 붙인 것이기 때문에 실재와 어긋난다고 말하고 있다. ○오대(五代) 이후가 되면 기전의 전체 명칭이 '사(史)'가 되었고, 편년의 경우 본래의 명칭은 장편(長篇)이었는데 『통감』이라는 이름을 하사받았다. 그리고 사서에 또 강목(綱目)이라는 명칭이 처음 사용되었다. ○명칭을 한데 모아 논한 것은 여기까지이다)

権而論之, 其編年月(一多'日'字)者謂之紀,(荀·袁『漢紀』之類) 列紀(或作'記', 非)傳者謂之書,(『前·後漢書』之類) 取順於時, 斯爲最也. 夫名以定體, 爲實之賓, 苟失其途, 有乖至理. 案呂·陸二氏,(呂不韋·陸賈) 各著一書, 唯次

6 역주 : 유지기는 『여씨춘추(呂氏春秋)』와 『초한춘추(楚漢春秋)』를 각기 제자와 잡기서로 인식하였던 것 같다. '잡기'는 이 책 「잡술(雜述)」편에서 상세히 설명하고 있다. 『지괴(志怪)』·『수신기(搜神記)』·『유명록(幽明錄)』 등이 그에 속한다. 이 두 책에 대하여는 「육가(六家)」편 '춘추가'에 대한 설명에서도 언급되고 있다. 이 중 특히 『초한춘추』는 한 고조의 공신 육가의 책인데, 진말 이후 한대 초기까지의 역사를 편년체로 서술한 것이다. 당(唐) 이후 산일(散逸)되었다.

7 『사통』 권12 「외편」의 「고금정사(古今正史)」편에, 위나라 때 경조(京兆)사람 어환이 개인적으로 『위략(魏略)』을 편찬하였다. 명제(明帝)까지의 사실을 기록하고 있다. 『신당서예문지(新唐書藝文志)』의 잡사류(雜史類)에 어환의 『위략(魏略)』 50권이 기재되어 있다. 按 : 『삼국지』에는 어환에 관한 열전이 없다.

8 『진서(陳書)』 권27, 「요찰전」에, 요찰(533-606)의 자는 백심(伯審)이다. 매우 착한 성격을 지녔다. 영저작(領著作)으로 있으면서 양(梁)과 진(陳)의 역사를 편찬하였지만 마치지 못하였다. 수 개황(開皇) 연간에 내사사인(內史舍人) 우세기(虞世基)를 파견하여 요찰의 책을 찾아 황제에게 바치게 했다. 누락된 부분은 죽기 직전 체례를 엄히 하여 아들인 요사렴(姚思廉)에게 널리 자료를 찾아 계속하여 편찬하게 하였다. 按 : 사서에는 『양략(梁略)』이라는 명칭이 보이지 않는다. 유씨(劉氏)가 언급하였지만, 분명히 요찰이 편찬한 원고의 처음 이름이다.

篇章, 不系時月, 此乃子書雜記, 而皆號曰春秋. 魚豢·姚察著魏·梁二史, 巨細畢載, 蕪累甚多, 而俱榜之以略, 考名責實, 奚其爽(一作'喪')歟! (釋 : 此總上言二體唯荀·班所名爲正, 餘皆强名而失其實者. ○自五代而後, 紀傳總名爲史, 編年則本名長篇, 錫名『通鑑』, 就中又創綱目矣. ○論統名止此)

## 11-4

사서의 다양한 기술(記述)을 비슷한 부류로 구분하고 내용에 따라 그 제목을 붙이지만, 살펴보건대 일정한 규칙이 있는 것은 아니다.(釋 : 이하 편질(篇帙)의 여러 명칭을 분석하여 말하였다) 예컨대 사마천은 황후들의 열전을 편찬하면서 '외척(外戚)'이라는 제목을 달았다.[9] 외척이라는 명칭은 황후와 인척이 됨으로써 얻어진 명칭이다. 종실(宗室)이 천자로 인해 이름을 얻은 것과 같다. 만약 황후와 관련된 사실을 '외척전(外戚傳)'이라 칭한다면 천자의 사실은 '종실기(宗室紀)'라 해야 하지 않겠는가.(釋 : 『사기』 각 편의 제목에 그런 잘못이 있다) 반고가 편찬한 「고금인표(古今人表)」를 보면 '고금'을 제목으로 하고 있지만 그 내용을 보면 모두 진(秦) 이전에 대한 것이지 한(漢)의 사실이 아니다.[10] 옛[古]은 확실히 있으되, 금[今]은 어디에 있는가.(釋 : 『한서』 각 편의 제목에 그런 잘못이 있다) 사마천의 『사기』에는 따

9 按 : 『사기』에는 「외척세가」를 설정하였는데, 그 중에 실려 있는 것은 실재로 모두 후비(后妃) 일족과 그들의 사적(事迹)이다. 위기후(魏其侯)·무안후(武安侯) 일족의 경우 오히려 별도로 열전을 두고 있는데 외척이라는 명칭을 쓰지 않고 있기 때문에 가장 체례에 어긋난다. 때문에 반고의 『한서』에서는 이름을 고쳐 「외척열전」이라 하고 일반 신하들의 열전 뒤에 두었지만 이는 더욱 잘못한 것이다. 문장 역시 반고가 잘못한 부분에 대한 질책의 말을 담고 있다.

10 역주 : 「표력(表曆)」편 주)11 참조.

로 「팔서(八書)」를 처음으로 만들었는데, 반고는 한의 역사를 편찬하면서 '서(書)'라는 명칭을 쓰고 있어서 편명이 '서'가 될 경우 책이름인 '서'와 중복됨으로 '서'를 '지(志)'로 바꾼 것이다. 그 의의는 서명과 편명이 서로 바뀌게 된 데에 있다. 하법성(何法盛)[11]의 『진중흥서(晉中興書)』는 '지'를 다시 '기(記)'로 고쳤다.[12] 이는 곧 옛 명칭을 고치는 것을 귀하게 여긴 것이지 아직 새로운 것을 취했다고는 볼 수 없다.(釋 : 하법성이 질명(帙名)을 고치기는 했지만, 마찬가지로 언급할 만한 것이 없었다)

若乃史傳雜篇, 區分類聚, 隨事立號, 諒無恒規.(釋 : 此下析言篇帙諸名) 如馬遷撰皇后傳, 而以外戚命章. 案外戚憑皇后以得名, 猶宗室因天子而顯稱, 若編皇后而曰外戚傳, 則書天子而曰宗室紀, 可乎?(釋 : 史遷篇題之失有然) 班固撰『人表』, 以古今爲目. 尋其所載也, 皆自秦而往, 非漢之事. 古誠有之, 今則安在?(釋 : 班史篇題之失有然) 子長『史記』別創八書, 孟堅旣以『漢』爲書, 不可更標書號, 改書爲志, 義在互文. 而何氏『中興』(『晉中興書』)易志爲記, 此則貴於革舊, 未見其能取新.(釋 : 何法盛改易帙名, 亦屬無謂)

## 11-5

전쟁이 한창 격렬하여 천하의 패권이 아직 분명히 결정되지 않았을

---

11 역주 : 하법성은 남조 송(宋)나라 때 사가로서 『수서경적지』 「사부(史部)」 "정사"조에 동진(東晉)시기의 역사를 기록한 『진중흥서』 78권을 지었다고 했다. 이 책은 오래 전에 산일되었다.

12 역주 : 「서지(書志)」편에서는 '설(說)'이라 했다. 『예문유취(藝文類聚)』·『초학기(初學記)』에 하법성의 『진중흥서』 중의 '징상설(徵祥說)'이 많이 인용되어 있고, 『개원점경(開元占經)』에 '현상설(懸象說)'이 인용되어 있는 것이 그 증거라고 했다. 趙呂甫, 『史通新校注』, p.225 주)21, 程千帆, 『史通箋記』, pp.58-59 참조.

때는 조정의 정삭(正朔)[13]을 받들지 않고 스스로 군주를 칭하게 마련이다. 만약 국사(國史)에 그들을 입전(立傳)한다면 마땅히 별도의 항목을 세워야 한다. 예컨대 진말(秦末) 진승(陳勝)과 항우(項羽) 등 군웅을 한대(漢代)의 사실을 기록한 책에 붙여 편찬하고,[14] 후한말 동탁(董卓)·원소(袁紹) 등 도적들을 『삼국지』 「위지」에 붙여 열거하고 있다.[15] 이들을 일반 신하들과 같은 예(例)로서 기재한다면 누가 능히 그들 사이의 차이를 분별해 낼 수 있겠는가. 다만 『동관한기(東觀漢記)』[16]의 경우 평림(平林)·하강(下江)[17] 관련 여러 인물들을 「재기(載記)」에 배열하였다. 후세의 사가들은 아무도

---

13 역주 : 『사기』 권26, 「역서(曆書)」의 서문에, 왕의 성이 바뀌고 하늘의 명을 받을 때에는 반드시 개국의 기초를 굳건히 하기 위하여 정삭(正朔)의 역법을 고치고, 복식(服飾)의 색깔을 달리하고, 하늘의 원기(元氣) 운행의 법칙을 살펴 그것에 따른다고 했다. 정삭이란 한 해가 시작되는 기점을 말한다. '정(正)'은 한 해의 시작을, '삭(朔)'은 한 달 또는 하루의 시작을 의미한다. 정삭이란 왕이 새로 반포한 역법을 통칭하고, 이를 받든다는 것은 신하를 자임하는 것이다.

14 역주 : 『한서』 권31에 진승과 항우의 열전이 배열되어 있음을 가리킨다.

15 역주 : 『삼국지』 권6, 「위지」에 동탁과 원소의 열전이 배열되어 있음을 가리킨다. 여기서는 이 두 사람을 도적[群賊]이라 하였지만, 「품조(品藻)」편에서는 '영웅'이라 표기하고 있어서 인물 평가에 모순이 있다고 비판을 받기도 한다. 程千帆, 『史通箋記』, p.59.

16 역주 : 『수서경적지』 「사부(史部)」 "정사(正史)"에, 『동관한기』 143권, 광무제부터 영제(靈帝)까지를 다루고 있고, 장수교위(長水校尉) 유진(劉珍) 등이 편찬했다고 했다. 동관(東觀)이란 낙양의 남궁(南宮) 중 수사관(修史館)이 있던 건물로 주로 여기에서 저작되었기 때문에 서명의 유래가 되었다. 이 책은 진대(晉代)에 『사기』·『한서』와 함께 삼사(三史)라고 불릴 정도로 높게 평가되었지만 후일 범엽의 『후한서』가 만들어지고 당 장회태자(章懷太子)가 주(注)를 붙이게 되자 범엽의 책이 성행되고 이 책은 점차 쇠퇴하고 마침내 산일(散佚)되었다. 143권이던 분량이 남송대에 오면 8권만이 전해지게 되었다. 최근 집본(輯本)인 吳樹平, 『東觀漢紀校注』, 中州古籍出版社, 1987이 출판되었다.

17 『후한서』 권11, 「유현전(劉玄傳)」에, 왕망 말기에 신시(新市) 사람 왕광(王匡)과 왕봉(王鳳)이 거수(渠帥)가 되었을 때 망명해 온 마무(馬武)·왕상(王常)·성단(成丹) 등이 동조하여 녹림(綠林)에 숨었다. 지황(地皇) 3년(A.D. 22), 역병이 크게 돌아 모두 흩어졌다. 왕상과 성단은 서쪽으로부터 남군(南郡)으로 들어가 하강(下江)의 병사라 호칭하였고, 왕광·왕봉·마무 등과 그 예하 무리였던 주유(朱鮪)·장앙(張卬)은 북쪽으로부터 남양(南陽)에 들어가 신시(新市)의 병사라 불렀다.. 평림(平林) 사람 진목(陳牧)·요담(廖湛) 등이 다시 군중을 모아 평림의 병사들이라 호칭하고 그들에게 호응하였다.

이를 본받지 않았다. 『신진서(新晉書)』를 편찬하면서[18](『진서』는 당초(唐初)에 이르러 새로 편정(編定)되었다. 때문에 『신진서(新晉書)』라 했다) 비로소 16국의 군주에 대한 사실을 「재기(載記)」에 기재하고 있으니, 좋은 것을 택하여 행하고, 옛 가르침을 본받아 따르는 좋은 예라고 할 수 있다.(釋 : 여기에서는 조정의 신하가 아닌 경우 『신진서(新晉書)』가 『동관한기』 「재기」를 사용한 예(例)를 따라야 한다고 말했다)

夫戰爭方殷, 雄雌未決, 則有不奉正朔, 自相君長. 必國史爲傳, 宜別立科條. 至如陳 · 項諸雄, 寄編(一作'篇')漢籍; 董 · 袁群賊, 附列『魏志』. 旣同臣子之例, 孰辨彼此之殊? 唯『東觀』以平林 · 下江諸人列爲載記. 顧(一作'賴', 非)後來作者, 莫之遵效. 逮『新晉』(『晉書』唐初新定, 故曰『新晉』)始以十六國主持(一作'特')載記表名, 可謂擇善而行, 巧於師古者矣.(釋 : 此言非國朝臣, 當從『新晉書』用東觀載記之例)

## 11-6

옛 사서의 열전을 보면 각 권마다 사용한 제목에 일정한 기준이 없다. 제목의 글자 수가 적을 경우 성명을 모두 적고 있다. 예컨대 「사마상여전(司馬相如傳)」[19] · 「동방삭전(東方朔傳)」[20]이 그것이다. 글자 수가 많을 경

18 역주 : 방현령(房玄齡) 등이 칙명을 받아 정관(貞觀)22년(646)에 완성한 정사로서, 「본기」 10권, 「지」 20권, 「열전」 70권, 「재기」 30권 등으로 되어 있다. 이 가운데 특히 오호십육국(五胡十六國)에 관한 기록인 '재기'는 다른 정사에서 찾아보기 어려운 것이다. 이 책 이전에 진(晉)에 관한 사서가 20여 종 있었지만, 이 책이 완성된 뒤에 다른 사서는 모두 전하지 않을 정도로 진(晉)에 관한 가장 완비된 기록으로 평가받는다. 현재 정사(正史)로 통용되는 책이다.

19 역주 : 『한서』 권57상 · 하, 「사마상여전」 상 · 하 참조.

20 역주 : 『한서』 권65, 「동방삭전」 참조.

우 다만 성씨만을 쓰고 있는데, 예컨대 무장(毋將) · 개(蓋) · 진(陳) · 위(韋) · 제갈(諸葛) 전(傳) 등이 그것이다.[21] 만약 성(姓)이 같은 사람이 많을 경우 성의 수만 표시하기도 한다. 예컨대 「이원전(二袁傳)」[22] · 「사장이공손전(四張二公孫傳)」[23]이 그것이다. 이 같은 표제(標題)의 격식은 매우 상세한 곳까지 살핀 것이다.(**釋** : 여기서는 열전의 사람이 적고 많음에 따라 그 제목의 상략(詳略)이 달라짐을 말하고 있다. 다음 문장으로 계속된다)

觀夫舊史列傳, 題卷靡恒. 文少者則具出姓名, 若司馬相如 · 東方朔是也. 字煩者唯書姓氏, 若毋將 · 蓋 · 陳 · 衛 · 諸葛傳是也; 必人多而姓同者, 則結定其數, 若二袁 · 四張 · 二公孫傳是也. 如此標格, 足爲詳審.(**釋** : 此言列傳人少人多, 題可隧之詳略, 引起下文)

## 11-7

범엽(范曄)이 범례를 세움으로써 비로소 성명을 모두 적게 되었다. 즉 문장의 짧은 한 행(行)으로 주요한 인물의 성명을 쓰고, 제목에 나오지 않는 인물은 작은 글자로서 주요인물의 뒤에 배열하였다. 그리고 전주(傳

21 역주 : 『한서』 권77에 무장륭(毋將隆) · 개관요(蓋寬饒) · 제갈풍(諸葛豐) 등의 열전이 수록되어 있는데 이들 세 사람을 포함하여 이 열전의 제목이 「개제갈유정손무장하전(蓋諸葛劉鄭孫毋將何傳)」이다. 『한서』 권66에 진만년(陳萬年)의 열전이 수록되어 있는데 그 외 다른 사람들과 함께 배열되어 열전의 제목이 「공손유전왕양채진정전(公孫劉田王楊蔡陳鄭傳)」이다. 『한서』 권46에 위관(衛綰)의 열전이 수록되어 있는데, 마찬가지로 그 제목은 「만석위직주장전(萬石衛直周張傳)」이다.

22 역주 : 『삼국지』 권6, 「위지」 「동이원유전(董二袁劉傳)」에 보이는 원소(袁紹)와 원술(袁術)을 가리킨다.

23 역주 : '이원(二袁)'과 '사장(四張)'이란 『삼국지』 권8, 「위지」 「이공손도사장전(二公孫陶四張傳)」의 공손찬(公孫瓚) · 공손탁(公孫度), 그리고 장양(張楊) · 장연(張燕) · 장수(張繡) · 장노(張魯) 등을 각기 가리킨다.

主)의 자손을 붙여서 기록할 경우 조상의 다음에 바로 기재하고 있는데,[24] 이는 세속의 공문 조목[孔目][25]이나 약초의 처방전[經方][26]과 같이 그 번쇄(煩瑣)함이 이보다 심한 것이 있겠는가. 내 생각으로는 『주역』의 육효(六爻)는 그 의의에 대한 해석을 「상전(象傳)」 중에 펼치고 있으며, 『춘추』에 보이는 수많은 국가들의 구체적 사정은 『좌전』 중에 갖추어져 있다고 여겨진다. 읽는 사람이 그 의의를 자세히 살펴보고자 한다면 한 편을 다 읽고 나서야 자연히 분명해질 것이다. 어찌 반드시 책의 끈을 열어 펼치자말자 곧 그 의의가 한 눈에 모두 환하게 들어올 수 있겠는가. (釋 : 범엽의 『후한서』는 그것이 상세하도록 힘썼다)

至范曄擧例, 始全錄姓名. 歷短行於卷中, 叢細字於際外; 其子孫附出者, 注於祖先之下, 乃類俗之文案孔目·藥草經方, 煩碎之至, 孰過於此? 竊(一作'切')以『周易』六爻, 義存象內; 『春秋』萬國, 事具傳中. 讀者研尋, 篇終自曉, 何必開帙解帶, 便令昭然滿目也.(釋 : 范史則務盡其詳矣)

---

24 역주 : 이에 대한 보다 구체적인 언급은 「인습(因習)」편에 자세히 보인다. 즉 "범엽은 그러한 제목을 열전의 제일 앞으로 옮겨 표기하고 성명을 열전의 중간에 열거하였고 어떤 경우는 열전 제일 아래에 '열녀(列女)'·'고은(高隱)' 등의 제목을 달기도 한다. 만일 성명을 이미 적고 있으면서도 제목을 또 표기하고자 한다면 등우(鄧禹)나 구순(寇恂)의 열전의 앞에는 당연히 「공보열전(公輔列傳)」라고 써야 할 것이며, 잠팽(岑彭)이나 오한(吳漢)의 열전의 앞에는 당연히 「장수열전(將帥列傳)」이라고 표기해야 한다. 이런 부류들로 미루어본다면 사실 더욱 많은 것을 만들어 낼 수 있으니 어찌 '열녀'·'효자'·'고은'·'독행(獨行)' 등 몇 가지로 그치겠는가?"라고 하였다.

25 역주 : 여기서는 조목(條目)의 의미로 쓰였지만, 공목(孔目)은 관직명이기도 하다. 도서(圖書)를 보관하고 부적(簿籍) 등을 정리하는 일을 맡았는데, 당(唐)의 집현전(集賢殿)에 공목을 두었고, 송대에는 염철·탁지·호부(戶部) 등 삼사(三司)에 모두 공목 혹은 도부공목(都副孔目)을 두었다.

26 역주 : 『한서예문지』 「방기략(方技略)」에, 경방(經方)은 초석(草石)의 한온(寒溫)에 바탕을 두고 질병의 천심(淺深)을 헤아리며, 약미(藥味)의 자(滋)를 빌려 기감(氣感)의 마땅함에 인하여 오고(五苦)와 육신(六辛)을 변별하고 수화(水火)의 제(劑)를 이루어 그것으로써 막힘을 통하게 하고 맺어진 것을 풀어서 그것을 평상으로 돌린다고 했다.

## 11-8

이로부터 많은 사람들이 범엽을 본받았다. 위수(魏收)가 이를 따르기는 하였지만 오히려 더 심했다. 『위서(魏書)』에 당시 이웃나라의 사실을 편찬할 경우, 해당자의 성명 위에 다시 소속된 나라와 맡고 있던 관직을 적었다. 예컨대 장강 이남[江東]의 제왕을 '진이라 참칭하는[僭晉] 사마예(司馬睿)', '오랑캐[島夷] 유유(劉裕)'라고 기록하거나,[27] 하서(河西)의 추장을 공식적으로 인정하지 않았다는 의미로 곧 '사서양주목장식(私署涼州牧張寔)', '사서양왕이고(私署涼王李暠)'라고 하였다.[28] 이러한 내용들은 모두 본문 중에 있었는데 다시 권의 첫머리에[29] 상세하게 배열하였다. 만약 위수의 뜻에 따라 전·후 『한서』와 『삼국지』를 편찬한다면, 여러 도적들의 열전의 제목을 마찬가지로 "참서초패왕항우(僭西楚霸王項羽)"[30], "위영삭왕외효(僞寧朔王隗囂)"[31]라고 했을 것이다. 그 외 진섭(陳涉)·장보(張步)·유장(劉璋)·원술(袁術) 등[32]의 위호(位號)도 일일이 제목에 빠짐없이 다 밝혔을 것이다.(釋 : 위수는 다시 자신을 과장하고 이웃을 배척하여 이런저런 명목을 많이 기록하고 있으니 더욱 비웃을 만하다)

自玆已降, 多師蔚宗. 魏收因之, 則又甚矣. 其有魏世鄰國編於魏史

27 역주 : 『위서(魏書)』 권96, 「참진사마예전(僭晉司馬叡傳)」과 『위서』 권97, 「도이유유전(島夷劉裕傳)」 참조.

28 역주 : 『위서』 권99에 실린 장식(張寔)과 이고(李暠)의 열전 각각 참조.

29 역주 : 『위서』의 전체 목차를 가리킨다.

30 역주 : 항우가 스스로를 '서초패왕(西楚霸王)'이라 칭한 것을 가리킨다. 『사기』 권7, 「항우본기」, 『한서』 권31, 「진승항적전(陳勝項籍傳)」 참조.

31 역주 : 『후한서』 권13, 「외효전」 참조.

32 역주 : 진섭[陳勝]은 진말 오광(吳廣)과 함께 반란을 일으켜 스스로 왕이라 칭하고 '장초(張楚)'를 국호로 내세웠다. 장보·유장·원술 등도 모두 한 때 자립하여 독자적 세력을 구가하고자 했던 인물들이다. 이들에 대하여는 『한서』 권31, 「진승전」, 『후한서』 권12, 「장보전」, 『삼국지』 권31, 「촉지」 「유이목전(劉二牧傳)」, 『삼국지』 권6, 「위지」 「원술전」 각각 참조

者, 於其人姓名之上, 又列之以邦域, 申之以職官, 至如江東帝主(舊訛'王')則云僭晉司馬睿 · 島夷劉裕; 河西酋長則云私署(一訛'置')涼州牧張寔 · 私署涼王李皓.(並見『魏書』目錄) 此皆篇中所具, 又於卷首具列. 必如收意, 使其撰『兩漢書』·『三國志』, 題諸盜賊傳, 亦當云僭西楚霸王(一脫此二字)項羽 · 僞寧朔王隗囂. 自餘陳涉 · 張步 · 劉璋 · 袁術, 其位號皆一一(別作一二)具言, 無所不盡者(一無'者')也.(釋 : 魏收更誇己斥鄰, 多綴名目, 尤可嗤也)

## 11-9

법령이 불어나는 것을[33] 옛날 사람들은 신중히 하였다. 범엽과 위수의 제목을 붙이는 방법이 법령이 불어난 것과 마찬가지로 심했던 것 아니겠는가? 진실로 (사서의 전형이라 할 수 있는 『춘추』의) 커다란 원칙을 잊고 작은 기교를 중시한다면, 그들과 "완곡하면서도 문장의 조리가 있다"[34], "글자 한 자에 포폄이 깃들어 있다[一字以爲褒貶]"[35]는 의의를 논의하기가 어려울 것이다.(釋 : 앞의 '옛 사서의 열전을 보면' 구절부터 이 부분까지 모두가 한 내용이라고 할 수 있는데 결국은 '완곡하면서도 문장의 조리가 있다', '글자

---

33 역주 : 이는 『노자』 제57장, [순풍(淳風)]에 나오는 "법령이 불어나면 도적이 많아진다[法令滋彰, 盜賊多有]"는 말에서 인용한 것이다.

34 역주 : 『좌전』 성공(成公) 14년(B.C. 577)에, "『춘추』의 표현은, 문사(文辭)는 간략하되 뜻은 드러내고[微而顯], 사실을 서술하되 뜻은 은미(隱微)하게 하고[志而晦], 완곡하게 기록하되 장법(章法)[法則]을 이루고[婉而成章], 사실을 다 기록하되 왜곡(歪曲)하지 않고[盡而不汙], 악을 징계하고 선을 권장한다[懲惡而勸善]는 것이니 성인(聖人)이 아니면 누가 이렇게 편수(編修)할 수 있었겠는가"라는 말을 인용한 것이다.

35 역자 : 두예(杜預), 『춘추좌씨전집해(春秋左氏傳集解)』 「서(序)」(『문선(文選)』 권45 所收)에, "답하여 가로대, 『춘추』가 비록 글자 한 자에 포폄이 깃들어 있지만, 모두 반드시 몇 구절이 서로 이어져 문장을 이루고 있다[『春秋』雖以一字爲褒貶, 然皆須數句以成言]"라고 하였다.

한 자에 포폄이 깃들어 있다'라는 몇 마디로 귀결된다)

蓋法令滋章, 古人所愼. 若范·魏之裁篇目, 可謂滋章之甚者乎? 苟忘彼大體, 好玆小數, 難與議夫"婉而成章", "一字以爲褒貶"者矣.(釋 : 自'觀夫舊史列傳'至此, 通爲一大節, 以此數語總結之)

按 : 이 역시 격식을 구분하여 설명한 것으로 앞에서는 명칭을 총괄하고 아울러 이체(二體)를 말하고 있다. 뒤에서는 편질(篇帙)과 제명(題名)을 논하고 있는데 오로지 기전체를 중심으로 살피고 있다. 그 중 열전의 명칭과 종류가 번거롭고 많아 각기 나누어 추론하면서 중요하다고 여겨지는 부분에 유의하고 있다.(此亦截講格, 前論統名, 兼二體言; 後論篇帙題名, 專主紀傳體言. 就中列傳名類煩多, 分條抽論, 尤所加意)

군주를 참칭하며 신하이기를 부정한 경우 모두 「재기(載記)」에 수록하였는데, 『사통』은 따로 특별한 합리적 근거가 있었다. 그러나 진섭(陳涉)과 항우(項羽)같은 무리들은 승리한 나라의 입장에서는 혼란했던 시기의 도적이었기 때문에 새로 흥기한 왕조에서 다루는 것은 잘못이다. 비슷한 경우로 유연(劉淵)과 석경당(石敬唐)이 있었지만 한 류에 분류하지는 않았다. 하물며 「재기」는 사서의 제일 마지막에 배열되었다. 그러나 군웅들은 그러한 일을 일으킨 것이 먼저였음으로 시간의 순서에 따라 열전의 첫머리에 배열한 것은 경계를 넘어선 잘못이 아니다. 따라서 이밀(李密)·왕세충(王世充)·한림아(韓林兒)·서수휘(徐壽輝) 등이 『당서(唐書)』와 『명사(明史)』에서 모두 난대(蘭臺)를 따르고 있었고 동관(東觀)을 으뜸으로 하지는 않았다. 글을 읽는 사람들은 여기에서 마땅히 무엇이 잘못되었는지를 살펴야 한다. 또 유주(柳州)가 말하기를, 옛 사람의 글은 몇 장 읽고 난 후 전체를 자세히 두 번, 세 번 다시 보아야 하며, 성씨를 다시 살펴보면 그 잘못됨이 적지 않을 것이라 했다. 어리석은 인재는 바로 이런 점을 많이 걱정하지만, 제목을 상세하게 하는 것을 너무 탓할 일은 아니다. 나머지 문제들은 모두 스스로 판단할 수 있을 것이다.(假號不臣, 都歸載記, 『史通』殊

有理據. 但陳 · 項輩流, 於勝國爲寇, 於興代則非, 擬諸劉 · 石, 未便同科. 況載記例載卷終, 而羣雄先事發難, 爲我驅除, 列之傳首, 於分非越. 故李密 · 王世充 · 韓林兒 · 徐壽輝等, 『唐書』 · 『明史』並襲蘭臺, 不宗東觀也. 讀者於此宜深從違. 又柳州有言 : 每讀古人一傳, 數紙已後, 再三申卷, 復觀姓氏, 旋又廢失. 鈍器正多患此, 題目加詳, 宜勿深責也. 自餘皆定判矣)

앞에서 말한 여덟 편은 대개 대부분이 기전체를 추론한 것이며 모두 비슷한 내용들이라 할 수 있다.(此上八篇, 大抵多就紀傳體抽論, 可以都爲一帙)

「서전편(序傳篇)」이 뒤의 권9에 있는데 비슷한 내용들을 모은 것이기 때문에 역시 이곳으로 옮겨 놓아야 한다.(後有「序傳」篇在第九卷, 方以類聚, 亦應移置於此)

# 「단한(斷限)」 제12

기전체 사서는 일반적으로 통사(通史)와 단대사(斷代史) 두 종류로 나눈다. 역사는 그 자체에 연속성의 특징이 있기는 하지만 단대사의 경우 불가피하게 전·후시대의 경계를 분명하지 않으면 안 된다. 이것이 바로 「단한」편에서 이야기하려는 기재범위를 중심으로 한 시대구분의 문제이다. 먼저 시간의 '단한(斷限)' 문제에 대하여 유지기는 『한서』의 「표(表)」와 「지(志)」가 통사라고 할 수 있는 사마천의 『사기』를 이어 받아 한대(漢代)의 범위를 넘어섰고, 특히 「고금인표」는 완전히 단대사로서의 시대 범위를 벗어났다고 비판하였다. 후에 와서 심약(沈約)의 『송서(宋書)』, 당대에 편찬된 『수서(隋書)』가 모두 이와 같은 잘못을 하고 있다고 지적하였다. 유지기는 심약이 편찬한 『송서』의 8편의 「지(志)」가 위로는 『사기』와 『한서』의 내용을 계속하고 다시 위진(魏晉)의 사서가 빠트린 부분을 보완하였다고 하였고, 『수서』의 각 「지」는 원래 명칭이 『오대사지(五代史志)』였으며 남북조의 여러 사서가 「지」를 편찬하지 않은 점을 보완하기 위하여 편찬되었다고 평가하였다. 오늘날 이들 「지」가 지닌 사료적 가치와는 별도로 유지기는 다만 단대사의 기재범위를 넘어서는 체례상의 문제를 지적한 것이었다. 다음으로 인물의 '단한'문제에 대하여 유지기는 해당 왕조와 관련 있는 인물만이 그 시대의 사서에 실려야 한다고 했다. 예컨대 삼국시대 위(魏) 초기의 원소(袁紹)·원술(袁術)·유표(劉表)·여포(呂布) 등이 그 예가 될 수 있다고 했다. 동탁(董卓)과 같은 사람은 원래 조(曹) 씨와 관계가 없으며 『후한서』의 열전에도 있기 때문에 『삼국지』 「위서」에서는 그들을 본분가운데 싣고 있으니 이는 잘못된 것이라고 지적하였다. 그 외에도 진(秦)의 자영(子嬰)을 「진시황본기」에서 상세히 다루고 있는 것과 한대(漢代)에 죽은 손책(孫策)을 『삼국지』에 기재하고 있는 것, 심약(沈約)과 위수(魏收)가 편찬한 사서에서 그 경계를 벗어나 다른 왕조의 인물들을 기록하고 있는 것 등을 비판하였다. 그리고 지역의 '단한'문제에 관하여 유지기는 여러 정권들이 병존하는 상황에서 한 왕조의 사서에서는 다만 그와 관련한 사실을 기록하여야 하는데, 특히 위수(魏收)의 『위서(魏書)』에서는 연대가 비슷하지도 않고 또 지역적으로도 가깝지 않은 왕조들을 모두 함께 배열함으로써 그야말로 "뻔뻔스럽기 그지없다[厚顔之甚]"고까지 비판하였다. 결국 이러한 모든 원칙의 한 가지 결론은 바로 간단하면서도 번잡하지 않은 것을 강조하는 것이었다. 이 점을 실천하기 위하여 하나는 위에서 말한바와 같이 '단한'을 엄격하게 하는 것이고 다른 하나는 그 이전의 사서와 중복되어서는 안 된다는 것이다.

## 12-1

사서에서 서술의 범위를 규정하게 된 유래는 이미 오래되었다. 예컨대 공자는 『상서』의 「우서(虞書)」를 산정(刪定)하면서 순(舜)을 시작으로 하면서도 "고대의 요임금[帝堯]을 살펴보면"[1]이라고 하였으며, 좌구명은 노나라의 역사를 전하기 위하여 『좌전』을 지으면서[2] 은공(隱公)을 제일 앞에 놓고도 "혜공(惠公)[3]의 원비(元妃)는 (송나라 군주의) 장녀[孟子]였다"라고 말하였다.[4] 이는 모두 그 내용의 범위를 바르게 하기 위해 그 시작을 명확히 하고 있는 것이다. 변천되어 온 내력이 있으면 곧 전후 시대의 교차함이 있게 마련인데, 이러한 일은 사정이 발전하면서 생긴 필연적인 것으로 그 경계를 넘어섰다고는 할 수 없다.(釋 : 이 편의 첫 머리에서 주장하는 것은 시대마다 정해진 경계가 있다는 것이다. 그러나 시대가 교차하는 곳에는 모름지기 서로 겹치는 부분이 있게 마련이라 말하고 있다) 이 같은 경계를 넘어서는 것은 뜻은 크나 면밀하지 못하고 어떻게 자신을 절제해야 하는지를 모르는 것[5]이라 할 수 있다.(釋 : 두 구절로 국면을 전환하였다)

夫書之立約, 其來尙矣. 如尼父之定「虞書」也, 以舜爲始, 而云"粤若稽古帝堯"; 丘明之傳魯史也, 以隱爲先, 而云"惠公元妃孟子". 此皆正其疆里, 開其首端. 因有沿革, 遂相交互, 事勢當然, 非爲濫軼也.(釋 : 篇

---

1 역주 : 『상서』 「요전(堯典)」편의 첫 문장, "粤若稽古帝堯"를 말한다. '월약(粤若)'을 발어사(發語辭)라고 보는 것이 일반적이지만, 사관(史官)의 이름이라 보기도 한다. 『상서』 서술의 범위와 관련한 보다 자세한 논의는 張振珮, 『史通箋注』, pp.114-115 참조.

2 역주 : 『한서예문지』 「육예략(六藝略)」 "춘추"에, "노(魯)는 주공(周公)의 나라이므로 예(禮)와 문물(文物)을 갖추고, 사관(史官)은 법도가 있었다. 그러므로 좌구명(左丘明)과 그 사기(史記)를 보아 행사에 의거하고, 인도(人道)에 말미암아 이룸에 의하여 공을 세우고, 패함으로써 벌을 이룬다. 일월(日月)을 빌려 역수(曆數)를 정하고, 조빙(朝聘)을 빌려 예악(禮樂)을 바로잡으며, 칭찬하고 꺼리고 깎아 내리고 물리치고 하는 바가 있다. 책으로 나타낼 수 없고 제자에게 입으로 전수한다. 제자들은 물러나 말을 다르게 한다. 좌구명은 제자가 각각 그 뜻을 쉽게 여겨 그 진실을 잃을 것을 두려워하였다. 그래서 사실을 논하여 전(傳)을 만들어 공자[夫子]가 말로만 한 것으로써 경(經)을 말할 수 없음을 밝힌 것이다"라고 했다.

3 역주 : 노 혜공(魯惠公)은 46년간(B.C. 768-723) 재위하였다.

4 역주 : 이 말은 『춘추좌전』 은공(隱公 : 재위 B.C. 722-712) 원년, 봄의 기록에, "혜공의 원비는 (송나라 군주의) 장녀[孟子]였다. 그가 돌아가자 성자(聲子)로 계실(繼室)로 삼아 은공(隱公)을 낳았다"는 데에서 비롯된 것이다.

5 역주 : 이 문장은 『논어』 「공야장(公冶長)」에, "공자께서 진(陳)나라에 계실 때에 말씀하시길, '돌아가야겠노라, 돌아가야겠노라. 나의 향리에 있는 제자들은 뜻은 크나 그 하는 일이 면밀하지 못하여, 문채(文彩)를 이루어 찬란하게 빛을 내고 있으나 어떻게 자신을 절제해야 하는지를 모르고 있느니라'"고 한 말에서 비롯된 것이다.

首標義, 言代有定限, 但交關處須相涉耳) 過此已往, 可謂狂簡不知所裁者焉.(釋 : 二句轉局)

## 12-2

공자는 말하기를 "그 지위에 있지 않으면 그 직책에 해당되는 정사를 꾀하지 말지니라"[6]고 하였다. 『한서』에 있는 「표」와 「지」(반고의 열전은 『사기』를 그대로 베낀 두, 세 편을 제외하고는 모두 그 경계를 넘어선 것은 아니었다. 때문에 「표」와 「지」만을 언급한 것이다)가 다른 사람이 관장하는 일을 침범하고, 자기의 직분을 이탈한 것이라 하겠는가?(釋 : 『한서』의 '단한'이 분명하지 않음을 말하고 있는데 단대사가 반고에 의해 시작되었기 때문에 제일 먼저 언급한 것이다) 그렇게 된 기원을 살펴보니 사마천으로부터 비롯되었다. 사마천의 『사기』는 '사(史)'를 책명으로 하고 있으며, 반고의 『한서』는 '한(漢)'을 그 제목으로 나타내고 있다. 『사기』는 수천 년의 사실을 기재하고 있으며 포함하지 않은 것이 없다. 『한서』는 한나라 12황제들의 사실을 기록하고 있으므로 이처럼 한계가 있다. 반고는 사마천의 『사기』를 나누어 취할 것과 버릴 것을 가려서 「본기」와 「열전」에 수록한 것은 다만 한대에 있었던 사실이지만, 「표」와 「지」에 수록한 것은 복희(伏羲)시대까지를 모두 담고 있다.[7] 하나를 보면 여러 가지를 알 수 있다고 하지만 그렇다고 모두 그럴 리야 있겠는가? 고집스러워 조금도 융통성이 없으니[膠柱調

---

6 역주 : 『논어』 「헌문(憲問)」편의 말이다. 이 말의 의미는 사서의 사실 기록의 범위는 엄정하게 지켜져야 함을 가리킨다.

7 역주 : 『한서』 「고금인표」에 삼황(三皇) · 오제(五帝) 이후의 인명을 수록하고 있고, 「오행지(五行志)」가 처음에 『상서』 「홍범(洪範)」편의 내용을 포함하고 있는 것 등을 지적한 것이다.

瑟[8] 어찌 잘못되지 않았겠는가!(釋 : 후한 반고의 『한서』는 후사(後史)를 인용하였다) 그러나 반고의 혼란한 모양은 이미 과거에 있던 일로서 어찌할 수 없지만, 후세의 작자들은 오히려 모두 그의 잘못된 것을 따랐다. 심약의 『송서(宋書)』의 「지」에서는 위로 삼국의 위(魏)를 포함하고 있으며,[9] 『수서(隋書)』의 경우 남조의 양(梁)을 포함하고 있다.[10] 이러한 내용이 비록 책 전체에서 차지하는 부분이 백분의 일 정도라 할지라도 한 번 선례가 되면 아무도 그것을 고치려 하지 않는다. 오래도록 그것이 도리에 맞는다 말하지만, 탄식하지 않을 수 없다.(釋 : 『송서』와 『수서』의 「지」가 자기 시대를 넘어선 점을 비판하고 있다. 비록 그 부분이 적다고 하더라도 예(例)가 이미 불분명하다고 하였다. ○「정사(正史)」편과 함께 참고해야 한다. 여기서 말하는 '의(議)'는 「정사」편의 '서(敍)', 여기서 논하는 '단한(斷限)'은 「정사」편의 '원사(原史)'이다. 그리고 「정사」편에서는 『수서』를 거론하고 『송서』를 예로 들지 않았지만, 여기서는 이들 모두를 거론한 것을 통해 사서의 「지」가 결여되지 않았음을 알 수 있다)

夫子曰 : "不在其位, 不謀其政." 若『漢書』之立表志,(班傳除沿襲『史記』二·三篇外, 皆無越限, 故單言表志) 其殆侵官離局(或作'局')者乎?(釋 : 提出『漢書』斷限不清來. 斷代自班始, 故首及之) 考其濫觴所出, 起於司馬氏. 案馬『記』以史制名, 班『書』持漢標目. 『史記』者, 載數千年之事, 無所不容; 『漢書』者, 紀十二帝之時, 有限斯極. 固旣分遷之記, 判其去取, 紀傳所存, 唯留漢

8 역주 : 『사기』 권81, 「염파인상여열전(廉頗藺相如列傳)」에, 조(趙)나라 왕은 조괄(趙括)을 장수로 삼아 염파를 대신하게 하려고 하였다. 그러자 인상여가 말하기를, '대왕께서 조괄의 명성만으로 그를 쓰려고 하시는데, 그것은 거문고 기둥을 풀로 붙여둔 채[膠柱] 거문고를 타려는 것과 같습니다'라고 하였다. 거문고의 줄을 맞추는 짧은 나무를 풀로 붙여놓으면 음조가 변하지 못하여 제대로 곡을 연주할 수 없음을 말하는 것처럼 변통을 할 줄 모르는 것을 가리킨다.

9 역주 : 심약의 『송서(宋書)』 「지(志)」의 서(序)에, "(『삼국지』) 「위서(魏書)」에 지(志)가 빠져 있으므로 위(魏)나라에서 송(宋)까지의 사실을 이 책에 편입하는 것이 마땅하다"라고 했다. 때문에 『송서』 각 지(志)에는 위·진(晉)의 관련 기록이 많다.

10 역주 : 『수서』의 지(志)는 주지하다시피 우지녕(于志寧)·영호덕분(令狐德棻) 등이 편찬한 『오대사지(五代史志)』를 편입한 것이다. 양(梁)·진(陳)·북제(北齊)·북주(北周)·수(隋) 등에 관한 사실이 수록되어 있다. 「서지(書志)」편 주(注) 참조.

日; (或作'目', 非) 表志所錄, 乃盡犧年, 擧一反三, 豈宜(或作'不', 誤)若是? 膠柱調瑟, 不亦謬歟!(釋 : 東班書, 引後史) 但固之踳駁, 旣往不諫, 而後之作者, 咸習其迷.(一作'途') 『宋史』則上括魏朝,(曹魏) 『隋書』則仰包梁代. 求其所書之事, 得十一於千百. 一成其例, 莫之敢移; 永言其理, 可爲嘆息!(釋 : 此言宋 · 隋二志越限之非, 雖所侵無幾, 而例已不淸矣. ○當與「正史」篇互參. 此議彼敍, 此論限, 彼原史也. 而彼篇擧隋不擧宋, 合此可知史志無缺)

## 12-3

위 무제(魏武帝)[曹操]가 때를 잘 이용하여 난을 평정하고 군웅을 소탕할 적에 직접 무기를 들고 싸움을 벌렸던 상대는 단지 원소(袁紹) · 원술(袁術) · 유표(劉表) · 여포(呂布) 등이었다.[11] 한 소제(漢少帝)를 독살하고 죽은 다음에 불에 태워진 동탁(董卓)은[12] 한의 황실과 관련이 있었을 뿐 조조의 패권을 장악하려는 의도와는 관계가 없었다. 그러나 진수의 『삼국지』에서는 오히려 그를 열전의 첫 머리에 기록하고 있다.[13] 한의 동탁은 진(秦)의 조고(趙高)와 같은 경우로서 진의 중거부령(中車府令) 조고가 자영(子嬰)에게 죽음을 당한 사실을 한의 사서에 기록하지 않았는데,[14] 무엇 때문

---

11 역주 : 원소 · 원술 · 유표 등은 모두 『삼국지』 권6, 「위지」의 열전에 수록되어 있고, 여포 역시 권7, 「위지」에 열전이 있다.

12 역주 : 『삼국지』 권6, 「위지」 「동탁전」의 배송지주(裴松之注)引 『영웅기』 참조

13 按 : 『삼국지』 권6, 「위지」의 신하들에 관한 열전[「董二袁劉傳」]의 첫머리에 서술된 동탁에 대한 사실은 어느 한 마디 위 무제 조조와 관련된 말이 없다. 곧장 이각(李傕) · 곽사(郭汜) · 한섬(韓暹) · 동승(董承) 등 부록된 전기의 말미에 비로소 "태조[조조]가 이에 천자를 맞아 허(許)에 도읍하였다"는 문장이 보인다. 이는 동탁의 열전이 「위지」에 두어져서는 안 된다는 것으로 『사통』의 비판은 마땅하다. 역주 : 동탁의 열전은 『후한서』 권102에도 보인다.

에 죽임을 당한 한나라 태사(太師) 동탁의 사실을 『삼국지』「위지」에 싣고 있는가? 또한 장홍(臧洪)·도겸(陶謙)·유우(劉虞)·공손찬(公孫瓚) 등[15]은 한말에 일어나 서로 집어삼키려 싸움을 하고 있었다. 그들은 조조를 대함에 있어서 조금도 공통되는 점이 없을 뿐만 아니라 사정 또한 아주 달랐다. 그런데도 『후한서』에 상세하게 기록하고 있을 뿐만 아니라 『삼국지』「위지」에도 여전히 수록되어 있다. 이것이 어찌 잘못된 일에 빠져 제자리로 돌아갈 줄 모르며 미혹함에 빠져 있으면서도 깨닫지 못하는 것이 아니겠는가!(釋: 이하에서는 본기와 열전의 경우를 설명한다. 동탁(董卓)과 장홍(臧洪) 등이 모두 『삼국지』「위지」의 열전 첫 머리에 수록된 것은 더욱 '단한'을

---

14 역주: 『사기』 권5, 「진본기(秦本紀)」와 권6, 「진시황본기」에 그러한 기록이 보이지 않음을 가리킨다.

15 『삼국지』 권7, 「위지」 「장홍전(臧洪傳)」에, 장홍의 자는 자원(子源)이고 광릉(廣陵) 사람이다. 태수 장초(張超)가 장홍을 청하여 공조(功曹)로 삼았다. 동탁이 사직을 위험에 빠뜨리려 획책하자 장홍은 장초에게 의병을 규합할 것을 주장하였는데 그 어투가 비분강개하였다. 장홍이 동군(東郡)태수가 되었을 때 태조[조조]가 장초를 옹구(雍丘)에서 포위하였다. 이 소식을 들은 장홍이 맨발로 달려나가 원소에게 구원병을 보내줄 것을 청했지만 원소가 듣지 않았다. 장초가 끝내 패망하자 장홍이 원소를 원망하였고, 원소는 병사를 보내 장홍을 포위하고 생포하여 죽였다. 『삼국지』 권8, 「위지」 「도겸전(陶謙傳)」에, 도겸의 자는 공조(恭祖)이고 단양(丹陽) 사람이다. 서주자사(徐州刺史)로 있을 때 형벌과 관련한 일에서 화합을 잃었다. 태조[조조]가 도겸을 정벌하면서 양식이 부족하므로 군대를 철수시켰다. 도겸은 병사하였다. 『삼국지』 권8, 「위지」 「공손찬전(公孫瓚傳)」에, 공손찬의 자는 백규(伯珪)이고, 요서(遼西) 사람이다. 요동(遼東) 속국의 장사(長史)에 임명되었다가 탁령(涿令)으로 옮겼다. 요서지방의 오환(烏丸) 구력거(丘力居) 등이 반란을 일으켰을 때 공손찬은 이를 막아낼 수가 없었다. 조정에서는 의논하여 종정(宗正) 유우(劉虞)를 유주목(幽州牧)으로 삼았다. 구력거 등이 통역을 보내 스스로 귀환하였다. 공손찬은 유우가 공이 있음을 두려워하여 점차 서로 원망하였다. 천자가 단훈(段訓)을 보내 유우의 식읍을 더하고, 6주(州)를 독찰하게 하였다. 공손찬은 유우가 존호를 참칭하고 싶어한다고 모함하고 단훈을 위협하여 유우를 참수하였다. 유우의 종사(從事) 선우보(鮮于輔) 등이 공손찬에게 복수를 하고자 하였다. 원소가 또 병사를 보내어 선우보와 함께 공손찬을 공격하게 하였다. 공손찬의 군대가 여러 차례 패하자 참(塹)을 열겹으로 쌓아 축대를 만들어 그 위에서 내려보았다. 원소가 모든 군대를 동원하여 포위하자 공손찬은 자살하였다. **按**: 앞에서 언급한 이들은 범엽의 『후한서』에 열전을 지니고 있지만, 「위지」에서는 단지 사실과 관련 있는 경우에만 몇 마디로 서술하고 있으니 어찌 따로 열전이 필요하였겠는가?

분명히 하지 못한 것이다)

當魏武乘時撥亂, 電掃群雄, 鋒鏑之(一無'之'字, 下同)所交, 網羅之所及者, 蓋唯二袁 · 劉 · 呂而已. 若(一作'至', 舊訛作'各')進鴆行弑, 燃臍就戮, 總關王室,(謂漢) 不涉霸圖,(謂曹) 而陳壽『國志』引居傳首. 夫漢之(一有'有'字, 下同)董卓, 猶秦之趙高, 昔車令(中車府令)之誅, 既不列於『漢史』, 何太師(卓自爲太師)之斃, 遂獨刊於「魏書」乎? 兼復臧洪 · 陶謙 · 劉虞 · 孫(公孫)瓚生於季末, 自相吞噬. 其於曹氏也, 非唯理異犬牙, 固亦事同風馬, 漢典所具, 而魏冊仍編, 豈非流宕忘歸, 迷而不悟者也?(釋 : 此下就紀傳言. 董 · 臧諸人, 魏志皆闌入傳首, 是更不明斷限者也)

## 12-4

또한 한 왕조의 역사를 편찬하게 되면 앞 시대와 그 다음시대가 서로 교차하는 부분이 있게 마련이니, 만약 어떤 사실이 이미 다른 사서에 보이면 중복하여 서술하지 말아야 한다. 때문에 진(秦)의 자영(子嬰)이 패공(沛公) 유방(劉邦)에게 투항한 사실은 「진시황본기」에서 상세히 다루고 있으며,[16] 손책(孫策)이 한대에 죽은 사실을 「오서(吳書)」에 기록하고 있다.[17] 심약이 편찬한 『진서(晉書)』에서는[18] 오히려 앞 시대 촉한의 유씨들을 기

16 역주 : 『사기』 권8, 「고조본기」에도 기록이 보이지만 「진시황본기」에 비해 간략하다. 「고조본기」에, "한 원년 10월, 패공(沛公)의 군대가 드디어 제후들보다 앞서 패상(霸上)에 이르니, 진왕(秦王) 자영은 흰 수레와 흰 말을 타고 목에는 수대(綬帶)를 감고, 천자의 옥새와 부절(符節)을 받들고, 지도정(軹道亭) 부근에서 항복하였다"라고 했고, 「진시황본기」에는 그 정황을 보다 자세하게 묘사하였다.

17 역주 : 『삼국지』 권46, 「오지」 「손파로토역전(孫破虜討逆傳)」에 관련 기록이 보인다.

18 『양서(梁書)』 권14, 「심약전(沈約傳)」에, 저서로 『진서(晉書)』 110권이 있다. 『수서경적지』에 이르기를, 『진사초(晉史草)』의 주(注)로는 양나라 정충(鄭忠)의 『진서(晉書)』

록하고, 위수(魏收)가 편찬한 『위서(魏書)』에서는[19] 다음 시대 북제(北齊)의 왕을 열거하고 있다. 촉한이나 북제는 각기 자기의 국사를 가지고 있었는데도 심약과 위수는 그 경계를 벗어나 다른 왕조의 사실을 기록하고 있으니 누가 이것이 합당하다고 말할 수 있겠는가!(釋 : 여기서는 심약(沈約)과 위수(魏收)의 사서가 『진서(晉書)』에 촉한을, 『위서(魏書)』에서 북제(北齊)를 다루고 있는 것을 지적하고 있고, 이는 한의 사서에 진의 자영(子嬰)이, 손책이 오의 사서에 수록된 것과 같다. 심약의 『진서』는 찾아 살필 방법이 없다. 그리고 위수가 헌(獻) · 무(武) 둘을 높이 기리고 있는 것은 마치 제(齊)의 본기를 적고 있는 것과 같다. 비록 따로 편목을 세운 것은 아니지만 '단한'의 규칙을 넘어선 것이라 하겠다)

亦有一代之史, 上下相交, 若已見它記, 則無宜重述. 故子嬰降沛, 其詳取驗於『秦紀』; 伯符(孫策字)死漢, 其事斷入於「吳書」. 沈錄金行, 上羈劉主; 魏刊水運, 下列高王. 唯蜀與齊各有國史, 越次而載, 孰曰攸宜? (釋 : 此指沈約 · 魏收二書, 言晉連蜀漢, 魏逮高齊, 猶漢之前嬰後策耳. 約書無考. 如收之推隆獻 · 武, 似作齊紀者然, 雖不別立篇目, 可以越限律之矣)

---

7권, 심약의 『진서』 111권, 유선(庾銑)의 『동진신서(東晉新書)』 7권이 있었지만 모두 전하지 않는다. 『진서(晉書)』 「오행지」에 이르기를, 백(白)은 오행 중 금(金)이요, 말은 국족(國族)을 가리킨다. 『문선』에 수록된 육사형(陸士衡)의 「선추당시(宣猷堂詩)」에 이르기를, '누런빛이 이미 변하여, 하얀 정기가 그 덕을 계승하도다. 즉 위의 천명이 다 끝나고 진의 사마씨가 그 덕을 계승한다(黃暉既渝, 素靈承祐)'라 했는데 이선(李善)의 주에 이르기를, 위(魏)는 토덕(土德)으로 황(黃)이고, 진(晉)은 오행 중 금(金)으로 백(白)이다. 정의(程猗)의 『설석도(說石圖)』에 이르기를, '금(金)은 진(晉)의 오행이다'라고 했다.

19 위(魏)는 위수(魏收)를 가리킨다. 『위서』 권107, 「율력지(律曆志)」에 이르기를, 위왕조의 운은 수덕(水德)으로서 위로 아홉 조상을 일력(一曆)으로 모으니, 건원은 임자(壬子)에서 비롯되고, 율(律)은 황종(黃鐘)에서 비롯된다. 임자는 북방이요, 수덕의 정위(正位)이니 실로 위왕조의 덕에 부합된다.

## 12-5

5호(五胡)가 각기 왕을 칭하면서 천하가 분열되었다.[20] 장강(長江) 이남의 왕조가 정통을 계승하였고 북위(北魏)와 5호를 배척하였기 때문에 북방의 여러 정권을 기록한 「지강전(氐羌傳)」·「색로선(索虜傳)」이 있게 되었다.[21] 북위는 본래 잡종(雜種)[22]에서 비롯되었지만, 외람되게 스스로를 '진군(眞君)'이라 불렀다.(북위 태무제[拓拔燾]의 연호가 태평진군(太平眞君)이었다) 위수가 편찬한 『위서』는 자기가 벼슬했던 왕조에 아부하기 위하여 이전 왕조의 여러 역사를 능가하려고 하였다. 그리하여 남으로는 진(晉)[典午]를 아우르고,[23] 북으로는 각 참위(僭僞)정권(흉노·갈(羯)·도하(徒河)·저(氐)·강(羌) 등을 가리킨다)을 포괄하여 그들을 군도(群盜)에 비유하여 모두 참위류 열전에 수록하였다. 동진의 원제(元帝)·명제(明帝)시기, 중원(中原)의 전진(前秦)(저(氐)족의 부씨(苻氏))·후진(後秦)(강(羌)족의 요씨(姚氏))과 전조(前趙)(흉노족의 유씨(劉氏))·후조(後趙)(갈(羯)족의 석씨(石氏))의 시대에 있어서 북위는 그들에 의하여 발 밑에 엎드려 공손히 절하는 처지에 있으면서[24] 스스로

---

20 역주 : 5호는 흉노(匈奴)·선비(鮮卑)·저(氐)·갈(羯)·강(羌)을 가리키며, 304년 전조(前趙)의 전신인 한(漢)이 나라를 세운 이래 북량(北凉)이 멸망한 439년까지 135년간을 5호16국시대라고 부른다.

21 역주 : 『진서(晉書)』 권112-115에서는 저족(氐族) 부씨(苻氏)정권인 전진(前秦 : 351-394)에 관한 기록이 있고, 같은 책 권116-119에는 강족(羌族) 요씨(姚氏)가 건립한 후진(後秦 : 384-417)에 관한 기록이 있으며, 『송서』 권98에는 「저호전(氐胡傳)」이 수록되어 있다. 그리고 『송서』 권95, 「색로전」에는 선비족 탁발씨에 대한 기록이 있다. 남과 북이 서로를 각기 색로(索虜)와 도이(島夷)라고 멸시하고 있는 상황에 대하여는 『자치통감』 권69, 「위기(魏紀)」 문제(文帝) 황초(黃初) 2년의 기록과 그에 대한 호삼성(胡三省)의 주 참조.

22 역주 : 고대에는 중국의 변방 이민족을 잡종 혹은 잡종호(雜種胡)라고 불렀고, 북위 선비족 또한 그 중 하나였다. 잡종에 대하여는 程千帆, 『史通箋記』, p.62 참조.

23 『삼국지』 권42, 「촉지」 「초주전(譙周傳)」에, 전오는 갑자기 월유에 죽는다(典午忽兮, 月酉沒兮)고 했는데 전오(典午)는 사마씨를 가리킨다. 역주 : 월유(月酉)란 8월을 의미한다. 사마소(司馬昭)가 사망한 것이 265년 8월이다.

를 신하로 자처하던 시기였는데,(그때 아직은 미약하였다) 오히려 그들을 열전에 수록하고 있으니 그 후안무치함이 얼마나 심한가? 또한 장식(張寔)·이웅(李雄) 등의 정권이 양(涼)·촉(蜀) 지역을 점거하였는데, 북위와 관련하여 연대를 따지면 전후가 서로 이어지지 않으며, 지역을 논하더라도 서로 멀리 떨어져 있으므로[25] 북위와 무슨 관계가 있겠는가만 오히려 제멋대로 기록하고 있다.[26](釋 : 『위서』가 단한을 무시하고 동진과 16국을 기재한 것을 통렬하게 비난하고 있다. 뒤늦게 출현하여 황제가 되었으면서도 그 이전을 모두 지배하고 있었던 듯 더하여 기록하고 있는 것은 매우 추한 것이라 하였다)

自五胡稱制, 四海殊宅. 江左既承正朔, 斥彼魏胡,(一作'朝', 非. 胡兼五胡言也) 故氐·羌有錄, 索虜成傳. 魏本出於雜种, 竊亦自號眞君(魏太武元太平眞君). 其史黨附本朝, 思欲凌駕(一作'架')前作, 遂乃南籠典午,(傳收東晉)

---

24 막배(膜拜) : 『목천자전(穆天子傳)』에 이르기를, 땅에 무릎을 꿇고 손을 들어 절하며 받았다. 주에 이르기를, 몸을 펴서 무릎을 꿇고 하는 절을 의미한다. 또 주에, 호인(胡人)들이 예불할 때 손을 공손히 마주잡고 '남무(南謨)'를 염불하는 것이 즉 이것이다.

25 『갑자회기(甲子會紀)』에 이르기를, 진(晉) 혜제 11년 유랑인 이특(李特)이 광한(廣漢)을 근거로 성도(成都)를 공격하였다. 13년에 나상(羅尙)이 이특을 격파하고 참하였다. 이특의 아들 웅(雄)이 성왕을 참칭하였다. 그 후 형의 아들 반(班), 반의 아우 기(期), 웅의 아우 수(壽), 수의 아들 세(勢)가 각각 계위하였다. 환온(桓溫)이 촉에 들어오자 세가 항복하였고 따라서 이씨는 멸망하였다. 목제(穆帝) 3년의 일이다. 또 민제(愍帝) 2년 장궤(張軌)가 양주목(涼州牧)이 되었는데, 죽을 때 양주에 있은 지 이미 13년이나 되었다. 아들 식(寔)이 뒤를 이었는데 바로 전량(前涼)이었다. 이어서 식의 동생 무(茂), 식의 아들 준(駿), 준의 아들 중화(重華), 중화의 아들 요령(耀靈), 요령의 백부 조(祚), 아우 현정(玄靚)이 계위하다가 현정의 숙부 천석(天錫)에 이르러 진(秦)에게 항복하였다. 전량(前涼)이 망한 것은 실제로 효무 4년이었다. **按** : 장궤와 이특의 흥멸은 모두 북위 도무제(道武帝)가 칭제하기 이전이었으며, 북위의 도읍 평성이 동북에 치우쳐 있을 때였다. 소위 '연대를 따지면 전후가 서로 이어지지 않으며 지역을 논하더라도 서로 멀리 떨어져 있는' 상태였던 것이다. **역주** : 전량(前涼)의 군주 장식(271-320)은 『진서』 권96과 『위서』 권99에, 성한(成漢)의 군주 이웅(274-334)은 『진서』 권121, 「재기」 21과 『위서』 권96에 각각 열전이 있다. 그리고 '참(參)'은 서쪽에 있는 별이고, '상(商)'은 동쪽에 있는 별로서 둘은 거리가 매우 떨어져 있기 때문에 동시에 나타나는 경우가 없다. 따라서 서로 멀리 떨어진 경우를 비유할 때 인용된다.

26 **역주** : 이 같은 유지기의 평가는 '단한'을 지나치게 정삭(正朔)에 한정하여 이해함으로써 오히려 문제가 있으며, 당시의 부단한 접촉과 교류로 볼 때 지나친 면이 있다고 지적되기도 한다. 程千帆, 『史通箋記』, pp.62-63 참조.

北呑諸僞,(匈奴 · 羯 · 徒河 · 氐 · 羌等) 比於群盜, 盡入傳中. 但當有晉元 · 明(二帝)之時, 中原秦(氐符 · 羌姚) · 趙(匈劉 · 羯石)之代,(並在魏前) 元氏膜拜稽首, 自同臣妾,(其時尙微) 而反列之於傳, 何厚顔之甚邪! 又張(寔) · 李(雄)諸姓, 據有涼 · 蜀, 其於魏也, 校年則前後不接, 論地則參商有殊, 何預魏氏而橫加編載?(釋 : 此痛斥『魏書』越載東晉及十六國也. 晩出稱尊, 跨壓往代, 徒增可醜)

## 12-6

『상서(尙書)』는 7경(七經)[27] 중 으뜸이요, 백가(百家) 중 가장 중요하다. 무릇 학자들은 반드시 먼저 이 책에 정통하고 나서 그 다음으로 여러 서적들을 두루 보아야한다. 비유를 들어 말하자면 행차하며 길[路]을 따라 걷지 않는다는 경우를[28] 들은 바 없다. 국사를 편찬하는 사람이 만약 서로 다른 견문을 널리 받아들여 박물지(博物志)를 편찬하는데 적용한다면 그것은 괜찮다. 그러나 반고의 『한서』 「지리지」는 그 첫머리에 『상서』 「우공(禹貢)」편 전부를 수록하고 있다. 세월이 흘러 후대에 쓰여진 사서가 이전 시대 사서의 내용을 계속 이어 쓴다면, 이는 물로써 물의 맛을 내고,[29] 상위에 상을 포개 놓은 것[30] 같이 더 번잡하기만 할 뿐 끝내 아

27 역주 : '칠경'이란 『시(詩)』 · 『서(書)』 · 『예(禮)』 · 『악(樂)』 · 『역(易)』 · 『춘추』와 『논어』를 가리킨다.(『후한서』 권35, 「장순전(張純傳)」 이현(李賢)의 주(注) 참조)

28 『열자』에서 사용한 말이다. 「잡설」 상(上)편의 주를 보라. 역주 : '행함에 있어 지름길로 가지 않고[行不由徑]'라고 할 경우 『논어』 「옹야(雍也)」편에 보이는 문장을 인용한 것이 되는데, '서둘러서 빨리 하려고 하지 않는다'는 의미를 갖는다. 포기룡은 지름길[徑]을 길[路]이라고 해석하였는데, 다음의 '들은 바 없다'라는 의미를 볼 때 단순하게 길[路]로 보는 것이 더 합당하다.

29 역주 : 『좌전』 소공(昭公) 20년(B.C. 522)에, (안자(晏子)의 말을 인용하여) "만약 물로써

무 쓸모가 없게 될 것이니 어찌 어리석은 것이 아니겠는가? 옛날 춘추시기의 여러 나라들에서는 부(賦)와 시(詩)로써 의사를 표현하였고, 『좌전』에서는 이런 사실을 기록할 때에 편명(篇名)만을 기록하고 있다.[31] 지리(地理)를 기재하는 서지(書志)를 쓰면서 예로부터 내려오는 풍속을 논하면서 하대(夏代)에 이르러서는 마땅히 「우공」편 중에 이미 상세히 기록하였다고 말하면 될 것을, 무엇 때문에 옛 문장을 중복하여 서술하면서 쓸데없는 문장만 더 보탤 필요가 있겠는가?(釋 : 거듭하여 『한서』 「지리지」가 「우공」편 전체를 베끼고 있는 것을 비판하고 있다. 이는 단한 문제를 더욱 넘어선 것이다. 때문에 비슷한 것을 모아 뒤에 배열하였다)

夫『尙書』者, 七經之冠冕, 百氏之襟袖. 凡學者必先精此書, 次覽群籍. 譬夫行不由徑,(作'路'字訓) 非所聞焉. 修國史者, 若旁采異聞, 用成博物, 斯則可矣. 如班『書』「地理志」, 首(舊有'逐'字)全寫『禹貢』一篇. 降爲後書, 持續前史. 蓋以水濟水, 床上施床, 徒有其煩, 竟無其用, 豈非惑乎? 昔春秋諸國, 賦詩見意, 『左氏』所載, 唯錄(舊有'其'字)章名. 如地理爲書, 論自古風俗, 至於夏世, 宜云『禹貢』已詳, 何必重述古文, 益其辭費也? (釋 : 複駁『漢』志「地理」全寫「禹貢」, 此更溢出斷限外矣, 故推類列後)

---

물의 맛을 낸다면[以水濟水] 누가 그것을 맛있게 먹을 수 있으며, 만약 거문고나 비파의 어느 한 가지만을 같은 소리로 탄다면 누가 그 소리를 좋게 들을 수 있겠습니까. 맞장구치는 동(同)이 옳지 않다는 것은 이와 같은 것입니다"를 인용한 것이다.

30 역주 : 『안씨가훈(顔氏家訓)』 「서치(序致)」편에 보이는 문장이다. 위진(魏晉)이래 저작들의 내용이 중복되고 모방됨을 묘사한 말이다.

31 역주 : 『좌전』에 기재된 각 제후나 경 · 대부들의 부시(賦詩)는 모두 서른한 군데에 보이는데, 일반적으로 시의 장(章)의 제목만 보이고 전체 시의 내용을 수록하지는 않았다. 이유는 그들 시가 당시에는 모두 잘 알려진 것들이었기 때문이라 했다. 趙呂甫, 『史通新校注』, p.241 주)79 참조.

## 12-7

이적(夷狄)의 기원과 종족이 처음 일어난 곳을 예를 든다면 북맥(北貊)은 순유(淳維)[32]에서 기원하였고 남만(南蠻)은 반호(盤瓠)[33]에서 나왔으며 고구려는 자라가 다리를 만들어주어 강을 건널 수 있었고,[34] 토욕혼(土谷渾)은 말[馬]들을 서로 다투다가 천거(遷居)하였다.[35] 이와 같은 전설들을

32 『사기』 권110, 「흉노전」에, 흉노는 선조인 하후씨(夏后氏)의 후예인데, '순유(淳維)'라고 불렀다. 『한서』 권94, 「흉노전」은 『사기』의 문장을 그대로 모두 수록하고 있다.

33 『후한서』 권86, 「남만전(南蠻傳)」에, 예전에 고신씨(高辛氏)가 견융(犬戎)의 침략을 받았는데, 아무도 견융의 장수 오장군(吳將軍)의 머리를 베어올 수가 없어서 머리를 베어 오는 사람에게 딸을 주겠다고 하였다. 당시 개를 기르고 있었는데, 이름을 반호라 하였다. 명령을 내렸더니 반호가 사람의 머리를 물고 돌아왔는데 보니 오장군의 머리였다. 고신씨는 할 수 없이 반호에게 시집을 보냈다. 반호는 여자를 업고 남산으로 들어가 석실에 살면서 6남6녀를 낳았는데 서로 부부가 되었다. 그 후예가 번성하였는데 그들을 만이(蠻夷)라 불렀다. 오늘날 장사(長沙)의 무릉만(武陵蠻)이 그들이다. 『남사(南史)』 권79, 「만전(蠻傳)」에도 반호의 후예들이 있다고 했고, 『노사(路史)』 「발휘(發揮)」에 이르기를, 『백익경(伯益經)』에 황제(黃帝)의 증손 변명(卞明)이 백견(白犬)을 낳았는데 그가 바로 만(蠻)의 조상이라고 했다. 백견은 그 아들의 이름이다. 그리고 응소(應劭) · 간보 · 범엽 등이 별로 중요하지도 않은 이런 이야기를 시시콜콜 언급하고 있다.

34 『위서』 권100, 「고구려전」에, 선조는 주몽이고, 어머니는 하백(河伯)의 딸이다. 부여왕이 방안에 가두었는데 해가 비추자 잉태하여 알을 낳았다. 그 어머니가 알을 따뜻한 곳에 두자 한 사내아이가 껍질을 깨고 나왔다. 장성하여 자(字)를 주몽이라 하였다. 주몽은 활을 잘 쏘았다. 부여의 신하들이 죽이려고 모의하자 주몽은 동남쪽으로 도망하였는데 가는 도중 큰 물을 만났는데 고기와 자라들이 떠올라 다리를 만들어 주어 건널 수 있었다. 흘승골성(紇升骨城)에 이르러 거주하면서 고구려라 칭하고, 그 호칭을 따서 고(高) 씨라 하였다. 『수서』 권81, 「고려전」의 내용도 거의 같다.

35 『위서』 권101, 「토욕혼전」에, 요동의 선비(鮮卑) 비섭귀(卑涉歸)는 일명 혁락한(奕洛韓)으로서 아들이 둘 있었는데 큰아들을 토욕혼, 작은아들을 약락외(若洛廆)라고 불렀다. 약락외는 따로 모용씨(慕容氏)라고 하였다. 토욕혼과 약락외 두 부족은 말싸움을 시켜 서로 상처를 입히기도 했다. 약락외가 화를 내자, 토욕혼이 말하길, '말은 가축이다. 싸움은 말 사이에 벌어지는 일인데 사람이 화를 내느냐? 떨어져 지내는 것은 (반목하고 싸우는 일보다) 매우 쉬운 일이니, 이제 너와는 만리 밖에 떨어져 지내야겠다.' **按**: 이 문장은 『송서』에도 보이고, 당나라가 편찬한 『진서(晉書)』에도 다시 수록하고 있다.

각 시대마다 조사한다면 어느 시대의 사서(史書)엔들 없겠는가? 그런데도 사가들은 앞 시대의 사람들이 이미 서술하였으면 후세의 사람들이 마땅히 수록하지 말아야 한다는 것을 모르고 있다. 그리하여 백세(百世)동안 전해오면서 한 글자도 고치지 않았다. 덧 자란 손가락이 손의 힘을 더해줄 수 없고, 덧 생긴 혹이 사람의 형체를 살찌게 할 수 없는 것과 같다.[36] 역사를 편찬하는 체례(體例)는 이와 비슷하다. 만약 이전의 책에 실린 내용을 함부로 끌어들여 책의 편폭(篇幅)이나 증가시키면서 이를 널리 자료를 수집했다고 일컫지만, 우리가 들은 바와 다르다.(釋 : 이상에서는 더욱 확대하여 변방지역의 종족들의 유래가 이전의 사서에 오래 전에 기재되어 왔는데도 후일의 사서들이 그 경계를 어떻게 재단할지 모르고, 과거의 문장을 모두 수록하여 더욱 쓸데없이 덧붙여놓았다고 하였다)

若夷狄本系,(四字截句. 舊作'係', 非) 種落所興. 北貊起自淳維, 南蠻出於槃(亦作'盤')瓠, 高句麗以鼈橋獲濟, 吐谷渾因馬鬪徙居. 諸如此說,(一多'者'字) 求之歷代, 何書不有? 而作之(一無'之'字)者曾不知前撰已著,(一多'而'字) 後修宜輟, 遂乃百世相傳, 一字無改. 蓋駢指在手, 不加力於千鈞; 附贅居身, 非廣形於七尺. 爲史之體, 有若於斯, 苟濫引它事, 豐其部帙, 以此稱博, 異乎吾黨(一有'之'字)所聞.(釋 : 此更推到外域種系久載前史者, 後史不知裁限, 全錄舊文, 尤爲駢贅也)

---

36 역주 : 이 말은 『장자』 「변무(騈拇)」편에, "엄지발가락과 둘째 발가락에 살이 더 붙어 합해진 곧 네 발가락[騈拇]과 손가락이 하나 더 갈라져 나가 여섯 손가락이 된 육손이[枝指]는 천성(天性)에서 나온 것이다. 그러나 그것은 인간의 정상적인 형태에서 볼 때에는 군더더기다. 붙어 있는 사마귀나 달려 있는 혹은 형체에서 생긴 것이다. 그러나 그것은 인간의 천성에서 볼 때 군더더기다. 마찬가지로 인의(仁義)를 과다하게 하여 세상에 쓰려는 것은 비록 인의가 그들의 주장대로 오장(五臟)에 근거를 두고 있다 해도 역시 도덕의 바른 양상이라고는 볼 수 없다"라고 한 말에서 인용한 것이다.

## 12-8

육사형(陸士衡)은 이르기를 "비록 좋아하는 곳이 있다고 하더라도 반드시 버려야 한다"라고 했다.(이 말은 『문부(文賦)』에 보인다)[37] 이 말은 참 훌륭하구나! 이야말로 책을 쓰는 사람들의 의도를 잘 이해한 말이라 하겠다. 무릇 단한(斷限)[38]을 분명히 이해하고 그 기준을 정확히 한 것을 옛날부터 전해지는 사서들 속에서 고른다면 다만 소자현(蕭子顯)[39]의 『남제서(南齊書)』가 그에 가깝다. 그러나 만약 '단한'과 관련한 결함이 전혀 없다고 말한다면 나는 완전히 찬동하지는 않을 것이다.

陸士衡有云 : "雖有愛而必捐."(語見『文賦』) 善哉斯言, 可謂達作者之致矣. 夫能明彼斷限, 定其折中, 歷選自古, 唯蕭子顯近諸. 然必謂都無其累, 則吾未之(一無'之'字)許也

**按** : 국사는 기전(紀傳)을 정통으로 하고, 기전은 단대(斷代)를 정통으로 한다. 유지기가 자주 주장하였던 것은 각종 관점을 비판적으로 평가하는 것이었다. 때문에 첫머리에 『사기』를 설정한 외에 별도로 『한서』가를

37 **역주** : 육사형은 『문부(文賦)』(『문선』 권17 所收)에서, 문장을 정말 아름답게 그리고 뛰어나게 쓴 것이 비록 이전 사람의 것을 베낀 것이 아니라 자신이 구사한 문장이지만, 옛 사람의 문장과 다르지 않을 경우에 자칫하면 베꼈다는 혐의를 받아 염치없게 됨으로 '비록 좋아하는 곳이 있다고 하더라도 반드시 버려야 한다'라고 했다.

38 『진서(晉書)』 권40, 「가충전(賈充傳)」에, 조정에서는 의논하여 『진서』의 단한(斷限)을 정하고자 했다. 순욱(荀勖)은 위(魏) 정시(正始)를 시작연도로 하는 것이 좋다고 하였고, 왕찬(王瓚)은 가평(嘉平) 연간 이후의 조신(朝臣)을 모두 진(晉)의 사서에 수록하자고 했다. 가밀(賈謐)은 태시(泰始)를 시작연도로 하자고 했다. 이 문제를 삼부(三府)로 보내 의논하도록 하였다. **按** : 한단(限斷)이란 즉 기한을 정한다는 단한(斷限)을 말한다. 두 글자가 사전(史傳)에 보이는 것은 이것이 처음이다.

39 **역주** : 소자현(487-537)은 양(梁)의 사가로써 『후한서』(100권) · 『제서(齊書)』(60권) · 보통북벌기(普通北伐記)』(5권) · 『귀검전(貴儉傳)』(3권) · 『문집』(20권) 등이 있다. 『남사』 권42, 『양서』 권35 참조.

세운 것이었고, 각 조목 후에 배열하여 「단한(斷限)」편을 계속하여 보충하였던 것이다. 옛날 사람들은 반고의 『한서』를 지극히 칭찬하였으나, 요즘 사람들은 그 단한을 넘어선 문제점을 처음으로 규명하였고, 옛적에는 모범으로 세웠지만 지금은 그 범위를 분별하였다. 그런 점에서 서로 도움이 되며 상호간에 서로 배치(背馳)되는 것은 없다.(國史紀傳爲正, 紀傳斷代爲正. 劉子頻頻提闡, 是其截斷衆流句. 故首於『史記』外, 別立『漢書』家, 此於條目後亟綴「斷限」篇也. 向者極表班書, 今者首糾越限, 向以標法式, 今爲辨封畛, 有相濟, 無相背也)

평론하는 사람이 말하기를, 「고조본기」에 자영(子嬰)을 기록하지 않은 것이나 『위서(魏書)』에서 고환(高歡)을 서술하지 않은 것을 괜찮다고 한 것이 보이지는 않지만, 이는 잘못 이해한 것이다. 반고의 『한서』「고조본기」에는 분명히 자영을 기록하고 있다. 따라서 유지기가 그렇게 말한 것은 자영에게 다시 본기를 설정하지 않았기 때문이다. 위수(魏收)가 헌제(獻帝)와 도무제(道武帝)를 가려 서술하면서 문장을 꾸민 것은 신하에게 베푼 것이 아니다. 유지기는 거의 제(齊)의 본기와 같아야 하는 것으로 여기고 그 제한이 다시는 없다고 했지만, 어찌 군신간의 관계가 모름지기 이와 같지 않다고 한 것이겠는가. 아울러 동탁 · 장홍(臧洪) · 도겸(陶謙) 등이 조조(曹操)와는 아무 관계가 없다고 한 것을 두고 유지기가 비판한 사실이 지나치다고 한 것 역시 잘못 이해한 것이다. 이는 앞서의 비평과 똑 같은 것이다. 「노순(盧循)」의 열전이 남조 송(宋)의 역사에 들어가 있지 않고, 황소(黃巢)의 열전이 당말(唐末) 오대(五代) 양(梁)의 역사에 들어가 있지 않은 것을 어찌 성기고 누락된 것이라 하겠는가.(評者云: 「高紀」不書子嬰, 『魏書』不序高歡, 未見其可. 此誤解也. 班書「高紀」顯帶子嬰, 劉非不見, 劉但謂不復爲嬰立紀耳. 魏收銓敍獻 · 武, 崇飾其詞, 非所施於臣子. 劉氏以爲幾同齊紀, 無復限制耳, 豈謂上下交涉處不須及之耶? 又有以董卓 · 臧 · 陶皆非與操無因, 而譏劉說爲過者, 亦是誤解, 與前評正同. 盧循傳不入宋, 黃巢傳不入梁, 詎曰疏脫)

# 「편차(編次)」 제13

이 편에서는 주로 인물·사건 등을 사서(史書)에 구체적으로 어떻게 위치시켜 배열하는가 하는 문제를 다루고 있다. 과거 『상서』와 『춘추』의 경우 편년의 형식으로 기록함에 따라 시대의 원근과 연대상 전후관계를 분명하게 살필 수 있었지만, 기전체의 출현에 따라 인물과 사건들이 일반적으로 「본기」·「열전」·「표」·「지(志)」 등의 유목(類目)으로 분산되어 기록됨으로써 체통(體統)이 일정하지 않고 명목(名目)이 서로 어긋났으며, 진위(眞僞)[朱紫]가 뒤섞이고, 상[冠]·하[履]가 거꾸로 되는 문제점이 드러났다고 하였다. 따라서 이들 문제들과 관련한 구체적인 사례를 들어 그 분류가 합당하며 명실(名實)이 일치하는지 또 배열의 순서가 적합하며 선악(善惡)·존비(尊卑)가 제대로 구분되어 있는지 등을 파악할 필요를 가지고 이들 문제를 논하였다. 분류가 합당한가 하는 측면에서, 유지기는 특히 『사기』 중 저소손(褚少孫)이 보충한 「귀책열전(龜策列傳)」의 경우 점복(占卜)과 관련한 내용은 마땅히 「서(書)」로 분류하여 배열해야 하는데도 사람을 중심으로 하는 「열전」에 기재하였다고 비판하였다. 또 『한서』 중 당연히

「유림전(儒林傳)」에 배열해야 하는 유향(劉向)·유흠(劉歆)을 「초원왕전(楚元王傳)」에 함께 수록한 것을 비판하였다. 아울러 명실의 일치라는 측면에서, 유지기는 제왕들이 비록 실권이 없다 하더라도 그 명칭을 지니고 있는 한 당연히 「본기」에 배열해야 하며, 주(周)의 난왕(赧王)과 진(秦)의 자영(子嬰), 한의 갱시제(更始帝) 유현(劉玄) 등을 예로 들면서 그들을 「본기」에 배열하는 것이 명목에 부합(符合)된다고 하였다. 그리고 배열의 순서와 관련하여 유지기는 군웅으로서 서로 세력을 다투면서 정권의 향방이 아직 정해지지 않았던 시기에 할거해 있던 사람들은 개국 군주의 「본기」 앞에 배열해서는 안 된다고 주장하였다. 그러므로 비록 촉한의 선주(先主)[劉備]가 비록 익주의 유언(劉焉)과 유장(劉璋)의 근거지를 배경으로 하였다고 하더라도 그들의 열전을 유비의 앞에 배열한 것은 의례(義例)에 어긋난다고 비판하였다. 유목(類目)의 배열과 관련하여 유지기는 「본기」와 「열전」은 서로 이어져 있으면 읽는데 편함에도 불구하고 『사기』이래 「표」와 「지」를 「본기」와 「열전」의 사이에 끼워 넣는 것을 따라 배우는 것이 적합하지 못하다고 지적하였다. 그 외에도 합전(合傳)의 부당함과 논찬(論贊)의 배열 위치가 잘못되었음을 비판하였다.

## 13-1

옛날 『상서』는 기언(記言)하고 『춘추』는 기사(記事)하면서[1] 일월(日月)에 따라 기술(記述)함으로써 시대의 원근(遠近)을 나타내고, 연대에 따라 기록함으로써 전후 관계를 분명하게 하였다. (따라서) 읽는 사람들로 하여금

1 역주 : 『한서예문지』 「육예략(六藝略)」 『춘추』에 대한 설명인, "좌사(左史)는 말을 기록하고, 우사(右史)는 일을 기록하였다. 일을 (기록한 것을) 춘추라 하였고, 말을 (기록한 것을) 상서라 하였다. 제왕은 이와 같이 하지 않을 수 없다"에서 인용한 말이다.

조리정연하도록 하여 분명하게 살펴볼 수 있도록 하였다.(釋 : 처음에는 편년을 이용하여 기전(紀傳)을 기록하였지만, 그 체재가 경계를 넘어선 것이 아니므로 따로 논하지 않았다) 사마천에 이르러서 형식이 가지런하지 않고 여러 가지가 뒤엉키어 복잡해지기 시작하였으니, 비슷한 것끼리 나누어 합하고 종합하여 편(篇)을 만들었다. 반고가 그 뒤를 이어 여전히 이 방법을 계승하였다. 그 사이에 체통(體統)이 일정하지 않고 명목(名目)이 서로 어긋났으며, 진위(眞僞)[朱紫]가 뒤섞이고,[2] 상[冠]·하[履]가 거꾸로 된 곳도 있으니, 이 문제에 대하여는 이야기할 만하다.(釋 : 기전은 곧 체례를 조리 있게 구분하는 것이고, 편차는 마땅히 가지런하고 확실한 것을 추구한다. 이는 대강(大綱)이다)

昔『尙書』記言, 『春秋』記事, 以日月爲遠近, 年世爲前後; 用使閱之者, 雁行魚貫, 皎然可尋.(釋 : 首借編年託起紀傳. 言其體本無越次, 可置勿論也) 至馬遷始錯綜成篇, 區分類聚. 班固踵武, 仍加祖述. 於其間則有統體不一, 名目相違, 朱紫以之混淆; 冠履於焉顚倒, 蓋可得而言者矣.(釋 : 紀傳則體例條分, 編次宜求整確矣. 此是總挈)

## 13-2

사마천[子長]의 열전(列傳)을 살펴보면 수록한 것은 오직 사람들뿐이다. 고대에 점복을 볼 때 사용하였던 귀책(龜策)은 이물(異物)로서 사람과 같

2 역주 : 『논어』 「양화(陽貨)」편에, 공자께서 말씀하시기를, '나는 자줏빛[紫]이 붉은색[朱]을 뺏은 것을 미워하고, 정(鄭)나라 음악이 아악(雅樂)을 어지럽힌 것을 미워하고 약삭빠르게 들러대는 말이 나라를 뒤엎음을 미워하노라'고 하였다. 사(邪)가 정(正)을 뒤엎는 사례로 인용되었다. 『문심조룡』 「정위(正緯)」편에는, "주(周)나라 때 대궐 동쪽의 결채에 보관해 놓았던 비보(秘寶)도 그때에 이르러 진짜와 위조품[朱紫]이 뒤섞이게 되었다"라고 하여 진위가 뒤섞였다는 의미로 사용되었다.

은 유(類)가 될 수 없음에도 오히려 사람들과 같은 유에 편입시켜 모두 전(傳)이라고 하였으니[3] 어찌 이상하지 않겠는가? 뿐만 아니라 「귀책열전」에 기록한 내용들은 전부 지(志)의 체재에 속한다. 당시에 만약 「팔서(八書)」[4]와 함께 배열하고 「(귀책)서(書)」로 명명하였다면 비슷하다고 하여 호응했을 것이다.[5](釋 : 이 조항에서는 『사기』 「귀책열전」은 '지'의 체재로 쓰여져 있어서 당연히 「서」에 정리해야지 「열전」으로 편입시켜서는 안 된다고 했다)

尋子長之列傳也, 其所編者唯人而已矣. 至於龜策異物, 不類肖形 : 而輒與黔首同科, 俱謂之傳, 不其怪乎? 且龜策所記, 全爲志體, 向若與八書齊列, 而定以書名, 庶幾物得其朋, 同聲相應者矣.(釋 : 一條, 言『史記』龜策是志體, 宜歸書例, 不宜入傳例)

## 13-3

반고[孟堅]의 『한서』에서는 일족[一姓]마다 각기 열전이 두어졌다. 그에 덧붙여 대부분 전주(傳主)의 후손들이 수록되었는데, 사적(事迹)이 특별히 뛰어난 경우 별도로 열전을 두었다. 때문에 곽광(霍光)[博陸]과 곽거병(霍去病)형제들은 같은 열전에 수록되지 않았고,[6] 『외척전(外戚傳)』·『원후전(元

---

3 역주 : 『사기』 권128, 「귀책열전」 참조. 「귀책열전」과 함께 「일자열전(日者列傳)」의 경우도 비슷하기 때문에, 이 두 열전을 저소손(褚少孫)이 보완한 것이 아닌가 의심하는 견해도 있다. 趙呂甫, 『史通新校注』, pp.250-251 주)9 참조.

4 역주 : 『사기』에는 「예서(禮書)」·「악서(樂書)」·「율서(律書)」·「역서(曆書)」·「천관서(天官書)」·「봉선서(封禪書)」·「하거서(河渠書)」·「평준서(平準書)」 등 모두 팔서가 있다.

5 역주 : 『주역』 "건(乾)"의 문언(文言)에, 공자께서 말씀하시기를, '같은 소리는 서로 응하고, 같은 기는 서로 구한다[同聲相應, 同氣相求]'고 하였다.

6 역주 : 곽거병의 경우 흉노정벌에 공이 커서 위청(衛青)과 함께 『한서』 권55에, 곽광의 경우 무제에서 선제에 걸친 중신으로서 형인 곽거병과 따로 『한서』 권68에 김일

后傳)』처럼 시어머니와 며느리를 각기 다른 두 열전에 수록하고 있다.[7] 예컨대 원왕(元王)(고조의 종제(從弟) 유교(劉交))은 초(楚)에 책봉을 받고 그의 손자 유무(劉戊) 때 나라가 망하였다. 그들의 행적을 살펴보건대 기록된 내용이 매우 적은데도 오히려 독자적으로 한 권을 이룰 수 있었던 것은[8] 실재 유향(劉向)과 유흠(劉歆)의 도움 때문이었다.[9] 그러나 유교(劉交)[元王]는 한 초기에 책봉을 받았을 뿐만 아니라 시방에 분봉된 제후였다. 유향은 전한(前漢) 말의 인물로서 직위는 경사(卿士)에 불과하였으니 양자 사이에는 혈통이 달라 종묘의 제사가 나뉘어져 있고, 봉작(封爵) 또한 서로 달랐다. 만약 초왕(楚王)과 그 자손들을 따로 떼어 고조(高祖)·혜제(惠帝) 시기의 인물인 고조의 종부형(從父兄)인 형왕(荊王)[劉賈], 고조의 아들 대왕(代王)[10][劉仲]과 함께 편입하고, 유향·유흠 부자를 따로 떼어 원제(元帝)·성제(成帝) 때 활약한 왕길(王吉)[11]·경방(京房)과 함께 배열하면 다른 여러 전(傳)과 비교한다고 해도 비슷하지 않겠는가?(釋: 이 조항에서는 반고의 『한서』가 유향과 유흠 부자를 초 원왕 열전에 부록하고 있는 것은, 시대가 서로 이어져 있지 않고, 봉작을 서로 세습한 것이 아니기 때문에 마땅히 비슷한 사람끼리 함께 따로 열전을 세워야 한다고 했다)

孟堅每一姓有傳, 多附出(一作'出附')餘親.(一訛作'觀') 其事迹尤異者, 則

제(金日磾)와 합전되어 있음을 가리킨다. 곽거병은 박륙후(博陸侯)에 봉해졌다.

7 역주:『한서』의 경우 후비들은 모두 「외척전」에 수록하고 있는데, 한 원제의 황후 효원후(孝元后)는 왕망의 고모로써 그 사적이 중요하다고 하여 별도로 『한서』 권98, 「원후전」에 수록하고 있음을 가리킨다.

8 역주:『한서』 권36, 「초원왕전(楚元王傳)」을 말한다.

9 역주: 유향은 초 원왕 유교의 4세손이고, 유흠은 그의 아들이다. 이들 부자는 『한서』 권36, 「초원왕전」에 합전되어 있는데, 열전의 대부분이 이들에 관한 내용으로 채워져 있음을 가리킨다.

10 역주: 포기룡은 '대(代)'를 '조(趙)'로 고쳐야 한다고 했지만, 근거가 분명하지 않으므로 대왕(代王)이 맞다고 했고(張振珮, 『史通箋注』, p.125 참조), 포기룡의 견해를 따른 경우도 있다.(趙呂甫, 『史通新校注』, p.252 주)23 참조)

11 역주: 포기룡은 왕길이라 하였지만, 그의 행한 사적(事迹)이 유향·유흠 부자와 같지가 않기 때문에 경방과 함께 당대의 경사(經師)였던 왕식(王式)을 가리킨다고 하는 견해도 있다. 張振珮, 『史通箋注』, p.125 참조.

分入它部. 故博陸·去病, 昆弟非復一篇; 外戚·元后, 婦姑分爲二錄. 至如元王(高祖八弟交)受封於楚, 至孫戊而亡. 案其行事, 所載甚寡, 而能獨載(疑當作'成')一卷者, 實由向·歆之助耳. 但交封漢始, 地啓列藩; 向居劉末, 職才卿士. 昭穆旣疏. 家國又別. 適使分楚王子孫於高·惠之世, 與荊(高祖從父兄)·代(當作'趙', 高祖子) 並編; 析劉向父子於元·成之間, 與王(王吉)·京(京房)共列. 方於諸傳, 不亦類乎?(釋: 一條, 言班史附向·歆於楚元王傳, 代不相接, 封不相襲, 宜以類離立)

## 13-4

또한 예로부터 왕실은 비록 쇠미(衰微)해도 천명은 아직 바뀌지 않았기 때문에 주 난왕(周赧王)이 '도책대(逃責臺)'[12]로 피신하였어도 여전히 주왕(周王)이라 하였으며, 자영(子嬰)이 투항[繫頸][13]하기 전에는 여전히 진국(秦國)이라 하였다. 더구나 신새(神璽)[14]를 쥐고 있고 한 왕조[火德]가 아직 멸망하지 않았는데 거섭(居攝)(왕망의 연호) 년간에 있었던 사실을 「평제기(平帝紀)」 말미에 편입하지 않았고, 유자(孺子) 영(嬰)이 제위를 계승한 사실을 모두 「왕망전(王莽傳)」에 서술하였다. 결국 전한말(前漢末) 몇 해 동안의 사실이 사라져 찾아볼 수 없게 하였다.[15] 왕조의 역수(曆數)[正朔]라는

---

12 『제왕세기(帝王世紀)』(『사기』 권4, 「주본기(周本紀)」 『사기정의(史記正義)』 引)에, 주의 난왕(赧王)이 비록 천자였지만 제후들에게 밀리고 백성들에게 책임을 미루어도 돌아갈 곳이 없었다. 이에 천자의 궁전인 상대(上臺)로 피신하였다. 따라서 주나라 사람들은 그곳을 도책대(逃責臺)라 불렀다고 했다.

13 역주 : 『사기』 권8, 「고조본기」에 진왕(秦王) 자영이 한 고조에게 항복의 표시로 목에 수대(綬帶)를 감고, 천자의 옥새와 부절(符節)을 받들고, 지도정(軹道亭) 부근에서 투항한 사실을 말한다. 앞의 「단한(斷限)」편 주(注) 참조.

14 역주 : 천자의 어인(御印)으로 정권을 상징한다.

점에 비추어볼 때 기만하는 것이 아니겠는가?(釋: 이 조항에서는 왕망의 건원(建元)은 마땅히 고쳐져야 하고, 『한서』 「왕망전」이 왕망의 연호를 편년으로 한 것은 그 잘못이 크다고 했다)

又自古王室雖微, 天命未改, 故臺名逃責,(古通'債') 尙曰(一作'書')周王; 君未繫頸, 且云秦國. 況神璽在握, 火德猶存, 而居攝(王莽年)建年, 不編『平紀』之末; 孺子主祭, 咸書「莽傳」之中. 遂令漢餘數歲, 湮沒無睹, 求之正朔, 不亦厚誣?(釋: 一條, 言莽元宜革, 而班史莽傳竟紀莽年, 其失甚矣)

## 13-5

한이 다시 중흥하면서 갱시제(更始帝)가 제위에 올라 개원을 하고 3년이 지났다.[16] 세조(世祖)[17]는 갱시제에게 칭신(稱臣)하고 신하로서의 예절을 갖추지 않은 적이 없었다. 그 후 갱시제의 군사가 장안(長安)에서 패하자 제위는 광무제에게 돌아갔다.[18] 형이 제위를 잃으면 동생이 계승하며

---

15 역주: 평제가 죽고 난 후 거섭 원년(6)부터 왕망이 황제를 칭한 시건국(始建國) 원년(9)까지의 3년간을 가리킨다.

16 역주: 왕망 지황(地皇) 4년(23) 유현(劉玄)이 갱시제에 올라 갱시(更始)라 개원하고 광무제가 즉위한 때(25)까지 3년을 말한다.

17 역주: 광무제는 33년간 재위(25-57)하였고, 묘호(廟號)가 세조이다.

18 『후한서』 권1, 「광무제본기」에, 광무제가 북으로 우래(尤來) · 대창(大搶) · 오번(五幡) 등을 원씨(元氏)에서 공격하고 안차(安次)로 나아갔다. 여러 장수들이 광무의 존호를 의논하였고, 행군하여 호(鄗)에 이르렀다. 강화(彊華)가 관중으로부터 적복부(赤伏符)를 바치며 말하기를, "유수(劉秀)가 군사를 일으켜 부도(不道)함을 다스리려 한다. 사이(四夷)가 운집하여 곳곳에서 때를 노리는데 사칠지제(四七之際)에 화(火)가 천하의 주인이 된다"라고 했다. 여러 신하들이 이에 맞추어 수명부(受命符)를 다시 상주하였다. 광무제가 이때에 호(鄗)의 남쪽에 단(壇)을 세우고 황제에 즉위하고 건무(建武)를 연호로 하였다. 호의 지명을 고쳐 고읍(高邑)이라 하였다.

기원(紀元)과 역법(曆法)이 서로 이어가는 것인데 작자는 도리어 성공(聖公)[19]을 낮추어 열전에서 다루고 있고,[20] 문숙(文叔)[21]을 본기의 첫머리에 배열하고 있으니 이러한 일은 마치 제사지낼 때 노 희공(魯僖公)을 민공(閔公)의 위에 올리고,[22] 주 문왕(周文王)을 부줄(不窋)의 앞에 올리는 것과 같다.[23] 『동관한기(東觀漢記)』의 작자들이 혹 자기 왕조에 아첨한 것이기에 어쩔 수 없다고 하더라도 후일 사서를 편찬할 경우 당연히 바르게 고쳐야 한다.(釋 : 이 조항에서는 후한이 중흥하면서 갱시제가 먼저 제위에 올라 그에 합당한 칭호를 세웠으니 마땅히 본기에 수록해야 하고 열전에 수록하는 것은 옳지 않은데도, 범엽의 『후한서』 역시 고치지 않고 이를 그대로 따르고 있다고 했다)

當漢氏之中興也, 更始升壇改元, 寒暑三易. 世祖稱臣北面, 誠節不虧. 旣而兵敗長安, 祚歸高邑, 兄亡(亡謂失位)弟及, 歷數相承. 作者乃抑聖公於傳內, 登文叔於紀首, 事等躋僖, 位先不窋. 夫『東觀』秉筆, 容或諂於當時; 後來所修, 理當刊革者也.(釋 : 一條, 言後漢中興, 更始先建位號, 宜紀不宜傳, 范史因仍不改)

---

19 역주 : 갱시제 유현(劉玄)의 자(字)이다.

20 역주 : 갱시제 유현은 『후한서』 권11, 열전에 유분자(劉盆子)와 합전되어 있다. 갱시제 유현은 광무제의 족형(族兄)이다.

21 역주 : 광무제 유수(劉秀)의 자(字)이다.

22 『좌전』 문공(文公) 2년(B.C. 625)에, 태묘에서 대제(大祭)를 지내고, 희공(僖公 : B.C. 659-627 재위)의 사당을 민공(愍公 : B.C. 661-660 재위)보다 위에 올렸다.(역주 : 희공이 민공의 형이기는 하지만, 민공 하에서 신하를 지낸 적이 있으므로) 이는 순서를 거스른 제사[逆祀]로서 군자들이 예를 지키지 않은 것이라 여겼다. 공자가 비록 성인이었지만 부모에 앞서 제사를 지내지 않으며 옛 적 우(禹)·탕(湯)·문왕·무왕이 각각 곤(鯀)·설(契)·부줄(不窋)에 앞서 제사를 지내지 않았다고 했다.

23 역주 : 부즐은 후직(后稷)의 아들로써 주(周)의 이세조(二世祖)에 해당한다.

## 13-6

천하가 서로 나뉘어 분쟁을 벌리고 정권의 행방이 아직 정해지지 않았을 때[24] 군웅들은 스스로 칭왕(稱王)하면서 다른 세력을 배척하였다. 그러므로 사서[史傳]에서는 그 진위를 구분하여 기술(記述)하였다. 그리하여 진승(陳勝)과 항우(項羽)를 고조(高祖)의 뒤에 배열하고, 외효(隗囂)와 공손술(公孫述)을 광무제(光武帝)의 앞에 배열하지 않았다.[25] 그런데도 진수(陳壽)의 『삼국지』「촉서」에서는 제일 앞에 이목(二牧)(익주목(益州牧)이었던 유언(劉焉)과 유장(劉璋)을 가리킨다)을 배열하고 그 다음에 선주(先主)[劉備]를 배열함으로써 그들을 계승하고 있음을 나타냈다.[26] 어찌 촉이 위조(僞朝)였기 때문에 결국 항례(恒例)를 따르지 않았단 말인가?[27] 그러나 대붕이든 메추라기든 모두 새인데 어찌하여 대소의 차이가 있겠는가?[28](釋 : 이 조항

24 역주 : 『여씨춘추(呂氏春秋)』「신세(愼勢)」편에, 토끼 한 마리가 달아나면 백 명이 잡으러 쫓아가는 이유는, 토끼 한 마리가 백 명에게 나누어질 수 있는 것은 아니지만 토끼가 누구의 소유가 될 것인지 확정되지 않았기 때문이라고 했다. 여기서 축토(逐兔)란 축록(逐鹿)의 의미를 갖는데 즉 천하가 분열되어 군웅이 할거하는 상태를 의미한다. 또 『시경』「소아(小雅)」 "정월(正月)"에, "까마귀 날아가서 어디에 머무는가. 그 누구네 지붕에 앉을 것인가[瞻烏爰止, 于誰之屋]"라고 하였는데, 이 또한 천하의 패권이 아직 정해지지 않은 상태를 의미한다.

25 역주 : 외효(?-33)는 왕망정권 말기에 독립하여 서주상장군(西州上將軍)이라 칭하였다가 후일 공손술의 휘하에서 영삭왕(寧朔王)이 되었다가 광무제에게 죽임을 당했다. 공손술(?-36) 역시 왕망정권 말기에 사천지방에서 독립하여 촉왕(蜀王)이 되었다가 천자를 칭하기도 했지만 광무제의 군대에 의해 죽임을 당했다. 이들은 『후한서』 권13에 합전되어 있다.

26 역주 : 『삼국지』 권31, 「촉지」의 첫 부분은 바로 「이목전(二牧傳)」으로 익주목을 지낸 유언과 유장을 적고 있으며, 뒤이어 『삼국지』 권32에서 선주(先主) 유비를 수록하고 있음을 비판한 것이다.

27 역주 : 삼국시대 이후 제기된 정통론에 대하여는 饒宗頤, 『中國史學上之正統論』, 臺北, 宗青圖書出版公司, 1979. 趙令揚, 『關於歷代正統問題之爭論』, 臺北, 學津出版社, 1987 참조.

28 역주 : 이는 『장자』「소요유(逍遙遊)」편의 문장을 인용한 것으로, 유지기는 이를 통해 진수(陳壽)가 촉(蜀)이 작고 한 쪽에 치우쳐 있음으로 그 체례를 달리 적용하고 있음

에서는 『삼국지』 「촉지」가 마땅히 선주(先主) 유비를 첫머리에 수록해야 하는데 진수는 유언과 유장 두 사람을 마치 고조와 광무제처럼 제일 앞에 수록하고 있어서 의례(義例)에 어긋난다고 했다)

蓋逐兔爭捷, 瞻烏靡定, 群雄僭盜, 爲我驅除. 是以史傳所分, 眞僞有別; 陳勝·項籍見編於高祖之後, 隗囂·孫(公孫)述不列於光武之前. 而陳壽「蜀書」首標二牧,(謂益州牧, 卽焉·璋也) 次列先主, 以繼焉·璋, 豈以蜀是僞朝, 遂乃不遵恒例. 但鵬·鷃一也, 何大小之異哉?(釋: 一條, 言「蜀志」宜首紀先主, 而陳壽乃先以二牧比高·光, 爲違例也)

## 13-7

『춘추』의 기록에는 제후왕이 죽고 그를 계승한 아들이 거상(居喪)하면서 1년을 넘기지 못하고 폐위된 경우에는 군주로 여기지 않았기 때문에 편목을 따로 늘리지 않았다. 그러므로 노나라의 12공(公)[29]에 오(惡)나 시(視)[30]를 함께 배열하지 않았다. 진(秦)의 자영(子嬰)과 한(漢)의 창읍왕(昌邑

을 지적한 것이다.

29 역주 : 『춘추』에 수록된 노나라 은공(隱公) · 환공(桓公) · 장공(莊公) · 민공(閔公) · 희공(僖公) · 문공(文公) · 선공(宣公) · 성공(成公) · 양공(襄公) · 소공(昭公) · 정공(定公) · 애공(哀公) 등을 말한다.

30 『좌전』 문공 18년(B.C. 609) 조에, 문공의 둘째 부인 경영(敬嬴)은 선공(宣公)을 낳았다. 경영은 남모르게 양중(襄仲)과 밀통하면서 양중에게 선공을 밀어줄 것을 부탁하였지만, 숙중(叔仲)이 반대하였다. 양중은 태자 오(惡)와 그의 동생 시(視)를 죽이고 선공을 왕으로 세웠다. 「춘추」에는 '자(子)가 졸(卒)했다'라고 하였음은 이를 기휘(忌諱)한 것이다. 오와 시의 어머니인 부인 강씨(姜氏)가 제나라로 돌아간 것은 노나라와 인연을 끊고 아주 돌아간 것이다. 떠나고자 할 때 울며 저잣거리를 지나가며 말하기를, '하늘이시여! 양중이 부도하여 적자를 죽이고 서자를 세웠도다!'고 하였다. 두예(杜預)의 주에, 오는 태자이고, 시는 친동생이다. 부인 강씨는 오와 시의 어머니

王)은 모두 각기 2세 호해(胡亥)와 관련하여 기록하였고,[31] 「소제기(昭帝紀)」의 뒤에 덧붙여 사람들이 알 수 있게 하였다.[32] 그러나 오균(吳均)의 『제춘추(齊春秋)』[33]는 오히려 울림왕(鬱林王)을 본기(本紀)에 배열하고 있어서[34] 사실을 행함에 옛사람의 도리를 따르지 않고 있으니 어찌 체례의 엄격함이 이렇게 심할 수 있는가!(釋 : 이 조항에서는 대를 이었지만 군주로 여기지 않는 경우 본기에 배열하지 않는데, 오균(吳均)이 울림왕을 본기에 배열한 것은 논의해야 할 문제라고 했다)

『春秋』嗣子諒闇, 未逾年而廢者, 旣不成君, 故不別加篇目. 是以魯公十二, 惡·視不預其流. 及秦之子嬰, 漢之昌邑, 咸亦因胡亥而得記, 附孝昭而獲聞. 而吳均『齊春秋』乃以郁林爲紀, 事不師古, 何滋章之甚與!(釋 : 一條, 言嗣代之不君者不紀, 吳均紀鬱林可議)

---

이고, 성은 강이라고 했다.

31 역주 : 자영은 진 이세 호해(胡亥)가 조고(趙高)에게 피살된 뒤 진왕(秦王)에 올랐지만, 겨우 40여 일 만에 한 고조 유방에게 항복하였으므로 『사기』에는 따로 입전(立傳)하지 않고 「진시황본기」의 호해의 기록 끝에 부록되어 있다.

32 역주 : 창읍왕 유하(劉賀)는 소제가 죽고 후사가 없자 곽광이 제위에 옹립하였지만 불과 20여 일만에 음란하여 폐위됨으로 별도로 입전되지 않았음을 가리킨다. 이후 선제(宣帝)가 즉위하였다.

33 역주 : 오균(469-520)은 양나라 봉조청(奉朝請)을 지냈으며, 『제춘추』는 30권이다. 『수서경적지』 「사부(史部)」 고사(古史) 조, 『양서』 권49, 「문학전」 상 각각 참조.

34 『남제서(南齊書)』 권3, 「울림왕본기」에, 울림왕은 세조 무제의 황태손이다. 즉위하여 연호를 융창(隆昌)이라 하였다. 만 1년 동안 제 멋대로 음란한 짓을 일삼았다. 진군(鎭軍) 소란(蕭鸞)이 계책을 꾸며 소심(蕭諶)으로 하여금 병사를 거느리고 궁으로 들어와 가마에 태워 데리고 나와 죽였다. 소란은 바로 명제(明帝)이다.

## 13-8

양(梁) · 당(唐) 두 왕조 때 편찬된 『남제서(南齊書)』와 『수서(隋書)』를 보면, 제(齊) 폐제(廢帝) 동혼후(東昏候)가 아직 살아 있는데도 화제(和帝)의 연호로서 사실을 기록하고 있으며,[35] 수 양제(隋煬帝)가 아직 죽지 않았는데도 그 사정이 「공제기(恭帝紀)」에 수록되어 있다.[36] 그들의 의도를 추측하건대 화제는 양왕 소연(蕭衍)에 의해 옹립되었고, 공제는 당(唐)으로 계승되었기 때문에 동혼후의 연호인 영원(永元)을 빼버리고 화제의 연호인 중흥(中興)을 내세웠으며, 공제의 연호인 의령(義寧)을 높이고 수 양제의 연호인 대업(大業)을 감추었다. 자기가 속한 왕조의 환심을 사기 위해 이렇게 이전 왕조를 업신여겼던 것이다. 일시적으로 행하는 것이라면 잠시 동안의 요구에 부합(符合)하면 되지만, 천년을 이어 전하려면 어찌 본보기가 될만한 말이라 하겠는가?(釋 : 이 조항에서는 『남제서』와 『수서』가 새로 등장한 왕조에 아부하기 위하여 이전 왕조의 마지막을 서술하면서 전대의 황제가 있는데도 이를 무시하고 사사로이 옹립한 허수아비를 기록한 것은 사실과 맞지 않는 기록이라 했다. ○이하 혹 장(章)을 나누어 따로 시작하고 있지만, 잘못이다)

觀梁 · 唐二朝, 撰『齊』 · 『隋』兩史, 東昏(齊廢帝)猶在, 而遽列和年; 煬帝未終, 而已編恭紀. 原其意旨, 豈不以和爲梁主所立, 恭乃唐氏所承,

---

35 역주 : 동혼후 소보권(蕭寶卷)은 남제 명제의 2남으로서, 영태(永泰) 원년(498) 명제가 죽고 즉위하여 이듬해 영원(永元)이라 개원하였다가 영원 3년(501)에 양 무제 소연(蕭衍)에게 피살되었다. 화제 소보융(蕭寶融)은 명제의 8남으로서 영원 3년 3월에 형주(荊州)에서 소연 등에 의해 황제로 옹립되어 중흥(中興)이라 개원하였다가 이듬해 3월에 소연(蕭衍)에게 선양(禪讓)하였다. 따라서 501년 3월에서 12월 사이에는 두 개의 연호가 있었던 셈인데, 『남제서』 권8, 「화제기」에는 이 기간을 '중흥'이란 연호를 사용하여 사실을 기록하고 있다.

36 역주 : 수 양제가 대업 13년(617) 11월 강도(江都)를 순시하고 있을 때 당 고조 이연(李淵)이 경사(京師)에 들어와 대왕(代王) 유(侑)를 옹립하였다. 공제는 즉위 후 의녕(義寧)으로 개원하고, 양제를 태상황으로 받들었다. 『수서』 권5, 「공제기」에서는 대업(大業)이라는 연호를 사용하지 않고 의녕이라는 연호를 사용하였다.

所以黜永元(東昏元)而尊中興,(和帝元) 顯義寧(恭帝元)而隱大業.(煬帝元) 苟欲取悅當代, 遂乃輕侮前朝. 行之一時, 庶叶權道; 播之千載, 寧(一作'未')爲格言!(釋 : 一條, 言齊 · 隋二史阿徇興朝, 於前代末造, 私擁立而沒舊君, 紀不以實也. ○此下或分章另起, 非)

## 13-9

「본기」에 기록된 사실들은 「열전」에 의하여 보다 분명하게 드러난다. 「표(表)」·「지(志)」는 체례가 다르니 서로 관련시킬 필요는 없다. 구사(舊史)는 「표」와 「지」를 「본기」와 「열전」의 사이에 끼워놓았다.[37] 범엽(范曄)에 이르러서야 비로소 고쳐졌다.[38] 이어서 심약(沈約)의 『송서(宋書)』와 위수(魏收)의 『위서(魏書)』가 범엽을 답습하였다.(현재는 『위서(魏書)』의 「지」만 열전의 뒤에 있다. 범엽의 『후한서』와 심약의 『송서』는 후세 사람들에 의해 그 위치가 바뀌었다)[39] 그 후 소자현(蕭子顯)의 『남제서(南齊書)』, 공영달(孔穎達)의 『수서(隋書)』는[40] 범엽의 사례(史例)에 의거하지 않고 다시 반고의 방법을 따르고 있다. 대개는 좋은 것을 가려 행함에 있어서 어찌 멀고 가까운

37 역주 : 『사기』와 『한서』가 이에 해당한다.

38 역주 : 범엽의 『후한서』의 경우에는 「지」를 「본기」와 「열전」 다음에 배열하고 있다. 그러나 현행본 『후한서』의 「지」는 사마표(司馬彪)의 『속한서(續漢書)』의 「지」부분으로 보완한 것이다. 이에 대한 자세한 논의는 趙呂甫, 『史通新校注』, pp.255-256 주)74 참조.

39 역주 : 심약의 『송서』에는 본래 「지」가 『위서』와 마찬가지로 열전의 뒤에 있었는데, 후일 그 위치가 바뀌었음을 말한다. 張振珮, 『史通箋注』, p.129 참조.

40 정초(鄭樵)의 『통지(通志)』「이십략(二十略)」에, 정관(貞觀) 연간에 여러 신하에게 조서를 내려 오대사(五代史)를 편찬하게 하였다. 안사고(顔師古)와 공영달(孔穎達)에게 차례로 수나라의 역사를 편찬하게 하였다고 했다.

구분이 있겠는가. 의(義)를 듣고서도 실천하지 못하는 것이 내가 우려하는 바이다.[41](釋 : 이 조항에서는 본기와 열전은 서로 이어져 있으면 읽는데 편하고, 「표」와 「지」는 순서에 구애받지 않는 것인데, 사서들이 대부분 그렇지 않다고 말하고 있다. ○이상에서는 적당함을 잃은 사례를 나누어 규명하였는데 모두 여덟 조항이었다)

尋夫本紀所書, 資傳乃顯;(一作'列傳仍顯') 表志異體, 不必(誤作'必不')相涉. 舊史以表志之帙介於紀傳之間, 降及蔚宗, 肇加厘革, 沈·魏繼作, 相與因循.(今止『魏書』志編傳後, 范·沈二書, 後人易置矣) 旣而子顯『齊書』·穎達『隋史』, 不依范例, 重遵班法. 蓋擇善而行, 何有遠近; 聞義不徙, 是吾憂也.(釋 : 一條, 言紀傳相接, 翻閱爲便, 表志不妨次後, 史多不然. ○已上分糾失宜, 凡八條)

## 13-10

『사기』는 황노(黃老)를 앞세우고 육경(六經)을 뒤로 돌렸고,[42] 『한서』는 외척을 뒤에 배열하고 이적(夷狄)을 앞에 수록하였으며,[43] 노자와 한비자를 함께 배열하였다.[44] 『삼국지』 「위지」에서는 가후(賈詡)와 순욱(荀彧)을

---

41 역주 : 『논어』 「술이(述而)」편에, 공자께서 말씀하시기를, '덕이 닦아지지 않는 것과, 학문이 익혀지지 않는 것과, 의(義)를 듣고서도 실천하지 못하는 것과, 선(善)하지 않음을 능히 고치지 못하는 것이 바로 나의 근심이니라' 하였다. 여기서는 좋은 방법을 듣고서도 그에 따라 고치지 못하는 것을 우려한다는 의미이다.

42 역주 : 이 말은 『한서』 권62, 「사마천전」의 찬왈(贊曰)에 보이는 반고의 비판에 근거한 것이다. 즉 "(사마천의) 시비판단은 성인과 사뭇 달라서 대도(大道)를 논할 경우 황로(黃老)를 앞세우고[重視] 육경(六經)을 뒤로 돌렸으며[輕視] 유협(游俠)을 서술할 경우에 처사(處士)를 물리치고 간사한 무리를 앞세웠으며, 화식(貨殖)을 말할 경우 세리(勢利)를 숭상하고 빈천함을 수치로 여겼으니 이것은 그 책의 폐단이다"라고 하였다.

43 역주 : 『한서』에 「외척전」은 권97에, 「흉노전(匈奴傳)」·「서남이양월조선전(西南夷兩粵朝鮮傳)」·「서역전(西域傳)」은 각각 권94·권95·권96에 수록된 것을 지적한 것이다.

같은 열전에 기록하고 있다.[45] 「공손홍전(公孫弘傳)」의 찬(贊)은[46] 마땅히 무제(武帝)와 선제(宣帝)본기의 끝에 두어야 할 것이며, 군국(郡國)의 종묘를 세우고 허무는 문제와 관련한 조의(詔議)는 「위현성전(韋玄成傳)」의 끝에 잘못 수록되었으니[47] 이와 같은 잘못은 적을 수 없을 만큼 많다. 여기에서는 특히 심한 것만을 예를 들었기 때문에 다시 일일이 자세하게 열거하지 않았다.(釋 : 끝에서 다시 몇 가지 예를 모아 미진한 부분을 개괄하였다)

若乃先黃 · 老而後『六經』,(『史記』) 後外戚而先夷狄;(『漢書』) 老子與韓非並列, 賈詡將荀或同編;(『魏志』) 孫弘(公孫弘)傳讚, 宜居「武」·「宣(舊作'宣武', 不合)紀」末; 宗廟迭毁, 枉入『玄成傳』終.(一作'中'. ○並『漢書』) 如斯舛謬, 不可勝紀. 今略其尤甚者耳, 故不復一一而詳之.(釋 : 末復撮擧, 以概未盡者)

---

44 역주 : 『사기』 권63, 「노자한비열전(老子韓非列傳)」에 노자 · 장자 · 신불해 · 한비자 등이 함께 배열되어 있음을 비판한 것이다.

45 역주 : 『삼국지』 권10, 「위지」에는 순욱 · 순유(荀攸) · 가후 세 사람이 합전되어 있다. 순욱과 가후는 조조(曹操)의 초기를 도왔던 모사(謀士)들이었는데, 배송지(裴松之)는 주(注)에서 특히 가후의 풍골(風骨)이 순욱과는 거리가 있는데 합전한 것은 잘못이라는 견해를 가지고 있었다. 이와 관련한 자세한 논의는 趙呂甫, 『史通新校注』, p.257 참조.

46 按 : 『한서』 권58, 「공손홍전(公孫弘傳)」의 '찬'에 이르기를, 이때 한이 건국한 지 60여 년이 지났기 때문에 천하가 안정되고 많은 사인들이 학문에 전념하였다. 한의 인재 등용이 매우 성하였다. 따라서 공손홍 · 동중서(董仲舒) · 아관(兒寬) 등 27명이 천거되었다. 또 이르기를, 효선제가 정통을 이어 홍업을 찬수(纂修)하고 육예(六藝)를 강론하고 능력 있는 인재를 뽑았다. 다시 이후로 소(蕭) · 양구(梁丘) · 하후(夏侯) 등 24명을 등용하였다. '찬' 하나에 두 시대에 걸친 인재를 칭찬하고 있기 때문에, '마땅히 「무제기(武帝紀)」와 「선제기(宣帝紀)」의 끝에 두어야 한다'라고 하였던 것이다.

47 『한서』 권73, 「위현전(韋賢傳)」에, 본시(本始) 3년(B.C. 71)에 채의(蔡義)에 이어 승상이 되었다. 아들 현성(玄成)은 자가 소옹(少翁)이었다. 영광(永光 : B.C. 43-39) 연간에 우정국(于定國)에 이어 승상이 되었다. 고향 땅에 봉후가 되어 살아생전 영광을 누렸다. 按 : 인물에 대한 기록이 모두 끝났는데 군국(郡國)에 세워진 태조 · 태종 · 세종 등의 묘가 훼손된 문제에 관한 조정의 의논을 수록하고 있는데 이러한 내용은 모두 열후(列侯) · 중이천석(中二千石) · 박사(博士) 등의 논의였다. 범례에 의한다면 당연히 「예지(禮志)」에 수록되어야 하는 것이다. 때문에 「현성전」 말미에 잘못 수록되었다고 말한 것이다. 또 『신당서』 권122, 「위도전(韋縚傳)」에 한 시기의 조사(朝士)의 제기와 상복 등에 관한 의논들이 수록되어 있는데 「현성전」과 똑 같다.

按 : 기전(紀傳)이나 「표」와 「지」 중에서 따로 떼어 내거나 합하고, 받아들이거나 제외한 여러 범례들이 잘못 인용되었기 때문에, 여기에 비유하여 논하자면 진실로 큰 부분에서 독창적인 안목으로 이해하지 않는다면 어찌 능히 이를 가지고 사실 하나 하나를 구분하여 분명히 할 수 있겠는가.(錯擧紀傳表志中離合收除諸義例, 比而論之. 苟非大段創通, 那能有此卽事分撥)

울림(鬱林)은 분명히 창읍(昌邑)의 후손이고, 소난(蕭鸞)은 박륙(博陸)을 계승하지 않았다. 그러므로 개원하여 세수(歲數)를 바꾸어 이미 자격을 갖춘 것을 한 달을 채우지 못한 것과는 구별해야 한다. 그런데도 이를 배척하여 본기로 다루지 않은 것은 그 논의가 합당하지 않다. 갱시제를 광무제와 비교해 볼 때, 그는 관중에 들어가 먼저 왕을 칭하였는데, 위로는 전한을 계승하여 연호를 세워 기록하였고 아래로는 이목(二牧)[劉焉 · 劉璋]과도 달랐기 때문에 열전을 높여 본기로 작성한 것은 잘못된 것이 아니다.(이러한 이야기는 이미 한나라에 있었다. 장평자(張平子)가 말하기를, 갱시제가 제위에 있을 때 광무제는 그의 부장(部將)이었기 때문에 후일 황제가 되었다고 하여도 마땅히 갱시의 연호를 광무의 맨 앞으로 세워야 한다고 했다)(鬱林固昌邑之續, 蕭鸞非博陸之倫, 而改元易歲, 亦與不盈月者有別, 斥之紀外, 論似未安. 若更始之於光武, 其直鈞入關先王, 上軼重瞳, 建號書年, 下殊二牧. 升傳作紀, 非瞀說也.(其說漢已有之, 張平子曰 : 更始居位, 光武爲其部將, 然後卽眞, 宜以更始之號建於光武之初也))

진진손(陳振孫)의 『직재서록해제(直齋書錄解題)』에 이르기를, 범엽의 『후한서』의 「지(志)」는 옛 「지」를 빌려 보완한 것이었는데, 후에 기전만이 홀로 행하여지다가 청대의 손석(孫奭)에 와서야 비로소 논의되어 합하여졌다. 오늘날에 와서 범엽이 고치거나 없앤 말들을 살펴보니 당나라 때 구본(舊本)이 아직 합하여 행해지고 있다는 것을 알 수 있다. 그러나 기전(紀傳)의 후에 덧붙여져 있을 뿐이었고, 언제 나뉘어졌는지 모른다. 다시 외편의 「고금정사(古今正史)」편을 보니 이르기를, 범엽은 십지(十志)를 완성하지 못하고 죽었다고 했다. 여기에서 말한 범엽이 고치거나 없앴다는 것은 다만 현행 범엽의 판본의 내용이 그러하다고 이른데서 비롯된 것이지 결코 범엽이 직접 그렇게 정한 것이 아니다. 진진손의 주장은 「고금정사」편 주(注)에 상세히 설명하고 있다.(陳氏『書錄解題』謂范曄『後漢書』志, 借舊志注補之, 其後紀傳孤行, 至本朝孫奭始議合之. 今觀蔚宗釐革之語, 知唐時舊本尙自合行, 但附置紀傳後耳, 不知何時析去. 再觀外篇「正史」篇云, 曄十志未成而死, 則此云蔚宗釐革者, 祇就現行范本指其位置如此, 勿泥作范自手定也. 陳氏說詳「正史」篇注)

이 편의 끝에 있는 「공손전(公孫傳)」과 「현성진(玄成傳)」에 관한 논의는 관점이 너무 꽉 막혀 있다.(篇尾公孫 · 玄成傳議太板)

# 「칭위(稱謂)」 제14

이 편에서는 사서에 보이는 합당한 호칭[稱謂]문제를 이야기하고 있다. 사서에 보이는 역사적 인물에 대한 칭위는 성명(姓名)은 물론 대칭(代稱)·묘호(廟號)·시법(謚法)·존칭(尊稱) 등의 기술(記述)과 관련한 문제를 말한다. 이들 문제는 궁극적으로 유가 정명론(正名論)의 기본정신에 근거하여 사서의 포폄이 칭위를 통하여 나타날 수 있음을 강조한 것이다. 유지기는 사서 중 이 측면에서 제기되는 문제가 적지 않다고 여겼다. 예컨대 사적인 원망에 매여 사가로서의 공평한 자세를 잊고 군왕(君王)과 도적들을 분별하지 않아 그 득실을 정확하게 하지 못했다든지, 묘호와 시호가 실제 행적과 달리 문란하게 사용된다든지, 대칭(代稱)과 논찬(論贊)의 용어들이 합당하지 않다든지 하는 많은 문제들이 있다고 했다. 이러한 문제들이 발생하는 원인의 하나는, 역사를 편찬하는 사람들이 자신이 처해 있던 시대로부터 벗어나 공정하지 못하고 오히려 자신이 속한 왕조에 대한 충성에서 비롯된다고 보았다. 정통론적 관점에서 제약을 받았기 때문이라 인식하였다. 다른 하나는 사료에 대하여 필삭(筆削)을 하지 않고 시비를 가리지 않으며 참과 거짓을 분별하지 않기 때문이라고 했다. 또 다른 하나는 옛 사람들의 모범을 따르지 않고 신기한 것을 좋아하며 형식적인 운을 맞추는데 관심을 갖기 때문이라 여겼다.

이와 관련하여 사서 중에 이미 칭제(稱帝)한 경우는 마땅히 「본기」에 수록해야 하는데 갱시제의 경우 그렇지 않았다고 비판하였다. 물론 「항우본기」의 설정에 대한 비판과 관련하여 모순되지만, 칭위 문제는 포폄의 뜻을 서술하여 존비(尊卑)를 분별하지 않으면 안 되며, 인물의 실제적인 지위에 따라 호칭을 정해야 함 등을 주장하였다. 예컨대 5호16국의 경우 비록 제(帝)라 칭하였지만 사실은 제후왕과 같았으므로 그 칭위가 합당한 것이 아니며, 그렇다고 도적이라 칭해서도 안 되는 것이니 마땅히 일률적으로 왕(王)이라 칭해야 한다고 했다. 아울러 사료를 신중하게 분별하고 그대로 답습해서는 안 된다고 하면서 필삭을 중요시하였고, 각종 칭위에는 근거가 있어야 하며 제멋대로 불러서는 안 되기 때문에 규례를 엄격히 지켜 좋은 말과 나쁜 말을 가려서 써야 함을 강조하였다.

## 14-1

공자는 말하기를 "(지위를 나타내는) 칭호만은 사람들에게 함부로 허락할 수 없다"[1]고 하였으며, 또 말하기를 '명분이 바르게 서지 않으면 말

1 역주 : 『좌전』 성공(成公) 2년(B.C. 589)에, 공자가 이를 전해 듣고 말하기를, '애석한 일이다. 이는 차라리 그에게 많은 채읍을 상으로 주는 것만 못했다. 오직 기물[器]과 칭호[名]만은 사람에게 함부로 허락할 수 없는 것으로 그 일은 군주만이 주관하는 중대한 일이다. 칭호로써 백성의 믿음을 자아내고, 믿음으로써 신분을 분별하는 기물의 권위를 지키고, 신분을 분별하는 기물로서 존비를 구별하는 예의를 나타내고, 예의로써 의(義)가 행해지고, 의로써 이로움이 생기고, 이(利)로써 백성을 편안하게 하는데 이것이 정치의 중대한 일이다. 만약 기물과 칭호를 사람에게 함부로 허락한다면 정치를 남에게 주는 것과 같다. 정치가 없어지면 나라가 따라 없어져서 그것을

이 불순(不順)하다', '반드시 명분을 바로 세워야 한다'라고 하였다.[2] 이로부터 칭호가 원칙에 맞도록 하는 것이야말로 군자가 무엇보다 먼저 해야 할 일이라는 것을 알 수 있다. 하물며 사적(史籍)에 열거하여 영원히 전하는 것이야 더 말할 나위가 있겠는가? 옛날 공자가 『춘추』를 편찬하면서 오(吳)·초(楚)의 군주가 자신들을 '왕(王)'이라 칭하였는데도 불구하고 여전히 '자(子)'라 칭하였다.[3] 이것은 포폄의 커다란 원칙으로써 종래의 사가들에게 모범이 되었다.(釋 : 가장 먼저 성인의 경전을 인용하여 명칭에 신중해야 한다는 증거로 하였다)

孔子曰 : "唯名不可以假人." 又曰 : "名不正則言不順"(一衍云云二字), "必也正名乎!"是知名之折中, 君子所急. 況復列之篇籍, 傳之不朽者邪! 昔夫子修『春秋』, 吳·楚稱王而仍舊曰子. 此則褒貶之大體, 爲前修之楷式也.(釋 : 首引聖經爲愼重名稱之證)

## 14-2

사마천은 『사기』를 편찬하면서 항우(項羽)는 제위(帝位)를 범한 도적인데도 「본기」에 수록하고 '왕'이라 칭하였다.[4] 이는 곧 진위(眞僞)를 분별

---

막을 수 없다'라고 하였다. 두예(杜預)의 주(注)에는 "기(器)는 (신분과 지위를 상징하는) 거복(車服)을 말하고, 명(名)은 작호(爵號)를 말한다"라고 했다. 따라서 '명(名)'은 신분에 따르는 '칭호' 혹은 '명분'이라 해석된다.

2 역주 : 『논어』「자로(子路)」편에 보이는 말이다.

3 역주 : 『사기』 권47, 「공자세가」에, "공자는 역사의 기록에 의거하여 『춘추』를 지었다. 이것은 위로 은공에서 아래로는 애공 14년까지 12공의 시대를 아울렀다. ……(『춘추』의) 문사(文辭)는 간략하지만 드러내고자 하는 뜻은 넓었다. 그래서 오와 초나라의 군주가 '왕'을 자칭하였지만, 그것을 낮추어 본래의 명분인 '자'로 칭하였다"라고 한 기록을 인용한 것이다.

하지 않은 것으로써 후세 사람들을 미혹(迷惑)에 빠지게 하였다. 이때부터 잘못된 것이 계속 전해져 제왕에게 붙이는 명칭의 경중이 같지 않게 되었다. 예컨대 갱시제(更始帝)가 한(漢) 왕조를 중흥하였을 때 광무제(光武帝)는 그의 신하였으며 비록 제업(帝業)을 이루지는 못했지만 역수(歷數)는 결국 그에게 있었다. 그런데도 반고(班固)와 범엽(范曄) 두 사람의 사서에서는 모두 그를 유현(劉玄)이라 칭하고 있으니 업신여기는 것이 아니겠는가?[5](釋 : 비슷한 부류로서 예를 든 두 가지 사례는 모두 일시적으로 일어났다가 사라진 사람들로서 그 문장이 매우 간략하다)

馬遷撰『史記』, 項羽僭盜而紀之曰王, 此則眞僞莫分, 爲後來所惑者乎. 自茲已降, 訛謬相因, 名諱所施, 輕重莫等. 至如更始中興漢室, 光武所臣, 雖事業不成, 而歷數終在. 班·范二史皆以劉玄爲目, 不其慢乎?(釋 : 類擧二事皆旋滅者, 其文從略)

## 14-3

춘추시대 진(晉)과 초(楚) 두 나라가 맹주의 지위를 다투면서 모두 후백(侯伯)[6]이라 칭하였다. 칠웅(七雄)이 서로 싸울 때 제(齊)와 진(秦)은 모두 제

4 역주 : 『사기』 권7, 「항우본기」에 항우를 '항왕(項王)'이라 칭한 것을 가리킨다.

5 역주 : 『한서』 권99하, 「왕망전」 하에는 갱시제 유현의 자(字)인 성공(聖公)으로, 『후한서』 권11, 「유현유분자전(劉玄劉盆子傳)」에는 이름으로 편목을 삼았다. 이외 갱시제에 대한 기록이 갖는 문제에 대하여는 「제목(題目)」편과 「편차(編次)」편의 관련 주(注) 참조.

6 역주 : 『좌전』 희공(僖公) 28년(B.C. 632)에, 윤씨(尹氏)와 왕자호(王子虎) · 내사(內史) 숙흥보(叔興父)에 명하여 진후(晉侯)에게 책명(策命)을 주어 후백(侯伯)에 임명했다. 그리고 대로(大輅)의 복(服), 융로(戎輅)의 복, 동궁(彤弓) …… 등을 하사하면서 ……" 참조.

왕(帝王)이라고 칭하였다.[7] 그들은 비록 승패가 서로 다르고 나라의 크고 작음에 차이가 있었지만, 그 세력이 다했다고 해서 사서에서 곧 그들을 평민[匹庶]이라 하거나 다른 나라에게 굴복하였다고 하여 구적(寇賊)이라 썼다는 말을 들은 적이 없다. 근고(近古)에 와서는 그렇지 않았다. 한이 망하고 삼국이 대치할 적에도 왕도(王道)를 가지고 논하자면 조조(曹操)는 패역(悖逆)하고 유비(劉備)는 순응하였다고 하겠고, 나라의 수명으로 말하자면 위(魏)가 짧은 반면 오(吳)가 길다. 그러나 지역적으로 제하(諸夏)[8]에 위치해 있거나 군주가 정통의 제위를 계승하였는가를 비교하여 따진다면 위(魏)가 확실히 우세를 차지하였다. 촉·오 두 나라는 위에 대하여 마치 진 무공(秦繆公)·초 장왕(楚莊王)이 문공(文公)·양공(襄公)(위(魏)를 진(晉)·송(宋)에 비교하였다)[9]과 함께 패자(霸者)라 칭하는 것과 같다.(原注 : 촉의 소열제[劉備]는 진 무공(秦繆公)과 비교할 수 있고, 오의 대제[孫權]은 초 장왕(楚莊王)에 비교할 수 있다. 按 : 중원의 서쪽·동쪽에 근거지를 삼던 것과 비교하고 있다) 사가들의 손에 의해 곧 오와 촉의 제호(帝號)나 시호(諡號)는 불려지지 않고 직접 손권, 유비라는 이름으로 불리었으므로(原注 : 어환(魚豢)·손성(孫盛) 등을 이른다)[10], 위나라와 비교하면 곧 이 같은 현격한 차이가 있으니, 사서

7 역주 : 『사기』 권44, 「위세가(魏世家)」 소왕(昭王) 8년에, 진(秦)의 소왕(昭王)이 서제(西帝)라 칭하고, 제(齊) 민왕(湣王)이 동제(東帝)라 칭하였지만, 한 달여가 지나서 모두 제호를 포기하고 다시 왕으로 칭하였다.

8 역주 : 원문에 보이는 함하(函夏)는 곧 제하(諸夏)를 포함한다는 의미이다. 『한서』 권87상, 「양웅전(揚雄傳)」 상에 인용된 양웅의 「하동부(河東賦)」에, "길을 따라 오고가니, 제하(諸夏)를 포용한 대한(大漢)을 다른 왕조가 어떻게 그와 비교할 수 있겠는가?[遵逝乎歸來, 以函夏之大漢兮, 彼曾何足與比功?]"라고 하였고, 복건(服虔)의 주에는 '함하(函夏)'란 '함제하(函諸夏)'라고 하였고, 안사고(顔師古)의 주에, "함(函)은 포용한다는 말이고, 그것은 요·순·은(殷)·주(周) 지역을 이른다고 했다. 그 외에도 안연지(顔延之), 「자백마부(赭白馬賦)」(『문선』 권14 所收)에도 '함하(函夏)'가 같은 뜻으로 사용되고 있다.

9 역주 : 문공(文公 : B.C. 635-628 재위)과 양공(襄公 : B.C. 627-621 재위)은 모두 춘추시대 진(晉)의 군주를 가리킨다. 따라서 위(魏)를 진·송에 비교한다는 말은 그 의미를 확인하기 어렵다. 張振珮, 『史通箋注』, p.134 주)2 참조.

10 역주 : 어환은 삼국시대 위(魏)의 사가로서 『위략(魏略)』·『전략(典略)』을 지었고, 손성

에서의 권선징악의 뜻을 어떻게 반영할 수 있겠는가?(釋 : 여기에서는 삼국의 옛 사서에 보이는 칭위가 지세(地勢)에 의지하면서 정통의 제위를 업신여긴 것을 가장 상반(相反)된 것이라 했다)

古者二國爭盟, 晉·楚幷稱侯伯; 七雄力戰, 齊·秦俱曰帝王. 其間雖勝負有殊, 大小不類, 未聞勢窮者卽爲匹庶, 力屈者乃成寇賊也.(一脫'也'字) 至於近古則不然. 當漢氏云亡, 天下鼎峙, 論王道則曹逆而劉順, 語國祚則魏促而吳長. 但以地處函夏, 人傳正朔, 度長絜短, 魏實居多. 二方之於上國,(或作'若方之於七國', 非) 亦猶秦繆·楚莊, 與文·襄(比魏於晉·宋)而並霸.(原注 : 蜀昭烈主可比秦繆公, 吳大帝可比楚莊王. 按 : 以中原西東所據之地爲比) 逮作者之書事也, 乃沒吳·蜀號謚, 呼權·備姓名,(原注 : 謂魚豢·孫盛等) 方於魏邦, 懸隔頓爾, 懲惡勸善, 其義安歸?(釋 : 此論三國舊史之稱謂, 憑地勢而蔑統祚, 最爲顚倒)

## 14-4

후에 서진(西晉)[金行][11]정권이 붕괴되고 융(戎)·갈(羯) 등 5호(五胡)가 황제라 칭하고 각기 나라를 세웠지만, 실제로는 왕[제후]과 같았다. 진(晉)의 신하들은 자신이 속했던 군주만을 받들면서 5호가 중원[華夏]을 어지럽힌 것을 미워하여 그들을 도적처럼 여겼다. 이것은 모두 사적인 원망에 매

---

은 동진(東晉)의 사가로서 『위씨춘추(魏氏春秋)』·『진양추(晉陽秋)』를 지었다. 여기서는 『위략』과 『위씨춘추』의 기록을 가리킨다.

11 역주 : 유준(劉峻), 「변명론(辨命論)」(『문선』 권54 所收)에, "진(晉)나라가 쇠약해지고 천하가 혼란에 빠지자 융적(戎狄)들이 그 틈을 타고 빠르게 일어났다[自金行不競, 天地板蕩, 左帶沸脣, 乘間電發]"고 했다. '금행'이란 오덕(五德)과 관련하여 진(晉)이 금덕(金德)에 해당하기 때문이다.

여 사가의 공평한 자세를 잊은 것이다. 사적인 감정을 없애지 않고 애증을 드러낸다면 결국 5호에 대한 득실을 정확하게 할 수 없다. 소방등(蕭方等)[12]의 『삼십국춘추(三十國春秋)』에 이르러 비로소 5호 각국의 제명(帝名)과 시호(諡號)가 기록되어 있는데, 제(帝)를 참칭(僭稱)한 경우인데도 모두 제왕이라 불렀다. 바로 조(趙) 무령왕(武靈王)처럼 비록 군(君)이라 부르게 하였지만, 사서에서는 곧 그를 왕으로 칭하였으며,[13] 기 환공(杞桓公)은 천자를 조근(朝覲)할 때 이인(夷人)의 예를 행하였기 때문에 『춘추』에서는 그의 작위를 낮추어 '자(子)'라고 하였다.[14] 이 도리를 변통하여 적당하게 운용한다면, 소도(小道)라 할지라도 반드시 볼만한 것이 있다[15]는 것을 소방등에게서 볼 수 있다.(釋 : 여기서는 서진이 중원에서 망하고 5호가 번갈아 일어나자, 작사자(作史者)들이 호족의 복장을 하고 그들의 예(禮)를 사용한 조(趙) · 기(杞) 등에 대해 국시(國謚)를 적는 것은 괜찮다. 그런데도 결국 그들을 호족과 같이 취급한

12 『수서경적지』와 『당서예문지』에, "소방(蕭方)의 『삼십국춘추(三十國春秋)』 30권이 보인다"라고 했다. 按 : 이들 기록에는 잘못하여 '등(等)'자를 삭제하였다. 그에 관한 자세한 설명이 이 책 「잡설(雜說)」 중(中)편에 있다. 역주 : 소방등(528-549)은 양(梁) 원제(元帝)의 장남이다.

13 『갑자회기(甲子會記)』에, 주(周) 현왕(顯王) 말기에 한(韓)과 연(燕)이 모두 왕을 칭하였다. 조(趙)의 무령(武靈)만이 그렇게 하기를 반대하고, 사람들에게 자신을 군(君)이라 부르게 하였다. 주 난왕(赧王) 때에 무령이 호복(胡服)을 입고 말을 타고 활을 쏘게 함으로 강성했던 적이 있다. 후일 태자 장(章)을 폐하고 작은 아들에게 자리를 물려주고, 스스로를 주부(主父)라고 불렀다고 했다. 역주 : 『사기』 권43, 「조세가(趙世家)」 무령왕 원년에, "무령왕이 어려서 정무를 처리할 수 없었기 때문에 …… (무령왕)8년, 한(韓)이 진(秦)을 공격하였으나 이기지 못하고 돌아갔다. 위 · 한 · 조 · 연 · 중산국(中山國) 등 다섯 나라가 서로 '왕'을 칭하였으나, 조나라만은 그렇게 하지 않으며, '실질적인 알맹이도 없으면서 어찌 헛된 명분에 안주하겠는가?'라고 말하면서 자신을 '군(君)'이라고 부르도록 명령하였다"라고 하였지만, 『사기』에서는 여전히 '왕'으로 호칭하고 있음을 말하는 것이다.

14 관련 사실이 『좌전』 희공(僖公) 27년(B.C. 633) 조에 보인다. 「혹경(惑經)」편의 주)18을 보라.

15 역주 : 『논어』 「자장(子張)」편에, "자하가 말하기를, 비록 소도(小道)라 할지라도 반드시 볼만한 것이 있다[雖小道必有可觀者焉]. 그러나 원대한 뜻을 이루는데 통하지 않을까 두려우므로, 군자는 그를 하지 않느니라"고 하였다. '소도'란 한 가지 전문적인 기예로 해석되기도 한다.

것은 사실을 기록한 것이라 할 수 없다고 했다)

續以金行版蕩, 戎·羯稱制,(統言五胡) 各有國家, 實同王者. 晉世臣子黨附君親, 嫉彼亂華; 比諸群盜. 此皆苟徇私忿, 忘夫至公; 自非坦懷愛憎, 無以定其得失. 至蕭方等始存諸國名謚, 僭帝者皆稱之以王. 此則趙猶人君,(武靈王) 加以主(一作'王', 非)號; 杞用夷禮, 貶同子爵. 變通其理, 事在合宜, 小道可觀, 見於蕭氏者矣.(釋: 此論晉淪中夏, 諸戎迭興, 作史者準胡服用夷之趙·杞, 存其國謚可也, 而竟等萑苻, 亦非得實)

## 14-5

옛날에는 천자의 묘호(廟號)로서 공(功)이 있는 경우 '조(祖)'라 칭하고, 덕(德)이 있는 경우 '종(宗)'이라 칭하였다.[16] 하·은·주 삼대부터 양한(兩漢)시기에 이르기까지 묘호와 실제 행적이 서로 맞았기 때문에 예로부터 지금까지 모두 전해져 왔다. 그러나 조위(曹魏)에 이르러 '조(祖)'라는 묘호가 대부분 (실제와 다르게) 함부로 사용되었다. 이 묘호에 있어서 부끄러움 없다고 한다면(반드시 '조(祖)'를 붙이고자 한다는 의미이다) 다만 무왕(武王)[曹操]뿐이다.(묘호는 조조에게서 그쳐야 한다고 했다) 그러므로 진수의 『삼국지』에서는 오직 무제만을 '조'라 불렀으며, 문제(文帝)와 명제(明帝)에 대해서는 단지 '제(帝)'라 칭하였다.[17] 진(晉) 이후 묘호를 절취(竊取)한 것

16 역주 : 『사기』 권48, 「가의전(賈誼傳)」의 '치안지책(治安之策)'에 『예(禮)』를 인용하여 공이 있는 경우 '조', 덕이 있는 경우 '종'이라 한다고 하였고, 『공자가어』 「묘제해(廟制解)」에도 같은 기록이 있다.

17 역주 : 『삼국지』에서 진수(陳壽)가 조조의 경우 태조(太祖) 무황제(武皇帝)라고 기록하고 있으나, 문제[世祖]·명제[烈祖]의 경우 묘호를 제호 앞에 붙이지 않고 문황제(文皇帝)·명황제(明皇帝)라고 칭했음을 이른다.

은 한 사람뿐만이 아니었다. 예컨대 진(晉)의 성제(成帝)와 목제(穆帝),[18] 남조 송(宋)과 제(齊)의 두 명제(明帝),[19] 양(梁)의 간문제(簡文帝)형제(原注 : 효원제(孝元帝)를 함께 가리킴),[20] 북제(北齊)의 무성제(武成帝)형제(原注 : 문선제(文宣帝) · 효소제(孝昭帝)를 함께 가리킴)들로서[21] 이들 중 어떤 사람은 조상의 건국을 계승하여 사악한 짓을 일삼은 군주였고, 어떤 사람은 나라를 망친 어리석고 무능한 군주로서 시호를 영(靈)이나 무(繆)라 하지 않은 것도 크게 다행한 일인데,[22] 조(祖)나 종(宗)이라 칭하고 있으니 누가 이것을 적합하다 하겠는가? 그러나 사신(史臣)들은 사서를 편찬하면서 이러한 사실을 분명히 가리지 않고 제왕을 기록할 때마다 반드시 묘호를 남기고 있으니, 어찌 권면(勸勉)과 폄책(貶責)의 대의를 펼쳐 사실과 다르게 묘호를 남발하는 근원을 막을 수 있겠는가?(釋 : 여기서는 '조'와 '종' 두 글자가 가장 존귀

18 『진서(晉書)』 권7, 「성제기(成帝紀)」에, 성제(325-342 재위)의 휘는 연(衍)이고 명제의 장자(長子)로서 묘호는 현종(顯宗)이다. 사신(史臣)이 이르기를, 성제의 정치는 위양(渭陽)에서 나왔고 성망과 위엄이 그다지 크지 않았다. 흉포한 무리들이 제멋대로 설치고 황제의 자리마저 위태로웠다. 『진서』 권8, 「목제기(穆帝紀)」에, 목제(344-361 재위)는 휘가 담(聃)이요, 강제(康帝)의 아들로써 묘호가 효종(孝宗)이다. 사신이 이르기를, 효종은 아직 어려서 모후의 교화를 행하였는데 나라 안팎에 10여 년 동안 특별한 일이 발생하지 않았다. 按 : 강제는 사서에 묘호가 기록되어 있지 않다. 따라서 옛 판본에는 '강목(康穆)'이라 하였지만 이는 잘못된 것이다.

19 『남사(南史)』 권3, 「송명제기(宋明帝紀)」에, 태조 명제(465-472 재위)의 휘는 욱(彧)이요, 문제(文帝)의 열한 번째 아들이다. 말년에 귀신을 좋아하여 기휘(忌諱)가 많았다. 내전에 돈을 묻고 개인 창고로 삼았다. 천하가 시끄러웠고, 송은 이로부터 쇠망하기 시작했다. 『남사』 권5, 「제명제기(齊明帝紀)」에, 고종 명제(494-498 재위)는 휘가 난(鸞)이요, 시안왕(始安王) 도생(道生)의 아들이다. 시기가 많아 사람을 함부로 죽였다. 출입을 교만히 하여 남으로 간다고 해놓고 교묘히 말을 꾸며 북이라 하고 이를 모두가 사실이 아니라고 말하는데도 끝내 남으로 가지 않았다.

20 역주 : 간문제(549-551 재위)의 묘호는 태종, 원제(552-554 재위)의 묘호는 세조였다. 『양서(梁書)』 권4, 「간문제본기」, 『양서』 권5, 「원제본기」 각각 참조.

21 역주 : 북제의 문선제(540-558 재위)는 묘호가 처음에는 위종(威宗), 후에 다시 고쳐 현조(顯祖)라 했으며, 효소제(560-561 재위)는 묘호를 숙종, 무성제(561-565 재위)는 묘호를 세조라 하였다. 각각 『북제서』 권4 · 권5 · 권7의 본기 참조.

22 역주 : 『일주서(逸周書)』 「시법해(諡法解)」에 의하면, '영'은 귀신에게 제사지내길 좋아하는 군주, 행실이 난잡한 군주 등에게 부여하며, 명실이 서로 맞지 않을 경우 '무'라는 시호를 부여한다고 했다. 모두 폄하의 의미를 지닌 시호이다.

한 호칭으로서 시대를 따라 계속하여 전해져 왔으며 옛날에는 실제와 그 존호가 부합하였는데, 위진 이후가 되면 그 남발됨이 이미 크게 성하여 그에 대한 논의가 없어지지 않았다)

古者天子廟號, 祖有功而宗有德, 始自三代, 迄於兩漢, 名實相允, 今古共傳. 降及曹氏, 祖名多濫, 必無慚德,(猶言必欲加之) 其唯武王.(謂廟號止可及操) 故陳壽『國志』獨呼武曰祖, 至於文·明, 但稱帝而已. 自晉已還, 竊號者非一. 如成(舊作'康', 非)·穆兩帝, 劉·蕭二明,(或作'朝', 誤) 梁簡文兄弟,(原注: 兼言孝元帝也) 齊(北齊)武成昆季,(原注: 兼文宣·孝昭也) 斯或承家之僻王, 或亡國之庸主; 不諡靈繆, 爲幸已多, 猶曰祖宗, 孰云其可? 而史臣載削, 曾無辨明, 每有所書, 必存廟號, 何以申勸沮之義, 杜渝(一作'偸')濫之源者乎?(釋: 此論'祖宗'二字, 最爲隆號, 相仍嗣世, 古不虛尊, 魏·晉而下, 渝濫已極, 持論不磨)

## 14-6

또 지위는 신하이지만 행적이 제왕과 같은 사람이 있다. 예컨대 주(周)의 고공단보(古公亶父)·계력(季歷)[23]과 진(晉)의 사마중달(司馬仲達)·사마사(司馬師)·사마소(司馬昭)[24] 같은 사람들은 죽은 다음 제호를 추존하여 천자

23 역주: 고공단보는 후직(后稷)의 12대 손(孫)이고, 주 문왕(周文王)의 조부로서 부락을 이끌고 기산(岐山) 아래 정착하여 황무지를 개간하고 성곽을 쌓는 등 주 건국의 기초를 마련하여 주나라 사람들이 태공왕(太公王)이라 추존하였다. 계력은 고공단보의 아들로서 주위의 세력들을 복속하여 당시 서방의 강대한 세력을 구축하였다. 후일 왕계(王季)라 추존하였다. 『사기』 권4, 「주본기(周本紀)」 참조.

24 역주: 사마염(司馬炎)이 서진을 건국하기 전 그 기틀을 마련하였던 인물들로서 사마중달 즉 사마의(司馬懿)는 고조선제(高祖宣帝)·사마사는 세종경제(世宗景帝)·사마소는 태조문제(太祖文帝)로 추존되었다. 각각 『진서(晉書)』 권1·2, 「본기」 참조.

로 대우한 것이니 괜찮다. 그러나 위(魏)[當塗][25] 조조의 선조는 환관의 양자였는데도[26] 제호(帝號)를 쓸데없이 추존하였기 때문에 사람들이 못마땅해 하였다. 때문에 『삼국지』에 기록된 것을 보면 필부(匹夫)와 다름이 없었다. 그 사람들을 써야 하는 경우에는 황제의 조부·부친[祖考]이라고 칭했을 뿐이다. 북위(北魏)의 경우 변방에서 일어났을 때 그 군주는 한 부족의 추장에 불과했을 뿐인데도 도무제(道武帝)는 선조 28명[27]에게 모두 제호를 추존하였으니 천지개벽 이래 없었던 일이었다. 그런데도 『위서(魏書)』의 「서기(序紀)」에서는 이 헛된 존호를 그대로 칭하면서 생전의 사실을 기록하며 제(帝)라 칭하였고, 사망을 기록하며 붕(崩)이라 칭하였다. 이것이 원숭이가 관을 쓴 모습이니[28] 썩은 쥐를 박(璞)이라고 하는 것과 무엇이 다르겠는가?[29](釋 : 여기서는 개국 군주의 선조에게 시호를 추존하는 경우 세수(世數)와 업적을 원칙에 맞게 살펴야하며, 조위(曹魏)와 북위(北魏)처럼 망녕되게 제

---

25 『사기』 권20, 「건원이래후자연표(建元以來侯者年表)」에, 당도(當塗)와 위불해(魏不害)는 회양(淮陽)의 반란자를 체포하고 제후가 되었다. 『후한서』 권75, 「원술전(袁術傳)」에, 참위서에 말하기를 '한을 대신하는 자는 당도고(當塗高)'라 써어 있다. 또 헌제 때에 이운(李雲)이 허창(許昌)의 기운이 당도고에 보인다고 말하고 있는데 위불해는 모두 빠져 있다. '당도(當塗)'와 '고(高)'라는 것은 바로 위(魏)를 가리키며 위가 한을 대신한다는 의미이다.

26 원소가 조조를 토벌하는 격문에, 사공(司空) 조조는 조부(祖父)가 등(騰)인데 중상시(中常侍)로 있으면서 좌관(左悺)·서황(徐璜) 등과 요망한 짓을 벌렸다. 부(父) 숭(嵩)은 거지를 데려다가 키웠는데 뇌물을 권세가에 바치고 득세하여 조정의 권력을 장악하였다. 조조는 비천한 환관의 자손으로 위엄과 덕망을 갖추지 못함은 물론 경솔하고 교활하여 성격이 날카로웠다. 반란을 꾀하고 재앙을 즐겼다고 했다.

27 역주 : 현행 『위서』 「서기(序紀)」에 의거하여 27명이라고도 하고(張振珮, 『史通箋注』, p.136), 26명이라고도 한다.(趙呂甫, 『史通新校注』, p.277 주)47 참조)

28 역주 : 『사기』 권7, 「항우본기」에 "원숭이가 관을 썼다고 해서 사람이 될 수 없다[休猴而冠]"는 기록을 인용한 것이다. 이 말은 본래 당시 초나라 사람들의 성질이 조급하고 포악한 것을 비유하여 표현한 것이다.

29 『전국책』 「진책(秦策)」에 응후(應侯)가 이르기를, "정(鄭)나라 사람들은 아직 다듬어지지 않은 옥을 가리켜 박(璞)이라 한다. 주(周)나라 사람들은 쥐가 아직 마르지 않은 것을 박(樸)이라 하였다. 주나라 사람이 박을 가지고 정을 지날 적에 상인이 이르기를, '박을 팔겠느냐'고 묻자 정의 상인이 그렇다'라고 하였다. 박을 내놓으니 쥐였다."(역주 : 서박(鼠樸)은 쥐의 포육을 가리킨다. 보통 무용지물을 비유한다)

도를 위반해서는 안 된다. 그럴 경우 원칙에 의해 반드시 배척되어야 한다고 말하고 있다. ○앞 절에서는 묘호(廟號)를, 이 절에서는 시호(諡號)를 말하고 있으니 혼돈해서는 안 된다)

又位乃人臣, 迹參王者; 如周之亶父·季歷, 晉之仲達·師·昭, 追尊建名, 比諸天子, 可也. 必若當塗(曹魏)所出, 宦官攜養, 帝號徒加, 人望不愜. 故『國志』所錄, 無異匹夫, 應書其人, 直云皇之祖考而已. 至如元氏,(元魏) 起於邊(一作'沙')朔, 其君乃一部之酋長耳. 道武追崇所及, 凡二十八君. 自開辟已來, 未之有也. 而『魏書』「序紀」,(首卷篇名) 襲其虛號, 生則(一少'則'字, 下同)謂之帝, 死則謂之崩, 何異沐猴而冠, 腐鼠稱璞者矣!(**釋**: 此論開國追尊號諡, 世數有紀, 世類必稽, 無若二魏之妄而過制者, 法在必斥. ○前節以廟號言, 此節以諡號言, 勿混)

## 14-7

예로부터 전해오는 사서들을 두루 살펴보면 칭위(稱謂)가 같지 않고 정황에 따라 만들어진 것으로 본래 일정한 기준이 없었다. 제후로서 시호(諡號)가 없는 경우 전국(戰國) 이전에는 '금왕(今王)'이라 칭하였고, 천자였다가 쫓겨났을 경우 한·위 이후에는 '소제(少帝)'라 칭하였다. 주나라가 쇠망할 즈음 대신[相]이 조정을 다스렸던 것을 '공화(共和)'[30]라 칭하였고, 초나라의 공왕(共王)이 시해되자 '겹오(郟敖)'[31]라 칭하였다. 조타(趙佗)

30 『사기』 권4, 「주본기(周本紀)」에, 여왕(厲王)이 체(彘)로 달아나고, 주공(周公)과 소공(召公) 두 대신[相]이 함께 정사를 다스렸다. 이를 '공화(共和)'라 불렀다. 『한서』「고금인표」에 공백(共伯) 화(和)라고 되어 있다. 안사고(顔師古)의 주에, 공(共)은 나라 이름이고, 백(伯)은 작위이며, 화(和)는 공백(共伯)의 이름이다. 공(共)의 음은 공(恭)이다. 살펴보건대, 이 같은 주장은 『급총기년(汲冢紀年)』에 근거한 것이다.

를 '위타(尉佗)',[32] 영포(英布)를 '경포(鯨布)',[33] 호걸(豪傑)은 '평림(平林)' · '신시(新市)',[34] 구적(寇賊)을 '황건(黃巾)(거록(巨鹿)의 장각(張角))' 혹은 '적미(赤眉)'(낭야(琅邪)의 번숭(樊崇) 등),[35] 원(園)이나 기(綺) · 리(里) · 계(季) 등 4명의 벗들을 '사호(四皓)',[36] 석분(石奮)과 석건(石建)부자를 모두 '만석(萬石)'이라 칭하고 있다.[37] 위에서 서술한 이런 이름 등은 모두 당시에 있던 것으로써 사신들이 사서를 편찬할 때에 다시 고치거나 한 것이 아니다. 대개 당시의 정황에 맞을 경우 옛날 일을 찾아야 할 필요가 없었다. 후일 역사를 편찬하는 사람들이 이런 칭위를 자못 흠모하여 때에 따라 새로운 칭호를 찾아 쓰기도 하면서 각 편의 제목[題]으로 삼았다.(原注 : 음은 제(第)이고, 순서[次第]를 의미함) 예컨대 왕은(王隱)의 『진서(晉書)』 중에 있는 '십사(十士)'나 '한준(寒俊)',[38] 심약(沈約)의 『송서(宋書)』 중에 있는 '이흉(二兇)'이나 '색로(索虜)'[39] 같은 것이 바로 그러하다. 다만 위수(魏收)는 멀게는 옛

31 『좌전』 소공(昭公) 원년(B.C. 541) 조에, 초(楚)의 공자 위(圍)가 정(鄭)에 조빙을 가고자 하였지만 아직 초의 경계를 벗어나지 않았는데 왕이 병들었다는 이야기를 듣고 돌아갔다. 공자 위는 초왕의 문병을 빙자하여 궁중에 들어가 목을 졸라 시해하였다. 왕을 겹(郟)에 장사지내고 이를 겹오(郟敖)라 불렀다. 두예(杜預)의 주(注)에, 겹오는 초자미(楚子麋)이다. 按 : '미(麋)'는 『사기』 「초세가(楚世家)」에는 '원(員)'이라 하였다. 음은 운(雲)이다.

32 역주 : 『사기』 권113, 「남월열전」과 『한서』 권95, 「서남이양오조선전(西南夷兩粵朝鮮傳)」 참조.

33 역주 : 『사기』 권91, 「경포열전(黥布列傳)」 참조.

34 역주 : 『후한서』 권11, 「유현전(劉玄傳)」 참조.

35 역주 : 황건은 『후한서』 권71, 「황보숭전(皇甫嵩傳)」, 적미는 『후한서』 권11, 「유분자전(劉盆子傳)」 각각 참조.

36 역주 : 한나라 초에 상산(商山)에 은둔하였던 동원공(東園公) · 기리계(綺里季) · 하황공(夏黃公) · 녹리선생(甪里先生) 등 네 사람을 가리킨다. 이들은 모두 눈썹과 머리가 하얀 관계로 사호(四皓)라고 불렸다. 『사기』 권55, 「유후세가(留侯世家)」와 『한서』 권72, 「왕길전(王吉傳)」 서(序)에 관련 내용이 보인다.

37 역주 : 『한서』 권46, 「만석전(萬石傳)」 참조.

38 按 : 문장을 「이흉전(二凶傳)」 · 「색로전(索虜傳)」과 대조하여 보더라도 역시 열전 중의 편명(篇名)이다. 왕은(王隱)의 『진서(晉書)』가 없어져 전하지 않으니 고증할 방법이 없다.

39 역주 : 『송서』 권95, 「색로전」과 『송서』 권99, 「이흉전」 각각 참조. 이흉은 원흉(元兇)

사람들을 따르지 않고 가깝게는 풍속에 따르지 않으면서 제 마음대로 쓰고 있어서 받들어 근거하는 바가 없다. 그가 편찬한 『위서(魏書)』에서는 바로 평양왕(平陽王)을 '출제(出帝)'라 칭하고,[40](위(魏) 효무제(孝武帝)가 서쪽으로 관중에 들어와 우문씨(宇文氏)에게 의지하였기 때문이다) 사마씨의 동진(東晉)을 '참진(僭晉)'이라 하고 있으며,[41] 환현(桓玄)과 유유(劉裕)로부터 시작된 남조(南朝)를 모두 '도이(島夷)'라 칭하였다.[42] 따라서 북제(北齊)를 정통으로 하였기 때문에 서위(西魏)를 경시하였으며,[43] 북위에 의거하고 강남의 동진(東晉)과 송(宋)을 아주 멸시하였다. 좋아하거나 미워하는 것이 사심에서 나오고 취사(取舍)에서 제멋대로 붓끝을 따르며 그 말이 모두 공정하거나 바르지 않고 황당하며, 그 명칭이 또한 사람들의 이목을 놀라게 하는 것이었다. 과거 한나라 사람인 원섭(原涉)이 분묘를 크게 조성하면서 묘도를 내고 묘표(墓表)를 세우고는 묘도의 이름을 '남양천(南陽阡)'이라 하여 제2의 '경조천(京兆阡)'으로 만들어 조윤(曹尹)과 이름을 나란히 하려고 하였지만, 오히려 그것을 인정하는 사람들이 없으므로 그저 '원씨천(原氏阡)'이라고 부를 뿐이었다.[44] 따라서 사실이 이치에 어긋나면 사

---

유소(劉劭)와 시흥왕(始興王) 유준(劉濬)을 가리킨다.

40 『위서』 권11, 「출제기」에, 출제(出帝)는 휘가 수(脩)이다. 평양왕(平陽王)에 봉해졌다가 제헌무(齊獻武)가 왕을 받들어 제위에 올랐다. 즉위 3년, 황제는 곡사춘(斛斯椿) 등의 꾐과 이간질에 빠져 제(齊)와 내응하고 소연(蕭衍)을 토벌하고자 한 여름에 군대를 징발하였는데 천하가 이를 괴이하다고 여기고 미워하였다. 7월 드디어 장안을 출발하였다. 12월에 우문흑달(宇文黑獺)에게 죽임을 당했다. 『주서(周書)』 권1, 「문제기(文帝紀)」에, 위 효무제가 제 신무(神武)를 제거하기 위하여 조서를 내려 태조를 대도독(大都督)으로 삼고 깊이 의지하였다. 7월 정미(丁未)에 드디어 낙양으로부터 빠른 기병을 거느리고 관중으로 들어왔고 태조가 받들어 마중하여 동양역(東陽驛)에서 알현하였다. **按** : 효무(孝武)를 '출제(出帝)'로 한 것은 위수(魏收)가 편목에서 일컬은 것이다.

41 역주 : 『위서』 권96, 「참진사마예전(僭晉司馬睿傳)」 참조.

42 역주 : 『위서』 권97, 「도이환현(島夷桓玄)」 · 「도이유유(島夷劉裕)」 참조.

43 역주 : 위수가 『위서』를 편찬한 것은 북제 때의 일이었고, 북제는 동위의 제통(帝統)을 이었기 때문에 『위서』는 동위를 정통으로 하고 있으며, 서위의 경우에는 「본기」를 설정하지 않고 있다.

44 『한서』 권92, 「유협전(游俠傳)」에, 원섭(原涉)은 자가 거선(巨先)이다. 섭의 부(父)는

람들이 그대로 따르기 어려운 것이다. 위수처럼 이렇게 억지로 괴이한 명칭을 정하면서 응당 본받아야 할 전례를 따르지 않으면 설사 다시 책에 수록하였다고 하더라도 결국 사람들에게 전해져 읽혀지지 않게 된다.(釋 : 여기서는 과거의 사서에서 여러 가지 복잡한 명칭이 다양하게 등장하지만 모두 본래 당시 사람들의 입에 오르내리던 것이었고, 다시 정식 역사에 기록하면서 여러 명칭으로 정리된 것이다. 『위서』의 경우처럼 다른 왕조를 배척하고 마음대로 업신여긴 것은 정말 잘못 기록하고 있음을 말해주는 것이다)

夫歷觀自古, 稱謂不同, 緣情而作, 本無定準. 至若諸侯無謚者, 戰國已上謂之今王; 天子見黜者, 漢·魏已後謂之少帝. 周衰有共和之相, 楚弑(舊作'煞')有郟敖之主, 趙佗而曰尉佗, 英布而曰鯨布, 豪杰則平林·新市, 寇賊則黃巾(巨鹿張角)·赤眉(琅邪樊崇等), 園·綺友朋, 共云四皓, 奮·建父子, 都稱萬石. 凡此諸名,(今本失此四字) 皆出(舊多'於'字)當代, 史臣編錄, 無復張弛. 蓋取葉隨時, 不藉稽古. 及後來作者,(一作'所作') 頗慕(一作'纂')斯流, 亦時採新名, 列(一作'務')成篇題.(原注 : 音第) 若王『晉』(王隱『晉書』)之「十士」·「寒俊」, 沈『宋』(沈約『宋書』)之「二凶」·「索虜」, 卽其事也. 唯魏收遠不師古, 近非因俗, 自我作故, 無所憲章. 其撰『魏(一脫'魏'字)書』也, 乃以平陽王爲出帝,(魏孝武西入關, 依宇文故) 司馬氏爲僭晉, 桓·劉已下, 通曰島夷. 夫其制齊則輕抑關右,(宇文) 黨魏則深誣江外,(卽晉·宋) 愛憎出於方寸, 與奪由其筆端, 語必不經, 名惟駭物. 昔漢世原涉大修墳墓, 乃開道立表, 署曰南陽阡, 欲以繼迹京兆, 齊聲曹尹,(一誤作'伊') 而人莫之肯從, 但云原氏阡而已. 故知事非允當, 難以遵行. 如收之苟立詭名, 不依故實, 雖(一訛作'難')復刊諸竹帛, 終罕(一作'靡')傳於諷誦也.(釋 : 此論前史雜出名稱, 皆本當時口語, 筆之史乘, 正復多姿. 若北魏之指斥矯誣, 眞成惡札矣)

---

애제(哀帝) 때 남양(南陽)태수를 지냈다. 부가 죽자 무덤 옆 오두막에서 상례를 치렀다. 처음, 경조윤(京兆尹) 조씨(曹氏)가 무릉(茂陵)에 장사를 지내자 사람들은 그 길을 경조천(京兆仟)이라 불렀다. 원섭이 이를 부러워하여 땅을 사서 길을 내고 표지를 세워 쓰기를 '남양천(南陽仟)이라 하였지만 사람들이 받아들이길 거부하고 원씨천(原氏仟)이라 불렀다. 按 : '천(仟)'은 '천(阡)'과 통한다.

## 14-8

혹 듣자니 제왕으로서 천명을 받아 즉위하여 몇 대를 지나면서 서로 계승하므로 설사 옛 군주가 이미 죽었다 하더라도 그에 대한 극진한 존경은 변하지 않는다고 하였으니 어떻게 그를 일반백성들과 같이 대할 수 있으며 그의 이름을 직접 쓸 수 있겠는가? 근래의 문장은 이런 점에 있어서 정말 아이들의 장난과 같다. 천자(天子)이면서도 오히려 이름을 그대로 부르고 있으니 예컨대 희만(姬滿)[45]이나 유장(劉莊)(漢明帝)같은 사람들이 바로 그러하다. 평민[匹夫]임에도 오히려 이름을 칭하지 않았던 사람으로는 보병(步兵)·팽택(彭澤)같은 이들이 바로 그러하다.[46] 사론(史論)을 서술하는 말은 이치상 마땅히 고상하고 정직해야 한다. 반고의 '술(述)'(『한서』에서는 '찬(贊)'을 '술'이라 불렀다)에서는 성경(聖卿)(董賢)[47]을 이야기하면서 '동공(董公)'·'유량(惟亮)'이라는 용어를 사용하였고, 범엽의 『후한서(後漢書)』 열전의 '찬'에서는 외효(隗囂)를 심지어 '외왕(隈王)이 선비들을 얻었다'라고까지 말하였다.[48] 습착치(習鑿齒)는 촉한의 군주를 말하면서 바로 소열제(昭烈帝)를 '현덕(玄德)'(原注 : 습착치는 『한진춘추(漢晉春秋)』에서 촉을 정통으로 하고, 제목을 정리하거나 사실을 서술할 때에는 모두 촉의 선주(先主)를 소열제라 칭하면서도 논의하는 중에는 오히려 '현덕'이라 칭하였다)이라고 칭하고 있

---

45 역주 : 주 목왕(周穆王)을 가리키는데, 그는 소왕(昭王)의 아들로서 제5대 천자이다.

46 역주 : 보병은 진(晉)의 완적(阮籍 : 210-263)을 가리킨다. 그가 보병교위(步兵校尉)를 지냈기 때문에 사람들은 그를 완보병(阮步兵)이라 하여 이름을 부르지 않았다. 『진서(晉書)』 권49, 「왕적전」 참조. 팽택은 도잠(陶潛 : 365-427)을 가리킨다. 그는 진(晉)에서 팽택령(彭澤令)을 지냈다. 따라서 사람들은 그를 도팽택(陶彭澤)이라 불렀다. 『진서(晉書)』 권94, 「은일전(隱逸傳)」 참조.

47 역주 : 동현의 자(字)는 성경(聖卿)이다. 얼굴이 예쁘게 생겨서 애제(哀帝)로부터 총애를 받았다. 22세에 벼슬이 대사마(大司馬)·위장군(衛將軍)에까지 올라 그 친족이 모두 권세와 부를 누렸지만, 애제가 죽자 탄핵되어 자살하였다. 『한서』 권93, 「영행전(佞幸傳)」에 수록되어 있다.

48 역주 : 『후한서』 권13, 「외효공손술열전(隗囂公孫述列傳)」 '찬(贊)' 참조.

으며, 배송지(裵松之)는 조위(曺魏)의 제왕을 서술하면서 위 문제(魏文帝)를 '조비(曹丕)'라 칭하고 있다. 음신(淫臣)이나 난신(亂臣)들이 홀연히 그 이름을 피휘(避諱)하고(음신은 앞서 언급한 동현을, 난신은 외효를 가리킨다), 즉위하여 제왕이 된 사람들은 반대로 그 이름을 직접 부르고 있다. 신기한 것에만 뜻을 두고 문장을 운이나 맞추는 식으로 편리한대로 서술한다면(原注 : 『한서』 「서전(敍傳)」의 「애제기(哀帝紀)」 '술(述)'에 이르기를, 젊고 예쁜 미소년 동현과 함께 천하의 공을 함께 이루려 했다(婉孌董公, 惟亮天功)'라고 하거나, 「외효공손술전(隗囂公孫述傳)」 '찬'에서는 '공손(公孫)'은 아전들과 친근하고 외왕(隈王)은 선비들을 얻었다(公孫習吏, 隈王得士)고 하였다. 按 : 공(公) · 공(功) · 이(吏) · 사(士) 등은 모두 운(韻)을 따른 것이다) 용사지도(用舍之道)[49]에 고정된 체례가 없게 된다. 그러나 근래에 편찬한 사서들은 대개 모두 이러한 잘못을 가지고 있다. 뛰어난 인재조차 이러할진대 하물며 보통의 재주와 지혜를 지닌 사람들이야 더 말할 나위가 있겠는가? 여기에서는 그 한 측면만을 대략적으로 열거함으로써 본보기를 보여줄 따름이다.(釋 : 끝 부분에서는 휘명(諱名)과 서명(書名)은 존비에 따라 구분이 되기 때문에 문장을 짓거나 역사를 편찬할 경우 그 서술의 원칙이 각기 다르다. 따라서 구분 없이 대충 아무렇게나 사용하기도 하지만, 정확한 기준을 세워 사용해야 함을 말하고 있다. ○이 조항은 덧붙여 언급된 것이다)

抑又聞之, 帝王受命, 歷數相承, 雖舊君已沒, 而致敬無改, 豈可等之凡庶, 便書之以名者乎? 近代文章, 實同兒戲. 有天子而稱諱者, 若姬滿 · 劉莊(漢明帝)之類是也; 有匹夫而不名者, 若步兵 · 彭澤之類是也. 史論之言, 理當雅正. 如班述(班史名贊爲述)之敍聖卿(董賢)也, 而曰董公惟亮; 范贊之言季孟(隗囂)也, 至(一訛'止', 一脫去)曰隗王得士. 習談漢主, 則謂昭烈爲玄德.(原注 : 習氏『漢晉春秋』以蜀爲正統, 其編目敍事皆謂蜀先主爲昭烈皇帝, 至於論中語則呼爲玄德) 裵引魏室, 則目文帝爲曹丕. 夫以淫(董賢)亂(隗囂)之臣,

---

49 역주 : 『논어』 「술이(述而)」편에, 공자께서 안연(顔淵)에게 말씀하시기를, '등용되면 나아가 행동하고[用之則行], 버려지면 물러나서 들어앉는다[舍之則藏]고 한 말은, 오직 나와 너만이 할 수 있는 일이니라'고 하였다.

忽(一作'總')隱其諱; 正朔之后, 反(一作'乃')呼其名. 意好奇而輒爲, 文逐韻而便作,(原注 : 班固『哀紀述』曰 : "宛變董公, 惟亮天功.", 「隗囂公孫述傳」贊曰 : "公孫習吏, 隗王得士." 按 : 公 · 功 · 吏 · 士, 皆逐韻也)用舍之道, 其例無恒. 但近代爲史, 通多此失. 上才猶且(一作'其')若是, 而況中庸者乎? 今略擧一隅, 以存標格云爾.(釋 : 末言諱名 · 書名, 尊卑分定, 作文作史, 寬嚴法殊, 因約擧混稱, 用垂標準. ○ 此條附及)

按 : 이 편에서 상세하게 설명하고 있는 것은 다섯 항목이다. 첫째, 어환(魚豢)과 손성(孫盛)이 삼국시대 유비와 손권의 이름을 그대로 쓴 것을 배척한 것이다. 둘째, 십육국(十六國)을 직서하여 도적이라 한 것을 설명한 것이다. 셋째, 진(晉)의 후사에게도 묘호(廟號)를 더한 것에 대해 의논한 것이다. 넷째, 조위(曹魏)와 북위가 개국하면서 조상을 추존한 것이 가소로운 것이라 비난한 것이다. 다섯째, 위수(魏收)의 책제목에 처음 사용한 이름이 놀랄 만하다는 점을 비루(鄙陋)하다고 한 것이다. 그 전후 두 조항은 부수적인 것이다.(篇內所詳凡五項, 一斥魚 · 孫三國名備名權也, 一辯志十六國直書爲盜也, 一議晉後嗣世概加廟號也, 一譏二魏開國追尊可笑也, 一鄙收書題目創名駭見也, 其前後二條乃帶及之)

진수(陳壽)는 촉(蜀)의 사실을 기록하면서 실제로 본기의 체재를 사용하여 선주 유비(劉備)와 후주 유선(劉禪)의 이름을 쓰지 않았다. 그러나 오(吳)의 사실을 기록하면서 손견(孫堅)과 손책(孫策) 그리고 그 후손에게 여전히 이름을 썼다. 그 기준이 제대로 사용되었는지를 살펴보니 어환(魚豢) 같은 무리들보다는 훨씬 낫다.(承祚志蜀, 實用紀體, 二主皆不書名; 志吳, 則堅 · 策以後仍書名. 斟酌權宜, 愈於魚豢輩遠矣)

전(傳)에 이르기를 : 지극히 공경함에는 문식(文飾)이 없게 마련이고, 지극한 문식에는 꾸밈없는 바탕이 숭상되게 마련이다. 예(禮)에 의하면, 조(祖)는 공(功)이 있을 경우, 종(宗)은 덕(德)이 있을 경우에 해당하는 것으로 예로부터 전해 온 제도였다. 한(漢)은 헛되이 이러한 칭호를 붙이지 않았는데, 진(晉)에 와서 더욱 널리 사용되었다. 당(唐) 이후부터 묘호(廟號)를 시호(諡號)의 앞 첫머리에 표기하였고, 이것이 마침내 세상의 법식이 되었다. 예(禮)는 때를 가장 높은 것으로 하였으나, 바탕과 문식[質文]의 흐름에 또한 넘침이 없었겠는가. '조'와 '종'을 칭하는 문제는 묘호와 시호에 관한 의논임으로 책부(冊府)에 기록해 둘만하다.(傳曰 : 至敬無文, 至文尙質. 禮, 祖有功而宗有德, 古之制也. 漢不虛尊, 晉加彌廣, 由唐而來, 廟冠謚前, 遂爲世典. 禮時爲上, 毋亦質文之流於旣溢者歟? 稱祖稱宗一節, 可作廟謚議, 懸之冊府)

# 『사통통석』 권5

# 「채찬(採撰)」 제15

앞서 이야기한 각 편이 주로 사서의 체례(體例)와 관련한 원칙적인 문제들을 논한 것이라면 「채찬(採撰)」편부터는 사서편찬과 관련한 구체적인 문제들을 다루고 있다. 따라서 이 편에서는 사료수집의 중요성과 사료를 감별하는 기준, 그리고 사가들이 사료를 채택할 경우 준수해야 할 원칙 등을 언급하였다. 먼저 유지기는 사서의 내용에 없어져 빠진 부분을 보완하기 위하여 사료의 수집이 광범위하게 이루어져야 함을 강조하였다. 따라서 서로 다른 이야기를 모으고 많은 사람들의 말을 채록하여 광범위하면서도 상세한 견문을 갖추는 것은 물론 정확한 사실들을 수록해야만 제대로 된 사서로서의 신뢰를 갖게 된다고 하였다. 그러나 수많은 자료의 수집을 통해 견문을 넓힐 수 있다는 장점에도 불구하고 신기한 사실들을 이용하여 어그러지고 황당한 이야기를 사서에 싣는 것을 크게 비판하였다. 이러한 잘못은 특히 혜강(嵇康)의 『고사전(高士傳)』과 황보밀(皇甫謐)의 『제왕세기(帝王世紀)』에서 비롯된 것으로 보았다. 범엽의 『후한서』 이후 각종 사서에도 여전히 옳고 그른 것이 구별되지 않거나, 사실이 왜곡된 것, 고의로 지어낸 기이한 이야기 등이 수록되어 있으며, 이러한 이야기들은 모두 성인의 행적에 부합(符合)되는 것이 아닌 즉, 공자도 말하기를 꺼려했던 '상도(常道)를 벗어난 괴이하고 신비한 말들'이라 비판하였다. 유지기는 그러한 문제점이 당대(唐代)에 편찬된 진사(晉史)에도 나타나기 때문에 이들 문제점을 해결하기 위하여 더욱 광범위한 사료의 수집을 강조하면서도 무분별한 자료의 이용이 갖는 문제점을 비판하였다.

유지기는 아울러 군국(郡國)과 관계되는 기록이나 보첩(譜牒)같은 책들은 객관적인 상황을 기록하는데 근본적인 문제를 지닌 것이기 때문에 그 이용에 주의해야 한다고 보았다. 예컨대 강동(江東)의 '오준(五俊)'과 영천(潁川)의 '팔룡(八龍)'이라 칭해지는 인물들은 모두 실재와는 다른 과분한 평가를 받는 경우라고 비판하였다. 그리고 정확하지 않은 소문에 의한 자료가 갖는 문제점을 직시하고 길거리에서 얻어듣거나 구전을 통해 전해지는 유언비어를 인용하는 경우, 대개 말을 전달하는 사람들이 피차 다르므로 사실을 기록하는 사람도 그 시비를 정하기 어렵기 때문에 신중하게 이용해야 한다고 주장하였다. 잘못 이용된 사료는 역사적 사실의 선후를 바꾸거나 사실의 시비와 청탁을 가리는데 혼란을 줄 수 있기 때문에, 전혀 다른 시대의 사람들을 동시대의 인물로 다루거나 이치에 맞지 않는 황당한 이야기를 사실인 것처럼 서술하는 모순이 발생한다고 하였다. 유지기는 결론적으로, "책 중의 서로 다른 말들과 의심되는 사실들을 학자들은 마땅히 잘 살펴야 한다"라고 하여 사료의 수집과 감별의 중요성을 다시 한번 강조하였다.

## 15-1

공자가 말하기를, "나는 예전에는 사관(史官)이 의심나는 것을 기록에서 빼놓는 것을 볼 수 있었다"[1]고 하였으니, 이러한 사실을 통해 사관들의 문장에 빠진 부분들이 있으며 그 유래가 오래되었다는 것을 알 수 있다. 학문이 넓고 고상한 군자(君子)가 아니라면 어떻게 그 없어져 빠진 것을 보완할 수 있겠는가?(釋 : 첫 머리에서 빠진 부분은 (함부로) 보완하지 않는다는 뜻을 인용하여 자료를 수집함에 있어서 마땅히 신중해야 한다는 뜻을 알리고 있다) 무릇 진귀하고 따뜻한 겨울옷[裘衣]은 수많은 여우의 겨드랑이 털을 모아 만들고,[2] 넓고 큰 건물은 많은 나무들을 모아 지은 것이다.[3] 옛날부터 각지를 여행하며 힘써 자료를 수집하던 사가나[4] 항상 묵필(墨筆)과 목판 등 필기도구를 지니고 다니는 저술에 종사하는 사람들이[5] 어찌 일찍이 서로 다른 이야기들을 모으지 않거나 많은 사람들의 말을 채록하여 수집하지 않은 적이 있는가? 그들은 모두 그렇게 한 연후에 비로소 일가지언(一家之言)을 이루어 저작을 후세에 남길 수 있었던 것이다. 좌구명(左丘明)은 공자의 『춘추』 경(經)을 전수받아 『좌전(左傳)』을 저술하면서 당시 여러 나라의 역사를 광범하게 포괄하였다.[6] 대개 당시 있었던 『주지(周志)』[7] · 『진승(晉乘)』[8] · 『정서(鄭書)』[9] · 『초도올(楚檮杌)』[10] 등을 모아 편찬하

1 역주 : 『논어』 「위영공(衛靈公)」편에, "나는 예전에는 그래도 사관이 의심나는 것을 기록에서 빼놓는 일과 말을 가진 사람이 남에게 빌려 주어 타게 하는 것을 볼 수 있었다. 그러나 지금은 그런 것들이 없구나!"라고 한 구절을 인용한 것이다.

2 역주 : 이러한 의미를 가진 문장은 『여씨춘추(呂氏春秋)』 「용중(用衆)」편, 『묵자(墨子)』 「친사(親士)」편, 『한서』 권81, 「광형전(匡衡傳)」 등에 보인다. 陳漢章, 『史通補釋』 「채찬」편 '한장안(漢章案)' 참조.

3 역주 : 이 같은 용례는 『의림(意林)』에서 인용한 『신자(愼子)』와 『진서(陳書)』 권3, 「세조기(世祖紀)」 등에 보인다. 陳漢章, 위의 책, 참조.

4 역주 : 이 문장은 『사기』 권130, 「태사공자서」에 보이는 20세가 되어 회계산(會稽山)에 올라 (우(禹)가 묻혔다는) 우혈(禹穴)을 탐방하고, (순(舜)이 묻혔다는) 구의산(九疑山)을 살펴보는 등 자료 수집을 각지를 여행한 사실을 인용한 것이다.

5 역주 : 이 문장은 양웅(揚雄)의 『방언(方言)』 권수(卷首)의 「답유흠서(答劉歆書)」에서 인용한 것이다. 張振珮, 『史通箋注』, pp.141-142 참조.

6 역주 : 이 같은 견해는 두예(杜預), 「춘추좌씨전서(春秋左氏傳序)」(『문선(文選)』 권45 所收)를 인용한 것이다.

7 역주 : 『좌전』 문공(文公) 2년에, "(낭심(狼瞫)이) 말하길, 『주지(周志)』에 이르기를 용감하면서 윗사람을 해치는 자는 명당에 오르지 못한다. 죽어서 불의를 저지른 자가

고 이를 합쳐 『좌전』이라는 책으로 엮어낸 것이다. 만약 좌구명이 당시 노나라의 기록에만 전적으로 의존하고, 공자 한 사람에게만 자문하였더라면 『좌전』이 어떻게 이렇듯 광범하고 상세한 견문을 갖출 수 있었겠는가? 사마천의 『사기』는 『세본(世本)』[11]·『국어(國語)』·『전국책(戰國策)』·『초한춘추(楚漢春秋)』를 채록하였다.[12] 반고의 『한서』는 내용이 모두 『사기』와 같으며,[13] 태초(太初 : B.C. 104-101) 이후부터는 또 유향(劉向)의 『신서

되면 이는 용기가 아니다"라고 하였다. 『주지(周志)』는 춘추시대 주(周)의 관찬 사서를 가리킨다.

8 역주 : 『맹자』 「이루하(離婁下)」편에, 진(晉)의 『승(乘)』·초(楚)의 『도올(檮杌)』·노(魯)의 『춘추(春秋)』는 모두 같은 것이라고 했다.

9 역주 : 『좌전』 양공(襄公) 30년(B.C. 543)에, 『정서(鄭書)』에 이르기를, '나라를 안정시키려면 먼저 대족(大族)을 다스려야 한다고 했소'라는 문장이 보이고, 역시 『좌전』 소공(昭公) 28년(B.C. 514)에도 『정서』의 존재가 보인다. 모두 춘추시대 정(鄭)의 관찬 사서이다.

10 역주 : 초의 『도올』과 진의 『승』은 「육가(六家)」편 주석에도 보인다.

11 역주 : 삼황오제에서 춘추시대까지를 선진 사관이 기록하고 보존한 역사자료이다. 일설에는 좌구명의 저작이라고 한다. 전국말경에 필사된 것을 진한 초 사람이 정리한 것이며 기록한 내용 역시 진한 초까지를 대상으로 하고 있다. 『한서예문지』 「육예략」 "춘추"에, "『세본』 15편은 옛 사관이 황제(黃帝)이래 춘추까지 제후와 대부에 대하여 기록한 것"이라고 했다.

12 역주 : 『한서』 권62, 「사마천전」에, 따라서 사마천은 『좌씨춘추』·『국어』에 근거하고, 『세본』·『전국책』의 자료를 채록하고, 『초한춘추』를 서술하여 그 후의 사실을 이어 천한(天漢) 연간에 이르렀다"라고 했다. 『후한서』 권40上, 「반표전(班彪傳)」에, "효무제 때 태사령 사마천은 『좌씨』·『국어』를 채록하고, 『세본』·『전국책』을 산(刪)하고 초한(楚漢) 열국(列國)의 시사(時事)에 근거하여 위로는 황제(黃帝)부터 아래로는 획린(獲麟)까지 기록하였다. …… 모두 130편인데, 10편이 빠졌다"라고 했다. 사마천이 참고한 자료에 대한 자세한 연구는 金德建, 『司馬遷所見書考』, 上海人民出版社, 1962 참조.

13 역주 : 『후한서』 권40上, 「반표전」에, 무제 때 사마천이 『사기』를 지었는데, 태초(太初) 이후의 사실은 기록되지 않았다. 후일 호사가들이 당시의 사실을 모아 저술하였지만 대부분 수준이 낮고 보잘 것 없어서 사마천의 『사기』를 계승하기에 부족하였다. 이에 반표는 전사(前史)에 누락된 사실을 계속하여 수집하고 다시 이문(異聞)을 널리 수집하여 『후전(後傳)』 수십 편을 지었다. 전사(前史)의 경험을 흡수하고, 득실을 정확하게 평가하였다고 하여 반표는 『사기』를 계승하여 태초연간 이후를 서술하고자 했고, 그의 유지를 이어 반고는 한대(漢代)를 독립적으로 다룬 『한서』를 편찬한 것이다.

(新序)』[14] · 『설원(說苑)』[15] · 『칠략(七略)』[16] 중의 말을 뒤섞어 인용하고 있다. 이들은 모두 당시의 올바른 말이고, 사실이 도리에 어긋나거나 편벽됨이 없었기 때문에 당시 사람들의 신임을 받았고, 천년동안이나 이름난 저작으로 전해질 수 있었다.(釋 : 이 구절은 좌구명과 사마천 그리고 반고의 사서들이 널리 자료를 구하지 않은 것이 없고 반드시 고상하고 올바름을 추구하였기 때문에 매우 귀하다고 했다)

子曰 : "吾猶及史之闕文." 是知史文有闕, 其來尙矣. 自非博雅君子, 何以補其遺逸者哉?(釋 : 首引闕文不補之義, 領起采撰宜愼之旨) 蓋珍裘以衆腋成溫, 廣廈以群材合構. 自古探穴藏山之士, 懷鉛握槧之客, 何嘗不徵求異說, 采摭群言, 然後能成一家, 傳諸不朽. 觀夫丘明受(舊作'授', 誤)經立傳, 廣包諸國, 蓋當時有『周志』·『晉乘』·『鄭書』·『楚杌』等篇, 遂乃聚而編之, 混成一錄. 向使專憑魯策, 獨詢孔氏, 問以能殫見洽聞, 若斯之博也? 馬遷『史記』, 采『世本』·『國語』·『戰國策』·『楚漢春秋』. 至班固『漢書』, 則全同太史. 自太初已後, 又雜引劉氏『新序』·『說苑』·『七略』之辭. 此幷當代雅言, 事無邪僻, 故能取信一時, 擅名千載.(釋 : 此節提出丘明·馬·班諸史, 非不博徵, 必求雅正, 所以可貴也)

---

14 역주 : 유향이 편찬한 이 책(현존본 10권, 166조)은 유가적 입장에서 군주에게 훈계가 될만한 여러 전설과 고사를 모은 것이다. 순(舜)과 우(禹)에서부터 한초까지의 일사(逸事)와 역사 · 인물 · 사적(史迹) 등을 서술하고 있다.

15 역주 : 체제는 『신서(新序)』와 동일하며 춘추전국에서 한대에 이르는 제자(諸子)의 언행과 특히 유가적 정치사상과 윤리관 및 군주의 정치 교훈, 국가흥망의 이치 등을 담고 있다. 아울러 고사와 전설, 그리고 풍자를 표방한 내용이 적지 않다. 따라서 소설의 성격을 갖는다는 평가를 받고 있다.

16 역주 : 중국에서 가장 오래된 서적목록이다. 전한 성제(成帝)의 명으로 당시 수집된 책을 교감(校勘)하게 하고, 한 책의 교감이 끝날 때마다 교감의 순서 · 저자 · 내용소개 · 비판을 한 해제를 덧붙여 제출하였다. 저자 사후 아들 유흠(劉歆)이 작업을 계승하여 책을 집략(輯略) · 제자략(諸子略) · 시부략(詩賦略) · 병서략(兵書略) · 술수략(術數略) · 방기략(方技略)의 일곱 가지로 분류한 서적목록을 완성하였다. 일찍 산일(散佚)되었다.

## 15-2

그러나 중세(中世) 이후 사가들의 저작은 그 종류가 날로 많아지게 되었다. 비록 나라에 책서(冊書)가 끊임없이 편찬되고 기록되었지만[殺靑],[17] 많은 사가들이 개인적으로 편찬한 저서들에도 나름대로 장점이 있어서 실제 견문을 넓힐 수 있었다. 그들의 결점은 기이(奇異)한 사실들을 적당히 끌어들여 새로운 사실을 날조한다는 것이다. 예컨대 대우(大禹)가 돌에서 계(啓)를 낳고,[18] 이윤(伊尹)이 가운데가 빈 뽕나무[空桑]에서 출생하였으며,[19] 바다 위에서 어떤 사람이 뗏목을 타고 천하(天河)로 들어가고,[20]

17 『후한서』 권64, 「오우전(吳祐傳)」에, 오우의 부(父) 회(恢)는 남해태수(南海太守)가 되어 푸른 대나무를 불에 구워 경서를 쓰고자 했다. 주(注)에, 불로 푸른 대나무를 구워 진을 빼내 푸른색을 없애 글쓰기를 쉽게 하고 좀이 먹지 못하도록 하였는데 이를 일러 '살청(殺青)'이라 하였고 또 이를 한간(汗簡 : 문서 · 서적 혹은 역사의 뜻으로 쓰임)이라고도 했다. 이 글자는 이미 「육가(六家)」편 '『국어(國語)』'의 주(注)에 보인다.

18 『노사(路史)』「여론(餘論)」에, "하후씨가 태어났을 때 그 모친이 돌로 변했다는 이야기가 『세기(世紀)』에 보인다. 원래 우(禹)의 모친이 월정석(月精石)을 얻어 삼키고 우를 낳았다"라고 했다. 『회남자(淮南子)』「수무훈(修務訓)」에, '우가 돌에서 태어났다'라고 했는데 지금 동봉묘(登封廟)에 돌 하나가 있는데 이름하여 우의 아들 '계(啓)의 어머니 돌[啓母石]'이라 한다. 한 원봉(元封) 원년(B.C. 110) 무제가 구씨(緱氏)에게 행차하였을 때 제서(制書)를 내려 이르기를, "짐이 중악(中岳)에 이르러 계의 어머니 돌을 보았다. 돌이 되어 계를 낳았다고 했는데 지점은 숭산(嵩山)의 북쪽이다"라고 했다. 按 : 『운부(韻府)』에는 이상과 비슷한 내용이 『회남자』에 있다고 했지만 실제로는 그러한 문장이 없다. 책을 편찬하는 사람이 근거를 제대로 살피지 않는 하나의 증거라고 할 수 있다. 역주 : 위의 내용은 『한서』 권6, 「무제기(武帝紀)」의 안사고(顔師古) 주(注)와 『사기』 권2, 「하본기(夏本紀)」의 장수절(張守節), 『사기정의(史記正義)』에 보인다.

19 『열자(列子)』「천서편(天瑞篇)」에, 후직(后稷)은 거인의 발자국을 따라 밟다가 태어났고, 이윤(伊尹)은 빈 뽕나무에서 태어났다고 했다. 『여씨춘추』「본미편(本味篇)」에, 유신씨(有侁氏)의 딸이 뽕잎을 따다가 가운데가 빈 뽕나무에서 아이를 주웠다. 그 까닭을 물으니 말하기를, 아이의 모친이 이수(伊水)가에 살고 있었는데 아이를 잉태하자 꿈에 신이 일러주기를, '절구에서 만일 물이 나오거든 곧 동으로 가라. 그리고 절대로 뒤를 돌아보지 말라'고 했다. 다음 날 절구에서 물이 나오자 동쪽으로 십리를 달려가다 뒤를 돌아보니 그가 살던 마을은 이미 물바다로 변해 있었다. 그리고 그 여자의 몸 또한 가운데가 빈 뽕나무로 변하였다. 때문에 어린아이의 이름을 이윤(伊

항아(姮娥)가 약을 훔쳐 달[月]로 달아났다[21]고 하는 것들이다. 이와 같은 황당한 이야기는 모두 다 말할 수 없을 정도지만, 분명 남사(南史)[22]와 동호(董狐),[23] 그리고 반고(班固)와 화교(華嶠)의 사서의 작은 부분도 더럽게

尹)이라 하였다고 했다. 역주 : 『사기』 권3, 「은본기」의 사마정(司馬貞), 『사기색은(史記索隱)』에도 유사한 내용이 보인다.

20 장화(張華), 『박물지(博物志)』 권10, 「잡설(雜說)」 하에, 전하(天河)와 바다는 서로 통한다. 근세에 어떤 사람이 바닷가에 살면서 해마다 8월이 되면 뗏목을 띄워 내왕하였으며 그 시기를 어기지 않았다. 이 사람이 뗏목을 타고 가서 어느 한 곳에 이르렀는데 옥사(屋舍)가 매우 엄하였고 멀리 바라보니 궁중에는 베 짜는 여인들이 많았다. 한 장부를 보았는데 소를 이끌고 물가로 나가 물을 마시게 하였다. 후에 촉 땅에 이르러 엄군평(嚴君平)에게 이를 묻자 대답하길, '모년(某年) 모월(某月)에 객성(客星)이 견우별자리를 침범하였기 때문이요'라고 했다.

21 『후한서』 「천문지」 상(上)주(注), 장형(張衡)의 「영헌론(靈憲論)」에, 예(羿)가 서왕모(西王母)에게 불사약을 청하여 구했는데, 항아가 몰래 이를 훔쳐 먹고 달로 달아났다.(역주 : 똑같은 내용이 『회남자(淮南子)』 「남명훈(覽冥訓)」에도 보인다) 장차 떠나려할 때 점을 치니, '훌쩍 날아 그대 돌아가니 홀로 서쪽으로 갈 것이다', '놀라지도 두려워하지도 마라. 후일 크게 창성할 것이다'라고 하였다. 그에 따라 달에 몸을 맡겨 두꺼비가 되었다고 했다.

22 역주 : 남사(南史)는 제(齊)의 사관으로서 직필(直筆)로 유명하다. 제나라 실권자 대부 최저(崔杼)가 군주인 장공(莊公)을 시해하자 이 사실을 태사(太史)가 기록하기를 '최저가 자기 군주를 죽였다'라고 하였다. 이에 최저가 그를 죽였다. 태사의 두 아우(고대 태사의 직무는 대대로 전해지는 가학(家學)으로서 형제가 서로 계승하고 부자간이 서로 이었다)가 다시 이를 직필하자 최저가 이들을 모두 살해하였다. 후에 다시 태사의 또 다른 아우가 이 사건을 직필하자 최저는 결국 이를 말리지 못하고 내버려두었다고 한다. 이때 남사는 태사의 형제가 모두 피살되었다는 소식을 듣고 자신이 이를 기록하기 위하여 책과 도구를 가지고 현장에 갔지만 이미 기록되었음을 알고 그만두었다. 남사는 직접 이 사건을 기록하지는 않았지만 죽음을 두려워하지 않고 사실을 그대로 적고자 한 행위가 직필을 목숨처럼 여기는 사가의 정신을 표현한 대표적인 사례로 평가받고 있다. 이 내용은 『좌전』 양공(襄公) 25년(B.C. 548)에 보인다.

23 역주 : 동호(董狐)는 진(晉)의 태사(太史)이다. 진 영공(靈公)이 무도하여 경(卿) 조돈(趙盾)이 여러 번 간하자 영공은 돈을 죽이려고 하였고 돈은 도망쳤다. 돈의 일족 대부(大夫) 조천(趙穿)이 군주인 영공을 죽이니 돈이 국경을 넘지 않고 다시 돌아왔다. 동호는 조천을 영공의 살해자로 기록하지 않고 '조돈이 자기 임금을 죽였다'라고 기록하니, 조천의 형이자 집권자였던 조돈이 이를 승복하지 않았다. 동호가 말하기를 '당신은 정경(正卿)으로서 도망을 감에 아직 국경을 넘지 않았는데도 다시 돌아와 역적을 토벌하지 않았으니 그대가 죽인 것이 아니면 누구겠는가?'라고 하였다. 공자가 찬양하며 말하기를 '동호는 고대의 훌륭한 사가[良史]이니 사실을 숨기지 않았

하기는 어려웠다. 그러나 혜강(嵇康)의 『고사전(高士傳)』은[24] 일곱 나라의 우언(寓言)을 수집하기 좋아하고, 황보밀(皇甫謐)[玄晏]의 『제왕세기(帝王世紀)』는[25] 육경(六經)의 도참(圖讖)에 관한 이야기들을 많이 채록하였다.[26] 서적을 잘못 인용하는 것은 여기서부터 비롯되었다.(釋 : 이 구절에서는 후일에 와서 잡다한 이야기들이 쓸데없이 많아져 사람들의 감정이 아주 기이한 것을 좋아하게 되었지만 사서의 체례에서는 반드시 금해야 하는데도 그러한 풍조가 생긴 이후 막기가 어려웠다는 것을 말하였다)

但中世作者, 其流日煩, 雖國有冊書, 殺靑不暇; 而百家諸子, 私存撰錄, 寸有所長, 實廣聞見. 其失之者, 則有苟出異端, 虛益新事, 至如禹生啓石, 伊産空桑, 海客乘槎以登漢, 姮娥竊藥以奔月. 如斯踳駁, 不可殫論, 固難以汙南·董之片簡, 霑班·華(一作'曄', 非)之寸札. 而嵇康『高士傳』, 好聚七國寓言; 玄晏(皇甫謐)『帝王紀』, 多採『六經』圖讖; 引書之誤, 其萌(一多'始'字)於此矣.(釋 : 此節言後來雜撰益多, 人情好怪, 史體所必禁, 而其萌

---

다'라고 하였다. 후세사람들은 동호를 직필의 대표적인 사례로 평가하고 그를 양사(良史)의 대명사로 삼았다. 이러한 내용은 『좌전』 선공(宣公) 2년(B.C. 607)에 보인다.

24 역주 : 혜강의 자는 숙야(叔夜)이고 초군(譙郡) 사람이다. 위(魏) 종실의 사위로서 중산대부(中散大夫)를 지냈다. 매우 박식하였고, 노자와 장자를 숭상하였으며 재주가 뛰어나 시문을 잘 지었으며 음악에도 정통하였다. 완적(阮籍) 등과 함께 죽림칠현(竹林七賢)이라 불리웠다. 당시 사마씨가 실권을 장악하고 있었으므로 혜강은 협조를 하지 않고 관직 역시 거절하였다. 후일 사마소(司馬昭)에게 살해되었다. 『진서』 권49에 열전이 있다. 『수서경적지』 「사부」 "잡전류"에는 그의 『성현고사전(聖賢高士傳)』 3권(『신당서경적지』에는 8권이라 함)을 수록하면서, 상고이래 성현 은둔자들의 기록을 모아 전찬(傳贊)을 편찬하였다. 혼돈(混沌)으로부터 관녕(管寧)까지 모두 119명이라고 했다. 이 책은 이미 유실되고 전해지지 않지만 엄가균(嚴可君)의 『전진문(全晉文)』에는 61명이 집록(輯錄)되어 있다.

25 역주 : 황보밀은 스스로 현안선생이라 불렀다. 그가 편찬한 『제왕세기』 10권은 삼황(三皇)으로부터 한(漢)·위(魏)까지이다. 그 중에는 대개 양한의 도참(圖讖)에 관한 내용이 많다. 『수서경적지』 「사부」 "잡사류"에 수록되어 있지만, 이 책은 일찍이 유실되었다. 근래의 서종원(徐宗元)의 집본(輯本)이 비교적 충실하다. 『진서(晉書)』 권51에 열전이 있다.

26 역주 : 한대에 유행했던 위서(緯書)를 말한다. 육경에 관한 각종 위서는 「육가(六家)」편의 '『상서』가(『尙書』家)' 『상서선기검(尙書璇璣鈐)』에 대한 주)8 참조.

自此不可還矣)

## 15-3

범엽은 후한(後漢)시대의 역사를 정리하면서 스스로 양사(良史)로써 사실대로 기록함에 부끄러움이 없다고 자부하였다.[27] 그러나 그 중 왕교(王喬)의 신발이 물오리로 변했다는 이야기는[28] 응소(應劭)의 『풍속통(風俗通)』에서 나오며,[29] 좌자(左慈)가 양(羊)이 되어 사람의 말을 하였다는 이야기는[30] 갈홍(葛洪)의 『포박자(抱朴子)』에 전해지고 있는데,[31] 옳고 그른 것

---

27 역주 : 범엽은 『후한서』에서 후한의 객관적 역사사실 뿐만 아니라 역사적 인물에 대한 나름대로의 평론을 시도하였다. 이 같은 평론은 서(序)와 논찬(論贊)이라는 사론(史論)의 형식으로 나타나는데 이에 대한 범엽의 자부심은 대단하였다. 특히 사론을 통하여 한 시대의 득실을 바로 잡겠다는 포부를 가지고 있었다. 이에 대하여는 『송서(宋書)』 권69, 「범엽전」의 마지막 부분에 부록되어 있는 「옥중에서 생질들에게 보내는 편지[獄中與諸甥姪書]」의 내용과 이윤화, 「范曄의 정치적 생애와 현실인식」, 『大丘史學』 제50집, 1995, pp.15-23 참조.

28 『후한서』 권82상, 「방술전(方術傳)」에, 왕교는 현종(顯宗 : 明帝) 때 섭령(葉令)으로 있었다. 매월 삭망(朔望)마다 현으로부터 조정에 나아갔다. 황제는 그가 자주 오는 것을 이상하게 여겨 가만히 태사(太史)에게 영을 내려 살펴보도록 하였다. 보고에 따르면 그가 도착할 때면 갑자기 두 마리 야생 오리가 동남쪽으로부터 날아왔는데 그물을 펴서 이들을 잡으니 신발 한 쌍이었다고 한다. 상방(尙方)에 조서를 내려 자세히 살펴보도록 하니 바로 지난 4년 동안 상서(尙書) 관속에게 하사한 신발이었다고 했다.

29 역주 : 『풍속통(風俗通)』 「정실(正失)」편의 "섭령사(葉令祠)"에 이러한 내용이 보인다.

30 『후한서』 권82하, 「방술전」에, 좌자의 자는 원방(元放)인데 어릴 적부터 신도(神道)를 지니고 있었다. 조조(曹操)가 죽이려 하자 좌자가 벽 속으로 숨었는데 아무도 그가 어디에 있는지 몰랐다. 후에 또 좌자를 양성산 꼭대기에서 만나 다시 쫓아갔지만 양떼 속으로 숨어들었다. 그러자 조조가 곧 양떼에게 말하기를 '다시는 죽이지 않을 터이니 그대의 술수를 보여 달라'고 하자 갑자기 한 마리 숫양이 앞무릎을 구부리고 사람처럼 서서 말하기를, '왜 갑자기 이렇게 하는가[遽如許]?'라고 하자 조조가 보낸 사람이 그 양을 잡으려 하였는데, 양떼 수백 마리가 모두 숫양으로 변하고 마찬가지

이 구분되지 않고[朱紫不別],[32] 사실이 더럽혀진 것이 이보다 더 클 수가 없다. 심약(沈約)이 저술한 『진서(晉書)』와 『송서(宋書)』는 이전 시대를 기만하길 좋아하여, 진(晉)에 대해서는 기이한 이야기들을 고의적으로 만들었으며, 송(宋)에 대해서는 대부분 비방하는 말들을 썼다. 이들 전대(前代)의 사서에 기록된 내용에 대하여는 이미 그 잘못을 비난한 적이 있다. 그러나 위수(魏收)는 북조(北朝)에 아부하기 위해 남조(南朝)를 더욱 멸시하였다. 그는 심약의 기이하고 황당함을 답습하였을 뿐만 아니라 그보다 더했다. 그리하여 사마예(司馬睿)는 우금(牛金)이 낳았다고 했고,[33](原注 : 왕소(王劭)[34]는 말하기를, "심약은 『진서(晉書)』에서 낭야국(瑯琊國)의 우(牛)성을 가진 사람이 공왕비(恭王妃) 하후(夏侯) 씨와 몰래 간통하여 중종(中宗)을 낳았다. 그리하여 선제(宣帝) 사마의(司馬懿)가 독주(毒酒)로 우금을 죽이고 부참(符讖)의 말을 증명하였다"라고 했는데, 위수는 『위서(魏書)』에서 이 말을 답습하여, "사마예는 진(晉)의 장수 우금의 아들이다"라고 했다. 송효왕(宋孝王)[35]이 말하기를, 위수는 사마예를 우금의 아들이라고 하였지만 연도를 계산해보면 전혀 상관이 없다는 것을 알 수 있다"라고 하였다.[36] 按 : 이전의 사서에도 오히려 이와 같은 잘못이 있으니 하물며 이전의 사서에 기초해서 편찬해야 하는 후세의 사서에 있어서야 더 말할 것이 있겠는가?) 유준(劉駿)이 그의 모친과 간통하였다.[37](原注 : 심약의 『송서』에 이르기를, "송 효무

로 앞무릎을 구부리고 사람처럼 서서 말하기를, '왜 갑자기 이렇게 하는가?'라고 했다.

31 역주 : 현행본 『포박자』에는 「변문(辨問)」편과 「지리(至理)」편에 좌자의 이름이 보이지만 양이 말을 했다는 내용은 보이지 않는다. 『북당서초(北堂書鈔)』 권104, 「찰편(札篇)」에 인용된 『포박자』에 비슷한 내용이 보이지만, 이는 일문(佚文)으로 추정된다. 西脇常記譯註, 『史通內篇』, p.406 참조.

32 역주 : 『논어』 「양화(陽貨)」편에, 공자께서 말하기를, '나는 자줏빛[紫]이 붉은 색[朱]을 뺏은 것을 미워하고, 정(鄭)나라 음악이 아악(雅樂)을 어지럽힌 것을 미워하고, 약삭빠르게 둘러대는 말이 나라를 뒤엎음을 미워하노라'고 했다.

33 역주 : 『위서(魏書)』 권96, 「참진사마예전(僭晉司馬叡傳)」 참조.

34 역주 : 왕소는 수(隋)의 사가로써 편년체로 된 『제지(齊志)』 20권, 기전체로 된 『제서(齊書)』 100권을 지었다고 했다. 『수서』 권69에 열전이 있다.

35 역주 : 송효왕은 북제 · 북주 때의 사가로써 『관동풍속전(關東風俗傳)』을 지었다.

36 역주 : 이에 대한 보다 자세한 논의는 趙呂甫, 『史通新校注』, pp.294-295 주)42 참조.

37 역주 : 『위서(魏書)』 권97, 「도이유준전(島夷劉駿傳)」 참조.

제(孝武帝) 유준이 노태후(路太后)와 침식하였는데 당시 사람들이 대부분 이러저러한 말들을 하고 있다"라고 하였다. 위수는 이러한 사실에 근거하여 유준과 그의 모 노씨(路氏)가 간통하였다는 더러운 소문이 구(甌)·월(越) 일대에 전파되었다고 말하였다) 고 하였다. 걸(桀)의 잔학한 정치를 도와주고 남의 재앙을 다행스럽게 여기는 꼴이라 할 수 있다. 살펴보니 위수(魏收)가 생전에는 후사가 끊어지고 죽은 후에는 무덤이 파헤쳐져 유골이 버려지는 일을 당하였으니[38] 이는 대개 드러나지 않은 재앙이 불러온 결과이기도 하다.(釋 : 이 구절은 범엽의 『후한서』가 난잡하고, 심약의 『송서』가 사실을 기만한 것이 많다는 점을 말하고 있고, 특히 위수의 『위서』는 사실을 왜곡한 것이 많은 사서임을 모욕과 치욕을 준다는 말[汙衊]을 빌려 몸이 벌을 받아 죽음에 이르렀음으로 이를 깊이 경계해야 한다고 했다)

至范曄增損東漢一代, 自謂無慚良直. 而王喬鳧履, 出於『風俗通』,(應劭撰) 左慈羊鳴, 傳於『抱朴子』.(葛洪撰) 朱紫不別, 穢莫大焉. 沈氏著書, 好誣先代, 於晉則故造奇說, 在宋則多出謗言, 前史所載, 已譏其謬矣. 而魏收黨附北朝, 尤苦南國,(尤苦, 謂汚衊之) 承其詭妄, 重以加諸.(一作'重加誣語') 遂云(一多'司'字)馬睿出於牛金,(原注 : 王劭曰 : 沈約『晉書』造奇說云, 琅琊國姓牛者, 與夏侯妃私通, 生中宗, 因遠敍宣帝以毒酒殺牛金, 符證其狀. 收承此言, 乃云 : 司馬睿, 晉將牛金子也. 宋孝王曰 : 收以睿爲金子, 計其年, 全不相干. 案前史尙如此誤, 況後史編彔者耶?) 劉駿上淫路氏,(原注 : 沈約『宋書』曰 : 孝武於路太后處寢息, 時人多有異議. 『魏書』因云駿烝其母路氏, 醜聲播於甌·越也) 可謂助桀爲虐, 幸人之災. 尋其生絶胤嗣, 死遭剖斲,(一訛作'割斷') 蓋亦陰過之(一無'之'字)所致也.(釋 : 此節言范書旣猥, 沈書多誣. 至魏之穢史, 借詞汙衊, 身受殃僇, 所深惡在此也)

38 역주 : 『북제서(北齊書)』 권37, 「위수전」 참조.

## 15-4

진대(晉代)의 잡서(雜書)는 참으로 한 부류가 아니다. 예컨대 『어림(語林)』[39] · 『세설(世說)』[40] · 『유명록(幽明錄)』[41] · 『수신기(搜神記)』[42] 등은 거기에 수록된 내용들을 보면, 자잘한 우스갯소리이거나 혹은 귀신과 괴물에 관한 것이다. 그러한 사실들은 성인(聖人)의 행적에 부합되는 것이 아니므로 양웅(揚雄)이 쳐다보지도 않은 것들이었다.[43] 그 말은 윤리강상을 어

---

39 역주 : 동진(東晉)의 배계(裴啓)가 편찬하였다. 『수서경적지』 「자부(子部)」 "소설류", 『연단자(燕丹子)』 아래에 주석하기를, 『어림(語林)』 10권은 동진의 처사(處士) 배계가 편찬하였는데 없어졌다고 하였다. 『세설신어(世說新語)』 「문학」편 유효표(劉孝標)의 주(注)에는 『배씨가전(裴氏家傳)』을 인용하면서, 배영(裴榮)의 자는 영기(榮期)이며 하동(河東)사람이다. 아버지 치(稚)는 풍성(豊城)사람이다. 영기는 어려서 풍모와 재주가 뛰어나 고금의 인물을 논하기 좋아하였고 『어림』 여러 권을 편찬하였다. 호는 배자(裴子)라 한다고 했다. 『세설신어』 「경저(輕詆)」편의 주석에는 『속진양추(續晉陽秋)』를 인용하여, 진나라 융화(隆和 : 362-363) 연간에 하동사람 배계가 한(漢) · 위(魏)이래의 사실을 편찬하였는데 지금까지도 칭찬하는 사람이 많다고 했다. 배영과 배계가 같은 사람인지는 확실치 않다.

40 역주 : 『수서경적지』 「자부(子部)」 "소설류"에, 『세설』 8권, 송 임천왕(臨川王) 유의경(劉義慶)이 편찬하였다고 했다. 유의경(403-444)은 송의 종실로서 봉작을 계승하여 임천왕이 되었으며 남주자사(南州刺史) 등에 임명되었다. 휘하에 문학가들을 초치하여 이 책을 편찬하는데 도움을 받았다. 이 책은 주로 후한에서 동진까지의 명사들의 일화를 덕행 · 언어 · 정사(政事) · 문학 등 38문(門 : 또는 36문)으로 분류하여 수록하였다. 『세설』은 본래의 이름이었고, 후일 『세설신서(世說新書)』라고 하였다가 지금의 『세설신어(世說新語)』로 바뀌었다. 유의경은 이외에도 『집림(集林)』 200권, 『서주선현전(徐州先賢傳)』 10권 및 『전서(典敍)』 등을 지었다. 『남사』 권13, 『송서』 권51에 열전이 있다.

41 역주 : 유의경(劉義慶)이 편찬하였다. 『수서경적지』 「사부(史部)」 "잡전류(雜傳類)"에, 『유명록』, 20권은 유의경이 편찬하였다고 했다. 『구당서경적지』에는 30권, 『신당서경적지』 「자부(子部)」 "소설가류"에도 30권으로 기록되어 있다. 이 책은 일찍이 유실되었다.

42 역주 : 진(晉) 간보(干寶)가 편찬하였다. 『진서』 권82, 「간보전」에, 간보는 천지간의 괴이한 사실들을 보고 고금의 신령스러운 인물변화를 수집하여 『수신기』로 이름지었는데 모두 20권이나 된다고 하였다. 『수서경적지』와 『신 · 구당서경적지』에는 모두 30권이라 했다.

43 『한서』 권87하, 「양웅전」에, "양웅은 스스로 큰 도량을 지니고 있어서 성현의 책이

지럽히거나 귀신에 관한 것이라서 공자께서도 말씀하시지 않은 것들이었다. 황조(皇朝)[唐]에서 새로 편찬한 진사(晉史)[44]에서는 이러한 것들을 많이 받아들여 기록하고 있다.[45] 간보(干寶)나 등찬(鄧粲)이 쓰레기로 간주해 내버렸고, 왕은(王隱)이나 우예(虞預)가 겨나 쭉정이로 간주했던 것을[46] 일사(逸史)로 간주하여 지난날의 사전(史傳)을 보충하고 있으니, 이것이 삼국시대 위(魏)에서 편찬한 『황람(皇覽)』[47]이나 남조 양(梁)에서 편찬한 『편략

---

아니면 좋아하지 않았다"라고 했다. 按 : 이 말은 본래 양웅의 『법언(法言)』에 있는 말이다.

44 역주 : 당 태종 정관(貞觀 : 627-649) 연간에 방현령(房玄齡)·저수량(楮遂良) 등이 명을 받아 편찬한 『진서(晉書)』 130권을 가리킨다. 『구당서』 권66, 「방현령전」에, 중서시랑 저수량과 함께 다시 『진서(晉書)』를 편찬하도록 명받았다. 그리하여 상주하여 태자좌서자(太子左庶子) 허경종(許敬宗)·중서사인 내제(來濟)·저작랑 육원사(陸元仕)·유자익(劉子翼)·전옹주자사(前雍州刺史) 영호덕분(令孤德棻)·태자사인 이의부(李義府)·설원초(薛元超)·기거랑(起居郎) 상관의(上官儀) 등 8명을 취하여 각기 나누어 쓰게 하였는데, 장영서(臧榮緒)의 『진서(晉書)』를 위주로 하고 여러 사람들의 저작을 참고로 하였다. 매우 상세하였다. 그러나 사관(史官)들 대부분이 문학지사들로서 황당하고 괴이(怪異)하며 자질구레한 일들을 기록하여 이문(異聞)을 더하였으며, 평론에 있어서도 화려한 문체를 취하고 독실(篤實)함을 추구하지 않았다. 이 때문에 학자들의 비난을 받았다. 다만 이순풍(李淳風)은 성력(星曆)에 정통(精通)하여 저술이 좋아 그가 편찬한 천문(天文)·율력(律曆)·오행(五行) 등 세 지(志)는 열람하여 채용할 가치가 가장 컸다. 태종이 직접 선제(宣帝)와 무제(武帝) 및 육기(陸機)와 왕희지(王羲之)의 논찬을 썼다. 이로 인해 어찬(御撰)이라 총제(總題)를 달았다. (정관) 20년(646)에 이르러 책이 완성되었다. 모두 130권이었다. 조서를 내려 비부(秘府)에 수장하게 하고 편찬에 참여한 모든 사람을 포상하였다고 했다.

45 역주 : 이 같은 평가는 『사고전서총목(四庫全書總目)』 권45, 「사부(史部)·정사류(正史類)」 "『진서(晉書)』", 마국한(馬國翰), 『옥함산방총서(玉函山房叢書)』 「배씨어림집본(裴氏語林輯本)」 서(序), 장종원(章宗源), 『수서경적지고증(隋書經籍志考證)』 권13 등에 보인다. 程千帆, 『史通箋記』, pp.78-79 참조.

46 역주 : 이들 간보·등찬·왕은·우예 등 네 사람은 모두 진(晉)의 역사를 저술한 사람들이다. 이들에 대한 열전은 『진서』 권82에 있다. 이들에 대한 자세한 내용은 「고금정사(古今正史)」편 참조.

47 『삼국지』 권21, 「위지·유소전(劉劭傳)」에, 유소의 자는 공재(孔才)이다. 황초(黃初 : 220-226) 연간에 산기시랑(散騎侍郎)이 되어 황제의 명을 받아 오경(五經)과 많은 책을 수집하여 비슷한 내용들을 분류하여 『황람』을 지었다고 했다. 구주(舊注)에, 『위략(魏略)』에 이르기를, 산기상시 왕상(王象)이 황제의 명으로 『황람』을 편찬하여 비부(秘府)에 보관하였다. 모두 40여 부(部)였는데, 각 부에 수십 권이 있었다고 했다. 역주 : 이 책은 내용이 방대하여 총 8백여 만 자나 되었고, 중국의 첫 번째 유서(類書)

(偏略)』[48]에서 사실을 많이 다루는 것을 훌륭하다 하고, 널리 자료를 끌어 모으는 것을 공(功)으로 여겼던 것과 무엇이 다르겠는가? 이같이 무분별한 자료의 이용이 비록 소인(小人)들을 기쁘게 할지는 몰라도 결국에는 군자들의 비웃음을 받게 될 것이다.(釋 : 이 구절에서는 황제의 명으로 전대(前代)의 역사를 편찬하는데 있어서도 자료의 선택이 정확하지 못함을 말하면서 이상에서 말한 점을 경계해야 한다고 했다. ○이하 모두 여기저기에서 추린 것이다)

晉世雜書, 諒非一族, 若『語林』(裴榮撰)·『世說』·『幽明錄』(劉義慶撰)·『搜神記』(干寶撰)之徒, 其所載或恢諧小辯, 或神鬼怪物. 其事非聖, 揚雄所不觀; 其言亂神, 宣尼所不語. 皇(舊作'唐')朝新(或作'所')撰『晉史』, 多採以爲書. 夫以干(寶)·鄧(粲)之所糞除, 王(隱)·虞(預)之所糠粃, 持(一作'以')爲逸史, 用補前傳, 此何異魏朝之撰『皇覽』, 梁世之修『偏略』, 務多爲美, 聚博爲功, 雖取說於(一無'於'字, 下同)小人, 終見嗤於君子矣.(釋 : 此節言國朝敕修前史, 擇亦不精, 所規在此也. ○下皆散摘)

---

에 해당하지만, 당(唐)나라 때 이미 유실되었다.

48 『양서(梁書)』 권50, 「문학전」 하, 「하사징전(河思澄傳)」에, 하사징의 자는 원정(元靜)이다. 천감(天監) 15년(516) 학사(學士)들을 천거하여 화림(華林)에 들게 하여 『편략(偏略)』을 편찬하게 하였는데 서면(徐勉)이 하사징 등 다섯 사람을 선발에 응하게 하였다고 했다. 또 「유향전(劉香傳)」에, 서면이 유향과 고협(顧協) 등 다섯 사람을 천거하여 『편략』을 편찬하게 하였다고 했고, 또 「종영전(鍾嶸傳)」에, 아우 종서(鍾嶼)와 함께 참여하였다고 했다. 按 : 각 열전의 기록이 조금씩 다른데다가 네 사람밖에 기록되어 있지 않고 나머지 한 사람은 알 수 없다. 『남사』 「유준전(劉峻傳)」에, 양(梁) 안성왕(安成王)이 서적을 주고 『유원(類苑)』 120권을 편찬하게 했다. 황제가 여러 학사(學士)들에게 명하여 『화림편략(華林偏略)』을 편찬하여 올리도록 하였다고 했다. 구주(舊注)에, 『편략』은 700권이라 하였다. 역주 : 『편략』은 하사징 · 유향(劉香) · 고협(顧協) · 종서(鍾嶼)외에도 왕자운(王子云)이 참여하였다. 이 책의 편찬에는 8년이 걸렸다. 이 책의 권수는 『수서경적지』 「자부(子部)」 "잡가"에는 620권, 『구당서경적지』에는 600권이라 하였다. 역시 일찍이 유실되었다. 『편략(偏略)』을 때로는 『편략(遍略)』이라 표기하였는데, 이에 대하여는 張振珮, 『史通箋注』, p.147 참조.

## 15-5

군국(郡國)에 관한 기록이나[49] 보첩(譜牒) 같은 책들은 자신들의 출신지역을 자랑하는데 힘쓰거나 자기 씨족을 자랑하기에 힘쓸 터이니, 이런 책을 읽는 사람들이 어떻게 그 득실(得失)을 제대로 알지도 못하면서 그 진위(眞僞)를 밝힐 수 있겠는가? 강동(江東)의 '오준(五俊)'[50]은 『회계전록(會稽典錄)』[51](군국기(郡國記)이다)에서 처음 언급되었고, 영천(潁川)의 '팔룡(八龍)'[52]은 『순씨가전(荀氏家傳)』[53](보첩서(譜諜書)이다)에서 나왔다. 진(晉)·한(漢)의 사서를 편찬한 사람들은 모두 이 같은 헛된 명칭을 수집하여 실재했던 역사처럼 기록하고 있다.[54] 진실로 따로 자세히 살펴 연구하지 않는다면 어떻게 그들의 시비(是非)를 명확히 가릴 수 있겠는가?(釋 : 이 구절

49 역주 : 「잡술(雜述)」편에서는 이러한 기록을 '군서(郡書)'라고 칭하면서, '군서'는 자기 고장의 어진 선비를 자랑하고 자신의 문벌을 칭찬하는 책을 가리킨다고 했다.

50 『진서(晉書)』 권68, 「설겸전(薛兼傳)」에, 겸의 자는 영장(令長), 단양(丹陽) 사람이다. 청렴하고 소박하며 타고난 기품이 있었다. 어릴 적부터 같은 군의 기첨(紀瞻), 광릉(廣陵) 사람 민홍(閔鴻), 오군(吳郡) 사람 고영(顧榮), 회계(會稽) 사람 하순(賀循)과 함께 이름이 났다. 이들 다섯 사람을 '오준(五儁)'이라 불렀다. 처음 낙양에 들어갔을 때 사공(司空) 장화(張華)가 보고 남다르다고 하면서 말하기를, '모두 남쪽의 금'이라고 했다. 역주 : 민홍 외에는 모두 『진서(晉書)』 권68에 열전이 있다.

51 역주 : 우예(虞預)가 편찬하였으며, 모두 24권으로서 회계지방의 인물에 관한 기록이다. 『수서경적지』 「사부(史部)」 "잡전"류에 수록되어 있다.

52 『후한서』 권62, 「순숙전(荀淑傳)」에, 순숙의 자는 계화(季和)이고 영천(穎川) 사람이다. 아들이 여덟이었는데, 검(儉)·곤(緄)·정(靖)·도(燾)·왕(汪)·상(爽)·숙(肅)·부(敷)가 모두 유명하였다. 당시 사람들이 이들을 '팔룡(八龍)'이라 불렀다. 영음령(潁陰令) 원강(苑康)이 그 마을을 고양리(高陽里)로 고쳤다고 했다.

53 역주 : 『구당서경적지』 「사부(史部)」 "보첩류(譜牒類)"에, 『순씨가전』 10권, 순백자(荀伯子)가 편찬했다고 되어 있는데, 순백자는 남조 유송(劉宋) 때의 사람이다. 『송서(宋書)』 권60, 『남사(南史)』 권33에 각각 열전이 있다.

54 역주 : 팽소함(彭嘯咸)의 『사통증석(史通增釋)』에서는 '팔룡'이 이미 진수의 『삼국지』 「위지」 「순욱전(荀彧傳)」과 장번(張璠)의 『한기(漢紀)』(『세설신어』 「덕행(德行)」편 注引)에 보이기 때문에 유지기가 범엽의 『후한서』를 가리켜 이같이 평가한 것은 지나치다고 했다. 張振珮, 『史通箋注』, p.143 참조.

에서는 자기 지역이나 자기 씨족 어느 한 쪽에만 치우친 옛날 기록[志乘]들은 마땅히 가려서 이용해야 한다고 했다)

夫郡國之記, 譜諜之書, 務欲矜其州里, 夸其氏族. 讀之者安可不練其得失, 明其眞僞者乎? 至如江東'五俊', 始自『會稽典錄』,(郡國記也) 潁川'八龍', 出於『荀氏家傳』,(譜諜書也) 而修晉 · 漢史者, 皆徵彼虛譽, 定爲實錄. 苟不別加研覈, 何以詳其是非?(釋 : 此層言偏狹之志乘宜擇)

## 15-6

또한 헛소문은 믿기 어렵고, 전해 듣는 말은 대부분 사실과 어긋난다. 예컨대 증삼(曾參)이 사람을 죽였다거나,[55] 직불의(直不疑)가 그의 형수와 몰래 정을 통했다든지,[56] 적의(翟義)가 죽지 않았으며,[57] 제갈량이 죽지 않

55 『전국책』「진책(秦策)二」에, 증자와 같은 이름을 가진 일족이 살인을 하였다. 어떤 사람이 증자의 어머니에게 증자가 사람을 죽였다고 말했지만 아무 일 없다는 듯 베를 짰다. 잠시 후 다시 같은 말을 전했지만 여전히 베를 짰다. 잠시 후 다시 또 말하자 그제야 증자의 어머니는 두려워하면서 북[杼]을 내던지고 도망갔다고 했다.

56 『한서』 권46, 「직불의전(直不疑傳)」에, 사람들이 혹 직불의를 헐뜯으며 말하기를, '불의는 얼굴이 매우 잘생겼지만, 그 형수와 몰래 정을 통하는 것을 좋아하니 이를 어찌하면 좋겠는가'라고 했다. 불의가 이 소문을 듣고 '나에게는 형이 없다'라고 말했지만 끝내 스스로 해명할 수 없었다고 했다.

57 『한서』 권84, 「적방진전(翟方進傳)」에, 막내아들 적의(翟義)의 자는 문중(文仲)이고, 동군(東郡)의 태수가 되었다. 왕망이 섭정을 하고 있을 때 적의는 격문을 돌려 왕망을 토벌할 것을 주장하였지만 군대가 패하자 죽었다고 했다. 『후한서』 권12, 「왕창전(王昌傳)」에, 창은 일명 낭(郎)인데 왕망이 제위를 찬탈하자 왕창은 자신을 성제(成帝)의 아들이라 사칭하면서 주군에 격문을 돌려 말하기를, '천명이 한을 돕고 있으니 동군태수 적의로 하여금 군대를 거느리고 왕망을 토벌하게 했다'라고 했다. 왕창은 백성들이 여전히 한을 그리워하므로 적의가 죽지 않았다고 늘 말하면서 그를 사칭하였다.

고 아직 살아 있다[58]는 것과 같은 이야기들은 모두 길거리에서 얻어듣거나 사람들의 입을 통해 전해지는 근거가 분명하지 않은 것들이니 누가 사실로 믿을 수 있겠는가? 때문에 촉의 제갈량이 위수(渭水)가에서 죽었는데 『진서(晉書)』에서는 그가 피를 토하고 죽었다고 했고,[59] 위(魏)의 고조(高祖)가 마권(馬圈)의 수(戍)자리에서 죽었는데 『제사(齊史)』에서는 그가 화살에 맞아 죽었다고 했으며,[60] 심형(深炯)이 적들을 욕하는 격문을 썼는데 하북(河北) 사람들은 왕위(王偉)의 손에서 나온 것으로 여기고 있었으며,[61] 위수(魏收)가 격문을 옮겨 쓰면서 관서(關西)를 형소(邢邵)라고 했다.[62]

58 『삼국지』 권40, 「촉지 · 위연전(魏延傳)」에, 제갈량이 북곡구(北谷口)를 나와 병이 들었다. 위연이 몰래 양의(楊儀) · 강유(姜維)와 의논하여 제갈량이 죽으면 군대를 철수하기로 했다. 제갈량이 죽자 그 사실을 숨겼다고 했다. 『삼국지』 권35, 「촉지 · 제갈량전」 배송지주(裴松之注)에, 양의 등이 군대를 정돈하여 철수하자 사마의가 뒤를 쫓았다. 강유가 깃발을 휘두르며 북을 울리기를 명하자 사마의가 물러나고 감히 공격하지 못하였다. 백성들이 이 사실을 가리켜 '죽은 제갈공명이 살아 있는 사마중달[司馬懿]을 도망가게 했다'라고 놀렸다. 사마의가 말하기를, '내가 살아 있는 것이야 헤아릴 수 있지만 죽음에 대하여는 짐작하기 어렵다'라고 했다. **按**: '제갈량이 살아 있다[諸葛猶存]'는 말은 이미 성어(成語)처럼 되어 있지만 다시 상세히 살필 필요가 있다.

59 『삼국지』 권35, 「촉지 · 제갈량전」 배송지(裴松之)의 주(注)에, 『위서(魏書)』에 이르기를, '제갈량은 양식이 떨어지고 세력이 다하자 염려와 분노가 일어 피를 토하였다. 하룻밤 사이에 군영을 불지르고 달아나 곡도(谷道)에 들어섰을 때 병이 들어 죽었다'라고 했는데 신(臣) 배송지가 생각하기에 제갈량은 위수(渭水)가에 있었던 관계로 위나라 사람들이 그 뒤를 쫓았지만 승부가 어떻게 났는지는 살필 수가 없다. 그런데도 피를 토했다고 말하는 것은 대개 제갈량이 사망한 것을 스스로 크게 과장한 것이다. 무릇 제갈량의 지략으로 어찌 사마의 때문에 피를 토하겠는가'라고 했다. 역주 : 현존하는 『진서(晉書)』에는 이러한 내용이 보이지 않는다. 따라서 유지기가 본 『진서』는 다른 책일 수 있다. 제갈량의 죽음과 관련한 보다 자세한 논의는 程千帆, 『史通箋記』, pp.79-80, 趙呂甫, 『史通新校注』, p.297, 주)70 각각 참조.

60 『위서(魏書)』 권7하, 「고조본기」 하에, 제(齊)의 소보권(蕭寶卷)이 태위(太尉) 진현달(陳顯達)을 보내 형주(荊州)를 침략하여 마권(馬圈) 수자리[戍]를 함락하였다. 북위 효문제가 친히 남벌(南伐)하여 마권을 되찾았다. 효문제의 병세가 심하여 북쪽 곡당(穀塘)으로 행차하였지만 행궁(行宮)에서 붕어(崩御)하였다고 했다. **按**: 현재 소자현(蕭子顯)의 『제서(齊書)』에는 효문제가 화살을 맞았다는 내용이 없다. 소보권은 제의 폐제(廢帝) 동혼후(東昏侯)의 휘(諱)이다.

61 『사통(史通)』에 말하기를, "심형(沈炯)이 적들을 욕하는 격문을 썼는데 하북(河北) 사람들은 왕위(王偉)의 손에서 나온 것으로 여기고 있었다"라고 했다. **按**: 『진서(陳書)』

한 가지 사실을 말하면서 두 가지 이야기로 나뉜다. 대개 말을 전달하는 사람들이 피차 다르기 때문에 사실을 기록하는 사람도 그 시비를 판단하기 어렵다.(釋 : 이 구절에서는 한 때의 헛소문이나 전해 듣는 말은 마땅히 가려서 이용해야 한다고 말하고 있다)

又訛言難信, 傳聞多失. 至如曾參殺人, 不疑盜嫂, 翟義不死, 諸葛猶存 : 此皆得之於行路, 傳之於衆口, 倘無明白, 其誰曰(王本注 : 疑脫'不'字)然. 故蜀相薨於渭濱, 『晉書』稱嘔血而死; 魏君崩於馬圈, 『齊史』云中矢而亡 : 沈炯罵(一作'薦')書, 河北以爲王偉; 魏收草檄, 關西謂之邢邵. 夫同說一事, 而分爲兩家, 蓋言之者彼此有殊, 故書之者是非無定.(釋 : 此層言一時之訛傳宜擇)

---

권18, 「심형전」에, 심형은 무강(武康) 사람이다. 양(梁) 후경(侯景)의 난 때 왕승변(王僧辯)이 상을 걸고 심형을 얻었다. 급한 격문과 군사기록은 모두 심형의 손에서 나왔다고 했다. 『양서(梁書)』 권56, 「후경전」에, 후경이 궁궐을 포위하고 있을 때 표를 올려 말하기를, '황제께서는 저의 여(汝) · 경(潁)의 땅을 탐하지만, 하북과의 우호를 끊고 격서를 보내 고징을 꾸짖기를 바랍니다……'고 했다. 『남사(南史)』 권80, 「적신전(賊臣傳)」에, 왕위는 위(魏)의 행대랑(行臺郎)이었다. 고징이 글을 보내 후경을 불렀을 때 왕위가 후경을 대신하여 고징에게 회신을 보냈다. 고징이 누가 쓴 글인가를 묻자 좌우 모두가 왕위의 문장이라 했다. 이에 근거하여 보면, 곧 심형은 왕승변을 위해 격문을 쓴 것으로 후경에게 보낸 것이지 하북에 보낸 것이 아니었다. 양 무제가 고징을 욕한 것은 후경에게 모욕을 당했기 때문이지 결코 왕위의 손을 빌린 것이 아니다. 북인(北人)들도 왕위의 문장이라 하였지 심형이 쓴 것이라 하지 않았다. 『사통』이 틀린 것이다. **역주** : 여기서 '하북'이란 황하 이북 지역을 가리키며 당시의 동위(東魏)와 서위(西魏)의 관할지역을 말한다.

62 『사통』에서 말하기를, 위수(魏收)가 격문을 옮겨 쓰면서 관서(關西)를 형소(邢邵)라고 했다고 했다. **按** : 『북사(北史)』 권56, 「위수전」에, 후경이 반란을 일으켜 양에 침입하였을 때 문양(文襄)이 위수에게 격문을 짓도록 명령했다. 50여 장이나 되는 것을 하루도 안 되어 다 썼다고 했다. 『주서(周書)』 권16, 「독고신전(獨孤信傳)」에, 동위의 후경이 남으로 달아나자 위수가 양(梁)을 토벌한다는 격문을 썼는데 거짓으로 관서(關西)의 걱정이 없다고 하면서 그러한 사실을 통해 양을 위협하려 했다고 하였다. 『북사』 권43, 「형소전(邢邵傳)」에, 형소의 자는 자재(子才)이다. 사람들은 북쪽의 제일가는 재주를 가진 인재라고 했다. 거록(鉅鹿) 사람 위수는 활동하던 시기가 후였기 때문에 온자승(溫子昇)이 죽고 난 후에야 형소와 위수를 함께 칭송하였다고 했다. 북위 · 북제 · 북주의 여러 사서를 다 살펴보아도 격문을 썼다고 하는 위수와 형소를 지칭하는 것은 대략 이와 같지만, 위수와 형소의 격문이 관서 사람에게 나왔다는 문장은 없다. 『사통』이 혹 다른 근거가 있는가?

## 15-7

하물며 시대는 멀리 떨어져 있고, 땅은 넓고 거리가 멀어 옛 사실들을 보거나 들을 수 없는데도, 기록자들은 혹 사실들의 앞뒤를 뒤집거나 혹은 실재했던 사실을 없었던 것으로 하였다. 경수(涇水)와 위수(渭水)가 한 번 섞이면 그 청탁(淸濁)을 가릴 수가 없다.[63] 그런데도 후세의 사서를 편찬하는 사람들은 관련 없는 사실을 억지로 찾아내어 다른 사람과 서로 다른 견해를 내는 것을 좋아했다. 그들은 국사(國史)에 의거하지 않고 오히려 항간에 전해지는 책을 찾고자 하였다. 그들이 기록한 사실에는 춘추시대 진(晉)의 악사(樂師)였던 사광(師曠)을 헌원(軒轅)[黃帝]과 한 시대에 다루었고,[64] 삼국시대 위나라 사람 관로(管輅)와 한 무제 때 사람 동방삭(東方朔)을 같은 시대에 다루었으며,[65] 요(堯)의 눈썹이 여덟 가지 색을 띠고,[66] 기(夔)의 다리는 하나뿐이라고 하였고,[67] 까마귀의 머리가 흰색으로

---

63 역주 : 『시경』 「패풍(邶風)」 "곡풍(谷風)"에, "경수는 위수 때문에 더욱 흐린데[涇以渭濁], 거기에도 속 맑은 물가는 있네[湜湜其沚]"라고 한 내용이 보인다. 겉은 보기 싫지만 눈으로 보아서 비교할 수 없는 마음가짐에 좋은 점이 있다는 의미를 나타내었다. 이처럼 예로부터 경수(涇水)는 흐리고, 위수(渭水)는 맑다고 하였다. 경수는 현재의 감숙(甘肅)지방에서 발원하여 섬서(陝西)지방에서 위수와 합류한다. 일반적으로 시비곡직(是非曲直)을 논할 경우 인용된다.

64 전혀 다른 시대에 살던 이 두 사람이 『열자』 「탕문(湯問)」편 · 『제민요술(齊民要術)』 등에 함께 등장한다는 사실을 지적한 것이다.

65 관로의 자는 공명(公明)이다. 이들에 대한 기록이 어디에 나오는지 살필 수가 없다.

66 『회남자』 「수무훈(修務訓)」에, "요의 눈썹이 여덟 가지 색깔이 났다"라고 했다. 고유(高誘)의 주(注)에, "요의 어머니 경도(慶都)가 밖에 나와 황하를 보고 있을 때 붉은 용이 등에 그림을 지고 이르자 갑자기 검은 구름이 몰려왔다. 그리고 난 후 요가 태어났는데 눈썹에 여덟 가지 색깔이 있었다"라고 했고, 『상서대전(尙書大傳)』에, "요는 눈썹이 여덟이고, 순(舜)은 눈동자가 넷"이라고 했다.

67 왕유검(王惟儉), 『사통훈고(史通訓故)』에, 『한비자』 「외저설(外儲說)」 左下에 보면, 노애공(魯哀公)이 공자에게 묻기를, '내가 듣기에 기(夔)가 다리가 하나뿐이라고 하는데 믿을 수 있습니까?'라고 하니 대답하기를, '기는 다른 사람과 다르지 않았습니다. 홀로 음악[聲]에 능통하였습니다. 따라서 요(堯)가 기는 그것 하나로 족하다고 말하

변하고 말의 머리에 뿔이 생겨서 연(燕)나라의 태자 단(丹)을 구하고 재앙에서 벗어나게 하였으며,[68] 개가 짓고 닭이 울며 회남왕(淮南王) 유안(劉安)을 따라 하늘로 올라갔다고[69] 했다. 이와 같이 이치에 어긋나고 사실과 맞지 않는 곳이 때때로 있었다.(釋 : 이 구절에서는 옛 이야기 중에 어그러지고 잘못된 것은 마땅히 가려야 한다고 했다)

況古今路阻, 視聽壤隔, 而談者或以前爲後, 或以有爲無, 涇 · 渭一亂, 莫之能辨. 而後來穿鑿, 喜出異同, 不憑國史, 別訊流俗. 及其記事也, 則有師曠將軒轅並世, 公明與方朔同時,(承前後言) 堯有八眉, 夔唯一足, 烏白馬角, 救燕丹而免禍, 犬吠鷄鳴, 逐劉安以高蹈.(承有無言) 此之乖濫, 往往有旃.(釋 : 此層言舊說之舛訛宜擇)

---

고 그로 하여금 악정(樂正)에 삼았던 것입니다. 다리가 하나라는 뜻은 아닙니다'라고 했다. 按 : 이 사실은 한군데만 보이는 것이 아니라 『여씨춘추』 · 『풍속통(風俗通)』 등에도 모두 있다. 역주 : 『논형(論衡)』 「서허(書虛)」편에도 이러한 내용이 보인다.

68 이 말은 『사기』 권86, 「자객열전」 찬(贊)에 보인다.(역주 : 「자객열전」 태사공왈(太史公曰)에, 형가(荊軻)에 관한 세상의 이야기 가운데 연 태자 단(丹)의 운명에 대해서 말하기를, '하늘에서 곡식이 내리고 말의 머리에 뿔이 돋아났다'라는 말이 있는데 이는 너무 과장된 것'이라고 했다) 『박물지(博物志)』 권8, 「사보편(史補篇)」에, 연나라 태자 단(丹)이 진(秦)에 인질로 있을 때 자기 나라에 돌아가기를 원하였다. 그러자 진왕(秦王)이 이치에 어긋난 말로 말하기를, '까마귀 머리가 하얗게 되고 말 머리에 뿔이 나면 돌려보내겠노라' 하였다. 태자 단이 하늘을 우러러 탄식하니 까마귀 머리가 하얗게 되었고, 엎드려 탄식하니 말 머리에도 뿔이 돋아났다. 진왕이 하는 수 없이 돌려보냈다고 했다.

69 갈홍(葛洪), 『신선전(神仙傳)』 권4, 「유안전(劉安傳)」에, 한 회남왕 유안은 고제(高帝)의 손자이다. 유학과 방술(方術)을 좋아하였는데, 방술에 능한 여덟 사람[八公]과 어느 날 대궐의 문에 나아갔는데 수염과 눈썹이 모두 하얀 노인이었다. 문을 지키던 관리가 왕에게 보고하자 여덟 사람은 모두 어린 아이로 변하였다. 왕이 마중을 나가 백화향(百和香)을 사르자 다시 노인이 되었다. 왕에게 단경(丹經)을 주었다. 약이 완성되자 뇌피(雷被) · 오피(伍被) 등이 함께 유안이 모반을 꾀한다고 모함했다. 여덟 사람이 유안에게 말하기를, '이제 떠날 때가 되었습니다' 하였다. 유안이 산에 올라 대낮에 하늘로 올라갔다. 사람들이 전하기를 떠날 적 약 그릇을 남기고 갔는데 닭과 개가 이를 먹고 모두 승천하였다고 한다. 때문에 닭 우는 소리가 하늘에서 들리고, 개 짖는 소리가 구름 속에서 들린다고 했다.

## 15-8

때문에 사가들은 떠돌아다니는 소문들이 사리에 어긋나는 것과 길거리의 이야기들이[70] 진실을 손상(損傷)하는 것을 미워하였다. 보건대, 사마천이 편찬한 『사기』는 은(殷)과 주(周) 이전의 사실과 관계되는 것은 가인(家人)[71]에게서 수집하였고, 손성(孫盛)[安國]이 편찬한 『진양추(晉陽秋)』는 양(梁)과 익(益) 땅의 옛 사실과 관계되는 것은 노인들을 직접 방문하였다. 초야(草野)의 사람들이 말하는 사실과 변변치 못한 말을 역사에 새겨두어 바른 말로 간주하면서 문득 『오경(五經)』과 함께 열거하고 싶어하거나 『삼지(三志)』[72]와 이름을 다투려고 하니 이 역시 어려운 일이다. 오호라! 죽은 사람은 아득하게 깊은 땅 속에서 다시 살아날 수 없으므로 그들에게 비방과 칭찬을 더하여 멀리 천년이후까지 사람들을 속일 수 있었던 것이다. 책 중의 서로 다른 말들과 의심되는 사실들을 학자들은 마땅히 잘 살펴야 한다.(釋 : 끝 구절에서는 앞서 말한 내용과 관련하여 옛 기록을 이용하여 사서를 편찬하는 사람들이 조심하고 경계해야 함을 말했다)

故作者惡道聽塗說之違理, 街談巷議之損實. 觀夫子長之撰『史記』也, 殷 · 周已往, 採彼家人; 安國(孫盛)之述『陽秋』也, 梁 · 益舊事, 訪諸故

70 역주 : 『한서예문지』 「제자략(諸子略)」 "소설가(小說家)"에, 소설가류는 대개 패관(稗官)에게서 나온다. 거리의 이야기[街談巷語]나 길거리에서 듣고 전하는 이야기[道聽塗說]를 모아 만든 것이라고 하였다.

71 역주 : 『한서』 권88, 「유림전(儒林傳)」에 보이는 가인(家人)에 대한 안사고(顔師古)의 주(注)와 같이 일반적으로는 하인이나 종[僮隸]을 가리킨다. 그러나 『진서(晉書)』 권82, 「사마표전(司馬彪傳)」에 보이는 초주(譙周)의 사마천의 『사기』에 대한 평가에, 주(周) · 진(秦) 이상은 혹은 속어(俗語)와 백가(百家)의 말을 채집하였다고 한 기록을 보면 가인(家人)을 백가(百家)로 해석할 수도 있다.

72 역주 : "삼지(三志)"는 "오경"과 대비되는 삼사(三史)를 가리키며, 대체로 『사기』 · 『한서』 · 『동관한기』 등을 가리킨다.(程千帆, 『史通箋記』, p.81 참조) 陳漢章, 『史通補釋』에서는 '삼지'를 진(晉)의 『승(乘)』 · 초(楚)의 『도올(檮杌)』 · 노의 『춘추』 등을 가리킨다고 했다. 이들 견해에 대한 자세한 내용은 趙呂甫, 『史通新校注』, p.300 주)95 참조.

老. 夫以芻蕘鄙說, 刊爲竹帛正言, 而輒欲與『五經』方駕, 『三志』競爽, 斯亦難矣. 嗚呼! 逝者不作, 冥漠九泉; 毁譽所加, 遠誣千載. 異辭疑事, 學者宜善思之.(釋 : 末節繳上三層, 爲採撰者致誡)

按 : 「채찬(採撰)」편의 지론(持論)은 정정당당하며 바르고 엄격하다. 유지기는 일찍이 사서저술의 세 가지 어려움을 언급하면서 학식(學識)을 가장 중요하게 받들었는데, 바로 여기서 유지기의 학식이 지닌 본래의 특질을 증명할 수 있다.(此篇持論正大方嚴, 劉子嘗言作史三難, 首尙學識, 卽此可以證其本領)

# 「재문(載文)」 제16

이 편은 앞서 언급한 「재언(載言)」편과 함께 역사적 인물의 언론(言論)과 문사(文辭)를 어떻게 처리할 것인가를 다루고 있다. 그러나 「재언」편이 주로 언(言)・사(事)의 구별을 논하였다면, 이 「재문(載文)」편에서는 문(文)・사(史)의 관계를 주로 설명하였다. 유지기는 상고시대에는 시문(詩文)을 통해 천하의 교화와 국가의 흥망의 자취를 이해할 수 있었기 때문에 이들이 사서의 성질과 일치한다고 여겼으며, 이들 문장이 군왕의 좋은 점을 쓸데없이 찬양하지 않았고 잘못을 숨겨주지 않았기 때문에, 시문을 쓴 사람들도 모두 춘추시대 제(齊)의 사관이었던 남사(南史)나 동호(董狐)와 어깨를 나란히 하는 훌륭하고 바른 문장을 쓴 사람들로써 칭찬할 만 하다고 평가하였다. 그러나 진한(秦漢) 이후 문장의 체례에 큰 변화가 일어나 "도리에 대해 말한 것들은 대부분 황당하고 거짓된 것을 근본으로 하고 있고, 문장을 꾸미는 것들은 과도하게 화려한 것을 따르는 것을 숭상"함에 따라 과거 "도리는 정직하고 간절하며 사용한 문장은 간략하면서도 요령이 있었으므로 악한 사람을 징계할만하고 착한 사람을 권면할 수 있었으며, 풍속을 고찰하고 백성들의 마음을 이해할 수 있었던" 풍조가 사라지고 사마상여(司馬相如)·양웅(揚雄)·반고(班固)·마융(馬融) 등의 소위 한대 사부(詞賦)가 성행한 이후 "사용하는 용어에 뜻이 담기지 않아 겉으로는 화려하지만 사실과 맞지 않고, 문장이 목적을 잃고 떠돌아다니면서 돌아갈 곳을 몰랐으며, 권장(勸獎)에 이로운 것이 없고 간사한 행위를 조장하였다"라고 했다. 그런데도 불구하고 이러한 문장들이 『한서』와 『후한서』의 열전에 실렸다고 강하게 비판하였다. 이러한 잘못은 위·진 이후에도 계속되었다고 하면서, 그 잘못을 다섯 가지로 분류하고 각기 구체적인 사례를 들어 설명하였다. 다섯 가지 잘못이란, '내용이 없이 겉만 번지르르한 것[虛設]', '뻔뻔스러워 부끄러움을 모르는 것[厚顔]', '남의 손을 빌리는 것[假手]', '서로 모순된다는 것[自戾]', '일률적으로 논한다는 것[一概]' 등으로, 이들 다섯 가지 문제점은 결국 사용되고 있는 말들이 사실과 부합되지 못함으로써 상하가 서로 기만하게 되고 후세에 좋지 않은 영향을 준다고 하였다. 결론적으로 사서(史書)의 편찬은 당시 사람들의 문장을 기재하면서 부화(浮華)한 내용을 빼고 진실한 것을 골라 기록함으로써 음란한 풍조를 막고 올바른 도리를 견지할 수 있는데 힘써야 함을 강조하였다.

## 16-1

사람들의 문장을 살펴보면 그에 근거하여 천하를 교화하여 다스릴 수 있고,[1] 채집된 각 지방의 민가[國風]를 살펴보면 그에 근거하여 국가 흥망

1　역주 : 이 말은 『역(易)』「분괘(賁卦)」의 단사(彖辭)에 나오는 말이다. 여기에 보이는 '인문(人文)'을 일반적으로 풍속이나 인정의 의미로 해석하기도 하고,(趙呂甫, 『史通新校注』, p.307 주1) 참조) 때로는 사람들의 문명한 삶으로 해석하기도 한다.(李基東 譯解, 『周易講說』上, 成均館大學校出版部, 1997, p.280 참조) 『문심조룡』「원도(原道)」편에는 문(文)의 속성이 지극히 포괄적이라고 하였다. '문(文)'의 개념은 매우 다양하

(興亡)의 자취를 이해할 수 있다.[2] 이를 통하여 문장의 효용이 심원(深遠)하고 크다는 것을 알 수 있다. 주 선왕(周宣王)이나 노 희공(魯僖公)은 선정(善政)을 베풀었는데, 그들에 대한 찬미가 주시(周詩)에 실려 있으며,[3] 초 회왕(楚懷王)이나 양왕(襄王)은 어리석고 무도(無道)하였는데, 그들에 대한 질책이 초부(楚賦)에 실려 있다.[4] 주시(周詩)를 읽는 사람은 윤길보(尹吉甫)와 해사(奚斯)가 아첨한다고 여기지 않았으며, 초부(楚賦)를 읽는 사람들은 굴원(屈原)과 송옥(宋玉)이 비방하였다고 여기지 않았다. 무엇 때문인가? 대개 그들이 군왕의 좋은 점을 쓸데없이 찬양하지 않았고, 잘못을 숨겨주지 않았기 때문이다.[5](釋 : 사서 중에 실릴 수 없는 시문으로 화제를 삼았다) 이

여 색채와 형상이나 오음(五音)의 뜻으로부터 문자 · 문장 · 학문 · 문화의 의미에 이르기까지 폭넓은 의미를 내포하고 있다고 했다. 유협(劉勰)은 '문(文)'을 천지자연으로부터 인간의 마음속에 새겨진 것으로 보고, '인문(人文)'이 사람들이 남긴 문장이라는 의미로 볼 경우에 이를 인간의 오성(五性) 즉 인(仁) · 의(義) · 예(禮) · 지(智) · 신(信)에 의해 구성되는 문장을 가리키는 것이라고 인식하였다. 따라서 여기서는 '문(文)'의 의미를 이러한 뜻을 갖춘 문장이라 해석하였다.

2 역주 : 『한서예문지』 「육예략(六藝略)」 '시(詩)'에, 옛날에는 각 지방에서 시(詩)를 채집하는 관리가 있었다. 왕자(王者)는 이를 통해 그 지방의 풍속을 볼 수 있고, 그 풍속의 득실을 알아 정치하는 방법을 살펴 바로 잡았던 것이라고 했다. 그리고 『좌전』 양공(襄公) 29년(B.C. 544)에 오(吳)나라 계찰(季札)의 말을 빌려 각 제후국의 민요와 관련한 정치흥망의 내용이 자세히 실려 있다.

3 역주 : 『시경』 「대아(大雅)」편의 '숭고(崧高)' · '증민(烝民)' · '한혁(韓奕)' · '강한(江漢)' 등 네 편은 주 선왕(B.C. 827-782 재위)의 경사(卿士)였던 윤길보가 선왕을 찬양하기 위해 지었다고 하고, 『시경』 「노송(魯頌)」의 '경(駉)' · '유필(有駜)' · '반수(泮水)' · '비궁(閟宮)' 등 네 편은 노나라 공자(公子) 해사(奚斯)가 노 희공(B.C. 660-628 재위)을 찬양하기 위해 지었다고 알려져 있다. 유지기가 이러한 견해를 수용한 것은 금 · 고문가의 견해를 모두 수용하고 있음을 말해주는 것이다. 程千帆, 『史通箋記』, pp.81-82 참조.

4 역주 : 굴원과 초 회왕(B.C. 328-299 재위)의 관계에 관하여는 『사기』 권84, 「굴원열전」에 자세히 보인다. 여기서는 굴원이 초 회왕을 간하는 「이소(離騷)」를 짓고, 그의 제자 송옥은 굴원이 충성을 다했음에도 회왕의 아들 양왕(襄王)에게 쫓겨났음을 안타까워하여 「구변(九辨)」을 지어 양왕의 부도(不道)함을 나타낸 사실을 말한다.

5 역주 : 이 말은 『한서』 권62, 「사마천전」의 찬왈(贊曰)에 보인다. 반고는 한편으로 사마천의 시비판단이 성인과 달랐다는 점을 비판하였지만, 다른 한편 사가로서의 재능을 칭찬하면서, '사마천의 문장은 웅변이지만 화려하지 않고, 질박하지만 촌스럽지 않다. 그 문장은 곧고 그 사실은 핵심적이며 쓸데없이 찬양하지 않았고 잘못을

것은 바로 문장과 사서의 성질이 일치한다는 것을 말해준다. 분명 그들도 춘추시대 제(齊)의 사관이었던 남사(南史)나 동호(董狐)에 필적하는 훌륭하고 바른 문장을 쓴 사람들이라고 칭찬할 만하다.(釋 : 위 구절은 문장에 대한 논의에 사서를 함께 설명하였다. ○이상은 「재문」편을 쓰게 된 원인이다)

夫觀乎人文, 以化成天下; 觀乎國風, 以察興亡. 是知文之爲用, 遠矣大矣. 若乃宣·僖善政, 其美載於周詩; 懷·襄不道, 其惡存乎楚賦. 讀者不以吉甫·奚斯爲諂, 屈平·宋玉爲謗者, 何也? 蓋不虛美, 不隱惡故也.(釋 : 以文之不載於史者引起) 是則文之將史, 其流一焉, 固可以方駕南·董, 俱稱良直者矣.(釋 : 四語牽文搭史. ○已上爲載文起因)

## 16-2

중세(中世)에 이르러 문장의 체례에 큰 변화가 일어났다. 도리를 말하는 자들은 대부분 황당하고 거짓된 것을 기본으로 하였고, 문장을 수식(修飾)하는 자들은 지나치게 화려한 것을 숭상하였다. 예컨대 여공(女工)에게 꽃무늬가 있는 아주 가벼운 비단이 있는 것이나, 음악에서 방탕하고 음란한 정(鄭)이나 위(衛)의 음이 있는 것과 같다.[6](釋 : 이상 몇 마디는 여전히

---

숨겨주지 않았다[不虛美, 不隱惡]. 그런 까닭에 실록(實錄)이라 일컫는 것'이라고 하였다.

6 왕유검(王惟儉), 『사통훈고(史通訓故)』에, 한 선제(宣帝)가 말하기를, '사부(辭賦)로서 큰 도리를 담고 있는 것은 고시(古詩)와 뜻이 같고, 작은 의미를 담고 있는 것은 말이 화려하고 그저 좋으면 된다. 예컨대 여공(女工)에게 꽃무늬가 있는 아주 가벼운 비단이 있는 것이나, 음악에서 방탕하고 음란한 정(鄭)이나 위(衛)의 음이 있는 것과 같다'라고 했다. 역주 : 이 문장은 본래 『한서』 권64하, 「왕포전(王褒傳)」의 선제(宣帝)가 사냥을 좋아하면서 왕포 등을 대동하고 가송(歌頌)을 짓게 한 일을 음미불급(淫靡不急)한 일이라고 비판하는데 대한 선제의 언급이다.

문장에 대한 논의를 하고 있고, 다음으로 사서에 기재된 내용으로 이어진다) 옛 사람이 말하기를 "무익한 일을 하지 않음으로 유익한 일을 해치지 않는다"[7]고 하였으니 사가들의 기록은 진실로 올바른 것을 위주로 해야 한다. 때문에 순(舜)임금은 천하가 잘 다스려지기를 갈망하였지만 태강(太康)이 통치권을 잃었다. 『상서』에는 그와 관련하여 「익직(益稷)」편에 '원수(元首)'의 노래와 「오자지가(五子之歌)」편에 '금황(禽荒)'의 노래를 싣고 있다.[8] 정 장공(鄭莊公)은 지극한 효심을 가지고 있었고, 진 헌공(晉獻公)은 어리석었는데 『춘추』에는 바로 그들과 관련하여 각각 「대수(大隧)」·「호구(狐裘)」라는 부(賦)를 싣고 있다.[9] 그 도리는 정직하고 간절하며 사용한 문장은 간략하면서도 요령이 있었으므로 충분히 악을 징계하고 선을 권장할 수 있었고, 풍속을 관찰할 수 있었다. 사마상여(司馬相如)의 「자허부(子虛賦)」·「상림부(上林賦)」,[10] 양웅(揚雄)의 「감천부(甘泉賦)」·「우렵부(羽獵賦)」,[11] 반고(班固)의 「양도부(兩都賦)」,[12] 마융(馬融)의 「광성부(廣成賦)」[13]에

7 역주 : 『상서』 「주서(周書)」 「여오(旅獒)」편에, '뜻은 도(道)로써 편안해지고 말은 도로써 이어지게 됩니다. 무익한 일을 하지 마시어 유익한 일을 해치지 않으면 공은 곧 이루어지는 것이고, 기이한 물건을 귀하게 여기지 않고 일상 쓰는 물건을 천하게 여기지 않으면 백성은 곧 부족함이 없게 됩니다'라고 하였다.

8 역주 : 「재언(載言)」편의 「원수지가(元首之歌)」와 「오자지영(五子之詠)」에 대한 주)11-12 참조.

9 역주 : 정 장공(B.C. 743-701 재위)과 진 헌공(B.C. 676-651 재위)에 대한 자세한 내용은 『좌전』 은공(隱公) 원년(B.C. 722)과 희공(僖公) 5년(B.C. 655)의 기록을 각각 참조.

10 역주 : 「자허부」와 「상림부」는 원래 사마상여의 「천자유렵부(天子遊獵賦)」의 두 부분으로써 『사기』 권117, 「사마상여열전」과 『한서』 권57상·하, 「사마상여전」 상·하 등에 기재되어 있다가 『문선』(권7·8)에 수록되면서 비로소 둘로 나뉘었다.

11 역주 : 「감천부」는 한 무제 때 지은 화려한 감천궁에 거주하던 성제(成帝)를 풍간(諷諫)한 것이고, 「우렵부」는 성제가 유렵을 하면서 사치와 낭비를 일삼는 것을 풍간한 것이다. 『문선』 권7·8에 각각 수록되어 있다.

12 『후한서』 권40상, 「반고전」에, 건초(建初) 연간에 경사(京師)의 궁실을 수리하였는데, 관중(關中)의 노인들은 서쪽 장안에 마음이 가 있었다. 이에 반고는 과거 문사(文辭)의 넌지시 권하는 의미로 「양도부」를 지었는데 낙읍의 제도를 칭찬하고 장안을 마음에 둔 것을 깎아 내렸다고 했다.

13 『후한서』 권60상, 「마융전(馬融傳)」에, 융의 자는 계장(季長)이다. 등태후(鄧太后)가 조정을 관장하였을 때 세상의 선비들은 문덕(文德)을 홍성하게 하고 무공(武功)은 마

이르러 비유가 원래의 내용을 넘어섰고 사용하는 용어에 뜻이 담기지 않아, 겉으로는 화려하지만 사실과 맞지 않고, 문장이 목적을 잃고 떠돌아다니면서 돌아갈 곳을 몰랐으며, 권장(勸奬)에 이로운 것이 없고 간사한 행위를 조장하였다. 그런데도 『한서』와 『후한서』는 오히려 그러한 것들을 모두 「열전(列傳)」에 싣고 있으니 어찌 잘못이 아니겠는가!(釋 : 이상은 대의(大意)로서 한 번은 바른 경우를, 다른 한 번은 그 반대의 경우를 「재문(載文)」편의 표현방식으로 하였다)

爰洎中葉, 文體大變. 樹理者多以詭妄爲本, 飾辭者務以淫麗爲宗.(一多'故作者'三字) 譬如(一作'以')女工之有綺縠, 音樂之有鄭·衛.(釋 : 數語仍從文引入, 下乃遞及史之所載) 蓋語曰 : 不作無益害有益. 至如史氏所書, 固當以正爲主. 是以虞帝思理, 夏后失御, 『尙書』載其元首·禽荒之歌; 鄭莊至孝,(二字謬許) 晉獻不明, 『春秋』錄其大隧·狐裘之什. 其理讜而切, 其文簡而要, 足以懲惡勸善, 觀風察俗者矣. 若馬卿之『子虛』·『上林』, 揚雄之『甘泉』·『羽獵』, 班固『兩都』, 馬融『廣成』, 喩過其體, 詞沒其義, 繁華而(一無'而'字, 下同)失實, 流宕而忘返, 無裨勸奬, 有長奸詐. 而前後『史』·『漢』皆書諸(一脫'諸'字)列傳, 不其謬乎!(釋 : 已上是發凡, 一正一反, 爲載文表式)

---

땅히 폐하여야 할 것이라 여겼다. 마융은 문·무의 도리는 성현(聖賢)이 함께 사용하여 폐하여서는 안 되며, 금·목·수·화·토 5재(五材)의 쓰임도 마찬가지로 폐하여서는 안 된다. 이에 『광성송(廣成頌)』을 올려 풍간(諷諫)하였다. 주(注)에, 광성(廣成)은 동산[苑]의 이름이다. 역주 : 마융은 한 애제(哀帝)때 교서랑중(校書郎中)으로 있었고 환제(桓帝)때는 남군(南郡)태수를 지냈다. 재주가 뛰어나 유학을 크게 선양하였고 제자의 수가 천여 명이나 되었다. 『삼전이동설(三傳異同說)』을 저술하였고, 『효경(孝經)』·『논어』·『시경』·『역』·『삼례(三禮)』·『상서(尙書)』·『열녀전』·『노자』·『회남자(淮南子)』·『이소(离騷)』 등에 주(注)를 달았다.

## 16-3

또한 한대(漢代)의 사부(詞賦)가 비록 쓸데없이 꾸미기만 한다고 말하지만, 다른 문장들은 대체로 사실적이다.[14] 위(魏)·진(晉) 이후에 이르면 잘못된 오류를 덩달아 따랐다. 자세히 살펴보니, 그 잘못에는 다섯 가지가 있었다. 첫째는 내용이 없이 겉만 번지르르한 것이고, 둘째는 뻔뻔스럽다는 것이며, 셋째는 남의 손을 빌리는 것이고, 넷째는 서로 모순되는 것이며, 다섯째는 일률적으로 논한다는 것이다.(釋 : 다섯 가지 잘못의 대강을 제시하고, '실(失)'자가 붙게 된 점을 말하고 있다)

且漢代詞賦, 雖云虛矯, 自餘它文, 大抵猶實. 至於魏·晉已下, 則訛謬雷同. 榷而論之, 其失有五 : 一曰虛設, 二曰厚顔, 三曰假手, 四曰自戾, 五曰一概.(釋 : 揭出五失之綱, '失'字貼載者說)

## 16-4

무엇 때문에 이렇게 말하는가? 옛날 정치의 대도(大道)를 행함은 천하를 위하는 것이므로 유능한 사람에게 나라를 다스리는 권한을 주었다.[15] 때문에 요(堯)는 올바른 덕을 갖춘 순(舜)에게 전해주었고, 순은 우(禹)에게 선양(禪讓)하였다.[16] 그러나 조씨(曹氏)의 위(魏)와 사마씨(司馬氏)의 진

14 역주 : 따라서 이 같은 문장을 대부분 인용한 『한서』의 내용이 『사기』에 비해 월등 많다는 점을 강조하기도 한다. 程千帆, 『史通箋記』, p.84.

15 역주 : 『예기(禮記)』 「예운(禮運)」편에, 대도(大道)가 행해지던 시대에는 천하를 공공(公共)의 것으로 보았다. 따라서 어질고도 유능한 사람을 가려서 신의를 강명(講明)하고 화목하는 길을 닦았다고 했다[大道之行也, 天下爲公, 先賢與能, 講信修睦].

(晉) 이후부터 제위(帝位)를 취함이 그렇지 않았다. 황제가 선양(禪讓)한다는 조서를 반포하면 선양을 받는 새로운 천자가 될 사람은 사양하는 표(表)를 올리고, 그 사이에 중신(衆臣)들이 즉위할 것을 반복해서 권고하며, 황제는 거듭 친절하게 재촉한다.[17] 이 같은 과정이 실제로는 왕망(王莽)이나 동탁(董卓)과 같았지만, 표면상 오가는 말은 오히려 순(舜)이나 우(禹)와 서로 비슷했다. 뿐만 아니라 (제위에 오르기 위해) 섬돌에 오르는 의식[納階]을 치르면서부터 단(壇)에 올라 천명(天命)을 받을 때까지 새 군주는 붉은 활[彤弓]과 검은 화살[盧矢]과 같은 아홉 가지 물건들[九錫]을 받고,[18] (멸망한 왕조의) 후손을 잘 대우하고 제후로 삼아[白馬侯服][19] 그들에게 삼각(三恪)[20]의 예를 받게 하였다고 했지만, 공연히 그러한 겉치레 문장만 있

16 역주 : 『논어』 「요왈(堯曰)」편에, "요(堯) 임금이 말씀하기를, '아! 너 순(舜)아, 하늘의 역수(曆數)가 네게 있으니 진실로 그 중용의 도를 지켜라. 사해(四海)가 곤궁해지면 하늘이 내린 녹(祿)이 영영 끊어지리라'고 하였다. 순 임금도 이 말씀을 우(禹) 임금에게 일러 주었다"라고 하였다.

17 역주 : 그 대표적인 예가 위 문제(魏文帝)의 선양(禪讓)을 둘러싸고 권유와 사양의 지루한 형식이 계속되었던 경우인데, 자세한 내용은 『삼국지』 권2, 「위지 · 문제기(文帝紀)」의 배송지주(裴松之注)에 인용된 『헌제전(獻帝傳)』에 실린 '선대중사(禪代衆事)' 참조.

18 역주 : '구석(九錫)'이란 원래 고대 천자가 큰 공을 세운 제후에게 하사하는 아홉 가지 물건을 가리킨다. 그러나 왕망이 제위를 찬탈하고 신(新)을 건국하기 전 '구석'을 받은 이래 위진남북조시대의 실권자들은 새로운 왕조를 건국하기 전 '구석'을 받는 절차를 거침에 따라 완전히 형식화되었다. 『한시외전(韓詩外傳)』 권8에는 '구석'을, 거마(車馬) · 의복(衣服) · 호분(虎賁) · 악기(樂器) · 납폐(納陛) · 주호(朱戶) · 궁시(弓矢) · 부월(鈇鉞) · 거창(秬鬯) 등이라 했다.

19 역주 : 『시경』 「주송(周頌)」 "유객(有客)"과 「대아」 "문왕(文王)"의 내용을 인용하여, 주(周)왕조가 건립된 후 상(商) 주왕(紂王)의 서형(庶兄) 미자(微子)로 하여금 백마를 타고 주 왕조의 조묘(祖廟)를 조알(朝謁)하도록 한 사실과 그를 송(宋)에 분봉한 사실을 가리킨다. 따라서 멸망한 왕조의 후손을 잘 대우하고 제후로 봉하였음을 상징한다. 張振珮, 『史通箋注』, p.155 참조.

20 역주 : 『좌전』 양공(襄公) 25년(B.C. 548)에, "(정(鄭) 자산(子産)이 이르기를, 옛날 순(舜) 임금의 자손인 알보(閼父)의 아들 호공(胡公)을) 진(陳)의 제후로 봉해 삼각(三恪)의 나라로 삼으셨습니다"라고 했고, 두예의 주(注)에 주나라가 천하를 얻고 난 후 하(夏) · 은(殷) 두 왕조의 후예를 봉하고 다시 순(舜)의 후예를 봉하고 이를 각(恪)이라 했고, 이 세 나라의 후손을 잘 예우하였으므로 이를 '삼각'이라 하였다고 했다. 趙呂甫,

었지 결국 그 같은 사실은 존재하지 않았다. 이것이 이른바 "내용이 없이 겉만 번지르르한 것"이다.(釋 : 첫 번째 잘못은, 나라를 얻게 된 경우를 말하자면, 위진남북조 모두가 찬탈한 것이지만 선양이나 구석(九錫)의 거짓 삼가함을 적은 문장을 사서에 기재하고 있으니 이것이 어찌 "내용이 없이 겉만 번지르르한 것"이 아니겠는가)

何者? 昔(一無'昔'字)大道爲公, 以能而授, 故堯咨爾舜, 舜以命禹. 自曹·馬已降, 其取之也則不然. 若乃上出禪書, 下陳讓表, 其間勸進殷勤, 敦諭重沓, 迹實同於莽·卓, 言乃類於虞·夏. 且始自納陛, 迄於登壇; 彤弓盧矢, 新君膺九命之錫; 白馬侯服, 舊主蒙(一作'加')三恪之禮. 徒有其文, 竟無其事. 此(一脫'此'字)所謂虛設也.(釋 : 其一, 擧得國而言. 魏·晉·南·北, 無非攘竊, 乃以禪讓錫恪之文載之史策, 豈非虛設?)

## 16-5

옛날에 양쪽의 군사가 대적하고 두 나라가 자웅을 겨룰 때에는 스스로 자신을 말함에 있어서 조금도 감추고 속일 수 없었다. 무엇 때문인가?(군대로서 승부가 나는 것을 말한다) 전쟁의 승부는 일식(日蝕)이나 월식(月蝕)과 같아서[21] 꾸미는 말이나 거짓말로 가릴 수 있는 것이 아니다. 그러나 근고(近古)에 와서는 그렇지 않았다. 조조(曹操)는 촉주(蜀主) 유비(劉備)의 영특한 지략에 감탄하면서 "유비는 나와 비슷하다"[22]고 하였고, 북주

『史通新校注』, p.311 주)53 참조.

21 역주 : 『논어』「자장(子張)」편에, 자공(子貢)이 말하기를, '군자의 과실은 마치 일식·월식과 같다. 과실을 저지르면 사람들이 모두 보고, 고치면 모두 우러러 보느니라'고 했다.

22 『삼국지』 권1, 「위지·무제기」의 배송지주(裴松之注)에 인용된 『산양공재기(山陽公

문제(文帝) 우문태(宇文泰)는 북제 문선제(文宣帝) 고양(高洋)의 강성함을 칭찬하면서, "고환(高歡)이 아직 죽지 않았구나!"[23]라고 말하였다. 전자는 도읍을 옮겨 상대방의 공격을 피해야 한다는 것을 계산한 것이고,[24] 후자는 황하의 얼음을 깨어 상대방의 습격을 저지하려고 한 것이다.[25] 포고를 하달하고 격문을 발포하는 때에 이르러 곧 상대방이 어리석어서 콩과 보리를 분간하지 못하고, 식견이 보잘것없어 황색과 흑색을 정확히 분별하지 못한다고 한다.[26] 이런 경우 나라를 세워 도읍을 건립하는 것이 뱁새[鷦鷯]가 갈대 위에 둥지를 트는 것과 같으며,[27] 적과 맞서 용맹을 떨치는 것이 마치 사마귀가 화를 내면서 팔을 걷어올리고 수레바퀴에

---

載記)』에, 조조의 배가 유비에 의해 불타자 군대를 거느리고 화용도(華容道)로부터 걸어서 귀환하였는데 사망자가 매우 많았다. 그곳을 거의 다 빠져나와서 여러 장수들에게 말하기를, '유비는 나와 비슷하다. 그러나 계략을 사용함이 조금 늦다. 조금만 일찍 불로 공격을 하였더라면 우리들은 남아나지 못했을 것'이라고 했다.

23 『북제서(北齊書)』 권4, 「문선제기(文宣帝紀)」 천보(天保) 원년(元年)(550)에, 북주 문제(文帝)가 군대를 거느리고 섬성(陝城)을 나와 병사들을 나누어 북으로 건주(建州)에 이르렀다. 문선제가 친히 군대를 거느리고 행차하였다. 문제는 문선제의 군대가 엄한 규율로 위엄을 갖춘 모습을 보고 탄식하여 말하기를, '고환(高歡)이 아직 죽지 않았구나!' 하고 드디어 군대를 퇴각시켰다고 했다.

24 『삼국지』 권36, 「촉지 · 관우전」에, 관우가 조인(曹仁)을 번(樊)에서 공격하였는데 그 위세가 중원에 떨쳤다. 조조가 의논하여 도읍을 허(許)로 옮겨 그 공격을 피하고자 하였다.

25 『북사』 권54, 「곡율금전(斛律金傳)」에, 북주(北周) 사람들은 북제(北齊)의 군대가 공격해 올 것을 두려워하여 항상 겨울이 되면 강의 얼음을 깨뜨렸다.

26 조위(曹魏)가 오나라에 보낸 격문에, "손권이라는 애송이는 아직 콩과 보리를 구별할 줄 모른다"라고 했다. 按 : 이 말은 본래 『좌전』 성공(成公) 18년(B.C. 573)에 진(晉) 도공(悼公)의 형을 가리켜 한 말이다. 유지기는 위(魏)가 오(吳)를 꾸짖는 것을 이용하여 촉(蜀)을 꾸짖고 있다. 다시 살펴보니, '식견이 보잘것없어 황색과 흑색을 정확히 분별하지 못한다'라고 한 것은 북주의 우문태(宇文泰, 즉 文帝)가 북제의 고양(高洋, 즉 宣帝)을 꾸짖는 말인데 그 문장이 사서에 보이지 않으니 좀 더 살펴야겠다.

27 역주 : 『순자(荀子)』 「권학(勸學)」편에, "남쪽에 어떤 새가 있어 이름을 몽구(蒙鳩)라고 한다. 깃털을 가지고 둥지를 만들고 머리털로 그것을 얽어서 갈대 잎에 매달았다. 바람이 불어와 갈대 잎이 꺾여 알이 깨지고 새끼가 죽었다. 새 둥지가 완전하지 못한 것이 아니라 매단 것이 그렇게 된 것이다"라고 하였다. '몽구'는 뱁새와 같은 작은 새로 갈대 꽃이삭이나 깃털을 엮어서 둥지를 만드는 솜씨가 뛰어난 새로 알려져 있다.

항거하는 것[28]과 같다. 이것이 이른바 뻔뻔스럽다는 것이다.(釋 : 두 번째 잘못은 적과 마주하는 경우를 말하면서, 승리를 인정하지 않고 상대 영웅의 강함을 탄식함에 과장된 말로 격문을 꾸민 이러한 문장을 사서 중에 싣고 있으니, 어찌 뻔뻔스러운 것이 아니겠는가?)

古者兩軍爲敵, 二國爭雄, 自相稱述, 言無所隱. 何者?(句, 以兵形勝負言) 國之得喪, 如日月之蝕焉, 非由飾辭矯說所能掩蔽也. 逮於近古則不然.(一有'至如'二字) 曹公歎蜀主之英略, 曰"劉備吾儔"; 周帝美齊宣之强盛, 云"高歡不死". 或移都以避其鋒, 或斵(一作'斷')冰以防其渡. 及其申誥誓, 降移檄, 便稱其智昏菽麥, 識昧玄黃, 列宅建都若鷦鷯之巢葦, 臨戎賈勇猶螳螂之拒轍.(並當時誥檄中語) 此所謂厚顔也.(釋 : 其二, 擧當敵而言. 忌勝則歎彼英强, 張詞則侈爲誥檄, 以此諸篇載入史中, 豈非厚顔?)

## 16-6

옛날 나라의 조칙(詔敕)은 모두 군주가 직접 쓴 것이었다.[29] 때문에 후한 광무제(光武帝) 때 제오륜(第五倫)이 독주전연(督鑄錢掾)으로 있으면서 조서를 보고 감탄하기를, "이야말로 성주(聖主)로다! 이 조서를 한번 보기만

28 역주 : 『장자(莊子)』「천지(天地)」편에, (노나라의 현인(賢人)으로 알려진 계철(季徹)이 장려면(將閭葂)에게 이르기를) "당신의 말 같은 것은 제왕의 덕이 마치 사마귀가 화를 내면서 팔을 걷어올리고 수레바퀴에 항거하는 것과 같은 것인즉 반드시 그 책임을 이겨내지 못할 것입니다"라고 하였다.

29 왕응린(王應麟)[厚齋]의 『곤학기문(困學紀聞)』에, "한대(漢代)의 조령(詔令)은 군주가 친히 그 문장을 썼다. 광무제가 조서에 말하기를, '사도(司徒)는 요(堯)와 같고, 적미(赤眉)는 걸(桀)과 같다'라고 했고, 명제가 조서에 이르기를, '지금 위로는 천자가 없고, 아래로 지방수령[方伯]이 없다'라고 했으니 어찌 대신 조서를 쓴 사람이 할 수 있는 말이겠는가?"라고 했다. 按 : 이것이 남의 손을 빌리지 않았다는 증거라고 하겠다.

하면 곧 알게 된다"[30]고 하였던 것이다. 그러나 근고(近古)에 와서는 그렇지 않았다. 무릇 조칙을 반포해야 할 경우 모두 신하들에게 쓰게 하였다. 조정에는 문사(文士)들이 많고 나라에는 사인(辭人)들이 많으니, 그들은 붓을 자유자재로 펼칠 수 있으니 무엇인들 쓸 수 없겠는가? 때문에 고명(誥命)을 반포하고 조서(詔書)를 내릴 때마다 측은(惻隱)을 표시하는 은택을 강조하고, 제왕이 나라를 위해 걱정하고 애쓰는 지극한 뜻을 서술하면 되었다. 그 군주가 비록 무도하여 덕을 그르치며 욕심이 많고 포악하더라도 그가 내린 정령(政令)을 보면 상(商)의 주(紂)나 하(夏)의 걸(桀)과 같지 않았고,[31] 그의 조서나 칙령을 읽으면 오히려 요(堯)·순(舜)이 다시 세상에 나온 것 같았다.[32] 이것이 이른바 "남의 손을 빌린다"는 것이다.(釋 : 세 번째 잘못은 조서를 가지고 말한 것인데, 군주는 대부분 겸손의 말로, 아부하는 신하는 은혜의 뜻으로 꾸미는데 근래의 사서는 모두 문인들에게서 나온 것이니 이것이 바로 "남의 손을 빌린다"는 것이다)

古者國有(一脫此二字)詔命, 皆人主所爲, 故漢光武時, 第五倫爲督鑄錢掾, 見詔書而嘆曰"此聖主也, 一見決矣". 至於近古則不然. 凡有詔敕, 皆責成群下. 但使朝多文士, 國富辭人, 肆其筆端, 何事不錄. 是以每發璽誥, 下綸言, 申惻隱之渥恩, 敍憂勤之至意. 其君雖有反道敗德, 唯頑與暴, 觀其政令, 則辛·癸不如; 讀其詔誥, 則勛·華再出. 此所謂假手也.(釋 : 其三, 擧書詔而言. 恭主多遜辭, 諛臣飾恩意. 近史所載, 盡出文人, 是假手也)

30 『후한서』 권4, 「제오륜전」에, 오륜의 자는 백어(伯魚)이다. 독주전연(督鑄錢掾)·영장안시(領長安市)로 있을 때, 조서를 읽을 때마다 항상 감탄하기를, '이야말로 성주(聖主)로다! 이 조서를 한번 보기만 하면 곧 알게 된다'라고 하였다.

31 역주 : 『사기』 권3, 「은본기」에, "제을(帝乙)이 붕(崩)하고 아들 신(辛)이 즉위하였다. 그가 바로 제신(帝辛)이다. 세상에서는 그를 주(紂)라 불렀다." 『사기집해(史記集解)』에서 시법(諡法)에 이르기를 의로움과 선함을 해치는 것을 주(紂)라고 한다고 했다. 『사기』 권2, 「하본기」에, "제발(帝發)이 붕(崩)하고, 아들 제이계(帝履癸)가 즉위하였다 그가 바로 걸(桀)이다." 『사기집해』에서 시법에 이르기를, 사람을 해치고 많이 죽인 것을 걸(桀)이라 한다고 했다.

32 역주 : 『사기』 권1, 「오제본기」에, 요의 이름은 방훈(放勳), 순의 이름은 중화(重華)라고 했다.

## 16-7

천자는 농담을 하지 않는다.[33] 만일 말에 잘못이 있으면 세상 사람들의 비난을 받게 된다. 그러므로 후한 광무제(光武帝)는 방맹(龐萌)을 일러 "후사를 맡길 수 있다[可以託六尺之孤]"[34]고 하였지만 후일 그가 배반하였다는 말을 듣고 곧 모든 관리들에게 자신이 잘못 말했음을 인정하고 "그대들은 짐을 가소롭다고 여기는 것이 아닌가?"라고 하였다.[35] 이처럼 포폄(褒貶)과 관계되는 말을 현명한 군주는 신중히 해야 한다는 것을 알았던 것이다. 근고(近古)에 이르면 그렇지 않았다. 수많은 관료들과 왕공(王公)·경사(卿士)들을 처음 칭찬할 때에는 그들의 인품이나 덕행이 출중하며[珪璋特達][36] 더할 나위 없이 좋은 것처럼 말한다. 그러나 얼마 있지 않아 그 사람이 쫓겨나게 되면 그를 식견과 도량이 좁은 사람[斗筲下才][37]에

---

33 역주 : 『여씨춘추』「중언(重言)」편에, (주공(周公)이 주 성왕(成王)에게 이르기를) 천자는 농담을 하지 않는다. 천자가 말을 하면 곧 사관이 이를 적고, 악인(樂人)이 이를 노래로 읊고, 사인(士人)들이 칭송한다고 했다.

34 역주 : 『논어』「태백(泰伯)」편에, 증자(曾子)가 말하기를, "6척의 고아를 부탁할 수 있고[可以託六尺之孤], 백리지역의 제후국을 맡길만하며[可以寄百里之命], 대란을 당하여도 마음을 빼앗기지 않는다면 군자다운 사람인가. 군자다운 사람이니라"고 하였다. 6척의 고아란 임금이 죽고 어린 아들이 임금의 자리에 오르는 것을 가리킨다. 따라서 후사를 부탁한다는 의미로 쓰이는 말이다.

35 『후한서』 권12, 「유영전(劉永傳)」에, 방맹(龐萌)은 사람됨이 겸손하고 순하여 신뢰가 두터웠다. 광무제가 일찍이 칭찬하기를, '나이 어린 후손을 부탁하여 국가의 운명을 맡길만한 사람은 방맹이다'라고 하였고 평적장군(平狄將軍)에 임명하였다. 후일 동헌(董憲)을 공격하고 방맹이 반란을 일으켰다. 광무제가 이를 듣고 크게 노하며 여러 장수들에게 말하기를, '내가 일찍이 방맹이 사직을 맡길 수 있는 신하라고 하였으니 장군들은 그 말을 가소롭다고 여기는 게 아닌가?'라고 했다. 역주 : 포기룡은 이상의 내용을 「유영전」에서 인용한 것처럼 주(注)를 달았지만, 사실은 「방맹전」에 수록된 사실을 인용한 것이다. 「후한서」 열전의 편목에 방맹의 이름이 표기되지 않았기 때문에 착각한 것이다.

36 역주 : 『예기』「빙의(聘義)」편에, "규(珪)와 장(璋)은 이르지 못하는 곳이 없다[珪璋特達]"고 했다. 규장은 모두 서옥(瑞玉)으로 만든 것으로 신분을 나타내는 것이었다. 여기서는 인품이 뛰어남을 의미한다.

비유하면서 죄가 더없이 크다고 말한다. 한 사람의 품행에 대한 같은 군주의 말이라 하더라도 지혜롭다와 어리석다는 평가가 한 순간에 바뀌고 옳고 그르다는 평가 역시 눈 깜짝할 사이에 변한다. 천자의 마음이 일정하지 않고, 황제의 통찰력이 늘 같지 않았다. 이것이 이른바 서로 모순된다고 하는 것이다.(釋 : 네 번째 잘못으로, 군주의 말을 예로 들고 있는데, 사람을 평가하는 것이 일정하지 않고 전후의 이야기가 서로 다른 경우를 사서에 모두 기재하고 있으니 "서로 모순된다"는 것이 아니면 무엇이겠는가?)

蓋(一無'蓋'字)天子無戲言, 苟言之有失, 則取尤天下. 故漢光武謂龐萌"可以託六尺之孤", 及聞其叛也, 乃謝百官曰 : 諸君得無笑朕乎? 是知褒貶之言, 哲王所懼. 至於近古則不然. 凡百具寮, 王公卿士, 始有褒崇, 則謂其珪璋特達, 善無可加; 旋有貶黜, 則比諸(舊脫'諸'字)斗筲下(一作'不')才, 罪不容責. 夫同爲一士之行, 同取一君之言, 愚智生於倏忽, 是非變於俄頃, 帝心不一, 皇鑒無恒. 此所謂自戾也.(釋 : 其四, 擧馭下而言. 鑒識靡定, 前後相違, 史並載之, 非自戾而何?)

## 16-8

나라에는 불운과 태평[否泰][38]이 있고 세상에는 쇠퇴함과 융성함[汚隆]이 있게 마련이지만 작자(作者)의 말을 통한 표현에는 본래 정해진 기준이 없다. 그러므로 '기여지송(猗與之頌)'[39]을 읽으면 은(殷)나라가 한창 흥성

---

37 역주 : 『논어』 「자로(子路)」편에, 공자께서 말씀하시길, '아! 한 말[斗]들이의 작은 도량을 가진 사람들[斗筲之人]을 어찌 셈에 넣을 수 있으리오'라고 하였다.

38 역주 : 비(否)와 태(泰)는 『주역』에 보이는 괘(卦)의 이름이다. 비는 일이 막히는 형세이고, 태는 태평하게 될 형국을 말한다. 李基東, 『周易講說』 上, p.176, p.187 참조.

39 『시경』 「상송(商頌)」편의 첫 편인 '나(那)'를 가리키는데, 그 소서(小序)에 '나'는 성

하는 시기에 있었다는 것을 알 수 있고, '어조(魚藻)'의 풍자를 보면 서주(西周)시대가 곧 멸망하리라는 것을 알게 된다.[40] 그러나 근대(近代)(어떤 책에는 ('대(代)'자를) '고(古)'자로 썼다)[41]에 와서는 그렇지 않았다. 군주의 높고 밝은 덕을 말할 때에는 그런 임금을 모두 삼황오제(三皇五帝)[42]라 하였고, 재상의 재주와 지혜가 뛰어남을 말할 때에는 그런 재상을 모두 '팔원(八元)'과 '필개(八愷)'라고 하였다.[43] 나라는 한쪽모퉁이의 소국에 불과한데 오히려 "천지 · 사방[六合]을 모두 삼켰다"라고 말하고, 복(福)이 그저 잠깐 미쳤을 뿐인데 오히려 온갖 신령들을 감동시켰다고 말한다. 비록 인사(人事)가 시대에 따라 자주 바뀌었지만 문장의 표현은 바뀌지 않았기 때문에 선과 악에 대해 말하는 논조가 다르지 않으니 이를 읽는 사람이 무엇을 판단의 기준으로 할 수 있겠는가? 이것이 바로 이른바 "일률적으로

---

탕(成湯)을 제사지내는 노래라고 했다. 역주 : '의여(猗與)'는 감탄사이고, 어떤 책에는 '의여(猗歟)'라고 했다. '나'에, "아! 아름답고도 아리따워라[猗與那與]"라고 했는데, '나(那)'는 아름답다는 의미를 갖는다.

40 『시경』「소아(小雅)」'어조(魚藻)'의 소서(小序)에, '어조'는 유왕(幽王 : B.C. 782-771)을 풍자하기 위한 노래이다. 만물이 그 본성을 잃는 것을 말하는데, 유왕이 호경(鎬京)에 있을 때 (주연을 베풀며 음주에 빠져) 스스로 즐거워 할 수 없을 것이라 생각하였기 때문에 군자들이 옛 무왕(武王)을 사모하였다.

41 역주 : 포기룡이 언급한 바대로 근고(近古)라고 하는 것이 옳다는 견해도 있다. 張振珮, 『史通箋注』, p.159 참조.

42 역주 : 반고, 『동도부(東都賦)』(『문선(文選)』 권1)에, (광무제의) 공훈은 과거 현명한 군주들을 모두 겸하고, 사적은 삼황오제를 초월하였다"라고 한 문장에 대한 이선(李善)의 주에 『춘추원명포(春秋元命苞)』에 이르기를, "복희(伏羲) · 여와(女媧) · 신농(神農)을 삼황이라 하고, 『사기』「오제본기」에, 황제(黃帝) · 전욱(顓頊) · 제곡(帝嚳) · 제요(帝堯) · 제순(帝舜)이 있다"라고 했다.

43 역주 : 『좌전』 문공(文公) 18년(B.C. 609)에, 태사(太史) 극(克)이 말하기를, '옛날 고양씨(高陽氏 : 顓頊)에게는 뛰어난 아들 여덟이 있었습니다. …… 이들은 중용을 지키고 매사에 통달하며 도량이 넓고 생각이 깊었고, 밝고 믿음이 있었고 성실하였습니다. 천하의 백성들이 이들을 일러 여덟 명의 온화한 인물이란 뜻인 팔개(八愷)라고 하였습니다. 고신씨(高辛氏 : 帝嚳)에게도 훌륭한 아들 여덟이 있었습니다. …… 이들은 충실하고 공경스러우며 장중하면서도 순수하였고 자애롭고 어질고 너그러웠습니다. 천하의 백성들이 이들을 일러 여덟 명의 온화한 인물이란 뜻인 팔원(八元)이라 했습니다'라고 했다.

논한다"라고 하는 것이다.(釋 : 다섯 번째 잘못으로 임금을 찬미하는 말을 예로 들고 있는데, 시대에는 융성함과 쇠퇴함이 있게 마련인데 문장에는 변함이 없고 사서에는 이를 똑같이 기재하고 있으니 일률적으로 논하는 것이 아니라면 무엇이겠는가?)

夫國有否泰, 世有汚隆, 作者形言, 本無定準. 故觀猗與之頌, 而驗有殷方興; 覩「魚藻」之刺, 而知宗周將殞. 至於近代(一作'古')則不然. 夫談主上之聖明, 則君盡三 · 五; 述宰相之英偉, 則人皆二八. 國止方隅, 而言併呑六合;(一作'國', 非) 福不盈眥,(或訛作'呰') 而稱感致百靈. 雖人事屢改, 而文理無易, 故善之與惡, 其說不殊, 欲令觀者, 疇爲準的? 此所謂一概也.(釋 : 其五, 擧頌上而言. 時有隆汚, 詞無進退, 史等載之, 非一概而何?)

## 16-9

여기에서 이상의 다섯 가지 잘못을 살펴 문장의 의의를 찾아보면, 비록 사정(事情)이 모두 겉모습은 비슷한 것 같지만, 쓰고 있는 말들은 공허한 것이었다. 얼음을 깎아 만든 벽(璧)은 사용할 수 없으며,[44] 땅바닥에 그린 떡은 먹을 수 없다.[45] 때문에 그것들이 세상에 행하여지면 상하가 서로 기만하게 되고, 후세에 전해지면 사람들은 믿지 않게 된다. 그런데도 세상의 작자들은 오랫동안 이 점을 제대로 살피지 못하고 그런 헛된 문장들을 수집하여 편찬하였으며, 황제의 일상적인 언행(言行)에 대한 기록인 기거주(起居注)[46]로부터 국사(國史)를 편찬하는데 이르기까지 모두 수

---

44 역주 : 이러한 의미로 쓰인 문장이 『염철론(鹽鐵論)』 「수로(殊路)」편, 배위(裴頠)의 『여사잠(女史箴)』에 보인다고 했다. 張振珮, 『史通箋注』, p.160 참조.

45 역주 : 『삼국지』 권22, 「위지」 「노육전(盧毓傳)」에 보인다.

46 역주 : 기거주에 관한 자세한 논의는 「사관건치(史官建置)」편 1-13 참조.

록하면서 한 글자도 없애지 않고 있으니 사서(史書)라고는 할 수 없고, 다시 문집이 되어버렸다.(釋 : 이 구절에서는 다섯 가지 잘못을 총괄하고 있다. 앞에 기재된 대로 말은 사서라고 하였지만 실은 문집이기도 했다. 사서의 체례가 엄해지면서 집가(集家)가 갖추어졌다)

於是考兹五失, 以尋文義, 雖事皆形似, 而言必憑虛. 夫鏤冰爲璧, 不可得而(一無此二字, 下同)用也; 畵地爲餠, 不可得而食也. 是以行之於世, 則上下相蒙; 傳之於後, 則示(一作'世')人不信. 而世之作者, 恒(一作'復')不之(一作'知')察, 聚彼虛說, 編而次之, 創自起居,(起居注) 成於國史; 連章疏(一作'畢')錄, 一字無廢, 非復史書, 更成文集.(釋 : 此節總括五失, 如上所載, 則史也而集矣. 史體嚴, 集家備也)

## 16-10

만일 많은 사서 중에서 추잡하고 결함이 많은 것을 고른다면 왕침(王沈)[47]과 어환(魚豢)[48]이 그 중 가장 심하며, 배자야(裴子野)와 하지원(何之元)이 대개 그 다음이다. 진수(陳壽)와 간보(干寶)는 자못 간략하지만 때때로 아무 근거 없는 잘못된 내용들을 싣고 있기 때문에 꼭 필요한 것만을 담고 있지 못하다.[49] 단지 왕소(王劭)가 편찬한 『제지(齊志)』와 『수서(隋書)』

47 역주 : 『수서경적지』 「사부(史部)」 "정사"에, 『위서(魏書)』 48권, 진(晉)의 사공(司空) 왕침(?-266)이 편찬하였다. 『진서(晉書)』 권39에 열전이 있고, 「고금정사(古今正史)」편에도 자세한 설명이 있다.

48 역주 : 삼국시대 위나라 사람으로 『위략(魏略)』 · 『전략(典略)』을 지었다. 「고금정사(古今正史)」편에서 『위략』은 명제 때까지의 사실을 다루고 있다고 했다.

49 역주 : 진수의 『삼국지』와 간보의 『진기(晉紀)』를 가리킨다. 전대흔(錢大昕), 『이십이사고이(二十二史考異)』 권16, 「『삼국지(三國志)』 「곡정전(谷正傳)」」 조(條)에, 『삼국지』의 내용 중 사례(史例)에 맞지 않는 시(詩) · 구석문(九錫文) · 사(詞) · 표(表) 의 문장이

두 사서만은 취한 문장이 모두 사실에 부합되며 도리(道理)가 대부분 믿을만하고, 근거 없는 말이나 겉치레나 하는 말들은 전혀 취하지 않고 있다.[50] 이것은 확실히 도리에 어긋난 것을 버리고 올바른 것을 따르는 이치와, 화려한 것을 없애고 진실한 것만을 취하는 의(義)에 맞는 것이다. (釋 : 앞에서는 모두 사서에 기록된 잘못을 개괄하였고, 이 구절에서는 여러 사서를 구체적으로 지적하여 그 우열을 요약하여 지적함으로써 진실한 것을 취하도록 했다)

若乃歷(一作'類')選衆作, 求其穢累, 王沈 · 魚豢, 是其甚焉; 裴子野 · 何之元, 抑其次也. 陳壽 · 干寶, 頗從簡約, 猶時載浮訛, 罔(一作'本')盡機要. 唯王劭撰『齊』·『隋』二史, 其所取也, 文皆詣(一作'諧')實, 理多可信; 至於悠悠飾詞, 皆不之取. 此實得去邪從正之理, 捐華摭實之義也.(釋 : 前皆統論所載之失, 此節括出諸史, 約指其優劣以實之)

## 16-11

대개 산에 나무가 있어 공장(工匠)이 그것을 헤아려 쓸 바를 정하는데, 하물며 세상에 넘쳐나는 수많은 문장에 어찌 고를만한 것이 없단 말인가? 다만 작자들이 그것을 찾아 읽지 않음을 유감으로 여길 뿐이다. 예컨대 시로는 위맹(韋孟)의 「풍간(諷諫)」이 있고, 부(賦)로는 조일(趙壹)의 「질사(疾邪)」가 있으며,[51] 편(篇)(상 · 중 · 하편으로 나누었기 때문에 '편'이라 불렀

---

지나치게 많이 수록된 점을 지적하였다. 程千帆, 『史通箋記』, pp.87-88 참조.

50 역주 : 유지기의 왕소(王劭)에 대한 평가는 매우 긍정적이지만, 모든 경우에 있어서 그런 것은 아니다. 예컨대, 「논찬(論贊)」편에는 "왕소(王劭)는 아주 간단하고 솔직한 표현을 추구하였지만 표현 중에 비야(鄙野)함이 있어서 만약 약간의 도리를 표현할 경우 곧 문채를 잃어버린다"라고 평가하기도 하였다.

51 위맹의 「풍간시」는 「재언(載言)」편에 보인다. 『후한서』 권80하, 「문원전(文苑傳)」 하

다)으로는 가의(賈誼)의 「과진(過秦)」[52]이 있고, 논(論)으로는 반표(班彪)의 「왕명론(王命論)」이 있으며,[53] 잠(箴)으로는 장화(張華)의 「여사잠(女士箴)」이 있고,[54] 명(銘)으로는 장재(張載)의 「검각명(劍閣銘)」이 있으며,[55] 표(表)로는 제갈량(諸葛亮)의 「출사표(出師表)」가 있고,[56] 서신(書信)으로는 왕창(王昶)의 「계자서(誡子書)」가 있으며,[57] 유향(劉向)과 곡영(谷永)의 상소문, 조조(晁錯)

---

에, "조일(趙壹)은 자가 원숙(元叔)으로서, 「자세질사부(刺世嫉邪賦)」를 지었다. 보고서를 올리기 위해 경사(京師)에 갔을 때 사도(司徒) 원봉(袁逢)이 보고를 받고 손을 잡아 이끌어 상석에 앉게 하면서 좌중에게 말하기를, '이 사람이 한양(漢陽)의 조원숙이다', '나는 여러분에게 따로 앉기를 청한다'라고 했다.

52 역주 : 「과진(過秦)」은 본래 가의(賈誼)가 저술한 『신서(新書)』의 편명(篇名)이었다. 따라서 유지기는 본래의 명칭인 「과진편(過秦篇)」으로 정리한 것이다. 程千帆, 『史通箋記』, p.88 참조.

53 가의의 「과진론」은 「재언(載言)」편에도 보인다. 『한서』 권100상, 「서전(敍傳)」에, "반표(班彪)가 20세 되던 해 왕망이 패하고 광무제가 기주(冀州)에서 즉위하였다. 당시 외효(隗囂)가 농(隴)에서 뛰어난 인물들을 모집하였다. 외효가 말하기를, '옛날 주나라가 망하고 전국(戰國)시대에 서로 전쟁을 하면서 천하가 분열하였는데 혹 전국 종횡의 일이 오늘날 다시 재현되는 것이 아닌가?' 하였다. 반표는 외효의 조급하고 교활함이 없어지지 않음을 염려하여 「왕명론(王命論)」을 지어 시대의 어려움을 해결하고자 했다"라고 하였다.

54 『진서(晉書)』 권36, 「장화전」에, "장화(232-300)가 황후 일족의 세력이 커지는 것을 두려워하여 「여사잠(女史箴)」을 지어 풍자했다"라고 하였다. 按 : 현재의 『진서』에는 그 내용을 싣고 있지 않다. 『문선(文選)』 주(注)에 인용된 조가(曹嘉)의 『진기(晉紀)』에 수록되어 있다고 하였다.

55 『문선(文選)』의 이선주(李善注)에, "장영서(臧榮緖)의 『진서(晉書)』에 이르기를, '장재의 부(父) 수(收)가 촉군태수(蜀郡太守)가 되자 장재는 그를 따라 촉으로 가서 「검각명」을 지었다. 익주자사(益州刺史) 장민(張敏)이 보고 뛰어나다고 여기고 그 문장을 표로 올렸다. 진(晉) 무제(武帝)가 특별히 사람을 보내어 검각(劍閣)의 석벽 위에 새기도록 했다. 역주 : 『진서(晉書)』 권55, 「장재전」 참조.

56 按 : 『삼국지』 권35, 「촉지」 「제갈량전」에, 건흥(建興) 5년(227) 제갈량(181-234)은 군대를 거느리고 북쪽 한중(漢中)에 주둔하였는데 막 출발하면서 상소를 올렸는데 바로 이 「출사표」이다. 또 6년(228) 조(條) 배송지주(裴松之注) 『한진춘추(漢晉春秋)』에 이르기를, 제갈량은 위의 군대가 동쪽으로 내려온다는 소식을 듣고 관중(關中) 지역이 허약한 것을 두고 11월에 상소를 올렸다고 한다. 그리하여 산관(散關)의 전투가 있었던 것이다. 「출사표」는 『제갈량집(諸葛亮集)』에는 없고 장엄(張儼)의 『묵기(默記)』에 나온다.

57 『삼국지』 권27, 「위지」 「왕창전」에, 창의 자는 문서(文舒)이다. 그는 형의 아들과 자기 아들에게 이름과 자(字)를 지어 주었는데 모두 겸허와 성실함에 의지하여 자신의

와 이고(李固)의 대책(對策),[58] 순백자(荀伯子)의 탄핵하는 글,[59] 산도(山濤)의 임금에게 올리는 상서(上書)[60]와 같은 것은 모두 준칙으로 삼을 말들로 이루어져 있어 세상 사람들의 본보기가 될 수 있다. 이러한 문장들은 대대로 왕왕 있어왔다. 만일 그것들을 사서에 기재하여 영구히 전하게 한다면, 그런 문장은 삼대(三代)의 문장과 같게 될 것이고, 그러한 사실은 오경(五經)의 사실과 어깨를 나란히 할 수 있을 것이다. 옛날도 지금과 같이 변함이 없이 같았으니,[61] 어찌 멀고 가까운 구분이 있겠는가?(釋 : 이 구절은 또 옛 문장을 대략 들어 기준을 보이고자 하였다. 문장은 반드시 이와 같아야 하며 그런 연후에 사서에 기재되어야 한다고 했다)

蓋山有木, 工則度之. 況擧世文章, 豈無其選, 但苦作者書之不(恐當有

---

뜻을 나타냈다. 때문에 형의 아들의 이름은 묵(默)이고 자는 처정(處靜)이었으며, 또 한 명의 이름은 심(沈)이고 자는 처도(處道)였다. 자기 아들 혼(渾)의 자는 현충(玄冲), 심(深)의 자는 도충(道冲)이었다. 왕창은 문장을 써서 그들을 경계(警戒)하여 말하기를, 너희들이 유가의 가르침을 따르고 도가의 말을 이행하도록 하려고 이름을 지었으니 이름을 돌아보고 뜻을 생각하면서 감히 그 뜻을 어기지 말아야 한다. 속담에 이르기를, 추위를 막는 데는 갖옷을 두껍게 하는 것만 못하고, 비방을 그치는 데는 자신을 닦는 것만 못하다고 했는데 이 말은 믿을 만하다.

58 유향·곡영·조조(晁錯)는 모두 「이체(二體)」편에 보인다. 『후한서』 권63, 「이고전」에, 이고의 자는 자견(子堅)이다. 양가(陽嘉) 2년(133) 땅이 흔들리고 산이 무너지고 불이 나는 이변이 일어나자 공경이 이고를 천거하여 대책을 마련하게 했다. 조서를 내려 또 특별히 당시 세상의 폐단을 묻고 정치를 위해 마땅히 해야 할 바를 물었다. 이고가 그에 답하였다.

59 『송서(宋書)』 권60, 「순백자전」에, 순백자(368-438)는 어사중승(御史中丞) 직에 있었는데 근면하고 조심성이 많으면서도 자기 몸을 돌보지 않고 열심히 한다고 칭찬을 받았다. 조정에는 엄정한 모습으로 임하였으므로 모두가 두려워하였다. 올린 탄핵문이 깊이 꾸짖지 않은 것이 없었고 때로는 조상에까지 그 엄함이 미쳤다. 정성스럽고 바름을 보여주었다.

60 『진서』 권43, 「산도전(山濤傳)」에, 산도(205-283)의 자는 거원(巨源)이다. 무제가 선양(禪讓)을 받아 즉위한 후 이부상서(吏部尙書)가 되어 관리를 선발하면서 모두 인재를 잘 골랐다. 인재 선발에 관한 상주(上奏)에도 각기 제목을 달았는데 당시에는 이를 "산도가 임금에게 아뢰는 문서[山公啓事]"라고 불렀다.

61 역주 : 『장자(莊子)』 「지북유(知北遊)」편에, "공자의 제자 염구(冉求)가 공자에게 묻기를 '제가 어찌 천지가 생겨나기 이전을 알 수 있습니까?'라고 묻자 스승[孔子]께서는 '알 수 있다. 옛날도 지금과 같이 변함이 없이 같았느니라[古猶今也]'고 하셨습니다"라고 하였다.

'皆可'二字)讀耳. 至如詩有韋孟「諷諫」, 賦有趙壹「嫉邪」, 篇(上中下分篇, 故曰'篇')則賈誼「過秦」, 論則班彪「王命」; 張華述箴於女史, 張載題銘於劍閣; 諸葛表主以出師, 王昶書字(舊作'家', 誤)以誡子; 劉向 · 谷永之上疏, 晁錯 · 李固之對策; 荀伯子之彈文,(此所取未允, 其人好訐沽直) 山巨源之啓事 : 此皆言成軌則, 爲世龜鏡. 求諸歷代, 往往而有. 苟書之竹帛, 持以(一作'之')不刊, 則其文可與三代同風, 其事可與『五經』齊列. 古猶今也, 何遠近之有哉?(釋 : 此節又約擧舊文, 以示準的. 言文必似此, 自當登載耳)

## 16-12

옛날 공자가 편찬한 『춘추』에서는 시비(是非)를 가리고 포폄[黜陟]을 드러내 서술하였으므로 적신(賊臣)과 역자(逆子)들이 두려워하였다.[62] 대개 오늘날 사서를 편찬하고 그 책에 당시 사람들의 문장을 기재하면서 만약 쓸데없이 겉만 화려한 문장을 빼고 진실한 것을 골라 기록한다면, 미사여구로 문장을 꾸미는 조그만 기교를 부리는 사람들로[63] 하여금 의(義)를 듣고 즉시 실천에 옮길 수 있게 할 것이다.[64] 이것은 문장이 미혹함으로 흐르는 것을 막는 제방(隄防)이요, 올바른 도리를 견지하는 관건(關鍵)

62 역주 : 『맹자』 「등문공(滕文公)」 하(下)에, 공자가 『춘추』를 완성하니 난신 · 적자들이 두려워하였다고 했다.

63 양웅(揚雄), 『법언(法言)』 「오자(吾子)」에, 어떤 사람이 '선생님께서는 부(賦)를 좋아하셨습니까?'라고 물으니 대답하기를, '어린아이들이 벌레모양이나 전서(篆書)를 조각하는 즉 미사여구로 문장을 꾸미는 조그만 기교에 불과하다'라고 했고. 잠시 뒤에 '장부(丈夫)가 할 일은 아니다'라고 했다.

64 역주 : 『논어』 「술이(述而)」편에, 공자께서 말씀하시기를, '덕이 닦아지지 않는 것과, 학문이 익혀지지 않는 것과 의(義)를 들어도 능히 실천에 옮기지 못하는 것[聞義不能徙]과, 선하지 않음을 능히 고치지 못하는 것이 바로 나의 근심이니라'고 하였다.

인데 무릇 사서를 편찬하는 사람들이 어찌 힘쓰지 않을 수 있겠는가?(釋 : 마지막 구절에서는 여전히 문장의 기재라는 문제로 돌아가서 다른 곳의 문장을 빌려 기재하는 것으로 작자들에게 경고하였다)

昔夫子修『春秋』, 別是非, 申黜陟, 而賊臣逆子懼. 凡今之(一無'之'字)爲史而載文也, 苟能撥浮華, 採貞(一作'眞')實, 亦可使夫雕蟲小技者, 聞義而知徙矣. 此乃禁淫之隄防, 持雅之管轄, 凡爲載削者, 可不務乎?(釋 : 末仍繳歸載者, 轉借載者以警作者)

按 : 앞의 「재언(載言)」편에서 사서 중에 문장을 기재하는 문제를 이끌어 내려 하였다면, 이 「재문(載文)」편에서는 말을 선택하는 기준에 대하여 입론(立論)하였다. 언급한 다섯 가지 잘못의 대부분은 모두 찬탈이 어지럽게 행해지던 아주 짧았던 시기의 문자를 명확하게 표현하였다는 점에서 확실히 '음란한 풍조를 막는 제방(隄防)이요 올바른 도리를 견지하는 관건'이었다. 그는 가의(賈誼)와 반표(班彪) 등의 저작을 다시 서사(敍事)와 따로 떼어 비판하지 않고도 앞에서 말한 내용에 있는 빠진 부분을 충분히 보완하였다. 저서가(著書家)들이 서로의 문제를 해결하자면 이 내용을 보아야 한다.(前之「載言」, 欲掣出篇文; 此之「載文」, 就擇言著論. 五失大半皆篡亂褊小時文字, 標而出之, 信'禁淫之隄防, 持雅之管轄'也. 其於賈·班諸人之作, 不復以隔越敍事爲言, 足可彌縫前語之隙. 著書家參互相救, 視諸此矣)

당(唐)은 중서성(中書省)을 설치하고, 송(宋)은 내·외의 제도를 두었으니 대개 군왕의 언론은 모두 관방(官方)이 관장하였으므로 '남의 손을 빌린다(假手)'는 조항을 융통성 없이 보아서는 안 된다. 그렇지만 이 부분을 읽는 것 역시 제왕의 고칙문(誥敕文)[訓詞]이 되어 고상하고 바른 잠언(箴言)이 되기에 충분하다.(唐置中書省, 宋設內外制, 大抵王言胥歸官掌, '假手'一條不可泥. 然讀此亦足當訓詞爾雅之箴)

나는 다섯 가지 잘못을 읽고 크게 부끄러웠다. 일찍이 사재(史材)를 두루 구하여 읽으면서 무릇 구석(九錫)·선대(禪代)에 관한 문장이나 군왕의 격고(檄誥)와 신하의 양언(颺言)에 보이는 좋은 구절을 모아 갑작스런 필요에 대비하는 것이야말로 쓸데없이 시간을 보내지 않는 것이라 여겼다. 그러나 이와 같은 학문을 옛사람들은 비루하게 여겨 돌아갈 곳을 모르고 이리저리 헤맨다[流宕]고 일컬었다. 정이천(程伊川)이 쓸데없는 것을 가지고 노는데 정신이 팔려 소중한 자기 본심을 잃는다[玩物喪志]고 한 꾸짖음 역시 사서를 읽으면서 말을 선택할 줄 모르는 사람들이 미땅히 경계로 삼아야 할 것이다.(余讀五失而悪然也, 間嘗泛濫史材, 凡九錫禪代之文, 檄誥颺言之作, 撮其豔句, 用備荒穀, 以爲不虛度矣. 而此種學問, 古人鄙之, 謂之流宕. 伊川玩物喪志之訶, 亦爲讀史不知擇言者戒與!)

# 「보주(補注)」 제17

일반적으로 자의(字義)를 해석하여 경의(經義)를 밝히는 것을 중요한 내용으로 하는 경서에 대한 주석과 기왕의 사서에 누락되거나 분명하지 않은 내용을 새로운 자료의 수집을 통해 보완하는 것을 목적으로 하는 사서에 대한 주석[史注]은 그 형식이나 내용상 서로 구분된다. 이 「보주(補注)」편[1]에서는 주로 사서에 대한 주석을 다루고 있다. 유지기는 삼사(三史)에 대한 '훈고' 중심의 주석은 후세의 학자들을 가르쳐 인도하고 선인(先人)들의 함의를 밝혀 고금으로 전해주는 긍정적인 기능을 하고 있었지만, 이후 소서(小書)와 잡기(雜記) 그리고 각 사서에 대한 주석은 그렇지 못하였다고 지적하였다. 따라서 유지기는 그러한 사주(史注)의 형식을 세 가지로 구분하였다. 첫째는 경전과는 다른 역사의 전기(傳記)와 인물들의 잡기(雜記)에 대한 주석으로서, 이들 주는 꾸미기만 하고 알맹이

1 역주 : 「보주」편의 위치가 본래 「재문(載文)」편과 「인습(因習)」편 사이가 아닐 것이라는 기윤(紀昀)과 포기룡의 의견을 정천범(程千帆)은 동의하고 있다. 程千帆, 『史通箋記』, p.89 참조.

가 없는 말과 아름다운 글자로 문장을 나열하면서 사정의 경과에 대해 상세히 서술한 내용을 깨알같이 주석에 쓰고 있어서 유사(儒士)들과 달랐다고 했다. 둘째는 여러 사서들 가운데 서로 다른 관점들을 정리하여 옛 사람들의 책 중에서 빠진 것을 보충하는 것으로써, 주로 다른 사람의 작업을 이용하였다고 했다. 셋째는 번잡한 내용들에 대한 작은 주[子注]를 다는 것 등이라고 하였다. 유지기는 전반적으로 이러한 사주(史注)에 대하여는 그다지 긍정적이지 않았다. 따라서 배송지(裴松之)의 『삼국지』 주, 육징(陸澄)의 『한서』 주, 유소(劉昭)의 범엽의 『후한서』보주, 유효표(劉孝標)의 『세설신어』 주 등의 사례를 들어 그 문제점을 지적하였다. 그 이후 소대환(蕭大圜)과 양현지(羊衒之), 왕소(王劭)와 송효왕(宋孝王)의 경우도 비판하였다. 결론적으로 유지기는 사서를 편찬하고, 주석가들은 다른 사람의 책에 근거하여 주석을 하거나 또는 스스로 새로운 전례를 만들기 때문에 그 기록이 끝이 없고 엄밀한 체례가 확립되지 않아 일가(一家)의 본보기가 될만한 말이나 오랜 세월 본받을만한 모범이 되기 어려우므로 주석가들은 이를 더욱 상세히 살펴야 한다고 주장하였다.

## 17-1

옛날 『시경(詩經)』과 『상서(尙書)』가 쓰여지고 난 다음에 모씨(毛氏)[2]와

2 역주 : 모씨(毛氏)의 전(傳)이란 『시경』의 『모시훈고전(毛詩訓詁傳)』을 가리킨다. 한대에 전습(傳習)된 『시경』은 제(齊)나라 사람 원고생(轅固生), 노(魯)나라 사람 신배(申培), 연(燕)나라 사람 한영(韓嬰), 그리고 모씨의 전(傳)이 있었다. 모씨가 전한 것을 『모시(毛詩)』라고 하였는데, 『한서예문지』에는 『모시(毛詩)』 29권, 『모시훈고전(毛詩訓詁傳)』 30권이라고 했고, 작자는 모공(毛公)이라고 했을 뿐 이름을 기재하지 않았다. 『한서』 권88, 「유림전(儒林傳)」에, 모공(毛公)은 조(趙)나라 사람이다. 『시경』에 능했으며 하간헌왕(河間獻王)의 박사가 되었다고 했다. 정현(鄭玄)의 『모시보(毛詩譜)』에, 노나라 사람 대모공(大毛公)이 『훈고전』을 지었고 하간헌왕이 이를 얻어 조정에 바

공안국(孔安國)[3]이 각각 '전(傳)'을 지었다. 당시에 있어서 '전'의 함의(含義)는 훈고(訓詁)가 중심이었고, 『춘추』의 '전(傳)'처럼 역시 경문(經文)에 배합되어 세상에 유행되었다. 중고(中古)시기에 이르러서야 비로소 '전'에 이름을 붙여 '주(注)'라고 하였다. 대개 '전(傳)'은 멈추지 않고 구른다[轉]는 뜻으로써 무궁하게 전해준다는 의미이고,[4] '주(注)'는 흘러간다는 뜻으로써 막힘없이 흘러 통하게 한다는 의미이다. 말하자면 이 두 가지 명칭의 목적은 일치한다.(釋 : 먼저 훈고 체례의 기원을 살펴 명칭은 다르지만 뜻은 하나라고 했다) 예컨대 한영(韓嬰)·대덕(戴德)·대성(戴聖)·복건(服虔)·정현(鄭玄)은 『육경(六經)』의 덕을 깊이 연구하여 주를 달았고,[5] 배인(裴駰)·이

---

쳤으며, 소모공(小毛公)이 박사가 되었다고 했다. 대모공은 노나라 사람 모형(毛亨), 소모공은 조나라 사람 모장(毛萇)을 각각 일컫는다고 하지만, 확실하지 않다. 후일 정현이 『모시』의 뜻을 해석한 '전(箋)'을 쓴 이래 『모시』가 광범위하게 읽혀지고 나머지는 점차 쇠미하여 현재는 『모시』만 전한다.

3 역주 : 「육가(六家)」편 『춘추』가에 관한 설명과 주)7 참조.

4 역주 : 『문심조룡』 「사전(史傳)」편에, "'전(傳)'의 말뜻은 '전(轉)'이다. 다시 말해 공자가 『춘추』에서 의도했던 뜻을 물려받아 그것을 후세 사람들에게 전한다는 의미인 것이다. 그러므로 전(傳)은 실로 성인의 경서와 함께 읽을 만한 보조물이며, 또한 모든 기록된 사적들의 으뜸이다"라고 했다.

5 『한서』 권88, 「유림전」에, 한영(韓嬰)은 연(燕)나라 사람이다. 한 효문제(孝文帝)때 박사로 있었다. 그는 원래의 시인들이 『시(詩)』를 쓴 취지를 추리하여 내·외전 수만 언(言)을 지었다. 『한서예문지』에는 『한내전(韓內傳)』 4권, 『한외전(韓外傳)』 6권이라 했다. 『내전』은 이미 유실되었고 『외전』은 현재 10권이 전한다. 또 『후창곡대기(后蒼曲臺記)』에 양(梁) 대덕(戴德, 자는 延君)과 대성(戴聖, 자는 次君)에게 전했는데, 대덕은 '대대(大戴)', 대성은 '소대(小戴)'라고 불렀다. 박사로써 석거(石渠)의 논의에 참가하였다. 이들은 각각 『대대예기(大戴禮記)』 85편, 『소대예기(小戴禮記)』 49편을 지었다. 『한서』 권79하, 「유림전」에, 복건(服虔)의 자는 자신(子愼)이고 형양(滎陽) 사람이다. 『춘추좌씨전해(春秋左氏傳解)』를 지었고, 또 『좌전』을 가지고 하휴(何休)가 논박한 내용을 다시 비판하였다. 『후한서』 권35, 「정현전(鄭玄傳)」에, 정현의 자는 강성(康成)이고 고밀(高密) 사람이다. 『역』·『서』·『시』·『의례(儀禮)』·『예기』·『논어』·『효경』·『상서대전(尙書大傳)』 등을 주석하였고, 또 『예체협의(禮禘祫義)』·『육예론(六藝論)』·『모시보(毛詩譜)』 등을 지었는데 모두 백만여 언(言)이나 되었다. 정흥(鄭興) 부자(父子)전에, 정흥의 자는 소공(少贛)이고, 개봉(開封) 사람이다. 어려서 『공양(公羊)』을 배우고 더욱이 『좌전』·『주관(周官)』 등에 밝았다. 두림(杜林)·환담(桓譚)·위굉(衛宏) 등의 학문에도 능통하였다. 아들 정중(鄭衆)은 자가 중사(仲師)인데, 아버지 정흥에게서 『좌씨춘추』를 배워 「난기조례(難記條例)」를 지었다. 『역』과 『시』에도 능

비(李斐)·이기(李奇)·응소(應劭)·진작(晉灼)은 『삼사(三史)』를 새겨 읽으며 의미를 설명하여,[6] 후세의 학자들을 가르쳐 인도하고 선인(先人)들의 함의를 밝혀 고금으로 전해주고 있으니, 이를 일컬어 유종(儒宗)이라 한다. (釋 : 이 구절은 경전에 주(注)를 다는 사람들을 설명하고 아울러 사서에 주를 다는 사람들을 함께 설명하고 있다. ○유종(儒宗)이란 즉 훈고를 위주로 한다는 뜻이고, 주를 다는 사람들이 정통으로 여기는 체례이다)

昔『詩』·『書』旣成, 而毛·孔立傳. 傳之時義, 以訓詁爲主, 亦猶『春秋』之傳, 配經而行也. 降及中古, 始名傳曰注. 蓋傳者轉也, 轉授於無窮; 注者流也, 流通而靡絶. 進(一作'惟')此二名, 其歸一揆.(釋 : 首原訓詁之體, 名殊義一) 如韓·戴·服·鄭, 鑽仰『六經』, 裴·李·應·晉, 訓解『三史』, 開導後學, 發明先義, 古今傳授, 是曰儒宗.(釋 : 此節擧注經之家, 陪注史之家. ○儒宗者, 卽訓詁爲主之意, 是注家正體也)

---

통하였다. 대사농(大司農)이 되어 『춘추산(春秋刪)』 19편을 지었다.

6 배인(裴駰), 『사기집해(史記集解)』 「서주(敍注)」에, 『사기색은(史記索隱)』에 이르기를, 배인의 자는 용구(龍駒)이고, 배송지의 아들이다. 남조 송(宋)나라에서 병조참군(兵曹參軍)을 지냈다고 했고, 『사기정의(史記正義)』에 이르기를, 배인은 경사와 여러 책의 편목을 수집하여 『사기』에 주를 달았다고 했다. 안사고(顔師古)의 『한서주(漢書注)』 「서례(敍例)」에는 이비(李斐)는 어느 지방 출신인지 분명하지 않다고 했고, 이기(李奇)는 남양(南陽) 사람이고, 응소(應劭)는 후한의 태산태수(太山太守)를 지냈고 『한기주(漢紀注)』 30권·『한서집해(漢書集解)』 5권·『한서집해음의(漢書集解音義)』 24권을 지었다. 진작(晉灼)은 하남(河南) 사람으로 진(晉)의 상서랑(尙書郞)을 지냈다고 했다. 『한서집해』 13권, 『한서음의』 17권을 지었지만 모두 유실되었다. 역주 : '삼사(三史)'란 『사기』·『한서』·『동관한기』를 가리키지만 유지기는 그 중 『동관한기』를 주석한 경우를 소개하지는 않았다. 따라서 '삼사'란 '육경'에 대응하는 의미로 사용된 것이기도 하다. '삼사'에 대한 자세한 논의는 程千帆, 『史通箋記』, pp.89-90 참조.

## 17-2

그 뒤 (경전과는 다른) 역사의 잡문(雜文)[小書]과 인물들의 잡기(雜記)에 대한 주석이 있다. 예컨대 지우(摯虞)의 『삼보결록(三輔決錄)』 주(注),[7] 진수(陳壽)의 『계한보신찬(季漢輔臣贊)』 주,[8] 주처(周處)의 『양선풍토기(陽羨風土記)』 주,[9] 상거(常璩)의 『화양사녀(華陽士女)』 주[10] 등이 있다. 알맹이가 없는 미사여구를 문장에 나열하고, 사정의 경과에 대해 상세히 서술한 내용을 아주 작은 글씨로 주석에 쓰고 있다.[11] 이러한 주석은 유사(儒士)들

---

7 지우가 주석을 붙인 한(漢) 태복(太僕) 조기(趙岐)가 지은 『삼보결록』은 「서지(書志)」 편에 보인다. 역주 : 『진서(晉書)』 권51, 「지우전(摯虞傳)」에, 지우는 자가 중흡(仲洽)이고, 경조(京兆) 장안 사람이다. 어려서 황보밀(皇甫謐)에게서 공부를 배웠다. 재주와 학식이 뛰어났고 저술에도 부지런했다. …… 지우는 『문장지(文章志)』 4권을 편찬하였고, 『삼보결록』에 주해를 붙였으며, 또 옛 문장을 편찬하여 각 유별로 모아 구분하여 30권으로 하고 이름을 『유별집(流別集)』이라 하였는데 문장의 의리가 합당하다고 하여 사람들에게 중시되었다고 했다.

8 『삼국지』 권45, 「촉지」 「양희전」에, "양희는 『계한보신찬』을 지었다. 그가 칭송하여 서술한 자는 지금 대부분 「촉서」에 실려 있다. 양희가 찬(贊)을 붙인 사람으로 현재 전(傳)이 만들어지지 않은 사람은 내가[陳壽] 모두 양희의 찬사 아래 그들의 이력을 주소(注疏)한다"라고 했다.

9 「서지(書志)」편 주 참조. 역주 : 『수서경적지』 「사부(史部)」 "지리(地理)"에, 『풍토기(風土記)』 3권, 진(晉)의 평서장군(平西將軍) 주처(周處)가 편찬했다고 했다. 이 책의 본문과 주(注)의 관계가 어떠한 지는 분명하지 않다.

10 송 여대방(呂大方)의 『화양국지』 「서(序)」에, 진(晉)의 상거는 『화양국지』를 지었다. 전한으로부터 진초(晉初)에 이르기까지 400여 년 동안 사녀(士女) 중 기록할 만한 400인을 수록하였다. 역주 : 상거는 자가 도장(道將)이고 촉군(蜀郡) 강원(江原) 사람이다. 일찍이 16국 성한(成漢)정권에서 산기상시(散騎常侍)로 있으면서 『촉리서(蜀李書)』·『화양국지』 등을 저술하였다. 『화양국지』는 현재 남아 있는 중국 최초의 사천·운남·귀주 등 지역의 당시 상황을 기록한 책으로 사료적 가치가 높다. 그 중 현재 전하는 「선현사녀총찬론(先賢士女總贊論)」과 익(益)·양(梁)·영(寧) 3개 주의 사녀(士女)목록은 대개 후세사람들이 보충한 것이기 때문에 원본에 그러한 주석이 있었는지는 알 수 없다.

11 역주 : 이상의 주(注) 가운데 지우와 진수의 주는 다른 사람의 저작에 대한 주이고, 주처와 상거의 주는 자신이 수집한 자료를 인용하여 서술하는 과정에서 붙인 자주(自注)의 형식이다. 이들 주석과 관련한 자세한 언급은 趙呂甫, 『史通新校注』, pp.325-326 참조.

과 달랐다.(釋 : 이 구절은 사주(史注)류부터 설명하면서, 유사(儒士)들의 주석과 다른 것은 본문 외에 다시 사실의 단서를 더하여 보완하는 것으로써 주석의 변체(變體)라고 했다. ○이상의 예로써 전체 국면을 이끌었다)

旣而史傳小書, 人物雜記, 若摯虞(一作'趙岐')之『三輔決錄』, 陳壽之『季漢輔臣』, 周處之『陽羨風土』,(舊二字倒) 常璩之『華陽士女』; 文言美辭列於章句, 委曲敍事存於細書. 此之注釋, 異大儒士者矣.(釋 : 此節入史注類, 異夫儒士者, 於本文外增補事緖, 是注家之變體. ○已上標擧領局)

## 17-3

다음으로 호사가(好事家)들이 있어 새롭고 기이한 이야기들을 더하려 하였지만 재주가 짧고 능력이 보잘것없어 스스로 목적을 달성할 수 없으므로, 현인의 뛰어난 재능에 의지하여 다른 사람들보다 뛰어나보려고 하였다.[12] 그리하여 여러 사서(史書)들 가운데 서로 다른 이야기들을 모아 이전의 책 중에서 빠진 것을 보충하였다. 예컨대 배송지(裴松之)의 『삼국지(三國志)』 주(注),[13] 육징(陸澄)의 『한서(漢書)』 주,[14] 유소(劉昭)의 『후한서

12 역주 : 『사기』 권61, 「백이열전(伯夷列傳)」에, "안연(顔淵)이 깊이 학문을 좋아하였지만, 천리마의 꼬리에 붙어 그 덕행이 더욱 드러났다[附驥尾而行益顯]"고 했다. 여기서 '천리마[驥]'란 현인을 가리킨다. 또 왕포(王褒), 「사자강덕론(四子講德論)」(『문선』 권51 所收)에, 모기와 등애[蚊虻]는 하루 종일 날라 다녀도 계단이나 동서의 담벽을 넘어서지 못하지만, 천리마의 꼬리에 붙어 천리를 갈 수 있다[蚊虻終日經營, 不能越階序, 附驥尾則涉千里]고 했다.

13 『송서』 권64, 「배송지전」에, "배송지의 자(字)는 세기(世期)이고 중서시랑(中書侍郎)을 지냈다. 황제가 그에게 진수의 『삼국지』를 주석하도록 하였다. 배송지가 표를 올려 이르기를, '수많은 일들은 다양한 표현으로 문장을 이루고, 꿀은 많은 꽃들로부터 얻었기에 맛이 나는 것입니다. 그런데도 신은 완고하고 부족한 것이 많아 두루 갖춘 것이 없음을 부끄럽게 여깁니다'라고 했다. 按 : 배송지의 자 '세기(世期)'를 『사

(後漢書)』 주와 유동(劉彤)의 『진기(晉紀)』 주,[15] 유효표(劉孝標)의 『세설신어(世說新語)』 주[16] 등이 바로 그러하다.(釋 : 이 구절은 사서(史書)에 주를 단 삼가(三家)와 설부(說部)에 주를 단 일가(一家)를 열거하였다. 이하 뒤에 이와 관련한 논단이 있다. ○사서를 설명하면서 따로 『세설신어』를 언급하고 있는데 유효표의 능력이 사주(史注)를 능히 할 수 있는데도 그 능력을 작게 사용한 것을 안타깝게 생각했다. 뒷 문장의 논단을 보면 알게 될 것이다)

次有好事之子, 思廣異聞, 而才短力微, 不能自達, 庶憑驥尾, 千里絶群, 遂乃掇衆史之異辭, 補前書之所闕. 若裴松之『三國志』, 陸澄·劉昭『兩漢書』, 劉彤『晉紀』, 劉孝標『世說』之類是也.(釋 : 此節列史注三家, 說部注一家. 自此以下, 後有論斷. ○於述史處別出『世說』者, 謂孝標才堪注史, 而惜其小用之也. 觀後文論斷, 自分曉)

---

통』에서는 소기(少期)라 하였다. 황숙림(黃叔琳)의 『사통훈고보(史通訓故補)』에서는 당 태종을 피휘하였기 때문이라 했다.

14 「서지(書志)」편의 주에 보인다. 『수서경적지』 「사부(史部)」 "정사(正史)"에, 『한서주(漢書注)』 1권, 제(齊) 금자광록대부(金紫光祿大夫) 육징(425-495)이 편찬했다고 했다. 『곤학기문(困學紀聞)』에, 그 책은 전하지 않는다고 했다.

15 『남사』 권72, 「문학전」에, 유소는 자가 선경(宣卿)이다. 임천왕기실(臨川王記室)을 지냈다. 처음에, 유소의 백부(伯父) 유동(劉彤)이 여러 사람의 『진서(晉書)』를 수집하여 간보(干寶)의 『진기』에 대한 주를 달았는데 모두 40권이다. 유소는 후한의 역사와 관련한 자료를 수집하여 범엽의 『후한서』에 주를 달았는데 세상에서는 그 주가 광범위하면서도 빠짐이 없다고 칭찬했다. 모두 180권이다.

16 『세설신어』는 「육가(六家)」편 '상서가(尙書家)'의 주에 보인다. 『양서(梁書)』 권50, 「문학전」 하에, 유준(劉峻)의 자는 효표(孝標)이다. 형주(荊州) 호조참군(戶曹參軍)을 지냈다. 고조가 문학지사(文學之士)를 불렀을 때 유준은 세속을 그대로 따르지 않았기 때문에 임용되지 않았다고 했다. 고사손(高似孫)의 『위략(魏略)』에, 유효표가 『세설신어』에 주를 달면서 한(漢)·위(魏)의 여러 사서를 이용하였는데 예컨대 진대(晉代)만 하더라도 모두 167가(家)나 되었다. 모두 정사 이외의 자료들이라 했다.

## 17-4

또한 어떤 이는 사신(史臣)이 되어 직접 사서를 고치고 보완하고자 한다. 그러나 비록 그 뜻이 모든 사물을 널리 알고자 하는데 있다고 하더라도, 조리 있게 그 차례를 정리하는 능력이 없기 때문에 번삽한 부분을 제거하고자 해도 의미가 통하지 않고, 모든 것을 다 기재하자니 관점이 모순되는 바 있으므로, 결국은 덤불처럼 번잡한 내용들을 작은 주[子注]로 나열하였다.(주가 글줄의 중간에 나열되어 마치 자식이 어미를 따르는 것과 같다)[17] 예컨대 소대환(蕭大圜)의 『회해난리지(淮海亂離志)』,[18] 양현지(羊衒之)의 『낙양가람기(洛陽伽藍記)』,[19] 송효왕(宋孝王)의 『관동풍속전(關東風俗傳)』,[20] 왕소(王劭)의 『제지(齊志)』[21] 같은 것이 바로 그러하다.(釋 : 이 구절에서는 사관으로

17 역주 : '자주(子注)'에 대한 자세한 설명은 程千帆, 『史通箋記』, pp.92-93 참조.

18 『북주서(北周書)』 권42, 「소대환전」에, 대환의 자는 인현(仁顯)이고 양(梁) 간문제(簡文帝)의 아들이다. 장안에 머물러 있을 때 태조가 인지전(麟趾殿)을 열어 학사(學士)들을 불러 모았고 대환도 참여하였다고 했다. 『수서경적지』 「사부」 "고사(古史)"에, 『회해난리지』 4권, 소세이(蕭世怡)가 편찬했고, 양말 후경(侯景)의 난을 서술하였다고 했다. 『신 · 구당서경적지』에는 모두 소대환이 편찬했다고 했는데 그렇다면 세이(世怡)는 누구란 말인가? 按 : 소대환의 열전에는 이 책이름이 없으며, 각 지(志)에도 주(注)에 대한 언급이 없다.

19 「서지(書志)」편의 주에 보인다. 按 : 『낙양가람기』의 서(序)에, 나는 재주가 저술에 맞지 않아 많은 부분이 누락되었다. 후일 군자들이 그 모자람을 상세하게 보완하기 바란다고 했는데, 마찬가지로 주(注)에 대한 언급이 없다.

20 역주 : 「서지(書志)」편의 '예문지(藝文志)' 주)50 참조.

21 역주 : 「육가(六家)」편의 '상서가(尙書家)' 주에 보인다. 『북사』 권35, 「왕혜룡전(王慧龍傳)」에 부록된 「왕소전(王劭傳)」에, 수문제(隋文帝)가 저작좌랑에 임명하였다. 후에 비서소감(秘書小監)으로 옮겨 그 벼슬에서 죽었다. 저작랑으로 재직하던 20년간 오로지 국사를 관장하여 『수서(隋書)』 80권을 편찬하였다. 처음에 편찬한 『제지(齊志)』는 편년체로서 20권이고, 다시 『제서기전(齊書紀傳)』 100권과 『평적기(平賊記)』 3권을 썼다. 그리고 경사(經史)의 오류를 질책하기 위하여 『독서기(讀書記)』 30권을 썼는데 당시 사람들이 그의 정교하고 해박함에 탄복하였다고 하였다. 책은 모두 유실되었고, 『제지』의 경우 왕소 스스로 붙인 주(注)가 있었는지 아니면 후세 사람의 주가 있었는지는 지금 알 수 없다. 『수서경적지』 「사부(史部)」 "고사(古史)"에, 『제지』

있으면서 잡록(雜錄)을 저술하고 또 다시 주를 다는 것에 대하여 말하고 있다. 뒤에 역시 이와 관련한 논단이 있다)

亦有躬爲史臣, 手自刊補, 雖志存該博, 而才闕倫敍, 除煩則意有所吝, 畢載則言有所妨, 遂乃定彼榛楛, 列爲子注.(注列行中, 如子從母) 若蕭大圜『淮海亂離志』, 羊衒之『洛陽伽藍記』, 宋孝王『關東風俗傳』, 王劭『齊志』之類是也.(釋 : 此節是官居史職, 而著爲雜錄, 又復加注者. 後亦有論斷)

## 17-5

앞에서 거론한 여러 주석서의 득실을 자세히 살펴보고 그들의 이해(利害)를 따져보면, 배송지[少期][22]는 『삼국지(三國志)』에 주(注)를 달아 진수(陳壽)[承祚]가 빠뜨린 부분을 널리 보완하였지만, 오히려 서로 다른 각종 이야기들을 모으기를 좋아하여 필요 없는 내용이나 잘못된 것을 바로잡지 못하고 서로 모순되는 대로 내버려두어 더욱 번잡해지고 말았다.[23] 그가

---

10권은 후제(後齊)의 일을 기록했다. 왕소가 편찬하였다고 했다. 『수서』 권69에도 왕소의 열전이 있다.

22 역주 : 배송지의 자 세기(世期)를 소기(少期)라 한 것은 이 편 포기룡의 안문(按文)에서 언급한 바와 같이 당 태종 이세민(李世民)의 '세(世)'자를 피휘한 것이다.

23 역주 : 청대 사고관(四庫館)의 신(臣)은 배송지의 주를 평론하면서 여섯 가지로 요약하고 있다. 즉 첫째, 여러 사람들의 의론을 인용하여 시비를 가려낸다. 둘째, 여러 책들의 주장을 참고하여 잘못되고 상이한 부분을 밝힌다. 셋째, 전해지는 모든 사실과 관련하여 왜곡된 부분을 상세히 한다. 넷째, 기록되지 않은 사실을 전하기 위해 누락되거나 없어진 것을 보완한다. 다섯째, 전해지는 모든 사람에 대해서는 그 생애를 자세히 한다. 여섯째, 전하는 것이 없는 사람은 동류(同類)에 부록으로 기록한다고 하였다. 그러나 왕왕 기이한 것과 박식함을 좋아하여 무잡(蕪雜)함에 빠졌다고 했고, 처음 의도한 바는 응소(應劭)의 『한서』 주(注)처럼 훈고를 고구(考究)하여 과거에 실제 사실을 인증하려 하였지만 끝내 이루지 못하였고, 내용의 상략과 유무에 있어서 체례가 불순(不純)하였다고 했다.(『사고전서총목제요(四庫全書總目提要)』 권45, 「사

책을 편찬한 다음 조정에 바친 표(表)를 보면 스스로 꿀벌이 꿀을 모으기 위해 온갖 꽃을 채집하는 것에 비유하였지만,[24] 실재로는 달고 쓴 것을 구별하지 않고 모으다 보니 그 맛이 '평실(萍實)'처럼 단맛을 내기는 어려웠다.[25](釋 : 이상에서는 배송지의 『삼국지』 주(注)를 논하였다) 육징(陸澄)은 반고의 『한서』에 주를 달면서 대부분 사마천의 『사기』를 인용하였는데, 이쪽에서 한마디가 모자라면 저쪽에서 절반을 가져다가 덧붙이는 식으로 그 모두를 모아 주를 만들다보니 서로 다른 이야기들을 내세움으로써 사람들을 혼란스럽게 하여 펼쳐보기가 어려웠다.(釋 : 이상에서는 육징의 『전한서(前漢書)』 주를 논하였다) 나는 범엽이 정리한 『후한서』는 간략하면서도 사실을 두루 상세하게 담고 있고, 소략하면서도 빠뜨린 것이 없는 특징을 갖추었다고 생각한다. 그러나 유소(劉昭)는 범엽이 버린 자료들을 수집하여 보주(補注)로 삼았는데 그 내용들이 모두 중요하지 않은 것이었고, 사실 또한 모두 필요하지 않은 것들이었다.[26] 비유하자면 어떤 사람이 뱉어낸 과일 씨나 내다 버린 약 찌꺼기를 어리석은 사람이 다시 그것들을 주어다가 깨끗이 손질하여 남에게 주면서 그것을 아주 좋은 것이라고 하는 것과 같아 그의 무식함을 더 드러내는 것이 된다.(釋 : 이상에서는 유소의 『후한서』 주를 논하였다. ○전례대로 한다면 이어서 당연히 유동(劉彤)의 『진기(晉紀)』 주에 대한 논단이 있어야 하지만 현재는 누락되고 없다) 유효표(劉孝標)는 잘못을 바로잡는데 능하며 박식할 뿐만 아니라 정교(精巧)하여, '천어(泉魚)'를 정확하게 관찰하고, '하시(河豕)'의 의미를 가려낼 정도였다.[27]

---

부(史部)」「정사류(正史類)」)

24 역주 : 현행본 『삼국지』에 부록 되어 있는 「상삼국지주표(上三國志注表)」에 보이는 문장이다.

25 『공자가어(孔子家語)』「치사(致思)」편에, 공자가 말하기를, '내가 들은 동요(童謠)에, 초왕(楚王)이 강을 건널 때 강에서 '평실(萍實)'을 얻었는데 크기는 콩과 같고 붉기는 해와 같았다. 갈라서 먹어보니 달기가 꿀과 같았다'라고 했다.

26 역주 : 이와 관련한 홍이훤(洪頤煊) · 전대흔(錢大昕) 등의 견해에 대하여는 程千帆, 『史通箋記』, p.96 참조.

27 역주 : 『한비자』「설림(說林)」편에, 옛말에 '깊은 못 속에 숨어 있는 고기[淵中之魚]를

오호라! 그의 뛰어난 재주와 학식으로 충분히 원대(遠大)한 일을 감당할 수 있었는데도 오히려 사마표(司馬彪)나 화교(華嶠)의 숨겨진 깊은 뜻을 살피거나 반고와 사마천이 남겨 놓은 좋은 내용을 망라하지도 못하고, 오히려 항간에 떠돌아다니는 자질구레하고 천박한 말에 뜻을 두고 속된 단서(短書)[28]에만 마음을 쓰고 있으니, 아무리 노력해도 성과가 없고 지면을 늘려 쓴다 해도 합당한 것이 없다고 할 수 있다.(이상에서는 유효표의 『세설신어』 주를 논했다) 이후부터 그러한 잘못은 더욱 심해졌다. 예컨대 소대환(蕭大圜)과 양현지(羊衒之)(옛날에는 양(楊)이라 잘못 썼다)[29]는 자질구레하고 번잡하였으며, 왕소(王劭)와 송효왕(宋孝王)은 상스럽고 보잘것없으므로 사용한 언어는 모래를 헤쳐 찾아낸 금과 달랐으며,[30] 기록된 사실들은 계륵(鷄肋)과 같아,[31] 체례는 달랐지만 결점은 마찬가지이니 어떻게 말

---

알려고 하는 것은 불길하다'는 말이 있다. …… 그러나 사람이 입 밖에 말하지 않고 숨기고 있는 일을 지적하는 것은 큰 죄가 되는 것이라고 했다. 유지기는 이 '연(淵)'자를 당 고조 이연(李淵)을 피휘하여 '천(泉)'자로 고쳤다. 그리고 『여씨춘추』「찰전(察傳)」편에, 자하(子夏)가 진(晉)으로 가는 도중 위(衛)를 지나는데, 사서의 기록[史記]을 읽은 사람이 말하기를, '진(晉)의 군대 삼시(三豕)가 황하를 건넜다'라고 하자, 자하가 말하기를, '틀렸다' '삼시'가 아니라 '기해(己亥)'이다. 무릇 '기(己)'의 고대 문자 형태가 '삼(三)'자와 비슷하고, '시(豕)'자는 '해(亥)'자와 유사하였다. 진(晉)에 이르러 물어보니, 곧 '진의 군대가 기해(己亥)에 황하를 건넜다'라고 하였다. 이 두 사례는 모두 사물에 대한 관찰에 깊이가 있음을 비유한 것이다.

28 역주 : 『논형(論衡)』「사단(謝短)」편에, 한(漢) 왕조의 사실은 경서(經書)에 기재되어 있지 않다. 일반서적[尺籍短書]이 작은 도리에 가깝지만 가령 그에 대하여 알고 있다고 해도 유자들이 귀한 것으로 여기지 않았다고 했다. 한대에는 유가의 경서를 쓸 때에는 2척(尺)4촌(寸)의 죽간을 사용하였고, 그 외의 서적은 1척(尺) 전후의 죽간을 사용한 것에서 유래된 말이다. 보다 구체적인 내용은 趙呂甫, 『史通新校注』, pp.329-330 주)55 참조.

29 역주 : 양현지의 성(姓)을 일반적으로는 양(楊) 혹은 양(羊)이라 하지만, 『위서(魏書)』와 『북사(北史)』에는 열전이 보이지 않고, 『광홍명집(廣弘明集)』 권6에, 양현지(陽衒之)는 북평(北平)사람으로 『낙양가람기』를 지었다고 했다. 북조시대에 문학으로 유명한 사람 중에 북평 양씨(陽氏)가 많으므로 양현지(陽衒之)라고 해야 하고, 유지기가 양현지(羊衒之)라 한 것은 전사(傳寫)과정에서의 잘못이라 했다. 趙呂甫, 『史通新校注』, p.330 주)57 참조.

30 역주 : 『세설신어』「문학(文學)」편에, (손작(孫綽)이 이르기를) "육기(陸機)의 문장은 마치 모래를 헤쳐 금을 찾는 것처럼[若排沙簡金] 종종 보석이 보인다"라고 했다.

로 다할 수 있겠는가?(釋 : 이상에서는 소대환(蕭大圜) · 양현지(羊衒之) · 왕소(王劭) · 송효왕(宋孝王) 등 네 사람의 잡지(雜志)를 논하였다) 대저 사서를 편찬하고 주석을 다는 사람들은 혹은 다른 사람의 책에 근거하여 주석을 하거나(문장의 내용에 의거하여 훈석(訓釋)하는 것) 혹은 스스로 새로운 전례를 만들기 때문에,(별도로 의견을 내는 것이다) 그 기록이 끝이 없고 엄밀한 체례가 확립되지 않았으니 일가(一家)의 본보기가 될만한 말이나 천년의 모범이 되기 어렵다. 모든 주석가(注釋家)들이 이를 상세히 살피지 않을 수 있겠는가?(釋 : 이 구절로 총괄하였다)

權其得失, 求其利害, 少期(松之字)集注『國志』, 以廣承祚所遺, 而喜聚異同, 不加刊定, 恣其擊難, 坐長煩蕪. 觀其書成表獻, 自比蜜蜂兼採, 但甘苦不分, 難以味同萍實者矣.(釋 : 此論松之之注『三國』) 陸澄所注班史, 多引司馬遷之書, 若此缺一言, 彼增半句, 皆採摘成注, 標爲異說, 有昏耳目, 難爲披(一作'搜')覽.(釋 : 此論陸澄之注『前漢』) 竊惟范曄之刪『後漢』也, 簡而且周, 疏而不漏, 蓋云備矣. 而劉昭採其所捐, 以爲補注, 言盡非要, 事皆不急. 譬夫人有吐果之核, 棄藥之滓, 而愚者乃重加捃拾, 潔以登薦, 持此爲工, 多見其無識也.(釋 : 此論劉昭之注『後漢』. ○依前所列, 此下當有劉彤注『晉紀』論斷, 今缺) 孝標善於攻繆, 博而且精, 固以('已'通)察及泉魚, 辨窮河豕. 嗟乎! 以峻之才識, 足堪遠大, 而不能探賾彪 · 嶠, 網羅班 · 馬, 方復留情於委巷小說, 銳思於流俗短書; 可謂勞而無功, 費而無當者矣.(釋 : 此論孝標之注『世說』) 自玆已降, 其失逾甚. 若蕭 · 羊(舊誤'楊')之瑣雜, 王 · 宋之鄙碎, 言殊揀金, 事比鷄肋, 異體同病, 焉可勝言.(釋 : 此論蕭 · 羊 · 宋 · 王四人雜志) 大抵撰史加注者, 或因人成事,(依文設訓者) 或自我作故,(另出意見者) 記錄無限, 規檢不存, 難以成一家之格言, 千載之楷則. 凡諸作者, 可不詳之?(釋 : 此節總結)

---

31 역주 : '계륵'은 『삼국지』 권1, 「위지」 「무제기」 배송지주(裴松之注)에 인용된 『구주춘추(九州春秋)』에 보이는 "닭의 갈비[鷄肋]은 그냥 버리기는 아깝고, 먹을 것은 없다"는 말에서 인용한 것이다.

## 17-6

정현(鄭玄) · 왕숙(王肅)[32]에 이르러 『오경(五經)』을 서술하였지만 각기 서로 달랐고, 하휴(何休)[33] · 마융(馬融)[34]이 『춘추(春秋)』 삼전(三傳)을 논함에 있어서 왕성하게 다투었지만, (서로 모순된 부분이 있으니) 좀 더 자세히 살펴보아야 한다. 그들의 유파는 실로 매우 많다. 이는 곧 경서(經書)에 관한 것이지 사서(史書)를 말하는 것이 아니기 때문에 지금은 여기에 적지 않았다.(釋 : 마지막에 여전히 경(經)의 주(注)를 인용하여 앞의 문장에 응하였다)

至若鄭玄, 王肅, 述『五經』而各異, 何休 · 馬融, 論『三傳』而競爽. 欲加商榷, 其流實繁. 斯則義涉儒家, 言非史氏, 今幷不書於此焉.(釋 : 末仍收繳經注, 與前文應)

按 : 이 편의 첫 머리에 '전(傳)'은 (멈추지 않고 구른다는 뜻으로써) 무궁하게 전해준다는 의미이고, '주(注)'는 (흘러간다는 뜻으로써) 막힘없이 흘러 통하게 한다는 의미로서 훈고를 위주로 한다고 했다. 이 세 마디 말은 본편[「補注篇」] 입설(立說)의 중심이다. 서로 다른 각종 이야기들을 모으기를 좋아하여 더욱 번잡해진 것과 어떤 사람이 뱉어낸 과일 씨나 내다 버린 약 찌꺼기를 주어다가 남에게 바치는 재보(財寶)로 여기는 것 등

---

32 「유가(六家)」편 '상서가(尙書家)'의 주를 보라. 역주 : 정현(127-200)은 후한시대의 경학가이고, 왕숙(195-256)은 삼국 위(魏)나라의 경학가이다.

33 『후한서』 권79하, 「유림전」에, 하휴(129-182)의 자는 소공(邵公)이고, 임성(任城) 사람이다. 육경(六經)에 정통하고 조예가 깊었다. 『춘추공양해고(春秋公羊解詁)』를 지었다. 역주 : 하휴는 이외에도 『공양묵수(公羊墨守)』 · 『좌씨고맹(左氏膏肓)』 · 『곡량폐질(穀梁廢疾)』 등을 지었지만 이미 유실되었다.

34 『후한서』 권60상, 「마융전」에, 의랑(議郎)에 임명되었고, 『산전이동설(三傳異同說)』을 지었다. 그리고 『효경』 · 『논어』 · 『역』 · 『시』 · 『삼례(三禮)』 · 『상서』에 주를 달았다. 마융(79-166)은 양기(梁冀)를 위하여 이고(李固)에게 문장을 지어 올렸다. 이 일로 인하여 정직한 사람들이 무시당했다고 했다.

은 모두 유지기가 좋아하던 것이 아니었다. 그런데도 후세에는 오히려 남겨진 기록을 주워 모아 많이 알고 박식한 것을 특별한 자산으로 여겼다. 한유(韓愈)가, '고금의 사람들이 정말 서로 다르다'라고 한 것은 이를 이르는 말이다.(篇首云 : 傳者轉也, 注者流也, 以訓詁爲主. 此三言者, 卽本篇立說之主. 乃若聚異同以長煩蕪, 拾吐棄以侈登薦, 皆非劉氏所喜. 後世顧以摭遺錄別爲多知博辯之資. 韓子曰 : "古今人不相及." 此之謂與!)

송나라 사람[倪思][35]이 『반마이동(班馬異同)』이라는 책을 지었는데, 자구(字句)를 나누어 교석(校釋)하니 서로 참고하여 증거하기에 좋은 자료가 되었다. 그런데도 유지기는 말하기를, 이쪽에서 모자라면 저쪽에서 덧붙이는 식으로 그 모두를 모아 주(注)를 만들다보니 사람들을 혼란스럽게 하여 펼쳐보기가 어려웠다고 하였으니, 그 말이 너무 고집스럽다. 비록 작은 문제를 가리는 것이지만 역시 주례(注例)의 일종이다.(附見 : 양정형(楊正衡)이 『진서(晉書)』에 주를 달고, 두평(竇苹)과 동충(董衝)이 『당서(唐書)』에 주를 달았지만 모두 폐기되었다. 서무당(徐無黨)이 『오대사(五代史)』에 주를 단 것은 현재 전해진다)(宋人著『班馬異同』一書, 分校字句之間, 足資參互之用. 而劉云 : 此缺彼增, 採摘成注, 有昏耳目. 其言太執. 雖考對之小辯, 亦注例之一端也.(附見 : 楊正衡注『晉書』,竇苹 · 董衝注『唐書』, 廢. 徐無黨注『五代史』, 今行))

---

35 역주 : 예사(倪思)의 자는 정보(正甫)이고, 호주(湖州) 귀안(歸安) 사람이다. 남송 효종(孝宗) 건도(乾道) 2년(1166) 진사에 합격하고, 보문각학사(寶文閣學士)를 지냈다. 『반마이동(班馬異同)』 35권과 함께 『천사산개고서이사(遷史刪改古書異辭)』 12권을 편찬하였다. 진(晉) 장보(張輔)의 「반마우열론(班馬優劣論)」 이래 이 문제를 가장 체계적으로 다룬 책이라 평가된다. 徐興海 主編, 『司馬遷與『史記』研究論著專題索引』, 陝西人民教育出版社, 1995, pp.214-215 참조.

# 「인습(因習)」 제18

**'「인습상(因習上)」'이라고 한 책도 있는데, 이는 다음 편[「邑里」]과 같은 제목일 경우 순서를 구분한 것이다.[1] ○'습(習)'과 '습(襲)'은 통한다.**[一作「因習上」, 與下篇同題分次. ○習與'襲'通]

「인습(因習)」편은 사서 편찬에 있어서 시대의 변화에도 불구하고 옛 것을 그대로 따르는 문제점을 지적하고 있다. 유지기는 삼왕(三王)과 오제(五帝)시기의 예악이 달랐다는 것은 각기 풍속과 시대의 변화를 반영하였기 때문이라는 전제를 가지고, 사서는 사실을 기록하는 것이고 역사적 사건은 시대에 따라 변하는 것이기 때문에 그 내용은 물론 방법과 형식도 변화해야 한다고 주장하였다. 그런데도 옛 사물에 구애되어 시세에 어둡고 변통성이 없는 경우가 있다고 비판하였다. 예컨대 『춘추』에서 사용한 '훙(薨)'과 '졸(卒)'의 용례를 그대로 따른 『사기』의 기록이 부적절함을 비판하였고, 아울러 통사(通史)였던 『사기』와 달라야 할 반고의 『한서』와 순열의 『한기』에서 여전히 '패(沛)'와 '한(漢)'의 용어 사용에서 잘못을 그대로 따르고 있음을 비판하였다. 이와 함께 과거의 사서에 실린 내용을 그대로 베껴 씀에 따른 문제로서 『사기』와 『한서』에서 '지금[今]'이라 한

---

1 역주 : 「읍리(邑里)」편을 「인습하(因習下)」라고 한 경우를 말한다.

것을 당연히 편찬자의 시대에서 보아야 할 것인데도 그대로 사용함으로써 전혀 다른 시대의 이야기를 하게 되는 잘못이 있다고 하였다. 이외에도 잘못된 기록을 그대로 베낌으로써 결과적으로 거짓말을 하게 되는 경우를 비판하고, 아울러 『후한서』에서 『사기』의 유전(類傳)의 형식을 답습하여 「열녀」·「효자」·「고은(高隱)」·「독행(獨行)」 등의 명칭을 사용하면서 다시 또 성명을 덧붙이고 있는 섬을 지적하였다. 남북조시대의 경우 정치적·민족적 대립의 상황은 『위서(魏書)』처럼 일정한 내용의 포폄에 있어서 적지 않은 문제점을 지닐 수밖에 없지만, 대립상황이 해소된 이후에도 해당시대의 역사적 사실에 대한 평가가 바뀌지 않는 것은 '인습(因習)'에 속하는 것이라 하였다. 그리고 특정한 시대에 충의(忠義)를 위해 희생한 인물에 대한 평가가 정권을 장악한 세력에 의해 도적[賊]으로 평가되었던 것, 권력으로부터 핍박받을 것을 두려워하지 않아도 되는 상황에서도 잘못된 평가를 바로잡지 않고 그대로 따르는 것, 남의 문장을 베껴 쓰면서 원작자의 이름조차도 고치지 않고 모두 베끼는 어처구니없는 실수 등을 강하게 비판하였다.

## 18-1

대개 고대의 삼왕(三王)은 각각 예(禮)를 달리했으며, 오제(五帝)는 각기 다른 악(樂)을 사용하였다고 전해진다.[2] 때문에 전(傳)에서는 그 나라의

---

2 역주 : 『예기』 「악기(樂記)」편에, 왕이 된 자는 통일의 공이 이룩되고 나서야 악(樂)을 제정하며, 치평(治平)의 실적이 정해진 후에야 예(禮)를 제정하는 것이다. …… 오제가 시대를 달리하여 전대(前代)의 악(樂)을 좇지 않고, 삼왕이 그 시세를 달리하여 전대의 예(禮)를 좇지 않는 이유라고 했다. 삼왕은 하(夏)의 우왕(禹王), 은(殷)의 탕왕(湯王), 주(周)의 문왕(文王)을 가리키며, 오제는 황제(黃帝)·전욱(顓頊)·제곡(帝嚳)·요·순을 가리킨다. 물론 다른 견해도 있지만 일반적으로는 이상을 지칭한다.

풍속에 근거해야 한다고 했고,[3] 『주역(周易)』에서는 시대에 따라 변화해야 함을 귀하게 여겼다.[4] 하물며 사서(史書)는 사실을 기록한 말을 담고 있는 것으로써 사실이 계속 변화하고 있는데도 언어는 오히려 바뀌고 고쳐지는 것이 없으니, 이것이 바로 소위 (거문고 줄 밑에 괴어 소리를 조절하는) 기러기발을 아교로 붙여놓고 거문고를 타고, 물에 빠뜨린 칼을 찾기 위하여 빠뜨린 곳을 배에 새긴다는 것이다.[5](釋 : 첫 문장에서 수시변통의 대의를 내세워, '그대로 따름[因]'을 반대하였다)

蓋聞三王各異禮, 五帝不同樂, 故傳稱因俗, 『易』貴隨時. 况史書者, 記事之言耳. 夫事有貿遷, 而言無變革, 此所謂膠柱而調瑟, 刻船以求劍也.(釋 : 領起隨時變通大意, 反對'因'字)

---

3 역주 : '전(傳)'의 의미는 『논형』「서해(書解)」에, "답하여 이르기를, 성인(聖人)은 경(經)을 짓고, 현인(賢人)은 전(傳)을 쓴다. 작자의 본의(本意)를 밝혀 서술하고 성인의 유지(遺志)를 모아야 한다. 때문에 경(經)은 반드시 전(傳)으로 해석해야 한다"는 것에 보이는 바와 같다고 생각된다. 그리고 '풍속에 따른다[因俗]'고 함은 『예기』「곡례(曲禮)」 상(上)에, "예는 마땅한 것에 따르고, 사신(使臣)으로 가는 자는 그 나라의 풍속을 따른다"라고 하는 의미와 같다.

4 역주 : 『주역』「수괘(隨卦)」의 단(彖)에, "수(隨)이다. 시작해야 할 때 시작하고, 확장해야 할 때 확장하고, 결실해야 할 때 결실하고, 참고 견뎌야 할 때 참고 견디면 허물이 없다. 단(彖)에서 말했다. 수(隨)는 굳센 것이 와서 부드러운 것 아래에 있고, 움직여서 기쁜 것이니 수시변통해야 하는 상황이다. 크게 나서기도 하고 참고 견디기도 하면 허물이 없으니, 온 천하가 수시변통하게 된다. 수시변통하는 도리는 위대하도다!"라고 하였다. 李基東, 『周易講說』 上, p.231 참조.

5 『사기』 권81, 「염파인상여전(廉頗藺相如傳)」에, "조(趙) 효성왕(孝成王)은 조괄(趙括)을 장수로 삼아 염파를 대신하게 하려 했다. 그러자 인상여가 말하기를, '왕께서 조괄의 명성만으로 그를 쓰려고 하시는데 그것은 기러기발을 아교로 붙여둔 채 거문고를 타려는 것과 같습니다'"고 했다. 이 말은 『회남자』「제속훈(齊俗訓)」에서 인용한 말이다. 그리고 『여씨춘추』「찰금(察今)」편에, "초나라 사람이 강을 건널 때 칼을 물에 빠뜨렸다. 급히 칼이 떨어진 곳을 배에 표하여 새기며 말하기를, 내 칼이 이곳에서 빠졌다"라고 했다. 『광운(廣韻)』에 '계(契)'는 '계(鍥)'와 뜻이 통한다. 새긴다는 의미이다. 역주 : 두 고사(故事) 모두 조금도 융통성이 없으며, 미련하게 옛 사물에 구애되어 시세에 어둡고 변통성이 없다는 의미이다.

## 18-2

옛날에는 제후가 죽으면 '훙(薨)'이라 하였고 경대부(卿大夫)가 죽으면 '졸(卒)'이라 칭하였다.[6] 그러므로 『좌전(左傳)』에서는 초 무왕(楚武王)의 부인 등만(鄧曼)이 말한 "(만일 군사를 헛되이 소모하는 일이 없이) 군주가 출전 도중에 사망[薨]하면 그것이 나라의 복이 될 것입니다"(장공(莊公) 4년)[7]고 한 내용이 있고, 또 정(鄭) 자산(子產)이 말한 "진 문공(晉文公)과 양공(襄公)이 패주로 있을 때 군주가 죽으면[薨] 대부가 조문한다"(소공(昭公) 3년)[8]고 하였으니 바로 이것이 그 증거이다. 공자가 편찬한 『춘추』를 살펴보니 실제로 이 원칙을 적용하고 있다. 그러나 다른 나라의 제후가 죽으면 모두 '졸(卒)'이라 칭하고, 다만 노(魯)나라의 경우만 유독 '훙(薨)'이라 하였으니, 이것은 다른 제후의 나라들과 서로 구별하자는 뜻이다.[9] 사

---

6 『춘추공양전』 은공(隱公) 3년(B.C. 720)에, 천자가 죽으면 붕(崩)이라 하고, 제후는 훙(薨), 대부는 졸(卒), 사(士)는 불록(不祿)이라 하였다.

7 역주 : 『좌전』 장공(莊公) 4년(B.C. 690)에, (초 무왕에게) 등만이 탄식하며 말하기를, '군주의 복록이 이제 다했습니다. 가득 차면 흔들리는 것이 천도(天道)입니다. 선군은 그것을 알고 있었기 때문에 전쟁에 임하여 중대한 명령을 내리려고 할 때에는 군주의 마음을 두근거리게 하는 것입니다. 만일 군사를 헛되이 소모하는 일 없이 군주가 출전 도중에 사망[薨]하면 그것이 나라의 복이 될 것입니다'라고 했다.

8 역주 : 『좌전』 소공(昭公) 3년(B.C. 539)에, 봄 1월, 정(鄭)나라 대부 유길(游吉)이 진(晉)으로 가 소강(少姜)의 장례식에 참석했다. 이때 진의 대부 양병(梁丙)과 장적(張趯)이 유길을 만났다. 양병이 유길에게 말하기를, '그대가 온 것은 정도(正道)에 지나친 것입니다'라고 하자 유길[子大叔]이 말하기를, '어찌 오지 않을 수 있습니까. 전에 진 문공(晉文公)과 진 양공(襄公)이 패자로 있을 때는 제후들을 번거롭게 하지 않았습니다. 제후들에게 3년에 한 번 방문[聘]하고 5년에 한 번 조현하게[朝] 했는데, 일이 있을 때 회동하고[會] 화목하지 못하면 결맹[盟]했습니다. 군주가 세상을 떠나면[薨] 대부가 조상(弔喪)하고, 경(卿)이 장례식에 참석했습니다. 부인이 세상을 떠나면 사(士)가 조상하고, 대부가 장례식에 참석했습니다. 단지 족히 예절을 밝히고, 일을 명하고, 부족함을 보완하는 것에 그쳤으니 따로 명을 더하는 일이 없었습니다'라고 했다. 유지기는 유길의 말을 자산(子產)의 말이라 착각하고 있다.

9 역주 : 『공양전(公羊傳)』 은공(隱公) 10년(B.C. 713)에, 『춘추』에서는 국내의 일은 기록하고 국외의 일은 간략하게 하며, 국외의 대악(大惡)은 기록하고 소악(小惡)은 기록

마천의 『사기』에서는 주 문왕(周文王)[西伯]이하 각 제후국의 왕후(王侯)에 이르기까지(여러 「세가(世家)」를 가리킨다) 죽었을 경우 모두 똑같이 '졸(卒)'이라 칭하였으니 이것이 어찌 다른 제후의 나라들과 서로 구별하자고 한 것이겠는가? 어째서 '훙(薨)'이라 해야 할 것을 폄하하여 '졸(卒)'이라 썼겠는가?(釋 : 이 구절은 사마천의 『사기』가 '졸(卒)'의 의미를 잘못 쓰고 있는 원인을 지적하였다)

古者諸侯曰薨, 卿大夫曰卒. 故『左氏傳』稱楚鄧曼曰 : "王薨於行, 國之福也."(莊四) 又鄭子產曰 : 文 · 襄之伯, 君薨, 大夫弔.(昭三) 卽其證也. 案夫子修『春秋』, 實用斯義. 而諸國皆卒, 魯獨稱薨者, 此略外別內之旨也. 馬遷『史記』西伯已下, 與諸列國王侯,(謂諸世家) 凡有薨者, 同加卒稱, 此豈略外別內邪? 何貶薨而書卒也?(釋 : 此節指遷史書卒誤因之矣)

## 18-3

대개 노(魯)의 사서(史書)를 저술하는 사람은 자기 나라를 '노'라고 칭하지 않으며, 주(周)의 사서를 편찬하는 사람은 자기 나라의 군주를 '주왕(周王)'이라 칭하지 않는다. 예컨대 『사기』의 경우는 고금(古今)의 사실을 총괄하므로 사실을 서술함에 주객의 구분이 없다. 때문에 한 고조(漢高祖)에 대하여 언급하면서 대부분 한왕(漢王)이라고 칭하고 있지만, 이 역시 잘못이라고 할 수는 없다. 반고는 『사기』에서 한(漢)왕조 부분을 떼

하지 않으며, 국내의 대악은 숨겨주고, 소악은 기록했다고 하였다. 또 『공양전』 성공(成公) 15년(B.C. 576)에, 『춘추』에서는 노나라를 안[內]으로 여기고, 모든 제후국[諸夏]들을 외국[外]으로 여기며, 모든 제후국들을 안[內]으로 여기고 이적(夷狄)들을 외국[外]으로 여겼다. 왕자는 천하를 하나로 하고자 하는데 어찌 외내(外內)의 언사로 구분하였는가?라고 하였다.

어내어 『한서』라고 이름을 붙이고 고조가 공(公)·왕(王)이었던 시기를 서술하면서 모두 '패(沛)'와 '한(漢)'이라는 글자를 없애지 않았다. 무릇 다른 나라가 항복해 오면 모두 '한(漢)에 귀속되었다[歸漢]'고 썼다. 반고의 『한서』에서부터 이런 잘못이 나타나기 시작하여 순열(荀悅)[10][仲豫]에 이르기까지 여전히 이러한 잘못을 답습하고 있다. 오래된 습관이 그대로 전해내려 오는데도 일찍이 먼저 그 폐단을 깨닫는 사람이 없었다.(釋 : 이 구절은 반고의 『한서』와 순열의 『한기』에서 '패(沛)'와 '한(漢)'을 잘못 쓰고 있는 실수를 지적하고 있다. ○『삼국지』「위지」「무제기」에 처음 사실을 기록하면서 바로 태조(太祖)라고 적고 있다. 건안(建安) 초에 이르러 무평후(武平侯)에 봉해지고 공(公)이라 고쳐 썼다. 21년 위왕(魏王)이 되어서야 왕이라 적고 있다. 대개 공이나 왕의 앞에 모두 '위(魏)'자를 붙이지 않았다. 유지기는 대개 이를 기준으로 입론하였다. 하물며 반고는 한의 신하였기 때문에 더욱 느끼는 바가 있었을 것이다. 근래에 어떤 이가 '패(沛)'자와 '한(漢)'자를 없애는 것이 잘못되었다고 여겼는데, 이 문단을 가지고 그것을 증명할 수 있다)

蓋著魯史者, 不謂其邦爲魯國; 撰周書者, 不呼其上(一作'王')曰周王. 如『史記』者, 事總古今, 勢無主客, 故言及漢祖, 多爲漢王, 斯亦未爲累也. 班氏旣分裂『史記』, 定名『漢書』, 至於述高祖爲公·王之時, 皆不除沛·漢之字. 凡有異方降款者, 以歸漢爲文. 肇自班『書』, 首爲此失; 迄於仲豫,(荀悅字) 仍踵厥非. 積習相傳, 曾無先覺者矣.(釋 : 此節指班·荀二史沛·漢誤因之失. ○「魏志」「武紀」, 起事之時, 直書太祖. 至建安初, 封武平侯, 改書公. 二十一年進爵魏王, 遂書王. 凡公·王之上, 皆不安'魏'字. 劉蓋準此立論也. 況班固身爲漢臣, 體更應爾. 近有以除沛·漢二字爲非者, 爲參取其文證之)

10 역주 : 순열(148-209)은 편년체 『한기(漢紀)』를 저술한 후한의 사가이다. 「육가(六家)」편 『좌전』가의 주)53 참조.

## 18-4

또한 『사기』 「진섭세가(陳涉世家)」에, 진섭의 자손들이 '지금[今]'도 해마다 희생(犧牲)을 잡아 제사를 지내고 있다고 했다.[11] 『한서』에도 「진섭전(陳涉傳)」이 있는데 사마천이 기술한 내용을 그대로 기록하고 있다.[12] 사마천이 말하는 '지금'이라는 시기는 실제 무제(武帝)의 시대이고, 반고가 말하는 '지금'은 명제(明帝 : 57-75 재위)시대에 해당한다. 시기적으로 100년의 간격이 있는데도 같은 의미의 말을 쓰고 있다. 만일 이와 같다면 진섭의 후손들이 후한시대까지 여전히 높은 대우를 받고 있었다는 것인데, 실제로는 분명 그렇지 않았다. 『한서』에서는 또 "엄군평(嚴君平)이 죽은 다음 촉(蜀) 지방 사람들이 '지금[今]'까지도 그를 칭송하고 있다"[13]고 하였다. 황보밀(皇甫謐)[14]은 이 말을 전부 인용하여 『고사전(高士

11 역주 : 『사기』 권48, 「진섭세가」에, 진섭은 비록 이미 죽었지만 그가 분봉하고 파견한 왕후장상(王侯將相)들이 마침내 진(秦)을 멸망시켰다. 이는 진섭에 의해 처음으로 반란이 시작되어 그러한 결과를 촉진한 것이다. 고조 때에는 진섭을 위하여 분묘를 지키는 30가구를 탕(碭)에 두었으며 '지금'도 여전히 희생(犧牲)을 잡아 그를 제사지낸다고 했다.

12 역주 : 『한서』 권31, 「진승항적전(陳勝項籍傳)」을 말한다. 『사기』의 「진섭세가」와 같은 내용이 실려 있지만, 마지막에 '왕망이 패한 뒤 (혈식(血食)이) 끊어졌다'라고 한 말이 덧붙여져 있다. 안사고(顔師古)의 주(注)에, '지금까지도 희생을 잡아 제사를 지낸다'라고 한 말은 사마천이 『사기』에서 했던 말이고, '왕망이 패한 뒤 (혈식(血食)이) 끊어졌다'라고 한 말은 반고가 붙인 것이다. 문장을 부연(敷衍)하면서 잘못하여 삭제하지 않았다고 했다.

13 역주 : 『한서』 권72, 「왕공양공포전(王貢兩龔鮑傳)」에, 그 후 곡구(谷口)에 정자진(鄭子眞)이 있었고, 촉(蜀)에 엄군평이 있었는데 모두 수신(修身)을 잘하여 입지 않아야 할 것은 입지 않았고 먹지 않아야 할 것은 먹지 않았다. …… 엄군평은 90세가 되어 죽을 때까지도 점복과 산괘(算卦)를 업으로 삼았고 촉 지방 사람들은 그를 좋아하고 존중하여 지금까지도 칭송하고 있다고 한 말을 인용한 것이다.

14 역주 : 황보밀(215-282)은 서진(西晉)의 학자이다. 『진서』 권51에 열전이 있다. 저서로는 『고사전』 외에도 『제왕세기(帝王世紀)』·『연력(年曆)』·『일사전(逸士傳)』·『열녀전(烈女傳)』 등이 있다.

傳)』에 실고 있다. 무릇 반고와 황보밀 사이의 연대가 크게 차이가 나는데도 '지금'이라는 용어를 같이 쓸 수 있는가?[15] 반고가 사마천을 그대로 답습한 잘못이 그러하였고, 황보밀이 반고를 그대로 따라 잘못함이 또 이와 같았다. 미혹되어 깨닫지 못하는 것이 어찌 이렇게 심한가!(釋 : 이 구절에서는 반고와 황보밀의 책에서 '지금[今]'자를 잘못 쓰고 있는 실수를 지적하고 있다)

又『史記』「陳涉世家」, 稱其子孫至今血食. 『漢書』復有「涉傳」, 乃具載遷文. 案遷之言今, 實孝武之世也; 固之言今, 當孝明之世也. 事出百年, 語同一理. 卽如是, 豈陳氏苗裔祚流東京者乎? 斯必不然. 『漢書』又云 : "嚴君平旣卒, 蜀人至今稱之.". 皇甫謐全錄斯語, 載於『高士傳』. 夫孟堅 · 士安, 年代懸隔, 至今之說, 豈可同云? 夫班之習馬, 其非旣如彼; 謐之承固, 其失又如此. 迷而不悟, 奚其甚乎?(釋 : 此節指固 · 謐二書誤因'今'字之失)

## 18-5

하법성(何法盛)[16]의 『진중흥서(晉中興書)』 「유외록(劉隗錄)」에는 유외(劉隗)가 형옥(刑獄)에 대하여 논의한 사실이 「형법지(刑法志)」[17]에 기록되어 있

15 역주 : 사가들이 옛 사서의 기록을 그대로 답습하여 잘못 사용하는 문제와 관련한 고염무(顧炎武) · 조익(趙翼) 등의 견해는 程千帆, 『史通箋記』, pp.98-99 참조.

16 역주 : 하법성은 남조 송의 사가이다. 『수서경적지』 「사부(史部)」 "정사(正史)"에, 『진중흥서(晉中興書)』 78권, 동진(東晉)으로부터 시작하고, 제(齊)의 서주주부(徐州主簿) 하법성이 편찬하였다고 했다.

17 역주 : 장종원(章宗源), 『수서경적지고증(隋書經籍志考證)』 권1에 이르기를, 「형법지」는 마땅히 「형법설(刑法說)」로 써야 한다고 했다. 이에 대하여 유지기가 「형법지」로 기록한 것은 실수가 아니라 다음 문장인 '그러한 말이 없었다[了無其說]'고 한 문장과

다고 했는데,[18] 그의 말에 따라 「형법지」를 조사해 보니 그러한 말이 없었다. 그 후 장영서(臧榮緖)가 편찬한 『진서(晉書)』[19]와 양(梁) 왕조 때 편찬한 『통사(通史)』[20]의 「유외전(劉隗傳)」에는 모두 이 말을 그대로 인용하고 있다. 지(志)에서 말한 적이 없는 내용을 「전(傳)」에 여전히 거짓말을 하고 있는 것이다. 이 또한 세밀하지 못한 잘못으로써 (앞서 말한) 황보밀(皇甫謐)[玄晏]과 같다.(釋 : 이 구절은 하법성의 책이 앞에서 '지(志)'에도 없는 사실을 기재한 잘못을 하였는데도 장영서의 『진서』와 양(梁)의 『통사』가 여전히 뒤에 그 잘못을 답습하고 있다고 했다)

何法盛『中興書』「劉隗(一作'魏', 誤)錄」, 稱其議獄事具『刑法志』, 依檢志內, 了無其說. 旣而臧氏(榮緖)『晉書』·梁朝『通史』, 於大連(劉隗字)之傳, 並有斯言, 志亦無文, 傳仍(一訛作'乃')虛述. 此又不精之咎, 同於玄晏也.(釋 : 此節言何書旣脫志事於前, 臧·通二書, 因仍其誤於後也)

---

'설(說)'자의 중복을 피하기 위하여 「형법지」라고 표기한 것이라 한 견해도 있다. 程千帆, 『史通箋記』, p.99.

18 『진서(晉書)』 권69, 「유외전」에, 유외의 자는 대련(大連)이다. 난을 피해 강남으로 건너가 동진 원제(元帝)의 신임을 받아 종사중랑(從事中郎)이 되었다. 승상사직(丞相司直)으로 옮겨 형벌의 규정을 관장하였다고 했다. 按 : 지금 『진서』에 옥사(獄事)에 대한 의론은 본전(本傳)에 수록되어 있지만, '형법지에 기록되어 있다[具刑法志]'고 한 말은 삭제함으로써 장영서(臧榮緖)의 『진서(晉書)』와 『통사(通史)』의 잘못을 그대로 따르지 않았다.

19 역주 : 『수서경적지』 「사부(史部)」 "정사(正史)"에, 『진서(晉書)』 110권, 남제(南齊) 서주주부(徐州主簿) 장영서(415-488)가 편찬하였다고 했다. 『남제서』 권54, 「고일전(高逸傳)」에, (『진서(晉書)』) 기(紀)·녹(錄)·지(志)·전(傳) 110권이라고 했다.

20 역주 : 「육가(六家)」편 "사기가(史記家)" 주)81 참조.

## 18-6

반고와 사마천이 편찬한 「열전」들을 보면 모두 전주(傳主)의 성명(姓名)을 쓰고 있다. 만일 평생의 행적[行狀]이 특히 서로 비슷할 경우 같은 명칭 안에 모아 편찬하였다. 예컨대 「자객(刺客)」·「일사(日者)」·「유림(儒林)」·「순리(循吏)」열전 등이다. 범엽(范曄)은 그러한 제목을 열전의 첫머리에 표기하고 성명은 열전의 중간에 열거하였으며, 열전의 뒷부분에 「열녀(列女)」·「고은(高隱)」 등의 제목을 달았다.[21] 만일 성명을 적고 있으면서도 제목을 또 표기하고자 한다면 등우(鄧禹)나 구순(寇恂)의 열전[22]의 앞에는 당연히 「공보열전(公輔列傳)」라고 써야 할 것이며, 잠팽(岑彭)이나 오한(吳漢)의 열전의 앞에는 당연히 「장수열전(將帥列傳)」이라고 표기해야 한다.[23] (이처럼) 비슷한 것들을 찾아내어 덧붙인다면[觸類而長][24] 실로 그러한 부류들이 많아질 터이니 어찌 「열녀」·「효자」·「고은(高隱)」·「독행(獨行)」 등 몇 가지로 그치겠는가?(釋 : 이 구절에서는 범엽의 『후한서』에서 이미 사마천이 표기한 유전(類傳)의 예를 사용하면서 또 성명을 다시 덧붙이는 것이 그대로 답습한 것도 있고 그렇지 않은 것도 있음을 지적하고 있다. 按 : 이 내용과 이 책

---

21 역주 : 전대흔(錢大昕), 『십가재양신여록(十駕齋養新餘錄)』 卷中, 「사한목록(史漢目錄)」에서 이 문제를 구체적으로 다루고 있다. 『후한서』에 「열녀전」은 있지만 「고은전(高隱傳)」은 없고 「일민전(逸民傳)」이 있다. 유지기가 「고은전」이라 한 것은 착오가 아니라 당 태종 세민(世民)을 피휘(避諱)하였기 때문이라 했다.

22 역주 : 『후한서』 권16, 「등구열전(鄧寇列傳)」에 등우(8-64)와 구순(?-36)의 사적이 기록되어 있다. 이들은 모두 광무제를 도와 후한 왕조의 건립에 공을 세웠다.

23 역주 : 이들 역시 광무제를 도와 후한 건립에 공을 세웠다. 『후한서』 권17, 「잠팽전」과 『후한서』 권18, 「오한전」 참조.

24 역주 : 『주역』 「계사(繫辭)」 상(上)에, "8괘를 끌어와 중첩시켜 8괘끼리 합쳐 큰 괘를 만들면 세상의 가능한 일이 모두 구비된다[引而申之, 觸類而長之, 天下之能事畢矣]"고 한 말에서 인용한 것인데, 역의 64괘는 8괘를 중첩하여 만든 것으로, 8괘를 끌어당겨 펼쳐서 만든다는 의미에서 '引而申之'라 했고, 8괘의 종류를 각각 이어서 상하로 길게 만든다는 의미에서 '觸類而長之'라고 했다. 李基東, 『周易講說』 下, pp.342-343.

「제목(題目)」편의 후반 부분의 내용이 같다. 그 논의가 너무 꽉 막혀 있다)

尋班·馬之爲(一無'爲'字)列傳, 皆具編其人姓名; 如行狀尤相似者, 則共歸一稱, 若「刺客」·「日者」·「儒林」·「循吏」是也. 范曄旣移題目於傳首, 列姓名於卷中,(卷中, 謂傳中也) 而猶於列傳之下, 注爲列女·高隱等目. 苟姓名旣書, 題目又顯, 是則(一脫'則')鄧禹·寇恂之首, 當署爲公輔者矣; 岑彭·吳漢之前, 當標爲將帥者矣. 觸類而長, 實繁其徒, 何止列女·孝子·高隱·獨行而已.(**釋**: 此節指范史旣用司馬標類之例, 而又添列姓名, 則因而不因矣. **按**: 此與題目篇後幅意同, 其論太泥)

## 18-7

위수(魏收)의 『위서(魏書)』에는 남조(南朝)에 관한 편목(篇目)이 있는데, 환온(桓溫)·유유(劉裕) 등을 모두 '도이(島夷)'라고 불렀다.[25] 장강(長江) 이남 지역은 모두 오랑캐가 사는 땅[卉服之地][26]이라는 것이다. 「유창전(劉昶傳)」·「심문수전(深文秀傳)」에는 그들의 적관(籍貫)을 기록함에 있어서 하화(夏華)[諸華]의 사람들과 다르지 않았다.[27](**原注**: 유창 등의 열전에는 모두 이

---

25 역주: 『위서(魏書)』 권97, 「도이환현전(島夷桓玄傳)」·「도이유유전(島夷劉裕傳)」, 권98, 「도이소도성전(島夷蕭道成傳)」·「도이소연전(島夷蕭衍傳)」 등을 가리킨다. 『위서』의 '도이(島夷)'라는 칭호의 사용에 대하여는 「칭위(稱謂)」편에서도 언급하였다.

26 역주: 『상서』 「우공(禹貢)」편에, '도이(島夷)의 훼복(卉服)'이 보인다. 훼복은 초복(草服)을 말하는데, 남방의 베[布]의 일종인 갈월(葛越)로 만들었다고 한다. 『사기』 권2, 「하본기」의 '도이훼복(島夷卉服)'에 대한 『사기집해(史記集解)』·『사기정의(史記正義)』 주(注) 참조.

27 『위서』 권59, 「유창전」에, 창의 자는 휴도(休道)이고, 유의륭(劉義隆)의 아홉째 아들이라 했다. 또 『위서』 권61, 「심문수전」에, 문수의 자는 중원(仲遠)이고 오흥(吳興) 무강(武康) 사람이라고 했다. **按**: 의륭(義隆)은 남조 송 문제(宋文帝)의 휘(諱)이다. 심문수는 곧 당시 송의 신하를 지낸 적이 있었기 때문에 『송서(宋書)』에도 열전이 있

르기를, '단도현(丹徒縣) 사람'이라 했고, 심문수 등의 열전에서는 '오홍(吳興) 무강(武康) 사람이다'라고 했다. **按**:『위서(魏書)』「유창전」에는 단도 사람이라는 구절이 없지만, 대개 유송(劉宋)의 조적(祖籍)을 들어 말하였다) 하지만 어찌 같은 나라에 속해 있는 군신(君臣)이며 같은 성을 쓰는 부자(父子)라고 하겠는가. 합려(闔閭)나 계찰(季札)과 같은 숙질(叔侄)관계가 곧 국적(國籍)[土風]이 다른 것으로,(이 구절은 부자(父子)관계를 지목한 것이다)[28] 손책(孫策)과 우번(虞翻)과 같은 군신(君臣)이 하화(夏華)와 이적(夷狄)으로 구별되는 꼴이니,(이 구절은 군신(君臣)관계를 지목한 것이다)[29] 이러한 서술의 예(例)를 이전 시대의 사서에서는 찾지 못할 것이다.(**釋**:이 구절에서는 위수(魏收)가 남조를 가리켜 도이(島夷)라고 배척한 것과 남조의 사인으로 북으로 항복한 사람 등을 열전에 싣고 있는 것을 모두 충분한 근거로 말할 수 없다)

魏收著書, 標榜南國; 桓·劉諸族, 咸曰島夷. 是則自江而東, 盡爲卉服之地. 至於「劉昶」·「沈文秀」等傳, 敍其爵里, 則不異諸華.(**原注**:劉昶等傳皆云:丹徒縣人也. 沈文秀等傳則云:吳興武康人. **按**:『魏書』「劉昶傳」, 無丹徒人句, 蓋擧劉宋祖籍而言) 豈有君臣共國, 父子同姓, 闔閭·季札, 便致土風之殊;(二句頂父子) 孫策·虞翻, 乃成夷夏之隔.(二句頂君臣) 求諸往例, 所未聞也.(**釋**:此節指魏收例斥南朝爲島夷, 至如南士來歸等傳, 並且不能自因)

---

다. 두 사람 모두 도망하여 북위를 섬겼던 자들로, 『위서』에서는 그들의 군부(君父)를 도이(島夷)라 하였지만 그들의 신하와 자손의 경우는 읍리(邑里)를 적었기 때문에 부자와 군신의 본적이 다를 수 있다.

28 **按**:『사기』 권31, 「오태백세가(吳太伯世家)」에, 오태백으로부터 19대가 지나 수몽(壽夢)에 이르렀다. 수몽에게는 네 아들이 있었는데 장남이 제번(諸樊), 막내가 계찰(季札)이었다. 제번의 아들 공자 광(光)은 바로 합려를 말한다. 계찰에게는 아들뻘이다. **역주**:계찰이 다른 나라로 쫓겨갔다고 하여 어찌 국적이 다른 사람으로 서술할 수 있느냐는 지적이다.

29 『삼국지』 권46, 「오지」「손책전」에, 손책(175-200)의 자는 백부(伯符)이고, 한의 토역장군(討逆將軍)을 지냈다. 아우 손권이 황제를 칭하자 장사환왕(長沙桓王)이라는 시호를 추서하였다. 우번(虞翻:164-232)은 손책의 공조(功曹)였다.

## 18-8

동진(東晉)이 강회(江淮)지방에 정권을 세울 때 실제로 정통을 계승하였으므로 군웅(群雄)들을 미워하고 그들을 '참도(僭盜)'라고 불렀다. 때문에 완효서(阮孝緖)의 『칠록(七錄)』[30]에서는 전융(田融) · 범형(范亨) · 배경인(背景仁) · 단구룡(段龜龍)이 편찬한 사서와[31] 기타 유씨(劉氏)의 전조(前趙), 석씨(石氏)의 후조(後趙), 부씨(苻氏)의 전진(前秦), 요씨(姚氏)의 후진(後秦) 등 십육국(十六國)의 사서에 특별히 명칭을 새롭게 붙여 "위사(僞史)"라고 불렀다.[32] 수(隋)에 이르러 천명을 받고 천하를 통일하게 되자, 나라에는 애증(愛憎)의 구분이 없었고 사람들에게는 피아(彼我)의 구별이 없었다. 그런데

---

30 역주 : 완효서(479-536)의 『칠록』 12권은 현재 전하지 않는다. 『광홍명집(廣弘明集)』 권3, 「귀정편(歸正篇)」에 『칠록』의 서(序)가 일부 전하는데, 그에 따르면 『칠록』은 내편(內篇)과 외편(外篇)으로 나뉘어져 있다. 내편에는 경전록(經典錄) · 기전록(記傳錄) · 자병록(子兵錄) · 문집록(文集錄) · 술기록(術技錄) 등이 있고, 외편에는 불법록(佛法錄) · 선도록(仙道錄) 등이 있다. 특히 기전록의 세부조항으로는 국사부(國史部) · 주력부(注曆部) · 구사부(舊事部) · 직관부(職官部) · 의전부(儀典部) · 법제부(法制部) · 위사부(僞史部) · 잡전부(雜傳部) · 귀신부(鬼神部) · 토지부(土地部) · 보장부(譜狀部) · 부록부(簿錄部) 등 12부가 있다고 했다. 『남사』 권76, 「은일전(隱逸傳)」 하에 완효서의 열전이 있다.

31 『수서경적지』 「사부」 "패사(霸史)"에, 『조서(趙書)』 10권, 일설에는 『이석집(二石集)』이라 한다. 위연(僞燕)의 태부(太傅) 전융(田融)이 편찬하였다. 『연서(燕書)』 20권, 위연(僞燕)의 상서(尙書) 범형(范亨)이 편찬하였다. 『진기(秦紀)』 11권, 송 전중장군(殿中將軍) 배경인(背景仁)이 편찬하였다. 『양기(涼記)』 10권은 위량(僞涼)의 저작랑 단구룡(段龜龍)이 편찬하였다고 했다. 역주 : 이 사서들은 각각 소위 오호십육국 중의 후조(後趙) · 전연(前燕) · 전진(前秦) · 후량(後涼)의 역사를 정리한 것인데 모두 유실되고 전하지 않는다.

32 전조(前趙)는 유연(劉淵), 후조(後趙)는 석륵(石勒), 전진(前秦)은 부홍(苻洪), 후진(後秦)은 요익중(姚弋仲)으로부터 각각 시작하였다. 按 : 앞의 전융(田融)과 범형(范亨)의 구절에서는 십육국서(十六國書)를 잘못 예로 들었고, 유연과 석륵의 구절에서는 십육국의 성(姓)을 잘못 예로 들었다. 전체를 아우르는 말이었다. 모두 외편(外篇)의 「고금정사(古今正史)」편의 '십육국사(十六國史)'에 상세하게 나온다. 또 살펴보니, '부(苻)'자를 옛날에는 '부(符)'로 표기했지만, 증거를 참고하여 고쳤다. 역시 「고금정사」편에서 설명하였다.

도 당시 편찬된 『수서경적지』에는 그 기원을 소급하여 분류하면서 여전히 완효서의 『칠록』에 의거하였다. 생각하건대 국가에 '위(僞)'라는 명칭이 붙게 된 유래는 상당히 오래되었다. 예컨대 두우(杜宇)는 촉(蜀)에서 제(帝)라 칭하고,[33] 구천(勾踐)은 월(越)에서 왕(王)이라 칭하였으며,[34] 손권(孫權)은 강남(江南)에서 삼국 정립의 제업(帝業)을 이룩하였고,[35] 소찰(蕭察)은 강릉(江陵)에서 서위(西魏)를 섬기는 군왕이 되었다.[36] 그러므로 양웅(揚雄)이 『촉기(蜀記)』를 편찬하고, 자공(子貢)이 『월절서(越絶書)』를 지었으며,[37] 우부(虞溥)가 『강표전(江表傳)』을 편찬하고, 채윤공(蔡允恭)이 『후량사(後梁史)』를 찬술하였다.[38] 이 책들을 살펴보면 모두 위국사(僞國史)에 속하므로

33 『화양국지(華陽國志)』 권3, 「촉지(蜀志)」에, (전국시대 칠웅이 쟁패를 벌이고 있을 때 촉 지방에) 왕이 있었는데 이름을 두우(杜宇)라 하였다. 백성을 교화하고 농사에 힘썼다. 당시 주제(朱提)에 양씨(梁氏)의 딸 리(利)가 있었는데 두우가 비(妃)로 삼았다. 스스로 망제(望帝)라 불렀고, 후일 이름을 포비(蒲卑)로 고쳤다고 했다.

34 역주 : 『사기』 권41, 「월왕구천세가(越王勾踐世家)」 참조.

35 역주 : 『삼국지』 권47, 「오지」 「오주전(吳主傳)」에, 평하여 말하기를, 손권(182-252)은 몸을 굽혀 치욕을 참으면서 재능 있는 자를 임용하고 지혜로운 자를 존숭했고, 구천(勾踐)과 같은 비범한 재능이 있었으니, 영웅 중에서 걸출한 인물이었다. 그래서 그는 혼자 강남의 땅을 차지하여 삼국 정립의 세력을 이룰 수 있었다고 했다.

36 역주 : 소찰은 양(梁) 무제의 손자이고, 소명태자(昭明太子)의 3남이었다. 서위(西魏) 공제(恭帝) 때 우문태(宇文泰)에게 옹립되어 강릉(江陵)에 양(梁)을 건국하였다. 『북사(北史)』 권94, 「참위부용전(僭僞附庸傳)」에 그의 열전이 실려 있다.

37 『수서경적지』 「사부」 "지리(地理)"에, 『촉왕본기(蜀王本記)』 1권은 양웅이 편찬했고, 『수서경적지』 「사부」 "잡사(雜史)"에, 『월절서(越絶書)』 16권은 자공이 편찬했다고 적고 있다. 『월절서』 「본사(本事)」에, '절(絶)'은 월왕 구천(勾踐)의 시기를 말한다. 안으로는 스스로 검약함을 밖으로는 남보다 훨씬 뛰어남을 귀하게 여겼다. 오와 월의 현자(賢者)들의 저작이라고 했다. 按 : 책 안에 춘신군(春信君) · 진시황(秦始皇) · 한고조(漢高祖) 등 여러 사람이 보이고, 또 비릉(毗陵) · 무석(無錫) · 염관(鹽官) · 태말(太末) · 단양(丹陽) · 예장(豫章) 등 지역이 보이는데 이들은 모두 후세의 명칭들이다. 따라서 이 책을 자공(子貢)이 편찬한 것이 아님을 알 수 있다. 역주 : 자공과 『월절서』에 관한 보다 자세한 논의는 張振珮, 『史通箋注』, p.178, 趙呂甫, 『史通新校注』, p.345 주)59 각각 참조. 양웅의 『촉왕본기』는 그 외 『촉본기』 · 『촉기(蜀紀)』 · 『촉왕본기』 · 『촉기(蜀記)』 등으로도 불리웠다. 朱希祖, 「蜀王本紀考」에서는 현재 보이는 이 책이 당 · 송 사이의 위찬(僞撰)이라 의심하였다. 顧頡剛, 『史林雜識 · 初編』에서는 그 내용이 『화양국지』와 비교하여 더 귀한 가치가 있다고 여겼다. 趙呂甫, 『史通新校注』, pp.344-345 참조.

38 『진서(晉書)』 권82, 「우부전(虞溥傳)」에, 부의 자는 윤원(允源)이다. 파양내사(鄱陽內

자연히 비슷한 것끼리 모아 하나의 부류로 합쳐져야 할 것이니, 어찌 동진(東晉)시대 북방의 십육국(十六國)에 그치겠는가?(釋 : 이 구절의 "위사(僞史)" 두 글자는 마땅히 "편기(偏記)"라고 해야 한다. 옛날이나 최근의 "편기"는 모두 비슷한 부류를 모아 함께 편찬하였다. 그런데도 『수서경적지』는 융통성이 전혀 없이 진(晉)나라 사람이 남겨놓은 기록을 사용하고 오로지 유씨와 석씨 등의 책만을 수록하고 있다. 이 역시 인습(因習)에 꽉 막혀서 알맞게 변화해야 함을 모르는 것이다)

當晉宅江 · 淮, 實膺正朔, 嫉彼群雄, 稱爲僭盜. 故阮氏『七錄』, 以田 · 范 · 裴 · 段諸記, 劉 · 石 · 苻(舊作'符') · 姚等書, 別創一名, 題爲"僞史". 及隋氏受命, 海內爲家, 國靡愛憎, 人無彼我; 而世有撰『隋書經籍志』者, 其流別群書, 還依(一作'同')阮『錄』. 案國之有僞, 其來尙矣. 如杜宇作帝, 勾踐稱王, 孫權建鼎峙之業, 蕭察爲附庸之王 : 而揚雄撰『蜀紀』, 子貢著『越絶』, 虞裁『江表傳』, 蔡述『後梁史』. 考斯衆作, 咸是僞書, 自可類聚相從, 合成一部, 何止取東晉一世十有六家而已乎?(釋 : 此節'僞史'二字, 只當'偏紀'二字用. 古近偏紀, 皆可依類同編. 而隋志泥定晉人遺錄, 專收劉 · 石等書, 是亦滯於因習, 而不知適變者)

## 18-9

무릇 왕실이 장차 무너지고 천하의 패권을 장악하려는 세력이 봉기할 때가 되면 반드시 충신과 의사(義士)가 있어 절개를 지키기 위해 목숨을

---

史)를 지냈고, 『강표전』을 편찬하였다. 『신당서』 권190상, 「문원전(文苑傳)」에, 채윤공은 수(隋)의 관직 기거사인(起居舍人)으로 있으면서 『후량춘추(後梁春秋)』 10권을 지었다. 후량이란 강릉(江陵)에서 소찰(蕭察)에 의해 건국된 왕조를 말한다. 「세가(世家)」편의 주에 보인다.

바친다. 예컨대 위황(韋晃)과 경기(耿紀)는 군사를 일으켜 조조(曹操)를 토벌하여 죽이고자 모의하였고,[39] 문흠(文欽)과 제갈탄(諸葛誕)은 군사를 일으켜 사마의(司馬懿)의 죄를 따졌지만 위(魏)와 진(晉)의 사신(史臣)들은 그들을 기재하면서 도적[賊]이라 불렀다.[40] 이는 당시 권력을 잡은 사람들에게 압력을 받아서 사실 그대로 말하기 어려웠기 때문일 것이다. 순제(荀濟)와 원근(元瑾) 같은 사람들은 동위(東魏) 효정제(孝靜帝) 말년에 목숨을 바쳤고,[41] 왕겸(王謙)과 위지형(尉遲迥)은 북주(北周) 말년에 절개를 지키다 죽었는데 이연수(李延壽)가 저술한 『북사(北史)』의 북제 부분과 안사고(顔師古)가 서술한 『수서(隋書)』중에 이런 사실을 수록하면서[42] 이들은 당시

39 『후한서』 권9, 「헌제기(獻帝紀)」에, 건안(建安) 23년(218), 소부(少府) 경기와 승상사직(丞相司直) 위황이 군대를 일으켜 조조를 죽이려다 실패하고 삼족이 죽임을 당했다고 했다. 『삼국지』 권1, 「위지」 「무제기」에, 한 태의령(太醫令) 길본(吉本)과 소부 경기, 사직(司直) 위황 등이 반란을 일으켜 허(許)를 공격하여 승상장사(丞相長史) 왕필(王必)의 군영을 불태웠지만 왕필과 엄광(嚴匡)이 토벌하여 죽였다고 했다. 역주 : 이에 대한 배송지주(裴松之注)에 인용된 『삼보결록주(三輔決錄注)』에는 더 상세한 이야기가 수록되어 있다.

40 『삼국지』 권28, 「위지」 「관구검전(毌丘儉傳)」에, 양주자사(揚州刺史) · 전장군(前將軍) 문흠과 관구검이 태후의 조서를 속여 대장군 사마소(司馬昭)의 죄상을 밝히고 거병하여 반기를 들었다. 사마소가 병사를 거느리고 토벌하여 패배시켰다. 문흠이 오(吳)로 도망갔는데 오에서는 그를 진북장군(鎭北將軍)에 임명하였다고 했고, 또 『삼국지』 권28, 「위지」 「제갈탄전」에, 탄의 자는 공휴(公休)이다. 사마사(司馬師)가 동정(東征)하면서 제갈탄으로 하여금 군대를 독려하여 수춘(壽春)으로 나아가게 하였다. 문흠을 공격하였다. 제갈탄은 왕릉(王凌)과 관구검이 주살당하는 것을 보고 스스로 불안하여 드디어 반란을 일으켰다. 오나라 사람들과 문흠이 내응(來應)하였다. 대장군 사마소가 친히 토벌하였다. 문흠과 제갈탄 사이에 틈이 생기자 제갈탄이 문흠을 죽였다. 대장군이 이에 직접 포위하고 공격하여 제갈탄을 죽였다. 제갈탄의 휘하의 군사들이 항복하지 않고 모두 말하기를, '제갈공을 위해 죽는다면 여한이 없다'라고 했다.

41 『북사』 권6, 「제문양제기(齊文襄帝紀)」에, 상서사부랑중(尙書祠部郎中) 원근(元瑾)과 양(梁)으로부터 투항해온 순제(荀濟) 그리고 회남왕(淮南王) 선홍(宣洪) 등이 음모하여 문양제[高澄]를 죽이려다 발각되어 죽임을 당했다고 했다. 또 『북사』 권83, 「문원전」에, 순제의 자는 자통(子通)이다. 후에 난을 일으키는데 참여하였다가 잡혔을 때 양음(楊愔)이 말하기를, '이렇게 나이가 많은데 어찌 그런 일을 저질렀는가' 하니 순제가 대답하기를, '기질이 그러해 그런 것인데 나이가 무슨 상관이 있는가'라 하였다.

42 안사고(顔師古)의 『수서』 권1, 「고조기」 상에, 상주총관(相州總管) 위지형은 스스로

권력으로부터 핍박받을 것을 두려워하지 않아도 되는 상황이었으니 마땅히 잘못을 바로잡아야 할 일이었지만, 그들은 모두 여전히 고치지 않고 위에서 언급한 몇 사람을 반역하였다고 했다. 역사적 사실을 이렇게 기록한다면 포폄의 원칙이 어떻게 실현될 수 있겠는가?(釋 : 이 구절에서는 망국(亡國)에 대한 충절을 지켜 새로운 왕조의 명을 거역한 사람들이 대대로 오명을 받고 있는 점을 지적하고, 훗날 편찬된 사서에서는 당연히 그 충절을 제대로 기술해야 하지만 이연수(李延壽)나 안사고(顔師古) 같은 사람들은 여전히 곡필하고 있는데 이는 크게 잘못된 것이라 했다. ○조목별 반박은 여기까지이고 이하에서는 전체적인 결론을 내리고 있다)

夫王室將崩, 霸圖云構, 必有忠臣義士, 捐生殉節. 若乃韋・耿謀誅曹武, 欽・誕問罪馬文,(司馬昭) 而魏・晉史臣書之曰賊, 此乃迫於當世, 難以直言. 至如荀濟・元瑾蘭摧於孝(一訛作'李')靖之末, 王謙・尉迥玉折於宇文之季, 而李(百藥)刊齊史, 顔(師古)述隋篇, 時無逼畏, 事須矯枉, 而皆仍舊不改, 謂數君爲叛逆. 書事如此, 褒貶何施.(釋 : 此節言勝國拒命之士, 輿代被以惡名, 後來修史, 應申其節, 李・顔輩因仍曲筆, 大非也. ○條駁止此, 已下總結)

---

중신(重臣)이자 경험 많은 장수라 여기고 불만이 많았다. 드디어 동하(東夏)에서 거병하였다. 고조가 위효관(韋孝寬)에게 토벌을 명하여 위지형을 패배시키고 그 목을 황제에게 바쳤다. 처음 위지형이 반란을 일으켰을 때 상주국(上柱國) 왕겸은 익주총관(益州總管)이었는데 나이 어린 군주가 재위하면서 정치가 고조에 의해 행해지자 드디어 파촉(巴蜀)의 무리를 모아 나라를 바로잡는다는 명분으로 검각(劍閣)으로 진출하여 주둔하고 시주(始州)를 함락하였다. 양예(梁睿)에게 토벌을 명하여 평정하였다"라고 했다. 按 : 『북주서(北周書)』 권21, 「왕겸전」에, 왕겸의 자는 칙만(勅萬), 위지형의 자는 박거라(薄居羅)라고 했다. 또 살펴보니, 안사고가 왕겸과 위지형의 사실을 서술함에 있어서 그들의 열전에서 다르게 다루고 있다. 다른 신하들의 경우 예컨대 고경(高熲)・왕술(王述)・이덕림(李德林)・양사언(梁士彦) 등의 열전에서 이들 두 사람을 언급할 경우에는 모두 '적(賊)'・'역(逆)'이라 쓰고 있다. 즉 '왕겸이 난을 일으켰다', '위지경이 모반하였다' 등인데 이런 표현이 한두 군데가 아니다. 마땅히 『사통』이 지적할 만하다.

## 18-10

옛날 한(漢)나라 때 어떤 사람이 자기 집에서 상주문을 쓰면서 갈공(葛龔)이 지은 문장을 모르게 가만히 베껴서 황제에게 올리려 했다.[43] 그러나 문장을 모두 베끼면서도 이름을 고쳐 적을 줄을 몰랐다. 당시의 사람들이 이를 일러 말하기를, "상주문을 아무리 잘 베꼈더라도 마땅히 갈공이라는 이름은 없애야 한다"라고 하였는데, 한단씨(邯鄲氏)가 『소림(笑林)』을 편찬하면서 이러한 사실을 웃음거리로 실었다.[44] 오호라! 자고이래 두루 살펴보건대 이러한 부류의 사실은 특별히 많아 당연히 없애야 하는데도 없애지를 못하는 것이 어찌 '갈공' 한 사례뿐이겠는가? 무엇 때문에 이런 일로 인하여 남의 웃음거리가 되는 비난을 받을 수 있겠는가. 무릇 사가들이 만일 사실을 상세하고 신중하게 분석하고 정밀하게 문장을 배치하고, 한 가지 일을 들어 보이면서 스스로 반성하여 세 가지를 미루어 아는 것처럼,[45] 과거의 이러한 일을 알려주면 그로 미루어 앞일을 알게 되어[46] 아마 큰 잘못을 저지르지는 않을 것이다.

昔漢代有修奏記於其府者, 遂盜葛龔所作而進之; 旣具錄他文, 不知改易名姓, 時人謂之曰: "作奏雖工, 宜去葛龔." 及邯鄲氏撰『笑林』, 載之以爲口實. 嗟乎! 歷觀自古, 此類尤多, 其有宜去而不去者, 豈直葛龔而已! 何事於斯, 獨致解頤之誚也. 凡爲史者, 苟能識事詳審, 措辭精密, 擧一隅以三隅反, 告諸往而知諸來,(一多'者'者) 斯庶幾可以無大過矣

43 『후한서』 권80상, 「문원전」 상에, 갈공의 자는 원보(元甫)이다. 문장을 잘 쓴다고 이름이 났다고 했다. 按: 이 편의 끝에도 인용하였는데, 장회(章懷)의 주에 보인다.

44 『수서경적지』 「자부(子部)」 '소설(小說)'에, 『소림(笑林)』 3권, 후한 급사중(給事中) 한단순(邯鄲淳)이 편찬하였다고 했다. 역주: 현재에는 다만 『옥함산방집일서보편(玉函山房輯佚書補編)』에 26조(條)를 모은 1권이 보일 뿐이다.

45 역주: 『논어』 「술이(述而)」편에 보이는 말이다.

46 역주: 『논어』 「학이(學而)」편에 보이는 말이다.

按 :「인습」편의 '인(因)'자는 내포하는 뜻이 다르다. 어떤 것은 옛날 것이 옳고 후일 그대로 따라한 것이 틀리기도 하고, 어떤 것은 이전 사람이 이미 그다지 정확하게 설명하지 못한 것을 후세 사람이 따라함으로써 여전히 잘못하는 경우도 있다. 어떤 경우에는 지나간 예(例)를 따르면서도 그대로 따르지 못하는 경우가 있고, 스스로 만든 예를 따르면서도 자신도 그대로 하지 못하는 경우도 있다. 당대(當代)의 서례(書例)가 맞더라도 다른 시대에도 반드시 그대로 할 필요가 없는 것은 그대로 따라서는 안 된다. 조목조목 나누면 분명해지고, 한데 섞어 거론하면 곧 혼란스러워진다.(本篇'因'字, 該義不同. 有在昔爲是, 而在後因之則非者; 有前人旣疏, 而後人因之仍誤者; 有因往例, 而不盡因者; 有自爲例, 而不自因者; 有當代書例則然, 而異代不必因, 不當因者. 條分乃晰, 混擧則蒙)

'위사(僞史)' 구절은 깨닫기가 매우 어려웠다. 평론가들은 대부분 십육국사(十六國史) 문제와 관련하여 '위(僞)'자에 갇혀 있는 모양이고, 『월절서(越絶書)』는 '자공이 지었다[子貢作]'는 세 글자에 매임에 따라 많은 놀라움과 의혹(疑惑)이 생기게 되었다고 했다. 나도 처음에는 마찬가지로 미련하고 융통성이 없어 그 구속을 벗어나지 못했지만 몇 번을 살펴보고 나서야 비로소 유지기의 뜻이 다만, "대개 통치지역이 한 쪽에 치우쳐 있는 나라의 사서는 일문(一門)으로 모을 수 있다"라고 한 것을 깨달았다. 이 말은 가장 공평하고 솔직하다. 대개 동진(東晉)의 십육국(十六國)은 바로 당말(唐末) 십국(十國)과 같다. 『송사예문지』를 살펴보니 사류(史類)의 말미에 따로 '패사(霸史)'라는 일문(一門)을 두어 첫머리에 『월절서(越絶書)』·『구주춘추(九州春秋)』 등의 책이 열거되어 있다. 다음으로 상거(常璩)·화포(和苞)·범형(范亨) 등이 지은 각종 지기(志記)가, 그 다음으로 남당(南唐)·촉(蜀)·민(閩)·오(吳)·월(越)·형(荊)·상(湘)·초(楚)의 소사(小史) 및 유서(劉恕)의 『십국기년(十國紀年)』 등이 모두 빠짐없이 수록되었고, 여러 대에 걸친 기록들이 포함되었다. 이를 통해 유지기가 주장한 바가 일찌감치 『송사(宋史)』의 범주를 가로막는 울타리를 제거하고 새로운 길을 열어주었다는 점을 알 수 있다. 전후(前後) 사서의 「예문지(藝文志)」·「경적지(經籍志)」 등을 펼쳐보면 한 시대의 책만을 수록하는데 그친 경우가 없지만, 『수서경적지』가 홀로 범위를 좁게 하여 수록하였으며 『당서경적지』가 다시 이를 따름으로써 다만 완효서(阮孝緖)의 『칠록(七錄)』을 모방할 뿐 자신의 견해를 정리할 수 없었다. 때문에 사람들에게 매우 쉽게 비웃음거리가 되었던 것이다.(僞史一節, 猝難會悟. 議者大率於十六國史牢執'僞'字, 於『越絶書』牢執'子貢作'三字, 遂生多少驚疑. 愚初亦鍥舟以求, 不能灑脫. 至第三易稿, 乃始悟劉之意不過曰 : 凡方隅偏據之史, 皆可收歸一門. 語最平直也. 蓋東晉之十六國, 正如殘唐之十國也. 考宋史藝文志, 於史類之末, 分置覇史一門, 首列『越絶』·『九州春秋』等書, 次則常璩·和苞·范亨諸志記, 其後則南唐·蜀·閩·吳·越·荊·湘·湖·楚諸小史, 以及劉恕之『十國紀年』, 幷錄無遺, 兼該數代. 以是知子玄所言, 早爲『宋史』闢其藩籬也. 歷覽前後史諸志藝籍者, 從無一門止收一時之冊, 而『隋志』獨立此狹門, 『唐志』復因之, 狃於阮錄, 不能自出, 宜爲通識所嗤矣)

최홍(崔鴻)의 『십육국춘추(十六國春秋)』는 『구당서경적지(舊唐書經籍志)』에는 있는데 『송사예문지(宋史藝文志)』에는 없다. 언제 산일(散佚)되었는지 알 수 없다.(崔鴻『十六國春秋』, 『唐志』有, 『宋志』無, 不知何年散佚)

# 「읍리(邑里)」 제19

혹 「인습하」라고 한다.[1] [或作'因習下']

앞의 「인습」편에서는 사서편찬에 있어서 과거의 전례를 그대로 따르는 일반적인 습관이 지닌 문제점을 지적하였다면, 이 「읍리」편은 역사적 인물의 본적지(籍貫)에 관한 문제에 국한하여 과거의 전례를 그대로 따르는 문제점을 비판하였다. 역사적 인물에 대한 평가와 관련하여 특히 후한이래 위진남북조를 거쳐 수당에 이르는 시기에 있어서 본적지 문제는 매우 중요한 의미를 지닌다. 이러한 본적지 문제와 관련하여 유지기는 '사람에게는 고정된 성질이 없기 때문에 거주하는 지역에 따라 변하게 된다'는 기본적인 인식을 가지고 족망(族望) 혹은 군망(郡望)으로 실제 역사적 상황을 오도(誤導)하는 것을 지적하였다. 따라서 유지기는 읍리[籍貫]를 자세하게 살피는 일과 관련하여, 시대마다 행정구역의 변화

1 역주 : 「읍리(邑里)」편을 송본(宋本) · 정본(鼎本) · 황본(黃本) 등에서는 모두 "「인습하」 제19, 「읍리」편이라고도 한다"라고 했다. 이 편의 내용이 모두 읍리의 인습(因習)을 다루고 있어서 「인습하」편이 유지기 본래의 편제(篇題)일 수도 있다고 했다. 程千帆, 『史通箋記』, p.101 참조.

를 자세하게 정리하고 있는데도 불구하고 변한 구역의 명칭을 직접 밝혀주지 않음에 따라 해당 인물을 이해하는데 장애가 될 수 있다고 하였다. 특히 동진(東晉) 이후 강남 땅에 실제 존재하지 않는 교주(僑州)와 교현(僑縣)을 사용함으로써 본적에 허명(虛名)을 사용하는 모순이 생겨나고, 천하 통일 이후에도 이미 폐지되거나 명칭이 바뀐 주군(州郡)이 적지 않은데도 여전히 옛 명칭을 사용하여 적관을 표시하고 있는 점을 강하게 비판하였다. 특정한 인물이 태어난 지방을 정확하게 표현하는 일은 그 사람은 물론 일족(一族)을 이해하는데 매우 중요하였기 때문이다.[2] 따라서 유지기는 세상에서는 높은 문벌을 중시하고 사람들은 보잘것없는 가문을 경시하면서 자기 일족을 배출한 지방을 서로 자랑하고 있지만 근고(近古)에 와서 이런 부류의 말은 대부분 거짓이었고, 심지어 비(碑)에 새겨져 있는 분봉된 제후가 쓰던 나라이름이 모두 다른 지명을 쓸데없이 끌어들여 자기의 본적지로 하고 있음을 아울러 비판하였다.

## 19-1

옛날 『오경(五經)』이나 『제자서(諸子書)』에는 수많은 인물들을 적고 있는데, 비록 씨족들은 찾아 살필 수 있지만 출신 읍리(邑里)[즉 적관(籍貫)]는 상세하게 알기 어렵다. 태사공(太史公)[司馬遷]에 이르러 비로소 이러한 체례(體例)를 고치기 시작했다. 대개 예전의 열전(列傳)에는 먼저 본적지를 적었다. 국가는 확대되거나 축소될 수 있고, 현(縣)이나 향(鄉) 또한 합쳐지거나 줄어들 수 있기 때문에 각 시기에 따라 기재함으로써 상세한 사실을 분명하게 밝히고 있다. 살펴보건대 하후효약(夏侯孝若)이 편찬한 「동

2 역주 : 유지기의 견해에 대한 이유정(李維楨) · 곽연년(郭延年), 포기룡 등의 평가는 趙呂甫, 『史通新校注』, pp.359-360 참조.

방삭찬(東方朔贊)」에 이르기를, "동방삭의 자는 만천(曼倩)이며 평원군(平原郡) 염차현(厭次縣) 사람이다. 위(魏) 건안(建安 : 196-220)[3]연간에 염차현을 나누어 낙릉군(樂陵郡)으로 하였기 때문에 낙릉군 사람이라고도 한다"[4]고 하였다. 무릇 사람이 죽은 다음에 지명이 바뀌면 이 사실을 다시 추가하여 후세에 알려주어야 한다. 살아 있을 때의 사정을 알아야 하기 때문에 마땅히 상세히 기록해야 한다.(釋 : 가장 먼저 향리를 기재하는 원칙을 밝히고 그 원위(原委)를 중시하여 득실(得實)을 자세히 밝히고자 하였다)

昔『五經』· 諸子, 廣書人物, 雖氏族可驗, 而邑里難詳. 逮太史公始革玆體, 凡(舊作'惟')舊有列傳, 先述本居.(一作'太古') 至於國有弛張, 鄕有併省, 隨時而載, 用明審實. 案夏侯孝若撰『東方朔贊』云,(一少'云'字) "朔字曼倩, 平原厭次人. 魏建安中, 分厭次爲樂陵郡, 故又爲郡人焉." 夫以身沒之後, 地名改易, 猶復追書其事, 以示後來. 則知身(或訛'生', 或作'在')生之前, 故宜詳錄者矣.(釋 : 首揭書里之法, 貴原委詳明得實)

## 19-2

정말 이상한 것은, 진(晉)나라가 천하를 차지한 이후 낙양(洛陽)이 함락되어 왕 · 공 · 귀족이 남으로 옮겨가 동진을 건국하고 강남에 교주(僑州)

---

3 역주 : 건안은 후한 헌제(獻帝)의 연호이다. 하후잠은 조조가 정권을 장악한 시기라고 하여 '위(魏) 건안' 연간이라 했지만, 실제로는 '후한' 혹은 '헌제'라고 표기해야 한다.

4 역주 : 『문선』 권47에 「동방삭화찬병서(東方朔畫贊幷書)」가 수록되어 있다. 하후담(夏侯湛 : 252-291)의 자는 효약(孝若)이고 서진(西晉)의 문인이다. 문재(文才)가 뛰어나 반악(潘岳)과 함께 '연벽(連壁)'이라 일컬어졌다. 진수의 『삼국지』를 보고 감탄하여 자신이 편찬한 『위서(魏書)』의 초고(草稿)를 폐기하였고, 『하후담집(夏侯湛集)』 10권을 남겼다고 했지만 현재는 전하지 않고 다만 그 집문 54편이 엄가균(嚴可均)의 『전진문(全晉文)』에 전한다. 『진서(晉書)』 권55에 열전이 있다.

와 교현(僑縣)을 설치하였기 때문에,[5] 다시는 조상이 대대로 살아 온 고향[桑梓]이 존재하지 않았다. 그리하여 하늘의 두(斗)·우(牛)[6] 별자리에 해당하는 강남의 오월(吳越)지역에 다시 (북방의) 청주(靑州)·서주(徐州)·기주(冀州)·예주(豫州) 등 주군(州郡)을 두었다. 그리하고도 남북의 지명이 혼란하지 않고 치수(淄水)와 승수(澠水)를 구분할 수 있겠는가?[7] 이렇게 허명(虛名)으로서 본적을 표시한 것이 이미 오랜 시기가 지났는데도 고치지 않고 있다. 그 후 시대가 많이 흐르고 또 천하가 통일되어,(당(唐)의 경우를 말한다) 주군(州郡)의 폐지와 설치가 항상 일정하지 않아 명칭이 고금(古今)에 각각 달랐는데도, 작자들은 열전(列傳)을 쓰면서 늘 "모(某) 지방 사람이다"라고 말하면서 지명은 모두 옛 명칭을 취하여 오늘날에 사용하고 있다.(原注 : 근래의 사서에서 왕씨(王氏)의 열전을 쓰면서 "낭야(瑯琊) 임기(臨沂) 사람"이라 하고, 이씨(李氏)의 열전을 쓰면서 "농서(隴西) 성기(成紀) 사람"이라 하는 것이 이에 속한다. 왕씨와 이씨는 이미 본적지를 떠났을 뿐만 아니라 이때에는 이러한 군현(郡縣)도 없었다. 모두 진(晉)과 위(魏) 이전의 옛 명칭이었다) 사실 그대로를 기록한다는 것이 어찌 어렵지 않겠는가?(釋 : 여기서는 바로 현재의 일을 서술

5 『진서(晉書)』 권15, 「지리지(地理志)」 하에, "진은 하남에 도읍하였지만 여전히 위의 명칭대로 사주(司州)라 하였다. 동진의 원제(元帝)가 강남에 정권을 수립하고 서주(徐州)를 교립(僑立)하고 있지만 본래의 서주 지역은 아니었다. 후에 심양(尋陽)에 홍농군(弘農郡)을, 무릉(武陵)에 하동군(河東郡)을, 경구(京口)에 연주(兗州)를 각각 교립하였다. 후일 광릉(廣陵)을 남연주(南兗州)라 고치고, 또 청주(靑州)를 교주로 설치하였고, 또 진류군(陳留郡)과 산양군(山陽郡)으로 나누었다. 옹주(雍州)를 양양(襄陽)에 교립하였고, 양양을 나누어 경조(京兆)·부풍(扶風)·하남(河南)·광평(廣平) 등의 군으로 하였다. 그리고 서주(徐州)·형주(荊州)·양주(揚州) 등 세 주의 기록에는 유(幽)·기(冀)·청(靑)·병(幷)·옹(雍)·양(涼)·연(兗)·예(豫) 등 여러 주(州)의 읍명(邑名)이 잘못 붙여져 나오지만 너무 많아 일일이 기록할 수 없다.

6 역주 : 북두성과 견우성을 가리키는데 이 두 별자리는 오월과 양주(揚州)지방을 가리킨다. 『진서(晉書)』 권11, 「천문지(天文志)」 상과 『사기』 권27, 「천관서(天官書)」 참조.

7 역주 : 치수와 승수는 모두 현재 산동성에 있는 물[川]을 가리킨다. 전하기를 물맛이 다르지만 합쳐놓으면 구분하기가 어렵다고 하였다. 『여씨춘추』 「정유(精諭)」편에, 공자가 이르기를, "치수와 승수를 합한다고 하더라도 (제나라 환공의 신하로서 맛을 감별하는데 능했던) 이아(易牙)라면 능히 구분해 낼 것이다"라고 하였다. 후일 구분하기 어려운 사물을 가리킬 때 흔히 사용하였다.

하면서 교주(僑州)와 교현(僑縣)의 명칭을 받아들여 사서에 옛 명칭을 그대로 쓰고 있으니 어찌 사실 그대로를 썼다고 하겠는가라고 하였다)

異哉! 晉氏之有天下也, 自洛陽蕩覆, 衣冠南渡, 江左僑立州縣, 不存桑梓. 由是斗牛之野, 郡有青·徐; 吳·越之鄉, 州編冀·豫. 欲使南北不亂, 淄·澠可分, 得乎?(此二字一作'其于', 屬下句) 繫虛名於本土者, 雖百代無易.(二句有訛脫, 文亦可省. **釋**: 此層爲貼身引端, 從晉家東渡, 僑置紛淆起議) 旣而天長地久, 文軌大同.(二句入唐) 州郡則廢置無恒, 名目則古今各異. 而作者爲人立傳,(指現在事) 每云某所人也. 其他皆取舊號, 施之於今.(**原注**: 近代史爲王氏傳, 云'瑯琊臨沂人'; 爲李氏傳, 曰'隴西成紀人'之類是也. 非惟王·李二族久離本居, 亦自當時無此郡縣, 皆是晉·魏已前舊名號) 欲求實錄, 不亦難乎!(**釋**: 此層正述現在事, 承僑置之遺, 而書里襲舊, 詎云得實)

## 19-3

또한 사람에게는 고정된 성질이 없기 때문에 거주하는 지역에 따라 변하게 된다. 그러므로 형(荊) 땅에서 태어난 사람은 모두 초(楚)의 방언을 쓰고, 진(晉) 땅에 거주하는 사람은 치아가 누렇다.[8] 동진(東晉)이 남쪽

---

8 혜강(嵇康)의 『양생론(養生論)』에, 흰 이도 머리에 있으면 까매지고[蝨處頭而黑], 사향노루는 측백나무 잎을 먹으므로 향기가 있고[麝食柏而香], 사람이 산 중 험한 곳에 살면 목에 혹이 쉽게 자라며[頸處險而癭], 사람이 진(晉) 땅에 살면 치아가 쉽게 누렇게 변한다[齒居晉而黃]. 이러한 정황으로 미루어 말하자면 모든 음식물의 기(氣)가 성명(性命)과 신체에 영향을 주어 그에 상응하는 변화가 발생하지 않음이 없다고 했다. 『문선(文選)』의 이선주(李善注)를 살펴보니, 이[蝨]·사향노루[麝]·목[頸] 등은 모두 그렇게 된 증거를 들어 설명하고 있지만, 치아가 누런색으로 변한다는 구절에만 그 이유가 없다. 대개 당시에 이미 그 이유를 살필 수가 없었을 것이다. 『사통』에서는 직접 혜강의 말을 인용하였다. 역주 : 그러나 일설에는 진나라 사람들이 특히 대

으로 천도하고, 북위(北魏)이래 이미 일곱 왕조를 거쳤으며, 강남 사람이 북쪽으로 건너간 것이 이미 한 대(代)에 그치지 않고 있다. 그런데도 여전히 본래 거주하던 나라의 지명을 옳다하고, 현재의 지명을 틀리다고 하였다. 그러면 공자의 가문은 창평(昌平)에 거주하였고,[9] 후한 광무제의 비(妃) 음려화(陰麗華)의 가문은 신야(新野)에 거주하였으니,[10] 이를 원류(源流)에 따라 말하자면 공자는 송 미자(宋微子)의 후손이고 음씨는 관중(管仲)의 후손으로서 제(齊)나라 사람이요, 송(宋)나라 사람이지, 노(魯)나라 사람과 등(鄧)나라 사람은 아니다. 자고이래 살펴보아도 그러한 원칙을 찾을 수 없다.(原注 : 당시 국사(國史)를 편찬하면서 나는 「이의염전(李義琰傳)」의 편찬이 배당되었다.[11] 이의염의 가문은 위주(魏州) 창락(昌樂)에서 거주한 지 이미 3대가 지났기 때문에 나는 "의염은 위주 창락 사람이다"라고 썼다. 감수(監修)하던 사람이 보고 크게 웃으면서 사서의 체례를 많이 어겼다고 여겼다. 그리하여 이씨의 옛 족망(族望)에 따라 "농서(隴西) 성기(成紀) 사람"으로 고쳤다. 나의 의견이 받아들여지지 않았기 때문에 이러한 말을 하는 것이다)[12](釋 : 여기서는 앞에서 설명한 내용과 통한다.

---

추[棗]를 좋아하였기 때문이라고 한다. 趙呂甫, 『史通新校注』, p.355 주)23 참조.

9 『사기』 권47, 「공자세가(孔子世家)」에, 공자는 노나라 창평(昌平)의 추읍(陬邑)에서 출생하였는데 그의 조상은 송(宋)나라 사람으로 공방숙(孔防叔)이었다고 했다. 『사기색은(史記索隱)』에, 『공자가어(孔子家語)』에 이르기를, 송 미자(微子)의 후예이다. 송양공(襄公)으로부터 공부가(孔父嘉)까지 5대가 모두 친족으로서 구별하여 공족(公族)으로 하였고, 성을 공씨(孔氏)라 하였다. 공방숙에 이르러 화씨(華氏)의 핍박이 두려워 노(魯)로 도망했다. 때문에 공씨를 노나라 사람이라 하는 것이라 했다.

10 『자치통감(資治通鑑)』 권40, 「광무기(光武紀)」 건무(建武) 원년(25)에, 광무제가 완(宛)에 있을 때 신야(新野)의 음씨(陰氏)의 딸 여화(麗華)를 아내로 받아들였다고 했다. 호삼성(胡三省)의 주(注)에 『풍속통의(風俗通義)』를 인용하여, 관수(管修)는 제(齊)로부터 초(楚)로 가서 음(陰)의 대부가 되었고 그 후손이 모두 음씨가 되었다고 했다. 『씨족대전(氏族大全)』에, 관수는 관중(管仲)의 7세손(世孫)이라 했다. 『후한서』 권32, 「음식전(陰識傳)」에, 진 · 한교체기에 비로소 신야(新野)에 거주하였다고 했고, 『한서』 권28상, 「지리지」 상에, 신야(新野) · 등(鄧)은 남양군(南陽郡)에 속한다고 했다.

11 역주 : 유지기가 소지충(蕭至忠)에게 보낸 편지의 내용에 보이는 '오불가(五不可)' 중 마지막 불가함으로 지적한 '오늘날의 감수자는 편찬임무를 분배하지 않으니……' 라는 내용을 통해 편찬의 업무가 배당되었음을 알 수 있다. 『신당서』 권132, 「유자현전(劉子玄傳)」 참조.

따라서 세 부분이 한 구절로서 스스로 본적을 적을 때는 사실을 적어야 하는데 당시의 논의에 따랐다고 하니 이상하다고 하겠다)

且人無定質,(舊訛作'所') 因地而化. 故(一無'故'字)生於荊者, 言皆成楚; 居於晉者, 齒便從黃. 涉魏而東, 已經七葉; 歷江而北,(一作'左') 非唯一世. (四句謂南北互徙, 本唐而言, 不蒙南渡) 而猶以本國爲是, 此鄕爲非. 是則孔父里於昌平,(舊訛'平昌') 陰氏家於新野, 而系纂微子, 源承管仲, 乃爲齊 · 宋之人, 非關(一作'曰')魯 · 鄧之士. 求諸自古, 其義無聞.(原注 : 時修國史, 予被配簒「李義琰傳」. 琰家於魏州昌樂, 已經三代, 因云 : "義琰, 魏州昌樂人也." 監修者大笑, 以爲深乖史體, 遂依李氏舊望, 改爲隴西成紀人. 旣言不見從, 故有此說. **釋** : 此層卽申透上意, 通三層爲一節. 自訴書里從實, 而反招時議, 爲可怪也)

## 19-4

또한 세상에서는 문벌귀족[高門]을 중시하고, 사람들은 보잘 것 없는 가문[寒族]을 경시하면서 자기 일족의 명성[族望]을 배출한 읍리(邑里)를 서로 자랑한다. 예컨대 응중원(應仲遠)이 정현(鄭玄)에 빌붙어 자신을 여남(汝南)의 응소(應劭)라고 하였고, 공문거(孔文擧)가 조조(曹操)에게 대답하여 스스로를 노국(魯國)의 공융(孔融)이라고 칭한 것이 바로 그것이다.[13] 근고(近

---

12 역주 : 유지기가 당사(唐史)의 편찬에 참여한 것은 무후(武后) 3년(703)의 일이다. 현존하는 신 · 구 『당서』의 「이의염전」에는 모두 "위주(魏州) 창락(昌樂) 사람이고, 그 조상은 농서(隴西) 망족(望族) 출신"이라고 쓰여 있다. 따라서 유지기의 의견을 따라 기록되었음을 알 수 있다. 傅振倫, 『劉知幾年譜』, 臺灣商務印書館, 1982, pp.76-77 참조.

13 『후한서』 권35, 「정현전(鄭玄傳)」에, 원소(袁紹)가 빈객을 모두 모이게 하고 정현에게 참석을 청하였다. 그때 여남(汝南)의 응소(應劭) 역시 원소에게 가 있었다. 때문에 자찬(自贊)하기를, '옛 태산태수(太山太守) 응중원(應仲遠)[應劭]이 제자를 칭하고자 하는데 어떠합니까?'라고 했다.(역주 : 『후한서』 권48, 「응봉전(應奉傳)」에, 응봉의 자는

古)에 와서 이런 부류의 말은 대부분 거짓이었다. 심지어 비(碑)에 새겨져 있는 족성(族姓)의 기원조차 다른 지명을 쓸데없이 끌어들여 자신들의 본적지로 하고 있다. 예컨대 원씨(袁氏)들을 칭하는 경우에 진군(陳郡)이라 꾸미고, 두씨(杜氏)들을 말하는 경우에 경읍(京邑)을 덧붙이고, 유씨(劉氏)들의 시원(始源)을 모두 팽성(彭城)이라 말하고, 위씨(魏氏)들은 모두 거록(鉅鹿)이라 일컬었다.[14](原注 : 지금 병성(邴姓)과 홍성(弘姓)은 국휘(國諱)를 범하였기 때문에 모두 이씨(李氏)로 고쳤다.[15] 만일 그들의 본적[邑里]을 적어야 한다면 반드시 농서(隴西) 조군(趙郡)이라 말해야 한다. 가성(假姓)이 오히려 이와 같으니 진성(眞姓)은 미루어 알 수 있다. 또한 지금 서역(西域)의 호인(胡人)들은 명씨(明氏)와 비씨(卑氏)가 아주 많다.[16] 5등 작위를 봉하는 경우 혹 평원공(平原公)이라 하거나 혹은 동평자(東平子)라 칭하는데 명씨는 평원에서 나왔고 비씨는 동평에서 나왔다는 이유 때문이다. 변방 이적(夷狄)과 잡종들이 오히려 좋은 명칭을 도용하고 있는데도 중하(中

---

세숙(世叔)이고 여남 남돈(南頓) 사람이다. …… 아들 소(劭)의 자는 중원(仲遠)이다. 『중한집서(中漢輯序)』·『풍속통(風俗通)』 등을 지었고, 저술이 모두 136편(篇)이나 되었다고 했다. 여남은 응씨의 족망(族望)의 소재지로 여남을 내세워 자신의 문벌을 자랑하였던 것이다) 그리고 『후한서』 권54, 「양표전(楊彪傳)」에, 조조가 상주하여 양표를 옥에 가두었다. 공융이 조조에게 나아가 말하기를, '양공(楊公)은 4세(世)가 덕을 지켜온 가문인데 공[曹操]께서 지금 무고하게 마음대로 죽이고 하시니 공융은 노나라의 남자로써 곧 의관을 떨치고 가서 다시 조정에 돌아오지 않을 것'이라 하였다. 『후한서』 권70, 「공융전」에, 융의 자는 문거(文擧)이고, 노나라 사람으로 공자의 20세 손(孫)이라 했다.

14 역주 : 당초(唐初) 관찬사서인 『수서(隋書)』에는 반드시 읍리를 밝혀 족망을 자랑하였는데, 예컨대, 권69, 「원충전(袁充傳)」에서는 원충을 진군(陳郡) 양하(陽夏) 사람, 권54, 「두정전(杜整傳)」에서는 두정을 경조(京兆) 두릉(杜陵) 사람, 권71, 「성절열전(誠節列傳)」「유홍전(劉弘傳)」에서는 유홍을 팽성(彭城) 총정리(叢亭里) 사람, 권58, 「위담전(魏澹傳)」에서는 거록(鉅鹿)하 곡양(曲陽) 사람이라고 각각 칭하고 있다. 이 같은 족망의 중시는 『송서(宋書)』 권94, 「은행전(恩倖傳)」 서(序)와 『신당서』 권199, 「유학전(儒學傳)」「유충전(柳沖傳)」에 보이는 유방(劉芳)이 씨족(氏族)을 논한 문장에 잘 나타난다.

15 역주 : 당 고조의 부(父) 이병(李昞)과 병(邴)은 음이 같으므로, 또 고종의 아들 이홍(李弘)이 황태자에 봉해져 계위하지 못하고 죽었지만 효경황제(孝敬皇帝)로 추존되었으므로 홍(弘)성과 이름이 같아 모두 피휘(避諱)하였음을 가리켜 국휘(國諱)라고 하였다.

16 역주 : 노성(虜姓)의 가차(假借)에 대하여는 程千帆, 『史通箋記』, p.103 참조.

夏)의 사인(士人)들은 분명 부끄러워하지 않았다) 여러 사전(史傳)에 기록되어 있는 것 대부분이 이런 식이다.(原注 : 예컨대 『수서(隋書)』 권49, 「우홍전(牛弘傳)」에, 안정(安定) 순고(鶉觚) 사람이며 본래의 성은 료씨(寮氏)라고 하였다. 기타 편목(篇目)중에서 이야기할 때에는 모두 농서(隴西)의 우홍(牛弘)이라 했다. 『당사(唐史)』 「사언전(謝偃傳)」에, 본래의 성은 고한씨(庫汗氏)라고 말했는데 후일 또 진군(陳郡)의 사언(謝偃)이라 칭하고 있으니[17] 역시 모두 비슷한 사례이다) 이것은 옛부터 전해오는 풍속에 따라 늘 써왔던 이야기로서 저서의 본래의 체례를 망각하는 것이다.(釋 : 여기서는 병폐의 근원을 진(晉)과 송(宋)의 풍속에 높은 문벌을 숭상한 데서 비롯된 것이라 하였다. 이러한 것을 그대로 따르고 있으니 어찌 그 체례의 요긴함을 얻을 수 있겠는가!)

且自世重高門, 人輕寒族, 競(卽'競'字, 或誤'竟')以姓望所出, 邑里相矜. 若仲遠之尋鄭玄, 先云汝南應劭; 文擧之對曹操, 自謂魯國孔融是也. 爰及近古, 其言多僞. 至於碑頌所勒, 茅土定名, 虛引他邦, 冒爲己邑. 若乃稱袁則飾之陳郡, 言杜則係之京邑, 姓卯金者咸曰彭城, 氏禾女者皆云鉅鹿.(原注 : 今有姓邴者 · 姓弘者, 以犯國諱, 皆改爲李氏, 如書其邑里, 必曰隴西 · 趙郡. 夫以假姓猶且如斯, 則眞姓者斷可知矣. 又今西域胡人, 多有姓明及卑者, 如加五等爵, 或稱平原公, 或號東平子, 爲明氏出於平原, 卑氏出於東平故也. 夫邊夷雜種, 尙竊美名, 則諸夏士流, 固無慚德也) 在諸史傳, 多與同風.(原注 : 如『隋史』「牛弘傳」云 : "安定鶉觚人也, 本姓寮氏." 至它篇所引, 皆謂之隴西牛弘. 『唐史』「謝偃傳」云 : 本姓庫汗氏, 續謂陳郡謝偃, 並其類也) 此乃尋流俗之常談, 忘著書之舊體矣.(釋 : 此層推出病根, 爲晉 · 宋俗尙門籍, 故因習如此. 此豈得爲體要乎!)

---

17 역주 : 현재 전하는 『구당서』와 『신당서』에는 본성을 직륵씨(直勒氏)라 하여 이와 다르다. 여기에 인용된 『당사(唐史)』는 대개 우봉(牛鳳)과 그 이전 사람들이 편찬한 사서를 가리킨다. 趙呂甫, 『史通新校注』, p.357 주)44 참조.

## 19-5

또한 근세(近世)에 지위가 높지 않을 경우에는 처음에 자신의 출신지로서 군망(郡望)을 표시한다. 예컨대 초국(楚國)의 공수(龔遂), 어양(漁陽)의 조일(趙壹)이 그러하다.[18] 지위가 아주 높을 경우에는 이 같은 방법을 따르지 않는다. 소하(蕭何) · 등우(鄧禹) · 가의(賈誼) · 동중서(董仲舒)가 그러하다.[19] 『북주서(北周書)』와 『수서(隋書)』 두 사서를 보면 왕포(王褒) · 유신(庾信) · 고경(高熲) · 양소(楊素)와 같은 사람들의 사정을 서술할 때마다 반드시 낭야(瑯琊)의 왕포(王褒), 신야(新野)의 유신(庾信), 홍농(弘農)의 양소(楊素), 발해(渤海)의 고경(高熲)이라 하고 있다.[20] 이렇게 쓴 말들을 어찌 문장이 간단하게 생략되었다고 할 수 있는지는 미루어 알 수 있다.[21](釋 : 여기서도

---

18 『한서』 권89, 「순리전(循吏傳)」에, 공수(龔遂)의 자는 소경(少卿)이고 산양(山陽) 남평양(南平陽)사람이다. 『후한서』 권80하, 「문원전(文苑傳)」 하에, 조일(趙壹)의 자는 원숙(元叔)이고 한양(漢陽) 서현(西縣)사람이다. 按 : 공수는 초나라 사람이 아닌데 초나라를 칭했고, 조일도 어양(漁陽)사람이 아닌데 어양이라 했는데 이는 군망(郡望)을 표방한 것이다.

19 역주 : 『사기』 권53, 「소상국세가(蕭相國世家)」에서는 소하를 패(沛) 풍(豊)사람이라 칭했고, 『후한서』 권16, 「등우전」에서는 등우를 남양(南陽) 신야(新野)사람, 『한서』 권48, 「가의전」에서는 가의를 낙양(洛陽)사람, 『한서』 권56, 「동중서전」에서는 동중서를 광천(廣川)사람이라 했다.

20 『주서(周書)』 권41, 「왕포전」에, 포의 자는 자연(子淵)이고 낭야(瑯琊) 임기(臨沂)사람이다. 『주서』 권41, 「유신전」에, 신의 자는 자산(子山)이고, 남양(南陽) 신야(新野)사람이다. 『수서(隋書)』 권41, 「고영전」에, 영의 자는 소현(昭玄)이고, 발해(渤海) 수(蓨)사람이다. 『수서』 권48, 「양소전」에, 소의 자는 처도(處道)이고, 홍농(弘農) 화음(華陰)사람이라고 했다. 按 : 『사통』의 이 구절에서는 소하(蕭何) · 등우(鄧禹) · 가의(賈誼) · 동중서(董仲舒)를 인용하여 한대(漢代)에는 사람을 칭하면서 지망(地望)을 거론하지 않았는데 근래의 왕포(王褒) · 유신(庾信) · 고경(高熲) · 양소(楊素) 등은 반드시 군(郡)을 함께 쓰고 있으니 문장이 많고 번거로움이 컸기 때문에 '어찌 문장이 간단하게 생략되었다고 할 수 있는지?'라고 한 것이다.

21 역주 : 결국 유지기의 뜻은 한나라 사람의 저서에는 소하 등에 대하여 모두 직접 현명(縣名)을 쓰고 주군(州郡)의 명칭은 쓰지 않았는데, 그 이후 당에 이르는 시기의 저서에서는 오히려 주현(州縣)의 이름을 모두 쓰고 있어서 번거롭다는 것이다.

마찬가지로 위에서 펼친 뜻에 따라 당시의 구호(口號)로 증거하고 있다. 한 사람을 거론할 때마다 반드시 지망(地望)에 대하여 특별한 용어를 번거롭게 사용했다고 지적했다. 두 단락이 같은 내용을 담은 구절이다)

又近世有班秩不著(一多'姓'字, 非)者, 始以州壤自標, 若楚國龔遂 · 漁陽趙壹是也. 至於名位旣隆, 則不從此列, 昔蕭何 · 鄧禹 · 賈誼 · 董仲舒是也. 觀『周』·『隋』二史, 每述王 · 庾諸事, 高 · 楊數公, 必云瑯琊王褒, 新野庾信, 弘農楊素, 渤海高熲, 以此成言, 豈曰省文, 從而可知也.
(**釋** : 此層亦從上意申出, 以當時口號證之, 每擧一人, 必帶地望, 殊覺詞費. 通兩層爲一節)

## 19-6

무릇 이러한 잘못들은 모두 쌓여온 습관이 대대로 이어 전해져 점차 하나의 습속(習俗)이 된 것이기 때문에 미혹되어 제 자리를 찾을 줄 모른다. 대개 "시작의 어려움을 함께 하기는 어렵지만 성공의 기쁨은 함께 누릴 수 있다"[22]고 말한다. 오랜 세월 그대로 좇아 행함에 따라 이미 습관이 된 것을 갑자기 바로잡으려 한다면 반드시 어리석은 습속을 놀라게 할 것이다. 이것은 바로 장자(莊子)가 말한 "언어쯤을 잊고 사는 사람을 만나 함께 이야기했으면 좋겠다"[23]라고 말한 것과 꼭 맞아떨어진다.

---

22 역주 : 『상군서(商君書)』 「경법편(更法篇)」에, "어리석은 사람은 이미 이루어진 사실에 대해서도 어둡고, 총명한 사람은 아직 시작하지도 않은 사실을 관찰할 수 있다. 민(民)과는 시작을 함께 염려하기는 어렵지만 성공의 기쁨은 함께 누릴 수 있다[民不可與慮始, 而可與樂成]"고 하였다.

23 역주 : 『장자』 「외물편(外物篇)」에, "통발은 고기를 잡기 위한 도구지만, 일단 고기를 잡고 나면 내던져 돌보지 않는다. 올가미는 토끼를 잡기 위해 쳐놓는 도구지만 토끼를 잡으면 아무도 돌보는 사람이 없다. 그와 마찬가지로 언어는 의사를 전달하기 위한 수단이지만, 의사만 표현되면 족할 뿐 망각해도 좋은 것이다. 그러나 세상 사람

대개 이러한 뜻을 정확히 이해하는 군자라면 그 속에 있는 득실을 분명히 할 수 있을 것이다.(釋 : 끝에서는 자신까지를 묶어서 통식(通識)을 얻는 것의 어려움을 근심하였다)

凡此諸失, 皆由積習相傳, 寖以成俗, 迷而不返. 蓋語曰 : "難與慮始, 可與樂成." 夫以千載遵行, 持爲故事, 而一朝糾正, 必驚愚俗. 此莊生所謂"安得忘言之人而與之言", 斯言已得之矣. 庶知音君子, 詳其得(一脫'得'字)失者焉.(釋 : 末仍綰到本身, 憫通識之難遇也)

按 : 「읍리」편 중의 주(注)를 자세하게 살피면 알게 되겠지만, 이 편은 당시 직접 사국(史局)에 참여한 사가로써 보게 되는 많은 사서들이 지명(地名)의 표기문제로 인해 비난과 조롱을 받는 상황 때문에 작성한 것이다. '읍리' 문제에 있어서 현재의 명칭을 따르고 옛 명칭을 따르지 않는 것은 불변의 도리요 원칙이었다. 의론하기를 좋아하는 사람이 말하기를, "다른 지역에 살면서 자신이 살던 지역이름을 사용하여 교주(僑州)를 설치함으로써 여전히 고향의 명칭을 남겨두었다", "구양수(歐陽修)는 영(潁) 땅에 살면서 여전히 여릉(廬陵) 사람이라 하였다"는 말을 인용하여 유지기가 승냥이와 수달[豺獺]의 고향 그리는 마음을 잃었다고 비난하였다. 무릇 사실을 논하는 사람은 그것이 귀결하는 바만을 이야기하게 마련이며, 가장 가까운 사정을 가지고 예증으로 삼게 마련이다. 송(宋)으로부터 명(明)에 이르기까지 수많은 국사(國史)에 한 사람이 각각 열전 하나씩을 차지하고, 어느 지방 사람이라고 하면서 당대(當代)의 군읍(郡邑)을 적지 않는 경우가 있는가? 가령 명나라 사람이 송나라 때 주(州)의 명칭을 쓰고, 송나라 때 사람이 당나라 현(縣)의 명칭을 사용한다면 어떻게 비난을 받지 않으며 비웃음거리가 되지 않을 수 있겠는가! 그다지 중요하지 않은 말을 하여 쓸데없는 사정만 보탰을 뿐이다.(詳篇內注語, 爲當日身預史局, 書地

---

들은 본말을 전도해서 언어에만 얽매이는 경향이 있다. 원컨대 언어쯤을 잊고 사는 사람을 만나 함께 이야기했으면 좋겠다"라고 한 말에서 인용한 것이다.

招笑而作. 邑里從今不從舊, 定理也. 好議論者云; 僑置本州, 猶存丘首, 歐陽寓潁, 仍署廬陵. 以謂子玄失豺獺之義. 夫論事者, 亦論其所歸而已, 請卽近者徵之. 由宋迨明, 國史班班, 任擧一人一傳, 其曰某處人者, 有不書當代郡邑者乎? 假令明冒宋州, 宋蒙唐縣, 有不起而非笑之者乎? 小言詹詹, 徒多事耳)

『야객총담(野客叢談)』에는 고종(高從)이 발(跋)을 지은 한유(韓愈)의 「반곡서(盤谷序)」가 실려 있는데, "농서(隴西) 사람 이원(李愿)은 은자(隱者) 운운" 하였다. 농서는 태행(太行)으로부터 수 천리나 떨어진 곳인데도 서문에서는 '거주하였다'라고 말했고, 그 제(題)에는 '돌려보냈다[送歸]'고 하여 사실과 서로 맞지 않았다. 이것 역시 일정한 지역 내의 (명문대족을 가리키는) '군망(郡望)'을 거론한 것의 한 예로써, 옛 지명을 그대로 따라서 사용하여서는 안 된다는 것을 깨닫게 하는 것이다.(『野客叢談』載高從所跋昌黎「盤谷序」, 稱隴西李愿, 隱者也云云. 隴西去太行數千里, 而序之文曰'居之', 其題曰'送歸', 殊不相合. 此亦擧其郡望之一徵也. 卽此可悟襲舊之不足從矣)